2022年度全国会计专业技术资格考试辅导教材

中级会计资格

经 济 法

财政部会计资格评价中心 编著

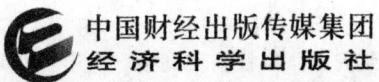

中国财经出版传媒集团
经济科学出版社

图书在版编目（CIP）数据

经济法/财政部会计资格评价中心编著. —北京：经济科学出版社，2022.1
2022年度全国会计专业技术资格考试辅导教材
ISBN 978-7-5218-3385-0

Ⅰ.①经… Ⅱ.①财… Ⅲ.①经济法-中国-资格考试-自学参考资料 Ⅳ.①D922.290.4

中国版本图书馆 CIP 数据核字（2022）第003426号

责任编辑：王晗青
责任校对：靳玉环
责任印制：李 鹏 邱 天

防伪鉴别方法

封一左下方粘贴有防伪标识。在荧光紫外线照射下可见防伪标识中部呈现红色"会计"二字。刮开涂层获取防伪码，该防伪码可通过扫描二维码或者登录网站（http://www.cfeacc.cn）进行考试用书真伪验证。正版图书可享受免费增值服务。

2022年度全国会计专业技术资格考试辅导教材
中级会计资格
经 济 法
财政部会计资格评价中心 编著
经济科学出版社出版、发行 新华书店经销
社址：北京市海淀区阜成路甲28号 邮编：100142
总编部电话：010-88191217 发行部电话：010-88191522
天猫网店：经济科学出版社旗舰店
网址：http://jjkxcbs.tmall.com
河北眺山实业有限责任公司零五印刷分公司印装
787×1092 16开 27印张 560000字
2022年2月第1版 2022年2月第1次印刷
印数：000001—160000 册
ISBN 978-7-5218-3385-0 定价：68.00元
（图书出现印装问题，本社负责调换。电话：010-88191510）
（打击盗版举报热线：010-88191661，QQ：2242791300）

前 言

为帮助考生全面理解和掌握全国会计专业技术资格考试领导小组办公室印发的2022年度中级会计专业技术资格考试大纲，更好地复习备考，财政部会计资格评价中心组织专家按照考试大纲的要求和最新颁布的法律法规，编写了《中级会计实务》《财务管理》《经济法》辅导教材。编写所参照的法律法规截止到2021年12月底。

本考试用书作为指导考生复习备考之用，不作为全国会计专业技术资格考试指定用书。考生在学习过程中如遇到疑难问题，可登录全国会计资格评价网咨询答疑栏目提出问题，并注意查阅有关问题解答。

书中如有疏漏和不当之处，敬请指正，并及时反馈我们。

财政部会计资格评价中心
二〇二二年二月

目 录

第一章 总论 ·········· 1
　第一节　法律体系 ·········· 2
　第二节　法律行为与代理 ·········· 7
　第三节　经济纠纷解决途径 ·········· 16

第二章 公司法律制度 ·········· 53
　第一节　公司法律制度概述 ·········· 55
　第二节　公司的登记管理 ·········· 59
　第三节　有限责任公司 ·········· 65
　第四节　股份有限公司 ·········· 86
　第五节　公司董事、监事、高级管理人员的资格和义务 ·········· 98
　第六节　公司股票和公司债券 ·········· 102
　第七节　公司财务、会计 ·········· 110
　第八节　公司合并、分立、增资、减资 ·········· 112
　第九节　公司解散和清算 ·········· 114

第三章 合伙企业法律制度 ·········· 120
　第一节　合伙企业法律制度概述 ·········· 121
　第二节　普通合伙企业 ·········· 122
　第三节　有限合伙企业 ·········· 139
　第四节　合伙企业的解散和清算 ·········· 145

第四章　物权法律制度 ······ 148
- 第一节　物权法通则 ······ 149
- 第二节　所有权 ······ 167
- 第三节　用益物权 ······ 178
- 第四节　担保物权 ······ 185
- 第五节　占有 ······ 204

第五章　合同法律制度 ······ 208
- 第一节　合同法律制度概述 ······ 209
- 第二节　合同的订立 ······ 211
- 第三节　合同的效力 ······ 219
- 第四节　合同的履行 ······ 221
- 第五节　合同的保全 ······ 225
- 第六节　合同的变更和转让 ······ 228
- 第七节　合同的消灭 ······ 232
- 第八节　违约责任 ······ 240
- 第九节　主要合同 ······ 244

第六章　金融法律制度 ······ 270
- 第一节　票据法律制度 ······ 271
- 第二节　证券法律制度 ······ 298
- 第三节　保险法律制度 ······ 344
- 第四节　信托法律制度 ······ 369

第七章　财政法律制度 ······ 388
- 第一节　预算法律制度 ······ 389
- 第二节　国有资产管理法律制度 ······ 401
- 第三节　政府采购法律制度 ······ 412

第一章 总 论

本章要求

掌握：法律行为和代理制度，仲裁、民事诉讼、行政复议、行政诉讼；**熟悉**：法律体系和法律部门，经济纠纷解决途径；**了解**：经济纠纷概念。

本章主要内容

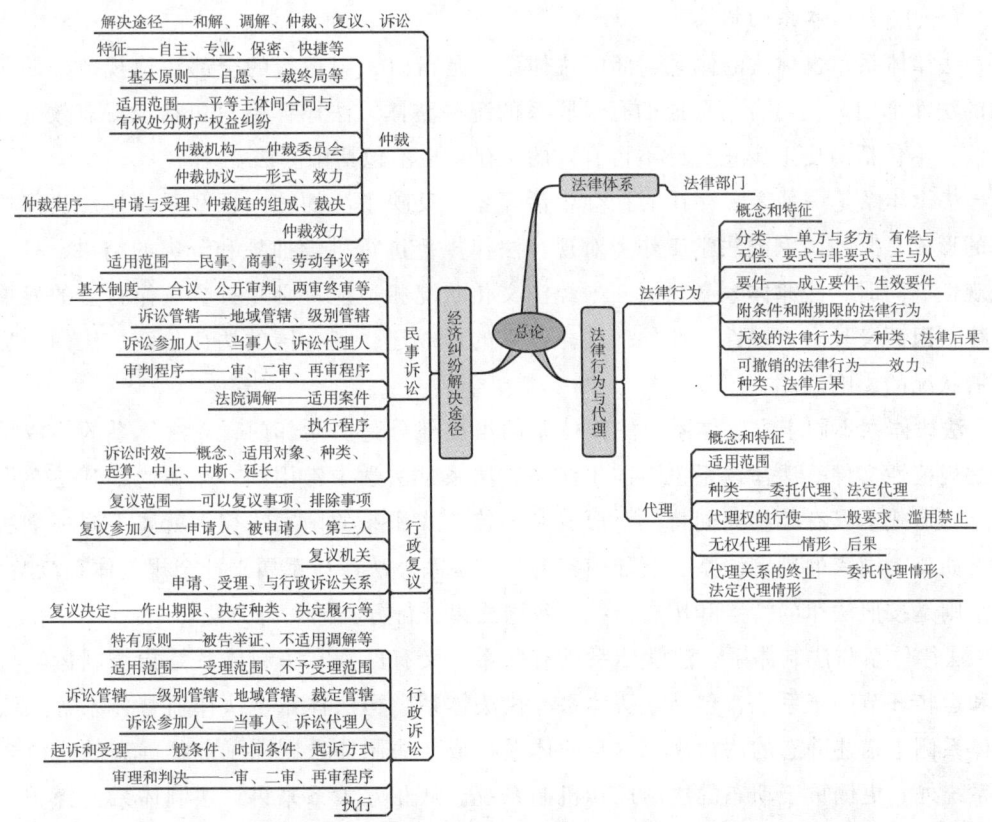

全面依法治国是中国特色社会主义的本质要求和重要保障。习近平在中国共产党第十九次全国代表大会报告中指出：必须把党的领导贯彻落实到依法治国全过程和各方面，坚定不移走中国特色社会主义法治道路，完善以宪法为核心的中国特色社会主义法律体系，建设中国特色社会主义法治体系，建设社会主义法治国家，发展中国特色社会主义法治理论，坚持依法治国、依法执政、依法行政共同推进，坚持法治国家、法治政府、法治社会一体化建设，坚持依法治国和以德治国相结合，依法治国和依规治党有机统一，深化司法体制改革，提高全民族法治素养和道德素质。

为帮助会计人员学法、用法，本书根据考试大纲的要求，对经济法基础知识以及与会计工作密切相关的公司法律制度、合伙企业法律制度、物权法律制度、合同法律制度、金融法律制度和财政法律制度予以介绍。

第一节　法律体系

一、法律体系

（一）法律体系的概念

法律体系，也称法的体系、部门法体系，是指由一国现行的全部法律规范按照不同的法律部门分类组合而形成的有机联系的统一整体。法律体系只包括现行有效的国内法，不包括历史上废止、已不再有效的法律，也不包括国际法。

法律体系是一种客观存在的社会生活现象，反映了法的统一性和系统性。法律体系的形成是某一国家的法学工作者对现行法律规范进行科学抽象和分类的结果，具有主观性。同时，法律体系必须同一国经济文化状况相适应，必须符合法律自身的发展规律，因而又具有客观性。此外，法律体系的形成还受到各国的法律传统、法的历史发展状况的影响。

法律体系不同于立法体系，法律体系的组成部分是法律部门，立法体系的构成单位是规范性文件。法律体系也不同于法系，法系是法学中常用的一个概念，凡是在内容上和形式上具有某些共同特征，形成一种传统或派系的国家法律，就属于同一个法系，如英美国家的判例法系、欧陆国家的成文法系。法律体系属于社会规范体系范畴，法系则是按照法律的特点和历史传统对各国法律进行分类的一种方法。

法律体系与法制体系、法学体系既有联系，又有区别。法制体系是指法制运转机制和运转环节的全系统，包括立法体系、执法体系、司法体系、法律监督体系等。法律体系侧重描述静态的法律规范本身的体系构成，法制体系则除了包括静态的法律规范系统外，更侧重于动态的法制运转机制系统。从相互关系来讲，法制体系包含法律体系，法律体系整合在法制体系中。法学体系是指一个国家有关法律的学科体系，范围却比法律体系大得多。法律体系以一国的现行法为限，而法学体系包含对全部法律现象的理论、历史、比较分析等内容的研究。法律体系是法学体系形成、建立的前提和基础。

（二）中国社会主义法律体系

当代中国的法律体系主要由七个法律部门和三个不同层次的法律规范所构成。七个法律部门是：宪法及宪法相关法、民商法、行政法、经济法、社会法、刑法、诉讼与非诉讼程序法；三个不同层次的法律规范是：法律，行政法规，地方性法规、自治条例和单行条例。根据中国人大网公布，截至2021年10月26日我国现行法律共288件，此外还包括大量的行政法规、地方性法规等规范性文件，这些法律法规涵盖社会关系的各个方面，构成了相对齐全的法律部门，中国特色社会主义法律体系已经形成。

二、法律部门

（一）法律部门的概念

法律部门，又称"部门法"，是根据一定的标准和原则所划定的调整同一类型社会关系的法律规范的总称。法律部门划分的标准包括主要标准和次要标准。主要标准是调整对象，即法律所调整的社会关系，如调整行政主体与行政相对人之间行政管理关系的法律规范的总和构成行政法部门；次要标准是调整方法，即实施法律制裁的方法和确定法律关系主体不同地位、权利义务的方法，包括确定权利义务的方式、方法，权利义务的确定性程度和权利主体的自主性程度、保障权利的手段和途径等，如民法和刑法，都调整人身关系和财产关系，但民法是以自行调节为主要方式，而刑法是以强制干预为主要调整方式，民法要求对损害予以财产赔偿，而刑法则对犯罪人处以严厉的人身惩罚。法律部门划分的原则包括粗细恰当、多寡合适、主题定类、逻辑与实用兼顾等。粗细恰当要求部门法划分不至于有些过小有些很大，要保持一个平衡；多寡合适要求部门法划分涵盖法规的数量不能差别太大，不能一个部门法涉及千百个法律规范，另一个部门法却只有一两个法律规范；主题定类就是说有些法律规范从不同的角度看它可以划到不同的部门法，这样就要看这种法律规范的主题或主导精神是什么，从而最终确定其部类归属，如商业银行法，既有民商法性质的规范，又有经济法性质的规范，最终划归经济法部门就是基于金融业管理的考虑；逻辑与实用兼顾要求部门法划分既要有一定的逻辑根据，又不必过于拘泥，要从实用出发，考虑正在制定或即将制定的法律的价值功能，把握法律的发展趋势。

法律部门离不开成文的规范性法律文件，但二者并不是一个概念。有的法律部门名称是用该部门基本的规范性法律文件的名称来表述的，如作为法律部门的刑法与作为一个规范性法律文件的《中华人民共和国刑法》。但是，单一的规范性法律文件不能构成一个完整的法律部门，作为一个法律部门的刑法并不仅仅只是《中华人民共和国刑法》，而是所有刑事法律规范的总和。换句话说，一个法律部门可以通过多个规范性法律文件来表述，比如民商法部门就是通过《民法典》《专利法》《商标法》《公司法》等多个规范性法律文件来表述的。同时，一个规范性法律文件并非仅仅包含在一个法律部门中，如《森林法》中表述的法律规范，规定林木所有权的规范属于民商法部门，规定采伐林木许可程序的规范属于行政法部门，规定盗伐滥伐林木追究刑事责任的规范属于刑法部门。总而言之，规范性法律文件与法律部门不是一一对应的关系。

事实上，社会关系错综复杂，法律部门之间很难截然分开，有的社会关系需要几个法律部门来调整，如经济关系，就需要经济法、民商法、行政法、劳动法等来调整，正因如此，本书冠以"经济法"的名称，内容上其实包括与会计工作密切相关的民商法部门、经济法部门、诉讼与非诉讼程序法部门的相关内容。

（二）我国的主要法律部门

任何一个国家的法律体系都因其内在统一性而表现为一个有机的整体，但这并不妨碍其内部划分为不同的法律部门，并且各个法律部门之间既有联系，又有区别。我国现行法律体系大体可以划分为以下七个法律部门。

1. 宪法及宪法相关法。

宪法是国家的根本法，规定国家的根本制度和根本任务、公民的基本权利和义务等内容。宪法相关法是与宪法相配套、直接保障宪法实施和国家政权运作等方面的法律规范，调整国家政治关系，主要包括国家机构的产生、组织、职权和基本工作原则方面的法律，民族区域自治制度、特别行政区制度、基层群众自治制度方面的法律，维护国家主权、领土完整、国家安全、国家标志象征方面的法律，保障公民基本权利方面的法律。

宪法相关法主要包括：（1）国家机构组织法，即《中华人民共和国国务院组织法》《中华人民共和国人民法院组织法》《中华人民共和国人民检察院组织法》《中华人民共和国监察法》等；（2）特别行政区法，即《中华人民共和国香港特别行政区基本法》《中华人民共和国澳门特别行政区基本法》等；（3）民族区域自治法，即《中华人民共和国民族区域自治法》等；（4）城乡基层群众自治法，即《中华人民共和国城市居民委员会组织法》《中华人民共和国村民委员会组织法》等；（5）维护国家主权、领土完整和安全法，即《中华人民共和国缔结条约程序法》《中华人民共和国领海及毗连区法》《中华人民共和国国家安全法》《中华人民共和国反分裂国家法》等；（6）国家标志法，即《中华人民共和国国旗法》《中华人民共和国国徽法》《中华人民共和国国歌法》等；（7）保障公民基本权利法，即《中华人民共和国集会游行示威法》《中华人民共和国国家赔偿法》等法律，以及民族、宗教、信访、出版、社团登记等方面的行政法规。

2. 民商法。

民商法是规范民事、商事活动的法律规范的总和，所调整的是自然人、法人和其他组织之间以平等地位发生的各种社会关系（称为横向关系）。民法调整的是平等主体的自然人、法人和其他组织之间的财产关系和人身关系。财产关系的内容很广，民法主要是调整商品经济关系，包括财产所有权关系、商品流通关系、遗产继承关系、知识产权关系等，国家对经济的管理、国家同企业之间以及企业内部的管理等纵向的经济关系，主要由行政法或经济法调整。民法还调整属于民事范围的人身关系，如婚姻关系，以及名誉权、隐私权、肖像权、生命健康权、法人的名称权等。在市场经济条件下，民法是非常重要的法律部门，2020年5月28日，第十三届全国人大第三次会议通过《中华人民共和国民法典》，自2021年1月1日起施行，这是新中国成立后第一部以法典命名的法律。

商法是适应商事活动的需要，从民法中分离出来的法律部门。商法调整商事主体之间的商事关系，遵循民法的基本原则，同时秉承保障商事交易自由、等价有偿、便捷安全等原则。我国先后制定了《中华人民共和国公司法》《中华人民共和国合伙企业法》《中华人民共和国个人独资企业法》等法律，建立健全了商事主体制度；制定了《中华人民共和国证券法》《中华人民共和国海商法》《中华人民共和国票据法》等法律，建立健全了商事行为制度。

3. 行政法。

行政法是规范国家行政管理活动的法律规范的总和，包括有关行政管理主体、行政行为、行政程序以及行政监督等方面的法律规范。行政法调整的是行政机关与行政相对人（公民、法人和其他组织）之间因行政管理活动而发生的社会关系（称为纵向关系）。在这种管理与被管理的纵向法律关系中，行政机关与行政相对人的地位是不平等的，行政行为由行政机关单方面依法作出，不需要双方平等协商。行政法遵循职权法定、程序法定、公正公开、有效监督等原则，既保障行政主体依法行使职权，又保障公民、法人和其他组织的权利。

行政法分为一般行政法和特别行政法两部分。一般行政法是指适用于所有（或者大多数）行政机关行政活动的行政法规范，主要包括行政组织法、行政行为法、行政程序法和行政救济法。现行的一般行政法规范包括《中华人民共和国行政处罚法》《中华人民共和国行政复议法》《中华人民共和国行政许可法》《中华人民共和国行政强制法》等。特别行政法是指规范某一特定领域行政活动的行政法，如环境管理、民政管理、公安管理、卫生管理、文化管理、教育管理、城市建设管理、司法行政管理、海关管理、边防管理、军事行政管理等方面的法律规范性文件。随着政府职能转变和专业化管理的加强，一些特别行政法可以按照行业、领域划入其他法律部门。

4. 经济法。

经济法是调整因国家从社会整体利益出发对经济活动实行干预、管理或调控所产生的社会经济关系的法律规范的总和。经济法在承认市场对资源配置起决定性作用的前提下，通过必要的国家干预、管理或调控手段，克服市场的自发性、滞后性、盲目性。经济法涉及的范围很广,主要包括:(1)宏观调控法,如《中华人民共和国中国人民银行法》《中华人民共和国价格法》《中华人民共和国预算法》等;(2)市场管理法,如《中华人民共和国反垄断法》《中华人民共和国反不正当竞争法》《中华人民共和国产品质量法》《中华人民共和国消费者权益保护法》《中华人民共和国广告法》等;(3)自然资源和能源法,如《中华人民共和国土地管理法》《中华人民共和国矿产资源法》《中华人民共和国森林法》《中华人民共和国可再生能源法》《中华人民共和国循环经济法》等;(4)行业管理和产业促进法,如《中华人民共和国农业法》《中华人民共和国渔业法》《中华人民共和国电力法》《中华人民共和国邮政法》《中华人民共和国旅游法》《中华人民共和国电影产业促进法》《中华人民共和国银行业监督管理法》等。经济法调整的对象有时与行政法、民法等部门发生重合,但调整目的、手段存在差异。

5. 社会法。

社会法是在国家干预社会生活过程中逐渐发展起来的一个法律门类,是调整劳动关系、社会保障、社会福利和特殊群体权益保障等方面关系的法律规范,其目的在于从社会整体利益出发,对劳动者、失业者、丧失劳动能力的人和其他需要扶助的人的权益实行必需的、切实的保障,包括劳动用工、工资福利、职业安全卫生、社会保险、社会救济、特殊保障等方面的法律。社会法的内容主要包括:(1)劳动法,如《中华人民共和国劳动法》《中华人民共和国劳动合同法》《中华人民共和国职业病防治法》《中华人民共和国工会法》等;(2)社会保障法,如《中华人民共和国社会保险法》《失业保险条例》等;(3)特殊群体权益保障法,如《中华人民共和国残疾人保障法》《中华人民共和国未成年人保护法》等;(4)社会公益事业法,如《中华人民共和国红十字会法》《中华人民共和国公益事业捐赠法》《中华人民共和国慈善法》等。

6. 刑法。

刑法是规定犯罪与刑罚的法律规范的总和,也就是规定哪些行为是犯罪和应该负何种刑事责任,并给犯罪人刑罚处罚的法律。刑法是保证其他法律有效实施的后盾。在中国特色社会主义法律体系中,刑法是起支架作用的法律部门。我国现阶段有关犯罪和刑罚的基本法律规范集中规定在《中华人民共和国刑法》中,除此之外,还有许多单行法,如《全国人大常委会关于惩治骗购外汇、逃汇和非法买卖外汇犯罪的决定》《全国人大常委会关于取缔邪教组织、防范和惩治邪教活动的决定》等。

7. 诉讼与非诉讼程序法。

诉讼与非诉讼程序法是调整因诉讼活动和非诉讼活动而产生的社会关系的法律规范的总和。我国的诉讼制度分为民事诉讼、行政诉讼和刑事诉讼三种,相应的法律规范有《中华人民共和国民事诉讼法》《中华人民共和国行政诉讼法》《中华人民共和国刑事诉讼法》。诉讼法的内容主要是:关于司法机关及其他诉讼参与人进行诉讼活动的原则、程序、方式和方法以及诉讼当事人权利和义务的规定;关于检察或监督诉活动，特别是侦查、审判活动是否合法，以及纠错的原则、程序、方式和方法的规定；关于执行程序的规定，其任务是从诉讼方面保证实体法的正确实施，保证违法的行为受到应有的处理和纠正，保障正当合法的权益得到法律的有效保护；关于诉讼法律责任的规定，防止国家机关刑讯逼供、违法取证等侵犯人权的行为发生等。非诉讼程序法是解决非诉案件的程序法，非诉讼程序法主要有《中华人民共和国人民调解法》《中华人民共和国仲裁法》。

【例1-1】关于法律体系与法律部门，下列判断正确的是（　　）。
A. 行政法部门是由国务院制定的行政法规构成的
B. 国际法是中国特色社会主义法律体系的组成部分
C. 划分法律部门的主要标准是法律规范所调整的社会关系
D. 我国社会主义法律体系是由全国人大制定的法律构成的

解析 正确答案为选项C。所谓行政法部门是调整行政关系的法律规范的集合，这些规范从法律渊源上来讲，可以来源于法律、行政法规、地方性法规等；一个国家的法律体系是由现行国内法组成的，不包含国际法。划分法律部门的主要标准是法律规范所调整的社会关系；我国社会主义法律体系是由不同层次的法律规范构成的，主要有法律，行政法规，地方性法规、自治条例和单行条例。

第二节　法律行为与代理

一、法律行为

（一）法律行为的概念和特征

法律行为，是指民事主体通过意思表示设立、变更、终止民事法律关系的行为。它是法律事实的一种，具有以下特征：

1. 法律行为是以达到一定的民事法律后果为目的的行为。

这一方面表明法律行为应是行为人有意识创设的、自觉自愿的行为，而非受胁迫、受欺诈的行为；另一方面表明法律行为是行为人以达到预期民事法律后果为出发点和归宿的，如设立遗嘱以处分财产，订立合同以设立债权。法律行为的目的性，是决定行为的法律效果的基本依据，但法律行为能否发生当事人旨在追求的法律效果，决定于该行为是否符合法律行为的生效要件，只有符合生效要件的法律行为，才能发生当事人预期的法律后果，否则，法律行为可能无效或被撤销。《中华人民共和国民法典》（以下简称《民法典》）把法律行为界定为当事人的设权行为，不再规定法律行为必须是合法行为，因此，取消了《民法通则》特有的"民事行为"概念。行为是否有效、可撤销或效力待定，均可以称为法律行为。

2. 法律行为以意思表示为要素。

意思表示是指行为人将其期望发生法律效果的内心意思，以一定方式表达于外部的行为。意思表示是法律行为的核心要素，也是法律行为与事实行为等非表意行为相区别的重要标志，后者如拾得遗失物、建造房屋等行为。行为人表达于外部的意思应是其内心的真实意思；行为人仅有内心意思但不表达于外部，不构成意思表示。

（二）法律行为的分类

法律行为从不同角度可作不同的分类。不同类型的法律行为，具有不同的法律意义。

1. 单方法律行为和多方法律行为。

这是按照法律行为的成立仅需一方意思表示还是需要多方意思表示而进行的分类。单方法律行为，是指依一方当事人的意思表示而成立的法律行为，例如委托代理的撤销、无权代理的追认等。多方法律行为，是指依两个或两个以上当事人意思表示一致而成立的法律行为，例如订立合同的行为、设立公司的协议等。这种分类便于正确认定法律行为的成立及其效力。单方法律行为只要有一方当事人意思表示即可成立，多方法律行为则需要双方或多方当事人之间意思表示达成一致才能成立。但是，多方法律行为中的决议行为较为特殊，决议行为仅需依照规定的程序或方式作出，并不要求各方的意思表示全部一致。《民法典》第一百三十四条第二款规定："法人、非法人组织依照法律或者章程规定的议事方式和表决程序作出决议的，该决议行为成立。"

2. 有偿法律行为和无偿法律行为。

这是按照法律行为一方当事人从对方当事人取得利益有无对价为标准而进行的分类。有偿法律行为，是指双方当事人各因其给付而从对方取得利益的法律行为，例如买卖、租赁、承揽等。无偿法律行为，是指当事人一方无须为给付而获得利益的法律行为，例如赠与、无偿委托、借用等。这种分类便于确立当事人权利义务的范围及其法律后果的承担。一般而言，有偿法律行为义务人的法律责任比无偿法律行为义务人的法律责任要重，如《民法典》第八百九十七条规定："保管期内，因保管人保管不善造成保管物毁损、灭失的，保管人应当承担赔偿责任。但是，无偿保管人证明自己没有故意或者重大过失的，不承担赔偿责任。"

3. 要式法律行为和非要式法律行为。

这是按照法律行为的成立是否需要具备法律规定或当事人约定的形式而进行的分类。要式法律行为，是指法律明确规定或当事人明确约定必须采取一定形式或履行一定程序才能成立的法律行为，例如，《民法典》规定融资租赁合同、建设工程合同、技术开发合同应当采用书面形式。非要式法律行为，是指法律未规定特定形式，可由当事人自由选择形式即可成立的法律行为。区分要式与非要式法律行为对于判定法律行为的成立具有意义。同时，法律规定或当事人约定某些法律行为须以要式成立，可以督促当事人谨慎进行民事活动，使权利义务关系明确具体并有确凿凭证，从而起到稳定交易秩序的作用。

4. 主法律行为和从法律行为。

这是按照法律行为之间的依存关系而进行的分类。主法律行为,是指不需要有其他法律行为的存在就可以独立成立的法律行为。从法律行为,是指从属于其他法律行为而存在的法律行为。例如,当事人之间订立一项借款合同,为保证合同的履行,又订立一项担保合同。其中,借款合同是主合同,担保合同是从合同。这种分类便于明确主从法律行为的效力关系。从法律行为的效力依附于主法律行为。从法律行为以主法律行为的存在为前提,与主法律行为同命运:除法律另有规定或当事人另有约定外,主法律行为无效或消灭,从法律行为亦随之无效或消灭。

法律行为除上述分类外,还有单务法律行为和双务法律行为、诺成法律行为和实践法律行为等分类方法。

(三) 法律行为的要件

法律行为的要件,依其性质是使法律行为存在的构成要件,还是使法律行为进一步生效的特别要件,可以划分为成立要件与生效要件。

1. 成立要件。

成立要件,是法律行为的实质性要素,用于对一个法律行为是否存在进行事实判断。通说认为,法律行为的一般成立要件包括当事人、意思表示及其内容。实际上,意思表示当然由特定当事人所实施,且包含意思表示的内容,因此,意思表示即为法律行为的一般成立要件。此外,特定法律行为还要求具备特别成立要件,如对于要式法律行为,还需要具备法律规定或当事人约定的特定形式才能成立。

2. 生效要件。

法律行为的生效,是指法律行为发生当事人旨在追求的权利义务设立、变更、终止的法律效力。法律行为的成立是法律行为生效的前提,但是,已成立的法律行为不一定必然发生法律效力,只有具备一定生效条件的法律行为,才能产生预期的法律效果。

根据《民法典》的规定,法律行为应当具备下列生效要件:

(1) 行为人具有相应的民事行为能力。

法律行为是当事人旨在追求特定民事法律后果而实施的行为,所以,当事人须具有相应的民事行为能力,才可能正确理解并判断其行为的法律意义。民事行为能力,指民事主体能够独立参加民事法律关系,以自己的行为取得民事权利或承担民事义务的能力,即独立实施法律行为的能力。根据《民法典》的规定,无民事行为能力人,即不满8周岁的未成年人和不能辨认自己行为的成年人,实施的法律行为无效;限制民事行为能力人,即8周岁以上的未成年人和不能完全辨认自己行为的成年人,只能独立实施纯获利益的法律行为以及与其年龄、智力或精神健康状况相适应的法律行为,其他法律行为应由其法定代理人代理,或征得其法定代理人同意而实施;完全民事行为能力人，即18周岁以上的成年人和16周岁以上不满18周岁但以自己的劳动收入为主要生活来源的未成年人，可以独立地实施法律行为。对于法人而言，民事行为能力随其成立而产生，随其终止而消灭，但法人民事行为能力的行使也要与其民事权利能力范围相适应，否则可能不发生法人实施法律行为所追求的法律效果。

（2）意思表示真实。

法律行为以意思表示为要素，且依意思表示的内容发生法律效果，因此，法律行为的生效须以意思表示的真实有效为要件，如此才能确保当事人意思自由、真实地参与市民生活与市场交易。意思表示真实，指行为人的意思表示是其自主形成的内心意思的真实反映。意思表示真实包含意思自由及意思与表示相一致两方面。意思自由是指当事人意思的形成及其表示是其自由意志决定的，不存在受欺诈、受胁迫、被乘人之危等干涉和妨害意思自由的因素。意思与表示相一致，指行为人表示出来的意思与其内心真实意思相一致，不存在通谋虚假表示、错误、误传等意思表示不一致的情形。意思表示不真实，可能导致法律行为无效或是可撤销。

（3）不违反强制性规定，不违背公序良俗。

不违反强制性规定是指法律行为的内容不得与法律、行政法规的强制性规定相抵触。不违背公序良俗是指法律行为内容不得违背公共秩序与善良风俗。

《民法典》第一百五十三条规定："违反法律、行政法规的强制性规定的民事法律行为无效。但是，该强制性规定不导致该民事法律行为无效的除外。违背公序良俗的民事法律行为无效。"

法律行为因违反强制性规定或公序良俗而无效，其基础均在于违反社会公共利益，但需注意的是，违反法律、行政法规的强制性规定的法律行为，并不当然无效，应于具体个案中分析被违反的强制性规定的规范目的，并结合案件的具体情节综合考量，以审慎判断法律行为是否实质损害社会公共利益。若损害，当使其无效；若未损害，则不妨使其有效，当事人须因违反强制性规定而承担行政处罚等公法责任。

（四）附条件和附期限的法律行为

1. 附条件的法律行为。

这是指当事人在法律行为中约定一定的条件，并以将来该条件的成就（或发生）或不成就（或不发生）作为法律行为效力发生或消灭的根据。法律行为可以附条件，所附条件可以是事件，也可以是行为。当事人恶意促使条件成就的，应当认定条件没有成就；当事人恶意阻止条件成就的，应当认定条件已经成就。

能够作为法律行为所附条件的事实必须具备以下要件：一是将来发生的事实，已发生的事实不能作为条件；二是不确定的事实，即作为条件的事实是否会发生，当事人不能肯定；三是当事人任意选择的事实，而非法定的事实；四是合法的事实，不得以违法或违背道德的事实作为所附条件；五是所附条件限制的是法律行为效力的发生或消灭，而不涉及法律行为的内容，即不与行为的内容相矛盾。

2. 附期限的法律行为。

这是指当事人在法律行为中约定一定的期限,并以该期限的到来作为法律行为生效或解除的根据。期限是必然要到来的事实,这是期限与条件的根本区别。法律行为所附期限可以是明确的期限,例如某年某月某日,也可以是不确定的期限,例如"某人死亡之日"。

(五)无效的法律行为

1. 无效法律行为的概念。

无效法律行为,是指对于当事人所追求的法律效果,自始、当然、确定不发生的法律行为。无效法律行为,多表现为违反法律、行政法规的强制性规定或违背公序良俗,因而欠缺生效要件,所以不发生当事人所追求的法律效果。无效法律行为并非不发生任何法律后果,可能引发侵权责任、缔约过失责任或公法上的责任等。

无效法律行为,按照无效原因存在于行为内容的全部或部分,可分为全部无效与部分无效。《民法典》第一百五十六条规定:"民事法律行为部分无效,不影响其他部分效力的,其他部分仍然有效。"部分无效不影响其他部分效力的主要情形有:(1)法律行为标的之数量超过法律许可范围。例如《民法典》第五百八十六条第二款规定:"定金的数额由当事人约定;但是,不得超过主合同标的额的20%,超过部分不产生定金的效力。"(2)法律行为的内容由数种不同事项合并而成,其中一项或数项无效,如约定赠与金钱与枪支若干,其中,仅赠与枪支的部分无效。(3)法律行为的非主要条款,因违反强制性规定或公序良俗而无效,如雇佣合同约定"工伤概不负责",该条款被认定无效,并不会影响雇佣合同其他内容的效力。

2. 无效法律行为的种类。

根据《民法典》的规定,下列法律行为无效:

(1)无民事行为能力人独立实施的。

(2)当事人通谋虚假表示实施的。

《民法典》第一百四十六条第一款规定:"行为人与相对人以虚假的意思表示实施的民事法律行为无效。"例如,债务人为避免财产被强制执行,虚假地将房子卖给自己的朋友。通谋虚假表示实施的法律行为之所以无效,主要是因为对于双方当事人而言,均无真实的意思表示。

(3)恶意串通,损害他人合法权益的。

《民法典》第一百五十四条规定:"行为人与相对人恶意串通,损害他人合法权益的民事法律行为无效。"恶意串通实施的法律行为与通谋虚假表示实施的法律行为均包含串通或通谋,前者强调恶意以损害他人,后者着眼于意思表示的虚假,二者在适用对象上存在交叉,但不完全重合。

(4)违反强制性规定或违背公序良俗的。

如前文所述,违反强制性规定的法律行为不当然无效,仍须具体分析确定。

3. 无效法律行为的法律后果。

无效的法律行为,从行为开始起就没有法律约束力。其在法律上产生以下法律后果:

(1) 恢复原状。

恢复原状,指恢复到无效法律行为发生之前的状态,当事人因该行为取得的财产应当返还给受损失的一方。

(2) 赔偿损失。

有过错的一方应当赔偿对方因此所受的损失。如果双方都有过错的,应当各自承担相应的责任。

(3) 收归国家、集体所有或返还第三人。

双方恶意串通,实施法律行为损害国家、集体或第三人利益的,应当追缴双方取得的财产,收归国家、集体所有或返还第三人。

(4) 其他制裁。

对行为人实施无效法律行为损害国家利益或社会公共利益,依法需要给予行政制裁或刑事制裁的,还应当依法追究其行政责任或刑事责任。

(六) 可撤销的法律行为

1. 可撤销法律行为的概念和效力。

可撤销法律行为,是指可因行为人行使撤销权请求法院或仲裁机关予以撤销,使该行为归于无效的法律行为。

在效力方面,可撤销法律行为具有以下特征:

(1) 在该行为被撤销前,其效力已经发生,未经撤销,其效力不消灭,即其效力的消灭以撤销为条件。

(2) 该行为的撤销应由享有撤销权的当事人行使,且撤销权人须通过法院或仲裁机关行使撤销权。

(3) 撤销权人对权利的行使拥有选择权,其可以选择撤销或不撤销其行为。

(4) 撤销权的行使有时间限制。《民法典》第一百五十二条第一款规定:"有下列情形之一的,撤销权消灭:(一) 当事人自知道或者应当知道撤销事由之日起 1 年内、重大误解的当事人自知道或者应当知道撤销事由之日起 90 日内没有行使撤销权;(二) 当事人受胁迫,自胁迫行为终止之日起 1 年内没有行使撤销权;(三) 当事人知道撤销事由后明确表示或者以自己的行为表明放弃撤销权。"第二款规定:"当事人自民事法律行为发生之日起 5 年内没有行使撤销权的,撤销权消灭。"

(5) 该行为一经撤销,其效力溯及自行为开始时无效。

2. 可撤销法律行为的种类。

根据《民法典》的规定,下列法律行为,一方有权请求人民法院或仲裁机关予以撤销:

(1) 行为人对行为内容有重大误解的。

重大误解是指行为人因对行为的性质、对方当事人、标的物的品种、质量、规格和数量等的错误认识，使行为的后果与自己的真实意思相悖，并造成较大损失的情形。

（2）受欺诈的。

根据《民法典》第一百四十八条、第一百四十九条的规定，受欺诈而实施的法律行为可撤销，但"第三人实施欺诈行为，使一方在违背真实意思的情况下实施的民事法律行为，只有当对方知道或者应当知道该欺诈行为的，受欺诈方才有权请求人民法院或者仲裁机构予以撤销"。例如，标的物评估机构对买受人实施欺诈，使得买受人与出卖人签订买卖合同，若出卖人不知道且不应当知道该欺诈事由，买受人不得主张撤销买卖合同。其理由主要在于保护出卖人的合理信赖。

（3）受胁迫的。

《民法典》第一百五十条规定："一方或者第三人以胁迫手段，使对方在违背真实意思的情况下实施的民事法律行为，受胁迫方有权请求人民法院或者仲裁机构予以撤销。"

（4）乘人之危、显失公平的。

乘人之危、显失公平，是指行为人利用对方当事人的急迫需要、危难处境或判断能力不足等，迫使对方违背本意而作出意思表示，严重损害对方利益的情形。

3. 可撤销法律行为的法律后果。

可撤销法律行为被依法撤销后，法律行为从行为开始起无效，具有与无效法律行为相同的法律后果。如果撤销权人表示放弃撤销权或未在法定期间内行使撤销权的，则可撤销法律行为确定地成为完全有效的法律行为。

二、代理

（一）代理的概念和特征

代理是指代理人在代理权限内，以被代理人的名义与第三人实施法律行为，由此产生的法律后果直接由被代理人承担的法律制度。代理关系的主体包括代理人、被代理人（或称本人）和第三人（或称相对人）。代理人是替被代理人实施法律行为的人；被代理人是由代理人替自己实施法律行为并承担法律后果的人；第三人是与代理人实施法律行为的人。代理关系包括三种关系：一是被代理人与代理人之间的代理权关系；二是代理人与第三人之间实施法律行为的关系；三是被代理人与第三人之间的承受代理行为法律后果的关系。

代理具有以下特征：（1）代理人必须以被代理人的名义实施法律行为。这是因为代理的法律后果由被代理人承受，而非归属于代理人。非以被代理人名义而是以自己的名义代替他人实施的法律行为，不属于代理行为，例如行纪、寄售等受托处分财产的行为。（2）代理人在代理权限内独立地向第三人进行意思表示。代理行为属于法律行为，代理人在代理权限范围内，有权根据情况独立进行判断，并直接向第三人进行意思表示，以实现代理目的。非独立进行意思表示的行为，不属于代理行为，例如传递信息、中介行为等。（3）代理行为的法律后果直接归属于被代理人。虽然代理行为是在代理人与第三人之间进行的，但行为的目的是为了实现被代理人的利益，代理人并不因代理行为直接取得利益或负担，因此，其产生的权利义务等法律后果当然应由被代理人承担。这使代理行为与无效代理行为、冒名欺诈等行为区别开来。

（二）代理的适用范围

代理适用于民事主体之间设立、变更和终止权利义务的法律行为。依照法律规定、当事人约定或者民事法律行为的性质，应当由本人实施的民事法律行为，不得代理，如订立遗嘱、婚姻登记、收养子女等；本人未亲自实施的，应当认定行为无效。

（三）代理的种类

代理可分为委托代理、法定代理。

1. 委托代理。

委托代理是指基于被代理人的授权委托而发生的代理。委托代理，可以用书面形式，也可以用口头形式。委托代理授权采用书面形式的，授权委托书应当载明代理人的姓名或名称、代理事项、权限和期间，并由被代理人签名或盖章。

2. 法定代理。

法定代理是指法律根据一定的社会关系的存在而设定的代理。法定代理一般适用于被代理人是无行为能力人、限制行为能力人的情况。

《民法典》第二十三条规定："无民事行为能力人、限制民事行为能力人的监护人是其法定代理人。"

（四）代理权的行使

1. 代理权行使的一般要求。

委托代理人应按照被代理人的委托授权行使代理权，法定代理人应依照法律的规定行使代理权。代理人行使代理权必须符合被代理人的利益，并做到勤勉尽职、审慎周到，不得与他人恶意串通损害被代理人利益，也不得利用代理权谋取私利。

2. 滥用代理权的禁止。

代理人不得滥用代理权。《民法典》第一百六十八条规定："代理人不得以被代理人的名义与自己实施民事法律行为，但是被代理人同意或者追认的除外。代理人不得以被代理人的名义与自己同时代理的其他人实施民事法律行为，但是被代理的双方同意或者追认的除外。"

代理人滥用代理权，给被代理人及他人造成损失的，应当承担相应的赔偿责任。代理人和第三人串通，损害被代理人的利益的，由代理人和第三人负连带责任。

【例1-2】甲行政机关依法委托专门从事政府采购代理业务的乙公司代理采购一批专用设备,并授权乙公司与中标供应商签订采购合同。乙公司与中标供应商签订采购合同时,双方秘密商定,乙公司在若干合同条款上对中标供应商予以照顾,中标供应商作为答谢提供给乙公司一批办公设备。请问乙公司代理签订采购合同的行为是否有效,由此给甲行政机关造成的损失应由谁承担责任?

解析 乙公司代理签订合同的行为无效,给甲行政机关造成的损失应由乙公司和中标供应商承担连带责任。乙公司在行使代理权时,利用代理权谋取私利,不符合被代理人的利益,其行为属于代理人与第三人恶意串通损害被代理人利益的滥用代理权行为。根据《民法典》的有关规定,代理人滥用代理权的,其行为视为无效行为,给被代理人及他人造成损失的,应当承担相应的赔偿责任。代理人和第三人串通,损害被代理人利益的,由代理人和第三人负连带责任。

(五)无权代理

1. 无权代理的概念。

无权代理是指没有代理权而以他人名义进行的代理行为。无权代理表现为三种形式:(1)没有代理权而实施的代理;(2)超越代理权实施的代理;(3)代理权终止后而实施的代理。

2. 无权代理的法律后果。

在无权代理的情况下,只有经过被代理人的追认,被代理人才承担无权代理的法律后果。未经追认的行为,由行为人承担民事责任。但是,有以下几种情况的除外:(1)被代理人知道他人以本人名义实施代理行为而不作否认表示的,视为同意,即应由被代理人承担代理的法律后果。(2)无权代理人的代理行为,客观上使善意相对人有理由相信其有代理权的,被代理人应当承担代理的法律后果。《民法典》第一百七十二条规定:"行为人没有代理权、超越代理权或者代理权终止后,仍然实施代理行为,相对人有理由相信行为人有代理权的,代理行为有效。"这种情况在法学理论上称为"表见代理"。法律确立表见代理规则的主要意义在于维护人们对代理外观的依赖,保护善意无过失的相对人,从而保障交易秩序和安全。表见代理的情形有:被代理人对第三人表示已将代理权授予他人,而实际并未授权;被代理人将某种有代理权的证明文件(如盖有公章的空白合同文本)交给他人,他人以该种文件使第三人相信其有代理权并与之进行法律行为;代理人违反被代理人的意思或者超越代理权,第三人无过失地相信其有代理权而与之进行法律行为;代理关系终止后未采取必要的措施而使第三人仍然相信行为人有代理权,并与之进行法律行为。

第三人知道或者应当知道行为人无权代理的,由第三人和行为人按照各自的过错承担责任。

（六）代理关系的终止

委托代理终止的法定情形有：（1）代理期间届满或者代理事务完成；（2）被代理人取消委托或者代理人辞去委托；（3）代理人丧失民事行为能力；（4）代理人或者被代理人死亡；（5）作为代理人或者被代理人的法人、非法人组织终止。

根据《民法典》第一百七十四条第一款的规定，被代理人死亡后，有下列情形之一的，委托代理人实施的代理行为仍有效：（1）代理人不知道且不应当知道被代理人死亡；（2）被代理人的继承人予以承认；（3）授权中明确代理权在代理事务完成时终止；（4）被代理人死亡前已经实施，为了被代理人的继承人的利益继续代理。作为被代理人的法人、非法人组织终止的，参照适用该款的规定。

法定代理终止的法定情形有：（1）被代理人取得或恢复完全民事行为能力；（2）代理人丧失民事行为能力；（3）代理人或者被代理人死亡；（4）法律规定的其他情形。

第三节　经济纠纷解决途径

一、经济纠纷概念与解决途径

（一）经济纠纷的概念

经济纠纷是指市场经济主体在经济活动中因一方或双方违反法律规定或依法生效的合同，损害对方合法权益而引起的经济争议，包括平等主体之间涉及经济内容的纠纷，以及公民、法人或者其他组织作为行政管理相对人与行政机关之间因行政管理所发生的涉及经济内容的纠纷。

（二）经济纠纷的解决途径

经济法主体在经济活动中不可避免地会产生纠纷，为了保护当事人的合法权益，维护社会经济秩序，必须采取有效手段，及时解决这些纠纷。由于经济活动涉及法律关系的复杂性，导致经济纠纷具有多样性，因此，解决经济纠纷的途径也具有多元性特点，主要有和解、调解、仲裁、复议和诉讼五种解决方式。

和解是经济纠纷的当事人在平等的基础上相互协商、互谅互让，进而对纠纷的解决达成协议的方式。调解是经济纠纷的当事人在中立第三方的主持下，自愿进行协商、解决纠纷的办法。在我国，调解主要有民间调解、行政调解、仲裁调解和法院调解（人民法院审理行政案件不适用调解）四种形式。在这几种调解中，法院调解属于诉内调解，其他都属于诉外调解。和解与民间调解均非经济纠纷解决的必经阶段，如果当事人不能通过和解或民间调解解决纠纷，就需要通过仲裁、民事诉讼、行政复议或行政诉讼等方式来解决纠纷。

在多元化的纠纷解决机制中，仲裁和民事诉讼适用于解决横向关系经济纠纷，即平等的民事主体之间发生的经济纠纷。仲裁是借助社会力量解决纠纷，诉讼是借助国家公权力解决纠纷。仲裁与民事诉讼是并列的经济纠纷解决方式，当事人只能择其一，即或者通过签订仲裁协议的方式通过仲裁解决纠纷，或者通过诉讼解决纠纷。行政复议和行政诉讼适用于解决纵向关系经济纠纷，即行政管理相对人和行政机关之间发生的经济纠纷。行政复议是通过复议机关的复议程序解决纠纷；行政诉讼是通过人民法院的司法审判机制解决纠纷。行政复议的纠纷解决范围广于行政诉讼。行政复议通常不是行政诉讼的前置程序，除非法律另有规定，如《税收征收管理法》第八十八条第一款规定，纳税人同税务机关在纳税上发生的争议，纳税人必须先纳税，再依法申请行政复议，对行政复议决定不服，才可依法向人民法院起诉。行政复议一般也没有最终的法律效力，行政相对人对复议决定不服，可以依法向人民法院提起行政诉讼，只有在法律规定复议裁决为终局裁决的情况下，复议才具有最终的法律效力。

二、仲裁

（一）仲裁的概念

仲裁是指仲裁机构根据纠纷当事人之间自愿达成的协议，以第三者的身份对所发生的纠纷进行审理，并作出对争议各方均有约束力的裁决的纠纷解决活动。

仲裁是一种解决经济纠纷的有效方式，在现实生活中被广泛应用。与民事诉讼相比，仲裁具有自主性、专业性、灵活性、保密性、快捷性、经济性、独立性的特点。仲裁的基本法律依据是1994年8月31日第八届全国人民代表大会常务委员会第九次会议审议通过，历经2009年、2017年两次修正的《中华人民共和国仲裁法》（以下简称《仲裁法》）。

（二）仲裁的基本原则

根据《仲裁法》的规定，仲裁应遵循以下基本原则：

1. 自愿原则。

根据这一原则，当事人如果采取仲裁方式解决纠纷，必须首先由双方自愿达成仲裁协议，没有仲裁协议，一方申请仲裁的，仲裁组织不予受理。当事人可以自愿选择仲裁机构及仲裁员。当事人可以自行和解，达成和解协议后，可以请求仲裁庭根据和解协议作出仲裁裁决书，也可以撤回仲裁请求。当事人自愿调解的，仲裁庭应予调解。

2. 以事实为根据，以法律为准绳，公平合理地解决纠纷原则。

仲裁机构应以客观事实为根据，以民事实体法和程序法作为作出仲裁裁决的标准。为了准确地认定事实，仲裁庭必须充分听取双方当事人的陈述、证人证言和鉴定人的鉴定意见，防止偏听偏信和主观臆断。仲裁庭认为有必要收集的证据，可以自行收集。在适用法律时，法律有明文规定的，按照法律的规定执行；无明文规定的，按照法律的基本精神和公平合理原则处理，不偏袒任何一方，也不对任何一方施加压力。

3. 仲裁组织依法独立行使仲裁权原则。

仲裁组织是民间组织，不隶属于任何国家机关。仲裁组织依法独立进行仲裁，不受任何行政机关、社会团体和个人的干涉。人民法院可以依法对仲裁进行必要的监督。

4. 一裁终局原则。

仲裁裁决作出后，当事人就同一纠纷，不能再申请仲裁或向人民法院起诉。但是，裁决被人民法院依法裁定撤销或不予执行的，当事人可以重新达成仲裁协议申请仲裁，也可以向人民法院起诉。

（三）《仲裁法》的适用范围

1. 根据《仲裁法》的规定，平等主体的公民、法人和其他组织之间发生的合同纠纷和其他财产纠纷，可以仲裁。这就是说，仲裁事项必须是合同纠纷和其他财产性法律关系的争议。与人身有关的婚姻、收养、监护、扶养、继承纠纷，不能进行仲裁。

2. 仲裁事项必须是平等主体之间发生的且当事人有权处分的财产权益纠纷。由强制性法律规范调整的法律关系的争议不能进行仲裁。因此，行政争议不能仲裁。

劳动争议和农业集体经济组织内部的农业承包合同纠纷不同于一般的经济纠纷，它们在解决纠纷的原则、程序等方面有自己的特点，适用专门的规定，因此，《仲裁法》不适用于解决这两类纠纷。

【例1-3】甲税务局向乙百货商场购买了一批办公用品，因办公用品质量问题与该百货商场发生纠纷。同时，甲税务局又因向乙百货商场征税而与其发生争议。请问这两项争议是否可以通过仲裁方式解决？

【解析】因办公用品质量引发的争议中，由于双方处于平等主体地位，所发生的争议属于平等主体之间发生的财产纠纷，根据《仲裁法》的规定，可以通过仲裁方式解决。因征税引发的争议中，双方属于行政管理与被管理的关系，所发生的争议属于行政争议，不能通过仲裁方式解决。

（四）仲裁机构

仲裁机构是有权对当事人提交的经济纠纷进行审理和裁决的机构，这一机构为仲裁委员会。仲裁委员会可以在直辖市和省、自治区人民政府所在地的市设立，也可以根据需要在其他设区的市设立，不按行政区划层层设立。仲裁委员会的设立虽然应当经省、自治区、直辖市的司法行政部门登记，但是，仲裁委员会独立于行政机关，与行政机关没有隶属关系。仲裁委员会之间也没有隶属关系。

（五）仲裁协议

仲裁协议是指双方当事人自愿把他们之间可能发生或者已经发生的经济纠纷提交仲裁机构裁决的书面约定。仲裁协议应当以书面形式订立，口头达成仲裁的意思表示无效。

仲裁协议包括合同中订立的仲裁条款以及在纠纷发生前后以其他书面方式达成的

请求仲裁的协议。这里所称的其他书面形式,包括合同书、信件和数据电文(包括电报、传真、电传、电子数据交换和电子邮件)等形式。仲裁协议应具有下列内容:(1)请求仲裁的意思表示;(2)仲裁事项;(3)选定的仲裁委员会。

仲裁协议具有以下效力:(1)仲裁协议中为当事人设定的义务,不能任意更改、终止或撤销;(2)合法有效的仲裁协议对双方当事人诉权的行使产生一定的限制,即在当事人双方发生协议约定的争议时,任何一方只能将争议提交仲裁,而不能向人民法院起诉;(3)对于仲裁组织来说,仲裁协议具有排除诉讼管辖权的作用;(4)仲裁协议具有独立性,合同的变更、解除、终止或无效,不影响仲裁协议的效力。

当事人对仲裁协议的效力有异议的,应当在仲裁庭首次开庭前请求仲裁委员会作出决定,或请求人民法院作出裁定。一方请求仲裁委员会作出决定,另一方请求人民法院作出裁定的,由人民法院裁定。

有下列情形之一的,仲裁协议无效:(1)约定的仲裁事项超过法律规定的仲裁范围的;(2)无民事行为能力人或限制民事行为能力人订立的仲裁协议;(3)一方采取胁迫手段,迫使对方订立仲裁协议的。此外,仲裁协议对仲裁事项或仲裁委员会没有约定或者约定不明确的,当事人可以补充协议;达不成补充协议的,仲裁协议无效。

当事人达成仲裁协议,一方向人民法院起诉未声明有仲裁协议,人民法院受理后,另一方在首次开庭前提交仲裁协议的,人民法院应当驳回起诉,但仲裁协议无效的除外;另一方在首次开庭前未对人民法院受理该起诉提出异议的,视为放弃仲裁协议,人民法院应当继续审理。

【例1-4】 甲公司与乙公司签订一份承揽合同,并在合同中单独规定了仲裁条款,约定双方发生合同争议时提请某仲裁机构仲裁(假定该仲裁条款合法有效)。事后,甲公司发现在订立合同时对有关事项存在重大误解。请问甲公司是否可以根据合同中的仲裁条款向某仲裁机构申请撤销合同?如果甲公司直接向人民法院申请撤销合同,人民法院是否应当受理?

解析 甲公司可以向某仲裁机构申请撤销合同。如果甲公司直接向人民法院申请撤销合同,人民法院不应受理。根据《仲裁法》和《民法典》的有关规定,仲裁协议包括合同中订立的仲裁条款,合同的变更、解除、终止或者无效,不影响仲裁协议的效力,当事人可以据此申请仲裁机构解决争议。仲裁协议合法有效的,具有排除诉讼管辖权的作用,对双方当事人诉权的行使产生一定的限制,在当事人双方发生协议约定的争议时,任何一方只能申请仲裁,而不能向人民法院起诉,当事人向人民法院起诉的,人民法院应当不予受理。

(六)仲裁程序

1. 仲裁申请和受理。

申请仲裁必须符合下列条件:(1)有仲裁协议;(2)有具体的仲裁请求和事实、

理由;(3)属于仲裁委员会的受理范围。

仲裁不实行级别管辖和地域管辖,仲裁委员会由当事人协议选定。当事人申请仲裁,应当向选定的仲裁委员会递交仲裁协议、仲裁申请书及副本。仲裁申请书应载明下列事项:(1)当事人的姓名、性别、年龄、职业、工作单位和住所,法人或其他组织的名称、住所和法定代表人或主要负责人的姓名、职务;(2)仲裁请求和所根据的理由;(3)证据和证据来源、证人姓名和住所。

仲裁委员会收到仲裁申请书之日起5日内,认为符合受理条件的,应当受理,并通知当事人;认为不符合受理条件的,应当书面通知当事人不予受理,并说明理由。仲裁委员会受理仲裁申请后,应当依法向被申请人送达仲裁申请书副本,并由其提交答辩书。被申请人未提交答辩书的,不影响仲裁程序的进行。

2. 仲裁庭的组成。

仲裁庭是行使仲裁权的主体。仲裁庭可以由1名仲裁员成立独任仲裁庭或3名仲裁员组成合议仲裁庭。由3名仲裁员组成的合议仲裁庭,设首席仲裁员。当事人约定由3名仲裁员组成仲裁庭的,应当各自选定或者各自委托仲裁委员会主任指定1名仲裁员,第3名仲裁员由当事人共同选定或者共同委托仲裁委员会主任指定,第3名仲裁员是首席仲裁员。当事人约定由1名仲裁员成立仲裁庭的,应当由当事人共同选定或者共同委托仲裁委员会主任指定仲裁员。当事人没有在仲裁规则规定的期限内约定仲裁庭的组成方式或者选定仲裁员的,由仲裁委员会主任指定。仲裁庭组成后,仲裁委员会应当将仲裁庭的组成情况书面通知当事人。

仲裁员有下列情况之一的,必须回避,当事人也有权提出回避申请:(1)是本案当事人,或者当事人、代理人的近亲属;(2)与本案有利害关系;(3)与本案当事人、代理人有其他关系,可能影响公正仲裁的;(4)私自会见当事人、代理人,或者接受当事人、代理人的请客送礼的。

当事人提出回避申请应当说明理由,并在首次开庭前提出。回避事由在首次开庭后知道的,可以在最后一次开庭终结前提出。仲裁员是否回避,由仲裁委员会主任决定;仲裁委员会主任担任仲裁员时,由仲裁委员会集体决定。仲裁员因回避或者其他原因不能履行职责的,应当依照《仲裁法》规定重新选定或者指定仲裁员。因回避而重新选定或者指定仲裁员后,已进行的仲裁程序是否重新进行,由仲裁庭决定。

3. 仲裁裁决。

仲裁应当开庭进行。当事人协议不开庭的,仲裁庭可以根据仲裁申请书、答辩书以及其他材料作出裁决。所谓开庭审理,是指在仲裁庭的主持下,由双方当事人和其他仲裁参与人参加,按照法定程序,对案件进行审理并作出裁决的方式。

仲裁一般不公开进行,当事人协议公开的,可以公开进行,但涉及国家秘密的除外。所谓不公开进行,是指仲裁庭在审理案件时不对社会公开,不允许群众旁听,也不允许新闻记者采访和报道。

仲裁委员会应当在仲裁规则规定的期限内，将开庭日期通知双方当事人。申请人经书面通知，无正当理由不到庭或未经仲裁庭许可中途退庭的，可视为撤回仲裁申请；被申请人有前述情形的，可以缺席裁决。当事人有正当理由的，可在仲裁规则规定的期限内请求延期开庭。

当事人应当对自己的主张提供证据，并有权申请证据保全。仲裁庭认为有必要收集的证据可以自行收集。证据应当在开庭时出示，当事人可以质证。当事人在仲裁过程中有权进行辩论，辩论终结时，仲裁庭应当征求当事人的最后意见。

申请仲裁后，当事人可以自行和解。达成和解协议的，可以请求仲裁庭根据和解协议作出裁决书，也可以撤回仲裁申请，撤回仲裁申请后反悔的，可以根据仲裁协议申请仲裁。

仲裁庭在作出裁决前，可以先行调解，当事人自愿调解的，仲裁庭应当调解；调解不成的，应当及时作出裁决。调解达成协议的，应当制作调解书或根据协议的结果制作裁决书，调解书经双方当事人签收后，即发生法律效力。当事人在调解书签收前反悔的，仲裁庭应当及时作出裁决。

裁决应按多数仲裁员的意见作出，少数仲裁员的不同意见可以记入笔录。仲裁庭不能形成多数意见时，裁决应当按首席仲裁员的意见作出。裁决书自作出之日起发生法律效力。

（七）仲裁效力

当事人应当履行仲裁裁决。一方当事人不履行的，另一方当事人可以按照《中华人民共和国民事诉讼法》（以下简称《民事诉讼法》）的有关规定向人民法院申请执行，受理申请的人民法院应当执行。

当事人提出证据证明裁决有依法应撤销情形的，可在收到裁决书之日起6个月内，向仲裁委员会所在地的中级人民法院申请撤销裁决。人民法院经组成合议庭审查核实裁决有法定撤销情形的，或认定裁决违背社会公共利益的，应当裁定撤销。

仲裁裁决的上述法定撤销情形包括：（1）没有仲裁协议的；（2）裁决的事项不属于仲裁协议的范围或者仲裁委员会无权仲裁的；（3）仲裁庭的组成或者仲裁的程序违反法定程序的；（4）裁决所根据的证据是伪造的；（5）对方当事人隐瞒了足以影响公正裁决的证据的；（6）仲裁员在仲裁该案时有索贿受贿、徇私舞弊、枉法裁决行为的。

当事人一方申请执行仲裁裁决，另一方申请撤销裁决的，人民法院应当裁定中止执行。人民法院裁定撤销裁决的，应当裁定终结执行。撤销裁决的申请被裁定驳回的，人民法院应当裁定恢复执行。

三、民事诉讼

（一）诉讼的概念

诉讼是指人民法院根据纠纷当事人的请求，运用审判权确认争议各方权利义务关系,解决经济纠纷的活动。

诉讼是解决经济纠纷的重要手段,大多数情况下是解决经济纠纷的最终办法。经济纠纷所涉及的诉讼包括民事诉讼和行政诉讼。民事诉讼是指人民法院在当事人及其他诉讼参与人的参加下,依法审理并裁决平等主体之间经济纠纷案件的活动。行政诉讼是指人民法院根据当事人的请求,依法审查并裁决行使行政管理职权的行政机关所作出的具体行政行为的合法性,以解决经济纠纷的活动,如人民法院依法审理作为经济法主体的纳税人与税务机关在税收征纳关系上发生争议的行政案件。由于解决经济纠纷所涉及的诉讼绝大部分属于平等主体当事人之间发生的经济纠纷,本部分首先对民事诉讼予以介绍。1991年4月9日第七届全国人民代表大会第四次会议通过,历经2007年、2012年、2017年3次修正和2021年修订的《民事诉讼法》,是民事诉讼活动的法律依据。

(二)民事诉讼的适用范围

公民之间、法人之间、其他组织之间以及他们相互之间因财产关系和人身关系发生纠纷,可以提起民事诉讼。适用《民事诉讼法》的案件主要有以下几类:

1. 民事纠纷案件。民事纠纷案件具体包括:(1)由民法调整的物权关系、债权关系、知识产权关系、人身权关系引起的诉讼,如房屋产权争议案件、合同纠纷案件、侵犯著作权案件、侵犯名誉权案件等。(2)由民法调整的婚姻家庭关系、继承关系、收养关系引起的诉讼,如离婚案件、追索抚养费案件、财产继承案件、解除收养关系案件等。(3)由经济法调整的经济关系中属于民事性质的诉讼,如因环境污染引起的侵权案件、因不正当竞争引起的损害赔偿案件等。

2. 商事纠纷案件。商事纠纷案件是指由商法调整的商事关系引起的诉讼,如票据纠纷案件、股东权益纠纷案件、保险合同纠纷案件、证券纠纷案件等。

3. 劳动争议案件。劳动争议案件是指因劳动法调整的社会关系发生的争议,法律规定适用民事诉讼程序的案件,如劳动合同纠纷案件等。

4. 法律规定人民法院适用《民事诉讼法》审理的非讼案件。主要有三种情形:一是适用特别程序审理的案件,如选民资格案件、宣告失踪或宣告死亡案件、认定公民无民事行为能力或限制行为能力案件等非诉案件;二是适用督促程序审理的案件;三是适用公示催告程序审理的案件。

(三)基本制度

1. 合议制度。

合议制度是指由3名以上审判人员组成审判组织,代表人民法院行使审判权,对案件进行审理并作出裁判的制度。合议制度是一种基本的审判组织形式,人民法院审理第一审民事案件,由审判员、陪审员共同组成合议庭或者由审判员组成合议庭;人民法院审理第二审民事案件,由审判员组成合议庭。合议庭的成员,应当是3人以上的单数。

与合议制度相对的是独任制度,后者是指由一名审判员独立对案件进行审理和裁判的制度。适用简易程序、特别程序(选民资格案件及重大、疑难的案件除外)、督促程序、公示催告程序公示催告阶段审理的民事案件,由审判员一人独任审理。新修订的《民事诉讼法》扩大了独任制度的适用范围,基层人民法院审理的基本事实清楚、权利义务关系明确的第一审民事案件,可以由审判员一人适用普通程序独任审理;中级人民法院对第一审适用简易程序审结或者不服裁定提起上诉的第二审民事案件,事实清楚、权利义务关系明确的,经双方当事人同意,可以由审判员一人独任审理。但是,下列案件不得由审判员一人独任审理:涉及国家利益、社会公共利益的案件;涉及群体性纠纷,可能影响社会稳定的案件;人民群众广泛关注或者其他社会影响较大的案件;属于新类型或者疑难复杂的案件;法律规定应当组成合议庭审理的案件;其他不宜由审判员一人独任审理的案件。人民法院在审理过程中,发现案件不宜由审判员一人独任审理的,应当裁定转由合议庭审理;当事人认为案件由审判员一人独任审理违反法律规定的,也可以向人民法院提出异议,人民法院对当事人提出的异议应当审查,异议成立的,裁定转由合议庭审理。

2. 回避制度。

回避制度是指审判人员和其他有关人员,遇有法律规定的情形时,退出对某一案件的审理活动的制度。审判人员、书记员、翻译人员、鉴定人、勘验人有下列情形之一的,应当自行回避,当事人有权用口头或者书面方式申请他们回避:(1)是本案当事人或者当事人、诉讼代理人近亲属的;(2)与本案有利害关系的;(3)与本案当事人、诉讼代理人有其他关系,可能影响对案件公正审理的。上述人员接受当事人、诉讼代理人请客送礼,或者违反规定会见当事人、诉讼代理人的,当事人有权要求他们回避。

3. 公开审判制度。

公开审判制度是指人民法院的审判活动依法向社会公开的制度。法律规定,人民法院审理民事案件,除涉及国家秘密、个人隐私或者法律另有规定的以外,应当公开进行。离婚案件、涉及商业秘密的案件,当事人申请不公开审理的,可以不公开审理。公开审理案件,应当在开庭前公告当事人姓名、案由和开庭的时间、地点,以便群众旁听。公开审判包括审判过程公开和审判结果公开两项内容。不论案件是否公开审理,一律公开宣告判决。

【例1-5】唐某作为技术人员参与了甲公司一项新产品的研发,并与该公司签订为期2年的服务与保密合同。合同履行1年后,唐某被甲公司的竞争对手乙公司高薪挖走,负责开发类似的产品。甲公司起诉至法院,要求唐某承担违约责任并保守其原知晓的产品研发情况。下列关于该案是否公开审理与宣判的表述中,正确的是(   )。

> A. 只有在当事人双方共同申请不公开审理此案的情况下，法院才可以不公开审理
> B. 该案不应当公开审理，但应当公开宣判
> C. 法院可以根据一方当事人申请不公开审理此案，但应当公开宣判
> D. 法院应当公开审理此案，并公开宣判
>
> **解析** 正确答案为选项C。涉及商业秘密的案件，当事人申请不公开审理的，可以不公开审理。公开审理与不公开审理的案件，一律公开宣判。

4. 两审终审制度。

两审终审制度是指一个诉讼案件经过两级人民法院审判后即终结的制度。根据《中华人民共和国人民法院组织法》的规定，我国人民法院分为四级：最高人民法院、高级人民法院、中级人民法院、基层人民法院。除最高人民法院外，其他各级人民法院都有自己的上一级人民法院。按照两审终审制，一个案件经第一审人民法院审判后，当事人如果不服，有权在法定期限内向上一级人民法院提起上诉，由该上一级人民法院进行第二审。二审人民法院的判决、裁定是终审的判决、裁定。

根据《民事诉讼法》的规定，两审终审制度有例外：（1）适用特别程序、督促程序、公示催告程序和简易程序中的小额诉讼程序审理的案件，实行一审终审；（2）最高人民法院所作的一审判决、裁定，为终审判决、裁定。

对终审判决、裁定，当事人不得上诉。如果发现终审裁判确有错误，可以通过审判监督程序予以纠正。

（四）诉讼管辖

诉讼管辖是指各级人民法院之间以及不同地区的同级人民法院之间，受理第一审经济案件的分工和权限。管辖有许多种类，其中最重要的是地域管辖和级别管辖。

1. 地域管辖。

地域管辖，是指确定同级人民法院之间在各自管辖的地域内审理第一审经济案件的分工和权限。它又分为一般地域管辖和特殊地域管辖。

（1）一般地域管辖。

一般地域管辖是以被告住所地为依据来确定案件的管辖法院，即实行"原告就被告原则"。对公民提起的民事诉讼，由被告住所地人民法院管辖，被告住所地与经常居住地不一致的，由经常居住地人民法院管辖。公民的住所地是指该公民的户籍所在地，经常居住地是指公民离开住所地至起诉时已连续居住满1年的地方，但公民住院就医的地方除外。对法人或者其他组织提起的民事诉讼，由被告住所地人民法院管辖。法人或者其他组织的住所地是指法人或者其他组织的主要办事机构所在地，主要办事机构所在地不能确定的，法人或者其他组织的注册地或者登记地为住所地。根据2015年2月4日起施行的《最高人民法院关于适用〈中华人民共和国民事诉讼法〉的解释》（以下简称《民事诉讼法》司法解释），同一诉讼的几个被告住所地、经常居住地

在两个以上人民法院辖区的，各该人民法院都有管辖权。对没有办事机构的个人合伙、合伙型联营体提起的诉讼，由被告注册登记地人民法院管辖。没有注册登记，几个被告又不在同一辖区的，被告住所地的人民法院都有管辖权。

两个以上人民法院都有管辖权的诉讼，原告可以向其中一个人民法院起诉；原告向两个以上有管辖权的人民法院起诉的，由最先立案的人民法院管辖。先立案的人民法院不得将案件移送给另一个有管辖权的人民法院。人民法院在立案前发现其他有管辖权的人民法院已先立案的，不得重复立案；立案后发现其他有管辖权的人民法院已先立案的，裁定将案件移送给先立案的人民法院。

（2）特殊地域管辖。

特殊地域管辖是以被告住所地或者引起诉讼纠纷的法律事实所在地为标准来确定的一种地域管辖。适用特殊地域管辖的主要有以下情况：

①因合同纠纷提起的诉讼，由被告住所地或者合同履行地人民法院管辖。合同约定履行地点的，以约定的履行地点为合同履行地。合同对履行地点没有约定或者约定不明确，争议标的为给付货币的，接受货币一方所在地为合同履行地；交付不动产的，不动产所在地为合同履行地；其他标的，履行义务一方所在地为合同履行地。即时结清的合同，交易行为地为合同履行地。合同没有实际履行，当事人双方住所地都不在合同约定的履行地的，由被告住所地人民法院管辖。以信息网络方式订立的买卖合同，通过信息网络交付标的的，以买受人住所地为合同履行地；通过其他方式交付标的的，收货地为合同履行地；合同对履行地有约定的，从其约定。

②因保险合同纠纷提起的诉讼，由被告住所地或者保险标的物所在地人民法院管辖。因财产保险合同纠纷提起的诉讼，如果保险标的物是运输工具或者运输中的货物，可以由运输工具登记注册地、运输目的地、保险事故发生地人民法院管辖。因人身保险合同纠纷提起的诉讼，可以由被保险人住所地人民法院管辖。

③因票据纠纷提起的诉讼，由票据支付地或者被告住所地人民法院管辖。

④因公司设立、确认股东资格、分配利润、解散等纠纷提起的诉讼，由公司住所地人民法院管辖。

⑤因铁路、公路、水上、航空运输和联合运输合同纠纷提起的诉讼，由运输始发地、目的地或者被告住所地人民法院管辖。

⑥因侵权行为提起的诉讼，由侵权行为地（包括侵权行为实施地、侵权结果发生地）或者被告住所地人民法院管辖。信息网络侵权行为实施地包括实施被诉侵权行为的计算机设备所在地，侵权结果地包括被侵权人住所地。因产品、服务质量不合格造成他人财产、人身损害提起的诉讼，产品制造地、产品销售地、服务提供地、侵权行为地和被告住所地人民法院均有管辖权。

⑦因铁路、公路、水上和航空事故请求损害赔偿提起的诉讼，由事故发生地或者车辆、船舶最先到达地、航空器最先降落地或者被告住所地人民法院管辖。

⑧因船舶碰撞或者其他海事损害事故请求损害赔偿提起的诉讼,由碰撞发生地、碰撞船舶最先到达地、加害船舶被扣留地或者被告住所地人民法院管辖。

⑨因海难救助费用提起的诉讼,由救助地或者被救助船舶最先到达地人民法院管辖。

⑩因共同海损提起的诉讼,由船舶最先到达地、共同海损理算地或者航程终止地的人民法院管辖。

(3) 专属管辖。

专属管辖是指法律强制规定某类案件必须由特定的人民法院管辖,其他人民法院无权管辖,当事人也不得协议变更管辖。专属管辖具有强制性和排他性两大特征。专属管辖的案件主要有三类:

①因不动产纠纷提起的诉讼,由不动产所在地人民法院管辖。不动产纠纷是指因不动产的权利确认、分割、相邻关系等引起的物权纠纷。农村土地承包经营合同纠纷、房屋租赁合同纠纷、建设工程施工合同纠纷、政策性房屋买卖合同纠纷,按照不动产纠纷确定管辖。不动产已登记的,以不动产登记簿记载的所在地为不动产所在地;不动产未登记的,以不动产实际所在地为不动产所在地。

②因港口作业中发生纠纷提起的诉讼,由港口所在地人民法院管辖。

③因继承遗产纠纷提起的诉讼,由被继承人死亡时住所地或者主要遗产所在地人民法院管辖。

(4) 协议管辖。

协议管辖又称合意管辖或者约定管辖,是指双方当事人在合同纠纷或者其他财产权益纠纷(如因物权、知识产权中的财产权而产生的民事纠纷)发生之前或发生之后,以书面协议或者默示的方式选择解决管辖他们之间纠纷的人民法院。合同纠纷或者其他财产权益纠纷的当事人可以书面协议选择被告住所地、合同履行地、合同签订地、原告住所地、标的物所在地等与争议有实际联系的地点的人民法院管辖,但不得违反《民事诉讼法》对级别管辖和专属管辖的规定。根据管辖协议,起诉时能够确定管辖法院的,从其约定;不能确定的,依照民事诉讼的相关规定确定管辖。管辖协议约定由两个以上与争议有实际联系的地点的人民法院管辖,原告可以向其中一个人民法院起诉。也就是说,由于合同纠纷与侵权纠纷案件既涉及法定管辖,又涉及协议管辖,确定案件管辖时,应当遵循有效的协议管辖优先于法定管辖的适用规则。

(5) 共同管辖和选择管辖。

共同管辖和选择管辖实际上是一个问题的两个侧面,是指两个以上人民法院都有管辖权时管辖的确定。两个以上人民法院都有管辖权(共同管辖)的诉讼,原告可以向其中一个人民法院起诉(选择管辖);原告向两个以上有管辖权的人民法院起诉的,由最先立案的人民法院管辖。

2. 级别管辖。

级别管辖,是指根据案件的性质、影响范围来划分上下级人民法院受理第一审经济案件的分工和权限。基层人民法院原则上管辖第一审案件；中级人民法院管辖在本辖区有重大影响的案件、重大涉外案件及由最高人民法院确定由中级人民法院管辖的案件；高级人民法院管辖在辖区有重大影响的第一审案件；最高人民法院管辖在全国有重大影响的案件以及认为应当由它审理的案件。

（五）诉讼参加人

诉讼参加人包括当事人和诉讼代理人。

1. 当事人，是指公民、法人和其他组织因经济权益发生争议或受到损害，以自己的名义进行诉讼，并受人民法院调解或裁判约束的利害关系人。当事人包括原告、被告、共同诉讼人、诉讼中的第三人。法人由其法定代表人进行诉讼，其他组织由其主要负责人进行诉讼。

2. 诉讼代理人，是指以被代理人的名义，在代理权限范围内，为了维护被代理人的合法权益而进行诉讼的人。代理人包括法定代理人、指定代理人、委托代理人。

（六）审判程序

审判程序包括第一审程序、第二审程序、审判监督程序等。

1. 第一审程序。

第一审程序，是指各级人民法院审理第一审经济案件适用的程序，分为普通程序、简易程序。

（1）普通程序。

普通程序是民事、经济案件审判中最基本的程序，主要包括以下内容：

①起诉和受理。

起诉是指公民、法人或者其他组织在其民事权益受到损害或者发生争议时，向人民法院提出诉讼请求的行为。起诉必须符合下列法定条件：原告是与本案有直接利害关系的公民、法人或者其他组织；有明确的被告；有具体的诉讼请求和事实、理由；属于人民法院受理民事诉讼的范围和管辖范围。当事人起诉到人民法院的民事纠纷，适宜调解的，先行调解，但当事人拒绝调解的除外。

受理是指人民法院通过对当事人的起诉进行审查，对符合法定条件的决定立案审理的行为。人民法院接到起诉状或者口头起诉后，经审查认为符合起诉条件的，应当在7日内立案，并通知当事人。

②审理前的准备。

人民法院应当在立案之日起5日内将起诉状副本发送被告。被告在收到之日起15日内提出答辩状。答辩是被告对原告提出的诉讼请求及理由进行回答、辩解和反驳，是被告的一项重要的诉讼权利。被告提出答辩状的，人民法院在收到之日起5日内将答辩状副本发送原告。被告不提出答辩状的，不影响人民法院审理。

根据《民事诉讼法》司法解释的规定，人民法院应当在开庭3日前用传票传唤当事人。对诉讼代理人、证人、鉴定人、勘验人、翻译人员应当用通知书通知其到庭。

当事人或者其他诉讼参与人在外地的,应当留有必要的在途时间。

③开庭审理。

开庭审理是指在审判人员主持和当事人及其他诉讼参与人的参加下,在法庭上对案件进行审理的诉讼活动。其目的是确认当事人的权利义务关系,以调解或者判决的方式解决纠纷。

人民法院对于公开审理的民事案件,应当公告当事人的姓名、案由和开庭的时间、地点。庭审主要围绕当事人争议的事实、证据和法律适用等焦点问题进行,对于判决前能够调解的,还可以进行调解,调解不成的,应当依法及时判决。

(2) 简易程序。

简易程序是指基层人民法院及其派出的人民法庭审理简单民事案件所适用的既独立又简便易行的诉讼程序。简易程序适用于事实清楚、权利义务关系明确、争议不大的简单案件。根据《民事诉讼法》司法解释的规定,事实清楚是指当事人对争议的事实陈述基本一致,并能提供相应的证据,无须人民法院调查收集证据即可查明事实;权利义务关系明确是指能明确区分谁是责任的承担者,谁是权利的享有者;争议不大是指当事人对案件的是非、责任承担以及诉讼标的争执无原则分歧。

下列案件,不适用简易程序:起诉时被告下落不明的;发回重审的;当事人一方人数众多的;适用审判监督程序的;涉及国家利益、社会公共利益的;第三人起诉请求改变或者撤销生效判决、裁定、调解书的;其他不宜适用简易程序的案件。

在满足简易程序的前提下,基层人民法院及其派出的人民法庭审理事实清楚、权利义务关系明确、争议不大的简单金钱给付民事案件,适用更为简易的小额诉讼程序。其中,标的额为各省、自治区、直辖市上年度就业人员年平均工资50%以下的,适用小额诉讼的程序审理;标的额超过各省、自治区、直辖市上年度就业人员年平均工资50%但在2倍以下的,当事人双方也可以约定适用小额诉讼的程序。人民法院审理下列案件,不得适用小额诉讼程序:人身关系、财产确权案件;涉外案件;需要评估、鉴定或者对诉前评估、鉴定结果有异议的案件;一方当事人下落不明的案件;当事人提出反诉的案件;其他不宜适用小额诉讼的程序审理的案件。适用小额诉讼程序审理案件,可以一次开庭审结并且当庭宣判。

适用简易程序的当事人双方可就开庭方式向人民法院提出申请,由人民法院决定是否准许。经当事人双方同意,可以采用视听传输技术等方式开庭。人民法院可以采取捎口信、电话、短信、传真、电子邮件等简便方式传唤双方当事人、通知证人和送达裁判文书以外的诉讼文书。以简便方式送达的开庭通知,未经当事人确认或者没有其他证据证明当事人已经收到的,人民法院不得缺席判决。

适用简易程序审理案件,由审判员独任审判,书记员担任记录。人民法院发现案情复杂,需要转为普通程序审理的,应当在审理期限届满前作出裁定,并将合议庭组成人员及相关事项书面通知双方当事人。案件转为普通程序审理的,审理期限自人民法院立案之日计算。已经按照普通程序审理的案件，在开庭后不得转为简易程序审理。

2. 第二审程序。

第二审程序，又称上诉程序，是指上级人民法院审理当事人不服第一审人民法院尚未生效的判决和裁定而提起的上诉案件所适用的程序。

我国实行两审终审制，当事人不服第一审人民法院判决、裁定的，有权向上一级人民法院提起上诉。《民事诉讼法》规定，上诉必须具备以下条件：只有第一审案件的当事人才可以提起上诉；只能对法律规定的可以上诉的判决、裁定提起上诉。当事人不服地方人民法院第一审判决的，有权在判决书送达之日起15日内向上一级人民法院提起上诉。当事人不服地方人民法院第一审裁定的，有权在裁定书送达之日起10日内向上一级人民法院提起上诉。上诉应当递交上诉状，上诉状应当通过原审人民法院提出，并按照对方当事人或者代理人的人数提出副本。

第二审人民法院应当对上诉请求的有关事实和适用法律进行审查，并开庭审理。经过阅卷和调查，询问当事人，在事实核对清楚后，人民法院认为不需要开庭审理的，也可以径行判决、裁定。第二审人民法院对上诉案件经过审理，按照下列情况分别处理：（1）原判决认定事实清楚，适用法律正确的，判决驳回上诉，维持原判决；（2）原判决适用法律错误，依法改判；（3）原判决认定事实错误，或者原判决认定事实不清，证据不足，裁定撤销原判决，发回原审人民法院重审，或者查清事实后改判；（4）原判决违反法定程序，可能影响案件正确判决的，裁定撤销原判决，发回原审人民法院重审。第二审人民法院的判决、裁定是终审的判决、裁定。当事人对重审案件的判决、裁定可以上诉。

3. 审判监督程序。

审判监督程序，又称再审程序，是指有审判监督权的人员和机关，发现已经发生法律效力的判决、裁定确有错误的，依法提出对原案重新进行审理的一种特别程序。《民事诉讼法》规定，各级人民法院院长对本院已经发生法律效力的判决、裁定、调解书，发现确有错误，认为需要再审的，提交审判委员会讨论决定。最高人民法院对地方各级人民法院、上级人民法院对下级人民法院已经发生法律效力的判决、裁定、调解书，发现确有错误的，有权提审或者指令下级人民法院再审。

当事人对已经发生法律效力的判决、裁定，认为有错误的，可以向上一级人民法院申请再审；当事人一方人数众多或者当事人双方为公民的案件，也可以向原审人民法院申请再审。当事人申请再审的，不停止判决、裁定的执行。当事人对已经发生法律效力的调解书申请再审，应当在调解书发生法律效力后6个月内提出。

根据《民事诉讼法》司法解释的规定，当事人申请再审，有下列情形之一的，人民法院不予受理：（1）再审申请被驳回后再次提出申请的；（2）对再审判决、裁定提出申请的；（3）在人民检察院对当事人的申请作出不予提出再审检察建议或者抗诉决定后又提出申请的。上述第（1）项、第（2）项情形，人民法院应当告知当事人可以向人民检察院申请再审检察建议或者抗诉,但因人民检察院提出再审检察建议或者抗诉而再审作出的判决、裁定除外。

(七) 法院调解

法院调解又称诉讼中调解,包含两层含义:其一,法院调解是一种诉讼活动。只要双方当事人在法院主持下就争议案件进行自愿协商,就可以理解为法院调解。其二,法院调解是一种结案方式。作为一种解决争议的方式,法院调解需以当事人达成协议为条件。

适用一审程序、二审程序与再审程序审理的民事案件,根据当事人自愿的原则,均可在事实清楚的基础上,分清是非,进行调解。但是,适用特别程序、督促程序、公示催告程序的案件,婚姻等身份关系确认案件以及其他根据案件性质不能调解的案件,不得调解。除特别情况外,调解达成协议,人民法院应当制作调解书。调解书应当写明诉讼请求、案件的事实和调解结果。调解书由审判人员、书记员署名,加盖人民法院印章,送达双方当事人。调解书经双方当事人签收后,即具有法律效力。

法院调解生效后,具有以下法律效力:诉讼结束,当事人不得以同一事实和理由再行起诉;该案的诉讼法律关系消灭;对调解书不得上诉;当事人在诉讼中的实体权利义务争议消灭;具有给付内容的调解书具有强制执行效力。

(八) 执行程序

执行程序是人民法院依法对已经发生法律效力的判决、裁定及其他法律文书的规定,强制义务人履行义务的程序。对发生法律效力的判决、裁定、民事调解书和其他应由人民法院执行的法律文书,当事人必须履行。一方拒绝履行的,对方当事人可以向人民法院申请执行。申请执行的期间为2年,从法律文书规定履行期间的最后一日起计算;法律文书规定分期履行的,从最后一期履行期限届满之日起计算;法律文书未规定履行期间的,从法律文书生效之日起计算。申请执行时效的中止、中断,适用法律有关诉讼时效中止、中断的规定。

申请执行人超过申请执行时效期间向人民法院申请强制执行的,人民法院应予受理。被执行人对申请执行时效期间提出异议,人民法院经审查异议成立的,裁定不予执行。被执行人履行全部或者部分义务后,又以不知道申请执行时效期间届满为由请求执行回转的,人民法院不予支持。

(九) 诉讼时效

1. 诉讼时效的概念。

诉讼时效是指权利人不在法定期间内行使权利而失去诉讼保护的制度。该法定期间即诉讼时效期间。在法律规定的诉讼时效期间内,民事权利受到侵害的权利人提出请求的,人民法院会受理并强制义务人履行所承担的义务;权利人在法定的诉讼时效期间内不行使权利,人民法院对权利人的权利不再进行保护。

我国诉讼时效具有如下特点:

（1）诉讼时效以权利人不行使法定权利的事实状态的存在为前提。

（2）诉讼时效期间届满时债务人获得抗辩权，但债权人的实体权利并不消灭。

诉讼时效届满后，义务人虽可拒绝履行其义务，权利本身及请求权并不消灭。权利人超过诉讼时效期间后起诉的，人民法院应当受理。受理后，义务人提出诉讼时效抗辩的，人民法院查明无中止、中断、延长事由的，判决驳回权利人的诉讼请求。义务人未提出诉讼时效抗辩的，人民法院不应对诉讼时效问题进行释明及主动适用诉讼时效的规定进行裁判。

当事人在一审期间未提出诉讼时效抗辩，在二审期间提出的，人民法院不予支持，但其基于新的证据能够证明对方当事人的请求权已过诉讼时效期间的情形除外。当事人未按照规定提出诉讼时效抗辩，却以诉讼时效期间届满为由申请再审或者提出再审抗辩的，人民法院不予支持。

诉讼时效期间届满后，当事人自愿履行义务的，不受诉讼时效限制。义务人履行了义务后，又以诉讼时效期间届满为由抗辩的，人民法院不予支持。

（3）诉讼时效具有法定性和强制性。

《民法典》第一百九十七条规定："诉讼时效的期间、计算方法以及中止、中断的事由由法律规定，当事人约定无效。当事人对诉讼时效利益的预先放弃无效。"

2. 诉讼时效的适用对象。

诉讼时效主要适用于请求权。所谓请求权，是指权利人请求特定人为或不为特定行为的权利。

根据《民法典》第一百九十六条的规定，下列请求权不适用诉讼时效的规定：（1）请求停止侵害、排除妨碍、消除危险；（2）不动产物权和登记的动产物权的权利人请求返还财产；（3）请求支付抚养费、赡养费或者扶养费；（4）依法不适用诉讼时效的其他请求权。

此外，根据最高人民法院《关于审理民事案件适用诉讼时效制度若干问题的规定》，当事人对下列债权请求权提出诉讼时效抗辩的，人民法院不予支持：（1）支付存款本金及利息请求权；（2）兑付国债、金融债券以及向不特定对象发行的企业债券本息请求权；（3）基于投资关系产生的缴付出资请求权；（4）其他依法不适用诉讼时效规定的债权请求权。

【例1-6】下列权利中，不受诉讼时效限制的有（　　）。

A. 所有权　　　　　　　　B. 形成权
C. 抗辩权　　　　　　　　D. 人身权

解析　正确答案为选项ABCD。诉讼时效主要适用于请求权，上述四种权利都不是请求权，因而都不受诉讼时效的限制。

3. 诉讼时效期间的种类与起算。

（1）诉讼时效期间的种类。

《民法典》第一百八十八条规定："向人民法院请求保护民事权利的诉讼时效期间为3年。法律另有规定的，依照其规定。诉讼时效期间自权利人知道或者应当知道权利受到损害以及义务人之日起计算。法律另有规定的，依照其规定。但是，自权利受到损害之日起超过20年的，人民法院不予保护，有特殊情况的，人民法院可以根据权利人的申请决定延长。"据此，按照期间的长度，可将诉讼时效期间分为3年的普通时效期间和20年的长期时效期间。

3年的普通时效期间和20年的长期时效期间的区别如下：①时效期间的起算点不同。3年的普通时效期间，又被称为主观时效期间，从权利人知道或者应当知道权利受到损害以及义务人之日起计算；20年的长期时效期间，又被称为客观时效期间，从权利受侵害之日起计算。②期间性质不同。3年的普通时效期间有中止、中断问题，性质上为可变期间；20年的长期时效期间不发生中止、中断问题，但可以延长。

《民法典》如此设计双重时效期间，法律适用的意义在于：凡是权利人知道或者应当知道权利被侵害以及义务人的，即应适用3年普通时效期间，期间进行中可因法定事由发生中止、中断，但最长不得超过从权利被侵害时起的20年。如权利人不知道且不应当知道权利被侵害及义务人的，则应适用20年长期时效期间，从权利被侵害时起算超过20年的，诉讼时效期间届满；在20年后权利人知道权利被侵害及义务人，不得再适用3年的普通时效期间。就此而言，20年长期时效期间是对3年普通时效期间适用的补充，因为在权利人不知道且不应当知道权利被侵害及义务人的情况下，3年普通时效期间不能开始计算。

除了《民法典》对于诉讼时效期间的一般规定外，一些民事单行法与特别法还针对特定请求权规定了特殊的时效期间，如《海商法》第二百五十七条、第二百六十条、第二百六十三条，分别就海上货物运输向承运人要求赔偿的请求权、海上拖航合同的请求权、有关共同海损分摊的请求权，规定时效期间为1年。《保险法》第二十六条规定，人寿保险的保险金请求权，其诉讼时效期间为5年。这些法律针对某些请求权特殊诉讼时效期间的规定，均基于特定的政策考量，在《民法典》关于诉讼时效期间的一般规则之外，继续适用。

（2）诉讼时效期间的起算。

由于诉讼时效的法律后果是消灭权利人请求人民法院保护的权利，所以诉讼时效期间的起始时间就直接关系到权利人的切身权益。《民法典》第一百八十八条第二款规定："诉讼时效期间自权利人知道或者应当知道权利受到损害以及义务人之日起计算。法律另有规定的，依照其规定。"这里，"法律另有规定的"是指：①20年长期时效期间，"自权利受到损害之日"起算；②债务分期履行的，诉讼时效期间"自最后一期履行期限届满之日"计算（《民法典》第一百八十九条）；③无民事行为能力人或者限制民事行为能力人对其法定代理人的请求权,诉讼时效期间"自该法定代理终止之日"计算(《民法典》第一百九十条);④未成年人遭受性侵害的损害赔偿请求权的诉讼时效期间,"自受害人年满18周岁之日"计算(《民法典》第一百九十一条)。其中,③、④两种情形应以"权利人知道或者应当知道权利受到损害以及义务人之日"为前提,否则,不应适用③、④的特别规定。例如,未成年人遭受性侵害,但满18周岁时不知道且不应当知道义务人,则"自受害人年满18周岁之日"起,仍不应开始计算诉讼时效期间。

根据上述规定,"诉讼时效期间自权利人知道或者应当知道权利受到损害以及义务人之日起计算",这是关于3年普通时效期间起算的原则规定。关于普通时效期间的起算,考虑到具体请求权的发生根据及标的不同等,诉讼时效期间的起算时点,也可能略有差异。根据民法理论与相关司法解释,具体如下:

①侵权行为所生之债的诉讼时效,自权利人知道或应当知道权利被侵害事实和加害人之时开始计算。其中,人身损害赔偿的诉讼时效期间,伤势明显的,从受伤害之日起算;伤害当时未曾发现,后经检查确诊并能证明是由侵害引起的,从伤势确诊之日起算。

②约定履行期限之债的诉讼时效,自履行期限届满之日开始计算。

③未约定履行期限之债的诉讼时效,依照《民法典》第五百一十条、第五百一十一条的规定,可以确定履行期限的,诉讼时效期间从履行期限届满之日起计算;不能确定履行期限的,诉讼时效期间从债权人要求债务人履行义务的宽限期届满之日起计算,但债务人在债权人第一次向其主张权利之时明确表示不履行义务的,诉讼时效期间从债务人明确表示不履行义务之日起计算。

④不作为义务之债的诉讼时效,自债权人得知或者应当知道债务人作为之时开始计算。在这类民事关系中,不实施相应行为是债务人的义务,则违约或侵权事实自债务人实施相应行为之时构成。债权人一旦知道或者应当知道债务人违反不作为义务时即能行使请求权。例如,合同约定一方当事人保守秘密,以另一方当事人得知或者应当知道保守秘密一方当事人泄密(即违反不作为义务)之时作为诉讼时效的起算点。

⑤附条件之债的诉讼时效,自该条件成就之日起计算。

⑥附期限之债的诉讼时效,自该期限届至之日起计算。

⑦其他法律对诉讼时效起算点有特别规定的,从其规定。例如,根据《国家赔偿法》第三十九条的规定,赔偿请求人请求国家赔偿的时效为2年,自其知道或者应当知道国家机关及其工作人员行使职权时的行为侵犯其人身权、财产权之日起计算,但被羁押等限制人身自由期间不计算在内。《民用航空法》第一百三十五条规定:"航空运输的诉讼时效期间为2年,自民用航空器到达目的地点、应当到达目的地点或者运输终止之日起计算。"等等。

【例1-7】陈某从某百货商场购买了一个高压锅后,因其出国工作而一直没有使用。4年后,陈某回国使用高压锅时,发现存在质量问题,他回忆当时购买高压锅时某百货商场并未声明高压锅存在质量问题。请问如果陈某向法院提起诉讼,主张由百货商场更换高压锅并赔偿损失,是否已超过了诉讼时效期间?

解析 陈某起诉没有超过诉讼时效期间。根据《民法典》的规定,诉讼时效期间自权利人知道或者应当知道权利受到损害以及义务人之日起计算,由于百货商场并未声明高压锅存在质量问题,那么,诉讼时效期间应当从陈某使用并发现高压锅存在质量问题之日起开始计算,而且从陈某购买高压锅之日(即其权利被侵害之日)起并未超过20年,因此,陈某向百货商场主张更换高压锅并赔偿损失,并未超过诉讼时效期间。

4. 诉讼时效期间的中止、中断与延长。

(1) 诉讼时效期间的中止。

①诉讼时效期间中止的概念。

诉讼时效期间的中止是指诉讼时效期间行将完成之际,因发生一定的法定事由而使权利人不能行使请求权,暂时停止计算诉讼时效期间,以前经过的时效期间仍然有效,待阻碍时效进行的事由消失后,继续计算诉讼时效期间。

②诉讼时效期间中止的条件。

《民法典》第一百九十四条规定,在诉讼时效期间的最后6个月内,因不可抗力或者其他障碍不能行使请求权的,诉讼时效中止。据此,发生诉讼时效期间中止需满足两个条件:

其一,诉讼时效的中止必须是因法定事由而发生。这些法定事由包括两大类:一是不可抗力,如自然灾害、军事行动等,须属于当事人不可预见、不可避免和不可克服的客观情况;二是阻碍权利人行使请求权的其他障碍,即除不可抗力外使权利人无法行使请求权的客观情况,包括权利被侵害的无民事行为能力人或者限制民事行为能力人没有法定代理人,或者法定代理人死亡、丧失民事行为能力、丧失代理权;继承开始后未确定继承人或者遗产管理人;权利人被义务人或者其他人控制等。

其二,法定事由发生于或存续至诉讼时效期间的最后6个月内。如果在诉讼时效期间的最后6个月前发生上述法定事由,到最后6个月开始时法定事由已消除的,则不能发生诉讼时效期间中止;但如果该法定事由到最后6个月开始时仍然继续存在,则应自最后6个月开始时中止诉讼时效期间,直到该障碍消除。

③诉讼时效期间中止的效力。

诉讼时效期间中止的效力,在于使时效期间暂停计算,待中止的原因消灭后,即权利人能够行使其请求权时,再继续计算时效期间。继续计算的时效期间不足6个月的,应延长到6个月。《民法典》第一百九十四条第二款规定:"自中止时效的原因消除之日起满6个月，诉讼时效期间届满。"

（2）诉讼时效期间的中断。

①诉讼时效期间中断的概念。

诉讼时效期间的中断是指在诉讼时效进行中，因发生一定的法定事由，致使已经经过的时效期间统归无效，待时效中断的法定事由消除后，诉讼时效期间重新计算。

②诉讼时效期间中断的事由。

一是权利人向义务人提出请求履行义务的要求，即权利人直接向义务人请求履行义务的意思表示。这一行为是权利人在诉讼程序外向义务人行使请求权，改变了不行使请求权的状态，故应中断诉讼时效期间。

二是义务人同意履行义务。义务人在诉讼时效期间进行中直接向权利人作出同意履行义务的意思表示，使双方当事人之间的权利义务关系重新得以明确，诉讼时效期间自此中断。同意履行义务的方式包括义务人作出分期履行、部分履行、请求延期履行、支付利息、提供履行担保等承诺。

三是权利人提起诉讼或者申请仲裁。起诉行为是权利人通过人民法院向义务人行使权利的方式，故诉讼时效期间因此而中断，并从人民法院裁判生效之时起重新起算。向仲裁机构申请仲裁，与起诉效力相同。

四是与提起诉讼或者申请仲裁具有同等效力的其他情形。该其他情况具体包括：申请支付令；申请破产、申报破产债权；为主张权利而申请宣告义务人失踪或死亡；申请诉前财产保全、诉前临时禁令等诉前措施；申请强制执行；申请追加当事人或者被通知参加诉讼；在诉讼中主张抵销；权利人向人民调解委员会以及其他依法有权解决相关民事纠纷的国家机关、事业单位、社会团体等社会组织提出保护相应民事权利的请求；权利人向公安机关、人民检察院、人民法院报案或者控告，请求保护其民事权利。

对于连带债权人中的一人发生诉讼时效中断效力的事由，应当认定对其他连带债权人也发生诉讼时效中断的效力。对于连带债务人中的一人发生诉讼时效中断效力的事由，应当认定对其他连带债务人也发生诉讼时效中断的效力。

③诉讼时效期间中断的效力。

诉讼时效期间中断的事由发生后，已经过的时效期间归于无效；中断事由存续期间，时效不进行；中断事由终止时，重新计算时效期间。

（3）诉讼时效期间的延长。

诉讼时效期间的延长是指人民法院对已经完成的诉讼时效期间，根据特殊情况而予以延长。诉讼时效期间的中止、中断的规定，只对3年的普通时效期间适用，20年的长期时效期间不适用中止、中断的规定。根据《民法典》第一百八十八条的规定，20年长期时效期间，"有特殊情况的，人民法院可以根据权利人的申请决定延长"。由此可知，诉讼时效期间的延长，只适用于20年长期时效期间。特殊情况是指权利人由于客观的障碍在法定诉讼时效期间不能行使请求权的情形。能够引起诉讼时效期间延长的事由，具体由人民法院判定；延长的期间，也由人民法院认定，这是法律赋予司法机关的一种自由裁量权。

四、行政复议

行政复议是指国家行政机关在依照法律、法规的规定履行对社会的行政管理职责过程中，作为行政管理主体的行政机关一方与作为行政管理相对人的公民、法人或者其他组织一方，对于法律规定范围内的具体行政行为发生争议，由行政管理相对人向作出具体行政行为的行政机关的上一级行政机关或者法律规定的其他行政机关提出申请，由该行政机关对引起争议的具体行政行为的合法性、适当性进行审查并作出相应决定的活动和制度。行政复议是行政机关实施的被动行政行为，它兼具行政监督、行政救济和行政司法行为的特征与属性，是现代国家保护公民免受行政机关具体行政行为不法侵害的一种重要的法律制度。

1999年4月29日第九届全国人民代表大会常务委员会第九次会议通过，历经2009年、2017年两次修正的《中华人民共和国行政复议法》（以下简称《行政复议法》）和2007年5月29日国务院发布的《中华人民共和国行政复议法实施条例》（国务院令第499号），是行政复议活动进行的基本法律依据。

（一）行政复议范围

公民、法人或者其他组织认为行政机关的具体行政行为侵犯其合法权益，符合《行政复议法》规定范围的，可以申请行政复议。

1. 可以申请行政复议的事项。

《行政复议法》规定，有下列情形之一的，公民、法人或者其他组织可以申请行政复议：

（1）行政处罚行为。对行政机关作出的警告、罚款、没收违法所得、没收非法财物、责令停产停业、暂扣或者吊销许可证、暂扣或者吊销执照、行政拘留等行政处罚决定不服的。

（2）行政强制行为。对行政机关作出的限制人身自由或者查封、扣押、冻结财产等行政强制措施决定不服的。

（3）行政许可行为。对行政机关作出的有关许可证、执照、资质证、资格证等证书变更、中止、撤销的决定不服的。

（4）行政确权行为。对行政机关作出的关于确认土地、矿藏、水流、森林、山岭、草原、荒地、滩涂、海域等自然资源的所有权或者使用权的决定不服的。

（5）侵犯经营自主权行为。认为行政机关侵犯其合法的经营自主权的。

（6）侵犯承包经营权行为。认为行政机关变更或者废止农业承包合同，侵犯其合法权益的。

(7) 违法要求履行义务的行为。认为行政机关违法集资、征收财物、摊派费用或者违法要求履行其他义务的。

(8) 行政审核作为。认为符合法定条件，申请行政机关颁发许可证、执照、资质证、资格证等证书，或者申请行政机关审批、登记有关事项，行政机关没有依法办理的。

(9) 行政不作为。申请行政机关履行保护人身权利、财产权利、受教育权利的法定职责，行政机关没有依法履行的。

(10) 行政给付行为。申请行政机关依法发放抚恤金、社会保险金或者最低生活保障费，行政机关没有依法发放的。

(11) 其他行政侵权行为。认为行政机关的其他具体行政行为侵犯其合法权益的。

公民、法人或者其他组织认为行政机关的具体行政行为所依据的下列规定不合法，在对具体行政行为申请行政复议时，可以一并向行政复议机关提出对该规定的审查申请：①国务院部门的规定；②县级以上地方各级人民政府及其工作部门的规定；③乡、镇人民政府的规定。前面所列规定不含国务院部、委员会规章和地方人民政府规章。也就是说，行政复议可以附带审查抽象行政行为，这一审查只限于规章以下的规范性文件。

【例1-8】根据《行政复议法》规定，下列各项中，属于行政复议范围的是（　　）。
A. 甲公司对甲地市场监督管理局作出的吊销营业执照决定不服
B. 乙公司对乙县环保局作出的罚款决定不服
C. 李某对丙市公安局作出的行政拘留决定不服
D. 赵某对丁税务局作出的撤职处分决定不服

解析 正确答案为选项ABC。行政复议适用的是行政管理相对人对行政管理机关的具体行政行为不服时可以采取的解决争议的一种方法，不适用于行政管理机关内部的人事管理关系。

2. 行政复议的排除事项。

行政复议的范围受到一定限制，内部行政行为、抽象行政行为、行政机关针对民事争议的处理不在行政复议的范围之列。具体而言，下列事项不能申请行政复议：

(1) 内部行政行为。不服行政机关作出的行政处分或者其他人事处理决定的，依照有关法律、行政法规的规定提出申诉。

(2) 抽象行政行为。不服行政法规与行政规章的，规章的审查依照法律、行政法规办理。

(3) 行政机关针对民事争议的处理。不服行政机关对民事纠纷作出的调解或者其他处理的，依法申请仲裁或者向人民法院提起诉讼。

【例1-9】甲公司与乙公司因买卖合同发生纠纷，经某市城关区市场监督管理局调解，双方对合同的履行达成协议。后甲公司认为调解结果对自己不利，于是向某市市场监督管理局申请行政复议。分析某市市场监督管理局应如何处理甲公司的申请。

解析 根据《行政复议法》的规定，不服行政机关对民事纠纷作出的调解处理，不属于行政复议范围，当事人可依法申请仲裁或者向人民法院提起诉讼。甲、乙公司因买卖合同发生纠纷，虽经某市城关区市场监督管理局调解，但其实质还是甲、乙双方之间的民事纠纷，而不是市场监督管理局侵犯甲公司、乙公司合法权益的行政纠纷，因而对甲公司行政复议的申请，某市市场监督管理局应不予受理。

（二）行政复议参加人和行政复议机关

1. 行政复议参加人。

行政复议参加人包括申请人、被申请人和第三人。

申请行政复议的公民、法人或者其他组织是申请人，作出具体行政行为的行政机关是被申请人。与申请行政复议的具体行政行为有利害关系的其他公民、法人或者其他组织，可以作为第三人参加行政复议。

2. 行政复议机关。

履行行政复议职责的行政机关是行政复议机关。行政复议机构，是指有行政复议权的行政机关内部设立的专门负责行政复议案件的受理、审查和裁决工作的办事机构。

（1）对县级以上地方各级人民政府工作部门的具体行政行为不服的，由申请人选择，可以向该部门的本级人民政府申请行政复议，也可以向上一级主管部门申请行政复议。

对海关、金融、国税、外汇管理等实行垂直领导的行政机关和国家安全机关的具体行政行为不服的，向上一级主管部门申请行政复议。

（2）对地方各级人民政府的具体行政行为不服的，向上一级人民政府申请行政复议。对省、自治区人民政府依法设立的派出机关所属的县级地方人民政府的具体行政行为不服的，向该派出机关申请行政复议。这里的派出机关，是指省、自治区人民政府经国务院批准设立的地区行政公署。

（3）对国务院部门或者省、自治区、直辖市人民政府的具体行政行为不服的，向作出该具体行政行为的国务院部门或者省、自治区、直辖市人民政府申请行政复议。对行政复议决定不服的，可以向人民法院提起行政诉讼，也可以向国务院申请裁决，国务院依照《行政复议法》的规定作出最终裁决。

（4）对县级以上地方人民政府依法设立的派出机关的具体行政行为不服的，向设立该派出机关的人民政府申请行政复议；对政府工作部门依法设立的派出机构依照法律、法规或者规章规定，以自己的名义作出的具体行政行为不服的，向设立该派出机构的部门或者该部门的本级地方人民政府申请行政复议；对法律、法规授权的组织的具体行政行为不服的，分别向直接管理该组织的地方人民政府、地方人民政府工作部门或者国务院部门申请行政复议；对两个或者两个以上行政机关以共同的名义作出的具体行政行为不服的，向其共同上一级行政机关申请行政复议；对被撤销的行政机关在撤销前所作出的具体行政行为不服的，向继续行使其职权的行政机关的上一级行政机关申请行政复议。申请人对上述具体行政行为不服的，也可以向具体行政行为发生地的县级地方人民政府提出行政复议申请，由接受申请的县级地方人民政府自接到该行政复议申请之日起7日内，转送有关行政复议机关，并告知申请人。

> 【例1-10】甲市乙区公安局所辖派出所以李某制造噪声干扰他人正常生活为由，对李某处以500元罚款。李某不服，申请复议，下列机关中可以作为复议机关的是（　　）。
>
> A. 乙区公安局　　　　B. 乙区人民政府
> C. 甲市公安局　　　　D. 甲市人民政府
>
> **解析** 正确答案为选项AB。对政府工作部门依法设立的派出机构依照法律、法规或者规章规定，以自己的名义作出的具体行政行为不服的，向设立该派出机构的部门或者该部门的本级地方人民政府申请行政复议。本案派出所是乙区公安局的派出机构，而乙区公安局所在地的人民政府是乙区人民政府，因此，可以作为复议机关的是乙区公安局和乙区人民政府。

（三）行政复议申请和受理

1. 行政复议的申请。

公民、法人或者其他组织认为具体行政行为侵犯其合法权益的，可以自知道该具体行政行为之日起60日内提出行政复议申请，但是法律规定的申请期限超过60日的除外。因不可抗力或者其他正当理由耽误法定申请期限的，申请期限自障碍消除之日起继续计算。

申请人申请行政复议，可以书面申请，也可以口头申请；口头申请的，行政复议机关应当当场记录申请人的基本情况，行政复议请求，申请行政复议的主要事实、理由和时间。

公民、法人或者其他组织向人民法院提起行政诉讼，人民法院已经依法受理的，不得申请行政复议。

2. 行政复议的受理。

行政复议机关收到行政复议申请后，应当在5日内进行审查，对不符合法律规定的行政复议申请，决定不予受理，并书面告知申请人；对符合法律规定，但是不属于本机关受理的行政复议申请，应当告知申请人向有关行政复议机关提出。除此之外，行政复议申请自行政复议机关负责法制工作的机构收到之日起即为受理。行政复议机关受理行政复议申请，不得向申请人收取任何费用。

3. 行政复议与行政诉讼的关系。

行政复议是行政系统内部的纠纷解决手段,行政诉讼是外部的司法解决纠纷手段。绝大多数具体行政行为引发的经济纠纷,行政相对人具有可复议可诉讼的选择权,如纳税人对税务机关对其逃税行为罚款的处罚决定不服的,既可以选择申请行政复议,也可以直接向人民法院提起诉讼。但是,当事人的这种自由选择并不绝对。在可复议可诉讼之外,还存在先复议后诉讼、只复议不诉讼和或诉讼或裁决三种情况。

(1) 先复议后诉讼,又称复议前置,是指经济纠纷发生后行政诉讼的提起须以行政复议为前提,没有申请行政复议的,不得提起诉讼。法律、法规规定先复议后诉讼的,只有行政复议机关决定不予受理或者受理后超过行政复议期限不作出答复的,公民、法人或者其他组织才可以自收到不予受理决定书之日起或者行政复议期满之日起15日内,依法向人民法院提起行政诉讼。例如,《行政复议法》第三十条第一款规定:"公民、法人或者其他组织认为行政机关的具体行政行为侵犯其已经依法取得的土地、矿藏、水流、森林、山岭、草原、荒地、滩涂、海域等自然资源的所有权或者使用权的,应当先申请行政复议;对行政复议决定不服的,可以依法向人民法院提起行政诉讼。"

(2) 只复议不诉讼,又称复议终局,是指对于行政机关作出的具体行政行为只能申请复议,而不得提起诉讼。换句话说,法律不提供司法解决的途径,如《行政复议法》第三十条第二款规定:"根据国务院或者省、自治区、直辖市人民政府对行政区划的勘定、调整或者征收土地的决定,省、自治区、直辖市人民政府确认土地、矿藏、水流、森林、山岭、草原、荒地、滩涂、海域等自然资源的所有权或者使用权的行政复议决定为最终裁决。"之所以规定此种情形只可复议不可诉讼,原因在于这一行政管理事项属于宪法规定的国务院或者省级人民政府的职权,由行政机关作出最终决定更为合适。

(3) 或诉讼或裁决,是指只能在诉讼和申请国务院裁决中选择一种纠纷解决途径。依据《行政复议法》,对国务院部门或者省、自治区、直辖市人民政府的具体行政行为不服的,向作出该具体行政行为的国务院部门或者省、自治区、直辖市人民政府申请行政复议。对行政复议决定不服的,可以向人民法院提起行政诉讼,也可以向国务院申请裁决,国务院依照《行政复议法》的规定作出最终裁决。

4. 行政复议期间具体行政行为的执行效力。

一般情况下,为了维护行政管理秩序,行政复议期间具体行政行为并不停止执行。但是,有下列情形之一的,可以停止执行:(1) 被申请人认为需要停止执行的;(2) 行政复议机关认为需要停止执行的;(3) 申请人申请停止执行,行政复议机关认为其要求合理,决定停止执行的;(4) 法律规定停止执行的。

(四) 行政复议决定

1. 行政复议的审查办法。

行政复议原则上采取书面审查的办法,但是申请人提出要求或者行政复议机关负责法制工作的机构认为有必要时，可以向有关组织和人员调查情况，听取申请人、被申请人和第三人的意见。书面审查方式，是指行政复议机关根据书面材料查清案件事实并作出行政复议决定。书面审查排除当事人的言辞辩论，当事人以书面形式提出自己的申请意见和答辩意见，以书面形式提交和运用证据。

行政复议的举证责任，由被申请人承担。在行政复议过程中，被申请人不得自行向申请人和其他有关组织或者个人收集证据。

2. 对抽象行政行为提出审查申请的处理程序。

申请人在申请行政复议时，一并提出对国务院部门的规定、县级以上地方人民政府及其工作部门的规定或者乡镇人民政府的规定进行审查的申请的，若行政复议机关对该规定有权处理的，应当在 30 日内依法处理；无权处理的，应当在 7 日内按照法定程序转送有权处理的行政机关依法处理，有权处理的行政机关应当在 60 日内依法处理。处理期间，中止对具体行政行为的审查。

3. 行政复议决定的作出期限。

行政复议机关应当自受理申请之日起 60 日内作出行政复议决定，但是法律规定的行政复议期限少于 60 日的除外。情况复杂，不能在规定期限内作出行政复议决定的，经行政复议机关的负责人批准，可以适当延长，并告知申请人和被申请人，但延长期限最多不得超过 30 日。

4. 行政复议决定的作出。

行政复议机构应当对被申请人作出的具体行政行为进行审查，提出意见，经行政复议机关的负责人同意或者集体讨论通过后，按照下列规定作出行政复议决定：

（1）维持决定。如果具体行政行为认定事实清楚，证据确凿，适用依据正确，程序合法，内容适当的，决定维持具体行政行为。

（2）履行决定。被申请人依法应当履行法定职责但不履行的，决定其在一定期限内履行。

（3）撤销、变更或者确认违法决定。具体行政行为有下列情形之一的，决定撤销、变更或者确认该具体行政行为违法：①主要事实不清、证据不足的；②适用依据错误的；③违反法定程序的；④超越或者滥用职权的；⑤具体行政行为明显不当的。决定撤销或者确认该具体行政行为违法的，可以责令被申请人在一定期限内重新作出具体行政行为。

《行政复议法》没有赋予被申请人延期举证的权利。被申请人不按照法律规定提出书面答复，提交当初作出具体行政行为的证据、依据和其他有关材料的，视为该具体行政行为没有证据、依据，决定撤销该具体行政行为。

行政复议机关责令被申请人重新作出具体行政行为的，被申请人不得以同一事实和理由作出与原具体行政行为相同或者基本相同的具体行政行为。

行政复议机关作出行政复议决定，应当制作行政复议决定书，并加盖印章。行政复议决定书一经送达,即发生法律效力。

5. 行政复议决定的履行。

(1) 自觉履行。被申请人应自觉履行行政复议决定。

(2) 限期履行。被申请人不履行或者无正当理由拖延履行行政复议决定的,行政复议机关或者有关上级行政机关应当责令其限期履行。

(3) 强制执行。申请人逾期不起诉又不履行行政复议决定的,或者不履行最终裁决的行政复议决定的,对于维持具体行政行为的行政复议决定,由作出具体行政行为的行政机关依法强制执行,或者申请人民法院强制执行;对于变更具体行政行为的行政复议决定,由行政复议机关依法强制执行,或者申请人民法院强制执行。

五、行政诉讼

行政诉讼是指公民、法人或者其他组织认为行政机关或者法律、法规授权的组织的行政行为侵犯其合法权益,依法向人民法院请求司法保护,人民法院通过对被诉行政行为的合法性进行审查,在双方当事人和其他诉讼参与人的参与下,对该行政争议进行审理和裁判的司法活动。1989年4月4日第七届全国人民代表大会第二次会议通过,历经2014年、2017年两次修正的《中华人民共和国行政诉讼法》(以下简称《行政诉讼法》)是行政诉讼的法律依据。行政诉讼也是行政法制监督的一种特殊形式。

(一) 特有原则

行政诉讼的特有原则,是指行政诉讼不同于民事诉讼、刑事诉讼的特殊原则。主要包括:

1. 被告负举证责任原则,是指被告应当提供作出该行政行为的证据和所依据的规范性文件。被告不提供或者无正当理由逾期提供证据,视为没有相应证据。在诉讼过程中,被告及其代理人不得自行向原告、第三人和证人收集证据。

2. 行政行为合法性审查原则,是指人民法院一般只审查行政行为的合法性问题,而不审查行政行为的适当性或称合理性问题。《行政诉讼法》第六条规定:人民法院审理行政案件,对行政行为是否合法进行审查。这意味着法院的司法审查权是有限的,与行政复议存在明显的不同,行政复议无论对于合法性问题,还是对于适当性问题,都可以进行审查。

3. 不适用调解原则,是指人民法院审理行政案件,不得调解,不得以调解方式结案。但是,行政赔偿、补偿以及行政机关行使法律、法规规定的自由裁量权的案件,可以调解。

4. 不停止行政行为执行原则,是指一般情况下,不得因当事人提起诉讼而停止执行行政行为,但存在例外情形,比如被告认为需要停止执行、人民法院认为该行政行为的执行会给国家利益造成重大损害,以及法律、法规规定停止执行等,裁定停止执行。

> 【例1-11】甲公司因抗税被税务机关处以所纳税款的3倍罚款,甲公司认为处罚过重,为此与税务机关产生争议,其解决争议应当选择的方式是( )。
> A. 行政诉讼　　B. 民事诉讼　　C. 行政复议　　D. 仲裁
> **解析** 正确答案为选项C。甲公司与税务机关处罚的争议属于行政争议,处罚方面争议可以选择诉讼,也可以选择复议,但本案争议焦点是处罚的适当性,处罚的适当性问题不在人民法院诉讼审查的范围,故甲公司应当选择行政复议解决该罚款争议。

(二)适用范围

公民、法人或者其他组织认为行政机关和行政机关工作人员的行政行为侵犯其合法权益,有权向人民法院提起行政诉讼。此处所称的行政行为,包括法律、法规、规章授权的组织作出的行政行为。

1. 行政诉讼受理范围。

法院受理公民、法人和其他组织提起的下列行政诉讼:

(1)行政处罚行为。对行政拘留、暂扣或者吊销许可证和执照、责令停产停业、没收违法所得、没收非法财物、罚款、警告等行政处罚不服的。

(2)行政强制行为。对限制人身自由或者对财产的查封、扣押、冻结等行政强制措施和行政强制执行不服的。

(3)行政许可行为。申请行政许可,行政机关拒绝或者在法定期限内不予答复,或者对行政机关作出的有关行政许可的其他决定不服的。

(4)行政确权行为。对行政机关作出的关于确认土地、矿藏、水流、森林、山岭、草原、荒地、滩涂、海域等自然资源的所有权或者使用权的决定不服的。

(5)行政征收、征用行为。对征收、征用决定及其补偿决定不服的。

(6)行政不作为。申请行政机关履行保护人身权、财产权等合法权益的法定职责,行政机关拒绝履行或者不予答复的。

(7)侵犯经营自主权、土地承包经营权、土地经营权行为。认为行政机关侵犯其经营自主权或者农村土地承包经营权、农村土地经营权的。

(8)排除或者限制竞争行为。认为行政机关滥用行政权力排除或者限制竞争的。

(9)违法要求履行义务行为。认为行政机关违法集资、摊派费用或者违法要求履行其他义务的。

(10)行政给付行为。认为行政机关没有依法支付抚恤金、最低生活保障待遇或者社会保险待遇的。

(11)行政协议行为。认为行政机关不依法履行、未按照约定履行或者违法变更、解除政府特许经营协议、土地房屋征收补偿协议等协议的。

（12）其他侵犯人身、财产权等合法权益行为。认为行政机关侵犯其他人身权、财产权等合法权益的。

除上述规定外，法院受理法律、法规规定可以提起诉讼的其他行政案件。

最高人民法院曾陆续颁布了一些司法解释，对法律"侵犯其他人身权、财产权等合法权益"的规定进行了释明，将教育行政决定案件、设施使用费征收案件、计划生育案件等纳入了受案范围。

【例1-12】根据《行政诉讼法》的规定，公民、法人或者其他组织对下列事项提起的诉讼中，属于人民法院行政诉讼受理范围的有（　　）。

A. 认为国务院部门制定的规章不合法
B. 对没收违法所得的行政处罚决定不服
C. 申请行政许可，行政机关拒绝
D. 认为行政机关滥用行政权力限制竞争

解析　正确答案为选项BCD。制定行政法规、规章是立法行为，不由法院监督，因此不能对行政法规、规章提起行政诉讼。法院可以应请求对行政行为所依据的国务院部门和地方人民政府及其部门制定的规范性文件（不含规章）进行审查，经审查认为不合法的，可以通过司法建议形式，建议制定机关修改或者废止。

2. 行政诉讼不予受理范围。

法院不受理公民、法人或者其他组织对下列事项提起的诉讼：

（1）国家行为。国防、外交等国家行为。

（2）抽象行政行为。行政法规、规章或者行政机关制定、发布的具有普遍约束力的决定、命令。

（3）内部行政行为。行政机关对行政机关工作人员的奖惩、任免等决定。

（4）终局行政裁决行为。法律规定由行政机关最终裁决的具体行政行为。例如，《行政复议法》第三十条第二款规定，省级人民政府对自然资源权属的复议决定为最终裁决，对省级政府的裁决不能提起诉讼。

此外，《最高人民法院关于适用〈中华人民共和国行政诉讼法〉的解释》还规定，下列行为不属于人民法院行政诉讼的受案范围：

（1）公安、国家安全等机关依照《刑事诉讼法》的明确授权实施的行为。

（2）调解行为以及法律规定的仲裁行为。

（3）行政指导行为。

（4）驳回当事人对行政行为提起申诉的重复处理行为。

（5）行政机关作出的不产生外部法律效力的行为。

（6）行政机关为作出行政行为而实施的准备、论证、研究、层报、咨询等过程性行为。

（7）行政机关根据人民法院的生效裁判、协助执行通知书作出的执行行为，但行政机关扩大执行范围或者采取违法方式实施的除外。

（8）上级行政机关基于内部层级监督关系对下级行政机关作出的听取报告、执法检查、督促履责等行为。

（9）行政机关针对信访事项作出的登记、受理、交办、转送、复查、复核意见等行为。

（10）对公民、法人或者其他组织权利义务不产生实际影响的行为。

（三）诉讼管辖

1. 级别管辖。

（1）基层人民法院管辖第一审行政案件。

（2）中级人民法院管辖下列第一审行政案件：对国务院部门或者县级以上地方人民政府所作的行政行为提起诉讼的案件；海关处理的案件；本辖区内重大、复杂的案件；其他法律规定由中级人民法院管辖的案件。

（3）高级人民法院管辖本辖区内重大、复杂的第一审行政案件。

（4）最高人民法院管辖全国范围内重大、复杂的第一审行政案件。

2. 地域管辖。

（1）一般地域管辖。行政案件由最初作出行政行为的行政机关所在地人民法院管辖。经复议的案件，也可以由复议机关所在地人民法院管辖。

经最高人民法院批准，高级人民法院可以根据审判工作的实际情况，确定若干人民法院跨行政区域管辖行政案件。

（2）特殊地域管辖。对限制人身自由的行政强制措施不服提起的诉讼，由被告所在地或者原告所在地人民法院管辖。因不动产提起的行政诉讼，由不动产所在地人民法院管辖。

（3）共同管辖。两个以上人民法院都有管辖权的案件，原告可以选择其中一个人民法院提起诉讼。原告向两个以上有管辖权的人民法院提起诉讼的，由最先立案的人民法院管辖。

3. 裁定管辖。

（1）移送管辖。人民法院发现受理的案件不属于本院管辖的，应当移送有管辖权的人民法院，受移送的人民法院应当受理。受移送的人民法院认为受移送的案件按照规定不属于本院管辖的，应当报请上级人民法院指定管辖，不得再自行移送。

（2）指定管辖。有管辖权的人民法院由于特殊原因不能行使管辖权的，由上级人民法院指定管辖。人民法院对管辖权发生争议，由争议双方协商解决；协商不成的，报它们的共同上级人民法院指定管辖。

（3）移转管辖。上级人民法院有权审理下级人民法院管辖的第一审行政案件。下级人民法院对其管辖的第一审行政案件，认为需要由上级人民法院审理或者指定管辖的，可以报请上级人民法院决定。

（四）诉讼参加人

诉讼参加人包括当事人和诉讼代理人。

行政诉讼是"民告官"，因此，诉讼当事人相对固定。原告是作为行政行为相对人或者其他利害关系人的公民、法人或者其他组织；被告是作为行政主体的行政机关和法律、法规、规章授权组织。行政诉讼的当事人、法定代理人，可以委托1~2人作为诉讼代理人进行诉讼。

1. 原告的确认。

原告的确认直接关系到原告是否拥有诉权，能否将争议起诉到人民法院通过司法途径获得救济。行政诉讼的原告不仅仅限于行政行为直接针对的行政相对人，公民、法人或者其他组织即使不是某一行政行为的直接相对人，只要其合法权益受到行政行为的实质影响，即可成为行政诉讼的原告。这里的合法权益主要指人身权、财产权。人身权、财产权以外的合法权益受到行政行为侵害的，只有专门的法律、法规另有规定可以起诉的，方可提起行政诉讼。

《行政诉讼法》及其司法解释分别列举了行政诉讼原告的以下类型：

（1）受害人。受害人是受到公民、法人或者其他组织违法行为侵害的人。受害人并非行政行为的相对人。当受害人因受到损害要求主管行政机关追究加害人的法律责任时，可以原告身份依法提起行政诉讼。

（2）相邻权人。相邻权人是指与不动产的占有人相邻的公民、法人或者其他组织，占有人在行使物权时，可对其相邻的他人的不动产依法享有特定支配权。相邻权人并非行政行为的相对人。当其认为相邻权受到行政行为的侵害，与行政行为产生利害关系时，可以原告身份起诉。例如，某城乡规划局向甲公司发放了建设用地规划许可证，刘某认为建筑工程完成后将遮挡其房屋采光，刘某作为相邻权人就属于行政相关人，可以起诉城乡规划局。

（3）公平竞争权人。公平竞争权是经营者依法享有的要求其他经营者及相关主体公平竞争，以保障经营者合法利益的权利。公民、法人或者其他组织认为行政机关滥用行政权力排除或者限制竞争的，可以向人民法院提起行政诉讼。

（4）投资人。联营企业、中外合资或者合作企业的联营、合资、合作各方认为联营、合资、合作企业的权益或者自己一方合法权益受行政行为侵害的，可以自己的名义提起诉讼。

（5）合伙组织。合伙组织分合伙企业和个人合伙两种形式。合伙企业向人民法院提起诉讼的，应当以核准登记的字号为原告；其他合伙组织起诉的，合伙人为共同原告。

（6）农村土地承包人。农村土地承包人等土地使用权人对行政机关处分其使用的农村土地的行为不服，可以自己的名义提起诉讼。

（7）非国有企业。非国有企业被行政机关注销、撤销、合并、强令兼并、出售、分立或者改变企业隶属关系的，该企业或者其法定代表人可以提起诉讼。

（8）股份制企业。股份制企业的股东大会、股东会、董事会等认为行政机关作出的行政行为侵犯企业经营自主权的，可以企业名义提起诉讼。

（9）非营利法人的设立人。事业单位、社会团体、基金会、社会服务机构等非营利法人的出资人、设立人认为行政行为损害法人合法权益的，可以自己的名义提起诉讼。

（10）业主委员会。业主委员会对于行政机关作出的涉及业主共有利益的行政行为，可以自己的名义提起诉讼。业主委员会不起诉的，专有部分占建筑物总面积过半数或者占总户数过半数的业主可以提起诉讼。

（11）债权人。债权人以行政机关对债务人所作的行政行为损害债权实现为由提起行政诉讼的，人民法院应当告知其就民事争议提起民事诉讼，但行政机关作出行政行为时依法应予保护或者应予考虑的除外。

公民因被限制人身自由而不能提起诉讼的，其近亲属可以依其口头或者书面委托以该公民的名义提起诉讼。近亲属起诉时无法与被限制人身自由的公民取得联系，近亲属可以先行起诉，并在诉讼中补充提交委托证明。

2. 被告的确认。

"谁作出行政行为，谁就是被告"，这是确认行政诉讼被告的一般规则。但是，由于行政实践较为复杂，被告确认存在诸多不同情形。

（1）直接被告的确认。公民、法人或者其他组织直接向人民法院提起诉讼的，作出行政行为的行政机关是被告。

（2）复议案件的被告确认。经复议的案件，复议机关决定维持原行政行为的，作出原行政行为的行政机关和复议机关是共同被告；复议机关改变原行政行为的，复议机关是被告。

复议机关在法定期限内未作出复议决定，公民、法人或者其他组织起诉原行政行为的，作出原行政行为的行政机关是被告；起诉复议机关不作为的，复议机关是被告。

（3）共同被告的确认。两个以上行政机关作出同一行政行为的，共同作出行政行为的行政机关是共同被告。

（4）委托行政的被告确认。行政机关委托的组织所作的行政行为，委托的行政机关是被告。

（5）经批准的行政行为的被告确认。当事人不服经上级行政机关批准的行政行为，向人民法院提起诉讼的，以在对外发生法律效力的文书上署名的机关为被告。

（6）法律、法规、规章授权组织作为被告的确认。法律、法规、规章授权组织所作的行政行为，该授权组织是被告。法律、法规或者规章授权行使行政职权的行政机关内设机构、派出机构或者其他组织，超出法定授权范围实施行政行为，当事人不服提起诉讼的，若属于幅度越权，以实施该行为的机构或者组织为被告；若属于种类越权,以该行政机关为被告。

(7) 内部机构的被告确认。行政机关组建并赋予行政管理职能但不具有独立承担法律责任能力的机构,以自己的名义作出行政行为,当事人不服提起诉讼的,以组建该机构的行政机关为被告。

行政机关内设机构、派出机构在没有法律、法规或者规章授权的情况下,以自己的名义作出行政行为,当事人不服提起诉讼的,以该行政机关为被告。

(8) 开发区管理机构的被告确认。对由国务院、省级人民政府批准设立的开发区管理机构作出的行政行为不服提起诉讼的,以该开发区管理机构为被告;对由国务院、省级人民政府批准设立的开发区管理机构所属职能部门作出的行政行为不服提起诉讼的,以其职能部门为被告;对其他开发区管理机构所属职能部门作出的行政行为不服提起诉讼的,以开发区管理机构为被告;开发区管理机构没有行政主体资格的,以设立该机构的地方人民政府为被告。

(9) 不作为案件中的被告确认。具有法定职权且依法应当履行但拒不行使,从而侵害相对人合法权益的行政机关,可以作为被告。

(10) 被告资格的转移。行政机关被撤销或者职权变更的,引发被告资格的转移,其中:行政职权依然存在的,继续行使其职权的行政机关是被告;行政职权已不复存在的,作出撤销决定的行政机关是被告。

原告所起诉的被告不适格,人民法院应当通知原告变更被告;若原告不同意变更的,应当裁定驳回起诉。存在多名被告,原告只选择了部分被告起诉,对于其他被告没有起诉的,人民法院通知原告应当追加被告,应当追加被告而原告不同意追加的,人民法院应当通知其以第三人的身份参加诉讼,但行政复议机关作共同被告的除外。也就是说,对于复议维持遗漏被告的,人民法院应当依职权追加遗漏的行政机关为诉讼被告,不再将遗漏的被告列为诉讼第三人。

(五) 起诉和受理

1. 起诉。

(1) 与行政复议的衔接关系。

对属于人民法院受案范围的行政案件,公民、法人或者其他组织可以先向行政机关申请复议,对复议决定不服的,再向人民法院提起诉讼;也可以直接向人民法院提起诉讼。

公民、法人或者其他组织申请行政复议,行政复议机关已经依法受理的,或者法律、法规规定应当先向行政复议机关申请行政复议,对行政复议决定不服再向人民法院提起行政诉讼的,在法定行政复议期限内不得向人民法院提起行政诉讼。

法律、法规规定应当先向行政复议机关申请行政复议,对行政复议决定不服再向人民法院提起行政诉讼的,行政复议机关决定不予受理或者受理后超过行政复议期限不作答复的,公民、法人或者其他组织可以自收到不予受理决定书之日起或者行政复议期满之日起 15 日内，依法向人民法院提起行政诉讼。

（2）起诉的一般条件。

提起行政诉讼，应当符合下列条件：①原告是认为行政行为侵犯其合法权益的公民、法人或者其他组织；②有明确的被告；③有具体的诉讼请求和事实根据；④属于人民法院受案范围和受诉人民法院管辖。

（3）起诉的时间条件。

公民、法人或者其他组织直接向人民法院提起诉讼的，应当自知道或者应当知道作出行政行为之日起 6 个月内提出。法律另有规定的除外。因不动产提起诉讼的案件自行政行为作出之日起超过 20 年，其他案件自行政行为作出之日起超过 5 年提起诉讼的，人民法院不予受理。

公民、法人或者其他组织申请行政机关履行保护其人身权、财产权等合法权益的法定职责，行政机关在接到申请之日起 2 个月内不履行的，公民、法人或者其他组织可以向人民法院提起诉讼。法律、法规对行政机关履行职责的期限另有规定的，从其规定。公民、法人或者其他组织在紧急情况下请求行政机关履行保护其人身权、财产权等合法权益的法定职责，行政机关不履行的，提起诉讼不受上述规定期限的限制。

公民、法人或者其他组织因不可抗力或者其他不属于其自身的原因耽误起诉期限的，被耽误的时间不计算在起诉期限内。公民、法人或者其他组织因上述情形以外的其他特殊情况耽误起诉期限的，在障碍消除后 10 日内，可以申请延长期限，是否准许由人民法院决定。

（4）起诉方式。

起诉应当向人民法院递交起诉状，并按照被告人数提出副本。书写起诉状确有困难的，可以口头起诉，由人民法院记入笔录，出具注明日期的书面凭证，并告知对方当事人。

2. 受理。

人民法院在接到起诉状时对符合法律规定的起诉条件的，应当登记立案；对当场不能判定是否符合法律规定的起诉条件的，应当接收起诉状，出具注明收到日期的书面凭证，并在 7 日内决定是否立案；对不符合起诉条件的，作出不予立案的裁定。裁定书应当载明不予立案的理由。原告对裁定不服的，可以提起上诉。

人民法院既不立案，又不作出不予立案的裁定，当事人可以向上一级人民法院起诉。上一级人民法院认为符合起诉条件的，应当立案、审理，也可以指定其他下级人民法院立案、审理。

公民、法人或者其他组织认为行政行为所依据的国务院部门和地方人民政府及其部门制定的规范性文件不合法，在对行政行为提起诉讼时，可以一并请求对该规范性文件进行审查。此处的规范性文件不含规章。

人民法院审理行政案件，应当收取诉讼费用。诉讼费用由败诉方承担，双方都有责任的由双方分担。

（六）审理和判决

1. 第一审普通程序。

第一审普通程序，是指人民法院自立案至作出第一审裁判的整个诉讼活动。第一审程序是整个行政诉讼的基础程序。

（1）第一审普通程序的审理。人民法院审理行政案件，由审判员组成合议庭，或者由审判员、陪审员组成合议庭。合议庭的成员应当是3人以上的单数。

人民法院公开审理行政案件，但涉及国家秘密、个人隐私和法律另有规定的除外。涉及商业秘密的案件，当事人申请不公开审理的，可以不公开审理。被诉行政机关负责人应当出庭应诉，不能出庭的，应当委托行政机关相应的工作人员出庭。

在涉及行政许可、登记、征收、征用和行政机关对民事争议所作的裁决的行政诉讼中，当事人申请一并解决相关民事争议的，人民法院可以一并审理。

人民法院审理行政案件，不适用调解。但是，行政赔偿、补偿以及行政机关行使法律、法规规定的自由裁量权的案件可以调解。调解应当遵循自愿、合法原则，不得损害国家利益、社会公共利益和他人合法权益。

人民法院审理行政案件，以法律和行政法规、地方性法规为依据。地方性法规适用于本行政区域内发生的行政案件。人民法院审理民族自治地方的行政案件，并以该民族自治地方的自治条例和单行条例为依据。人民法院审理行政案件，参照规章。

（2）第一审普通程序的判决。人民法院应当在立案之日起6个月内作出第一审判决。有特殊情况需要延长的，由高级人民法院批准。高级人民法院审理第一审案件需要延长的，由最高人民法院批准。人民法院对公开审理和不公开审理的案件，一律公开宣告判决。

行政行为证据确凿，适用法律、法规正确，符合法定程序的，或者原告申请被告履行法定职责或者给付义务理由不成立的，人民法院判决驳回原告的诉讼请求。

行政行为有下列情形之一的，人民法院判决撤销或者部分撤销，并可以判决被告重新作出行政行为：主要证据不足；适用法律、法规错误；违反法定程序；超越职权；滥用职权；明显不当。人民法院判决被告重新作出行政行为的，被告不得以同一的事实和理由作出与原行政行为基本相同的行政行为。

人民法院经过审理，查明被告不履行法定职责的，判决被告在一定期限内履行。人民法院经过审理，查明被告依法负有给付义务的，判决被告履行给付义务。

行政处罚明显不当，或者其他行政行为涉及对款额的确定、认定确有错误的，人民法院可以判决变更。人民法院判决变更，不得加重原告的义务或者减损原告的权益，但是利害关系人同为原告，且诉讼请求相反的除外。

人民法院判决确认被告行政行为违法或者无效的，可以同时判决责令被告采取补救措施；给原告造成损失的，依法判决被告承担赔偿责任。

2. 简易程序。

（1）适用范围。人民法院审理下列第一审行政案件，认为事实清楚、权利义务关系明确、争议不大的，可以适用简易程序：被诉行政行为是依法当场作出的；案件涉及款额2 000元以下的；属于政府信息公开案件的。除前述规定外的第一审行政案件，当事人各方同意适用简易程序的，可以适用简易程序。发回重审、按照审判监督程序再审的案件不适用简易程序。

（2）审判组织与审理期限。适用简易程序审理的行政案件，由审判员一人独任审理，并应当在立案之日起45日内审结。

人民法院在审理过程中，发现案件不宜适用简易程序的，裁定转为普通程序。

3. 第二审程序。

（1）第二审程序的提起。当事人不服人民法院第一审判决的，有权在判决书送达之日起15日内向上一级人民法院提起上诉；当事人不服人民法院裁定的，有权在裁定书送达之日起10日内向上一级人民法院提起上诉。逾期不提起上诉的，人民法院的第一审判决或者裁定发生法律效力。

（2）第二审程序的审理。人民法院对上诉案件，应当组成合议庭，开庭审理。经过阅卷、调查和询问当事人，对没有提出新的事实、证据或者理由，合议庭认为不需要开庭审理的，也可以不开庭审理。人民法院审理上诉案件，应当对原审人民法院的判决、裁定和被诉行政行为进行全面审查。

（3）第二审程序的判决。人民法院审理上诉案件，应当在收到上诉状之日起3个月内作出终审判决。有特殊情况需要延长的，由高级人民法院批准，高级人民法院审理上诉案件需要延长的，由最高人民法院批准。人民法院审理上诉案件，按照法律规定的各种情形，分别作出处理。

4. 审判监督程序。

当事人对已经发生法律效力的判决、裁定，认为确有错误的，可以向上一级人民法院申请再审，但判决、裁定不停止执行。

各级人民法院院长对本院已经发生法律效力的判决、裁定，发现有法定再审事由，或者发现调解违反自愿原则或者调解书内容违法，认为需要再审的，应当提交审判委员会讨论决定。最高人民法院对地方各级人民法院已经发生法律效力的判决、裁定，上级人民法院对下级人民法院已经发生法律效力的判决、裁定，发现有法定再审事由，或者发现调解违反自愿原则或者调解书内容违法的，有权提审或者指令下级人民法院再审。

最高人民检察院对各级人民法院已经发生法律效力的判决、裁定，上级人民检察院对下级人民法院已经发生法律效力的判决、裁定，发现有法定再审事由，或者发现调解书损害国家利益、社会公共利益的，应当提出抗诉。地方各级人民检察院对同级人民法院已经发生法律效力的判决、裁定,发现有法定再审事由,或者发现调解书损害国家利益、社会公共利益的,可以向同级人民法院提出检察建议,并报上级人民检察院备案;也可以提请上级人民检察院向同级人民法院提出抗诉。

(七)执行

当事人必须履行人民法院发生法律效力的判决、裁定、调解书。公民、法人或者其他组织拒绝履行判决、裁定、调解书的,行政机关或者第三人可以向第一审人民法院申请强制执行,或者由行政机关依法强制执行。

行政机关拒绝履行判决、裁定、调解书的,第一审人民法院可以采取下列措施:

(1)对应当归还的罚款或者应当给付的款额,通知银行从该行政机关的账户内划拨;

(2)在规定期限内不履行的,从期满之日起,对该行政机关负责人按日处50元至100元的罚款;

(3)将行政机关拒绝履行的情况予以公告;

(4)向监察机关或者该行政机关的上一级行政机关提出司法建议。接受司法建议的机关,根据有关规定进行处理,并将处理情况告知人民法院;

(5)拒不履行判决、裁定、调解书,社会影响恶劣的,可以对该行政机关直接负责的主管人员和其他直接责任人员予以拘留;情节严重,构成犯罪的,依法追究刑事责任。

公民、法人或者其他组织对行政行为在法定期间不提起诉讼又不履行的,行政机关可以申请人民法院强制执行,或者依法强制执行。

本章思考题

1. 划分法律部门的标准是什么?
2. 民事法律行为生效须满足哪些条件?
3. 民事法律行为成立与生效是什么关系?
4. 表见代理有哪些情形,后果如何?
5. 经济纠纷有哪些解决途径,如何具体选择适用?
6. 《仲裁法》的适用范围是什么?
7. 哪些争议案件可以适用《民事诉讼法》?
8. 什么是诉讼时效中止、诉讼时效中断,哪些事由导致诉讼时效中断?
9. 哪些争议可以通过行政复议解决?
10. 哪些争议可以通过行政诉讼解决?
11. 行政复议与行政诉讼存在哪些区别?
12. 行政诉讼的原告、被告如何确认?

第二章 公司法律制度

本章要求

掌握：公司法人财产权，有限责任公司的设立、组织机构、股权转让，一人有限责任公司和国有独资公司的特别规定，股份有限公司的设立、组织机构，公司董事、监事、高级管理人员的资格和义务；**熟悉**：公司的概念和种类，上市公司组织机构的特别规定，股东诉讼，公司股票和公司债券的发行和转让，公司的利润分配，公司合并、分立、增资、减资、解散和清算；**了解**：公司法的概念与性质，公司登记管辖、登记事项、备案事项、登记规范、监督管理，公司债券，公司财务、会计的作用，公司财务、会计的基本要求，利润分配。

本章主要内容

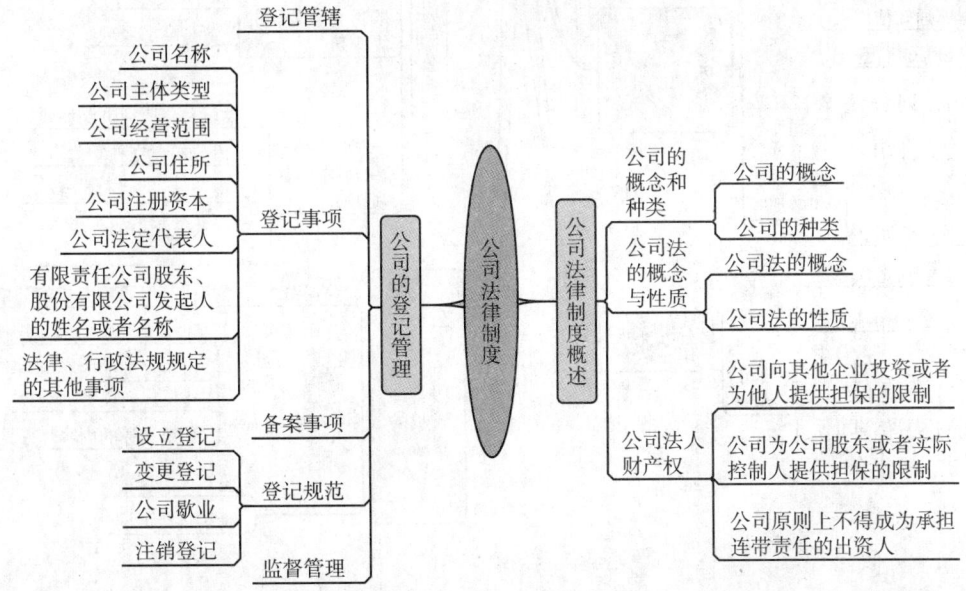

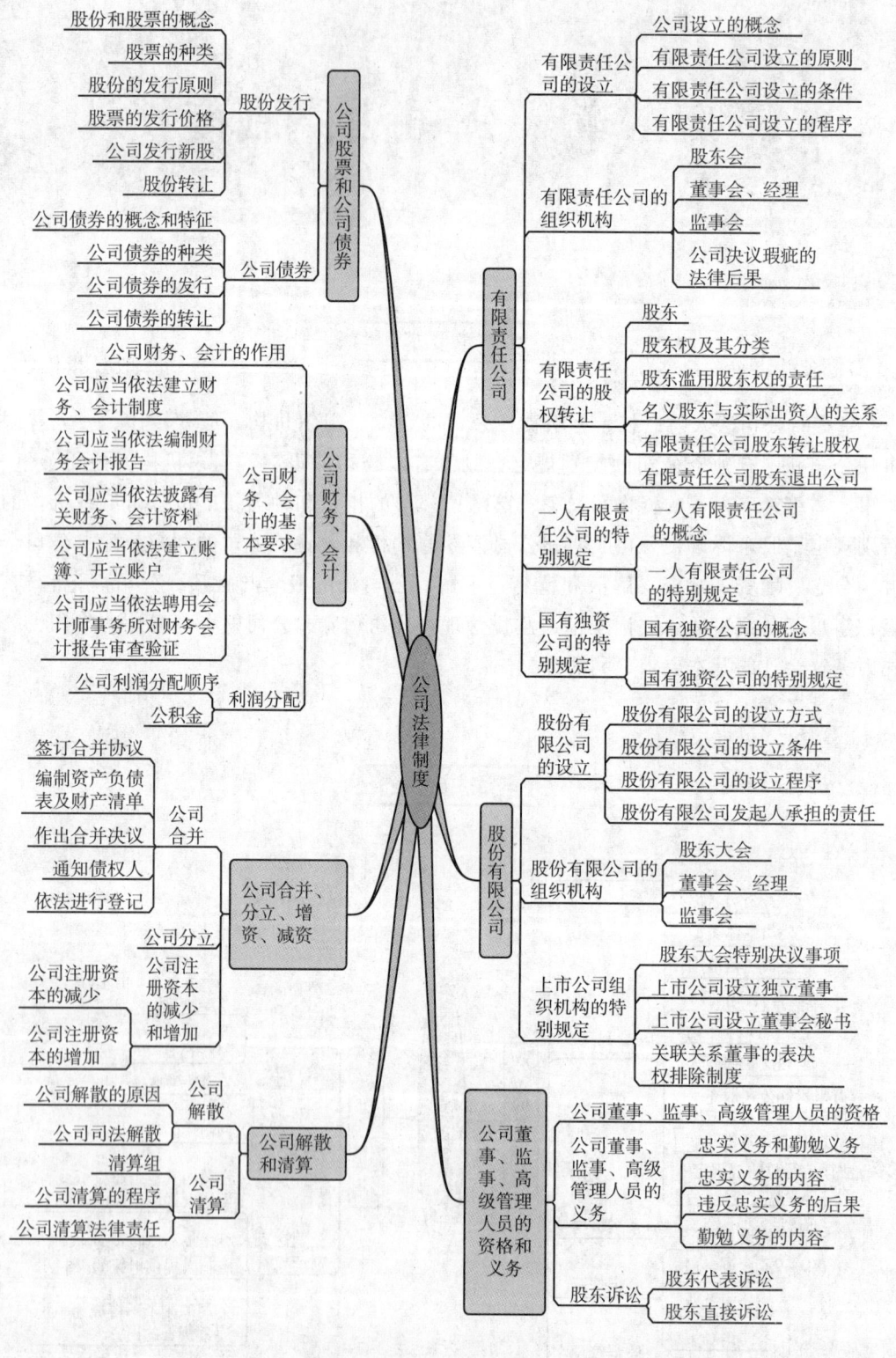

第一节 公司法律制度概述

一、公司的概念和种类

(一) 公司的概念

由于各国立法对公司规定不同,不同类型的公司法律特征有一定区别,因此,公司的概念并不统一。根据我国《民法典》和《公司法》的规定,公司一般是指依法成立,以取得利润并分配给股东等出资人为目的的营利法人。

其特征为:

1. 依法设立。这是指公司必须依法定条件、法定程序设立。一方面,公司的章程、资本、组织机构、活动原则等必须合法;另一方面,公司设立必须经过法定程序,进行登记。

2. 以营利为目的。这是指公司设立以经营并获取利润为目的,且股东出资设立公司的目的也是为了营利,即从公司经营中取得利润。如果某些公司对经营利润不进行分配,而是用于社会公益等其他目的,则不属于以营利为目的的公司性质,例如,中国证券登记结算有限责任公司。另外,国有公司分类制改革中的公益类国有公司,也是按照非营利性质来运营和监管。

3. 以股东投资行为为基础设立。根据《公司法》的规定,公司设立必须具备的法定条件之一是达到法定的注册资本,而注册资本来源于股东的投资,即由股东按法定和章程约定的出资方式及约定比例出资形成,因此,没有股东的投资行为就不能设立公司。

4. 具有独立法人资格。《民法典》第五十七条规定:"法人是具有民事权利能力和民事行为能力,依法独立享有民事权利和承担民事义务的组织。"公司具有独立法人资格,体现在公司拥有独立的法人财产,有独立的组织机构并能够独立承担民事责任。商法理论将商事主体分为商个人(个人独资企业)、商合伙(合伙企业)和公司。公司区别于其他商事主体的特征就在于公司具有独立的法人资格。

(二) 公司的种类

按照法律的规定及学理的解释,可以对公司作以下分类:

1. 以公司资本结构和股东对公司债务承担责任的方式为标准,可以将公司分为以下四类:(1) 有限责任公司,是指股东以其认缴的出资额为限对公司承担责任,公司以其全部财产对公司的债务承担责任的公司。(2) 股份有限公司,是指将公司全部资本分为等额股份,股东以其认购的股份为限对公司承担责任,公司以其全部财产对公司的债务承担责任的公司。(3) 无限公司，是指由两个以上的股东组成，全体股东对公司的债务承担无限连带责任的公司。无限公司与合伙企业具有基本相同的法律属性，但不同的是，有些国家规定无限公司具有法人资格。(4) 两合公司，是指由负无限责任的股东和负有限责任的股东组成，无限责任股东对公司债务负无限连带责任，有限责任股东仅以其认缴的出资额为限对公司债务承担责任，其中，无限责任股东是公司经营管理者，有限责任股东则是不参与经营管理的出资者。我国《公司法》规定的公司形式仅为有限责任公司和股份有限公司。

2. 以公司的信用基础为标准，可以将公司分为以下三类：(1) 资合公司，是指以公司资本作为信用基础的公司，其典型的形式为股份有限公司。此类公司仅以资本的实力取信于人，股东个人的财产、能力或者信誉与公司无关。(2) 人合公司，是指以股东个人的财力、能力和信誉作为信用基础的公司，其典型的形式为无限公司。人合公司不以自身资本为信用基础，法律上也不规定设立公司的最低资本额，股东可以用劳务、信用和其他权利出资，企业的所有权和经营权一般也不分离。(3) 资合兼人合的公司，是指同时以公司资本和股东个人信用作为公司信用基础的公司，其典型的形式为有限责任公司。

3. 以公司组织关系为标准，可以将公司分为以下两类：(1) 母公司和子公司。不同公司之间基于股权而存在控制与依附关系时，持有其他公司股权而处于控制地位的是母公司，股权被持有而处于依附地位的则是子公司。母子公司虽然存在控制与被控制的组织关系，但它们都具有法人资格，在法律上是彼此独立的企业。我国《公司法》规定，公司可以设立子公司，子公司具有法人资格，依法独立承担民事责任。(2) 总公司与分公司。分公司是公司依法设立的以公司名义进行经营活动，其法律后果由公司承担的分支机构。相对分公司而言，公司即为总公司或本公司。分公司没有独立的公司名称、章程，没有独立的财产，不具有法人资格，但可领取营业执照，进行经营活动，其民事责任由总公司承担。我国《公司法》规定，公司可以设立分公司，分公司不具有法人资格，其民事责任由公司承担。我国《民法典》规定，法人可以依法设立分支机构。分支机构以自己的名义从事民事活动，产生的民事责任由法人承担；也可以先以该分支机构管理的财产承担，不足以承担的，由法人承担。

4. 以公司除受《公司法》调整外是否还受其他特别法调整，可将公司分为一般法上的公司和特别法上的公司。

5. 按公司的股票是否上市流通，可将公司分为上市公司和非上市公司。

6. 按公司的国籍，可将公司分为本国公司和外国公司。

【例2—1】下列关于子公司法人资格和民事责任承担的表述中，符合公司法律制度规定的是（   ）。

A. 子公司具有法人资格，独立承担民事责任

B. 子公司不具有法人资格，其财产不足以清偿的民事责任，由母公司承担

C. 子公司不具有法人资格，其民事责任由母公司承担

D. 子公司不具有法人资格，应与母公司共同承担民事责任

解析 正确答案是选项 A。母公司和子公司都是独立的法人，各自依法独立承担民事责任。

二、公司法的概念与性质

（一）公司法的概念

公司法，指的是规范公司的设立、组织活动和解散以及其他与公司组织有关的对内对外关系的法律规范的总称。公司法有广义和狭义之分。广义的公司法又称为实质意义的公司法，是指一切有关公司的法律、法规和最高法的司法解释等。狭义的公司法又称为形式意义的公司法，是指仅冠以《公司法》之名的一部法律。我国《公司法》于 1993 年 12 月 29 日通过，1999 年、2004 年、2013 年、2018 年四次修正，2005 年修订，自 2006 年 1 月 1 日起施行。

对公司法概念可以从以下方面理解：

第一，公司法是商法的重要组成部分，属于商法中的商事主体法，是规范公司商事活动最基本的规则。

第二，公司法是规定公司的法律规范。公司这一企业形态最适应市场发展的要求，在各种企业形态中居特殊地位，因而公司法在诸企业立法中居重要地位。

第三，公司法是规范公司的设立、组织、营运、解散及其他对内对外关系的法律。所谓对内关系，即指公司与其股东或其股东相互间的关系；所谓对外关系，指公司与第三人或其股东与第三人间的关系。这些关系的公司法调整，是公司存续和发展的基础，也是市场经济发展的条件。

（二）公司法的性质

1. 公司法兼具组织法和活动法的双重性质，以组织法为主。公司法中公司的设立、变更与终止，公司的章程、权利能力和行为能力，公司的组织机构和法律地位等规范，都体现了组织法的性质。而公司法中规定的各种活动，也主要是与公司组织有关的活动，如公司股东会的表决程序。不涉及公司组织的各种活动，则主要由公司法以外的各种法律规范来调整。

2. 公司法兼具实体法和程序法的双重性质，以实体法为主。公司法首先规定参与公司活动的各种主体的资格条件、权利义务以及法律责任等，还规定了保障权利实现、追究法律责任的程序。

3. 公司法兼具强制法和任意法的双重性质，以强制法为主。现代公司理论认为，公司是利益相关者组成的团体。公司突破了个人之间的相互作用，加大了社会成员的

联系程度。公司法要考虑整个社会交易秩序的维护,这正是公司法具有强制性与严格性的原因。

4. 公司法兼具国内法和涉外法的双重性质,以国内法为主。公司法是本国发展经济的重要法律之一,就其本质而言是一种国内法;但从另一个角度来看,公司法又是国际经济贸易交往中必须考虑的重要法律,并且,现代英美法系和大陆法系各国的公司法有相互融合借鉴的趋势,这就使得公司法具有了一定的国际性。

三、公司法人财产权

《公司法》规定,公司作为企业法人享有法人财产权。公司的财产虽然源于股东的投资,但股东一旦将财产投入公司,便丧失对该财产直接支配的权利,只享有公司的股权,由公司享有对该财产的支配权利,即法人财产权。法人财产权是指公司拥有由股东投资形成的法人财产,并依法对该财产行使占有、使用、收益、处分的权利。因此,股东投资于公司的财产需要通过对资本的注册与股东的其他财产明确分开,在公司成立后股东不得抽逃投资,不得占用、转移和支配公司的法人财产。公司的法人财产权既是公司作为法人对外承担责任的基础,也是公司对股东履行责任的基础。为了维持公司资本充足,保障公司债权人的利益,《公司法》对公司行使法人财产权作出如下限制性规定:

(一)公司向其他企业投资或者为他人提供担保的限制

公司向其他企业投资或者为他人提供担保,依照公司章程的规定,由董事会或者股东会、股东大会决议;公司章程对投资或者担保的总额及单项投资或者担保的数额有限额规定的,不得超过规定的限额。

(二)公司为公司股东或者实际控制人提供担保的限制

公司为公司股东或者实际控制人提供担保的,必须经股东会或者股东大会决议。接受担保的股东或者受实际控制人支配的股东,不得参加上述规定事项的表决。该项表决由出席会议的其他股东所持表决权的过半数通过。

(三)公司原则上不得成为承担连带责任的出资人

公司可以向其他企业投资;但是,除法律另有规定外,不得成为对所投资企业的债务承担连带责任的出资人。

【例2-2】A公司是由甲出资20万元、乙出资50万元、丙出资30万元、丁出资80万元共同设立的有限责任公司,丁申请A公司为其银行贷款作担保,为此,A公司召开股东会,甲、乙、丙、丁均出席会议,甲、丙表示同意,乙明确表示不同意。根据《公司法》的规定,下列关于会议决议的表述中,正确的是( )。

A. 该决议必须经甲、乙、丙、丁四个股东全部通过,因乙不同意而不能通过

B. 该决议必须经甲、乙、丙三个股东全部通过,因乙不同意而不能通过

C. 该决议必须经全体股东所持表决权的过半数通过，因甲、丙、丁所持表决权占72%，因此通过

D. 该决议必须经甲、乙、丙股东所持表决权的过半数通过，因甲、丙所持表决权仅占50%，因此不通过

解析 正确答案为选项 D。根据《公司法》的规定，公司为公司股东提供担保，必须经股东会或者股东大会决议，接受担保的股东不得参加该事项的表决，该项表决由出席会议的其他股东所持表决权的过半数通过。A 公司为丁作担保的决议必须经出席会议的甲、乙、丙三股东所持表决权的过半数通过，因乙不同意，而甲、丙所持表决权仅占50%，未达过半数表决权，因此决议不通过。

第二节 公司的登记管理

公司登记是国家赋予公司法人资格与企业经营资格，并对公司的设立、变更、歇业注销加以规范、公示的法律行为。《公司法》规定，设立公司，应当依法向公司登记机关申请设立登记。符合规定的设立条件的，由公司登记机关分别登记为有限责任公司或者股份有限公司。公司经公司登记机关依法登记，领取《企业法人营业执照》，取得企业法人资格。未经公司登记机关登记的，不得以公司名义从事经营活动。2021年4月14日，国务院第131次常务会议通过《中华人民共和国市场主体登记管理条例》（以下简称《市场主体登记管理条例》）。《市场主体登记管理条例》自2022年3月1日起施行，《中华人民共和国公司登记管理条例》《中华人民共和国企业法人登记管理条例》《中华人民共和国合伙企业登记管理办法》《农民专业合作社登记管理条例》《企业法人法定代表人登记管理规定》同时废止。因此，自2022年3月1日起，公司登记依据《市场主体登记管理条例》进行。

一、登记管辖

我国的公司登记机关是市场监督管理机关。国务院市场监督管理部门主管全国市场主体登记管理工作。县级以上地方人民政府市场监督管理部门主管本辖区市场主体登记管理工作，加强统筹指导和监督管理。

二、登记事项

公司的一般登记事项包括：名称；主体类型；经营范围；住所；注册资本；法定代表人；有限责任公司股东、股份有限公司发起人的姓名或者名称；法律、行政法规

规定的其他事项。

(一) 公司名称

公司只能登记一个名称，经登记的公司名称受法律保护。公司名称由申请人依法自主申报。公司名称应当符合国家有关规定。有限责任公司必须在公司名称中标明"有限责任公司"或者"有限公司"字样；股份有限公司必须在公司名称中标明"股份有限公司"或者"股份公司"的字样。经公司登记机关核准登记的公司名称受法律保护。根据《企业名称登记管理规定》，企业名称应当使用规范汉字，民族自治地方的企业名称可以同时使用本民族自治地方通用的民族文字。企业名称由行政区划名称、字号、行业或者经营特点、组织形式组成。跨省、自治区、直辖市经营的企业，其名称可以不含行政区划名称；跨行业综合经营的企业，其名称可以不含行业或者经营特点，例如，海尔集团公司。企业名称中的字号应当由两个以上汉字组成。县级以上地方行政区划名称、行业或者经营特点不得作为字号，另有含义的除外。企业名称不得有下列情形：损害国家尊严或者利益；损害社会公共利益或者妨碍社会公共秩序；使用或者变相使用政党、党政军机关、群团组织名称及其简称、特定称谓和部队番号；使用外国国家（地区）、国际组织名称及其通用简称、特定称谓；含有淫秽、色情、赌博、迷信、恐怖、暴力的内容；含有民族、种族、宗教、性别歧视的内容；违背公序良俗或者可能有其他不良影响；可能使公众受骗或者产生误解；法律、行政法规以及国家规定禁止的其他情形。

(二) 公司主要类型

公司登记的类型包括有限责任公司和股份有限公司。一人有限责任公司应当在公司登记中注明自然人独资或者法人独资，并在公司营业执照中载明。

(三) 公司经营范围

经营范围是股东选择的公司生产和经营的商品类别、品种及服务项目。公司的经营范围包括一般经营项目和许可经营项目。经营范围中属于在登记前依法须经批准的许可经营项目，公司应当在申请登记时提交有关批准文件。公司应当按照登记机关公布的经营项目分类标准办理经营范围登记。根据《公司法》的规定，经营范围由公司章程规定，并应依法登记。公司可以修改公司章程，改变经营范围，但是应当办理变更登记。

(四) 公司住所

公司住所是公司进行经营活动的场所，同时也是发生纠纷时确定诉讼管辖及行政管辖的依据，是向公司送达文件的法定地址。公司的住所是公司主要办事机构所在地。经公司登记机关登记的公司的住所只能有一个。公司的住所应当在其公司登记机关辖区内。

省、自治区、直辖市人民政府可以根据有关法律、行政法规的规定和本地区实际情况，自行或者授权下级人民政府对住所作出更加便利市场主体从事经营活动的具体规定。

（五）公司注册资本

除法律、行政法规或者国务院决定另有规定外，公司的注册资本实行认缴登记制，以人民币表示。有限责任公司的注册资本为在公司登记机关登记的全体股东认缴的出资额。股份有限公司采取发起设立方式设立的，注册资本为在公司登记机关登记的全体发起人认购的股本总额。股份有限公司采取募集方式设立的，注册资本为在公司登记机关登记的实收股本总额。

（六）公司法定代表人

根据《公司法》的规定，公司的法定代表人依照公司章程的规定，由董事长、执行董事或者经理担任，并依法登记。公司法定代表人变更的，应当办理变更登记。

有下列情形之一的，不得担任公司的法定代表人：无民事行为能力或者限制民事行为能力；因贪污、贿赂、侵占财产、挪用财产或者破坏社会主义市场经济秩序被判处刑罚，执行期满未逾5年，或者因犯罪被剥夺政治权利，执行期满未逾5年；担任破产清算的公司、非公司企业法人的法定代表人、董事或者厂长、经理，对破产负有个人责任的，自破产清算完结之日起未逾3年；担任因违法被吊销营业执照、责令关闭的公司、非公司企业法人的法定代表人，并负有个人责任的，自被吊销营业执照之日起未逾3年；个人所负数额较大的债务到期未清偿；法律、行政法规规定的其他情形。

> 【例2-3】根据《公司法》的规定，公司的下列人员中，可以由公司章程规定担任公司法定代表人的有（　　）。
> A. 董事长　　　B. 执行董事　　　C. 董事　　　D. 经理
> 解析　正确答案为选项ABD。根据《公司法》的规定，公司的法定代表人依照公司章程的规定，由董事长、执行董事或者经理担任。故选项A、B、D正确。

（七）有限责任公司股东、股份有限公司发起人的姓名或者名称

公司发起人是指创办公司的投资人，发起人在公司成立后转变为公司的股东。除一人有限责任公司股东只能是自然人或法人以外，其他公司股东可以是非法人组织。发起人如果是自然人的，应该登记发起人的姓名；发起人如果是法人或非法人组织的，应该登记发起人的名称。

（八）法律、行政法规规定的其他事项

如果法律、行政法规规定了其他公司登记事项，应该按照规定予以登记。

三、备案事项

公司的下列事项应当向登记机关办理备案：章程；经营期限；有限责任公司股东

或者股份有限公司发起人认缴的出资数额；公司董事、监事、高级管理人员；公司登记联络员；公司受益所有人相关信息；法律、行政法规规定的其他事项。

四、登记规范

(一) 设立登记

公司设立登记，是公司的设立人依照《公司法》规定的设立条件与程序，向公司登记机关提出设立申请，并提交法定登记事项文件，公司登记机关审核后对符合法律规定的准予登记，并发给《企业法人营业执照》的活动。

1. 实名登记要求。

公司实行实名登记。申请人应当配合登记机关核验身份信息。

2. 公司登记提交的材料。

申请办理公司登记，应当提交下列材料：申请书；申请人资格文件、自然人身份证明；住所相关文件；公司章程；法律、行政法规和国务院市场监督管理部门规定提交的其他材料。

国务院市场监督管理部门应当根据公司类型分别制定登记材料清单和文书格式样本，通过政府网站、登记机关服务窗口等向社会公开。登记机关能够通过政务信息共享平台获取的市场主体登记相关信息，不得要求申请人重复提供。

申请人应当对提交材料的真实性、合法性和有效性负责。

3. 公司登记的代理。

申请人可以委托其他自然人或者中介机构代其办理公司登记。受委托的自然人或者中介机构代为办理登记事宜应当遵守有关规定，不得提供虚假信息和材料。

4. 登记机关的形式审查义务。

登记机关应当对申请材料进行形式审查。对申请材料齐全、符合法定形式的予以确认并当场登记。不能当场登记的，应当在3个工作日内予以登记；情形复杂的，经登记机关负责人批准，可以再延长3个工作日。申请材料不齐全或者不符合法定形式的，登记机关应当一次性告知申请人需要补正的材料。登记申请不符合法律、行政法规规定，或者可能危害国家安全、社会公共利益的，登记机关不予登记并说明理由。

5. 公司的成立日期。

申请人申请公司设立登记，登记机关依法予以登记的，签发营业执照。营业执照签发日期为公司的成立日期。法律、行政法规或者国务院决定规定设立公司须经批准的，应当在批准文件有效期内向登记机关申请登记。

6. 营业执照。

营业执照分为正本和副本，具有同等法律效力。电子营业执照与纸质营业执照具有同等法律效力。营业执照样式、电子营业执照标准由国务院市场监督管理部门统一制定。

7. 公司分支机构的登记。

公司设立分支机构，应当向分支机构所在地的登记机关申请登记。

（二）变更登记

公司变更登记事项，应当自作出变更决议、决定或者法定变更事项发生之日起30日内向登记机关申请变更登记。公司变更登记事项属于依法须经批准的，申请人应当在批准文件有效期内向登记机关申请变更登记。

公司的法定代表人在任职期间发生不得担任公司的法定代表人情形的，应当向登记机关申请变更登记。

公司变更经营范围，属于依法须经批准的项目的，应当自批准之日起30日内申请变更登记。许可证或者批准文件被吊销、撤销或者有效期届满的，应当自许可证或者批准文件被吊销、撤销或者有效期届满之日起30日内向登记机关申请变更登记或者办理注销登记。

公司变更住所跨登记机关辖区的，应当在迁入新的住所前，向迁入地登记机关申请变更登记。迁出地登记机关无正当理由不得拒绝移交公司档案等相关材料。

公司变更登记涉及营业执照记载事项的，登记机关应当及时为公司换发营业执照。

公司变更备案事项的，应当自作出变更决议、决定或者法定变更事项发生之日起30日内向登记机关办理备案。

【例2-4】根据公司法律制度的规定，下列有关公司变更登记的表述中，符合规定的是（　　）。

A. 有限责任公司股东转让股权的，应当自转让股权之日起60日内申请变更登记

B. 公司变更名称的，应当在作出变更决议或者决定之日起30日内申请变更登记

C. 公司减少注册资本的，应当自公告之日起60日后申请变更登记

D. 公司分立的，应当自分立决议或者决定作出之日起45日后申请变更登记

解析 正确答案为选项B。根据《公司法》和《市场主体登记管理条例》的规定，选项A中有限责任公司股东转让股权的，应当自转让股权之日起30日内申请变更登记；选项C中公司减少注册资本和选项D中公司分立的，应当自作出变更决议、决定发生之日起30日内申请变更登记，因此，选项B正确。

（三）公司歇业

因自然灾害、事故灾难、公共卫生事件、社会安全事件等原因造成经营困难的，公司可以自主决定在一定时期内歇业。法律、行政法规另有规定的除外。公司应当在歇业前与职工依法协商劳动关系处理等有关事项。公司应当在歇业前向登记机关办理备案。登记机关通过国家企业信用信息公示系统向社会公示歇业期限、法律文书送达地址等信息。公司歇业的期限最长不得超过3年。公司在歇业期间开展经营活动的，

视为恢复营业，公司应当通过国家企业信用信息公示系统向社会公示。公司歇业期间，可以法律文书送达地址代替住所。

（四）注销登记

公司因解散、被宣告破产或者其他法定事由需要终止的，应当依法向登记机关申请注销登记。经登记机关注销登记，公司终止。公司注销依法须经批准的，应当经批准后向登记机关申请注销登记。

公司注销登记前应当清算，清算组应当自成立之日起10日内将清算组成员、清算组负责人名单通过国家企业信用信息公示系统公告。清算组可以通过国家企业信用信息公示系统发布债权人公告。清算组应当自清算结束之日起30日内向登记机关申请注销登记。市场主体申请注销登记前，应当依法办理分支机构注销登记。

公司未发生债权债务或者已将债权债务清偿完结，未发生或者已结清清偿费用、职工工资、社会保险费用、法定补偿金、应缴纳税款（滞纳金、罚款），并由全体股东书面承诺对上述情况的真实性承担法律责任的，可以按照简易程序办理注销登记。公司应当将承诺书及注销登记申请通过国家企业信用信息公示系统公示，公示期为20日。在公示期内无相关部门、债权人及其他利害关系人提出异议的，公司可以于公示期届满之日起20日内向登记机关申请注销登记。公司注销依法须经批准的，或者公司被吊销营业执照、责令关闭、撤销，或者被列入经营异常名录的，不适用简易注销程序。

人民法院裁定强制清算或者裁定宣告破产的，有关清算组、破产管理人可以持人民法院终结强制清算程序的裁定或者终结破产程序的裁定，直接向登记机关申请办理注销登记。

五、监督管理

公司应当按照国家有关规定公示年度报告和登记相关信息。

公司应当将营业执照置于住所或者主要经营场所的醒目位置。从事电子商务经营的公司应当在其首页显著位置持续公示营业执照信息或者相关链接标识。任何单位和个人不得伪造、涂改、出租、出借、转让营业执照。营业执照遗失或者毁坏的，公司应当通过国家企业信用信息公示系统声明作废，申请补领。登记机关依法作出变更登记、注销登记和撤销登记决定的，公司应当缴回营业执照。拒不缴回或者无法缴回营业执照的，由登记机关通过国家企业信用信息公示系统公告营业执照作废。

登记机关应当根据公司的信用风险状况实施分级分类监管。登记机关应当采取随机抽取检查对象、随机选派执法检查人员的方式，对公司登记事项进行监督检查，并及时向社会公开监督检查结果。

登记机关对公司涉嫌违反《市场主体登记管理条例》规定的行为进行查处，可以行使下列职权：进入公司的经营场所实施现场检查；查阅、复制、收集与公司经营活动有关的合同、票据、账簿以及其他资料；向与公司经营活动有关的单位和个人调查了解情况；依法责令公司停止相关经营活动；依法查询涉嫌违法的公司的银行账户；法律、行政法规规定的其他职权。登记机关行使依法责令公司停止相关经营活动、依法查询涉嫌违法的公司的银行账户职权的，应当经登记机关主要负责人批准。

提交虚假材料或者采取其他欺诈手段隐瞒重要事实取得公司登记的，受虚假公司登记影响的自然人、法人和其他组织可以向登记机关提出撤销公司登记的申请。登记机关受理申请后，应当及时开展调查。经调查认定存在虚假公司登记情形的，登记机关应当撤销公司登记。相关公司和人员无法联系或者拒不配合的，登记机关可以将相关公司的登记时间、登记事项等通过国家企业信用信息公示系统向社会公示，公示期为45日。相关公司及其利害关系人在公示期内没有提出异议的，登记机关可以撤销公司登记。因虚假公司登记被撤销的公司，其直接责任人自公司登记被撤销之日起3年内不得再次申请公司登记。登记机关应当通过国家企业信用信息公示系统予以公示。有下列情形之一的，登记机关可以不予撤销公司登记：撤销公司登记可能对社会公共利益造成重大损害；撤销公司登记后无法恢复到登记前的状态；法律、行政法规规定的其他情形。登记机关或者其上级机关认定撤销公司登记决定错误的，可以撤销该决定，恢复原登记状态，并通过国家企业信用信息公示系统公示。

第三节 有限责任公司

一、有限责任公司的设立

（一）公司设立的概念

公司设立是指公司发起人为促成公司成立并取得法人资格，依照法律规定的条件和程序所必须完成的一系列法律行为的总称。

（二）有限责任公司设立的原则

我国《公司法》规定，公司设立采用准则主义。准则主义，又称登记主义，是指设立公司只要具备法律规定的条件并提出申请即可获得政府的承认。政府对具备法律规定条件的申请者予以登记，对不具备法律规定条件的申请者不予登记。但是，单纯的准则主义，使政府干预经济程度减弱，会引起各种流弊，难防滥设公司和欺诈行为。因此准则主义一般是以完善的配套法规为依托的。同时，对于特殊行业（如金融、互联网、能源）的公司设立，《公司法》采用核准主义，未经审批机关批准，不得设立。

（三）有限责任公司设立的条件

根据《公司法》的规定，设立有限责任公司，应当具备下列条件：

1. 股东符合法定人数。

《公司法》规定,有限责任公司由 50 个以下股东出资设立。股东既可以是自然人,也可以是法人或者非法人主体。

2. 有符合公司章程规定的全体股东认缴的出资额。

(1) 注册资本。

有限责任公司的注册资本为在公司登记机关登记的全体股东认缴的出资额。法律、行政法规以及国务院决定对有限责任公司注册资本实缴、注册资本最低限额另有规定的,从其规定。《公司法》取消了一般公司的最低注册资本要求,但是,特别法仍然规定了特殊类型公司的最低注册资本额,如《商业银行法》《保险法》《证券法》等规定的从事金融业务的公司,必须具有一定的最低注册资本额。

(2) 股东出资方式。

股东可以用货币,以及实物、知识产权、土地使用权等可以用货币估价并可以依法转让的非货币财产作价出资;但是,法律、行政法规规定不得作为出资的财产除外。据此,股东出资的标准是货币,或者能够用货币估价并且可以依法转让的财产。土地所有权不能出资,非法的财产(如毒品)不能出资。劳务、信用、自然人姓名、商誉、特许经营权不能用货币估价,因此不能出资。设定担保的财产不是清洁无负担的财产,因此也不能出资。

实物出资是指以房屋、机器设备、工具、原材料、零部件等有形资产的所有权出资。知识产权出资是指以无形财产,包括著作权、专利权、商标权、非专利技术等出资。对作为出资的非货币财产应当评估作价,核实财产,不得高估或者低估作价。根据《公司法》司法解释(三)的规定,出资人以非货币财产出资,未依法评估作价,公司、其他股东或者公司债权人请求认定出资人未履行出资义务的,人民法院应当委托具有合法资格的评估机构对该财产评估作价。评估确定的价额显著低于公司章程所定价额的,人民法院应当认定出资人未依法全面履行出资义务。但是,出资人以符合法定条件的非货币财产出资后,因市场变化或者其他客观因素导致出资财产贬值,公司、其他股东或者公司债权人请求该出资人承担补足出资责任的,人民法院不予支持。但是,当事人另有约定的除外。根据上述规定,所有非货币出资都需要进行评估,但评估不一定由法定评估机构进行,也可以由股东协商进行评估作价。

根据《公司法》司法解释(三)的规定,出资人以划拨土地使用权出资,或者以设定权利负担的土地使用权出资,公司、其他股东或者公司债权人主张认定出资人未履行出资义务的,人民法院应当责令当事人在指定的合理期间内办理土地变更手续或者解除权利负担;逾期未办理或者未解除的,人民法院应当认定出资人未依法全面履行出资义务。

根据《公司法》司法解释(三)的规定,出资人以房屋、土地使用权或者需要办理权属登记的知识产权等财产出资,已经交付公司使用但未办理权属变更手续,公司、其他股东或者公司债权人主张认定出资人未履行出资义务的，人民法院应当责令当事人在指定的合理期间内办理权属变更手续；在前述期间内办理了权属变更手续的，人民法院应当认定其已经履行了出资义务；出资人主张自其实际交付财产给公司使用时享有相应股东权利的，人民法院应予支持。出资人已经就前述财产出资，办理权属变更手续但未交付给公司使用，公司或者其他股东主张其向公司交付，并在实际交付之前不享有相应股东权利的，人民法院应予支持。

3. 股东共同制定公司章程。

公司章程是记载公司组织、活动基本准则的公开性法律文件。设立有限责任公司必须由股东共同依法制定公司章程。股东应当在公司章程上签名、盖章。公司章程对公司、股东、董事、监事、高级管理人员具有约束力。公司章程所记载的事项可以分为必备事项和任意事项。必备事项是法律规定的在公司章程中必须记载的事项，或称绝对必要事项；任意事项是由公司自行决定是否记载的事项，包括公司有自主决定权的一些事项。

根据《公司法》的规定，有限责任公司章程应当载明下列事项：（1）公司名称和住所；（2）公司经营范围；（3）公司注册资本；（4）股东的姓名或者名称；（5）股东的出资方式、出资额和出资时间；（6）公司的机构及其产生办法、职权、议事规则；（7）公司法定代表人；（8）股东会会议认为需要规定的其他事项。

4. 有公司名称，建立符合有限责任公司要求的组织机构。

公司的名称是公司的标志。公司设立自己的名称时，必须符合法律、法规的规定。公司应当设立符合有限责任公司要求的组织机构，即股东会、董事会或者执行董事、监事会或者监事等。

5. 有公司住所。

设立公司必须有住所。没有住所的公司，不得设立。公司以其主要办事机构所在地为住所。

（四）有限责任公司设立的程序

公司设立的程序就是指公司设立时必须完成的一系列具体设立行为的步骤与过程。一般来说，设立公司的程序包括各股东之间制定发起人协议、制定公司章程、缴纳出资、向登记机关提出设立申请等。

1. 发起人发起。

有限责任公司只能采用发起设立。发起人有数人时，应签订发起人协议或作成发起人会议决议。协议或决议是明确发起人各自在公司设立过程中权利义务的书面文件。

2. 订立公司章程。

股东设立有限责任公司，必须先订立公司章程，将要设立的公司基本情况以及各方面的权利义务加以明确规定。

公司章程是公司最基本的法律文件。它是关于公司组织处理内外关系和经营活动的基本规则。公司章程的记载事项依是否具有法律强制性规定可分为：绝对必要记载事项、相对必要记载事项和任意记载事项。

（1）绝对必要记载事项，是指法律规定必须记载于公司章程的事项。绝对必要记载事项一般都涉及公司存在和活动的基本要素，通常包括公司名称和住所、公司营业范围、公司注册资本、股东的姓名或名称、公司法定代表人、公司的机构等。如果章程中关于绝对必要记载事项的规定违法，将导致整个章程无效，从而导致公司不能成立。

（2）相对必要记载事项，是指法律所列举的但不强制要求必须记载的事项。这类事项公司章程予以记载即具有法律效力，不予记载或记载不合法，不影响整个章程的效力，只导致所涉条款无效。这类事项一般包括：特别股的权利和义务、特别股股东或受益人的姓名和名称及住所、实物出资事项、公司设立费用及其支付方法、盈余分配方法、公司解散事由及清算办法等。

（3）任意记载事项，是指法律并不列举也不强制要求记载，其内容由发起人按照实际需要记入章程的事项。任意记载事项涉及的内容十分广泛，凡法律未列举的与公司运作有关的事项都属此类范围。

3. 必要的行政审批。

我国《公司法》第六条第二款规定，"法律、行政法规规定设立公司必须报经批准的，应当在公司登记前依法办理批准手续。"

4. 股东缴纳出资。

股东应当按期足额缴纳公司章程中规定的各自所认缴的出资额。股东以货币出资的，应当将货币出资足额存入为设立有限责任公司而在银行开设的账户；以非货币财产出资的，应当依法办理其财产权的转移手续，该转移手续一般在6个月内办理完毕。这里的手续，是指过户手续，即将原来属于股东所有的财产，转移为属于公司所有的财产。如股东以房屋出资的，必须到不动产登记部门办理房屋所有权转移手续，将房屋所有权人由股东改为公司。

对于股东不按照规定缴纳出资的，《公司法》规定，除该股东应当向公司足额缴纳外，还应当向已按期足额缴纳出资的股东承担违约责任。该违约责任除出资部分外，还包括未出资的利息。

有限责任公司成立后，发现作为设立公司出资的非货币财产的实际价额显著低于公司章程所定价额的，应当由交付该出资的股东补足其差额，公司设立时的其他股东承担连带责任。《公司法》司法解释（三）规定，股东在公司设立时未履行或者未全面履行出资义务，发起人与被告股东承担连带责任；公司的发起人承担责任后，可以向被告股东追偿。此外，股东在公司增资时未履行或者未全面履行出资义务，未尽《公司法》规定的义务而使出资未缴足的董事、高级管理人员承担相应责任；董事、高级管理人员承担责任后，可以向被告股东追偿。

有限责任公司的股东未履行或者未全面履行出资义务即转让股权，受让人对此知道或者应当知道，公司请求该股东履行出资义务、受让人对此承担连带责任的，人民法院应予支持;公司债权人依照规定向该股东提起承担补充赔偿责任的诉讼,同时请求前述受让人对此承担连带责任的,人民法院应予支持。受让人根据上述规定承担责任后,向该未履行或者未全面履行出资义务的股东追偿的,人民法院应予支持。但是,当事人另有约定的除外。

以贪污、受贿、侵占、挪用等违法犯罪所得的货币出资后取得股权的,对违法犯罪行为予以追究、处罚时,应当采取拍卖或者变卖的方式处置其股权。这就是说,为维持公司资本,可采取将出资财产所形成的股权通过折价补偿受害人的损失,但不能直接将出资的财产从公司抽出。

我国《公司法》规定,有限责任公司成立后,股东不得抽逃出资。但在实践中,股东常常采取各种手段抽逃出资,导致公司资本不实。为了保障公司资本之维持,维护公司债权人利益,《公司法》司法解释(三)进一步作了具体规定。即:公司成立后,公司、股东或者公司债权人以相关股东的行为符合下列情形之一且损害公司权益为由,请求认定该股东抽逃出资的,人民法院应予支持:

(1)制作虚假财务会计报表虚增利润进行分配;
(2)通过虚构债权债务关系将其出资转出;
(3)利用关联交易将出资转出;
(4)其他未经法定程序将出资抽回的行为。

《公司法》司法解释(三)还规定了股东抽逃出资后的民事责任,进一步完善了公司法律制度。即,股东抽逃出资,公司或者其他股东请求其向公司返还出资本息、协助抽逃出资的其他股东、董事、高级管理人员或者实际控制人对此承担连带责任的,人民法院应予支持。公司债权人请求抽逃出资的股东在抽逃出资本息范围内对公司债务不能清偿的部分承担补充赔偿责任、协助抽逃出资的其他股东、董事、高级管理人员或者实际控制人对此承担连带责任的,人民法院应予支持;抽逃出资的股东已经承担上述责任,其他债权人提出相同请求的,人民法院不予支持。

此外,《公司法》司法解释(三)还规定,股东未履行或者未全面履行出资义务或者抽逃出资,公司根据公司章程或者股东会决议对其利润分配请求权、新股优先认购权、剩余财产分配请求权等股东权利作出相应的合理限制,该股东请求认定该限制无效的,人民法院不予支持。有限责任公司的股东未履行出资义务或者抽逃全部出资,经公司催告缴纳或者返还,其在合理期间内仍未缴纳或者返还出资,公司以股东会决议解除该股东的股东资格,该股东请求确认该解除行为无效的,人民法院不予支持。

公司股东未履行或者未全面履行出资义务或者抽逃出资,公司或者其他股东请求其向公司全面履行出资义务或者返还出资,被告股东以诉讼时效为由进行抗辩的,人民法院不予支持。公司债权人的债权未过诉讼时效期间,其依照规定请求未履行或者未全面履行出资义务或者抽逃出资的股东承担赔偿责任,被告股东以出资义务或者返还出资义务超过诉讼时效期间为由进行抗辩的,人民法院不予支持。

对于实践中发生的第三人垫付出资的行为,《公司法》司法解释（三）规定,第三人代垫资金协助发起人设立公司,双方明确约定在公司验资后或者在公司成立后将该发起人的出资抽回以偿还该第三人,发起人依照前述约定抽回出资偿还第三人后又不能补足出资,相关权利人请求第三人连带承担发起人因抽回出资而产生的相应责任的,人民法院应予支持。

5. 申请设立登记。

股东认足公司章程规定的出资后,由全体股东指定的代表或者共同委托的代理人向公司登记机关报送公司登记申请书、公司章程等文件,申请设立登记。

6. 登记发照。

公司登记机关对设立登记申请进行审查,对符合法律、法规规定条件的,予以核准登记,发给公司营业执照;对不符合法律、法规规定条件的,不予登记。公司经核准登记后,领取公司企业法人营业执照,公司企业法人营业执照签发日期为公司成立日期。

根据我国《公司法》的规定,有限责任公司成立后,应当向股东签发出资证明书。

出资证明书是确认股东出资的凭证,应当载明下列事项：（1）公司名称；（2）公司成立日期；（3）公司注册资本；（4）股东的姓名或者名称、缴纳的出资额和出资日期；（5）出资证明书的编号和核发日期。出资证明书由公司盖章。

有限责任公司应当置备股东名册。股东名册是公司为记载股东情况及其资本事项而设置的簿册。记载于股东名册的股东,可以依股东名册主张行使股东权利。公司应当将股东的姓名或者名称向公司登记机关登记,登记事项发生变更的,应当办理变更登记。未经登记或者变更登记的,不得对抗第三人。

【例2-5】甲、乙、丙共同出资设立一有限责任公司。公司章程规定丙以房产出资30万元。公司成立后又吸收丁入股。后查明,丙作为出资的房产仅值20万元,丙现有可执行的个人财产6万元。下列处理方式中,符合《公司法》规定的是（　　）。

A. 丙以现有可执行财产补交差额,不足部分由丙在3年内从公司分得的利润予以补足

B. 丙以现有可执行财产补交差额,不足部分由甲、乙补足

C. 丙以现有可执行财产补交差额,不足部分由甲、乙、丁补足

D. 丙无须补交差额,甲、乙、丁都不承担补足出资的连带责任

解析 正确答案为选项B。根据《公司法》的规定,有限责任公司成立后,发现作为设立公司出资的非货币财产的实际价额显著低于公司章程所定价额时,应当由交付该出资的股东补足其差额,公司设立时的其他股东承担连带责任。本例中,甲、乙为公司设立时的股东,故丙以现有可执行财产补交差额后,不足的部分应由甲、乙承担连带责任。

【例2-6】甲、乙、丙、丁、戊五人共同组建一家有限责任公司。出资协议约定甲以现金20万元出资，其后甲缴纳15万元，尚有5万元未缴纳。某次公司股东会会议上，甲请求免除其5万元出资义务。四名股东表示同意，投反对票的股东丙向法院起诉，请求确认该股东会决议无效。关于本案的下列表述中，正确的是（ ）。

A. 该决议有效，甲的出资义务已经免除
B. 该决议无效，甲的出资义务不能免除
C. 该决议需经全体股东同意才能有效
D. 该决议属于可撤销，除甲以外的任一股东均享有撤销权

解析 正确答案为选项B。《公司法》规定，股东应当按期足额缴纳公司章程中规定的各自所认缴的出资额。股东以货币出资的，应当将货币出资足额存入有限责任公司在银行开设的账户；以非货币财产出资的，应当依法办理其财产权的转移手续。股东不按照规定缴纳出资的，除应当向公司足额缴纳外，还应当向已按期足额缴纳出资的股东承担违约责任。公司股东会或者股东大会、董事会的决议内容违反法律、行政法规的无效。因此，甲应向公司足额缴纳，还应当向已按期足额缴纳出资的股东承担违约责任，而股东会对于免除甲5万元出资义务的决议违反法律规定，应为无效决议。

二、有限责任公司的组织机构

（一）股东会

1. 股东会的职权。

有限责任公司股东会由全体股东组成。股东会是公司的权力机构，依法行使下列职权：（1）决定公司的经营方针和投资计划；（2）选举和更换非由职工代表担任的董事、监事，决定有关董事、监事的报酬事项；（3）审议批准董事会的报告；（4）审议批准监事会或者监事的报告；（5）审议批准公司的年度财务预算方案、决算方案；（6）审议批准公司的利润分配方案和弥补亏损方案；（7）对公司增加或者减少注册资本作出决议；（8）对发行公司债券作出决议；（9）对公司合并、分立、变更公司形式、解散和清算等事项作出决议；（10）修改公司章程；（11）公司章程规定的其他职权。

2. 股东会的形式。

股东会会议分为定期会议和临时会议。定期会议应当按照公司章程的规定按时召开。代表1/10以上表决权的股东，1/3以上的董事，监事会或者不设监事会的公司的监事提议召开临时会议的，应当召开临时会议。

3. 股东会的召开。

首次股东会会议由出资最多的股东召集和主持，依法行使职权。以后的股东会会

议，公司设立董事会的，由董事会召集，董事长主持；董事长不能履行职务或者不履行职务的，由副董事长主持；副董事长不能履行职务或者不履行职务的，由半数以上董事共同推举1名董事主持。公司不设董事会的，股东会会议由执行董事召集和主持。董事会或者执行董事不能履行或者不履行召集股东会会议职责的，由监事会或者不设监事会的公司的监事召集和主持；监事会或者监事不召集和主持的，代表1/10以上表决权的股东可以自行召集和主持。所谓不能履行职务，是指因生病、出差在外等客观原因导致其无法履行职务的情形。所谓不履行职务，是指不存在无法履行职务的客观原因，但以其他理由或者根本就没有理由而不履行职务的情形。召开股东会会议，应当于会议召开15日前通知全体股东；但是，公司章程另有规定或者全体股东另有约定的除外。股东会应当对所议事项的决定作成会议记录，出席会议的股东应当在会议记录上签名。

4. 股东会的决议。

股东会会议由股东按照出资比例行使表决权；但是，公司章程另有规定的除外。股东会决议分为普通决议和特别决议。普通决议的议事方式和表决程序，除《公司法》有规定的外，由公司章程规定。特别决议，即修改公司章程、增加或者减少注册资本的决议，以及公司合并、分立、解散或者变更公司形式的决议，必须经代表2/3以上表决权的股东通过。所以，有限责任公司的普通决议一般依章程表决，特别决议按照法定规则表决，股东会可以在章程中规定更为严格（即高于2/3）的特别决议表决规则。

【例2-7】辉煌有限责任公司由甲、乙、丙、丁四个股东共同出资设立。丙提议召开临时股东会会议，提议将公司变更为股份有限公司，在表决时，甲、丙两股东表示同意，甲占出资比例为45%、丙占出资比例为15%。根据《公司法》的规定，下列表述中正确的有（   ）。

A. 丙股东依法不能提议召开临时股东会会议
B. 丙股东依法能够提议召开临时股东会会议
C. 因甲、丙股东所代表的表决权过半数，因此，变更公司形式的决议有效
D. 因甲、丙股东所代表的表决权未达到2/3以上，因此，变更公司形式的决议无效

解析 正确答案为选项BD。根据《公司法》的规定，代表1/10以上表决权的股东，1/3以上的董事，监事会或者不设监事会的公司的监事提议召开临时会议的，应当召开临时会议。有限责任公司股东会议作出修改公司章程、增加或者减少注册资本的决议，以及公司合并、分立、解散或者变更公司形式的决议，必须经代表2/3以上表决权的股东通过。

【例2-8】甲有限责任公司（以下简称甲公司）由张某、李某、王某、赵某四人出资设立，四人出资比例分别是10%、15%、20%、55%，公司章程对议事规则和表决权的行使未作特别规定。甲公司召开股东会会议，就增加注册资本事项进行表决。下列关于股东会就该事项决议的表述中，正确的是（　　）。

A. 李某和赵某同意即可通过决议
B. 张某、李某、王某三人同意即可通过决议
C. 必须四人都同意才能通过决议
D. 赵某同意即可通过决议

解析 正确答案为选项A。股东会会议由股东按照出资比例行使表决权，增加注册资本属于特别决议，必须经代表2/3以上表决权的股东通过。

（二）董事会、经理

董事会是公司股东会的执行机构，对股东会负责。

1. 董事会的组成。

有限责任公司设董事会（依法不设董事会的除外），其成员为3~13人。两个以上的国有企业或者其他两个以上的国有投资主体投资设立的有限责任公司，其董事会成员中应当有公司职工代表；其他有限责任公司董事会成员中也可以有公司职工代表。董事会中的职工代表由公司职工通过职工代表大会、职工大会或者其他形式民主选举产生。董事会设董事长1人，可以设副董事长。董事长、副董事长的产生办法由公司章程规定。董事任期由公司章程规定，但每届任期不得超过3年。董事任期届满，连选可以连任。董事任期届满未及时改选，或者董事在任期内辞职导致董事会成员低于法定人数的，在改选出的董事就任前，原董事仍应当依照法律、行政法规和公司章程的规定，履行董事职务。

2. 董事会的职权。

董事会对股东会负责，行使下列职权：（1）召集股东会会议，并向股东会报告工作；（2）执行股东会的决议；（3）决定公司的经营计划和投资方案；（4）制订公司的年度财务预算方案、决算方案；（5）制订公司的利润分配方案和弥补亏损方案；（6）制订公司增加或者减少注册资本以及发行公司债券的方案；（7）制订公司合并、分立、变更公司形式、解散的方案；（8）决定公司内部管理机构的设置；（9）决定聘任或者解聘公司经理及其报酬事项，并根据经理的提名决定聘任或者解聘公司副经理、财务负责人及其报酬事项；（10）制定公司的基本管理制度；（11）公司章程规定的其他职权。

3. 董事会的召开。

董事会会议由董事长召集和主持；董事长不能履行职务或者不履行职务的，由副董事长召集和主持；副董事长不能履行职务或者不履行职务的，由半数以上董事共同

推举 1 名董事召集和主持。

4. 董事会的决议。

董事会的议事方式和表决程序，除《公司法》有规定的外，由公司章程规定。董事会应当对所议事项的决定作成会议记录，出席会议的董事应当在会议记录上签名。董事会决议的表决，实行一人一票。有限责任公司股东人数较少或者规模较小的，可以设 1 名执行董事，不设董事会。执行董事可以兼任公司经理。执行董事的职权由公司章程规定。

> 【例2-9】下列关于有限责任公司董事会的表述中，不符合《公司法》规定的有（ ）。
>
> A. 董事会成员中应当有公司职工代表
> B. 董事任期由公司章程规定，但每届任期不得超过3年
> C. 董事长和副董事长依法由公司董事会选举产生
> D. 董事长和副董事长不召集和主持董事会的，必须由全体董事共同推举1名董事召集和主持
>
> 解析 正确答案为选项ACD。根据我国《公司法》的规定，两个以上的国有企业或者其他两个以上的国有投资主体投资设立的有限责任公司，其董事会成员中应当有公司职工代表，其他有限责任公司董事会成员中也可以有，不是应当有。董事长、副董事长的产生办法由公司章程规定，而不是由公司董事会选举产生。董事长和副董事长不召集和主持董事会的，由半数以上董事共同推举1名董事召集和主持，而不是必须由全体董事共同推举。

5. 经理。

有限责任公司可以设经理，由董事会决定聘任或者解聘。

经理对董事会负责，行使下列职权：（1）主持公司的生产经营管理工作，组织实施董事会决议；（2）组织实施公司年度经营计划和投资方案；（3）拟订公司内部管理机构设置方案；（4）拟订公司的基本管理制度；（5）制订公司的具体规章；（6）提请聘任或者解聘公司副经理、财务负责人；（7）决定聘任或者解聘除应由董事会决定聘任或者解聘以外的负责管理人员；（8）董事会授予的其他职权。公司章程对经理职权另有规定的，从其规定。经理列席董事会会议。

需要注意的是，股东会、董事会和经理都有公司内部的决策权，其职权划分标准是层级越高的机构权限越抽象。如针对公司的经营和投资事项，股东会决定公司的经营方针和投资计划，董事会决定公司的经营计划和投资方案，经理组织实施公司年度经营计划和投资方案。

（三）监事会

监事会是公司的监督机构。

1. 监事会的组成。

有限责任公司设立监事会,其成员不得少于3人。股东人数较少或者规模较小的有限责任公司,可以设1~2名监事,不设立监事会。监事会应当包括股东代表和适当比例的公司职工代表,其中,职工代表的比例不得低于1/3,具体比例由公司章程规定。监事会中的职工代表由公司职工通过职工代表大会、职工大会或者其他形式民主选举产生。监事会设主席1人,由全体监事过半数选举产生。监事会主席召集和主持监事会会议;监事会主席不能履行职务或者不履行职务的,由半数以上监事共同推举1名监事召集和主持监事会会议。董事、高级管理人员不得兼任监事。监事的任期每届为3年。监事任期届满,连选可以连任。监事任期届满未及时改选,或者监事在任期内辞职导致监事会成员低于法定人数的,在改选出的监事就任前,原监事仍应当依照法律、行政法规和公司章程的规定,履行监事职务。

2. 监事会的职权。

监事会、不设监事会的公司的监事行使下列职权:(1)检查公司财务;(2)对董事、高级管理人员执行公司职务的行为进行监督,对违反法律、行政法规、公司章程或者股东会决议的董事、高级管理人员提出罢免的建议;(3)当董事、高级管理人员的行为损害公司的利益时,要求董事、高级管理人员予以纠正;(4)提议召开临时股东会会议,在董事会不履行规定的召集和主持股东会会议职责时召集和主持股东会会议;(5)向股东会会议提出提案;(6)依照《公司法》的规定,对董事、高级管理人员提起诉讼;(7)公司章程规定的其他职权。监事可以列席董事会会议,并对董事会决议事项提出质询或者建议。监事会、不设监事会的公司的监事发现公司经营情况异常,可以进行调查;必要时,可以聘请会计师事务所等协助其工作,费用由公司承担。监事会、不设监事会的公司的监事行使职权所必需的费用,由公司承担。

3. 监事会的决议。

监事会每年度至少召开一次会议,监事可以提议召开临时监事会会议。监事会的议事方式和表决程序,除《公司法》有规定的外,由公司章程规定。监事会决议应当经半数以上监事通过。监事会应当对所议事项的决定作成会议记录,出席会议的监事应当在会议记录上签名。

(四)公司决议瑕疵的法律后果

公司决议瑕疵是指公司决议存在无效、可撤销、不成立等情形。

《公司法》第二十二条规定了决议无效和可撤销,即公司股东会或者股东大会、董事会的决议内容违反法律、行政法规的无效。除此之外的决议瑕疵,包括会议召集程序、表决方式违反法律、行政法规或者公司章程,或者决议内容违反公司章程的,为可撤销事由。

《公司法》司法解释(四)补充了决议不成立的规定。公司股东、董事、监事等请求确认股东会或者股东大会、董事会决议无效或者不成立的,人民法院应当依法予以受理。股东会或者股东大会、董事会决议存在下列情形之一,当事人主张决议不成立的,人民法院应当予以支持:(1)公司未召开会议的,但依据《公司法》第三十七条第二款规定,对股东会行使职权事项,股东以书面形式一致表示同意的,可以不召开股东会会议,直接作出决定,并由全体股东在决定文件上签名、盖章;或者公司章程规定可以不召开股东会或者股东大会而直接作出决定,并由全体股东在决定文件上签名、盖章;(2)会议未对决议事项进行表决的;(3)出席会议的人数或者股东所持表决权不符合《公司法》或者公司章程规定的;(4)会议的表决结果未达到《公司法》或者公司章程规定的通过比例的;(5)导致决议不成立的其他情形。

股东会或者股东大会、董事会的会议召集程序、表决方式违反法律、行政法规或者公司章程,或者决议内容违反公司章程的,股东可以自决议作出之日起60日内,请求人民法院撤销股东会或者股东大会、董事会决议,人民法院应当予以支持,但会议召集程序或者表决方式仅有轻微瑕疵,且对决议未产生实质影响的,人民法院不予支持。请求撤销股东会或者股东大会、董事会决议的原告,应当在起诉时具有公司股东资格。原告请求确认股东会或者股东大会、董事会决议不成立、无效或者撤销决议的案件,应当列公司为被告。对决议涉及的其他利害关系人,可以依法列为第三人。一审法庭辩论终结前,其他有原告资格的人以相同的诉讼请求申请参加上述规定诉讼的,可以列为共同原告。

股东会或者股东大会、董事会决议被人民法院判决确认无效或者撤销的,公司依据该决议与善意相对人形成的民事法律关系不受影响。

【例2-10】甲有限责任公司股东王某认为公司董事会作出的一项决议内容违反公司章程,向人民法院提起诉讼请求撤销该项决议,王某提起诉讼的被告应当是( )。

A. 甲有限公司总经理　　　　B. 甲有限公司董事会
C. 甲有限公司董事长　　　　D. 甲有限责任公司

解析 正确答案为选项D。公司决议瑕疵,无论涉及的机构是股东会、股东大会,还是董事会,也无论瑕疵的表现形式为决议的不成立、无效、可撤销,因为都是公司组织机构的决议,本质上都是公司决议的瑕疵,所以被告都应该是公司。

三、有限责任公司的股权转让

(一)股东

股东是指出资或持有公司股份的人。股东是公司成立、存续不可或缺的条件,可以为自然人、法人或其他组织。有些自然人从事特定职业时,法律禁止其为股东,如国家公务员。但购买上市公司股票实际上是一种金融投资行为,因此除法律禁止情形以外，国家公务员是允许成为上市公司的股东的。除担任发起人以外，股东不需要有民事行为能力。机关法人一般不能担任公司股东，但依法对外投资时，仍然可以成为国有股东。原则上，公司不能成为自己的股东，因为这会导致资本虚假。外国人成为本国公司的股东需要遵守一定的限制，如我国《外商投资法》中规定外商投资采取国民待遇加负面清单管理制度，负面清单中的禁止投资领域就是对外国股东的限制。

【例2-11】根据公司法律制度的规定，下列人员中，可以成为非上市公司股东的有（　　）。

A. 某个人独资企业　　　　B. 某大学教师王某
C. 某派出所警察赵某　　　D. 某合伙企业有限合伙人李某

解析　正确答案为选项ABD。公司股东可以是自然人、法人或其他组织，选项A、B、D都正确。国家公务员不能投资成为非上市公司股东，所以，选项C错误。

（二）股东权及其分类

股东权是基于股东资格而享有的权利，根据《公司法》的规定，公司股东依法享有资产受益、参与重大决策和选择管理者等权利。

1. 共益权和自益权。

以股东权行使的目的是为股东个人利益还是涉及全体股东共同利益为标准，可以将股东权分为共益权和自益权。

共益权是指股东依法参加公司事务的决策和经营管理的权利，它是股东基于公司利益同时兼为自己的利益而行使的权利，包括股东会或股东大会参加权、提案权、质询权，在股东会或股东大会上的表决权、累积投票权，股东会或股东大会召集请求权和自行召集权，了解公司事务、查阅公司账簿和其他文件的知情权，提起诉讼权等权利。根据《公司法》规定，股东有权查阅、复制公司章程、股东名册、公司债券存根、股东会会议记录、董事会会议决议、监事会会议决议和财务会计报告。股东可以要求查阅公司会计账簿。股东要求查阅公司会计账簿的，应当向公司提出书面请求，说明目的。公司有合理根据认为股东查阅会计账簿有不正当目的，可能损害公司合法利益的，可以拒绝提供查阅，并应当自股东提出书面请求之日起15日内书面答复股东并说明理由。公司拒绝提供查阅的，股东可以请求人民法院要求公司提供查阅。根据《公司法》司法解释（四）规定，股东起诉请求查阅或者复制公司特定文件材料的，人民法院应当依法予以受理。公司有证据证明上述原告在起诉时不具有公司股东资格的，人民法院应当驳回起诉，但原告有初步证据证明在持股期间其合法权益受到损害，请求依法查阅或者复制其持股期间的公司特定文件材料的除外。有限责任公司有证据证明股东存在下列情形之一的，人民法院应当认定股东有上述"不正当目的"：（1）股东自营或者为他人经营与公司主营业务有实质性竞争关系业务的，但公司章程另有规定或者全体股东另有约定的除外；（2）股东为了向他人通报有关信息查阅公司会计账簿，可能损害公司合法利益的；（3）股东在向公司提出查阅请求之日前的3年内，曾通过查阅公司会计账簿，向他人通报有关信息损害公司合法利益的；（4）股东有不正当目的的其他情形。公司章程、股东之间的协议等实质性剥夺股东依据《公司法》规定查阅或者复制公司文件材料的权利，公司以此为由拒绝股东查阅或者复制的，人民法院不予支持。人民法院审理股东请求查阅或者复制公司特定文件材料的案件，对原告诉讼请求予以支持的，应当在判决中明确查阅或者复制公司特定文件材料的时间、地点和特定文件材料的名录。股东依据人民法院生效判决查阅公司文件材料的，在该股东在场的情况下，可以由会计师、律师等依法或者依据执业行为规范负有保密义务的中介机构执业人员辅助进行。股东行使知情权后泄露公司商业秘密导致公司合法利益受到损害，公司请求该股东赔偿相关损失的，人民法院应当予以支持。辅助股东查阅公司文件材料的会计师、律师等泄露公司商业秘密导致公司合法利益受到损害，公司请求其赔偿相关损失的，人民法院应当予以支持。

自益权是指股东仅以个人利益为目的而行使的权利，即依法从公司取得收益、财产或处分自己股权的权利，包括股利分配请求权、剩余财产分配权、新股认购优先权、股份质押权和股份转让权等。股东请求公司分配利润案件，应当列公司为被告。一审法庭辩论终结前，其他股东基于同一分配方案请求分配利润并申请参加诉讼的，应当列为共同原告。股东提交载明具体分配方案的股东会或者股东大会的有效决议，请求公司分配利润，公司拒绝分配利润且其关于无法执行决议的抗辩理由不成立的，人民法院应当判决公司按照决议载明的具体分配方案向股东分配利润。股东未提交载明具体分配方案的股东会或者股东大会决议，请求公司分配利润的，人民法院应当驳回其诉讼请求，但违反法律规定滥用股东权利导致公司不分配利润，给其他股东造成损失的除外。

2. 单独股东权和少数股东权。

以股权行使的条件为标准划分，分为单独股东权和少数股东权。单独股东权是指每一单独股份均享有的权利，即只持有一股股份的股东也可单独行使的权利，如自益权、表决权等。少数股东权是指须单独或共同持有占股本总额一定比例以上股份方可行使的权利，如请求召开临时股东会或股东大会会议的权利等。

（三）股东滥用股东权的责任

《公司法》规定，公司股东应当遵守法律、行政法规和公司章程，依法行使股东权利，不得滥用股东权利损害公司或者其他股东的利益；不得滥用公司法人独立地位和股东有限责任损害公司债权人的利益。股东滥用股东权利应承担以下责任：

1. 公司股东滥用股东权利给公司或者其他股东造成损失的，应依法承担赔偿责任。

2. 公司股东滥用公司法人独立地位和股东有限责任，逃避债务，严重损害公司债权人利益的，应当对公司债务承担连带责任。这一规定表明在我国确立了公司法人人格否认原则。公司法人人格否认，是指为阻止公司独立人格的滥用和保护公司债权人利益及社会公共利益，就具体法律关系中的特定事实，否认公司与股东各自独立的人格及股东的有限责任，责令股东对公司债权人或公共利益直接负责，以实现公平、正义的法律制度。如果公司股东滥用公司法人独立地位和股东有限责任，转移公司资产，逃避债务，严重损害公司债权人利益，则公司债权人可以追究股东的连带责任。

《全国法院民商事审判工作会议纪要》（以下简称《九民纪要》）指出，在审判实践中，要从以下四点准确把握《公司法》第二十条第三款规定的精神：一是只有在股东实施了滥用公司法人独立地位及股东有限责任的行为，且该行为严重损害了公司债权人利益的情况下，才能适用。损害债权人利益，主要是指股东滥用权利使公司财产不足以清偿公司债权人的债权。二是只有实施了滥用法人独立地位和股东有限责任行为的股东才对公司债务承担连带清偿责任，其他股东不应承担此责任。三是公司人格否认不是全面、彻底、永久地否定公司的法人资格，而只是在具体案件中依据特定的法律事实、法律关系，突破股东对公司债务不承担责任的一般规则，例外地判令其承担连带责任。四是滥用行为，实践中常见的情形有人格混同、过度支配与控制、资本显著不足等。

认定公司人格与股东人格是否存在混同，最根本的判断标准是公司是否具有独立意思和独立财产，最主要的表现是公司的财产与股东的财产是否混同且无法区分。在认定是否构成人格混同时，应当综合考虑以下因素：

（1）股东无偿使用公司资金或者财产，不作财务记载的；

（2）股东用公司的资金偿还股东的债务，或者将公司的资金供关联公司无偿使用，不作财务记载的；

（3）公司账簿与股东账簿不分，致使公司财产与股东财产无法区分的；

（4）股东自身收益与公司盈利不加区分，致使双方利益不清的；

（5）公司的财产记载于股东名下，由股东占有、使用的；

（6）人格混同的其他情形。

在出现人格混同的情况下，往往同时出现以下混同：公司业务和股东业务混同；公司员工与股东员工混同，特别是财务人员混同；公司住所与股东住所混同。人民法院在审理案件时，关键要审查是否构成人格混同，而不要求同时具备其他方面的混同，其他方面的混同往往只是人格混同的补强。

公司控制股东对公司过度支配与控制，操纵公司的决策过程，使公司完全丧失独立性，沦为控制股东的工具或躯壳，严重损害公司债权人利益，应当否认公司人格，由滥用控制权的股东对公司债务承担连带责任。实践中常见的情形包括：

（1）母子公司之间或者子公司之间进行利益输送的；

（2）母子公司或者子公司之间进行交易，收益归一方，损失却由另一方承担的；

（3）先从原公司抽走资金，然后再成立经营目的相同或者类似的公司，逃避原公司债务的；

（4）先解散公司，再以原公司场所、设备、人员及相同或者相似的经营目的另设公司，逃避原公司债务的；

（5）过度支配与控制的其他情形。

控制股东或实际控制人控制多个子公司或者关联公司，滥用控制权使多个子公司或者关联公司财产边界不清、财务混同，利益相互输送，丧失人格独立性，沦为控制股东逃避债务、非法经营，甚至违法犯罪工具的，可以综合案件事实，否认子公司或者关联公司法人人格，判令承担连带责任。

前述"资本显著不足"指的是，公司设立后在经营过程中，股东实际投入公司的资本数额与公司经营所隐含的风险相比明显不匹配。股东利用较少资本从事力所不及的经营，表明其没有从事公司经营的诚意，实质是恶意利用公司独立人格和股东有限责任把投资风险转嫁给债权人。由于资本显著不足的判断标准有很大的模糊性，特别是要与公司采取"以小博大"的正常经营方式相区分，因此在适用时要十分谨慎，应当与其他因素结合起来综合判断。

3.《公司法》规定公司的控股股东、实际控制人、董事、监事、高级管理人员不得利用其关联关系损害公司利益，违反规定给公司造成损失的，应当承担赔偿责任。这里的控股股东，是指其出资额占有限责任公司资本总额50%以上或者其持有的股份占股份有限公司股本总额50%以上的股东，以及出资额或者持有股份的比例虽然不足50%，但依其出资额或者持有的股份所享有的表决权已足以对股东会、股东大会的决议产生重大影响的股东。实际控制人，是指虽不是公司的股东，但通过投资关系、协议或者其他安排，能够实际支配公司行为的人。高级管理人员，是指公司的经理、副经理、财务负责人、上市公司董事会秘书和公司章程规定的其他人员。关联关系，是指公司控股股东、实际控制人、董事、监事、高级管理人员与其直接或者间接控制的企业之间的关系，以及可能导致公司利益转移的其他关系。但是，国家控股的企业之间不因为同受国家控股而具有关联关系。

根据《公司法》司法解释（五）的规定，关联交易损害公司利益，公司依据《公司法》规定请求控股股东、实际控制人、董事、监事、高级管理人员赔偿所造成的损失，被告仅以该交易已经履行了信息披露、经股东会或者股东大会同意等法律、行政法规或者公司章程规定的程序为由抗辩的，人民法院不予支持。公司没有提起诉讼的，符合《公司法》规定条件的股东，可以依据《公司法》规定向人民法院提起诉讼。

（四）名义股东与实际出资人的关系

在实践中，有时会出现公司相关文件记名的股东（名义股东）并不是真正的投资人（实际出资人），这就导致名义股东与实际出资人在股权认定及投资权益的归属上发生争议。对此，《公司法》司法解释（三）作了较为详细的规定。

1. 有限责任公司的实际出资人与名义出资人订立合同，约定由实际出资人出资并享有投资权益，以名义出资人为名义股东，实际出资人与名义股东对该合同效力发生争议的，如无《民法典》规定的合同无效或可撤销的情形，人民法院应当认定该合同有效。《民法典》规定的合同无效或可撤销情形包括违反法律、行政法规的强制性规定，违背公序良俗，虚假的意思表示，重大误解，欺诈、胁迫、危困状态、缺乏判断能力等导致民事法律行为成立时显失公平，行为人与相对人恶意串通，损害他人合法权益等情形。

2. 该条司法解释的规定尊重当事人之间的自由约定，因此，当实际出资人与名义股东因投资权益的归属发生争议，实际出资人以其实际履行了出资义务为由向名义股东主张权利的，人民法院应予支持。名义股东以公司股东名册记载、公司登记机关登记为由否认实际出资人权利的，人民法院不予支持。

3. 如果实际出资人未经公司其他股东半数以上同意，请求公司变更股东、签发出资证明书、记载于股东名册、记载于公司章程并办理公司登记机关登记的，人民法院不予支持。这是因为实际出资人并非公司相关文件上登记的股东，如果实际出资人请求将自己变更为股东并记载于股东名册上，说明实际出资人将从非公司股东身份转变为公司股东身份，而按照我国《公司法》第七十一条第二款的规定，股东向股东以外的人转让股权的，须经其他股东过半数同意。

4. 名义股东将登记于其名下的股权转让、质押或者以其他方式处分，实际出资人以其对于股权享有实际权利为由，请求认定处分股权行为无效的，人民法院可以参照《民法典》第三百一十一条善意取得的规定处理。该条规定："无处分权人将不动产或者动产转让给受让人的，所有权人有权追回；除法律另有规定外，符合下列情形的，受让人取得该不动产或者动产的所有权：（一）受让人受让该不动产或者动产时是善意；（二）以合理的价格转让；（三）转让的不动产或者动产依照法律规定应当登记的已经登记，不需要登记的已经交付给受让人。受让人依据前款规定取得不动产或者动产的所有权的，原所有权人有权向无处分权人请求损害赔偿。当事人善意取得其他物权的，参照适用前两款规定。"这就是说，如果受让方符合善意取得的条件，受让方即可取得股权。当然，名义股东处分股权造成实际出资人损失，实际出资人请求名义股东承担赔偿责任的，人民法院应予支持。

此外，股权转让后尚未向公司登记机关办理变更登记，原股东将仍登记于其名下的股权转让、质押或者以其他方式处分，受让股东以其对于股权享有实际权利为由，请求认定处分股权行为无效的，人民法院可以参照《民法典》第三百一十一条的规定处理。

原股东处分股权造成受让股东损失，受让股东请求原股东承担赔偿责任、对于未及时办理变更登记有过错的董事、高级管理人员或者实际控制人承担相应责任的，人民法院应予支持；受让股东对于未及时办理变更登记也有过错的，可以适当减轻上述董事、高级管理人员或者实际控制人的责任。

5. 公司债权人以登记于公司登记机关的股东未履行出资义务为由，请求其对公司债务不能清偿的部分在未出资本息范围内承担补充赔偿责任，股东以其仅为名义股东而非实际出资人为由进行抗辩的，人民法院不予支持。名义股东根据上述规定承担赔偿责任后，向实际出资人追偿的，人民法院应予支持。

6. 冒用他人名义出资并将该他人作为股东在公司登记机关登记的，冒名登记行为人应当承担相应责任；公司、其他股东或者公司债权人以未履行出资义务为由，请求被冒名登记为股东的承担补足出资责任或者对公司债务不能清偿部分的赔偿责任的，人民法院不予支持。

（五）有限责任公司股东转让股权

有限责任公司股东转让股权，包括股东之间转让股权、股东向股东以外的人转让股权和人民法院强制转让股东股权等情形。

1. 股东之间转让股权。

《公司法》规定，有限责任公司的股东之间可以相互转让其全部或者部分股权。《公司法》对股东之间转让股权没有作任何限制，这是因为，股东向公司的其他股东转让股权，无论是转让全部股权还是转让部分股权，都不会有新股东的产生，因此也就没有必要对这种转让进行限制。

2. 股东向股东以外的人转让股权。

《公司法》规定，股东向股东以外的人转让股权，应当经其他股东过半数同意。股东应就其股权转让事项书面通知其他股东征求同意，其他股东自接到书面通知之日起满30日未答复的，视为同意转让。其他股东半数以上不同意转让的，不同意的股东应当购买该转让的股权；不购买的，视为同意转让。经股东同意转让的股权，在同等条件下，其他股东有优先购买权。两个以上股东主张行使优先购买权的，协商确定各自的购买比例；协商不成的，按照转让时各自的出资比例行使优先购买权。但是，公司章程对股权转让另有规定的，从其规定，即公司章程可以对股东之间的股权转让以及股东向股东以外的人转让股权作出与《公司法》不同的规定。一旦公司章程对股权转让作出了不同的规定，就应当依照公司章程的规定执行。

根据《公司法》司法解释（四）规定，有限责任公司的自然人股东因继承发生变化时，其他股东主张依据《公司法》规定行使优先购买权的，人民法院不予支持，但公司章程另有规定或者全体股东另有约定的除外。有限责任公司的股东向股东以外的人转让股权，应就其股权转让事项以书面或者其他能够确认收悉的合理方式通知其他股东征求同意。经股东同意转让的股权，其他股东主张转让股东应当向其以书面或者其他能够确认收悉的合理方式通知转让股权的同等条件的，人民法院应当予以支持。人民法院在判断是否符合《公司法》所称的"同等条件"时，应当考虑转让股权的数量、价格、支付方式及期限等因素。有限责任公司的股东主张优先购买转让股权的，应当在收到通知后，在公司章程规定的行使期间内提出购买请求。公司章程没有规定行使期间或者规定不明确的，以通知确定的期间为准，通知确定的期间短于30日或者未明确行使期间的,行使期间为30日。有限责任公司的转让股东,在其他股东主张优先购买后又不同意转让股权的,对其他股东优先购买的主张,人民法院不予支持,但公司章程另有规定或者全体股东另有约定的除外。其他股东主张转让股东赔偿其损失合理的,人民法院应当予以支持。有限责任公司的股东向股东以外的人转让股权,未就其股权转让事项征求其他股东意见,或者以欺诈、恶意串通等手段,损害其他股东优先购买权,其他股东主张按照同等条件购买该转让股权的,人民法院应当予以支持,但其他股东自知道或者应当知道行使优先购买权的同等条件之日起30日内没有主张,或者自股权变更登记之日起超过1年的除外。上述"其他股东"仅提出确认股权转让合同及股权变动效力等请求,未同时主张按照同等条件购买转让股权的,人民法院不予支持,但其他股东非因自身原因导致无法行使优先购买权,请求损害赔偿的除外。股东以外的股权受让人,因股东行使优先购买权而不能实现合同目的的,可以依法请求转让股东承担相应民事责任。

> 【例2-12】某有限责任公司的股东甲向公司股东以外的人乙转让其股权。下列关于甲转让股权的表述中,符合《公司法》规定的是( )。
> A. 甲可以将其股权转让给乙,无须经其他股东同意
> B. 甲可以将其股权转让给乙,仅须通知其他股东
> C. 甲可以将其股权转让给乙,但须经其他股东的过半数同意
> D. 甲可以将其股权转让给乙,但须经其他股东的2/3以上同意
> 【解析】正确答案为选项C。根据《公司法》的规定,有限责任公司的股东向股东以外的人转让股权,应当经其他股东过半数同意。

3. 人民法院强制转让股东股权。

人民法院依照法律规定的强制执行程序转让股东的股权时,应当通知公司及全体股东,其他股东在同等条件下有优先购买权。其他股东自人民法院通知之日起满20日不行使优先购买权的,视为放弃优先购买权。人民法院依照法律规定的强制执行程序转让股东的股权,是指人民法院依照《民事诉讼法》等法律规定的执行程序,强制执行生效的法律文书时,以拍卖、变卖或者其他方式转让有限责任公司股东的股权。

有限责任公司股东转让股权后,公司应当注销原股东的出资证明书,向新股东签发出资证明书,并相应修改公司章程和股东名册中有关股东及其出资额的记载。对公司章程的该项修改不需要再由股东会表决。

> 【例2-13】根据《公司法》的规定,有限责任公司的股东转让股权后,公司不必履行的程序是( )。
> A. 注销原股东的出资证明书
> B. 向新股东签发出资证明书

C. 召开股东会修改公司章程中有关股东及其出资额的记载并表决通过

D. 相应修改公司股东名册中有关股东及其出资额的记载

解析 正确答案为选项 C。根据《公司法》的规定，有限责任公司股东转让股权后，公司应当注销原股东的出资证明书，向新股东签发出资证明书，并相应修改公司章程和股东名册中有关股东及其出资额的记载，对公司章程的该项修改不需再由股东会表决。

（六）有限责任公司股东退出公司

1. 股东退出公司的法定条件。

《公司法》规定，有下列情形之一的，对股东会该项决议投反对票的股东可以请求公司按照合理的价格收购其股权，退出公司：（1）公司连续 5 年不向股东分配利润，而公司该 5 年连续盈利，并且符合《公司法》规定的分配利润条件的；（2）公司合并、分立、转让主要财产的；（3）公司章程规定的营业期限届满或者章程规定的其他解散事由出现，股东会会议通过决议修改章程使公司存续的。根据上述规定，股东退出公司应当满足两个条件：一是公司具备上述三种情形之一；二是股东对股东会上述事项决议投了反对票。投赞成票的股东就不能以上述事项为由，要求退出公司。

2. 股东退出公司的法定程序。

（1）请求公司收购其股权。股东要求退出公司时，首先应当请求公司收购其股权。股东请求公司收购其股权时，其所要求的价格不应过高，而应当是合理的价格，这样才能既满足股东的要求，保护要求退出公司的股东的权益，又不损害公司和其他股东的权益。

（2）依法向人民法院提起诉讼。股东请求公司收购其股权，应当尽量通过协商的方式解决。但如果协商不成，根据《公司法》规定，自股东会会议决议通过之日起 60 日内，股东与公司不能达成股权收购协议的，股东可以自股东会会议决议通过之日起 90 日内向人民法院提起诉讼。

（3）注重调解。根据《公司法》司法解释（五）的规定，人民法院审理涉及有限责任公司股东重大分歧案件时，应当注重调解。当事人协商一致以下列方式解决分歧，且不违反法律、行政法规的强制性规定的，人民法院应予支持：①公司回购部分股东股权；②其他股东受让部分股东股权；③他人受让部分股东股权；④公司减资；⑤公司分立；⑥其他能够解决分歧，恢复公司正常经营，避免公司解散的方式。

四、一人有限责任公司的特别规定

（一）一人有限责任公司的概念

一人有限责任公司，是指只有一个自然人股东或者一个法人股东的有限责任公司。

一人有限责任公司是独立的企业法人，具有完全的民事权利能力、民事行为能力和民事责任能力，是有限责任公司中的特殊类型。一人有限责任公司的股东只能是自然人或法人，而不能是其他组织，这一点与其他公司不同。

（二）一人有限责任公司的特别规定

《公司法》规定，一人有限责任公司的设立和组织机构适用特别规定，没有特别规定的，适用有限责任公司的相关规定。这些特别规定，具体包括以下几个方面：

1. 一个自然人只能投资设立一个一人有限责任公司，该一人有限责任公司不能投资设立新的一人有限责任公司。

2. 一人有限责任公司应当在公司登记中注明自然人独资或者法人独资，并在公司营业执照中载明。

3. 一人有限责任公司不设股东会。法律规定的股东会职权由股东行使，当股东行使相应职权作出决定时，应当采用书面形式，并由股东签字后置备于公司。

4. 一人有限责任公司应当在每一会计年度终了时编制财务会计报告，并经会计师事务所审计。

5. 一人有限责任公司的股东不能证明公司财产独立于股东自己财产的，应当对公司债务承担连带责任。这项规定说明《公司法》对一人有限责任公司持怀疑态度，在法人人格否认情形下规定了举证责任倒置，不利于股东免责。

【例2-14】王某出资设立了甲一人有限责任公司（以下简称甲公司）。甲公司的下列事项中，符合公司法律制度规定的是（　　）。

A. 甲公司决定投资设立新的一人有限责任公司
B. 甲公司决定会计年度终了时不编制财务会计报告
C. 甲公司不设立股东会
D. 股东王某行使股东会相应职权作出决定时未使用书面形式

解析　正确答案为选项C。自然人投资设立的一人有限责任公司不能投资设立新的一人有限责任公司。一人有限责任公司应当在每一会计年度终了时编制财务会计报告。一人有限责任公司股东行使相应职权作出决定时，应当采用书面形式。一人有限责任公司不设股东会，选项C正确。

五、国有独资公司的特别规定

（一）国有独资公司的概念

国有独资公司是指国家单独出资、由国务院或者地方人民政府委托本级人民政府国有资产监督管理机构履行出资人职责的有限责任公司。与一般意义上的有限责任公司相比较，国有独资公司具有以下特征：

1. 公司股东的单一性。国有独资公司的股东只有 1 个。

2. 单一股东的特定性。国有独资公司是由各级人民政府或者其授权投资的机构或部门出资,国有资产监督管理机构接受委托履行出资人职责。

(二) 国有独资公司的特别规定

《公司法》规定,国有独资公司的设立和组织机构适用特别规定,没有特别规定的,适用有限责任公司的相关规定。这些特别规定,具体包括以下六个方面:

1. 国有独资公司章程由国有资产监督管理机构制定,或者由董事会制定报国有资产监督管理机构批准。

2. 国有独资公司不设股东会,由国有资产监督管理机构行使股东会职权。国有资产监督管理机构可以授权公司董事会行使股东会的部分职权,决定公司的重大事项,但公司的合并、分立、解散、增减注册资本和发行公司债券,必须由国有资产监督管理机构决定;其中,重要的国有独资公司合并、分立、解散、申请破产的,应当由国有资产监督管理机构审核后,报本级人民政府批准。上述所称重要的国有独资公司,按照国务院的规定确定。

3. 国有独资公司设立董事会,依照法律规定的有限责任公司董事会的职权和国有资产监督管理机构的授权行使职权。董事会成员中应当有公司职工代表。董事会成员由国有资产监督管理机构委派;但是,董事会成员中的职工代表由公司职工代表大会选举产生。董事每届任期不得超过 3 年。董事会设董事长 1 人,可以设副董事长。董事长、副董事长由国有资产监督管理机构从董事会成员中指定。

4. 国有独资公司设经理,由董事会聘任或者解聘。国有独资公司经理的职权与一般有限责任公司经理的职权相同。经国有资产监督管理机构同意,董事会成员可以兼任经理。

5. 国有独资公司的董事长、副董事长、董事、高级管理人员,未经国有资产监督管理机构同意,不得在其他有限责任公司、股份有限公司或者其他经济组织兼职。

6. 国有独资公司设监事会,其成员不得少于 5 人,其中,职工代表的比例不得低于 1/3,具体比例由公司章程规定。监事会成员由国有资产监督管理机构委派;但是,监事会中的职工代表由公司职工代表大会选举产生。监事会主席由国有资产监督管理机构从监事会成员中指定。

第四节 股份有限公司

一、股份有限公司的设立

(一) 股份有限公司的设立方式

股份有限公司可以采取发起或者募集的方式设立。发起设立,是指由发起人认购公司应发行的全部股份而设立公司。以发起设立的方式设立股份有限公司的,在设立时其股份全部由该公司的发起人认购,而不向发起人之外的任何社会公众发行股份。因此,以发起设立方式设立的股份有限公司,在其发行新股之前,其全部股份都由发起人持有,公司的全部股东都是设立公司的发起人。募集设立,是指由发起人认购公司应发行股份的一部分,其余股份向社会公开募集或者向特定对象募集而设立公司。以募集设立方式设立股份有限公司的,在公司设立时,认购公司应发行股份的人不仅有发起人,还有发起人以外的人。因此,法律对采用募集设立方式设立公司规定了较为严格的程序,以保护广大投资者的利益,保障正常的经济秩序。

(二) 股份有限公司的设立条件

《公司法》规定,设立股份有限公司,应当具备下列条件:

1. 发起人符合法定人数。

发起人是指依法筹办创立股份有限公司事务的人。为设立公司而签署公司章程、向公司认购出资或者股份并履行公司设立职责的人,应当认定为公司的发起人。发起人既可以是自然人,也可以是法人;既可以是中国公民,也可以是外国公民。设立股份有限公司,应当有2人以上200人以下为发起人,其中,须有半数以上的发起人在中国境内有住所。发起人在中国境内有住所,是指中国公民以其户籍所在地为居住地,或者其经常居住地在中国境内;外国公民的经常居住地在中国境内;法人的主要办事机构所在地在中国境内。因此,发起人是否在中国有住所,要视其经常居住地或者主要办事机构所在地是否在中国境内。发起人应当签订发起人协议,明确各自在公司设立过程中的权利和义务。

2. 有符合公司章程规定的全体发起人认购的股本总额或者募集的实收股本总额。

股份有限公司采取发起设立方式设立的,注册资本为在公司登记机关登记的全体发起人认购的股本总额。在发起人认购的股份缴足前,不得向他人募集股份。股份有限公司采取募集方式设立的,注册资本为在公司登记机关登记的实收股本总额。法律、行政法规以及国务院决定对股份有限公司注册资本实缴、注册资本最低限额另有规定的,从其规定。发起人可以用货币出资,也可以用实物、知识产权、土地使用权等可以用货币估价并可以依法转让的非货币财产作价出资;但是,法律、行政法规规定不得作为出资的财产除外。对作为出资的非货币财产应当评估作价,核实财产,不得高估或者低估作价。法律、行政法规对评估作价有规定的,从其规定。

3. 股份发行、筹办事项符合法律规定。

发起人为设立股份有限公司发行股份,以及在进行其他的筹办事项时,都必须符合法律规定的条件和程序,不得违反。

4. 发起人制定公司章程,采用募集方式设立的须经创立大会通过。

股份有限公司的章程是指记载有关公司组织和行动基本规则的文件。公司章程对公司、股东、董事、监事、高级管理人员具有约束力。设立公司必须依法制定章程。

对于以发起设立方式设立的股份有限公司,由全体发起人共同制定公司章程;对于以募集设立方式设立的股份有限公司,发起人制定的公司章程,还应当召开有其他认股人参加的创立大会,并经出席会议的认股人所持表决权的过半数通过,方为有效。

股份有限公司章程应当载明下列事项:(1)公司名称和住所;(2)公司经营范围;(3)公司设立方式;(4)公司股份总数、每股金额和注册资本;(5)发起人的姓名或者名称、认购的股份数、出资方式和出资时间;(6)董事会的组成、职权、任期和议事规则;(7)公司法定代表人;(8)监事会的组成、职权、任期和议事规则;(9)公司利润分配办法;(10)公司的解散事由与清算办法;(11)公司的通知和公告办法;(12)股东大会会议认为需要规定的其他事项。

5. 有公司名称,建立符合股份有限公司要求的组织机构。

6. 有公司住所。

(三) 股份有限公司的设立程序

1. 发起设立方式设立股份有限公司的程序。

(1) 认购股份。发起人书面认足公司章程规定其认购的股份。

(2) 缴纳出资。《公司法》规定,以发起设立方式设立股份有限公司的,发起人应当书面认足公司章程规定其认购的股份,并按照公司章程规定缴纳出资。以非货币财产出资的,应当依法办理其财产权的转移手续。发起人不按照规定缴纳出资的,应当按照发起人协议的约定承担违约责任。

(3) 选举董事会和监事会。发起人首次缴纳出资后,应当选举董事会和监事会,建立公司的组织机构。

(4) 申请设立登记。发起人在选举董事会和监事会后,董事会应当向公司登记机关报送公司章程、验资证明以及法律、行政法规规定的其他文件,申请设立登记。一旦公司登记机关依法予以登记,发给公司营业执照,公司即告成立。

2. 募集设立方式设立股份有限公司的程序。

(1) 发起人认购股份。发起人认购的股份不得少于公司股份总数的35%;但是法律、行政法规另有规定的,从其规定。这里应当注意的是,发起人认购的股份是指所有发起人认购股份的总额,而不是某一个发起人认购的股份。在发起人认购的股份缴足前,不得向他人募集股份。

(2) 向社会公开募集股份。发起人向社会公开募集股份,必须公告招股说明书,并制作认股书。认股书由认股人填写认购股数、金额、住所,并签名、盖章。认股人按照所认购股数缴纳股款。发起人向社会公开募集股份,应当由依法设立的证券公司承销,签订承销协议。发起人向社会公开募集股份,应当同银行签订代收股款协议。代收股款的银行应当按照协议代收和保存股款,向缴纳股款的认股人出具收款单据,并负有向有关部门出具收款证明的义务。

根据《公司法》司法解释(三)的规定,股份有限公司的认股人未按期缴纳所认股份的股款,经公司发起人催缴后在合理期间内仍未缴纳,公司发起人对该股份另行募集的,人民法院应当认定该募集行为有效。认股人延期缴纳股款给公司造成损失,公司请求该认股人承担赔偿责任的,人民法院应予支持。

(3) 召开创立大会。发行股份的股款缴足后,必须经依法设立的验资机构验资并出具证明。发起人应当在股款缴足之日起 30 日内主持召开公司创立大会,创立大会由发起人、认股人组成。发起人应当在创立大会召开 15 日前将会议日期通知各认股人或者予以公告。创立大会应有代表股份总数过半数的发起人、认股人出席,方可举行。

创立大会行使下列职权:审议发起人关于公司筹办情况的报告;通过公司章程;选举董事会成员;选举监事会成员;对公司的设立费用进行审核;对发起人用于抵作股款的财产作价进行审核;发生不可抗力或者经营条件发生重大变化直接影响公司设立的,可以作出不设立公司的决议。创立大会对上述所列事项作出决议,必须经出席会议的认股人所持表决权过半数通过。

发行的股份超过招股说明书规定的截止期限尚未募足的,或者发行股份的股款缴足后,发起人在 30 日内未召开创立大会的,或创立大会作出不设立公司决议的,认股人可以按照所缴股款并加算银行同期存款利息,要求发起人返还。发起人、认股人缴纳股款或者交付抵作股款的出资后,除前述情形外不得抽回其股本。

【例 2-15】下列关于创立大会的表述中,符合《公司法》规定的有(   )。

A. 发起人应当在股款缴足之日起 60 日内主持召开公司创立大会

B. 发起人未按期召开创立大会的,认股人可以按照所缴股款并加算银行同期存款利息,要求发起人返还

C. 创立大会应有代表股份总数过半数的发起人、认股人出席,方可举行

D. 创立大会对通过公司章程作出决议,必须经出席会议的认股人所持表决权 2/3 以上通过

解析 正确答案为选项 BC。根据我国《公司法》的规定,选项 A 中,发起人应当在股款缴足之日起 30 日内主持召开公司创立大会,而不是 60 日。选项 D 中,创立大会对通过公司章程作出决议,必须经出席会议的认股人所持表决权过半数通过,而不是 2/3 以上。

(4) 申请设立登记。董事会应于创立大会结束后 30 日内,向公司登记机关申请设立登记。公司登记机关依法核准登记后,应当发给公司企业法人营业执照。自公司企业法人营业执照签发之日起,公司即告成立。

股份有限公司成立后,发起人未按照公司章程的规定缴足出资的,应当补缴;其他发起人承担连带责任。股份有限公司成立后,发现作为设立公司出资的非货币财产的实际价额显著低于公司章程所定价额的,应当由交付该出资的发起人补足其差额;其他发起人承担连带责任。股份有限公司应当将公司章程、股东名册、公司债券存根、

股东大会会议记录、董事会会议记录、监事会会议记录、财务会计报告置备于本公司，供股东查阅。

（四）股份有限公司发起人承担的责任

根据《公司法》的规定，股份有限公司的发起人应当承担下列责任：（1）公司不能成立时，对设立行为所产生的债务和费用负连带责任。根据《公司法》司法解释（三）的规定，公司因故未成立，债权人请求全体或者部分发起人对设立公司行为所产生的费用和债务承担连带清偿责任的，人民法院应予支持。部分发起人依照前述规定承担责任后，请求其他发起人分担的，人民法院应当判令其他发起人按照约定的责任承担比例分担责任；没有约定责任承担比例的，按照约定的出资比例分担责任；没有约定出资比例的，按照均等份额分担责任。（2）公司不能成立时，对认股人已缴纳的股款，负返还股款并加算银行同期存款利息的连带责任。（3）在公司设立过程中，由于发起人的过失致使公司利益受到损害的，应当对公司承担赔偿责任。根据《公司法》司法解释（三）的规定，因部分发起人的过错导致公司未成立，其他发起人主张其承担设立行为所产生的费用和债务的，人民法院应当根据过错情况，确定过错一方的责任范围。发起人因履行公司设立职责造成他人损害，公司成立后受害人请求公司承担侵权赔偿责任的，人民法院应予支持；公司未成立，受害人请求全体发起人承担连带赔偿责任的，人民法院应予支持。公司或者无过错的发起人承担赔偿责任后，可以向有过错的发起人追偿。

此外，《公司法》司法解释（三）还规定了公司设立阶段的合同责任。这是因为在公司设立过程中，发起人可能会因筹办公司事务对外订立合同。此时，该合同责任应如何承担？《公司法》司法解释（三）对此作了具体的规定。（1）发起人为设立公司以自己名义对外签订合同，合同相对人请求该发起人承担合同责任的，人民法院应予支持。公司成立后对前述规定的合同予以确认，或者已经实际享有合同权利或者履行合同义务，合同相对人请求公司承担合同责任的，人民法院应予支持。（2）发起人以设立中公司名义对外签订合同，公司成立后合同相对人请求公司承担合同责任的，人民法院应予支持。公司成立后有证据证明发起人利用设立中公司的名义为自己的利益与相对人签订合同，公司以此为由主张不承担合同责任的，人民法院应予支持，但相对人为善意的除外。

二、股份有限公司的组织机构

股份有限公司的组织机构由股东大会、董事会、经理、监事会等组成。

（一）股东大会

1. 股东大会的性质和组成。

股份有限公司的股东大会是公司的权力机构，依法行使职权。股东大会作为公司的权力机构，虽然对外并不直接代表公司，对内也不直接从事经营活动，但却有权决定公司的重大事项。股份有限公司的股东大会由全体股东组成，公司的任何一个股东，无论其所持股份有多少，都是股东大会的成员。

2. 股东大会的职权。

股份有限公司股东大会的职权与有限责任公司股东会的职权基本相同。此外，根据中国证券监督管理委员会发布的《上市公司章程指引》的规定，上市公司的股东大会还有权对公司聘用、解聘会计师事务所作出决议；审议公司在一年内购买、出售重大资产超过公司最近一期经审计总资产30%的事项；审议批准变更募集资金用途事项；审议股权激励计划；审议批准下列担保行为：（1）本公司及本公司控股子公司的对外担保总额，达到或超过最近一期经审计净资产的50%以后提供的任何担保；（2）公司的对外担保总额，达到或超过最近一期经审计总资产的30%以后提供的任何担保；（3）为资产负债率超过70%的担保对象提供的担保；（4）单笔担保额超过最近一期经审计净资产10%的担保；（5）对股东、实际控制人及其关联方提供的担保。

3. 股东大会的形式。

股份有限公司的股东大会分为年会和临时股东大会两种。年会是指依照法律和公司章程的规定每年按时召开的股东大会。《公司法》规定，股东大会应当每年召开1次年会。上市公司的年度股东大会应当于上一会计年度结束后的6个月内举行。临时股东大会是指股份有限公司在出现召开临时股东大会的法定事由时，应当在法定期限召开的股东大会。《公司法》规定，有下列情形之一的，应当在2个月内召开临时股东大会：（1）董事人数不足《公司法》规定人数或者公司章程所定人数的2/3时；（2）公司未弥补的亏损达实收股本总额1/3时；（3）单独或者合计持有公司10%以上股份的股东请求时；（4）董事会认为必要时；（5）监事会提议召开时；（6）公司章程规定的其他情形。

4. 股东大会的召开。

股东大会会议由董事会召集，董事长主持；董事长不能履行职务或者不履行职务的，由副董事长主持；副董事长不能履行职务或者不履行职务的，由半数以上董事共同推举1名董事主持。董事会不能履行或者不履行召集股东大会会议职责的，监事会应当及时召集和主持；监事会不召集和主持的，连续90日以上单独或者合计持有公司10%以上股份的股东可以自行召集和主持。

召开股东大会会议，应当将会议召开的时间、地点和审议的事项于会议召开20日前通知各股东；临时股东大会应当于会议召开15日前通知各股东；发行无记名股票的，应当于会议召开30日前公告会议召开的时间、地点和审议事项。

单独或者合计持有公司3%以上股份的股东，可以在股东大会召开10日前提出临时提案并书面提交董事会；董事会应当在收到提案后2日内通知其他股东，并将该临时提案提交股东大会审议。临时提案的内容应当属于股东大会职权范围，并有明确议题和具体决议事项。股东大会不得对上述通知中未列明的事项作出决议。无记名股票持有人出席股东大会会议的,应当于会议召开5日前至股东大会闭会时将股票交存于公司。

5. 股东大会的决议。

股东出席股东大会会议,所持每一股份有一表决权。股东可以委托代理人出席股东大会会议,代理人应当向公司提交股东授权委托书,并在授权范围内行使表决权。公司持有的本公司股份没有表决权。股东大会作出决议,必须经出席会议的股东所持表决权过半数通过。但是,股东大会作出修改公司章程、增加或者减少注册资本的决议,以及公司合并、分立、解散或者变更公司形式的决议,必须经出席会议的股东所持表决权的2/3以上通过。

股东大会选举董事、监事,可以依照公司章程的规定或者股东大会的决议,实行累积投票制。这里所称累积投票制,是指股东大会选举董事或者监事时,每一股份拥有与应选董事或者监事人数相同的表决权,股东拥有的表决权可以集中使用。例如,假设某公司有两位股东A和B。公司共发行了200股股份,A股东拥有150股,B股东持有50股,按照通常表决规则,A因为持股过半数,就可以选出公司所有董事。但如果采取累积投票制,假设该公司选举4位董事,则A拥有600票(150×4),B拥有200票(50×4)。A为了选出尽可能多的董事,必须将投票分散,比如对甲乙丙分别投200票;而B可以将投票集中,比如对丁投200票。这样,B有可能选出自己支持的董事。这种投票方法对于发扬中小股东民主决策、集中广大中小股东投票权具有积极意义。

股东大会应当对所议事项的决定作成会议记录,主持人、出席会议的董事应当在会议记录上签名。会议记录应当与出席股东的签名册及代理出席的委托书一并保存。

【例2-16】根据公司法律制度的规定,在公司章程对临时股东大会召开未作特别规定时,股份有限公司发生的下列情形中,应当在2个月内召开临时股东大会的是( )。

A. 甲股份有限公司章程规定董事人数为19人,现实有董事15人

B. 乙股份有限公司实收股本总额为5 000万元,目前未弥补的亏损为1 000万元

C. 持有丙股份有限公司5%股份的股东提议召开临时股东大会

D. 丁股份有限公司监事会提议召开临时股东大会

解析 正确答案为选项D。公司章程规定董事人数为19人,不足2/3是不足13人,选项A错误。实收股本5 000万元,1/3是大约1 666.7万元,选项B错误。单独或者合计持有公司10%以上股份的股东可以请求召开临时股东大会,选项C错误。监事会可以提议召开临时股东大会,选项D正确。

(二) 董事会、经理

1. 董事会的性质和组成。

股份有限公司的董事会是股东大会的执行机构，对股东大会负责。股份有限公司设董事会，其成员为5~19人。董事会成员中可以有公司职工代表，董事会中的职工代表由公司职工通过职工代表大会、职工大会或者其他形式民主选举产生。股份有限公司的董事任期由公司章程规定，但每届任期不得超过3年。董事任期届满，连选可以连任。董事任期届满未及时改选，或者董事在任期内辞职导致董事会成员低于法定人数的，在改选出的董事就任前，原董事仍应当依照法律、行政法规和公司章程的规定，履行董事职务。

2. 董事会的职权。

股份有限公司董事会的职权与有限责任公司董事会的职权基本相同。

3. 董事会的召开。

董事会设董事长1人，可以设副董事长。董事长和副董事长由董事会以全体董事的过半数选举产生。董事长召集和主持董事会会议，检查董事会决议的实施情况。副董事长协助董事长工作，董事长不能履行职务或者不履行职务的，由副董事长履行职务；副董事长不能履行职务或者不履行职务的，由半数以上董事共同推举1名董事履行职务。董事会每年度至少召开2次会议，每次会议应当于会议召开10日前通知全体董事和监事。代表1/10以上表决权的股东、1/3以上董事或者监事会，可以提议召开董事会临时会议。董事长应当自接到提议后10日内，召集和主持董事会会议。董事会召开临时会议，可以另定召集董事会的通知方式和通知时限。

4. 董事会的决议。

董事会会议应有过半数的董事出席方可举行。董事会作出决议，必须经全体董事的过半数通过。董事会决议的表决，实行一人一票，即每个董事只能享有一票表决权。董事会会议，应由董事本人出席；董事因故不能出席，可以书面委托其他董事代为出席，委托书中应载明授权范围。董事会应当对会议所议事项的决定作成会议记录，出席会议的董事应当在会议记录上签名。董事应当对董事会的决议承担责任。董事会的决议违反法律、行政法规或者公司章程、股东大会决议，致使公司遭受严重损失的，参与决议的董事对公司负赔偿责任。但经证明在表决时曾表明异议并记载于会议记录的，该董事可以免除责任。这里需要注意的是，并不是在所有的情况下，也不是所有的董事都对公司负赔偿责任。只有具备了下列三个条件，董事才对公司负赔偿责任：一是董事会的决议违反了法律、行政法规或者公司章程、股东大会决议；二是董事会的决议致使公司遭受严重损失；三是该董事参与了董事会的决议并对某项决议表示了同意。对该决议持相反意见并记载于会议记录的董事，不对公司负赔偿责任。

5. 经理。

股份有限公司设经理，由董事会决定聘任或者解聘。股份有限公司经理的职权与有限责任公司经理的职权基本相同。公司董事会可以决定由董事会成员兼任公司经理。

【例2-17】某股份有限公司召开董事会，下列各项中，符合公司法律制度规定的有（   ）。

A. 董事长因故不能出席会议，会议由副董事长主持

B. 通过了有关公司董事报酬的决议

C. 通过了免除乙的经理职务，聘任副董事长甲担任经理的决议

D. 董事会的决议违反法律，致使公司遭受严重损失的，参与决议的全体董事对公司负赔偿责任

解析 正确答案为选项AC。根据《公司法》的规定，董事长不能履行职务时，由副董事长履行职务，故选项A正确；决定董事报酬事项属于公司股东大会的职权，不属于董事会职权，故选项B错误；聘任或者解聘公司经理属于董事会职权，且公司董事会可以决定由董事会成员兼任经理，故选项C正确；董事会的决议违反法律、行政法规或者公司章程、股东大会决议，致使公司遭受严重损失的，参与决议的董事对公司负赔偿责任，但经证明在表决时曾表示异议并记载于会议记录的，该董事可以免除责任，故选项D错误。

【例2-18】某股份有限公司于2022年3月28日召开董事会会议，该次会议召开情况及讨论的有关问题如下：公司董事会由7名董事组成。出席该次会议的董事有王某、张某、李某、陈某；董事何某、孙某、肖某因事不能出席会议，其中，孙某电话委托董事王某代为出席会议并表决，肖某委托董事会秘书杨某代为出席会议并表决。根据总经理提名，出席本次会议的董事讨论并一致同意，聘任顾某为公司财务负责人，并决定给予顾某年薪10万元；董事会会议讨论通过了公司内部机构设置的方案，表决时，董事张某反对，其他董事表示同意。该次董事会会议记录，由出席董事会会议的全体董事和列席会议的监事签名后存档。

根据以上情况，回答下列问题。

（1）出席该次董事会会议的董事人数是否符合规定？董事孙某、肖某委托他人出席该次董事会会议是否有效？请分别说明理由。

（2）董事会通过的聘任公司财务负责人和公司内部机构设置方案两项决议是否符合规定？请分别说明理由。

（3）指出董事会会议记录签名和存档中不规范之处，并说明理由。

解析

（1）出席该次董事会会议的董事人数符合规定。根据《公司法》的规定，董事会会议应有过半数的董事出席方可举行。董事因故不能出席董事会会议时，可以书面委托其他董事代为出席。董事孙某电话委托董事王某代为出席会议并表决不符合规定。董事肖某委托董事会秘书杨某代为出席会议并表决不符合规定。

（2）首先，出席本次董事会会议的董事讨论并一致通过的聘任财务负责人并决定其报酬的决议符合规定。根据《公司法》的规定，该事项属于董事会职权范围。其次，批准公司内部机构设置方案不符合规定。根据《公司法》的规定，董事会作出决议必须经全体董事的过半数通过。公司董事由7人组成，董事张某反对，何某未出席，孙某、肖某委托不合法，实际只有3名董事同意，未达到全体董事的过半数。

（3）该次会议记录无须列席会议的监事签名。根据《公司法》的规定，董事会应当对会议所议事项的决定作成会议记录，出席会议的董事应当在会议记录上签名。

（三）监事会

股份有限公司依法应当设立监事会，监事会为公司的监督机构。

1. 监事会的组成。

股份有限公司监事会成员不得少于3人，应当包括股东代表和适当比例的公司职工代表，其中，职工代表的比例不得低于1/3，具体比例由公司章程规定。监事会中的职工代表由公司职工通过职工代表大会、职工大会或者其他形式民主选举产生。董事、高级管理人员不得兼任监事。监事的任期每届为3年。监事任期届满，连选可以连任。监事任期届满未及时改选，或者监事在任期内辞职导致监事会成员低于法定人数的，在改选出的监事就任前，原监事仍应当依照法律、行政法规和公司章程的规定，履行监事职务。

2. 监事会的职权。

股份有限公司监事会的职权与有限责任公司监事会的职权基本相同。监事可以列席董事会会议，并对董事会决议事项提出质询或者建议。监事会发现公司经营情况异常，可以进行调查；必要时，可以聘请会计师事务所等协助其工作，费用由公司承担。监事会行使职权所必需的费用，由公司承担。

3. 监事会的召开。

监事会设主席1人，可以设副主席。监事会主席和副主席由全体监事过半数选举产生。监事会主席召集和主持监事会会议；监事会主席不能履行职务或者不履行职务的，由监事会副主席召集和主持监事会会议；监事会副主席不能履行职务或者不履行职务的，由半数以上监事共同推举1名监事召集和主持监事会会议。监事会每6个月至少召开1次会议。监事可以提议召开临时监事会会议。监事会的议事方式和表决程序，除《公司法》有规定的外，由公司章程规定。监事会应当对所议事项的决定作成会议记录，出席会议的监事应当在会议记录上签名。

三、上市公司组织机构的特别规定

上市公司，是指其股票在证券交易所上市交易的股份有限公司。上市公司因为股份公开发行和上市交易，涉及投资主体较多，因此法律规定了更多的监管要求。上市公司遵守的绝大多数规范是由中国证监会颁布的，而且仅适用于上市公司，如有关独立董事的规定、信息披露的规定。《公司法》对上市公司组织及活动原则的特别规定，主要包括以下四个方面。

（一）股东大会特别决议事项

上市公司在1年内购买、出售重大资产或者担保金额超过公司资产总额30%的，应当由股东大会作出决议，并经出席会议的股东所持表决权的2/3以上通过。

（二）上市公司设立独立董事

上市公司独立董事，是指不在公司担任除董事外的其他职务，并与其受聘的上市公司及其主要股东不存在可能妨碍其进行独立客观判断的关系的董事。独立董事除了应履行董事的一般职责外，主要职责在于对控股股东及其选任的上市公司的董事、高级管理人员与公司进行的关联交易等进行监督。2001年中国证监会发布《关于在上市公司建立独立董事制度的指导意见》（以下简称《指导意见》）的通知，要求上市公司建立独立董事制度。独立董事应当具备与其行使职权相适应的任职条件。担任独立董事应当符合下列基本条件：（1）根据法律、行政法规及其他有关规定，具备担任上市公司董事的资格；（2）具有《指导意见》所要求的独立性；（3）具备上市公司运作的基本知识，熟悉相关法律、行政法规、规章及规则；（4）具有5年以上法律、经济或者其他履行独立董事职责所必需的工作经验；（5）公司章程规定的其他条件。

下列人员不得担任独立董事：（1）在上市公司或者其附属企业任职的人员及其直系亲属、主要社会关系（直系亲属是指配偶、父母、子女等；主要社会关系是指兄弟姐妹、岳父母、儿媳女婿、兄弟姐妹的配偶、配偶的兄弟姐妹等）；（2）直接或间接持有上市公司已发行股份1%以上或者是上市公司前10名股东中的自然人股东及其直系亲属；（3）在直接或间接持有上市公司已发行股份5%以上的股东单位或者在上市公司前5名股东单位任职的人员及其直系亲属；（4）最近一年内曾经具有前三项所列举情形的人员；（5）为上市公司或者其附属企业提供财务、法律、咨询等服务的人员；（6）公司章程规定的其他人员；（7）中国证监会认定的其他人员。

独立董事除依法行使股份有限公司董事的职权外，还行使下列职权：对公司关联交易、聘用或者解聘会计师事务所等重大事项进行审核并发表独立意见；就上市公司董事、高级管理人员的提名、任免、报酬、考核事项以及其认为可能损害中小股东权益的事项发表独立意见。独立董事发表的独立意见应当作成记录，并经独立董事书面签字确认。股东有权查阅独立董事发表的独立意见。

【例2-19】根据公司法律制度的规定，下列人员中，不得担任上市公司独立董事的有（　　）。

A．在上市公司任职的人员

B．为上市公司提供法律服务的人员

C. 上市公司前10名股东中的自然人股东

D. 在直接持有上市公司已发行股份5%以上的股东单位担任任职的人员

解析 正确答案为选项ABCD。根据《关于在上市公司建立独立董事制度的指导意见》的规定，选项A、B、C、D均为不得担任公司独立董事的主体。

（三）上市公司设立董事会秘书

董事会秘书是指掌管董事会文件并协助董事会成员处理日常事务的人员。董事会秘书是董事会设置的服务席位，既不能代表董事会，也不能代表董事长。上市公司董事会秘书是公司的高级管理人员，承担法律、行政法规以及公司章程对公司高级管理人员所要求的义务，享有相应的工作职权，获得相应的报酬。上市公司设立董事会秘书，负责公司股东大会和董事会会议的筹备、文件保管以及公司股东资料的管理，办理信息披露事务等事宜。

（四）关联关系董事的表决权排除制度

上市公司董事与董事会会议决议事项所涉及的企业有关联关系的，不得对该项决议行使表决权，也不得代理其他董事行使表决权。该董事会会议由过半数的无关联关系董事出席即可举行，董事会会议所作决议须经无关联关系董事过半数通过。出席董事会的无关联关系董事人数不足3人的，应将该事项提交上市公司股东大会审议。这里所称关联关系，是指上市公司的董事与董事会决议事项所涉及的企业之间存在直接或者间接的利益关系。

【例2-20】 某上市公司董事会成员有11人，根据公司章程的规定，对与其股东甲公司签订重要采购合同的事宜召开临时董事会会议，其中，张董事是甲公司董事长，李董事、刘董事因故没有参加会议，未委托其他董事代为出席和表决，表决时有3个董事不同意。下列关于该次决议的表述中，正确的有（ ）。

A. 该董事会会议由于过半数的无关联关系董事出席，因此可以举行

B. 该董事会会议决议经参加会议的无关联关系董事半数以上通过，有效

C. 该董事会会议决议未经无关联关系董事过半数通过，无效

D. 该董事会会议决议经全体董事过半数以上通过，有效

解析 正确答案为选项AC。根据我国《公司法》的规定，上市公司董事与董事会会议决议事项所涉及的企业有关联关系的，不得对该项决议行使表决权，因此，能够行使表决权的董事只有10人。该董事会会议由过半数的无关联关系董事出席即可举行，本公司有无关联关系董事8人参加，已过半数。董事会会议所作决议须经无关联关系董事（10人）过半数通过，即至少应当经无关联关系董事6人同意，但决议只有5人同意，因此不通过，无效。

第五节 公司董事、监事、高级管理人员的资格和义务

一、公司董事、监事、高级管理人员的资格

公司董事、监事、高级管理人员在公司中处于重要的地位并具有法定的职权，因此需要对其任职资格作一些限制性的规定，以保证其具有正确履行职责的能力和条件。因此，《公司法》规定，有下列情形之一的，不得担任公司的董事、监事、高级管理人员：

（1）无民事行为能力或者限制民事行为能力。无民事行为能力的人包括不满8周岁的未成年人和不能辨认自己行为的成年人。限制民事行为能力的人包括8周岁以上的未成年人和不能完全辨认自己行为的成年人，但16周岁以上的未成年人，以自己的劳动收入为主要生活来源的，视为完全民事行为能力人。

（2）因贪污、贿赂、侵占财产、挪用财产或者破坏社会主义市场经济秩序，被判处刑罚，执行期满未逾5年，或者因犯罪被剥夺政治权利，执行期满未逾5年。

（3）担任破产清算的公司、企业的董事或者厂长、经理，对该公司、企业的破产负有个人责任的，自该公司、企业破产清算完结之日起未逾3年。

（4）担任因违法被吊销营业执照、责令关闭的公司、企业的法定代表人，并负有个人责任的，自该公司、企业被吊销营业执照之日起未逾3年。

（5）个人所负数额较大的债务到期未清偿。

公司违反《公司法》的上述规定选举、委派董事、监事或者聘任高级管理人员的，该选举、委派或者聘任无效。公司董事、监事、高级管理人员在任职期间出现上述所列情形的，公司应当解除其职务。

二、公司董事、监事、高级管理人员的义务

（一）忠实义务和勤勉义务

公司董事、监事、高级管理人员应当遵守法律、行政法规和公司章程，对公司负有忠实义务和勤勉义务。

（二）忠实义务的内容

忠实义务是指董事、监事、高级管理人员在执行公司业务时应该以公司利益作为自己行为的最高准则，不得追求自己和他人利益的义务。忠实义务的核心要求是不得与公司存在利益冲突，因此原则上只要与公司存在利益冲突，都是违反忠实义务的行为。但为了经营便利，利益冲突规则也有所缓解，比如股东会或董事会在信息充分的

前提下批准的利益冲突交易,如董事与公司之间的关联交易如果有利于公司,董事会或者股东会可以批准该项交易。或者如果董事能够证明该项交易对公司完全公平,该项关联交易也是有效的。

《公司法》列举的违反忠实义务的行为主要包括:(1)挪用公司资金;(2)将公司资金以其个人名义或者以其他个人名义开立账户存储;(3)违反公司章程的规定,未经股东会、股东大会或者董事会同意,将公司资金借贷给他人或者以公司财产为他人提供担保;(4)违反公司章程的规定或者未经股东会、股东大会同意,与本公司订立合同或者进行交易;(5)未经股东会或者股东大会同意,利用职务便利为自己或者他人谋取属于公司的商业机会,自营或者为他人经营与所任职公司同类的业务;(6)接受他人与公司交易的佣金归为己有;(7)擅自披露公司秘密;(8)违反对公司忠实义务的其他行为。公司董事、监事、高级管理人员不得利用职权收受贿赂或者其他非法收入,不得侵占公司的财产。

(三)违反忠实义务的后果

公司董事、高级管理人员违反忠实义务所得的收入应当归公司所有。公司董事、监事、高级管理人员执行公司职务时违反法律、行政法规或者公司章程的规定,给公司造成损失的,应当承担赔偿责任。

(四)勤勉义务的内容

勤勉义务是对董事、监事、高级管理人员履行义务形式上的要求,即董事、监事、高级管理人员必须尽职尽责地对公司履行其作为董事、监事、高级管理人员的职责。

公司股东会或者股东大会要求董事、监事、高级管理人员列席会议的,董事、监事、高级管理人员应当列席并接受股东的质询。董事、高级管理人员应当如实向公司监事会或者不设监事会的有限责任公司的监事提供有关情况和资料,不得妨碍监事会或者监事行使职权。

有学者认为,勤勉义务包括技能义务、注意义务和狭义的勤勉义务。技能义务是指董事作为经营专家,应该具有同等规模同类公司一般董事的技能水准,或者如果公司对该董事有特殊期待,比如董事是法律专家,则该董事应该达到公司特殊期待所具有的技能水准。注意义务是指董事的决策应该在掌握充分信息的基础上作出。狭义的勤勉义务是指董事应该勤勤恳恳,如尽量出席每一次董事会会议。

三、股东诉讼

(一)股东代表诉讼

股东代表诉讼,也称股东间接诉讼,是指当董事、监事、高级管理人员或者他人违反法律、行政法规或者公司章程的行为给公司造成损失,公司拒绝或者怠于向该违法行为人请求损害赔偿时,具备法定资格的股东有权代表其他股东,代替公司提起诉讼，请求违法行为人赔偿公司损失的行为。股东代表诉讼的目的，是为了保护公司利益和股东整体利益，而不仅仅是个别股东的利益。为保护个别股东利益而进行的诉讼是股东直接诉讼。根据侵权人身份的不同与具体情况的不同，提起股东代表诉讼有以下两种程序：

1. 公司董事、监事、高级管理人员的行为给公司造成损失时股东代表公司提起诉讼的程序。按照《公司法》的规定，公司董事、监事、高级管理人员执行公司职务时违反法律、行政法规或者公司章程的规定，给公司造成损失的，应当承担赔偿责任。

为了确保责任者真正承担相应的赔偿责任，《公司法》对股东代表诉讼作了如下规定：

（1）公司董事、高级管理人员执行公司职务时违反法律、行政法规或者公司章程的规定的，股东通过监事会或者监事提起诉讼。公司董事、高级管理人员执行公司职务时违反法律、行政法规或者公司章程的规定，给公司造成损失的，有限责任公司的股东、股份有限公司连续180日以上单独或者合计持有公司1%以上股份的股东，可以书面请求监事会或者不设监事会的有限责任公司的监事向人民法院提起诉讼。根据《公司法》司法解释（一）的规定，180日以上连续持股期间，应为股东向人民法院提起诉讼时，已期满的持股时间；规定的合计持有公司1%以上股份，是指两个以上股东持股份额的合计。

（2）监事执行公司职务时违反法律、行政法规或者公司章程的规定的，股东通过董事会或者董事提起诉讼。监事执行公司职务时违反法律、行政法规或者公司章程的规定，给公司造成损失的，有限责任公司的股东、股份有限公司连续180日以上单独或者合计持有公司1%以上股份的股东，可以书面请求董事会或者不设董事会的有限责任公司的执行董事向人民法院提起诉讼。

（3）股东提起诉讼。监事会、不设监事会的有限责任公司的监事，或者董事会、执行董事，收到有限责任公司的股东、股份有限公司连续180日以上单独或者合计持有公司1%以上股份的股东的书面请求后，拒绝提起诉讼，或者自收到请求之日起30日内未提起诉讼，或者情况紧急、不立即提起诉讼将会使公司利益受到难以弥补的损害的，有限责任公司的股东、股份有限公司连续180日以上单独或者合计持有公司1%以上股份的股东，有权为了公司的利益，以自己的名义直接向人民法院提起诉讼。股东直接对董事、监事、高级管理人员或者他人提起诉讼的，应当列公司为第三人参加诉讼。一审法庭辩论终结前，符合《公司法》规定条件的其他股东，以相同的诉讼请求申请参加诉讼的，应当列为共同原告。股东直接提起诉讼的案件，胜诉利益归属于公司，其诉讼请求部分或者全部得到人民法院支持的，公司应当承担股东因参加诉讼支付的合理费用，股东请求被告直接向其承担民事责任的，人民法院不予支持。

2. 其他人的行为给公司造成损失时股东提起诉讼的程序。公司董事、监事、高级管理人员以外的其他人侵犯公司合法权益，给公司造成损失的，有限责任公司的股东、股份有限公司连续180日以上单独或者合计持有公司1%以上股份的股东，可以通过监事会或者监事、董事会或者董事向人民法院提起诉讼，或者直接向人民法院提起诉讼。提起诉讼的具体程序，依照上述股东对公司董事、监事、高级管理人员给公司造成损失的行为提起诉讼的程序进行。

【例2-21】2018年5月，甲股份有限公司（以下简称甲公司）董事长王某违反公司章程规定将公司300万资金投入某网络借贷平台，2019年7月，该平台倒闭，甲公司损失惨重，部分股东书面请求甲公司监事会对王某提起诉讼，监事会拒绝，该部分股东中的下列股东因此拟单独向人民法院提起股东代表诉讼，其中有资格提起股东代表诉讼的有（　　）。

A. 已经连续90日持有甲公司5%股份的郑某
B. 已经连续200日持有甲公司3%股份的赵某
C. 已经连续240日持有甲公司1.2%股份的乙有限责任公司
D. 已经连续360日持有甲公司0.8%股份的李某

解析 正确答案为选项BC。公司董事、高级管理人员执行公司职务时违反法律、行政法规或者公司章程的规定的，股份有限公司连续180日以上单独或合计持有公司1%以上股份的股东，可以书面请求监事会向人民法院提起诉讼，监事会收到书面请求后拒绝提起诉讼，或者自收到请求之日起30日内未提起诉讼，或者情况紧急不立即提起诉讼将会使公司利益受到难以弥补的损害的，股东有权为了公司的利益以自己的名义直接向人民法院提起诉讼。选项A中郑某连续持股不足180天，选项D中李某持股不足1%，均不符合提起诉讼的规定。

（二）股东直接诉讼

股东直接诉讼，是指股东对董事、高级管理人员违反规定损害股东利益的行为提起的诉讼。《公司法》规定，公司董事、高级管理人员违反法律、行政法规或者公司章程的规定，损害股东利益的，股东可以依法直接向人民法院提起诉讼。

【例2-22】下列不属于股东直接诉讼的有（　　）。

A. 监事甲违反法律，给股东造成损失
B. 股东乙违反公司章程，给公司造成损失
C. 会计丙违反法律，给股东造成损失
D. 经理丁违反公司章程，给股东造成损失

解析 正确答案为选项B。根据我国《公司法》第一百五十二条的规定："董事、高级管理人员违反法律、行政法规或者公司章程的规定，损害股东利益的，股东可以向人民法院提起诉讼。"因此，如果直接损害了股东利益，可以由股东提起直接诉讼。如果损害的是公司利益，股东只能提起股东代表诉讼，所以选项B错误。

第六节 公司股票和公司债券

一、股份发行

(一) 股份和股票的概念

股份是指将股份有限公司的注册资本按相同的金额或比例划分为相等的份额。股份作为代表公司资本的一部分,是公司资本的最小划分单位,股东根据其出资额度计算出其持有的股份数量,所有股东持有的股份加起来所代表的资本数额即为公司的资本总额。股份有限公司的股份具有平等性,公司每股金额相等,所表现出的股东权利和义务是相等的。股票是指公司签发的证明股东所持股份的凭证,是股份的表现形式。

股票具有以下性质:(1) 股票是有价证券。股票是一种具有财产价值的证券,股票记载着股票种类、票面金额及代表的股份数,反映着股票的持有人对公司的权利。(2) 股票是证权证券。股票表现的是股东的权利,任何人只要合法占有股票,其就可以依法向公司行使权利,而且公司股票发生转移时,公司股东的权益也即随之转移。(3) 股票是要式证券。股票应当采取纸面形式或者国务院证券监督管理机构规定的其他形式,其记载的内容和事项应当符合法律的规定。(4) 股票是流通证券。股票可以在证券交易市场依法进行交易。

(二) 股票的种类

依据不同的标准,可以将股票分为以下几类:

1. 普通股和优先股。

这是按照股东权利、义务的不同进行的分类。普通股是指享有普通权利、承担普通义务的股份,是股份的最基本形式。依照规定,普通股股东享有决策参与权、利润分配权、优先认股权和剩余资产分配权。优先股是指享有优先权的股份。公司对优先股的股利须按约定的股利率支付,有特别约定时,当年可供分配股利的利润不足以按约定的股利率支付优先股利的,还可由以后年度可供分配股利的利润补足。在公司进行清算时,优先股股东先于普通股股东取得公司剩余财产。但是,优先股股东不参与公司决策,不参与公司红利分配。

2013年11月30日,国务院发布《关于开展优先股试点的指导意见》;2014年3月21日,中国证监会发布《优先股试点管理办法》(以下简称《管理办法》),自公布之日起施行。

《管理办法》所称优先股是指依照《公司法》,在一般规定的普通种类股份之外,另行规定的其他种类股份,其股份持有人优先于普通股股东分配公司利润和剩余财产,但参与公司决策管理等权利受到限制。

试点期间不允许发行在股息分配和剩余财产分配上具有不同优先顺序的优先股，但允许发行在其他条款上具有不同设置的优先股。同一公司既发行强制分红优先股，又发行不含强制分红条款优先股的，不属于发行在股息分配上具有不同优先顺序的优先股。

相同条款的优先股应当具有同等权利。同次发行的相同条款优先股，每股发行的条件、价格和票面股息率应当相同；任何单位或者个人认购的股份，每股应当支付相同价额。

试点期间，上市公司可以采取公开或非公开方式发行优先股，非上市公众公司可以非公开发行优先股。但公司已发行的优先股不得超过公司普通股股份总数的50%，且筹资金额不得超过发行前净资产的50%，已回购、转换的优先股不纳入计算。

《管理办法》还规定了优先股股东的分类表决权，出现以下情况之一的，公司召开股东大会会议应通知优先股股东，并遵循《公司法》及公司章程通知普通股股东的规定程序。优先股股东有权出席股东大会会议，就以下事项与普通股股东分类表决，其所持每一优先股有一表决权，但公司持有的本公司优先股没有表决权：（1）修改公司章程中与优先股相关的内容；（2）一次或累计减少公司注册资本超过10%；（3）公司合并、分立、解散或变更公司形式；（4）发行优先股；（5）公司章程规定的其他情形。上述事项的决议，除须经出席会议的普通股股东（含表决权恢复的优先股股东）所持表决权的2/3以上通过之外，还须经出席会议的优先股股东（不含表决权恢复的优先股股东）所持表决权的2/3以上通过。

优先股股东的主要权利是优先分配利润和剩余财产。在利润分配上，《管理办法》规定公司股东大会可授权公司董事会按公司章程的约定向优先股支付股息。公司累计3个会计年度或连续2个会计年度未按约定支付优先股股息的，股东大会批准当年不按约定分配利润的方案次日起，优先股股东有权出席股东大会与普通股股东共同表决，每股优先股股份享有公司章程规定的一定比例表决权。对于股息可累积到下一会计年度的优先股，表决权恢复直至公司全额支付所欠股息。对于股息不可累积的优先股，表决权恢复直至公司全额支付当年股息。公司章程可规定优先股表决权恢复的其他情形。

2. 国有股、发起人股和社会公众股。

这是按照投资主体性质的不同进行的分类。国有股包括国家股和国有法人股，国家股是指有权代表国家投资的政府部门或机构以国有资产投入公司形成的股份或依法定程序取得的股份。国有法人股是指具有法人资格的国有企业、事业及其他单位以其依法占用的法人资产向独立于自己的股份公司出资形成或依法定程序取得的股份。发起人股是指股份公司的发起人认购的股份。社会公众股是指个人和机构以合法财产购买并可依法流通的股份。

3. 记名股票和无记名股票。

这是按照票面上是否记载股东的姓名或名称进行的分类。记名股票是指在票面上记载股东姓名或名称的股票。我国《公司法》规定,公司向发起人、法人发行的股票,应当为记名股票,并应当记载该发起人、法人的名称或者姓名,不得另立户名或者以代表人姓名记名。无记名股票是指在票面上不记载股东姓名或名称的股票。我国《公司法》规定,发行无记名股票的,公司应当记载其股票数量、编号及发行日期。

除上述分类以外,我国的股票还可根据发行对象的不同分为 A 股、B 股、H 股等;按股东有无表决权分为表决权股和无表决权股等。

(三) 股份的发行原则

股份的发行是指股份有限公司为了筹集公司资本而出售和分配股份的法律行为。《公司法》规定:"股份的发行,实行公平、公正的原则,同种类的每一股份应当具有同等权利。同次发行的同种类股票,每股的发行条件和价格应当相同;任何单位或者个人所认购的股份,每股应当支付相同价额。"据此,股份发行应当遵循下列原则:

1. 公平、公正的原则。

所谓公平,首先是指发行的股份所代表权利的公平,即在同一次发行中的同一种股份应当具有同等的权利,享有同等的利益,同类股份必须同股同权、同股同利;其次是指股份发行条件的公平,即在同次股份发行中,相同种类的股份,每股的发行条件和发行价格应当相同。所谓公正,是指在股份的发行过程中,应保持公正性,不允许任何人通过内幕交易、价格操纵、价格欺诈等不正当行为获得超过其他人的利益。

2. 同股同价原则。

同股同价,是指同次发行的同种类股票,每股的发行条件和价格应当是相同的,任何单位或者个人所认购的股份,每股应当支付相同价额,对于同一种类的股票不允许针对不同的投资主体规定不同的发行条件和发行价格。这是股权平等原则在股份发行中的具体体现。

存在特别表决权股份的上市公司,应当在公司章程中规定特别表决权股份的持有人资格、特别表决权股份拥有的表决权数量与普通股份拥有的表决权数量的比例安排、持有人所持特别表决权股份能够参与表决的股东大会事项范围、特别表决权股份锁定安排及转让限制、特别表决权股份与普通股份的转换情形等事项。公司章程有关上述事项的规定,应当符合交易所的有关规定。

(四) 股票的发行价格

股票的发行价格是指股票发行时所使用的价格,也是投资者认购股票时所支付的价格。股票的发行价格可以分为平价发行的价格和溢价发行的价格。平价发行是指股票的发行价格与股票的票面金额相同,也称为等价发行、券面发行。溢价发行是指股票的实际发行价格超过其票面金额。《公司法》规定,股票发行价格可以按票面金额,也可以超过票面金额,但不得低于票面金额。

（五）公司发行新股

股份有限公司发行新股，股东大会应当对下列事项作出决议：（1）新股种类及数额；（2）新股发行价格；（3）新股发行的起止日期；（4）向原有股东发行新股的种类及数额。公司经国务院证券监督管理机构核准公开发行新股时，必须公告新股招股说明书和财务会计报告，并制作认股书。公司公开发行新股应当由依法设立的证券公司承销，签订承销协议，并同银行签订代收股款协议。公司发行新股，可以根据公司经营情况和财务状况，确定其作价方案。公司发行新股募足股款后，必须向公司登记机关办理变更登记，并公告。

（六）股份转让

股份转让，是指股份有限公司的股份持有人依法自愿将自己所拥有的股份转让给他人，使他人取得股份成为股东或增加股份数额的法律行为。

1. 股份转让的法律规定。

《公司法》对股份有限公司的股份转让作出了具体的规定，主要包括以下内容：

（1）股份转让的地点。股东持有的股份可以依法转让。股东转让其股份，应当在依法设立的证券交易场所进行或者按照国务院规定的其他方式进行。上市公司的股票，依照有关法律、行政法规及证券交易所交易规则上市。

（2）股份转让的方式。记名股票，由股东以背书方式或者法律、行政法规规定的其他方式转让，转让后由公司将受让人的姓名或者名称及住所记载于股东名册。股东大会召开前20日内或者公司决定分配股利的基准日前5日内，不得进行股东名册的变更登记。但是，法律对上市公司股东名册变更登记另有规定的，从其规定。无记名股票的转让，由股东将该股票交付给受让人后即发生转让的效力。

2. 股份转让的限制。

（1）对发起人转让股份的限制。根据《公司法》的规定，发起人持有的本公司股份，自公司成立之日起1年内不得转让。公司公开发行股份前已发行的股份，自公司股票在证券交易所上市交易之日起1年内不得转让。

（2）对公司董事、监事、高级管理人员转让股份的限制。根据《公司法》的规定，公司董事、监事、高级管理人员应当向公司申报所持有的本公司的股份及其变动情况，在任职期间每年转让的股份不得超过其所持有本公司股份总数的25%；所持本公司股份自公司股票上市交易之日起1年内不得转让。上述人员离职后半年内，不得转让其所持有的本公司股份。公司章程可以对公司董事、监事、高级管理人员转让其所持有的本公司股份作出其他限制性规定。

上市公司的董事、监事和高级管理人员除了遵守上述规定外，还应遵守《上市公司董事、监事和高级管理人员所持本公司股份及其变动管理规则》（以下简称《管理规则》）的规定。《管理规则》规定，上市公司董事、监事和高级管理人员在任职期间，每年通过集中竞价、大宗交易、协议转让等方式转让的股份不得超过其所持本公司股份总数的25%，因司法强制执行、继承、遗赠、依法分割财产等导致股份变动的除外。上市公司董事、监事和高级管理人员所持股份不超过1000股的，可一次全部转让，不受上述转让比例的限制。

上市公司董事、监事和高级管理人员在下列期间不得买卖本公司股票：①上市公司定期报告公告前30日内；②上市公司业绩预告、业绩快报公告前10日内；③自可能对本公司股票交易价格产生重大影响的重大事项发生之日或在决策过程中，至依法披露后2个交易日内；④证券交易所规定的其他期间。

(3) 对公司收购自身股票的限制。根据《公司法》的规定，公司不得收购本公司股份。但是，有下列情形之一的除外：①减少公司注册资本；②与持有本公司股份的其他公司合并；③将股份用于员工持股计划或者股权激励；④股东因对股东大会作出的公司合并、分立决议持异议，要求公司收购其股份；⑤将股份用于转换上市公司发行的可转换为股票的公司债券；⑥上市公司为维护公司价值及股东权益所必需。公司因上述第①项、第②项规定的情形收购本公司股份的，应当经股东大会决议；公司因上述第③项、第⑤项、第⑥项规定的情形收购本公司股份的，可以依照公司章程的规定或者股东大会的授权，经2/3以上董事出席的董事会会议决议。公司收购本公司股份，可以通过公开的集中交易方式，或者法律法规和中国证监会认可的其他方式进行。

公司依照上述规定收购本公司股份后，属于第①项情形的，应当自收购之日起10日内注销；属于第②项、第④项情形的，应当在6个月内转让或者注销；属于第③项、第⑤项、第⑥项情形的，公司合计持有的本公司股份数不得超过本公司已发行股份总额的10%，并应当在3年内转让或者注销。

上市公司收购本公司股份的，应当依照《证券法》的规定履行信息披露义务。上市公司因上述第③项、第⑤项、第⑥项规定的情形收购本公司股份的，应当通过公开的集中交易方式进行。

(4) 对公司股票质押的限制。根据《公司法》的规定，公司不得接受本公司的股票作为质押权的标的。

3. 记名股票被盗、遗失或者灭失，股东可以依照《民事诉讼法》规定的公示催告程序，请求人民法院宣告该股票失效。人民法院宣告该股票失效后，股东可以向公司申请补发股票。公示催告的期间，由人民法院根据情况决定，但不得少于60日。

4. 上市公司的股票，依照有关法律、行政法规及证券交易所交易规则上市交易。

【例2-23】甲公司、乙公司和朱某作为发起人募集设立了丙股份有限公司（以下简称丙公司），丙公司共有200万股股份，甲公司持有丙公司40万股股份，乙公司持有丙公司20万股股份，朱某持有丙公司10万股股份，其余股份以无记名股票的形式募集。丙公司章程中规定实行累积投票制。丙公司为奖励公司杰出员工王某，经公司过半数董事出席的董事会决议收购了本公司1万股股票，但是在转让给王某前，王某辞职，丙公司遂决定由公司自己长期持有这1万股股票。丙公司董事会成员之间发生矛盾，公司章程规定的9名董事有4名辞职，公司管理混乱，董事会于4名董事辞职3个月后决定召开临时股东大会增选4名董事。临时股东大会会议召开12日前董事会通知了甲公司、乙公司和朱某，并公告了会议召开的时间、地点和审议事项。张某持有丙公司6万股股票，张某在临时股东大会召开10日前提出临时提案并书面提交董事会，提案要求股东大会作出解散公司的决议，董事会认为张某的提案是无稽之谈，未予理会。丙公司临时股东大会增选出4名董事。周某持有丙公司2万股股票，但由于周某没有看到丙公司的公告，便没有参加临时股东大会。周某在股东大会决议作出之日起第45日向法院申请撤销丙公司此次临时股东大会增选4名董事的决议。

根据以上情况，回答下列问题。

（1）丙公司是否有权收购本公司股份？为什么？

（2）本案中丙公司收购本公司股份的行为有哪些不符合法律规定之处？

（3）丙公司召开临时股东大会的程序有哪些不符合法律规定之处？

（4）丙公司董事会对张某提案的处理是否符合法律规定？为什么？

（5）甲公司、乙公司、朱某、丙公司在增选4名董事的表决中各拥有多少表决权？

（6）法院是否应当支持周某的主张？为什么？

解析

（1）丙公司有权收购本公司股份。根据《公司法》的规定，为将股份用于员工持股计划或者股权激励，公司可以收购本公司股份。

（2）本案中丙公司收购本公司股份的行为有两处不符合法律规定：①公司因将股份用于员工持股计划或者股权激励而收购本公司股份的，如果公司章程有规定或者有股东大会的授权，可以经2/3以上董事出席的董事会会议决议，本案未提及公司章程规定或者股东大会授权，直接由过半数董事出席的董事会决议不合法；②丙公司收购本公司股份用于员工持股计划或者股权激励的，应当在3年内转让或者注销，不能自己长期持有。

（3）有两处不符合法律规定：①丙公司应当在董事会只有5名成员之日起2个月内召开临时股东大会，不应该在3个月后方决定召开临时股东大会；②董事会应当于临时股东大会召开15日前公告会议的召开时间、地点和审议事项，不应当在召开12日前才通知和公告。

（4）丙公司董事会对张某提案的处理不符合法律规定。根据《公司法》的规定，张某拥有丙公司3%的股份，有权在股东大会召开10日前提出临时提案，董事会应当在收到提案2日内通知其他股东，并将该临时提案提交股东大会审议。丙公司董事会不应该对张某的提案不予理会。

（5）甲公司拥有160万表决权，乙公司拥有80万表决权，朱某拥有40万表决权，丙公司没有表决权。根据《公司法》的规定，股东大会选举董事、监事，可以依照公司章程的规定或者股东大会的决议，实行累积投票制。累积投票制，是指股东大会选举董事或者监事时，每1股份拥有与应选董事或者监事人数相同的表决权，股东拥有的表决权可以集中使用。丙公司的章程中规定实行累积投票制，临时股东大会表决增选4名董事，所以每1股份拥有4个表决权。甲企业持有40万股股份，拥有160万表决权；乙企业持有20万股股份，拥有80万表决权；朱某持有10万股股份，拥有40万表决权。根据《公司法》的规定，公司持有的本公司股份没有表决权，所以丙公司没有表决权。

（6）法院应当支持周某的主张。丙公司临时股东大会的会议召集程序违反法律规定，根据《公司法》的规定，周某有权自决议作出之日起60日内请求法院撤销股东大会作出的决议。

【例2-24】根据公司法律制度的规定，下列关于股份有限公司股份转让的表述中，正确的是（　　）。

A．公司可以接受以本公司的股票作为质押权的标的
B．公司在任何情况下都不得收购本公司股票
C．股东将无记名股票交付给受让人后即发生转让的效力
D．上市公司董事会秘书不得买卖本公司股票

解析 正确答案为选项C。《公司法》规定，公司不得接受本公司的股票作为质押权的标的，选项A错误。公司不得收购本公司股份。但是，有法定情形的除外，所以选项B错误。无记名股票的转让，交付即发生转让效力，选项C正确。上市公司董事、监事、高级管理人员（包括董事会秘书）仅在特定期间不得买卖本公司股票，选项D错误。

二、公司债券

（一）公司债券的概念和特征

1．公司债券的概念。

公司债券是指公司依照法定程序发行、约定在一定期限还本付息的有价证券。

2．公司债券的特征。

公司债券与股票相比，具有下列特征：

（1）公司债券的持有人是公司的债权人，对于公司享有民法上规定的债权人的所有权利，而股票的持有人则是公司的股东，享有《公司法》所规定的股东权利；

（2）公司债券的持有人，无论公司是否有盈利，对公司享有按照约定给付利息的请求权，而股票持有人，则必须在公司有盈利时才能依法获得股利分配；

（3）公司债券到了约定期限，公司必须偿还债券本金，而股票持有人仅在公司解散时方可请求分配剩余财产；

（4）公司债券的持有人享有优先于股票持有人获得清偿的权利，而股票持有人必须在公司全部债务清偿之后，方可就公司剩余财产请求分配；

（5）公司债券的利率一般是固定不变的，风险较小，而股票股利分配的高低，与公司经营好坏密切相关，故常有变动，风险较大。

（二）公司债券的种类

依照不同的标准，对公司债券可作以下分类：

1. 记名公司债券和无记名公司债券。

记名公司债券是指在公司债券上记载债权人姓名或者名称的债券；无记名公司债券是指在公司债券上不记载债权人姓名或者名称的债券。区分记名公司债券和无记名公司债券的法律意义在于两者转让的要求不同。记名公司债券的转让，转让人须在债券上背书；而无记名公司债券的转让，转让人交付债券即发生转让的法律效力。

2. 可转换公司债券和不可转换公司债券。

可转换公司债券是指可以转换成公司股票的公司债券。这种公司债券在发行时规定了转换为公司股票的条件与办法。当条件具备时，债券持有人拥有将公司债券转换为公司股票的选择权。不可转换公司债券是指不能转换为公司股票的公司债券。凡在发行债券时未作出转换约定的，均为不可转换公司债券。

（三）公司债券的发行

1. 公司债券发行的条件。

公司发行公司债券应当符合《证券法》和《公司债券发行与交易管理办法》规定的发行条件与程序。具体内容见证券法律制度。

2. 公司债券募集办法。

公司发行债券，应当公告公司债券募集办法。公司债券募集办法中应当载明下列主要事项：（1）公司名称；（2）债券募集资金的用途；（3）债券总额和债券的票面金额；（4）债券利率的确定方式；（5）还本付息的期限和方式；（6）债券担保情况；（7）债券的发行价格、发行的起止日期；（8）公司净资产额；（9）已发行的尚未到期的公司债券总额；（10）公司债券的承销机构。

公司以实物券方式发行公司债券的，必须在债券上载明公司名称、债券票面金额、利率、偿还期限等事项，并由法定代表人签名，公司盖章。

3. 置备公司债券存根簿。

公司债券，可以为记名债券，也可以为无记名债券。公司发行公司债券应当置备公司债券存根簿。发行记名公司债券的，应当在公司债券存根簿上载明下列事项：（1）债券持有人的姓名或者名称及住所；（2）债券持有人取得债券的日期及债券的编号；（3）债券总额，债券的票面金额、利率、还本付息的期限和方式；（4）债券的发行日期。发行无记名公司债券的,应当在公司债券存根簿上载明债券总额、利率、偿还期限和方式、发行日期及债券的编号。发行可转换为股票的公司债券的,应当在债券上标明可转换公司债券字样,并在公司债券存根簿上载明可转换公司债券的数额。

（四）公司债券的转让

《公司法》规定,公司债券可以转让,转让价格由转让人与受让人约定。公司债券在证券交易所上市交易的,按照证券交易所的交易规则转让。根据公司债券种类的不同,公司债券的转让有不同的方式。记名公司债券,由债券持有人以背书方式或者法律、行政法规规定的其他方式转让;转让后,由公司将受让人的姓名或者名称及住所记载于公司债券存根簿,以备公司存查。无记名公司债券的转让,由债券持有人将该债券交付给受让人后即发生转让的效力。受让人一经持有该债券,即成为公司的债权人。

发行可转换为股票的公司债券的,公司应当按照其转换办法向债券持有人换发股票,但债券持有人对转换股票或者不转换股票有选择权。

第七节 公司财务、会计

一、公司财务、会计的作用

公司财务、会计工作是公司经营活动中的一项基础工作,它有利于保护投资者和债权人的利益;有利于吸收社会投资;有利于政府的宏观管理;有利于政府掌握情况,制定政策,实施管理。

二、公司财务、会计的基本要求

（一）公司应当依法建立财务、会计制度

公司应当依照法律、行政法规和国务院财政部门的规定建立本公司的财务、会计制度。

（二）公司应当依法编制财务会计报告

公司应当在每一会计年度终了时编制财务会计报告,并依法经会计师事务所审计。公司财务会计报告主要包括:资产负债表、利润表、现金流量表、所有者权益（或股东权益）变动表等报表及附注。

（三）公司应当依法披露有关财务、会计资料

有限责任公司应当按照公司章程规定的期限将财务会计报告送交各股东。股份有限公司的财务会计报告应当在召开股东大会年会的20日前置备于本公司,供股东查阅;公开发行股票的股份有限公司必须公告其财务会计报告。

（四）公司应当依法建立账簿、开立账户

公司除法定的会计账簿外,不得另立会计账簿。对公司资产,不得以任何个人名

义开立账户存储。

（五）公司应当依法聘用会计师事务所对财务会计报告审查验证

公司聘用、解聘承办公司审计业务的会计师事务所，依照公司章程的规定，由股东会、股东大会或者董事会决定。公司股东会、股东大会或者董事会就解聘会计师事务所进行表决时，应当允许会计师事务所陈述意见。公司应当向聘用的会计师事务所提供真实和完整的会计凭证、会计账簿、财务会计报告及其他会计资料，不得拒绝、隐匿、谎报。

三、利润分配

（一）公司利润分配顺序

根据我国《公司法》等相关法律的规定，公司应当按照如下顺序进行利润分配：

1. 弥补以前年度的亏损，但不得超过税法规定的弥补期限。
2. 缴纳所得税。即公司应依我国《企业所得税法》的规定缴纳企业所得税。
3. 弥补在税前利润弥补亏损之后仍存在的亏损。
4. 提取法定公积金。
5. 提取任意公积金。
6. 向股东分配利润。

公司弥补亏损和提取公积金后所余税后利润，有限责任公司按照股东实缴的出资比例分配，但全体股东约定不按照出资比例分配的除外；股份有限公司按照股东持有的股份分配，但股份有限公司章程规定不按持股比例分配的除外。

公司股东会、股东大会或者董事会违反规定，在公司弥补亏损和提取法定公积金之前向股东分配利润的，股东必须将违反规定分配的利润退还公司。公司持有的本公司股份不得分配利润。

根据《公司法》司法解释（五）的规定，分配利润的股东会或者股东大会决议作出后，公司应当在决议载明的时间内完成利润分配。决议没有载明时间的，以公司章程规定的为准。决议、章程中均未规定时间或者时间超过一年的，公司应当自决议作出之日起一年内完成利润分配。决议中载明的利润分配完成时间超过公司章程规定时间的，股东可以依据《公司法》规定请求人民法院撤销决议中关于该时间的规定。

（二）公积金

公积金是公司在资本之外所保留的资金金额，又称为附加资本或准备金。公司为增强自身财力，扩大营业范围和预防意外亏损，从利润中提取一定的资金，以用于扩大资本，或弥补亏损。

1. 公积金的种类。

公积金分为盈余公积金和资本公积金两类。

（1）盈余公积金。盈余公积金是从公司税后利润中提取的公积金，分为法定公积金和任意公积金两种。法定公积金按照公司税后利润的10%提取,当公司法定公积金累计额为公司注册资本的50%以上时,可以不再提取。公司的法定公积金不足以弥补以前年度亏损的,在依照规定提取法定公积金之前,应当先用当年利润弥补亏损。任意公积金按照公司股东会或者股东大会决议,从公司税后利润中提取。

(2)资本公积金。资本公积金是直接由资本原因等形成的公积金,股份有限公司以超过股票票面金额的发行价格发行股份所得的溢价款,以及国务院财政部门规定列入资本公积金的其他收入,应当列为公司资本公积金。

2. 公积金的用途。

公司的公积金应当按照规定的用途使用。公司的公积金主要有以下用途:

(1)弥补公司亏损。公司的亏损按照国家税法规定可以用缴纳所得税前的利润弥补,超过用所得税前利润弥补期限仍未补足的亏损,可以用公司税后利润弥补;发生特大亏损,税后利润仍不足弥补的,可以用公司的公积金弥补。但是,资本公积金不得用于弥补公司的亏损。

(2)扩大公司生产经营。公司可以根据生产经营的需要,用公司的公积金来扩大公司的生产经营规模,增强公司实力。

(3)转增公司资本。公司为了实现增加资本的目的,可以将公积金的一部分转为资本。对用任意公积金转增资本的,法律没有限制,但用法定公积金转增资本时,《公司法》规定,法定公积金转为资本时,所留存的该项公积金不得少于转增前公司注册资本的25%。

【例2-25】根据公司法律制度的规定,下列关于公积金的表述中,不正确的是( )。

A. 资本公积金可以用于弥补公司亏损

B. 公积金分为盈余公积金和资本公积金

C. 公积金可以用于扩大公司生产经营

D. 法定公积金转为资本时,所留存的该项公积金不得少于转增前公司注册资本的25%

解析 正确答案为选项A。资本公积金不得用于弥补公司亏损。

第八节 公司合并、分立、增资、减资

一、公司合并

公司合并是指两个以上的公司依照法定程序变为一个公司的行为。其形式有两种:

一是吸收合并；二是新设合并。吸收合并是指一个公司吸收其他公司加入本公司，被吸收的公司解散。新设合并是指两个以上公司合并设立一个新的公司，合并各方解散。公司合并应遵循以下程序：

（一）签订合并协议

公司合并，应当由合并各方签订合并协议。合并协议应当包括：合并后存续公司或新设公司的名称、住所；合并各方的债权债务处理办法；合并各方的资产状况及其处理办法等其他事项。

（二）编制资产负债表及财产清单

合并各方应当真实、全面地编制资产负债表和财产清单，真实反映公司的财产情况，不得隐瞒公司债权、债务。

（三）作出合并决议

签订合并协议并编制资产负债表及财产清单后，应当就公司合并的有关事项作出合并决议。有限责任公司的股东会在对公司合并作出决议时，必须经代表 2/3 以上表决权的股东通过；股份有限公司的股东大会在对公司合并作出决议时，必须经出席会议的股东所持表决权的 2/3 以上通过；国有独资公司的合并决议，由国有资产监督管理机构决定。重要的国有独资公司的合并，应当由国有资产监督管理机构审核后，报本级人民政府批准。

（四）通知债权人

公司应当自作出合并决议之日起 10 日内通知债权人，并于 30 日内在报纸上公告。债权人自接到通知书之日起 30 日内，未接到通知书的自公告之日起 45 日内，可以要求公司清偿债务或者提供相应的担保。

（五）依法进行登记

公司合并后，登记事项发生变更的，应当依法向公司登记机关办理变更登记；公司解散的，应当依法办理公司注销登记；设立新公司的，应当依法办理公司设立登记。公司合并时，合并各方的债权、债务，应当由合并后存续的公司或者新设的公司承继。

二、公司分立

公司分立是指一个公司依法分为两个以上的公司。《公司法》未明确规定公司分立的形式，一般有两种：第一种是存续分立，又称派生分立，即公司以其部分财产和业务另设一个新的公司。在存续分立中，原公司继续存在，原公司的债权债务可由原公司与新公司分别承担，也可按协议归原公司独立承担，新公司取得法人资格。第二种是新设分立，又称解散分立，即公司以其全部财产设立两个以上的新公司，原公司解散。公司分立的程序与公司合并的程序基本一样，要签订分立协议，编制资产负债表及财产清单，作出分立决议，通知债权人，办理公司登记等。公司分立前的债务由分立后的公司承担连带责任。但是，公司在分立前与债权人就债务清偿达成的书面协议另有约定的除外。

三、公司注册资本的减少和增加

（一）公司注册资本的减少

公司需要减少注册资本时，必须编制资产负债表及财产清单。公司减少注册资本时，应当自作出减少注册资本决议之日起10日内通知债权人，并于30日内在报纸上公告。债权人自接到通知书之日起30日内，未接到通知书的自公告之日起45日内，有权要求公司清偿债务或者提供相应的担保。

公司减少注册资本，应当依法向公司登记机关办理变更登记。

（二）公司注册资本的增加

有限责任公司增加注册资本时，股东认缴新增资本的出资，依照《公司法》设立有限责任公司缴纳出资的有关规定执行。股份有限公司为增加注册资本发行新股时，股东认购新股，依照《公司法》设立股份有限公司缴纳股款的有关规定执行。公司增加注册资本，应当依法向公司登记机关办理变更登记。

第九节 公司解散和清算

一、公司解散

（一）公司解散的原因

根据《公司法》的规定，公司解散的原因有以下情形：（1）公司章程规定的营业期限届满或者公司章程规定的其他解散事由出现；（2）股东会或者股东大会决议解散；（3）因公司合并或者分立需要解散；（4）依法被吊销营业执照、责令关闭或者被撤销；（5）人民法院依法予以解散。

公司有上述第（1）项情形的，可以通过修改公司章程而存续。公司依照规定修改公司章程的，有限责任公司须经持有2/3以上表决权的股东通过，股份有限公司须经出席股东大会会议的股东所持表决权的2/3以上通过。

（二）公司司法解散

《公司法》规定，公司经营管理发生严重困难，继续存续会使股东利益受到重大损失，通过其他途径不能解决的，持有公司全部股东表决权10%以上的股东，可以请求人民法院解散公司。

根据《公司法》司法解释（二）的规定，单独或者合计持有公司全部股东表决权10%以上的股东，以下列事由之一提起解散公司诉讼，并符合《公司法》有关规定的，人民法院应予受理：

（1）公司持续两年以上无法召开股东会或者股东大会，公司经营管理发生严重困难的；

（2）股东表决时无法达到法定或者公司章程规定的比例，持续两年以上不能作出有效的股东会或者股东大会决议，公司经营管理发生严重困难的；

（3）公司董事长期冲突，且无法通过股东会或者股东大会解决，公司经营管理发生严重困难的；

（4）经营管理发生其他严重困难，公司继续存续会使股东利益受到重大损失的情形。

股东以知情权、利润分配请求权等权益受到损害，或者公司亏损、财产不足以偿还全部债务，以及公司被吊销企业法人营业执照未进行清算等为由，提起解散公司诉讼的，人民法院不予受理。股东提起解散公司诉讼应当以公司为被告。经人民法院调解公司收购原告股份的，公司应当自调解书生效之日起6个月内将股份转让或者注销。股份转让或者注销之前，原告不得以公司收购其股份为由对抗公司债权人。公司被依法宣告破产的，依照有关企业破产的法律制度实施破产清算。

二、公司清算

公司清算，是指公司解散后，为最终了结现存财产和其他法律关系，依照法定程序，对公司的财产和债权债务关系进行清理、处分和分配，从而消灭公司法人资格的法律行为。公司除因合并和分立而解散外，其余原因引起的解散，都应该经过清算。

（一）清算组

1. 清算组的组成。

有限责任公司的清算组由股东组成，股份有限公司的清算组由董事或者股东大会确定的人员组成。人民法院受理公司清算案件，应当及时指定有关人员组成清算组。清算组成员可以从下列人员或者机构中产生：（1）公司股东、董事、监事、高级管理人员；（2）依法设立的律师事务所、会计师事务所、破产清算事务所等社会中介机构；（3）依法设立的律师事务所、会计师事务所、破产清算事务所等社会中介机构中具备相关专业知识并取得执业资格的人员。

2. 清算组的职权。

根据《公司法》的规定，清算组在清算期间行使下列职权：（1）清理公司财产，分别编制资产负债表和财产清单；（2）通知、公告债权人；（3）处理与清算有关的公司未了结的业务；（4）清缴所欠税款以及清算过程中产生的税款；（5）清理债权、债务；（6）处理公司清偿债务后的剩余财产；（7）代表公司参与民事诉讼活动。清算组在公司清算期间代表公司进行一系列民事活动，全权处理公司经济事务和民事诉讼活动。根据《公司法》的规定，清算组成员应当忠于职守，依法履行清算义务。清算组成员不得利用职权收受贿赂或者其他非法收入，不得侵占公司财产。清算组成员因故意或者重大过失给公司或者债权人造成损失的，应当承担赔偿责任。

（二）公司清算的程序

1. 组织清算组。公司解散时，应当依法进行清算。根据《公司法》的规定，公司应当在解散事由出现之日起15日内成立清算组。根据最高人民法院的司法解释，有下列情形之一，债权人申请人民法院指定清算组进行清算的，人民法院应予受理：（1）公司解散逾期不成立清算组进行清算的；（2）虽然成立清算组但故意拖延清算的；（3）违法清算可能严重损害债权人或者股东利益的。具有上述情形，而债权人未提起清算申请，公司股东申请人民法院指定清算组对公司进行清算的，人民法院应予受理。

2. 清理公司财产，编制资产负债表和财产清单。清算组应当对公司财产进行清理，编制资产负债表和财产清单，制订清算方案。清算方案应当报股东会、股东大会或者人民法院确认。清算组执行未经确认的清算方案给公司或者债权人造成损失，公司、股东或者债权人有权要求清算组人员承担赔偿责任。

公司的清算财产是指公司清算时拥有的所有财产，而不管公司清算时是否占有该项财产，如公司所有但出借给他人的财产、股东尚未缴纳的出资等。股东尚未缴纳的出资，包括到期应缴未缴的出资，以及依照《公司法》第二十六条和第八十条的规定分期缴纳尚未届满缴纳期限的出资。

清算组在清理公司财产、编制资产负债表和财产清单后，发现公司财产不足清偿债务的，应当依法向人民法院申请宣告破产。人民法院指定的清算组在清理公司财产、编制资产负债表和财产清单时，发现公司财产不足清偿债务的，可以与债权人协商制订有关债务清偿方案。债务清偿方案经全体债权人确认且不损害其他利害关系人利益的，人民法院可依清算组的申请裁定予以认可。

3. 公告和通知公司债权人。《公司法》第一百八十五条规定，"清算组应当自成立之日起10日内通知债权人，并于60日内在报纸上公告。债权人应当自接到通知书之日起30日内，未接到通知书的自公告之日起45日内，向清算组申报其债权。"

4. 登记债权、编制清算方案。债权人在规定的期限内未申报债权，在公司清算程序终结前补充申报的，清算组应予登记。债权人补充申报的债权，可以在公司尚未分配财产中依法清偿。公司清算程序终结，是指清算报告经股东会、股东大会或者人民法院确认完毕。清算组未按照上述规定履行通知和公告义务，导致债权人未及时申报债权而未获清偿，清算组成员对因此造成的损失承担赔偿责任。债权人申报债权，应当说明债权的有关事项，并提供证明材料。清算组应当对债权进行登记。在申报债权期间，清算组不得对债权人进行清偿。

5. 收取债权、清偿债务，分配剩余财产。公司财产在分别支付清算费用、职工的工资、社会保险费用和法定补偿金，缴纳所欠税款，清偿公司债务后的剩余财产，有限责任公司按照股东的出资比例分配，股份有限公司按照股东持有的股份比例分配。清算期间，公司存续，但不得开展与清算无关的经营活动。公司财产在未按上述规定清偿前，不得分配给股东。

6. 制作清算报告，进行公司注销登记。公司清算结束后，清算组应当制作清算报告，报股东会、股东大会或者人民法院确认，并报送公司登记机关，申请注销公司登记，公告公司终止。公司未经清算即办理注销登记，导致公司无法进行清算，债权人有权要求有限责任公司的股东、股份有限公司的董事和控股股东，以及公司的实际控制人对公司债务承担清偿责任。

有限责任公司的股东、股份有限公司的董事和控股股东，以及公司的实际控制人在公司解散后，恶意处置公司财产给债权人造成损失，或者未经依法清算，以虚假的清算报告骗取公司登记机关办理法人注销登记，债权人主张其对公司债务承担相应赔偿责任的，人民法院应依法予以支持。

（三）公司清算法律责任

1. 怠于成立清算组的法律责任。

有限责任公司的股东、股份有限公司的董事和控股股东未在法定期限内成立清算组开始清算，导致公司财产贬值、流失、毁损或者灭失，债权人主张其在造成损失范围内对公司债务承担赔偿责任的，人民法院应依法予以支持。

有限责任公司的股东、股份有限公司的董事和控股股东因怠于履行义务，导致公司主要财产、账册、重要文件等灭失，无法进行清算，债权人主张其对公司债务承担连带清偿责任的，人民法院应依法予以支持。

上述情形系实际控制人原因造成，债权人主张实际控制人对公司债务承担相应民事责任的，人民法院应依法予以支持。

2. 清算组成员的法律责任。

（1）清算组成员应当忠于职守，依法履行清算义务。清算组成员不得利用职权收受贿赂或者其他非法收入，不得侵占公司财产。清算组成员因故意或者重大过失给公司或者债权人造成损失的，应当承担赔偿责任。

（2）清算组不依照规定向公司登记机关报送清算报告，或者报送清算报告隐瞒重要事实或者有重大遗漏的，由公司登记机关责令改正。清算组成员利用职权徇私舞弊、谋取非法收入或者侵占公司财产的，由公司登记机关责令退还公司财产，没收违法所得，并可以处以违法所得1倍以上5倍以下的罚款。

（3）公司在清算期间开展与清算无关的经营活动的，由公司登记机关予以警告，没收违法所得。

（4）公司在合并、分立、减少注册资本或者进行清算时，不依照规定通知或者公告债权人的，由公司登记机关责令改正，对公司处以1万元以上10万元以下的罚款。公司在进行清算时，隐匿财产，对资产负债表或者财产清单作虚假记载或者在未清偿债务前分配公司财产的，由公司登记机关责令改正，对公司处以隐匿财产或者未清偿债务前分配公司财产金额5%以上10%以下的罚款；对直接负责的主管人员和其他直接责任人员处以1万元以上10万元以下的罚款。

【例2-26】甲公司、乙公司、丙公司和张某、李某共同出资设立了丁有限责任公司（以下简称丁公司），其中甲公司出资40%，乙公司和丙公司各出资20%，张某和李某各出资10%。公司成立后，乙公司未征求其他股东的意见，直接将自己10%的股权转让给丙公司。张某拟将自己的股权转让给陈某，书面征求其他股东的意见，甲公司和李某表示同意，但都表示要购买张某的股权，乙公司一直不作回复，丙公司明确表示反对。张某与甲公司、李某和陈某谈判，甲公司、李某和陈某的出价均为50万元，甲公司和李某表示要分期支付，陈某同意一次性支付，张某遂将股权转让给陈某。陈某于是受让股权后，向董事会提议召开股东会临时会议更换公司董事，董事会不予理会，陈某要求丁公司购买自己的股权，丁公司拒绝，陈某起诉丁公司要求收购自己的股权，法院判决陈某败诉。丁公司总经理王某为公司购买的新设备质次价高，李某经调查了解到王某收受了对方公司的贿赂，李某向监事会反映，监事会迟迟不予答复。

根据上述情况，回答下列问题。

（1）乙公司直接将股权转让给丙公司的做法是否合法？请说明理由。
（2）张某将股权转让给陈某的做法是否合法？请说明理由。
（3）法院判决陈某败诉是否正确？请说明理由。
（4）李某如何保护公司利益？

解析

（1）合法。根据《公司法》的规定，有限责任公司的股东之间可以相互转让其全部或者部分股权。

（2）合法。根据《公司法》的规定，股东向股东以外的人转让股权，应当经其他股东过半数同意。股东应就其股权转让事项书面通知其他股东征求同意，其他股东自接到书面通知之日起满30日未答复的，视为同意转让。其他股东半数以上不同意转让的，不同意的股东应当购买该转让的股权；不购买的，视为同意转让。经股东同意转让的股权，在同等条件下，其他股东有优先购买权。两个以上股东主张行使优先购买权的，协商确定各自的购买比例；协商不成的，按照转让时各自的出资比例行使优先购买权。张某根据法律的规定，书面征求其他股东的同意，甲公司和李某同意，乙公司迟迟不答复，视为同意，除张某外，4名股东有3名同意，张某可以将股权转让给陈某。虽然甲公司和李某主张优先购买权，但是陈某的条件优于甲公司和李某，所以张某可以将股权转让给陈某。

（3）法院判决陈某败诉符合法律规定。根据《公司法》的规定，有下列情形之一的，对股东会该项决议投反对票的股东可以请求公司按照合理的价格收购其股权：①公司连续五年不向股东分配利润，而公司该五年连续盈利，并且符合本法规定的分配利润条件的；②公司合并、分立、转让主要财产的；③公司章程规定的营业期限届满或者章程规定的其他解散事由出现，股东会会议通过决议修改章程使公司存续的。本题中陈某不具备要求丁公司收购其股权的法定情形。

（4）李某可以书面请求监事会以公司名义起诉王某，要求王某赔偿公司损失，监事会拒绝起诉或者自收到请求之日起 30 日内未起诉，李某有权以自己名义起诉王某，要求王某赔偿公司损失。

【例 2-27】甲有限责任公司（以下简称甲公司）于 2018 年 7 月注册成立，由于经营不善，于 2019 年 9 月解散并依法清算，下列财产中，不属于清算财产的是（　　）。
A. 股东陈某从甲公司借用但尚未归还的资金 8 万元
B. 股东王某到期未缴纳的出资 10 万元
C. 股东李某分期缴纳但尚未到期的出资 12 万元
D. 股东赵某出租给甲公司价值 20 万元的设备

解析　正确答案为选项 D。股东赵某出租给甲公司价值 20 万元的设备，所有权归赵某，不属于公司清算财产，其他都是公司清算财产。

本章思考题

1. 股东可以用哪些财产出资？应该如何履行出资义务？
2. 股东未履行出资义务或者抽逃出资应该如何承担法律责任？
3. 公司发起人、董事、监事、高级管理人员持有的本公司股份转让是否受到限制？
4. 公司能够收购本公司股份的情形是什么？
5. 公司对外转投资或者提供担保应该受哪些限制？
6. 国有独资公司的组织机构有哪些特殊规定？
7. 公司资本公积金的构成和用途有哪些？
8. 有限责任公司股东会普通决议和特别决议表决规则是什么？
9. 股份有限公司股东大会普通决议和特别决议表决规则是什么？
10. 有限责任公司股东会、董事会、经理、监事的职权是什么？
11. 股份有限公司股东大会、董事会、经理、监事的职权是什么？
12. 有限责任公司股东会、董事会决议规则是什么？决议瑕疵如何救济？
13. 股份有限公司股东大会、董事会决议规则是什么？决议瑕疵如何救济？
14. 有限责任公司和股份有限公司设立条件有哪些？
15. 股份有限公司发起人有哪些要求？
16. 公司董事、监事、高级管理人员的消极资格是什么？
17. 公司董事、监事、高级管理人员的义务是什么？

第三章 合伙企业法律制度

本章要求

掌握：普通合伙企业合伙事务执行，普通合伙企业与第三人关系，普通合伙企业的入伙与退伙，有限合伙企业事务执行的特殊规定，有限合伙企业入伙与退伙的特殊规定；**熟悉**：普通合伙企业的概念，普通合伙企业的设立，普通合伙企业财产，特殊的普通合伙企业，合伙企业的清算人；**了解**：合伙企业的概念及分类，合伙企业法的概念和基本原则，有限合伙企业的概念及法律适用，有限合伙企业设立的特殊规定，有限合伙人财产出质与转让的特殊规定，有限合伙人债务清偿的特殊规定，有限合伙企业合伙人性质转变的特殊规定，合伙企业的解散和清算。

本章主要内容

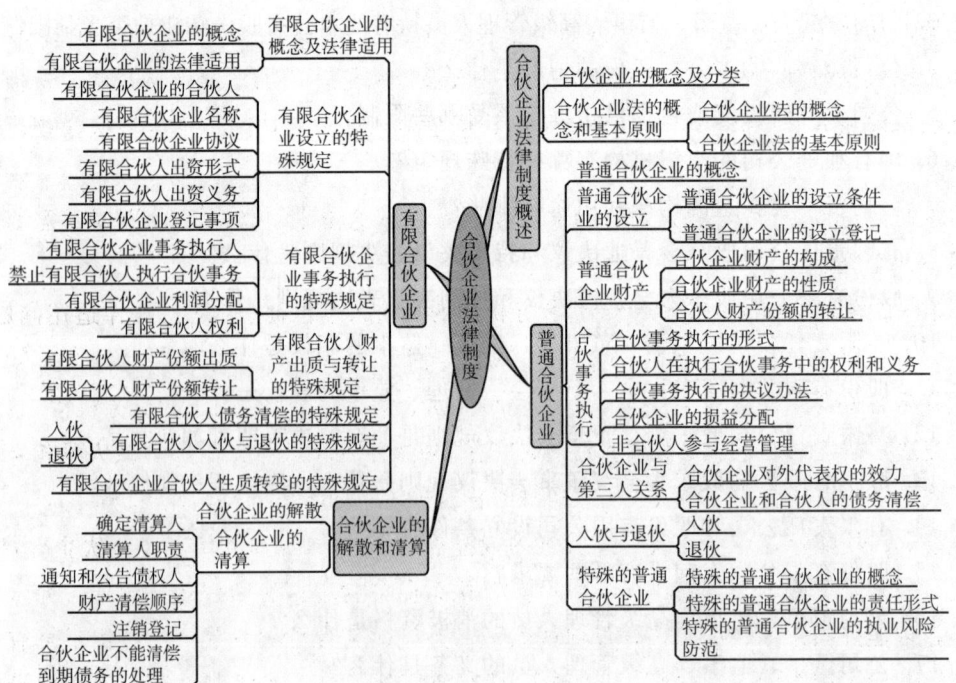

第一节 合伙企业法律制度概述

一、合伙企业的概念及分类

合伙是指两个以上的人为着共同目的，相互约定共同出资、共同经营、共享收益、共担风险的自愿联合。合伙企业，是指自然人、法人和其他组织依照《中华人民共和国合伙企业法》（以下简称《合伙企业法》）在中国境内设立的普通合伙企业和有限合伙企业。

普通合伙企业由普通合伙人组成，合伙人对合伙企业债务承担无限连带责任。《合伙企业法》对普通合伙人承担责任的形式有特别规定的，从其规定。有限合伙企业由普通合伙人和有限合伙人组成，普通合伙人对合伙企业债务承担无限连带责任，有限合伙人以其认缴的出资额为限对合伙企业债务承担责任。

二、合伙企业法的概念和基本原则

（一）合伙企业法的概念

合伙企业法有狭义和广义之分。狭义的合伙企业法，是指由国家立法机关依法制定的、规范合伙企业合伙关系的专门法律，即《合伙企业法》。该法于1997年2月23日由第八届全国人民代表大会常务委员会第二十四次会议通过，2006年8月27日第十届全国人民代表大会常务委员会第二十三次会议修订。广义的合伙企业法，是指国家立法机关或者其他有权机关依法制定的、调整合伙企业合伙关系的各种法律规范的总称。

根据《合伙企业法》，在理解和掌握我国《合伙企业法》的适用范围时，需要注意以下两个问题：

第一，采取合伙制的非企业专业服务机构的合伙人承担责任形式的法律适用问题。非企业专业服务机构，是指不采取企业（如公司制）形式成立的、以自己的专业知识提供特定咨询等方面服务的组织，如律师事务所、会计师事务所等专业服务机构。《合伙企业法》规定，非企业专业服务机构依据有关法律采取合伙制的，其合伙人承担责任的形式可以适用《合伙企业法》关于特殊的普通合伙企业合伙人承担责任的规定。

第二，外国企业或者个人在中国境内设立合伙企业的管理问题。《合伙企业法》规定，外国企业或者个人在中国境内设立合伙企业的管理办法由国务院规定。外国企业是指依照外国法律在中国境外设立的企业；外国个人即外国自然人，是指不具有中华人民共和国国籍的人。《合伙企业法》没有禁止外国企业或者个人在中国境内设立合伙企业，但具体的诸如一些程序性的问题，需要由国务院作出具体的规定。

（二）合伙企业法的基本原则

《合伙企业法》规定了下列基本原则：（1）协商原则；（2）自愿、平等、公平、诚实信用原则；（3）守法原则；（4）合法权益受法律保护原则；（5）依法纳税原则。

第二节 普通合伙企业

一、普通合伙企业的概念

普通合伙企业，是指由普通合伙人组成，合伙人对合伙企业债务依照《合伙企业法》规定承担无限连带责任的一种合伙企业。普通合伙企业具有以下特点：

第一，由普通合伙人组成。所谓普通合伙人，是指在合伙企业中对合伙企业的债务依法承担无限连带责任的自然人、法人和其他组织。《合伙企业法》规定，国有独资公司、国有企业、上市公司以及公益性的事业单位、社会团体不得成为普通合伙人。

第二，合伙人对合伙企业债务依法承担无限连带责任，法律另有规定的除外。所谓无限连带责任，包括两个方面：一是连带责任。即所有合伙人对合伙企业的债务都有责任向债权人偿还，不管自己在合伙协议中所确定的承担比例如何。一个合伙人不能清偿对外债务的，其他合伙人都有清偿的责任。但是，当某一合伙人偿还合伙企业的债务超过自己所应承担的数额时，有权向其他合伙人追偿。二是无限责任。即所有的合伙人不以自己投入合伙企业的资金和合伙企业的其他资金为限对债权人承担清偿责任，在这些财产不够清偿时，还要以合伙人自己所有的财产对债权人承担清偿责任。

但是，在特殊情况下，合伙人可以不承担无限连带责任。按照《合伙企业法》中"特殊普通合伙企业"的规定，对以专业知识和专门技能为客户提供有偿服务的专业服务机构，可以设立为普通合伙企业。在这种特殊的普通合伙企业中，对合伙人本人执业行为中因故意或者重大过失引起的合伙企业债务，其他合伙人以其在合伙企业中的财产份额为限承担责任；执业行为中因故意或者重大过失引起合伙企业债务的合伙人，应当承担无限连带责任；对合伙人本人执业行为中非故意或者重大过失引起的合伙企业的债务和合伙企业的其他债务，全体合伙人承担无限连带责任。对合伙人执业行为中因故意或者重大过失引起的合伙企业债务，以合伙企业财产对外承担责任后，该合伙人应当按照合伙协议的约定对给合伙企业造成的损失承担赔偿责任。

二、普通合伙企业的设立

（一）普通合伙企业的设立条件

根据《合伙企业法》的规定，设立普通合伙企业，应当具备下列条件：

1. 有两个以上合伙人。合伙人为自然人的，应当具有完全民事行为能力。合伙企业合伙人至少为2人以上，对于合伙企业合伙人数的最高限额，我国《合伙企业法》未作规定，完全由设立人根据所设企业的具体情况决定。

关于合伙人的资格，《合伙企业法》作了以下限定：(1) 合伙人可以是自然人，也可以是法人或者其他组织。如何组成，除法律另有规定外不受限制。(2) 合伙人为自然人的，应当具有完全民事行为能力。无民事行为能力人和限制民事行为能力人不得成为合伙企业的合伙人。(3) 国有独资公司、国有企业、上市公司以及公益性的事业单位、社会团体不得成为普通合伙人。

2. 有书面合伙协议。合伙协议是指由各合伙人通过协商，共同决定相互间的权利义务，达成的具有法律约束力的协议。合伙协议应当依法由全体合伙人协商一致，以书面形式订立。合伙协议应当载明下列事项：合伙企业的名称和主要经营场所的地点；合伙目的和合伙经营范围；合伙人的姓名或者名称、住所；合伙人的出资方式、数额和缴付期限；利润分配、亏损分担方式；合伙事务的执行；入伙与退伙；争议解决办法；合伙企业的解散与清算；违约责任等。合伙协议经全体合伙人签名、盖章后生效。合伙人按照合伙协议享有权利，履行义务。修改或者补充合伙协议，应当经全体合伙人一致同意；但是，合伙协议另有约定的除外。合伙协议未约定或者约定不明确的事项，由合伙人协商决定；协商不成的，依照《合伙企业法》和其他有关法律、行政法规的规定处理。合伙企业是依据合伙协议设立的，这一点与公司不同，公司是依据章程设立的。民事合伙可以采取口头协议，但合伙企业必须有书面合伙协议。

3. 有合伙人认缴或者实际缴付的出资。合伙协议生效后，合伙人应当按照合伙协议的规定缴纳出资。合伙人可以用货币、实物、知识产权、土地使用权或者其他财产权利出资，也可以用劳务出资。合伙人的劳务出资形式是有别于公司出资形式的重要不同之处。合伙人以实物、知识产权、土地使用权或者其他财产权利出资，需要评估作价的，可以由全体合伙人协商确定，也可以由全体合伙人委托法定评估机构评估。合伙人以劳务出资的，其评估办法由全体合伙人协商确定，并在合伙协议中载明。合伙人应当按照合伙协议约定的出资方式、数额和缴付期限履行出资义务。以非货币财产出资的，依照法律、行政法规的规定，需要办理财产权转移手续的，应当依法办理。

4. 有合伙企业的名称和生产经营场所。普通合伙企业应当在其名称中标明"普通合伙"字样，其中，特殊的普通合伙企业应当在其名称中标明"特殊普通合伙"字样，合伙企业的名称必须和"合伙"联系起来，名称中必须有"合伙"二字。合伙企业名称中的组织形式可以直接使用"合伙企业"字样。

5. 法律、行政法规规定的其他条件。

【例3-1】甲、乙、丙三人设立一普通合伙企业，并订立了一份合伙协议，部分内容如下：(1) 甲的出资为现金1 000元和劳务作价5万元；(2) 乙的出资为现金5万元，于合伙企业成立后半年内缴付；(3) 丙的出资为作价8万元的房屋一栋，不办理财产权转移手续，且丙保留对该房屋的处分权；（4）合伙企业的经营期限，于合伙企业成立满1年时再协商确定。

分析该协议的上述四项内容是否符合《合伙企业法》的规定。

解析

（1）根据《合伙企业法》的规定，合伙人可以用货币、实物、知识产权、土地使用权或者其他财产权利出资，也可以用劳务出资。因此，甲以现金和劳务出资，符合《合伙企业法》的规定。

（2）根据《合伙企业法》的规定，设立合伙企业，应当有各合伙人认缴或者实际缴付的出资。由此可知，合伙人可以实际一次性缴付出资，也可以"认缴"的形式分期出资，但"认缴"必须在合伙协议中有所体现，不能随意进行。乙的出资于合伙企业成立后半年内缴付的约定符合《合伙企业法》的规定。

（3）根据《合伙企业法》的规定，合伙人以非货币财产出资的，依照法律、行政法规的规定，需要办理财产权转移手续的，应当依法办理。丙以房屋出资，但不办理财产权转移手续，且保留对该房屋的处分权，则该房屋并未成为合伙企业的财产。因此，丙的出资不符合《合伙企业法》的规定。

（4）根据《合伙企业法》的规定，合伙协议应当载明的事项中并不包括合伙企业的经营期限，因此，合伙企业的经营期限可以在合伙企业成立后确定，该项约定符合《合伙企业法》的规定。

【例3-2】 甲、乙、丙、丁四人计划设立一家普通合伙企业。关于该企业设立的下列表述中，正确的是（   ）。

A. 各合伙人不得以劳务作为出资

B. 如乙仅以其房屋使用权作为出资，则不必办理房屋产权过户登记

C. 该合伙企业名称中不得出现任何一个合伙人的名字

D. 合伙协议经全体合伙人签名、盖章并经备案后生效

解析 正确答案为选项B。《合伙企业法》规定，以非货币财产出资的，依照法律、行政法规的规定，需要办理财产权转移手续的，应当依法办理。因此，乙若以房屋使用权而非房屋所有权作为出资的话，无须办理房屋产权过户登记。

选项A错误。《合伙企业法》规定，合伙人可以用货币、实物、知识产权、土地使用权或者其他财产权利出资，也可以用劳务出资。因此，合伙人可以以劳务作为出资。

选项C错误。《合伙企业法》规定，合伙企业名称中必须有"合伙"二字，普通合伙企业应在名称中标明"普通合伙"字样，特殊的普通合伙企业必须在其名称中标明"特殊普通合伙"字样，并未禁止以合伙人的名字命名。因此，合伙企业名

称中可以出现合伙人的名字。

选项 D 错误。《合伙企业法》规定，合伙协议经全体合伙人签名、盖章后生效。合伙人按照合伙协议享有权利，履行义务。合伙协议的生效不需要备案。

（二）普通合伙企业的设立登记

1. 申请人向企业登记机关提交相关文件。该类文件有：（1）全体合伙人签署的设立登记申请书；（2）合伙协议书；（3）全体合伙人的身份证明；（4）全体合伙人指定的代表或者共同委托代理人的委托书；（5）全体合伙人对各合伙人认缴或者实际缴付出资的确认书；（6）经营场所证明；（7）其他法定的证明文件。

此外，法律、行政法规规定设立合伙企业须经批准的，还应当提交有关批准文件。合伙协议约定或者全体合伙人决定，委托一个或者数个合伙人执行合伙事务的，还应当提交全体合伙人的委托书。

2. 企业登记机关核发营业执照。合伙企业的营业执照签发日期，为合伙企业的成立日期。合伙企业领取营业执照前，合伙人不得以合伙企业名义从事合伙业务。

合伙企业设立分支机构，应当向分支机构所在地的企业登记机关申请登记，领取营业执照。合伙企业登记事项发生变更的，执行合伙事务的合伙人应当自作出变更决定或者发生变更事由之日起 15 日内，向企业登记机关申请办理变更登记。

三、普通合伙企业财产

（一）合伙企业财产的构成

根据《合伙企业法》的规定，合伙人的出资、以合伙企业名义取得的收益和依法取得的其他财产，均为合伙企业的财产。从这一规定可以看出，合伙企业财产由以下三部分构成：

1. 合伙人的出资。《合伙企业法》规定，合伙人可以用货币、实物、知识产权、土地使用权或者其他财产权利出资，也可以用劳务出资。这些出资形成合伙企业的原始财产。需要注意的是，合伙企业的原始财产是全体合伙人"认缴"的财产，而非各合伙人"实际缴纳"的财产。

2. 以合伙企业名义取得的收益。合伙企业作为一个独立的经济实体，有自己的独立利益，因此，企业以其名义取得的收益作为合伙企业获得的财产，归属于合伙企业，成为合伙财产的一部分。以合伙企业名义取得的收益，主要包括合伙企业的公共积累资金、未分配的盈余、合伙企业债权、合伙企业取得的工业产权和非专利技术等财产权利。

3. 依法取得的其他财产。即根据法律、行政法规的规定合法取得的其他财产，如合法接受的赠与财产等。

> **【例3-3】** 李某、黄某等人出资设立甲合伙企业。根据《合伙企业法》的规定,下列各项中不属于甲合伙企业财产的是( )。
> A. 合伙人黄某出资的房屋
> B. 甲合伙企业接受丙公司捐赠的原材料
> C. 甲合伙企业对乙公司的应收账款
> D. 合伙人李某对王某的货款债权
> **解析** 正确答案为选项 D。合伙企业的财产是合伙人的出资、以合伙企业名义取得的收益和依法取得的其他财产。选项 D 是李某的个人财产,不是甲合伙企业财产。

（二）合伙企业财产的性质

合伙企业的财产具有独立性和完整性两方面的特征。所谓独立性,是指合伙企业的财产独立于合伙人,合伙人出资以后,一般来说,便丧失了对其作为出资部分的财产的所有权或者持有权、占有权,合伙企业的财产权主体是合伙企业,而不是单独的每一个合伙人。所谓完整性,是指合伙企业的财产作为一个完整的统一体而存在,合伙人对合伙企业的财产权益表现为依照合伙协议所确定的财产收益份额或者比例。

根据《合伙企业法》的规定,合伙人在合伙企业清算前,不得请求分割合伙企业的财产;但是,法律另有规定的除外。合伙人在合伙企业清算前私自转移或者处分合伙企业财产的,合伙企业不得以此对抗善意第三人。在确认善意取得的情况下,合伙企业的损失只能向合伙人进行追索,而不能向善意第三人追索。合伙企业也不能以合伙人无权处分其财产而对善意第三人的权利要求进行对抗,即不能以合伙人无权处分其财产而主张其与善意第三人订立的合同无效。当然,如果第三人是恶意取得,即明知合伙人无权处分而与之进行交易,或者与合伙人通谋共同侵犯合伙企业权益,则合伙企业可以据此对抗第三人。

（三）合伙人财产份额的转让

合伙人财产份额的转让,是指合伙企业的合伙人向他人转让其在合伙企业中的全部或者部分财产份额的行为。由于合伙人财产份额的转让将会影响到合伙企业以及各合伙人的切身利益,因此,《合伙企业法》对合伙人财产份额的转让作了以下限制性规定:

1. 除合伙协议另有约定外,合伙人向合伙人以外的人转让其在合伙企业中的全部或者部分财产份额时,须经其他合伙人一致同意。这一规定适用于合伙人财产份额的外部转让,即合伙人把其在合伙企业中的全部或者部分财产份额转让给合伙人以外的第三人的行为。合伙人财产份额的外部转让,只有经其他合伙人一致同意,才表明其他合伙人同意与受让人共同维持原合伙企业,合伙企业才能存续下去。如果其他合伙人不同意接受受让人,则合伙企业无法存续下去。当然,"合伙人向合伙人以外的人转让其在合伙企业中的全部或者部分财产份额时,须经其他合伙人一致同意"是一项法定的原则，且这项原则是在合伙协议中没有规定的情况下才有法律效力。如果合伙协议有另外的约定，即合伙协议约定，合伙人向合伙人以外的人转让其在合伙企业中的全部或者部分财产份额时，无须经过其他合伙人一致同意，比如约定2/3以上合伙人同意或者一定出资比例同意的情况下，则应执行合伙协议的规定。

2. 合伙人之间转让在合伙企业中的全部或者部分财产份额时，应当通知其他合伙人。这一规定适用于合伙人财产份额的内部转让，即合伙人将其在合伙企业中的全部或者部分财产份额转让给其他合伙人的行为。合伙人财产份额的内部转让因不涉及合伙人以外的人参加，合伙企业存续的基础没有发生实质性变更，因此不需要经过其他合伙人一致同意，只需要通知其他合伙人即可产生法律效力。

3. 合伙人向合伙人以外的人转让其在合伙企业中的财产份额的，在同等条件下，其他合伙人有优先购买权；但是，合伙协议另有约定的除外。所谓优先购买权，是指在合伙人转让其财产份额时，在多数人接受转让的情况下，其他合伙人基于同等条件可优先于非合伙人购买的权利。优先购买权的发生存在两个前提：一是合伙人财产份额的转让没有约定的转让条件、转让范围的限制。也就是说，合伙协议没有"另有约定"或者另外的限制，如有另外约定或者限制，则应依约定或限制办理。二是优先受让的前提是同等条件。同等条件，主要是指受让的价格条件，当然也包括其他条件。这一规定的目的在于维护合伙企业现有合伙人的利益，维护合伙企业在现有基础上的稳定。

合伙人以外的人依法受让合伙人在合伙企业中的财产份额的，经修改合伙协议即成为合伙企业的合伙人，依照《合伙企业法》和修改后的合伙协议享有权利，履行义务。合伙人以外的人成为合伙人须修改合伙协议，未修改合伙协议的，不应视为"合伙企业的合伙人"。

此外，由于合伙人以财产份额出质可能导致该财产份额依法发生权利转移，《合伙企业法》规定，合伙人以其在合伙企业中的财产份额出质的，须经其他合伙人一致同意；未经其他合伙人一致同意，其行为无效，由此给善意第三人造成损失的，由行为人依法承担赔偿责任。合伙人财产份额的出质，是指合伙人将其在合伙企业中的财产份额作为质押物来担保债权人债权实现的行为。对合伙人财产份额出质的规定，包括以下两方面的内容：一是合伙人可以以其在合伙企业中的财产份额作为质物，与他人签订质押合同，但必须经其他合伙人一致同意，否则，合伙人的出质行为无效，即不产生法律上的效力，不受法律的保护。二是合伙人非法出质给善意第三人造成损失的，依法承担赔偿责任。合伙人擅自以其在合伙企业中的财产份额出质，违背了合伙企业存续的基础，具有主观上的过错。合伙人非法出质给善意第三人造成损失的，应当依法赔偿因其过错行为给善意第三人所造成的损失。

【例3-4】根据《合伙企业法》的规定，普通合伙企业的下列行为中，必须经全体合伙人一致同意的有（   ）。
  A. 合伙人之间转让其在合伙企业中的财产份额
  B. 合伙人向合伙人以外的人转让其在合伙企业中的财产份额
  C. 合伙人以其在合伙企业中的财产份额出质
  D. 执行合伙企业事务的合伙人以合伙企业名义为他人提供担保
  解析 正确答案为选项BCD。合伙人之间转让在合伙企业中的全部或者部分财产份额时，应当通知其他合伙人，无须经全体合伙人一致同意。

四、合伙事务执行

（一）合伙事务执行的形式

根据《合伙企业法》的规定，合伙人执行合伙企业事务，可以有以下两种形式：

1. 全体合伙人共同执行合伙事务。这是合伙事务执行的基本形式，也是在合伙企业中经常使用的一种形式，尤其是在合伙人较少的情况下更为适宜。在采取这种形式的合伙企业中，按照合伙协议的约定，各个合伙人都直接参与经营，处理合伙企业的事务，对外代表合伙企业。

2. 委托一个或者数个合伙人执行合伙事务。该形式是在各合伙人共同执行合伙事务的基础上引申而来的。在合伙企业中，有权执行合伙事务的合伙人并不都愿意行使这种权利，因此，按照合伙协议的约定或者经全体合伙人决定，可以委托一个或者数个合伙人对外代表合伙企业，执行合伙事务。

《合伙企业法》规定，委托一个或者数个合伙人执行合伙事务的，其他合伙人不再执行合伙事务。这一规定主要是考虑按照合伙协议的约定或者经全体合伙人决定，将合伙事务委托给部分合伙人执行，没有必要再由其他合伙人执行，否则容易引起冲突与矛盾。当然，对合伙协议或者全体合伙人作出的决定以外的某些事项，如果没有委托一个或数个合伙人执行时，可以由全体合伙人共同执行或者由全体合伙人决定委托给某一个特定的合伙人办理。

合伙人可以将合伙事务委托一个或者数个合伙人执行，但并非所有的合伙事务都可以委托给部分合伙人决定。根据《合伙企业法》的规定，除合伙协议另有约定外，合伙企业的下列事项应当经全体合伙人一致同意：（1）改变合伙企业的名称；（2）改变合伙企业的经营范围、主要经营场所的地点；（3）处分合伙企业的不动产；（4）转让或者处分合伙企业的知识产权和其他财产权利；（5）以合伙企业名义为他人提供担保；（6）聘任合伙人以外的人担任合伙企业的经营管理人员。

（二）合伙人在执行合伙事务中的权利和义务

1. 合伙人在执行合伙事务中的权利。根据《合伙企业法》的规定，合伙人在执行

合伙事务中的权利主要包括以下内容:

(1)合伙人对执行合伙事务享有同等的权利。合伙企业的特点之一就是合伙经营,各合伙人无论其出资多少,都有权平等享有执行合伙企业事务的权利。

(2)执行合伙事务的合伙人对外代表合伙企业。合伙人在代表合伙企业执行事务时,不是以个人的名义进行一定的民事行为,而是以合伙企业事务执行人的身份组织实施企业的生产经营活动。合伙企业事务执行人与代理人不同,代理人以被代理人的名义行事,代理权源于被代理人的授权;而合伙企业事务执行人虽以企业名义活动,但其权利来自法律的直接规定。合伙企业事务执行人与法人的法定代表人也不同,法定代表人是法律规定的并经过一定登记手续而产生的法人单位的代表,他不一定是该法人单位的出资者;而合伙企业事务执行人则是因其出资行为取得合伙人身份,并可以对外代表合伙企业。考虑到法人和其他组织可以参与合伙,《合伙企业法》同时规定,作为合伙人的法人、其他组织执行合伙企业事务的,由其委托的代表执行。

(3)不执行合伙事务的合伙人的监督权利。《合伙企业法》规定,不执行合伙事务的合伙人有权监督执行事务合伙人执行合伙事务的情况。这一规定有利于维护全体合伙人的共同利益,同时也可以促进合伙事务执行人更加认真谨慎地处理合伙企业事务。合伙事务是合伙企业的公共事务,事务的执行情况涉及每个合伙人的个人利益,每个合伙人都有权去关心合伙企业的利益。因此,不执行合伙事务的合伙人有权监督执行事务的合伙人执行合伙事务的情况。

(4)合伙人查阅合伙企业会计账簿等财务资料的权利。合伙经营是一种以营利为目的的经济活动,合伙人之间的财产共有关系、共同经营关系、连带责任关系决定了全体合伙人形成以实现合伙目的为目标的利益共同体。每个合伙人都有权利而且有责任关心了解合伙企业的全部经营活动。因此,查阅合伙企业会计账簿等财务资料,作为了解合伙企业经营状况和财务状况的有效手段,成为合伙人的一项重要权利。

(5)合伙人有提出异议的权利和撤销委托的权利。在合伙人分别执行合伙事务的情况下,由于执行合伙事务的合伙人的行为所产生的亏损和责任要由全体合伙人承担,因此,《合伙企业法》规定,合伙人分别执行合伙事务的,执行事务合伙人可以对其他合伙人执行的事务提出异议。提出异议时,应当暂停该项事务的执行。如果发生争议,依照有关规定作出决定。受委托执行合伙事务的合伙人不按照合伙协议或者全体合伙人的决定执行事务的,其他合伙人可以决定撤销该委托。上述"依照有关规定作出决定"是指,合伙人对合伙企业有关事项作出决议,按照合伙协议约定的表决办法办理。合伙协议未约定或者约定不明确的,实行合伙人一人一票并经全体合伙人过半数通过的表决办法。

2.合伙人在执行合伙事务中的义务。根据《合伙企业法》的规定,合伙人在执行合伙事务中的义务主要包括以下内容:

(1)合伙事务执行人向不参加执行事务的合伙人报告企业经营状况和财务状况。

《合伙企业法》规定,由一个或者数个合伙人执行合伙事务的,执行事务合伙人应当定期向其他合伙人报告事务执行情况以及合伙企业的经营和财务状况,其执行合伙事务所产生的收益归合伙企业,所产生的费用和亏损由合伙企业承担。

(2) 合伙人不得自营或者同他人合作经营与本合伙企业相竞争的业务。各合伙人组建合伙企业是为了合伙经营、共享收益,如果某一合伙人自己又从事或者与他人合作从事与合伙企业相竞争的业务,势必影响合伙企业的利益,背离合伙的初衷;同时还可能形成不正当竞争,使合伙企业处于不利地位,损害其他合伙人的利益。因此,《合伙企业法》规定,合伙人不得自营或者同他人合作经营与本合伙企业相竞争的业务。

(3) 合伙人不得同本合伙企业进行交易。合伙企业中每一个合伙人都是合伙企业的投资者,如果自己与合伙企业交易,就包含了与自己交易,也包含了与别的合伙人交易,而这种交易极易损害他人的利益。因此,《合伙企业法》规定,除合伙协议另有约定或者经全体合伙人一致同意外,合伙人不得同本合伙企业进行交易。

(4) 合伙人不得从事损害本合伙企业利益的活动。合伙人在执行合伙事务过程中,不得为了自己的私利,损害其他合伙人的利益,也不得与其他人恶意串通,损害合伙企业的利益。

(三) 合伙事务执行的决议办法

《合伙企业法》规定,合伙人对合伙企业有关事项作出决议,按照合伙协议约定的表决办法办理。合伙协议未约定或者约定不明确的,实行合伙人一人一票并经全体合伙人过半数通过的表决办法。《合伙企业法》对合伙企业的表决办法另有规定的,从其规定。这一规定确定了合伙事务执行决议的三种办法:

1. 由合伙协议对决议办法作出约定。这种约定有两个前提:一是不与法律相抵触,即法律有规定的按照法律的规定执行,法律未作规定的可在合伙协议中约定。二是在合伙协议中作出的约定,应当由全体合伙人协商一致共同作出。至于在合伙协议中所约定的决议办法,是采取全体合伙人一致通过,还是采取2/3以上多数通过,或者采取其他办法,由全体合伙人视所决议的事项而作出约定。

2. 实行合伙人一人一票并经全体合伙人过半数通过的表决办法。这种办法也有一个前提,即合伙协议未约定或者约定不明确的。需要注意的是,对各合伙人,无论出资多少和以何物出资,表决权数应以合伙人的人数为准,也即每一个合伙人对合伙企业有关事项均有同等的表决权,采用经全体合伙人过半数通过的表决办法。

3. 全体合伙人一致同意。如《合伙企业法》规定,合伙人按照合伙协议的约定或者经全体合伙人决定,可以增加或者减少对合伙企业的出资;又如《合伙企业法》规定,处分合伙企业的不动产、改变合伙企业的名称等,除合伙协议另有约定外,应当经全体合伙人一致同意,等等。

（四）合伙企业的损益分配

1. 合伙损益。合伙损益包括两方面的内容：一是合伙利润，是指以合伙企业的名义从事经营活动所取得的经济利益，它反映了合伙企业在一定期间的经营成果。二是合伙亏损，是指以合伙企业的名义从事经营活动所形成的亏损。合伙亏损是全体合伙人所共同面临的风险，或者说是共同承担的经济责任。

2. 合伙损益分配原则。合伙损益分配包含合伙企业的利润分配与亏损分担两个方面，对合伙损益分配原则，《合伙企业法》作了原则规定，主要内容为：

（1）合伙企业的利润分配、亏损分担，按照合伙协议的约定办理；合伙协议未约定或者约定不明确的，由合伙人协商决定；协商不成的，由合伙人按照实缴出资比例分配、分担；无法确定出资比例的，由合伙人平均分配、分担。

（2）合伙协议不得约定将全部利润分配给部分合伙人或者由部分合伙人承担全部亏损。

（五）非合伙人参与经营管理

在合伙企业中，往往由于合伙人经营管理能力不足，需要在合伙人之外聘任非合伙人担任合伙企业的经营管理人员，参与合伙企业的经营管理工作。《合伙企业法》规定，除合伙协议另有约定外，经全体合伙人一致同意，可以聘任合伙人以外的人担任合伙企业的经营管理人员。被聘任的经营管理人员，仅是合伙企业的经营管理人员，不是合伙企业的合伙人，因而不具有合伙人的资格。

关于被聘任的经营管理人员的职责，《合伙企业法》作了明确规定，主要有：（1）被聘任的合伙企业的经营管理人员应当在合伙企业授权范围内履行职务；（2）被聘任的合伙企业的经营管理人员，超越合伙企业授权范围履行职务，或者在履行职务过程中因故意或者重大过失给合伙企业造成损失的，依法承担赔偿责任。

五、合伙企业与第三人关系

合伙企业与第三人关系，实际是指有关合伙企业的对外关系，涉及合伙企业对外代表权的效力、合伙企业和合伙人的债务清偿等问题。

（一）合伙企业对外代表权的效力

合伙企业设立以后，必然要以合伙企业的名义从事生产经营活动，进行商品的交换、服务的供需和财产的流转，从而与其他市场主体（包括自然人、法人和其他组织）发生联系，形成其外部关系。因此，合伙企业与第三人关系也就是合伙企业与外部的关系。由于合伙企业在债务承担上是一种连带责任关系，这种关系在一定程度上就会与合伙人自身发生一定的牵连，例如，当合伙企业对外发生了债务并且合伙企业的财产不能清偿其债务时，这一关系即可转化为合伙人与债权人（第三人）之间的关系。

1. 合伙事务执行中的对外代表权。可以取得合伙企业对外代表权的合伙人，主要有三种情况：一是由全体合伙人共同执行合伙企业事务的，全体合伙人都有权对外代表合伙企业，即全体合伙人都取得了合伙企业的对外代表权；二是由部分合伙人执行合伙企业事务的，只有受委托执行合伙企业事务的那一部分合伙人有权对外代表合伙企业，而不参加执行合伙企业事务的合伙人则不具有对外代表合伙企业的权利；三是由于特别授权在单项合伙事务上有执行权的合伙人，依照授权范围可以对外代表合伙企业。执行合伙企业事务的合伙人在取得对外代表权后，即可以合伙企业的名义进行经营活动，在其授权的范围内作出法律行为。合伙人的这种代表行为，对全体合伙人发生法律效力，即其执行合伙事务所产生的收益归合伙企业，所产生的费用和亏损由合伙企业承担。

2. 合伙企业对外代表权的限制。合伙人执行合伙事务的权利和对外代表合伙企业的权利，都会受到一定的内部限制。如果这种内部限制对第三人发生效力，必须以第三人知道这一情况为条件，否则，该内部限制不对该第三人产生抗辩力。《合伙企业法》规定，合伙企业对合伙人执行合伙事务以及对外代表合伙企业权利的限制，不得对抗善意第三人。这里所指的合伙人，是指在合伙企业中有合伙事务执行权与对外代表权的合伙人；这里所指的限制，是指合伙企业对合伙人所享有的事务执行权与对外代表权权利能力的一种界定；这里所指的对抗，是指合伙企业否定第三人的某些权利和利益，拒绝承担某些责任；这里所指的不知情，是指与合伙企业有经济联系的第三人不知道合伙企业所作的内部限制，或者不知道合伙企业对合伙人行使权利所作限制的事实；这里所指的善意第三人，是指本着合法交易的目的，诚实地通过合伙企业的事务执行人，与合伙企业之间建立民事、商事法律关系的法人、非法人团体或自然人。如果第三人与合伙企业事务执行人恶意串通、损害合伙企业利益，则不属善意的情形。需要注意的是，不得对抗善意第三人，主要是针对给第三人造成的损失而言，即当执行合伙事务的合伙人给善意第三人造成损失时，合伙企业不能因为有对合伙人执行合伙事务以及对外代表合伙企业权利的限制，就不对善意第三人承担责任。

保护善意第三人的利益是为了维护经济往来的交易安全，这是一项被广泛认同的法律原则。例如，合伙企业内部规定，有对外代表权的合伙人甲在签订合同时，须经乙和丙两个执行事务的合伙人同意，如果甲自作主张没有征求乙和丙的同意，与第三人丁签订了一份买卖合同，而丁不知道合伙企业内部对甲所作的限制，在合同的履行中，也没有从中获得不正当的利益，在这种情况下，第三人丁应当为善意第三人，丁所得到的利益应当予以保护，合伙企业不得以其内部所作的在行使权利方面的限制为由，否定善意第三人丁的正当权益，拒绝履行合伙企业应承担的责任。

(二) 合伙企业和合伙人的债务清偿

1. 合伙企业的债务清偿与合伙人的关系。

(1) 合伙企业财产优先清偿。《合伙企业法》规定，合伙企业对其债务，应先以其全部财产进行清偿。所谓合伙企业的债务,是指在合伙企业存续期间产生的债务。合伙企业的债权人应首先从合伙企业的全部财产中求偿,而不应当向合伙人个人直接请求债权。这样,既有利于理顺合伙企业与第三人的法律关系,明确合伙企业的偿债责任,也有利于保护债权人的债权实现。

(2)合伙人的无限连带清偿责任。《合伙企业法》规定,合伙企业不能清偿到期债务的,合伙人承担无限连带责任。所谓合伙人的无限责任,是指当合伙企业的全部财产不足以偿付到期债务时,各个合伙人承担合伙企业的债务不是以其出资额为限,而是以其自有财产来清偿合伙企业的债务。所谓合伙人的连带责任,是指当合伙企业的全部财产不足以偿付到期债务时,合伙企业的债权人对合伙企业所负债务,可以向任何一个合伙人主张,该合伙人不得以其出资的份额大小、合伙协议有特别约定、合伙企业债务另有担保人或者自己已经偿付所承担的份额等理由来拒绝。当然,合伙人由于承担连带责任,所清偿数额超过其应分担的比例时,有权向其他合伙人追偿。

(3)合伙人之间的债务分担和追偿。《合伙企业法》规定,合伙人由于承担无限连带责任,清偿数额超过规定的其亏损分担比例的,有权向其他合伙人追偿。这一规定在重申合伙人对合伙企业债务负无限连带责任的基础上,明确了合伙人分担合伙债务的比例,是以合伙企业亏损分担的比例为准。《合伙企业法》规定,合伙企业的亏损分担,按照合伙协议的约定办理;合伙协议未约定或者约定不明确的,由合伙人协商决定;协商不成的,由合伙人按照实缴出资比例分担;无法确定出资比例的,由合伙人平均分担。

合伙人之间的分担比例对债权人没有约束力。债权人可以根据自己的清偿利益,请求全体合伙人中的一人或数人承担全部清偿责任,也可以按照自己确定的清偿比例向各合伙人分别追索。如果某一合伙人实际支付的清偿数额超过其依照既定比例所应承担的数额,依照《合伙企业法》的规定,该合伙人有权就超过部分向其他未支付或者未足额支付应承担数额的合伙人追偿。但是,合伙人的这种追偿权,应当具备以下三个条件:一是追偿人已经实际承担连带责任,并且其清偿数额超过了其应当承担的数额;二是被追偿人未实际承担或者未足额承担其应当承担的数额;三是追偿的数额不得超过追偿人超额清偿部分的数额或被追偿人未足额清偿部分的数额。

2. 合伙人的债务清偿与合伙企业的关系。在合伙企业存续期间,可能发生个别合伙人因不能偿还其私人债务而被追索的情况。由于合伙人在合伙企业中拥有财产权益,合伙人的债权人可能向合伙企业提出各种清偿请求。为了保护合伙企业和其他合伙人的合法权益,同时也保护债权人的合法权益,《合伙企业法》作了如下规定:

(1)合伙人发生与合伙企业无关的债务,相关债权人不得以其债权抵销其对合伙企业的债务;也不得代位行使合伙人在合伙企业中的权利。首先,合伙人发生与合伙企业无关的债务,相关债权人不得以其债权抵销其对合伙企业的债务。这是因为该债权人对合伙企业的负债,实际上是对全体合伙人的负债,而合伙企业某一合伙人对该债权人的负债,只限于该合伙人个人。如果允许两者抵销，就等于强迫合伙企业其他合伙人对个别合伙人的个人债务承担责任，这违反了合伙制度的本意，加大了合伙人的风险，也不利于合伙企业这种经济组织形式的发展。其次，合伙人发生与合伙企业无关的债务，相关债权人不得代位行使该合伙人在合伙企业中的权利。这是因为合伙人之间的相互了解和信任是合伙关系稳定的基础，如果允许个别合伙人的债权人代位行使该合伙人在合伙企业中的权利，如参与管理权、事务执行权等，则不利于合伙关系的稳定和合伙企业的正常运营。况且，该债权人因无合伙人身份，只行使合伙人的权利而不承担无限连带责任，无异于允许他将自己行为的责任风险转嫁于合伙企业的全体合伙人，这显然是不公平的。

（2）合伙人的自有财产不足清偿其与合伙企业无关的债务的，该合伙人可以其从合伙企业中分取的收益用于清偿；债权人也可以依法请求人民法院强制执行该合伙人在合伙企业中的财产份额用于清偿。这既保护了债权人的清偿利益，也无损于全体合伙人的合法权益。因为在债权人取得其债务人从合伙企业中分取的收益用来清偿的情况下，该债权人并不参与合伙企业的内部事务，也不妨碍其债务人作为合伙人正常行使其正当的权利。而在债权人依法请求人民法院强制执行债务人在合伙企业中的财产份额作为清偿的情况下，如果该债权人因取得该财产份额而成为合伙企业合伙人，则无异于合伙份额的转让。因此，债权人在取得合伙人地位后，就要承担与其他合伙人同样的责任，因而不存在转嫁责任风险的问题。

人民法院强制执行合伙人的财产份额时，应当通知全体合伙人，其他合伙人有优先购买权；其他合伙人未购买，又不同意将该财产份额转让给他人的，依照《合伙企业法》的规定为该合伙人办理退伙结算，或者办理削减该合伙人相应财产份额的结算。这里需要注意三点：一是这种清偿必须通过《民事诉讼法》规定的强制执行程序进行，债权人不得自行接管债务人在合伙企业中的财产份额；二是人民法院强制执行合伙人的财产份额时，应当通知全体合伙人；三是在强制执行个别合伙人在合伙企业中的财产份额时，其他合伙人有优先购买权。也就是说，如果其他合伙人不愿意接受该债权人成为其合伙企业新的合伙人，可以由他们中的一人或者数人行使优先购买权，取得该债务人的财产份额。受让人支付的价金，用于向该债权人清偿债务。

【例3-5】某合伙企业合伙人甲因个人购房，向非合伙人乙借款2万元，而乙曾与该合伙企业签订了一个买卖合同，还欠该合伙企业货款3万元。当该合伙企业向乙催要货款时，乙提出因甲欠其2万元，所以他只需付合伙企业1万元即可。

分析乙的说法是否正确。

解析 根据《合伙企业法》的规定，合伙人发生与合伙企业无关的债务，相关债权人不得以其债权抵销其对合伙企业的债务；也不得代位行使合伙人在合伙企业中的权利。因此，合伙人的债权人不得对合伙企业主张抵销权。因该债权人对合伙企业的负债，实际上是对全体合伙人的负债；而对他欠债的，只是个别合伙人。如果允许两者抵销，就等于强迫合伙企业其他合伙人对个别合伙人的个人债务承担责任。这样做，违反了合伙制度的本意，加大了合伙人的风险，不利于合伙企业这种经济组织形式的发展。所以，乙的说法不正确。

六、入伙与退伙

（一）入伙

入伙，是指在合伙企业存续期间，合伙人以外的第三人加入合伙，从而取得合伙人资格。

1. 入伙的条件和程序。《合伙企业法》规定，新合伙人入伙，除合伙协议另有约定外，应当经全体合伙人一致同意，并依法订立书面入伙协议。订立入伙协议时，原合伙人应当向新合伙人如实告知原合伙企业的经营状况和财务状况。这一规定包括四层含义：一是新合伙人入伙，应当经全体合伙人一致同意，未获得一致同意的，不得入伙；二是合伙协议无另外约定，如果合伙协议对新合伙人入伙约定了相应的条件，则必须按照约定执行；三是新合伙人入伙，应当依法订立书面入伙协议，入伙协议应当以原合伙协议为基础，并对原合伙协议事项作相应变更，订立入伙协议不得违反公平原则、诚实信用原则；四是订立入伙协议时，原合伙人应当向新合伙人如实告知原合伙企业的经营状况和财务状况。

2. 新合伙人的权利和责任。一般来讲，入伙的新合伙人与原合伙人享有同等权利，承担同等责任。但是，如果原合伙人愿意以更优越的条件吸引新合伙人入伙，或者新合伙人愿意以较为不利的条件入伙，也可以在入伙协议中另行约定。关于新入伙人对入伙前合伙企业的债务承担问题，《合伙企业法》规定，新合伙人对入伙前合伙企业的债务承担无限连带责任。

（二）退伙

退伙，是指合伙人退出合伙企业，从而丧失合伙人资格。

1. 退伙的原因。合伙人退伙，一般有两种原因：一是自愿退伙；二是法定退伙。

（1）自愿退伙。

自愿退伙，是指合伙人基于自愿的意思表示而退伙。自愿退伙可以分为协议退伙和通知退伙两种。

关于协议退伙，《合伙企业法》规定，合伙协议约定合伙期限的，在合伙企业存续期间，有下列情形之一的，合伙人可以退伙：①合伙协议约定的退伙事由出现；②经全体合伙人一致同意；③发生合伙人难以继续参加合伙的事由；④其他合伙人严重违反合伙协议约定的义务。合伙人违反上述规定退伙的，应当赔偿由此给合伙企业造成的损失。

关于通知退伙，《合伙企业法》规定，合伙协议未约定合伙期限的，合伙人在不给合伙企业事务执行造成不利影响的情况下，可以退伙，但应当提前30日通知其他合伙人。由此可见，法律对通知退伙有一定的限制，即附有以下三项条件：①必须是合伙协议未约定合伙企业的经营期限；②必须是合伙人的退伙不给合伙企业事务执行造成不利影响；③必须提前30日通知其他合伙人。这三项条件必须同时具备，缺一不可。合伙人违反上述规定退伙的，应当赔偿由此给合伙企业造成的损失。

（2）法定退伙。

法定退伙，是指合伙人因出现法律规定的事由而退伙。法定退伙分为当然退伙和除名两类。

关于当然退伙，《合伙企业法》规定，合伙人有下列情形之一的，当然退伙：①作为合伙人的自然人死亡或者依法宣告死亡；②个人丧失偿债能力；③作为合伙人的法人或者其他组织依法被吊销营业执照、责令关闭、撤销，或者被宣告破产；④法律规定或者合伙协议约定合伙人必须具有相关资格而丧失该资格；⑤合伙人在合伙企业中的全部财产份额被人民法院强制执行。当然退伙以退伙事由实际发生之日为退伙生效日。

关于除名，《合伙企业法》规定，合伙人有下列情形之一的，经其他合伙人一致同意，可以决议将其除名：①未履行出资义务；②因故意或者重大过失给合伙企业造成损失；③执行合伙事务时有不正当行为；④发生合伙协议约定的事由。对合伙人的除名决议应当书面通知被除名人。被除名人接到除名通知之日，除名生效，被除名人退伙。被除名人对除名决议有异议的，可以自接到除名通知之日起30日内，向人民法院起诉。

2. 退伙的效果。退伙的效果，是指退伙时退伙人在合伙企业中的财产份额和民事责任的归属变动，分为两类情况：一是财产继承；二是退伙结算。

（1）关于财产继承。《合伙企业法》规定，合伙人死亡或者被依法宣告死亡的，对该合伙人在合伙企业中的财产份额享有合法继承权的继承人，按照合伙协议的约定或者经全体合伙人一致同意，从继承开始之日起，取得该合伙企业的合伙人资格。有下列情形之一的，合伙企业应当向合伙人的继承人退还被继承合伙人的财产份额：①继承人不愿意成为合伙人；②法律规定或者合伙协议约定合伙人必须具有相关资格，而该继承人未取得该资格；③合伙协议约定不能成为合伙人的其他情形。合伙人的继承人为无民事行为能力人或者限制民事行为能力人的，经全体合伙人一致同意，可以依法成为有限合伙人，普通合伙企业依法转为有限合伙企业。全体合伙人未能一致同意的，合伙企业应当将被继承合伙人的财产份额退还该继承人。根据这一法律规定，合伙人死亡时其继承人可依以下法定条件取得该合伙企业的合伙人资格：一是有合法继承权；二是有合伙协议的约定或者全体合伙人的一致同意；三是继承人愿意。死亡合伙人的继承人取得该合伙企业的合伙人资格，从继承开始之日起获得。

（2）关于退伙结算。除合伙人死亡或者被依法宣告死亡的情形外，《合伙企业法》对退伙结算作了以下规定：①合伙人退伙，其他合伙人应当与该退伙人按照退伙时的合伙企业财产状况进行结算,退还退伙人的财产份额。退伙人对给合伙企业造成的损失负有赔偿责任的,相应扣减其应当赔偿的数额。退伙时有未了结的合伙企业事务的,待该事务了结后进行结算。②退伙人在合伙企业中财产份额的退还办法,由合伙协议约定或者由全体合伙人决定,可以退还货币,也可以退还实物。③合伙人退伙时,合伙企业财产少于合伙企业债务的,退伙人应当依照法律规定分担亏损。

合伙人退伙以后,并不能解除对于合伙企业既往债务的连带责任。根据《合伙企业法》的规定,退伙人对基于其退伙前的原因发生的合伙企业债务,承担无限连带责任。

【例3-6】甲、乙、丙、丁四人设立合伙企业经营长途运输,后甲介绍其弟戊加入合伙企业,甲、乙、丙同意,丁不同意,合伙协议对入伙表决未作另外规定。戊以多数人同意为由在合伙企业开车从事运输。2019年8月,戊运输途中因超速驾驶发生交通事故,造成经济损失5万元,戊主张每人承担1万元。关于该笔损失对外承担的下列表述中,正确的是( )。

A. 应由甲、乙、丙、丁、戊每人承担1万元损失
B. 应由甲、乙、丙、戊每人承担1.25万元损失
C. 应由甲和戊每人承担2.5万元损失
D. 应由戊自行承担5万元损失

解析 正确答案为选项D。《合伙企业法》规定,新合伙人入伙,除合伙协议另有约定外,应当经全体合伙人一致同意,并依法订立书面入伙协议。本案中,丁不同意戊入伙,因此,戊不是合伙企业的合伙人。对于戊造成的损失,应由戊自行承担,其他合伙人不承担。

【例3-7】依照《合伙企业法》的规定,下列情形中,属于普通合伙人可以经其他合伙人一致决议而被除名的情形有( )。

A. 甲合伙人在执行合伙事务中有贪污合伙企业财产的行为
B. 乙合伙人尚有部分出资未缴付
C. 丙合伙人个人丧失偿债能力
D. 丁合伙人在执行合伙事务的同时参加了另一同类营业的合伙组织

解析 正确答案为选项AD。《合伙企业法》规定,普通合伙人有下列情形之一的,经其他合伙人一致同意,可以决议将其除名:(1)未履行出资义务;(2)因故意或者重大过失给合伙企业造成损失;(3)执行合伙事务时有不正当行为;(4)发生合伙协议约定的事由。据此,选项A、D的表述属于上述规定第(3)项所规定的情形,构成除名退伙原因。选项B中,乙尚有部分出资未缴付并不违反《合伙企业法》的规定。选项C中,丙个人丧失偿债能力,导致丙当然退伙,而不构成除名退伙。

七、特殊的普通合伙企业

(一) 特殊的普通合伙企业的概念

特殊的普通合伙企业,是指以专业知识和专门技能为客户提供有偿服务的专业服务机构。特殊的普通合伙企业名称中应当标明"特殊普通合伙"字样。

(二) 特殊的普通合伙企业的责任形式

1. 责任承担。《合伙企业法》规定,一个合伙人或者数个合伙人在执业活动中因故意或者重大过失造成合伙企业债务的,应当承担无限责任或者无限连带责任,其他合伙人以其在合伙企业中的财产份额为限承担责任。合伙人在执业活动中非因故意或者重大过失造成的合伙企业债务以及合伙企业的其他债务,由全体合伙人承担无限连带责任。所谓重大过失,是指明知可能造成损失而轻率地作为或者不作为。根据这一法律规定,特殊的普通合伙企业的责任形式分为两种:

(1) 有限责任与无限连带责任相结合。即一个合伙人或者数个合伙人在执业活动中因故意或者重大过失造成合伙企业债务的,应当承担无限责任或者无限连带责任,其他合伙人以其在合伙企业中的财产份额为限承担责任。由于特殊普通合伙企业的特殊性,为了保证特殊的普通合伙企业的健康发展,必须对合伙人的责任形式予以改变,否则以专业知识和专门技能为客户提供服务的专业服务机构难以存续。因此,对一个合伙人或者数个合伙人在执业活动中的故意或者重大过失行为与其他合伙人应当区别对待,对于负有重大责任的合伙人应当承担无限责任或者无限连带责任,其他合伙人只以其在合伙企业中的财产份额为限承担责任。这也符合公平、公正原则,如果不分清责任,简单地归责于无限连带责任或者有限责任,不但对其他合伙人不公平,而且债权人的利益也难以得到保障。

(2) 无限连带责任。对合伙人在执业活动中非因故意或者重大过失造成的合伙企业债务以及合伙企业的其他债务,全体合伙人承担无限连带责任。这是在责任划分的基础上作出的合理规定,以最大限度地实现公平、正义和保障债权人的合法权益。这种责任形式的前提是,合伙人在执业过程中不存在重大过错,即既没有故意,也不存在重大过失。

2. 责任追偿。《合伙企业法》规定,合伙人执业活动中因故意或者重大过失造成的合伙企业债务,以合伙企业财产对外承担责任后,该合伙人应当按照合伙协议的约定,对给合伙企业造成的损失承担赔偿责任。

(三) 特殊的普通合伙企业的执业风险防范

特殊的普通合伙企业应当建立执业风险基金、办理职业保险。

执业风险基金,主要是指为了化解经营风险,特殊的普通合伙企业从其经营收益中提取相应比例的资金留存或者根据相关规定上缴至指定机构所形成的资金。执业风险基金用于偿付合伙人执业活动造成的债务。执业风险基金应当单独立户管理。

职业保险，又称职业责任保险，是指承保各种专业技术人员因工作上的过失或者疏忽大意所造成的合同一方或者他人的人身伤害或者财产损失的经济赔偿责任的保险。

第三节 有限合伙企业

一、有限合伙企业的概念及法律适用

（一）有限合伙企业的概念

有限合伙企业，是指由有限合伙人和普通合伙人共同组成，普通合伙人对合伙企业债务承担无限连带责任，有限合伙人以其认缴的出资额为限对合伙企业债务承担责任的合伙组织。有限合伙企业引入有限责任制度，有利于调动各方的投资热情，实现投资者与创业者的最佳结合。

有限合伙企业与普通合伙企业和有限责任公司相比较，具有以下显著特征：（1）在经营管理上，普通合伙企业的合伙人一般均可参与合伙企业的经营管理；有限责任公司的股东有权参与公司的经营管理（含直接参与和间接参与）；而在有限合伙企业中，有限合伙人不执行合伙事务，而由普通合伙人从事具体的经营管理。（2）在风险承担上，普通合伙企业的合伙人之间对合伙债务承担无限连带责任；有限责任公司的股东对公司债务以其各自的出资额为限承担有限责任；而在有限合伙企业中，不同类型的合伙人所承担的责任则存在差异，其中有限合伙人以其各自的出资额为限承担有限责任，普通合伙人之间承担无限连带责任。

（二）有限合伙企业的法律适用

《合伙企业法》规定了两种类型的企业，即普通合伙企业和有限合伙企业。有限合伙企业与普通合伙企业之间既有相同点，也有差异处，其中两者的差别主要表现在合伙企业的内部构造上。普通合伙企业的成员均为普通合伙人（特殊的普通合伙企业除外），而有限合伙企业的成员则被划分为两部分，即有限合伙人和普通合伙人。这两部分合伙人在主体资格、权利享有、义务承受与责任承担等方面存在着明显的差异。在法律适用中，凡是《合伙企业法》中对有限合伙企业有特殊规定的，应当适用有关特殊规定；无特殊规定的，适用有关普通合伙企业及其合伙人的一般规定。

二、有限合伙企业设立的特殊规定

（一）有限合伙企业的合伙人

《合伙企业法》规定，有限合伙企业由2个以上50个以下合伙人设立；但是，法

律另有规定的除外。有限合伙企业至少应当有1个普通合伙人。按照规定,自然人、法人和其他组织可以依照法律规定设立有限合伙企业,但国有独资公司、国有企业、上市公司以及公益性的事业单位、社会团体不得成为有限合伙企业的普通合伙人。

在有限合伙企业存续期间,有限合伙人的人数可能发生变化。然而,无论如何变化,有限合伙企业中必须包括有限合伙人与普通合伙人两部分,否则,有限合伙企业应当进行组织形式变化。《合伙企业法》规定,有限合伙企业仅剩有限合伙人的,应当解散;有限合伙企业仅剩普通合伙人的,应当转为普通合伙企业。

(二)有限合伙企业名称

《合伙企业法》规定,有限合伙企业名称中应当标明"有限合伙"字样。按照企业名称登记管理的有关规定,企业名称中应当含有企业的组织形式。为便于社会公众以及交易相对人对有限合伙企业的了解,有限合伙企业名称中应当标明"有限合伙"的字样,而不能标明"普通合伙""特殊普通合伙""有限公司""有限责任公司"等字样。

(三)有限合伙企业协议

有限合伙企业协议是有限合伙企业生产经营的重要法律文件。有限合伙企业协议除符合普通合伙企业合伙协议的规定外,还应当载明下列事项:(1)普通合伙人和有限合伙人的姓名或者名称、住所;(2)执行事务合伙人应具备的条件和选择程序;(3)执行事务合伙人权限与违约处理办法;(4)执行事务合伙人的除名条件和更换程序;(5)有限合伙人入伙、退伙的条件、程序以及相关责任;(6)有限合伙人和普通合伙人相互转变程序。

(四)有限合伙人出资形式

《合伙企业法》规定,有限合伙人可以用货币、实物、知识产权、土地使用权或者其他财产权利作价出资。有限合伙人不得以劳务出资。劳务出资的实质是用未来劳动创造的收入来投资,其难以通过市场变现,法律上执行困难。如果普通合伙人用劳务出资,有限合伙人也用劳务出资,将来该有限合伙企业将难以承担债务责任,这将不利于保护债权人的利益。

(五)有限合伙人出资义务

《合伙企业法》规定,有限合伙人应当按照合伙协议的约定按期足额缴纳出资;未按期足额缴纳的,应当承担补缴义务,并对其他合伙人承担违约责任。按期足额缴纳出资是有限合伙人必须履行的义务,因此,有限合伙人应当按照合伙协议的约定按期足额缴纳出资。合伙人未按照协议的约定履行缴纳出资义务的,首先应当承担补缴出资的义务,同时还应对其他合伙人承担违约责任。

(六)有限合伙企业登记事项

《合伙企业法》规定,有限合伙企业登记事项中应当载明有限合伙人的姓名或者名称及认缴的出资数额。

三、有限合伙企业事务执行的特殊规定

（一）有限合伙企业事务执行人

《合伙企业法》规定，有限合伙企业由普通合伙人执行合伙事务。执行事务合伙人可以要求在合伙协议中确定执行事务的报酬及报酬提取方式。如合伙协议约定数个普通合伙人执行合伙事务，这些普通合伙人均为合伙事务执行人。如合伙协议无约定，全体普通合伙人是合伙事务的共同执行人。合伙事务执行人除享有一般合伙人相同的权利外，还有接受其他合伙人的监督和检查、谨慎执行合伙事务的义务，若因自己的过错造成合伙财产损失的，应向合伙企业或其他合伙人负赔偿责任。此外，由于执行事务合伙人较不执行事务合伙人对有限合伙企业要多付出劳动，因此，执行事务合伙人可以就执行事务的劳动付出要求企业支付报酬。对于报酬的支付方式及其数额，应由合伙协议规定或全体合伙人讨论决定。

（二）禁止有限合伙人执行合伙事务

《合伙企业法》规定，有限合伙人不执行合伙事务，不得对外代表有限合伙企业。有限合伙人的下列行为，不视为执行合伙事务：（1）参与决定普通合伙人入伙、退伙；（2）对企业的经营管理提出建议；（3）参与选择承办有限合伙企业审计业务的会计师事务所；（4）获取经审计的有限合伙企业财务会计报告；（5）对涉及自身利益的情况，查阅有限合伙企业财务会计账簿等财务资料；（6）在有限合伙企业中的利益受到侵害时，向有责任的合伙人主张权利或者提起诉讼；（7）执行事务合伙人怠于行使权利时，督促其行使权利或者为了本企业的利益以自己的名义提起诉讼；（8）依法为本企业提供担保。

另外，《合伙企业法》规定，第三人有理由相信有限合伙人为普通合伙人并与其交易的，该有限合伙人对该笔交易承担与普通合伙人同样的责任。有限合伙人未经授权以有限合伙企业名义与他人进行交易，给有限合伙企业或者其他合伙人造成损失的，该有限合伙人应当承担赔偿责任。

（三）有限合伙企业利润分配

《合伙企业法》规定，有限合伙企业不得将全部利润分配给部分合伙人；但是，合伙协议另有约定的除外。

（四）有限合伙人权利

1. 有限合伙人可以同本企业进行交易。《合伙企业法》规定，有限合伙人可以同本有限合伙企业进行交易；但是，合伙协议另有约定的除外。因为有限合伙人并不参与有限合伙企业事务的执行，对有限合伙企业的对外交易行为，有限合伙人并无直接或者间接的控制权，有限合伙人与本有限合伙企业进行交易时，一般不会损害本有限

合伙企业的利益。有限合伙协议可以对有限合伙人与有限合伙企业之间的交易进行限定，如果有限合伙协议另有约定的，则必须按照约定的要求进行。普通合伙人如果禁止有限合伙人同本有限合伙企业进行交易，应当在合伙协议中作出约定。

2. 有限合伙人可以经营与本企业相竞争的业务。《合伙企业法》规定，有限合伙人可以自营或者同他人合作经营与本有限合伙企业相竞争的业务；但是，合伙协议另有约定的除外。与普通合伙人不同，有限合伙人一般不承担竞业禁止义务。普通合伙人如果禁止有限合伙人自营或者同他人合作经营与本有限合伙企业相竞争的业务，应当在合伙协议中作出约定。

四、有限合伙人财产出质与转让的特殊规定

（一）有限合伙人财产份额出质

《合伙企业法》规定，有限合伙人可以将其在有限合伙企业中的财产份额出质；但是，合伙协议另有约定的除外。有限合伙人在有限合伙企业中的财产份额是有限合伙人的财产权益，在有限合伙企业存续期间，有限合伙人可以对该财产权利进行一定的处分。有限合伙人将其在有限合伙企业中的财产份额进行出质，产生的后果仅仅是有限合伙企业的有限合伙人存在变更的可能，这对有限合伙企业的财产基础并无根本的影响。因此，有限合伙人可以按照《民法典》等相关法律规定进行财产份额的出质。但是，有限合伙企业合伙协议可以对有限合伙人的财产份额出质作出约定，如有特殊约定，应按特殊约定进行。

（二）有限合伙人财产份额转让

《合伙企业法》规定，有限合伙人可以按照合伙协议的约定向合伙人以外的人转让其在有限合伙企业中的财产份额，但应当提前 30 日通知其他合伙人。这是因为，有限合伙人向合伙人以外的其他人转让其在有限合伙企业中的财产份额，并不影响有限合伙企业债权人的利益。但是，有限合伙人对外转让其在有限合伙企业中的财产份额应当依法进行：一是要按照合伙协议的约定进行转让；二是应当提前 30 日通知其他合伙人。有限合伙人对外转让其在有限合伙企业的财产份额时，有限合伙企业的其他合伙人有优先购买权。

【例3-8】根据合伙企业法律制度的规定，除有限合伙企业合伙协议另有约定外，下列行为中，有限合伙人可以实施的有（　　）。
　　A. 对外代表有限合伙企业
　　B. 同本有限合伙企业进行交易
　　C. 将其在有限合伙企业中的财产份额出质
　　D. 同他人合作经营与本有限合伙企业相竞争的业务

> **解析** 正确答案为选项 BCD。有限合伙人不执行合伙事务，不得对外代表有限合伙企业，选项 A 错误，其他都不是执行合伙事务行为，有限合伙人可以从事，除非有限合伙企业合伙协议另有约定。

五、有限合伙人债务清偿的特殊规定

《合伙企业法》规定，有限合伙人的自有财产不足清偿其与合伙企业无关的债务的，该合伙人可以以其从有限合伙企业中分取的收益用于清偿；债权人也可以依法请求人民法院强制执行该合伙人在有限合伙企业中的财产份额用于清偿。人民法院强制执行有限合伙人的财产份额时，应当通知全体合伙人。在同等条件下，其他合伙人有优先购买权。由此，有限合伙人清偿其债务时，首先应当以自有财产进行清偿，只有自有财产不足清偿时，有限合伙人才可以使用其在有限合伙企业中分取的收益进行清偿，也只有在有限合伙人的自有财产不足清偿其与合伙企业无关的债务时，人民法院才可以应债权人请求强制执行该合伙人在有限合伙企业中的财产份额用于清偿。人民法院强制执行有限合伙人的财产份额时，应当通知全体合伙人，且在同等条件下，其他合伙人有优先购买权。

六、有限合伙人入伙与退伙的特殊规定

（一）入伙

《合伙企业法》规定，新入伙的有限合伙人对入伙前有限合伙企业的债务，以其认缴的出资额为限承担责任。需要注意的是，在普通合伙企业中，新入伙的合伙人对入伙前合伙企业的债务承担连带责任。

（二）退伙

1. 有限合伙人当然退伙。《合伙企业法》规定，有限合伙人出现下列情形时当然退伙：（1）作为合伙人的自然人死亡或者被依法宣告死亡；（2）作为合伙人的法人或者其他组织依法被吊销营业执照、责令关闭、撤销，或者被宣告破产；（3）法律规定或者合伙协议约定合伙人必须具有相关资格而丧失该资格；（4）合伙人在合伙企业中的全部财产份额被人民法院强制执行。

2. 有限合伙人丧失民事行为能力的处理。《合伙企业法》规定，作为有限合伙人的自然人在有限合伙企业存续期间丧失民事行为能力的，其他合伙人不得因此要求其退伙。这是因为有限合伙人对有限合伙企业只进行投资，而不负责事务执行。作为有限合伙人的自然人在有限合伙企业存续期间丧失民事行为能力，并不影响有限合伙企业的正常生产经营活动，其他合伙人不能要求该丧失民事行为能力的合伙人退伙。

3. 有限合伙人继承人的权利。《合伙企业法》规定，作为有限合伙人的自然人死亡、被依法宣告死亡或者作为有限合伙人的法人及其他组织终止时，其继承人或者权利承受人可以依法取得该有限合伙人在有限合伙企业中的资格。

4. 有限合伙人退伙后的责任承担。《合伙企业法》规定，有限合伙人退伙后，对基于其退伙前的原因发生的有限合伙企业债务，以其退伙时从有限合伙企业中取回的财产承担责任。

七、有限合伙企业合伙人性质转变的特殊规定

《合伙企业法》规定，除合伙协议另有约定外，普通合伙人转变为有限合伙人，或者有限合伙人转变为普通合伙人，应当经全体合伙人一致同意。有限合伙人转变为普通合伙人的，对其作为有限合伙人期间有限合伙企业发生的债务承担无限连带责任。普通合伙人转变为有限合伙人的，对其作为普通合伙人期间合伙企业发生的债务承担无限连带责任。

【例3-9】下列关于有限合伙企业的表述中，正确的是（ ）。
A. 有限合伙企业名称中应当标明"有限"字样
B. 有限合伙企业至少应当有1个普通合伙人
C. 有限合伙人可以用劳务出资
D. 有限合伙企业登记事项中应当载明有限合伙人的姓名或者名称及实缴的出资数额

解析 正确答案为选项B。《合伙企业法》规定，有限合伙企业至少应当有1个普通合伙人。有限合伙企业名称中应当标明"有限合伙"字样，而不能仅仅标明"有限"字样。有限合伙人可以用货币、实物、知识产权、土地使用权或者其他财产权利作价出资，但不得以劳务出资。有限合伙企业登记事项中应当载明有限合伙人的姓名或者名称及认缴的出资数额。

【例3-10】王先生退休后于2019年4月，以50万元加入甲有限合伙企业，成为有限合伙人。后该企业的另一名有限合伙人退出，王先生便成为唯一的有限合伙人。2019年7月，王先生不幸发生车祸，虽经抢救保住性命，但已成为植物人。关于本案的下列表述中，正确的是（ ）。
A. 就王先生入伙前该合伙企业的债务，王先生仅需以50万元为限承担责任
B. 如王先生因负债累累而丧失偿债能力，该合伙企业有权要求其退伙
C. 因王先生已成为植物人，故该合伙企业有权要求其退伙
D. 因唯一的有限合伙人已成为植物人，故该有限合伙企业应转为普通合伙企业

> **解析** 正确答案为选项 A。《合伙企业法》规定，新入伙的有限合伙人对入伙前有限合伙企业的债务，以其认缴的出资额为限承担责任。因此，就王先生入伙前该合伙企业的债务，王先生仅需以 50 万元为限承担责任。
>
> 选项 B 错误。《合伙企业法》规定，合伙人有下列情形之一的，当然退伙：（1）作为合伙人的自然人死亡或者被依法宣告死亡；（2）个人丧失偿债能力；（3）作为合伙人的法人或者其他组织依法被吊销营业执照、责令关闭、撤销，或者被宣告破产；（4）法律规定或者合伙协议约定合伙人必须具有相关资格而丧失该资格；（5）合伙人在合伙企业中的全部财产份额被人民法院强制执行。有限合伙人有第 1 项、第 3 项至第 5 项所列情形之一的，当然退伙。"个人丧失偿债能力"不是有限合伙人当然退伙的法定事由。
>
> 选项 C、D 错误。《合伙企业法》规定，作为有限合伙人的自然人在有限合伙企业存续期间丧失民事行为能力的，其他合伙人不得因此要求其退伙。所以，王先生成为植物人后，其他合伙人不能以此为由要求其退伙。王先生仍是有限合伙人，该合伙企业依然是有限合伙企业，而不应转为普通合伙企业。

第四节 合伙企业的解散和清算

一、合伙企业的解散

合伙企业的解散，是指各合伙人解除合伙协议，合伙企业终止活动。根据《合伙企业法》的规定，合伙企业有下列情形之一的，应当解散：（1）合伙期限届满，合伙人决定不再经营；（2）合伙协议约定的解散事由出现；（3）全体合伙人决定解散；（4）合伙人已不具备法定人数满 30 天；（5）合伙协议约定的合伙目的已经实现或者无法实现；（6）依法被吊销营业执照、责令关闭或者被撤销；（7）法律、行政法规规定的其他原因。

二、合伙企业的清算

合伙企业解散后应当进行清算。《合伙企业法》对合伙企业清算作了以下几方面的规定：

（一）确定清算人

合伙企业解散，应当由清算人进行清算。清算人由全体合伙人担任；经全体合伙人过半数同意，可以自合伙企业解散事由出现后 15 日内指定一个或者数个合伙人，或者委托第三人担任清算人。自合伙企业解散事由出现之日起 15 日内未确定清算人的，合伙人或者其他利害关系人可以申请人民法院指定清算人。

（二）清算人职责

清算人在清算期间执行下列事务：（1）清理合伙企业财产，分别编制资产负债表和财产清单；（2）处理与清算有关的合伙企业未了结事务；（3）清缴所欠税款；（4）清理债权、债务；（5）处理合伙企业清偿债务后的剩余财产；（6）代表合伙企业参加诉讼或者仲裁活动。

（三）通知和公告债权人

清算人自被确定之日起10日内将合伙企业解散事项通知债权人，并于60日内在报纸上公告。债权人应当自接到通知书之日起30日内，未接到通知书的自公告之日起45日内，向清算人申报债权。债权人申报债权，应当说明债权的有关事项并提供证明材料。清算人应当对债权进行登记。清算期间，合伙企业存续，但不得开展与清算无关的经营活动。

（四）财产清偿顺序

合伙企业财产在支付清算费用和职工工资、社会保险费用、法定补偿金以及缴纳所欠税款、清偿债务后的剩余财产，依照《合伙企业法》关于利润分配和亏损分担的规定进行分配。

合伙企业财产清偿问题主要包括以下三方面的内容：

1. 合伙企业的财产首先用于支付合伙企业的清算费用。清算费用包括：（1）管理合伙企业财产的费用，如仓储费、保管费、保险费等；（2）处分合伙企业财产的费用，如聘任工作人员的费用等；（3）清算过程中的其他费用，如通告债权人的费用、调查债权的费用、咨询费用、诉讼费用等。

2. 合伙企业的财产支付合伙企业的清算费用后的清偿顺序如下：合伙企业职工工资、社会保险费用和法定补偿金；缴纳所欠税款；清偿债务。其中，法定补偿金主要是指法律、行政法规和规章所规定的应当支付给职工的补偿金，如《劳动合同法》规定的解除劳动合同的补偿金等。

3. 分配财产。合伙企业财产依法清偿后仍有剩余时，对剩余财产依照《合伙企业法》的规定进行分配，即按照合伙协议的约定办理；合伙协议未约定或者约定不明确的，由合伙人协商决定；协商不成的，由合伙人按照实缴出资比例分配；无法确定出资比例的，由合伙人平均分配。

【例3-11】根据合伙企业法律制度的规定，下列关于合伙企业清算人确定的表述中，正确的是（ ）。

A. 合伙人担任清算人必须经全体合伙人一致同意
B. 清算人只能在执行合伙事务的合伙人中选任

C. 合伙企业不可以委托合伙人以外的第三人担任清算人

D. 自合伙企业解散事由出现之日起 15 日内未确定清算人的，合伙人可以申请人民法院指定清算人

解析 正确答案为选项 D。根据《合伙企业法》规定，清算人由全体合伙人担任，不需要经全体合伙人一致同意，选项 A、B 错误。经全体合伙人过半数同意，可以委托第三人担任清算人，选项 C 错误。自合伙企业解散事由出现之日起 15 日内未确定清算人的，合伙人或者其他利害关系人可以申请人民法院指定清算人，选项 D 正确。

（五）注销登记

清算结束，清算人应当编制清算报告，经全体合伙人签名、盖章后，在 15 日内向企业登记机关报送清算报告，申请办理合伙企业注销登记。经企业登记机关注销登记，合伙企业终止。合伙企业注销后，原普通合伙人对合伙企业存续期间的债务仍应承担无限连带责任。

（六）合伙企业不能清偿到期债务的处理

合伙企业不能清偿到期债务的，债权人可以依法向人民法院提出破产清算申请，也可以要求普通合伙人清偿。合伙企业依法被宣告破产的，普通合伙人对合伙企业债务仍应承担无限连带责任。

本章思考题

1. 普通合伙企业合伙事务应该如何执行？
2. 普通合伙企业合伙人当然退伙情形包括哪些？
3. 普通合伙企业在什么情形下可以将合伙人除名？
4. 有限合伙企业事务应该如何执行？
5. 有限合伙企业当然退伙情形包括哪些？
6. 普通合伙人如何承担合伙企业的债务？有限合伙人如何承担合伙企业的债务？
7. 普通合伙企业新合伙人对入伙前合伙企业债务是否承担责任？

第四章 物权法律制度

> 本章要求

掌握：物权变动，担保物权，包括担保物权概述、抵押权、质权、留置权；**熟悉**：物权通论，物权的保护，所有权的取得、共有，土地承包经营权、建设用地使用权、居住权，占有的意义、分类与保护；**了解**：物权法的概念与属性，所有权的概念、特征、权能以及相邻关系，用益物权的概念与特征、宅基地使用权、地役权。

> 本章主要内容

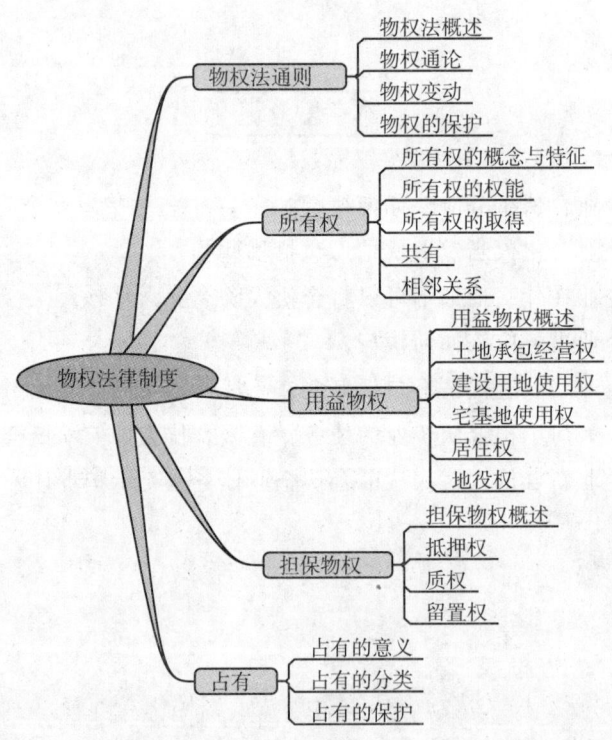

第一节 物权法通则

一、物权法的概念与属性

（一）物权法的概念

为了有效保护正常的财产归属和利用关系，就要用法律确认、保护物权。物权法，是指调整人们基于对物的支配和利用而发生的财产关系的法律规范总和，其规定民事主体可以享有哪些物权，各种物权有哪些权能，如何行使、变动物权及怎样保护物权等。

"物权法"一词有狭义与广义之分。狭义的物权法，又称形式意义的物权法，在我国，现为《民法典》物权编。广义的物权法，又称实质意义的物权法，指调整财产归属和利用关系的所有法律规范，除《民法典》物权编外，包括其他法律、法规、司法解释有关财产归属和利用的规定，如《土地管理法》《矿产资源法》《农村土地承包法》《城市房地产管理法》《最高人民法院关于适用〈中华人民共和国民法典〉物权编的解释（一）》（以下简称《物权编解释》）《最高人民法院关于适用〈中华人民共和国民法典〉有关担保制度的解释》（以下简称《担保司法解释》）等，均包含有关物权的法律规范。

（二）物权法的属性

1. 物权法是私法。

物权法是对因物的归属和利用产生的民事关系进行规范的法，民事关系系属私人之间的关系，因此，整体而言，物权法属于私法，区别于主要调整公法关系的宪法、行政法等。

但是，因为物权具有对抗第三人的效力，不像合同原则上仅在合同当事人之间具有效力，因此，物权法与社会、经济秩序具有密切关系。而且，我国实行土地公有制，土地所有权属于国家或者集体，物权法律制度需要更多体现公共利益和公共政策。所以，物权法虽整体为私法，但仍然包含诸多公法规范，尤其体现在关于国家所有权和集体所有权、土地承包经营权、建设用地使用权、宅基地使用权等方面的规定。例如，《民法典》第二百四十四条规定："国家对耕地实行特殊保护，严格限制农用地转为建设用地，控制建设用地总量。不得违反法律规定的权限和程序征收集体所有的土地。"此即为有关耕地保护的公法规范。

2. 物权法是财产法。

物权法是规范财产秩序的法律，属于财产法，区别于规范身份秩序的身份法。物权法基本功能在于定分止争，保障人们对于财产的归属和利用关系。当然，物权法只是财产法的一部分，其与合同法、公司法、证券法、票据法、保险法等，共同构成民商事财产法的整体。

3. 物权法存在大量强制性规范。

物权具有对抗第三人的效力，会涉及第三人利益和社会公共利益，所以，物权法中有相当多规定属于强制性规范，要求当事人必须遵守，不容许当事人通过协议改变或排除适用。例如，《民法典》第二百四十二条规定，"法律规定专属于国家所有的不动产和动产，任何组织或者个人不能取得所有权。"第三百一十八条规定，"遗失物自发布招领公告之日起一年内无人认领的，归国家所有。"第三百四十六条规定，"设立建设用地使用权，应当符合节约资源、保护生态环境的要求，遵守法律、行政法规关于土地用途的规定，不得损害已经设立的用益物权。"这类规范均具有强制性，体现了国家对于社会财富进行物权配置的公共意志。

当然，物权法整体上作为私法，也仍然需要充分尊重当事人在物权关系上的自主意志，所以，物权法仍然存在大量的任意性规范，只是相比起合同法这种相对人之间的交易关系法而言，物权法的任意性规范相对较少。任意性规范，是指法律不强制当事人遵守与适用的规范，这类规范主要作为示范规范和因当事人意思不完备而发生纠纷时的补充裁判规范。例如，《民法典》第三百零一条规定，"处分共有的不动产或者动产以及对共有的不动产或者动产作重大修缮、变更性质或者用途的，应当经占份额三分之二以上的按份共有人或者全体共同共有人同意，但是共有人之间另有约定的除外。"第三百八十九条规定，"担保物权的担保范围包括主债权及其利息、违约金、损害赔偿金、保管担保财产和实现担保物权的费用。当事人另有约定的，按照其约定。"这些规定都允许当事人通过"另有约定"改变规范内容，体现了当事人自主意志的优先。

4. 物权法具有较强的本土性色彩。

物权法受制于并反映国家的基本政治、经济制度，往往因受特定国家的历史传统、民族习惯和固有文化影响而有差异，所以，相比起主要规范市场交易的合同法而言，物权法具有较明显的本土化特征。例如，因为我国实行土地公有制，我国物权法中的建设用地使用权、宅基地使用权、土地承包经营权等用益物权制度，明显具有与德国、日本以及我国台湾地区等不同的本土色彩。

二、物权通论

（一）物权的概念

1. 物权的界定。

根据《民法典》第一百一十四条第二款的规定，物权是指权利人依法对特定的物享有直接支配和排他的权利，包括所有权、用益物权和担保物权。其中，按主体划分，所有权包括国家所有权、集体所有权和私人所有权。用益物权主要包括土地承包经营权、建设用地使用权、宅基地使用权、居住权、地役权；此外，《民法典》第三百二十八条和第三百二十九条还罗列了海域使用权、探矿权、采矿权、取水权、养殖权、捕捞权，这些准物权也被规定在用益物权编。担保物权包括抵押权、质权、留置权。

2. 物权的属性。

（1）物权是主体直接支配标的物的权利。

物权是权利主体对于标的物直接支配的权利。所谓直接支配，是指物权人对于标的物的支配，无须他人意思或行为介入即可实现。例如，房屋所有权人可以决定自己居住房屋，将房屋出租或赠送他人等，其对房屋的用益或处分无须取得其他人的同意。相比较而言，合同债权作为请求权，其实现通常需要债务人的履行行为予以配合。

（2）物权是排他性的财产权。

物权是支配权，支配体现了物权人可管控、处置标的物的自由意志，为使物权人可以实现支配意志，同一标的物上不得存在两个或两个以上不相容的物权，尤其是两个或两个以上的所有权。至于同一标的物上容许同时存在的数个担保物权，则需要通过约定或法定规则确定彼此之间效力的优先劣后顺序。相比较而言，合同债权是相对性权利，原则上不具有对抗第三人的效力。

（3）物权的客体具有特定性。

基于物权是直接支配标的物的权利，《民法典》第一百一十四条强调物权的客体必须是特定的，否则，物权人将无从支配标的物。至于权利质权及权利抵押权等担保物权以权利而非有体物为客体，仍未破坏客体的特定性。

（4）物权的权利人是特定的，义务人不特定。

因物权人对物的支配可自主实现，无须他人以积极行为予以协助，但其他人需承担尊重、不侵害物权人对物支配的消极不作为义务，所以，物权的义务人是物权人之外不特定的所有其他人。物权因此被称为对世权，区别于债权原则上只能对抗债务人的对人权性质。

（二）物权的客体

1. 作为物权客体的物。

物权的客体是物，但法律仍规定权利可以作为权利抵押权、权利质权的客体，如在建设用地使用权上可以设立抵押权，债权之上可以设立质权，所以，在法律特别规定情形中，权利可以成为物权的客体。

作为物权客体的物，是指人们能够支配和利用的物质实体和自然力。物须具有客观物质性，系属有体物，且可为人们支配和使用。人体虽具物理属性，但基于人性尊严的考量，活人的身体并不属于物。

2. 物的分类。

（1）动产与不动产。

依据物能否移动且是否因移动而损害其价值为标准，可以将物划分为动产与不动产。按照此标准，不动产主要有土地、建筑物、构筑物、在建房屋、纪念碑、林木、矿藏、海域、水库、贮水池、停车位、停车库等。动产，系指不动产之外的物，如桌子、手机、书本、汽车、船舶、航空器等。

动产与不动产区分的法律意义主要是，以二者为基础形成的动产物权与不动产物权，在公示方法、物权变动要件不同。此外，涉诉时的裁判管辖（不动产涉诉时，由不动产所在地法院专属管辖）等方面也存在区别。

（2）主物与从物。

依据两个独立存在的物在用途上客观存在的主从关系，将物分为主物与从物。

同属一人所有的两个独立存在的物，结合起来才能发挥效用的，构成主物与从物关系，如机器与维修工具、电视机与遥控等。其中，主物，是指独立存在，与他物结合使用中有主要效用的物；从物，指在两个独立物结合使用中处于附属地位、起辅助和配合作用的物。在机器与维修工具中，机器是主物，维修工具是从物。

区分主物与从物的意义在于，除非法律有特别规定或当事人另有约定，对于主物的处分，及于从物，如此有利于发挥主物与从物配合的整体效用。

3. 原物与孳息。

依据两物之间存在的原有物产生新物的关系，可将物分为原物与孳息。

原物，是指依其自然属性或法律规定产生新物的物。孳息，指原物产生的物，包括天然孳息与法定孳息。天然孳息，是指果实、动物的出产物及其他按照物的使用方法所获得的出产物，如香蕉、鸡蛋等；法定孳息，是指原物依法律关系所获得的物，如利息、股利、租金等。

区分二者的意义主要在于确定孳息的归属。《民法典》第三百二十一条规定，"天然孳息，由所有权人取得；既有所有权人又有用益物权人的，由用益物权人取得。当事人另有约定的，按照其约定。法定孳息，当事人有约定的，按照约定取得；没有约定或者约定不明确的，按照交易习惯取得。"

【例4-1】下列各项中，属于天然孳息的是（   ）。

A. 山羊身上的羊毛　　　　　B. 母鸡生下的鸡蛋
C. 出租柜台所得的租金　　　D. 鸡蛋孵出的小鸡

解析　正确答案为选项B。羊毛没有与山羊分离，属于山羊的一部分，不构成孳息。鸡蛋是母鸡的出产物，属于天然孳息。出租柜台所得的租金属于法定孳息。鸡蛋孵出小鸡，鸡蛋本身不复存在，不符合原物出产新物的关系，所以，小鸡并非鸡蛋的孳息。

（三）物权的种类

1. 物权法定主义。

物权法定主义，是指物权的类型以及各类型的内容，均以民法或其他法律所规定的为限，而不许当事人任意创设。

物权法定包含两方面的要求：

（1）当事人不得创设民法或其他法律所不承认的物权类型，如在动产上不得设立用益物权，此称为类型法定。因为物权类型法定，当前当事人可以设立的物权主要限于《民法典》所确认的类型。

（2）当事人不得创设与物权法定内容相异的内容，如不得设定不转移占有的动产质权，此称为内容法定。但物权内容法定，不是指物权的所有内容都只能由法律规定，而是指影响某种物权基本属性与结构的主要内容需由法律规定；对于其他内容，当事人仍应有一定的自由空间，如土地承包经营权的期限、担保范围、地役权内容等，当事人仍可以通过合意确定。

之所以确立物权法定原则，最主要的原因在于物权是具有对抗第三人效力的对世权，所以，不容许当事人任意创设多种多样的物权，否则，将对第三人构成很大的限制。相反，因债权只具有相对性效力，原则上不能对抗第三人，所以，合同法上有合同自由原则，允许当事人自由创设合同。

2. 物权的分类。

（1）自物权与他物权。

根据权利人是对自有物享有物权还是对他人所有之物享有物权为标准，物权可分为自物权与他物权。自物权，即所有权，指权利人依法对自有物享有的物权。他物权，系所有权之外的各种物权的总称，指权利人根据法律或合同的规定，对他人所有之物享有的物权。

区分的意义在于明确不同的物权有不同范围的支配力，即不同的权利范围和内容：①自物权有全面、自主的支配力，得依自己意思对标的物为占有、使用、收益、处分，并排除他人干涉，故又称"完全物权"；②他物权仅具某些方面的、特定的支配力，须受设定他物权的合同或具体法律规定的限制，所以他物权又称"不完全物权""限制物权""定限物权"。

（2）动产物权与不动产物权。

此系根据物权的标的是动产或不动产所作的分类。

此项区分的意义，在于物权公示方法不同，变动要件有差别，原则上动产以"占有"为公示方法，以"交付"为变动要件，不动产则以"登记"为公示方法与变动要件。

（3）用益物权与担保物权。

限制物权以其所支配的内容为标准，可分为用益物权与担保物权。

用益物权，是指以支配标的物的使用价值为内容的物权，即以实现对标的物的占有、使用和收益为目的而设立的他物权，如建设用地使用权、宅基地使用权、土地承包经营权、地役权、居住权等。

担保物权，是指以支配标的物的交换价值为内容的物权，即为担保债务履行而在债务人或第三人的物上设立的他物权，如抵押权、质权、留置权等。

此外，物权的分类还有：登记物权与不登记物权、意定物权与法定物权、主物权与从物权、有期限物权与无期限物权、民法上物权与特别法上物权等。

(四) 物权的效力

物权的效力，是指法律赋予物权的强制性作用力，其反映法律保障物权人能够对标的物进行支配并排除他人干涉的程度和范围。

1. 物权的优先效力。

物权的优先效力，包括并存于同一标的物上的物权之间的效力优劣顺序，以及物权和债权均指向同一标的物时物权优先于债权的效力。

（1）物权相互间的优先效力。

物权对于标的物的直接支配性以及物权的排他性，决定了物权相互间效力优劣的确定，原则上应以物权成立时间的先后为标准，即"时间在先，权利在先"原则。该原则确认同一标的物上存在两个或两个以上可相容的物权时，成立在先的物权效力优先于成立在后的物权。例如，同一房屋之上，先登记设立的抵押权效力优先于后登记设立的抵押权。

但"时间在先，权利在先"原则仍存在如下例外：

①限制物权优先于所有权。

限制物权本即设立于他人所有权之上，是所有权人就其所有权自愿或依法接受的限制，所以，限制物权虽成立于所有权之后，但仍具有优先于所有权的效力。

②法律的特别规定。

法律基于不同限制物权的特性及公益、社会政策等考量，作出一些有关并存物权效力顺序的特别规定。例如，根据《民法典》第四百一十四条的规定，先成立的动产抵押权若未登记，其效力劣后于成立在后但已登记的抵押权。《民法典》第四百五十六条规定："同一动产上已经设立抵押权或者质权，该动产又被留置的，留置权人优先受偿。"

（2）物权优先于债权的效力。

①物权优先于债权的法理。

物权存在于某标的物上，而债权请求的内容也指向该物而与物权发生冲突时，无论物权成立于债权之前或之后，物权均具有优先于债权的效力。这里的物权包括所有权、用益物权和担保物权，当其与债权均指向同一物而有内容冲突时，物权均应优先得到保护。

物权优先于债权，可以"房屋借用与买卖"为例简单阐述其法理。例如，陈某将房屋借用给李某，借用期间约定为2年。借用关系确立半年后，陈某将该房屋出售给王某，并进行了产权转移登记。王某因此成为房屋所有权人，其对房屋的支配与李某基于借用合同对房屋的占有、使用产生冲突。尽管李某使用房屋的债权先于王某对房屋取得所有权，仍确认王某的所有权优先于李某的债权，所以，王某可以要求李某从该房屋搬离。此设例中，物权优先于债权的基本法理是，王某取得的房屋所有权系属物权，物权是对世权，可对抗除王某之外的所有其他人，包括李某，而李某基于借用合同取得的是对房屋占有、使用的债权，债权只具有对抗相对人即陈某的效力，不能对抗合同关系之外的第三人。综上所述，王某基于房屋所有权可对抗李某，李某基于借用合同无法以占有、使用房屋对抗王某，所以，王某的房屋所有权优先于李某指向于房屋的债权。简而言之，物权优先于债权的基本法理在于，物权是绝对权，具有对世效力，而债权是相对权，只具有对人效力。

②物权优先于债权的例外。

A. 买卖不破租赁。

《民法典》第七百二十五条规定："租赁物在承租人按照租赁合同占有期限内发生所有权变动的，不影响租赁合同的效力。"此即买卖不破租赁的明文规定。依此规定，买受人取得的房屋所有权，无法对抗承租人基于租赁合同对于房屋用益的租赁权，构成物权优先于债权的例外。例外规定的主要目的是保障租赁关系的稳定性，使得承租人利用租赁房屋持续经营、居住等利益不受损害。

B. 先租后抵。

《民法典》第四百零五条规定："抵押权设立前，抵押财产已经出租并转移占有的，原租赁关系不受该抵押权的影响。"根据该条规定，租赁权具有对抗后设立的抵押权的效力。

C. 经预告登记的债权。

关于经预告登记的债权的相关内容，将在本节"不动产物权变动"部分阐述。

2. 物权的追及效力。

物权的追及效力，是指物权设立后，其标的物不论辗转至何人之手，物权人都有权追及标的物之所在而直接支配该物的效力。

物权以物为客体，只要客体存在，无论其流转至何处，物权并不消灭，物权不消灭，即应具有对抗第三人的效力，此可简单解释物权追及效力的法理。

物权的追及效力较典型地体现在抵押权的追及效力。根据《民法典》第四百零六条规定，抵押期间，抵押人可以转让抵押财产。抵押财产转让的，抵押权不受影响。此规定表明，抵押期间，即使抵押人将抵押物转让给第三人，若债务人到期未履行债务，抵押权人仍然可以追及至第三人（房屋所有权人）处行使抵押权，使得自己的债权获得优先受偿。

3. 物权的妨害排除力。

物权的妨害排除力，是指排除他人妨害，恢复物权人对物正常支配的效力。

物权是直接且排他地支配物的权利，物权对物的这种支配关系受法律保护，因此，在禁止自力救济的法治主义原则下，对威胁到这种直接、排他支配内容的侵害有必要给予其排除侵害的救济手段，此救济手段，自权利角度而言，即为物权请求权。关于物权请求权，将在第四节"物权的保护"中予以阐释。

三、物权变动

（一）物权变动概述

1. 物权变动的概念。

物权变动，是指物权的发生、变更、消灭；自物权主体角度而言，对应为物权的取得、变更、丧失。

（1）物权的发生。

物权的发生，是指物权与特定主体的结合；自特定物权人而言，即为物权的取得。物权的取得，可分为原始取得与继受取得。

①原始取得。

原始取得，是指非依据他人既存的权利而独立取得物权，又称物权的固有取得或物权的绝对发生。如基于无主物之先占、拾得遗失物、添附、善意取得等取得物权，即属物权的原始取得。

原始取得的物权，并非继受他人既存权利而来，与他人的权利无关，所以，物权标的物上原存有的一切负担，均因原始取得而归于消灭，原来的物权人不得再就标的物主张任何权利。如拾得的遗失物，一旦确认最后依法由国家取得所有权，则原遗失物的所有权人或其他限制物权人，都不能再主张标的物上的权利。

②继受取得。

继受取得，是指基于他人既存的权利而取得物权，又称物权的传来取得、物权的相对发生。

继受取得，因其权利是继受自他人既存权利而来，且权利人不得将大于其所有的权利让与他人，所以，在标的物上的一切权利负担，均继续存在，由取得人承受。如买卖设有抵押权的房屋，买受人虽能取得房屋所有权，但取得的是有抵押权负担的所有权。

继受取得，以继受方法的不同为标准，可分为移转继受取得与创设继受取得：A. 移转继受取得，是指就他人既有的物权，依其原状移转而取得，实即物权主体的变更。如基于买卖、赠与而受让标的物的所有权。B. 创设继受取得，是指以既存物权人的权利为基础，创设限制物权而取得。如在他人房屋所有权上设立取得抵押权。

（2）物权的变更。

物权的变更，有广义、狭义之分。前者指物权的主体、客体、内容发生改变；后者仅指物权的客体、内容的部分改变，如建设用地使用权存续期间的延长、建筑物占地面积的增减等。《民法典》中物权的变更是指狭义的变更。

（3）物权的消灭。

物权的消灭，是指物权与其主体相分离；就物权主体而言，即为物权的丧失。物权的消灭分为绝对消灭和相对消灭。

①绝对消灭。

绝对消灭,是指因标的物灭失而物权自身不存在。物权以物为客体,物灭失,则以物为基础的物权彻底地消灭。

②相对消灭。

相对消灭,是指物权与原主体相分离,但物权本身并未消灭,实为物权主体的变更。如所有权人将其物出卖给他人而丧失所有权,对于原物权人而言,此为物权的丧失,对于新物权人而言,属于物权的继受取得,而就物权自身而言,则属于物权主体的变更。

2. 物权变动的原因。

物权变动的原因,是指引起物权发生、变更、消灭的法律事实,包括法律行为与法律行为之外法律事实。

(1) 引起物权变动的法律行为,主要有买卖、互易、赠与、遗赠,以及设定、变更、终止他物权的各种法律行为。但事实上,仅仅有这些法律行为通常还不足以直接引发物权变动。依据《民法典》的规定,动产物权变动另需有动产的交付才能生效;不动产物权变动还需要有相应的登记才会生效。

(2) 法律行为之外的法律事实,主要有添附、法定继承、无主物的取得、善意取得,以及征用、没收、罚款等。

(二) 物权变动的公示与公信原则

设立、变更、终止物权所必须遵循的基本规则,称物权变动的原则,包括公示原则和公信原则。

1. 公示原则。

(1) 含义。

公示原则,是指物权变动行为须以法定公示方式进行才能生效的原则。所谓公示,是将物权变动的意思表示公开向社会公众显示。易言之,公示是以可由外部辨识的方法对外显示物权的变动及其变动后的物权现状。

法定公示方法,在动产物权变动,是指"交付",即动产占有的移转;变动之后,动产物权的公示方法则为"占有"。在不动产物权变动,是指"登记",即在国家主管机关登记变动事项。

(2) 立法理由。

物权是对物支配的排他性财产权,具有对世性效力。物权的存在与变动涉及义务人的范围大,物权变动只有具备可由外部辨识的公示表征,才足以明确物权归属,减少交易成本,明晰权利边界,防止第三人的侵害。

(3) 内容。

物权变动经公示的,发生权利变动的效力,即产生物权取得、变更、丧失的后果,并受法律保护；不公示的，不能发生物权变动的效力。就此，《民法典》第二百零九条第一款规定："不动产物权的设立、变更、转让和消灭，经依法登记，发生效力；未经登记，不发生效力，但是法律另有规定的除外。"第二百二十四条规定："动产物权的设立和转让，自交付时发生效力，但是法律另有规定的除外。"

关于不动产物权变动，登记生效为一般性原则，但存在法律规定的如下例外：

①在具体规则设计上，土地承包经营权、地役权的设定，以登记为对抗要件而非生效要件（《民法典》第三百三十三条、第三百三十五条、第三百四十一条、第三百七十四条）。

②非因法律行为而取得不动产物权的，不以登记为生效要件（《民法典》第二百二十九条至第二百三十一条）。

③依法属于国家所有的自然资源，所有权可以不登记（《民法典》第二百零九条第二款）。

2. 公信原则。

（1）含义。

物权变动既以登记、交付为公示方法，即使此表征与真实的权利不符，对于信赖此公示方法而为交易的善意第三人，法律应对其信赖予以保护。例如，在不动产登记簿上，A房产被登记为陈某所有，李某信赖该登记而向陈某购买该房产，并完成了所有权转移登记。即使其后确认房产的真正所有人是王某而非陈某，对于信赖房产登记而进行交易的李某，法律仍予以保护，即李某取得该房产的所有权。

所谓公信，是公示方法所表征的物权变动效力的可信赖性。此可信赖性，系法律赋予公示的效力，旨在保护基于信赖公示方式进行物权交易的善意第三人。

公信原则，主要适用于交换关系中的物权变动。非交换性质的物权变动，可具体适用其他特殊规定。

（2）公信原则的法理。

商品交换要求及时、可靠地将商品的物权移转给受让人，然受让人不可能在交易前均对出让人的处分权详尽调查，出让人以合法方式彰显自己有处分权，受让人即可对此予以信赖。而物权公示，通常即足以表彰出让人有处分权，所以，依法定公示方式转让物权的，善意受让人出于对公示的信赖，法律应保障其取得物权，否则，交易将失去起码的法律保障。

（三）不动产物权变动

不动产物权变动，有的基于法律行为而发生，有的基于法律行为之外的原因而引起，因此，分述为基于法律行为与非基于法律行为而生的不动产物权变动。

1. 基于法律行为而生的不动产物权变动。

基于法律行为而生的不动产物权变动，首先须有买卖、赠与、互易等合同作为触发物权变动的动因。买卖合同等的成立、生效等问题属于合同法范畴，在此不加阐释。

根据《民法典》第二百零九条的规定，不动产物权变动原则上以登记为生效要件，法律另有规定的除外。因此，下文解释不动产物权变动的公示方法——登记。

（1）不动产物权登记概述。

①不动产物权登记的概念。

不动产物权登记是指物权变动当事人按照法律的要求，向国家主管机关提交申请书、有关的产权证书、合同书等，要求登载记录物权变动事项，该机关经审查无误后，将物权变动事项记载于不动产登记簿。

②不动产物权登记的类型。

不动产物权登记包括总登记、首次登记、移转登记、变更登记、更正登记、异议登记、预告登记、注销登记等。

③不动产物权的统一登记。

《民法典》第二百一十条第二款规定："国家对不动产实行统一登记制度。统一登记的范围、登记机构和登记办法，由法律、行政法规规定。"当前，有关不动产物权统一登记的细则尚未完全确立。

④不动产物权登记机构。

不动产登记，由不动产所在地的登记机构办理。

关于登记机构的职责，根据《民法典》第二百一十二条的规定，登记机构应当履行下列职责：查验申请人提供的权属证明和其他必要材料；就有关登记事项询问申请人；如实、及时登记有关事项；法律、行政法规规定的其他职责。申请登记的不动产的有关情况需要进一步证明的，登记机构可以要求申请人补充材料，必要时可以实地查看。据此，可以确认，当前登记机构的审查以形式审查为主，必要情况下尽可能实施尽职调查。

⑤不动产登记簿。

不动产登记簿，是指由不动产登记机构依法制作的，对其辖区内的不动产物权及其变动状况予以记载的官方记录簿。不动产登记簿是物权归属和内容的根据。《民法典》第二百一十七条规定："不动产权属证书是权利人享有该不动产物权的证明。不动产权属证书记载的事项，应当与不动产登记簿一致；记载不一致的，除有证据证明不动产登记簿确有错误外，以不动产登记簿为准。"

（2）不动产物权登记的具体类型。

①总登记。

总登记，是指登记机构对特定行政管辖区域内所有不动产进行的全部登记，包括土地总登记和建筑物所有权的第一次登记。总登记属于行政管理意义上的登记，目的是建立完整情形的不动产产籍产权制度。

②首次登记。

首次登记，又称初始登记，是指不动产物权的第一次登记。不动产物权首次登记具有重要意义，未经办理不动产首次登记，不得办理不动产其他类型的登记，法律、行政法规另有规定的除外。

③移转登记。

移转登记，俗称过户登记，是指不动产物权从转让人移转至受让人所办理的登记。移转登记是不动产物权移转的生效要件。

④变更登记。

学理上对于变更登记有不同的界定。本书与《不动产登记暂行条例实施细则》的规定一致，采狭义说，是指不动产物权的分割、合并、设立和增减时所为的登记。

⑤更正登记。

更正登记，是指对不正确的不动产登记内容进行更正的登记。通过更正登记，使得登记所表征的权利符合真实的权利状态，避免真实的权利人因登记而受到损害。《民法典》第二百二十条第一款规定："权利人、利害关系人认为不动产登记簿记载的事项错误的，可以申请更正登记。不动产登记簿记载的权利人书面同意更正或者有证据证明登记确有错误的，登记机构应当予以更正。"此外，登记机构发现不动产登记簿的记载有错误的，可以依职权直接更正登记。《不动产登记暂行条例实施细则》第八十一条规定："不动产登记机构发现不动产登记簿记载的事项错误，应当通知当事人在30个工作日内办理更正登记。当事人逾期不办理的，不动产登记机构应当在公告15个工作日后，依法予以更正；但在错误登记之后已经办理了涉及不动产权利处分的登记、预告登记和查封登记的除外。"

⑥异议登记。

A. 异议登记的意义。

《民法典》第二百二十条第二款规定："不动产登记簿记载的权利人不同意更正的，利害关系人可以申请异议登记。登记机构予以异议登记，申请人自异议登记之日起十五日内不提起诉讼的，异议登记失效。异议登记不当，造成权利人损害的，权利人可以向申请人请求损害赔偿。"

所谓异议登记，是指登记机构就利害关系人对于不动产登记簿登记事项的异议所为的登记。之所以确立异议登记制度，主要是因为，利害关系人认为不动产登记事项存在错误，而不动产登记簿记载的权利人不同意更正，如此将导致利害关系人与登记权利人之间的争议一时难以化解，最终可能不得不借助于诉讼程序解决纠纷，所以，法律遂建立异议抗辩的登记制度，作为一种临时性的保护真正权利人利益的措施。异议登记一经完成，即中止不动产登记权利的推定效力和公信力，第三人因此不得依据登记的公信力主张善意取得登记的不动产物权。

B. 异议登记与诉讼。

异议登记只是一种临时性保护措施，并非纠纷的最终解决路径。所以，登记机构进行异议登记后，申请人须自异议登记之日起15日内向人民法院提起诉讼，以解决不动产物权纠纷。逾期不起诉的，异议登记失效。法律之所以限定申请人须在较短期间内提起诉讼，是因为长期的异议登记难免会影响登记簿记载的权利人的利益和正常的交易秩序。需注意的是，根据《物权编解释》第三条的规定，当事人提起民事诉讼，请求确认物权归属的，应当依法受理。异议登记失效不影响人民法院对案件的实体审理。

申请人在自提起异议登记之日起15日内提起诉讼，异议登记将维持效力直至法院作出生效判决。申请人一旦胜诉，即法院判决确认其为不动产的真正权利人，登记机构可依据生效的判决文书或协助执行通知书进行更正登记。若申请人败诉，申请人或登记簿记载的权利人可申请注销异议登记。权利人因此遭受损失的，可以向申请人请求损害赔偿。

⑦预告登记。

A. 预告登记的意义。

《民法典》第二百二十一条规定："当事人签订买卖房屋的协议或者签订其他不动产物权的协议，为保障将来实现物权，按照约定可以向登记机构申请预告登记。预告登记后，未经预告登记的权利人同意，处分该不动产的，不发生物权效力。预告登记后，债权消灭或者自能够进行不动产登记之日起九十日内未申请登记的，预告登记失效。"

根据该条的规定，所谓预告登记，是指为保全关于不动产物权的请求权而将此请求权进行的登记。例如，买受人李某与开发商甲公司签订A房屋买卖合同后，李某将请求甲公司移转A房屋所有权的债权进行预告登记，其后甲公司将A房屋再出售于陈某，即使能够办理产权过户登记手续，也不发生A房屋所有权的移转。此案例中，李某对于甲公司取得的移转A房屋所有权的债权只具有对抗甲公司的相对性效力，不具有排他性效力。但借由预告登记的公示作用，使得该债权具有如同物权一样的对抗第三人的效力，该债权的实现因此获得保全。所以，预告登记的本质是限制现时登记的权利人处分其物权，以保障请求权人实现其请求权，即预告登记具有否定其后于债权标的物上成立的相冲突物权的效力。《物权编解释》第四条就此规定："未经预告登记的权利人同意，转让不动产所有权等物权，或者设立建设用地使用权、居住权、地役权、抵押权等其他物权的，应当依照民法典第二百二十一条第一款的规定，认定其不发生物权效力。"

B. 预告登记的失效。

预告登记附属于其旨在保全的债权。预告登记后，债权消灭的，预告登记失效。根据《物权编解释》第五条的规定，债权消灭，包括预告登记的买卖不动产物权的协议被认定无效、被撤销，或者预告登记的权利人放弃债权等情形。

自能够进行不动产登记之日起90日内未申请登记的，预告登记也失效。

⑧注销登记。

注销登记，又称涂销登记，是指不动产上的他项权利因抛弃、存续期间届满、债务清偿、法院判决等原因而消灭时，不动产登记机构基于登记名义人的申请注销不动产权利所为的登记。根据《不动产登记暂行条例实施细则》第二十八条的规定，有下列情形之一的，当事人可以申请办理注销登记：不动产灭失的；权利人放弃不动产权利的；不动产被依法没收、征收或者收回的；人民法院、仲裁委员会的生效法律文书导致不动产权利消灭的；法律、行政法规规定的其他情形。

2. 非基于法律行为而发生的不动产物权变动。

（1）因法律文书或者征收决定等而发生不动产物权变动。

《民法典》第二百二十九条规定："因人民法院、仲裁机构的法律文书或者人民政府的征收决定等，导致物权设立、变更、转让或者消灭的，自法律文书或者征收决定等生效时发生效力。"很显然，这是较为特殊的不动产物权变动的规定，并未遵循不动产物权变动以登记为生效要件的原则，应系旨在彰显生效法律文书与政府命令、决定的权威与效力确定性。根据《物权编解释》第七条的规定，人民法院、仲裁机构在分割共有不动产或者动产等案件中作出并依法生效的改变原有物权关系的判决书、裁决书、调解书，以及人民法院在执行程序中作出的拍卖成交裁定书、变卖成交裁定书、以物抵债裁定书，均属于导致物权设立、变更、转让或者消灭的人民法院、仲裁机构的法律文书。

（2）因继承而发生不动产物权变动。

《民法典》第二百三十条规定："因继承取得物权的，自继承开始时发生效力。"该条规定确认，因继承取得物权的，不以登记为生效要件。法律如此特别规定，其目的是为了在继承情形下加速物权变动的进程，也为避免被继承人死亡后至遗产依一般物权变动要件确定归属特定继承人之前，会存在无人享有遗产所有权的权利真空期。

（3）因合法建造、拆除房屋等事实行为而发生不动产物权变动。

《民法典》第二百三十一条规定："因合法建造、拆除房屋等事实行为设立或者消灭物权的，自事实行为成就时发生效力。"合法建造房屋而取得房屋所有权系属原始取得，不涉及交易安全问题，所以，不以登记为生效要件。而拆除房屋则使得房屋所有权绝对消灭，同样不可能再有交易安全保护的需要。

需要注意的是，依据前述规定享有物权，但尚未完成不动产登记的权利人，属于法律确认保护的物权人，所以，其依据《民法典》的规定请求保护其物权的，应予支持。

但依照上述特别规定取得不动产物权，虽不以登记为生效要件，若其拟进一步处分借此享有的不动产物权，则需要依照法律的一般规定处理。法律规定需要办理登记的，未经登记，不发生物权变动效力。

（四）动产物权变动

动产物权变动同样可以区分为基于法律行为而发生和非基于法律行为而发生两种情形。依《民法典》的规定，动产物权非依法律行为而发生变动，除了与不动产物权变动一样，可能以继承、人民法院或仲裁机构的法律文书、人民政府的征收决定等为原因外，还包括遗失物拾得、埋藏物发现、添附、先占等事实行为作为原因。因事实行为引发的动产物权变动，主要涉及所有权取得的问题，将在"所有权"一节阐释，因此，以下内容重点介绍基于法律行为而引发的动产物权变动。

根据《民法典》第二百二十四条的规定，动产物权变动，除了买卖、赠与、互易等旨在引发物权变动的法律行为外，原则上以交付为生效要件，但法律另有规定的除外。

1. 动产物权变动的一般公示方法——交付。

交付，是物的出让人以物权变动为目的，把自己占有的物或物权证书交给受让人占有的行为。交付分为现实交付与观念交付。

（1）现实交付。

现实交付表现为当事人双方形成合意后，物的出让人将出让之物实际交受让人占有。

（2）观念交付。

观念交付与现实交付具有相同的效力，观念交付分为以下几种：

①简易交付。

动产物权的受让人或其代理人因合同业已占有出让人的出让物的，出让人与受让人或其代理人形成物权转让合意时，交付即为完成。

《民法典》第二百二十六条规定："动产物权设立和转让前，权利人已经占有该动产的，物权自民事法律行为生效时发生效力。"

例如，王某将电脑借给李某，借用期间，李某拟购买该电脑，王某同意。在双方确立买卖合同关系时，电脑的交付既已完成，李某取得电脑所有权。

②指示交付。

出让人的出让动产被第三人占有的，出让人将返还请求权让与给受让人，并告知占有人向受让人交付该动产，是为指示交付，又称"返还请求权之让与"。

《民法典》第二百二十七条规定："动产物权设立和转让前，第三人占有该动产的，负有交付义务的人可以通过转让请求第三人返还原物的权利代替交付。"

例如，陈某将电视机借给赵某，借用期间，蔡某拟购买该电视机，陈某同意。在陈某与蔡某确立买卖合同关系之后，陈某指示赵某将电视机交付给蔡某，指示交付后，交付既已完成，蔡某取得电视机所有权。

③占有改定。

出让人在转让物权后仍须继续占有转让动产的，出让人与受让人订立合同，使出让人由原来的所有人的占有改变为非所有人的占有，而受让人已取得物权，但将占有权交由出让人行使一段时间，在约定的期限届满时，出让人再按约定将该动产交还受让人直接占有。

《民法典》第二百二十八条规定："动产物权转让时，当事人又约定由出让人继续占有该动产的，物权自该约定生效时发生效力。"

例如，林某举办画展，画展期间，郑某拟购买A画，林某同意，双方确立了A画的买卖合同关系。之后，林某与郑某约定，林某借用并继续展览A画直至画展结束。该约定生效时，A画的所有权即归属买受人郑某。林某继续占有A画的权利基础从所有权人转变为借用人，所以，将此种交付称为占有改定。

2. 动产物权变动公示的特别规定。

（1）动产抵押。

《民法典》第四百零三条规定："以动产抵押的，抵押权自抵押合同生效时设立；未经登记，不得对抗善意第三人。"

（2）机动车、船舶、航空器等特殊动产的物权变动。

《民法典》第二百二十五条规定："船舶、航空器和机动车等的物权的设立、变更、转让和消灭，未经登记，不得对抗善意第三人。"

动产种类繁杂，可任意移转，故不可如不动产以登记为其物权变动生效要件，但某些重要的动产，如车辆、航空器、船舶等，仍须进行登记，但仅以登记为物权变动对抗要件。

【例4-2】李某将一套旧房卖给王某，双方签订了买卖合同，王某支付了全部价款，但未办理移转登记。因搬迁不易，李某提出将旧房内家具低价卖给王某，王某称自己只能在1个月内付清价款，李某同意。3天后，王某搬进李某的旧房居住。下列关于房屋与家具所有权的表述中，正确的是（　　）。

A. 王某已经取得房屋和家具的所有权

B. 王某已经取得房屋的所有权，但尚未取得家具的所有权

C. 王某已经取得家具的所有权，但尚未取得房屋的所有权

D. 王某尚未取得房屋和家具的所有权

解析 正确答案为选项C。本题中，买卖合同的标的物分别为房屋和家具。房屋属于不动产，其所有权的转移以登记为公示方式，王某与李某尚未办理房屋产权移转登记，所以，王某尚未取得房屋的所有权。家具属于动产，其所有权的转移以交付为公示方式，王某搬进房屋居住，视为已经接受李某交付的家具并对其占有，因此，家具所有权已经归属王某。

【例4-3】某酒店为在4月4日举办开业庆典，于4月3日向甲公司租赁一台高清摄像机。4月4日开业典礼中，酒店工作人员不慎摔坏该摄像机，酒店决定将其买下，于4月5日与甲公司达成买卖该摄像机的合意。4月6日，酒店依约向甲公司支付了价款。摄像机所有权的转移时间是（　　）。

A. 4月3日　　B. 4月4日　　C. 4月5日　　D. 4月6日

解析 正确答案为选项C。本题考察的是简易交付。题中酒店和甲公司就摄像机先租后买。在酒店就摄像机买卖与甲公司达成合意时，酒店作为买受人已经占有摄像机，所以，摄像机的交付构成简易交付。简易交付的完成以合同生效为准，本题中，双方形成摄像机买卖合意是在4月5日，所以，选项C正确。

四、物权的保护

宪法、刑法、行政法等公法从不同方面对物权提供保护。在私法层面，侵权责任和不当得利方面的规定也提供对物权的保护，以下主要就《民法典》物权编有关物权保护的规定作介绍说明。

《民法典》第二百三十四条规定："因物权的归属、内容发生争议的，利害关系人可以请求确认权利。"该条明确利害关系人可以请求确认物权的归属或内容。第二百三十七条规定："造成不动产或者动产毁损的，权利人可以依法请求修理、重作、更换或者恢复原状。"第二百三十八条规定："侵害物权，造成权利人损害的，权利人可以依法请求损害赔偿，也可以依法请求承担其他民事责任。"该两条主要从债法层面对侵害物权造成损害的赔偿及其替代救济方式进行规范。

除了上述有关物权保护的规定外，物权编特别规定的物权保护方式是物权请求权，所以，以下有关物权保护的内容主要围绕物权请求权展开。

（一）物权请求权的意义

物权请求权，是指物权人于其物权受到侵害或有被侵害的危险时，基于物权而请求侵害为或不为一定行为，以恢复物权圆满状态的权利。物权请求权包括标的物返还请求权、排除妨害请求权、消除危险请求权。例如，郑某侵占了甲公司的轿车，甲公司可以基于其轿车所有权主张所有物返还请求权。又如，陈某对于自己车库的支配，因王某将废弃物堆放于车库门口而受到妨害，陈某可以基于其车库所有权行使排除妨害请求权。

物权是直接且排他地支配物的权利，物权人对物的这种支配关系受法律保护，只要这种支配关系受到他人侵害或有侵害危险，即应赋予物权具有返还原物、排除妨害或消除危险的效力，如此才能保障物权支配的切实存在。所以，物权请求权是物权效力的体现，是物权所具有的旨在排除侵害或妨害的消极权能。因此，物权请求权与物权有密切联系。物权请求权的发生以物权的存在为前提，当物权受到侵害或有被侵害危险，标的物尚存在时，物权请求权才可能发生；相反，如标的物灭失，物权即消灭，物权请求权作为物权效力的体现，亦无从发生与行使。物权请求权作为保障物权支配圆满存在的权能，其发生不以侵害人或妨害人的故意或过失为要件。

（二）标的物返还请求权

标的物返还请求权，是指物权人对于无权占有标的物之人，可以请求返还该物的权利。此权利在《民法典》第二百三十五条得以明确规定。

请求人向相对人主张标的物返还请求权，须举证证明自己是物权人或依法律规定可以行使标的物返还请求权的人，如破产管理人、遗嘱执行人等。占有人可以举证证明请求人欠缺物权或者自己对物的占有存在正当权源。

(三) 妨害排除请求权

《民法典》第二百三十六条规定:"妨害物权或者可能妨害物权的,权利人可以请求排除妨害或者消除危险。"该条规定确认了物权人的妨害排除请求权。

妨害排除请求权以妨害的存在为前提。妨害,是指以占有侵夺与占有扣留以外的方法阻碍或侵害物权的支配可能性。之所以排除占有侵夺与占有扣留作为妨害的形式,是因为占有侵夺或占有扣留属于无权占有,物权人对无权占有人主张标的物返还请求权即可。

妨害行为表现形式多样,包括但不限于:(1)妨害他人所有权的行使,如停车于他人车库;(2)可量物或不可量物的侵入,如丢弃废料于他人庭院;(3)未经授权使用他人之物,如在他人墙壁上悬挂广告招牌;(4)对物之实体的侵害,如占用他人土地建房等。

妨害与损害应该区别开来,妨害构成对物支配的障碍,但并非造成标的物的毁损灭失。妨害排除旨在恢复物权支配的圆满状态,所以,妨害人无论是否有过错,均负有排除妨害的义务。而侵害他人之物造成损失的,构成损害,侵害人在满足侵权责任法定构成要件的情况下,承担损害赔偿责任。妨害排除请求权不是损害赔偿请求权,物权人只能请求除去妨害的因素。

(四) 消除危险请求权

消除危险请求权,又称为妨害防止请求权,是指物权人对于有妨害其物权的危险情形,可以请求予以消除的权利。

消除危险请求权,旨在阻却将来可能发生的对物的危险。所以,消除危险请求权以危险的客观存在为前提。

【例4-4】李某在自家院子紧挨邻居赵某房屋的一角开挖地窖,因地窖很深,极可能危及赵某房屋的安全。对此,赵某可行使的物权保护方法是( )。

A. 确认物权　　B. 赔偿损失　　C. 消除危险　　D. 排除妨害

解析　正确答案为选项C。本题中,李某开挖地窖存在使赵某房屋受到损害的客观危险,但实际损害并未发生,因此,选项C正确。

【例4-5】下列情形中,当事人可以主张标的物返还请求权的有( )。

A. 张某侵占了李某的电脑,因办公室失火电脑被烧毁,李某请求张某返还电脑
B. 蔡某偷了王某的戒指,王某请求蔡某返还戒指
C. 郑某借给孙某一台摄像机,借期过后,孙某谎称丢失,郑某请求孙某返还摄像机
D. 赵某向刘某购买钢材一吨,赵某取得钢材后即将钢材转卖给徐某,并已交付,但赵某一直未向刘某交付价款,刘某请求赵某返还钢材

> **解析** 正确答案为选项BC。本题主要考察标的物返还请求权的构成。选项A中，虽张某对于电脑属于无权占有，但因电脑已经毁损，李某无法再主张所有物返还请求权。选项B、C中，蔡某与孙某均构成无权占有，且被占有物都还存在，所以，所有权人可以请求返还所有物。选项D中，刘某基于买卖合同把钢材交付给赵某，赵某即取得钢材所有权，其后，赵某又将钢材所有权转移给徐某，所以，刘某已经丧失钢材所有权，无法主张所有物返还请求权。

第二节 所 有 权

一、所有权的概念与特征

（一）所有权的概念

所有权，是指所有权人对自己的不动产或动产，依法享有占有、使用、收益、处分的权利。

所有权是物权制度的核心和基石，是最完全的物权，是物权最充分和最典型的表现形式。

（二）所有权的特征

1. 全面支配性。

所有权，是权利人对于自有物全面支配的权利；而限制物权，权利人对于标的物的支配，则仅限于一定范围内。

2. 统一性（整体性）。

所有权赋予权利人全面支配标的物的一切可能性。除了法律的特别规定和公序良俗的限制，所有权人可以自由支配标的物。占有、使用、收益、处分只是尽其可能地描述所有权作用的全面性和充分性，但所有权的作用并非上述权能的简单相加。限制物权则是将所有权整体内容中的部分权能分离出去为他人设定的物权。

3. 恒久性。

法律不限制所有权的存续期限，只要标的物存在，所有权就永久存在；而限制物权只在法定或约定的期限内有效。

4. 弹力性。

所有权上如设定用益物权或担保物权，所有权的全面支配权能相应缩小范围；如用益物权、担保物权消灭，分离出去的支配权能复归原位，所有权也就恢复其圆满状态。

二、所有权的权能

(一)权能概述

权能意味着行使权利的各种可能性。所有权的权能或被概括地描述为"随意处分"或"任意支配",或被明确地划分为占有、使用、收益、处分等。

事实上,对于所有权人来说,当物完全处于自己的实际控制之下时,所有权权能的明确划分并没有多少实际意义。但实际上,权能经常因所有权人的意思或法律规定或其他原因与作为整体的所有权相分离,而形成相对独立的他物权或其他权利。正是因为权能与所有权经常分离,才使得权能的划分以及对各项权能具体内容的界定成为必要。

所有权除具有积极权能外,一般认为其也具有消极权能,即排除他人干涉的权能。

(二)积极权能

1. 占有。

占有,是指人对物的事实上管领,即实际控制的权能。

作为所有权的一项权能,占有可以依法律规定或所有权人的意思与所有权人相分离,非所有权人因此获得相对独立的占有权能。而当占有非依法律规定或所有权人的意思与所有权人相分离时,这种占有则为无权占有,是对所有权的侵犯。

2. 使用。

使用,是指依照物的性质和用途加于利用,从而实现权利人利益的权能。

一般认为,使用应不毁损物体或变更其性质,所以,只有不消耗物才有使用可言。对消耗物的"使用",则可归结为"处分"。

3. 收益。

收益,是指获取物的孳息的权能。孳息,包括天然孳息与法定孳息。前者,利用物的自然属性而获得;后者,依一定法律关系的存在而获得。

4. 处分。

处分,是指所有权人变更、消灭其物或对物的权利的权能。

处分可分为事实处分与法律处分。事实处分,是指所有权人变更或消灭其物而实现其利益的行为,如苹果所有权人将苹果吃掉;法律处分,是指变更或消灭其对物的权利的行为,如苹果所有权人将其苹果赠与他人。在法律效果上,事实处分导致了所有权的绝对消灭,法律处分导致所有权全部或部分权能的移转。

(三)消极权能

消极权能,是指排除他人不法侵夺、干扰或妨害的权能。所有权的此项权能,须于受他人不法干涉时,才表现出来,故称为消极权能。此项权能的内容,即为前述的物权请求权。

三、所有权的取得

所有权的取得，指特定主体因一定法律事实的存在取得所有权。

所有权的取得，既可能因法律行为而发生，也可能因法律行为之外的法律事实发生。基于法律行为取得所有权，主要涉及合同法中合同与前述物权变动公示问题。这里将介绍因法律行为之外的法律事实取得所有权的一些方式，包括善意取得、拾得遗失物、发现埋藏物、添附等。

（一）善意取得

1. 概述。

善意取得，是指动产或不动产让与人与受让人间，以移转所有权为目的，由让与人将动产交付或将不动产移转登记于受让人，即使让与人无移转所有权的权利，受让人以善意受让时，仍可取得其所有权之情形。

善意取得制度旨在追求交易安全与便利，以占有或登记的公信力为其不可或缺之基础。

《民法典》第三百一十一条主要就所有权的善意取得进行规范，根据该条第三款，当事人善意取得其他物权的，参照适用有关所有权善意取得的规定。

2. 要件。

《民法典》第三百一十一条第一款规定："无处分权人将不动产或者动产转让给受让人的，所有权人有权追回；除法律另有规定外，符合下列情形的，受让人取得该不动产或者动产的所有权：（一）受让人受让该不动产或者动产时是善意；（二）以合理的价格转让；（三）转让的不动产或者动产依照法律规定应当登记的已经登记，不需要登记的已经交付给受让人。"根据该条款的规定，所有权善意取得的一般构成要件如下：

（1）须让与人无权处分。

如果让与人对标的物属于有权处分，只要没有其他效力瑕疵，交易履行即发生物权变动效力，无须通过善意取得制度予以救济。

（2）须受让人自无处分权人取得占有或接受移转登记。

按照《民法典》第三百一十一条第一款的表述，"转让的不动产或者动产依照法律规定应当登记的已经登记，不需要登记的已经交付给受让人"。根据物权变动的公示方法，原则上，不动产的转让应当登记，动产转让不需要登记，但需要交付给受让人。

《民法典》第二百二十五条规定："船舶、航空器和机动车等的物权的设立、变更、转让和消灭，未经登记，不得对抗善意第三人。"对于机动车、船舶、航空器等特殊动产，法律规定登记也是一种公示方法，但只是对抗要件，而非物权变动的生效要件。机动车等特殊动产的物权变动，仍以交付作为生效要件。如此，机动车等特殊动产的物权变动，相当于规定了交付和登记两种公示方法。那么，如果机动车等特殊动产被无权处分，检讨善意取得的构成要件时，机动车等特殊动产究竟属于"应当登记"还是"不需要登记"的情形，则有疑问。对此，《物权编解释》第十九条予以回应规定："转让人将民法典第二百二十五条规定的船舶、航空器和机动车等交付给受让人的，应当认定符合民法典第三百一十一条第一款第三项规定的善意取得的条件。"此规定明确将机动车等确认为动产，在善意取得构成中，仍以交付作为物权变动的要件。

（3）须受让人以合理的价格有偿受让。

该要件要求交易行为有偿，且具有合理的交易价格。之所以要求交易行为系属有偿，是因为在受让人无偿受让的情形下，受让人无偿获得标的物所有权的利益，相较于所有权人因受让人善意取得而丧失标的物所有权的利益，立法者经权衡选择保护所有权人的利益。因此，在赠与等无偿受让情形中，赠与人无权处分，即使受赠人属于善意，也无从主张善意取得。

既然要求无权处分的交易有偿，自然需要具有合理的交易价格，否则，任何低微的价款均构成有偿，相当于实质上解消了"交易有偿"的要求。根据《物权编解释》第十八条的规定，"合理的价格"，应当根据转让标的物的性质、数量以及付款方式等具体情况，参考转让时交易地市场价格以及交易习惯等因素综合认定。在善意取得构成判断中，价格是否合理，通常是推断受让人是否善意的参考因素。

（4）须受让人善意。

《物权编解释》第十四条规定："受让人受让不动产或者动产时，不知道转让人无处分权，且无重大过失的，应当认定受让人为善意。真实权利人主张受让人不构成善意的，应当承担举证证明责任。"据此，善意，是指非因重大过失而不知让与人无让与的权利。相反，若受让人明知或因重大过失而不知让与人无让与的权利，则受让人非为善意，即属恶意，不得主张善意取得的法律效果。

权利人应承担主张受让人不构成善意的举证证明责任。结合善意的构成，要证明受让人系属恶意，所有权人需证明取得人明知或有重大过失；证明不了的话，受让人即属善意。对于受让人是否系属善意，以"受让人受让该不动产或者动产时"为判断时间点。根据《物权编解释》第十七条的规定，该时间点是指"依法完成不动产物权转移登记或者动产交付之时"。

3. 法律效果。

（1）受让人取得动产或不动产的所有权。

这种所有权的取得具有终局性、确定性，性质上应属原始取得，但善意受让人在受让动产时知道或者应当知道动产上存在抵押权等负担的，这些负担继续存在于该动产之上。

（2）原所有权人可向让与人主张损害赔偿。

受让人善意取得不动产或者动产的所有权的，原所有权人有权向无处分权人请求损害赔偿。原所有人依据其原先与让与人之间的关系的不同，可能依合同债务不履行、侵权行为等规定向让与人行使请求权。

4. 遗失物善意取得的特别规定。

《民法典》第三百一十二条规定："所有权人或者其他权利人有权追回遗失物。该遗失物通过转让被他人占有的，权利人有权向无处分权人请求损害赔偿，或者自知道或者应当知道受让人之日起二年内向受让人请求返还原物；但是，受让人通过拍卖或者向具有经营资格的经营者购得该遗失物的，权利人请求返还原物时应当支付受让人所付的费用。权利人向受让人支付所付费用后，有权向无处分权人追偿。"据此，有关遗失物善意取得，需要注意如下两个问题：

（1）遗失物善意取得的特别要件。

遗失物被无权处分的，受让人能否主张善意取得，除了须满足前述有关善意取得的一般构成要件外，还应具备一个特别要件，即权利人自知道或者应当知道受让人之日起二年内未向受让人请求返还原物。

对于遗失物被无权处分，受让人能否善意取得，之所以规定了该特别要件，实际上涉及占有委托物与占有脱离物的区分。占有委托物，是指基于租赁、借用、保管等合同关系，由承租人、借用人、保管人等实际占有的，属于出租人、委托人所有的物。占有脱离物，是指非基于权利人的意思而丧失占有的物，如遗失物、遗忘物、赃物等。对于占有委托物，所有权人因受让人善意取得而丧失所有权的风险承担与其不当信任让与人相关，即动产所有人因交付占有而创造了一个可以使第三人信赖的状态，理应承担其动产所有权被他人无权处分所带来的不利结果。而对于占有脱离物，所有权人并非有意丧失对其动产的占有，与不当信任让与人无关，所以，当占有脱离物被无权处分，不应完全由原所有权人承担不利后果。

需注意的是，《民法典》第三百一十二条仅涉及有关遗失物善意取得的问题，未规定赃物等其他占有脱离物被无权处分是否发生善意取得的法律后果。

（2）原所有权人请求返还原物。

①原所有权人自知道或者应当知道受让人之日起二年内，可以向受让人请求返还原物。

②受让人通过拍卖或者向具有经营资格的经营者购得该遗失物的，权利人请求返还原物时应当支付受让人所付的费用。这是利益兼衡的规定，受让人此时通常是善意的，不应使其承受"钱货两空"的后果。

③权利人向受让人支付所付费用后，有权向无处分权人追偿。

（二）拾得遗失物

1. 遗失物的界定。

遗失物，是指非基于占有人的意思而丧失占有，现又无人占有且非为无主的动产。动产占有的丧失若出于所有权人的意思，则该物属于无主物，而非遗失物。是否丧失占有，应依社会观念及个案具体情形确定，如占有之物偶然掉落在他人土地上，属于控制力一时的弱化，不属于遗失物，但若遗忘物品在公共场所，该物品则属于遗失物。

2. 拾得遗失物的法律效果。

（1）拾得遗失物，应当返还权利人。拾得人应当及时通知权利人领取，或者送交公安等有关部门。

（2）有关部门收到遗失物，知道权利人的，应当及时通知其领取；不知道的，应当及时发布招领公告。公告期为1年。

（3）拾得人在遗失物送交有关部门前，有关部门在遗失物被领取前，应当妥善保管遗失物。因故意或者重大过失致使遗失物毁损、灭失的，应当承担民事责任。

（4）权利人领取遗失物时，应当向拾得人或者有关部门支付保管遗失物等支出的必要费用。权利人悬赏寻找遗失物的，领取遗失物时应当按照承诺履行义务。拾得人侵占遗失物的，无权请求保管遗失物等支出的费用，也无权请求权利人按照承诺履行义务。所谓拾得人侵占遗失物，是指拾得人在返还请求权人提出返还请求后无正当理由拒绝返还遗失物或对于遗失物无权处分的情形。

（5）遗失物自发布招领公告之日起1年内无人认领的，归国家所有。

3. 拾得漂流物、发现埋藏物或者隐藏物情形的参照适用。

现行法将漂流物、埋藏物、隐藏物与遗失物视为具有相同法律地位。《民法典》第三百一十九条规定："拾得漂流物、发现埋藏物或者隐藏物的，参照适用拾得遗失物的有关规定。法律另有规定的，依照其规定。"

漂流物，是指所有权人不明，漂流于江、河、湖、海、溪、沟上的物品。

埋藏物，是指包藏于他物之中，而其所有权人不明之动产。该物须埋藏于他物（多为土地）之中，通常不易自外部认定其存在之状态。

所谓隐藏物，是指放置于隐蔽的场所，不易被发现的物，如天花板上搁置的物。

无论埋藏物或隐藏物，依物的性质或存在的状态，社会观念上，足以推知其曾为人所有，且现在仍为其人或其继承人所有，然其所有权人究为何人，现在难以辨明。

（三）添附

1. 添附的意义。

添附，是指不同所有权人的物因结合或因加工而形成不可分割的物或具有新质的物，由于恢复原状之不可能或不合理而由一所有人取得或数所有人共同取得该物所有权，并由取得人对于他方因此所受的损失予以补偿。添附，包括附合、混合、加工。例如，陈某在农村宅基地上建房过程中，错取邻居王某家的砖块砌墙，直到房屋建成后才发现砖块错取一事，此即发生王某的砖块与陈某房屋的附合。

添附发生后，因恢复原状不可能或不合理，所以，只承认新物的存在，由此须决定新物所有权的归属；同时意味着法律禁止恢复到添附之前的状态，不认可有关当事人恢复原状或分离新物的请求，其根据在于此等请求的践行将造成社会经济资源的浪费。所以，添附制度一方面旨在确定新物所有权的归属，其主要系属物权法的内容；

另一方面，由新物权属的确定又必然引发当事人间利益调和的问题，因此亦涉及有关利益补偿的债权法内容。

2. 添附的种类。

（1）附合。

附合，是指不同所有权人的物因密切结合而形成难以分割的新物，若分割会毁损该物或花费较大。附合，包括动产与动产的附合以及动产与不动产的附合。附合的认定，关键在于形成的新物难以分割，如错用他人油漆粉刷桌子，属于附合；相反，若错拿他人车辆备胎换到自己车子上，此时轮胎与车子的分离并不困难，所以，不构成附合。

（2）混合。

混合，是指两个或两个以上不同所有权人的动产相互混杂合并，不能识别或识别所需费用过大，因而发生所有权变动的法律事实。例如，不同所有人的不同大米被倒入同一仓库里，难以识别分离。

混合与附合的主要不同在于：附合的数个物通常在形体上可识别、分割，只是分离将损害附合物的价值；混合则是数个物混在一起，在事实上不能或不易区别。

（3）加工。

加工，是指在他人的物上进行劳作或改造，从而使其具有更高价值的活动。例如，雕刻他人木材为木雕作品，在他人画布上作画等。

3. 添附的法律效果。

《民法典》第三百二十二条规定："因加工、附合、混合而产生的物的归属，有约定的，按照约定；没有约定或者约定不明确的，依照法律规定；法律没有规定的，按照充分发挥物的效用以及保护无过错当事人的原则确定。因一方当事人的过错或者确定物的归属造成另一方当事人损害的，应当给予赔偿或者补偿。"依照本条规定，因添附所产生的新物的归属，在当事人未约定的情况下，当前还不存在法律的具体规定，则产生纠纷时，只能由法官按照充分发挥物的效用以及保护无过错当事人的原则裁判确定。

【例4-6】李某将一价值10万元的项链托其朋友王某保管。保管期间，王某因急需用钱，擅自将该项链以9.5万元卖给不知情的陈某。陈某取得项链后不慎丢失，项链被赵某拾得，赵某将该项链以9万元卖给其邻居郑某。3个月后陈某获知项链在郑某处，与郑某就项链所有权归属产生纠纷。

请回答下列问题。

（1）陈某是否取得项链所有权？说明理由。

（2）陈某是否有权要求郑某归还项链？

> **解析**
> （1）本题中，王某将朋友托其保管的项链卖给陈某，属于无权处分，但陈某对此并不知情，属于善意买受人，陈某支付了合理的价款且已经取得项链的占有，所以，陈某可依善意取得制度取得项链的所有权。
> （2）郑某购买的是陈某的遗失物，陈某可以自知道郑某为买受人之日起2年内要求郑某返还项链。

四、共有

（一）共有的概念

共有，是指两个以上的人对于同一物的共同所有。

共有，并非在一物之上成立两个以上所有权，其法律构造是：一物之上成立一个所有权，该所有权由多个共有人共同享有。

共有的产生或基于法律规定，如夫妻共有财产，或基于当事人的约定。

最广意义上的共有包括按份共有、共同共有、区分所有。

（二）按份共有

1. 按份共有的概念。

按份共有，是指数人按其应有份额，对于一物，共同享有所有权的形态。

按份共有，自共有关系确立时起，各共有人即已确定自己的共有权利份额。如李某、陈某、王某三人约定以3∶2∶1的份额共同购买一套房屋，三人的份额分别为1/2，1/3，1/6。该房屋上只有一个所有权，由李某、陈某、王某三人按份共有。份额是所有权的一定比例，是所有权在量上的分割，并非对共有房屋的份额，也不是所有权权能的划分。各共有人依其份额享有共有权，其义务亦以份额为限。但各共有人对于房屋的支配是全面的，而非仅限于共有物的特定部分。至于各共有人如何支配房屋，原则上依照当事人的约定。

2. 按份共有的效力。

（1）对内效力。

对内效力有关多个按份共有人之间的权利义务关系，涉及对于共有物的用益、处分、管理以及对于共有份额的处分问题。

①共有物的用益、处分与管理。因共有物属于多个共有人共有，所以，对于共有物的用益、处分与管理，任一共有人无权单独自主实施，原则上须遵循共有人的约定或法律的规定。

根据《民法典》第三百条至第三百零二条的规定，按份共有人按照约定管理共有的不动产或者动产；没有约定或者约定不明确的，各共有人都有管理的权利和义务。共有人对共有物的管理费用以及其他负担，有约定的，按照其约定；没有约定或者约定不明确的，按照其份额负担。处分共有的不动产或者动产以及对共有的不动产或者动产作重大修缮、变更性质或者用途的，应当经占份额三分之二以上的按份共有人同意，但是共有人之间另有约定的除外。

②共有份额的处分。按份共有人，可以自由处分其共有份额，除非共有人之间另有约定。共有人对其份额的处分只能是法律上的处分，多表现为权利份额分割、转让、抛弃或于份额上设定担保物权等。

关于共有份额的转让，《民法典》第三百零五条规定："按份共有人可以转让其享有的共有的不动产或者动产份额。其他共有人在同等条件下享有优先购买的权利。"根据该规定，优先购买权行使的基本前提是：按份共有人向共有人之外的人转让其份额。若是按份共有人之间转让共有份额，其他按份共有人不得主张优先购买，但按份共有人之间另有约定的除外。共有份额的权利主体因继承、遗赠等原因发生变化时，其他按份共有人也不得主张优先购买，但按份共有人之间另有约定的除外。

按份共有人转让其享有的共有的不动产或者动产份额的，应当将转让条件及时通知其他共有人。其他共有人应当在合理期限内行使优先购买权。根据《物权编解释》第十一条的规定，优先购买权的行使期间，除按份共有人之间另有约定外，按照下列情形确定：转让人向其他按份共有人发出的包含同等条件内容的通知中载明行使期间的，以该期间为准；通知中未载明行使期间，或者载明的期间短于通知送达之日起十五日的，为十五日；转让人未通知的，为其他按份共有人知道或者应当知道最终确定的同等条件之日起十五日；转让人未通知，且无法确定其他按份共有人知道或者应当知道最终确定的同等条件的，为共有份额权属转移之日起六个月。

按份共有人只有在同等条件下才享有优先购买权。"同等条件"，应当综合共有份额的转让价格、价款履行方式及期限等因素确定。所以，其他按份共有人虽主张优先购买，但提出减少转让价款、增加转让人负担等实质性变更要求的，均不符合同等条件的要求。

按份共有人转让其享有的共有的不动产或者动产份额时，其他按份共有人以其优先购买权受到侵害为由，仅请求撤销共有份额转让合同或者认定该合同无效，不属于行使优先购买权，不予支持。两个以上其他共有人主张行使优先购买权的，协商确定各自的购买比例；协商不成的，按照转让时各自的共有份额比例行使优先购买权。

（2）对外效力。

对外效力涉及共有人与共有人之外的第三人之间的权利义务关系。

根据《民法典》第三百零七条的规定，因共有的不动产或者动产产生的债权债务，在对外关系上，共有人享有连带债权、承担连带债务，但是法律另有规定或者第三人知道共有人不具有连带债权债务关系的除外。例如，陈某与李某按同等份额共同享有一套房屋所有权，后因该房屋外墙墙体脱落造成王某损害，则陈某与李某应对王某所受损害承担连带责任。在共有人内部关系上，除共有人另有约定外，按份共有人按照份额享有债权、承担债务。偿还债务超过自己应当承担份额的按份共有人，有权向其他共有人追偿。

（三）共同共有

1. 共同共有的意义。

共同共有，是指共有人平等和不分份额地享有共有权的共有形态。

（1）共同共有以共同关系为前提。

共同关系，指基于共同目的而形成的关系，如夫妻关系、家庭关系。

共同共有因共同关系而发生，因其存续而存续，因其消灭而消灭。

（2）共同共有是按份共有之外的另一种共有形态。

共同共有存续期间，共有人没有共有份额。只要共同共有关系存在，共有人一般不能划分对财产的份额，只有在共有关系终止或者有重大理由需要分割，分割共有物时，才能确定各共有人应得的份额。所以，在共同共有中，各共有人的份额只是一种潜在的份额。

（3）共同共有的共有人在共有期间平等地享有权利和承担义务。

这里的"平等"系指共有关系存续中共有人的权利义务，而非指分割时亦须一律平等。

2. 共同共有的类型。

社会生活中，常见的共同共有的形态主要有：夫妻共有财产、家庭共有财产、共同继承的财产。共同继承的财产，是指继承开始后，遗产分割前，两个或两个以上的继承人对其享有继承权的遗产。

《民法典》第三百零八条规定："共有人对共有的不动产或者动产没有约定为按份共有或者共同共有，或者约定不明确的，除共有人具有家庭关系等外，视为按份共有。"

3. 共同共有的效力。

（1）对内效力。

共同共有人的权利，及于共有物全部。对于共有物的使用与管理，除法律另有规定或合同另有约定外，应经全体共有人同意。

各共有人仅在共有的基础丧失或者有重大理由需要分割时可以请求分割，各共有人亦无转让权，但共有人另有约定的除外。

（2）对外效力。

只有依全体共有人的共同意思，对共有物的处分行为才能发生对外效力。当然，法律保护第三人的善意取得。

因共有的不动产或者动产产生的债权债务，共同共有人享有连带债权、承担连带债务，但法律另有规定或者第三人知道共有人不具有连带债权债务关系的除外。

（四）建筑物区分所有权

建筑物区分所有权，是指由区分所有建筑物的专有部分所有权（专有权）、共有部分共有权（共有权）以及因区分所有建筑物共同关系所生的成员权（共同管理权）共同构成的特别所有权。建筑物区分所有权，源自于近现代以来高层建筑物激增，公寓大厦、住宅小区盛行的居住形态。

《民法典》第二百七十一条规定："业主对建筑物内的住宅、经营性用房等专有部分享有所有权，对专有部分以外的共有部分享有共有和共同管理的权利。"其中，对共有部分享有共有的权利即为共有权。

共有权是指业主依照法律或管理规约的规定或业主大会的决定，对区分所有建筑物内的住房或经营性用房等专有部分之外的共用部分所享有的占有、使用和收益的权利。

共用部分在法律上为附随于专有部分而存在的附属物或从物，具有从属性。根据《民法典》第二百七十四条与第二百七十五条的规定，建筑区划内的道路，属于业主共有，但是属于城镇公共道路的除外。建筑区划内的绿地，属于业主共有，但是属于城镇公共绿地或者明示属于个人的除外。建筑区划内的其他公共场所、公用设施和物业服务用房，属于业主共有。占用业主共有的道路或者其他场地用于停放汽车的车位，属于业主共有。

《民法典》第二百八十三条规定："建筑物及其附属设施的费用分摊、收益分配等事项，有约定的，按照约定；没有约定或者约定不明确的，按照业主专有部分面积所占比例确定。"

【例4-7】赵某、钱某、孙某、王某以10%、20%、30%、40%的份额共有一套房屋。现赵某拟将自己的份额以50万元转让给第三人李某，钱某、孙某均主张自己享有同等条件下的优先购买权，因协商不成产生纠纷。下列关于钱某、孙某享有优先购买权的表述中，正确的是（　　）。

A. 钱某、孙某均不享有优先购买权
B. 只有孙某享有优先购买权，因为孙某共有份额较大
C. 钱某、孙某均享有优先购买权，应均等行使优先购买权
D. 钱某、孙某均享有优先购买权，应按照各自的共有份额比例行使优先购买权

解析 正确答案为选项D。本题中，按份共有人赵某拟转让自己的共有份额给第三人，其他按份共有人享有同等条件下的优先购买权。两个以上其他共有人主张行使优先购买权的，应协商确定各自的购买比例；协商不成的，按照转让时各自的共有份额比例行使优先购买权。

五、相邻关系

相邻关系，又称不动产相邻关系，是指相邻各方在对各自所有或使用的不动产行

使所有权或使用权时，因相互间依法应当给予对方方便或接受限制而发生的权利义务关系。例如，根据《民法典》第二百九十二条的规定，不动产权利人因建造、修缮建筑物以及铺设电线、电缆、水管、暖气和燃气管线等必须利用相邻土地、建筑物的，该土地、建筑物的权利人应当提供必要的便利。

相邻关系，性质上属于所有权内容之限制或扩张，实为所有权社会化的具体表现。相邻关系人之间基于邻里和睦的相互关照义务，足以提升彼此不动产利用的经济和社会效益。相反，若相邻不动产所有人或利用人均绝对排他地行使自己的权利，则相邻各方的冲突在所难免，且将影响不动产使用效益发挥的最大化。

根据《民法典》的规定，相邻关系具体包括避免邻地地基动摇或其他危险的相邻关系；相邻用水与排水关系；相邻必要通行关系；相邻管线铺设关系；因建造建筑物利用邻地的关系，不得影响相邻方通风、采光、日照的关系；以及固体污染物、不可量物不得侵入的相邻关系等。

第三节　用益物权

一、用益物权概念与特征

（一）概念

用益物权，是指对他人所有之物享有以占有、使用、收益为内容的限制物权。

我国当前的用益物权主要包括土地承包经营权、建设用地使用权、宅基地使用权、居住权和地役权。

用益物权产生的社会原因，在于资源的稀缺、人们对物质资料的占有与需求方面的矛盾以及为解决这一矛盾所寻求的关系安排。

用益物权的作用是，保障用益物权人对他人之物为满足其需要，合乎约定的使用和收益。因该权利是物权，故用益物权人只要不违反法律规定或当事人约定，即可独占地、排他性地支配标的物，任何其他人，包括所有权人，均不得妨碍其行使权利。

（二）特征

1. 用益物权以对物的使用、收益为其主要内容，并以对物的占有为前提。

用益物权与担保物权同为限制物权，但前者取向于标的物的使用价值，后者取向于标的物的交换价值。

2. 用益物权是他物权、限制物权、有期限物权。

3. 用益物权是不动产物权，其标的物只限于不动产，或土地或房屋。

二、土地承包经营权

（一）土地承包经营权概述

1. 概念。

土地承包经营权，是指以种植、养殖、畜牧等农业目的，对集体经济组织所有或国家所有由农民集体使用的农用土地依法享有的占有、使用、收益的权利。

2. 特征。

（1）土地承包经营权的主体只能是农业经营者。

（2）土地承包经营权的客体是耕地、林地、山岭、草原、荒地、滩涂、水面等不动产。

（3）土地承包经营权的内容是权利人在他人土地上为农业性质的耕作、养殖、畜牧等用益。

土地承包经营权的存续有具体期限。根据《民法典》第三百三十二条的规定，耕地的承包期为三十年；草地的承包期为三十年至五十年；林地的承包期为三十年至七十年。承包期限届满，土地承包经营权人可以依照农村土地承包的法律规定继续承包。

（二）土地承包经营权的取得

土地承包经营权可能基于继承与法律行为而取得，以下主要介绍基于法律行为取得的规定。

1. 根据土地承包经营合同设定而取得。

《民法典》第三百三十三条规定："土地承包经营权自土地承包经营权合同生效时设立。登记机构应当向土地承包经营权人发放土地承包经营权证、林权证等证书，并登记造册，确认土地承包经营权。"

农业集体经济组织作为发包方，集体经济组织内的农户作为承包方，双方就权利的客体、内容、期限以及其他相关权利义务协商一致，订立书面合同。合同生效时，承包人即取得承包经营权。鉴于我国当前尚未建立起有效的、覆盖所有地域的农村土地登记制度，《民法典》并未强制以登记作为土地承包经营权的生效要件，登记只是其对抗要件。

2. 通过土地承包经营权的互换、转让而取得。

根据《民法典》第三百三十四条的规定，土地承包经营权人依照法律规定，有权将土地承包经营权互换、转让。互换、转让的对象只能是本集体经济组织成员。互换需进行备案，转让需要得到发包方的同意。

土地承包经营权互换、转让的，当事人可以向登记机构申请登记；未经登记，不得对抗善意第三人。

3. 通过招标、拍卖、公开协商等方式而取得。

《民法典》第三百四十二条规定："通过招标、拍卖、公开协商等方式承包农村土地，经依法登记取得权属证书的，可以依法采取出租、入股、抵押或者其他方式流转土地经营权。"以这种方式取得土地承包经营权，其客体主要限于"四荒"土地，即荒山、荒沟、荒丘、荒滩。承包人不限于本集体经济组织成员，集体经济组织以外的自然人、法人或其他组织均可取得此类土地的承包经营权。

（三）土地经营权的流转

1. 概念。

土地经营权流转，是指在不改变土地所有权性质（国有或集体所有）和土地农业用途的前提下，原承包方依法将经营权或从经营权中分离出来的部分权利移转给他人的法律行为。

在原来农民集体土地所有权与土地承包经营权"两权分离"的基础上，允许承包户将土地经营权从土地承包经营权中分离出去，从而形成"三权分置"的配置格局，旨在推动农业生产的规模化经营，提高农业生产效率。

2. 流转的原则要求。

（1）土地经营权的流转应遵循平等自愿原则。

（2）土地经营权的流转，不得改变土地所有权性质和农业用途。

（3）土地经营权流转的期限不得超过承包期的剩余期限。

（4）流转受让方须有农业经营能力，但不限于本集体经济组织成员。

3. 流转的具体规定。

根据《民法典》第三百三十九条与第三百四十一条的规定，土地承包经营权人可以自主决定依法采取出租、入股或者其他方式向他人流转土地经营权。流转期限为5年以上的土地经营权，自流转合同生效时设立。当事人可以向登记机构申请土地经营权登记；未经登记，不得对抗善意第三人。

《民法典》第三百四十二条规定："通过招标、拍卖、公开协商等方式承包农村土地，经依法登记取得权属证书的，可以依法采取出租、入股、抵押或者其他方式流转土地经营权。"

【例4-8】王某与陈某为同一个村的村民。2019年，双方订立书面协议，王某将自己承包的A耕地与陈某承包的B耕地互换耕种，协议约定的互换期限为5年，但互换协议未经村委会批准。2021年春，王某要求换回耕地，陈某拒绝，王某遂强行在A耕地上种植葡萄，被陈某毁掉，双方因此产生冲突。其后，王某向法院提起诉讼，主张自己与陈某互换耕地的行为未经村委会同意，是无效的，因此自己有权换回自己承包的A耕地。请分析王某的诉讼请求是否成立。

解析 王某的诉讼请求不成立。依照法律规定，土地承包经营权人有权将属于同一集体经济组织的土地承包经营权互换。互换无须取得发包人同意。本案中，王某与陈某自愿互换了各自承包的耕地，签订了书面合同，属于有效的法律行为，双方均应依照诚实信用原则履行。在陈某不同意的情况下，王某不得强行要求换回自己承包的耕地。

三、建设用地使用权

（一）建设用地使用权概述

1. 概念。

建设用地使用权，是指以在他人土地上拥有建筑物、构筑物及其附属设施为目的，而使用其土地的权利。

2. 特征。

（1）建设用地使用权是存在于国家或集体所有土地之上的权利。

（2）建设用地使用权以建造以及保存建筑物或其他工作物为目的。

建筑物，是指定着于土地上或地面下，具有顶盖、墙垣，足以避风雨供人起居出入之构造物。其他工作物，是指建筑物以外，在土地上空、地表与地下之一切设备而言，如深水井、堤防等防水、引水或蓄水之建造物；桥梁、隧道、高架陆桥等交通设备；以及纪念碑、铁塔、电线杆等。

（3）建设用地使用权是有期限的权利。

依建设用地使用权用途的不同，《城镇国有土地所有权出让和转让暂行条例》规定了不同用地使用权期间：居住用地为 70 年；工业用地和教育、科技、文化、卫生、体育用地为 50 年；商业、旅游、娱乐用地为 40 年；综合或者其他用地为 50 年。

（二）建设用地使用权的取得

不动产物权的一般取得原因，如继承，亦适用于建设用地使用权。以下仅说明建设用地使用权的特别取得原因。

1. 通过划拨方式取得建设用地使用权。

土地划拨，是指建设用地使用权人只需按照一定程序提出申请，经主管机关批准即可取得建设用地使用权，而无须向土地所有人支付租金及其他费用。土地划拨具有如下特点：（1）具有公益目的性。依此方式取得建设用地使用权，主要是国家机关、国防等公益事业用地。（2）无偿性。（3）取得的土地使用权的转让受到限制。只有依法办理相关手续并缴足土地出让金后，才可转让。（4）无期限性。（5）行政性。即须经严格的行政审批程序，才可划拨。

根据《民法典》第三百四十七条的规定，须严格限制以划拨方式设立建设用地使用权。

2. 通过出让方式取得建设用地使用权。

建设用地使用权出让，是指国家以土地所有人的身份，以出让合同方式，将建设用地使用权在一定年限内让与土地使用者，向土地使用者依法收取土地使用权出让金的法律行为。

出让的具体形式包括协议、招标、拍卖。根据《民法典》第三百四十七条的规定，工业、商业、旅游、娱乐和商品住宅等经营性用地以及同一土地有两个以上意向用地者的，应当采取招标、拍卖等公开竞价的方式出让。

土地使用权出让，依法须订立书面出让合同，应向登记机构申请建设用地使用权登记。建设用地使用权自登记时设立。登记机构应当向建设用地使用权人发放权属证书。

3. 建设用地使用权转让。

建设用地使用权转让，是指建设用地使用权人在其权利有效年限范围内，将其受让的建设用地使用权依法转让给第三人的法律行为，转让方式包括出售、交换、赠与等。依建设用地使用权转让，受让人即成为新的土地使用权人，得依法行使剩余年限内的建设用地使用权。

建设用地使用权转让，同样须订立书面转让合同，并办理过户的登记。登记是建设用地使用权转让的生效条件。

（三）建设用地使用权的效力

1. 建设用地使用权人的权利。

（1）占有使用土地。

（2）权利处分。

①转让。建设用地使用权人得将其权利转让他人，除非有不得转让的法律限制或合同约定。

因建设用地使用权的社会作用，主要在于调和土地与地上物之间的使用关系，而建筑物、工作物通常不可脱离土地而发挥其经济作用，建设用地使用权与其地上物的让与，应尽可能一并为之。所以，除非当事人有明确相反的意思表示，通常认可以下两条规则，即所谓"房随地、地随房"之规则。

其一，建设用地使用权转让、互换、出资或者赠与的，附着于该土地上的建筑物、构筑物及其附属设施一并处分。

其二，建筑物、构筑物及其附属设施转让、互换、出资或者赠与的，该建筑物、构筑物及其附属设施占用范围内的建设用地使用权一并处分。

②抵押。建设用地使用权可以作为抵押权之标的。建设用地使用权抵押，当事人须订立书面抵押合同，须办理抵押登记。登记是建设用地使用权抵押的生效要件。

与建设用地使用权转让一样，除非当事人有明确相反的意思表示，建设用地使用权抵押时，其地上建筑物、构筑物及其附属设施随之抵押；而若以地上建筑物、构筑物及其附属设施抵押时,其占用范围内的建设用地使用权亦随之抵押。

③出租。建设用地使用权人可以作为出租人,将其建设用地使用权随同地上建筑物、构筑物及其附属设施租赁给他人使用并收取租金。

建设用地使用权出租后,建设用地使用权人(出租人)仍须向土地所有人履行义务。

④互换、赠与、出资。

(3)附属行为。

建设用地使用权人可以在其土地使用范围内进行非保存建筑物或其他工作物的附属行为,如修筑围墙、养殖、种植花木等。

(4)取得地上建筑物、构筑物及其附属设施的补偿。

根据《民法典》第三百五十九条的规定,住宅建设用地使用权期限届满的,自动续期。续期费用的缴纳或者减免,依照法律、行政法规的规定办理。非住宅建设用地使用权期限届满后的续期,依照法律规定办理。该土地上的房屋以及其他不动产的归属,有约定的,按照约定;没有约定或者约定不明确的,依照法律、行政法规的规定办理。

而在建设用地使用权期限届满前,因公共利益需要提前收回土地的,出让人应当依法对该土地上的房屋以及其他不动产给予补偿,并退还相应的出让金。

2. 建设用地使用权人义务。

(1)支付土地使用费。

(2)合理使用土地。

(3)归还土地、恢复土地的原状。

建设用地使用权消灭时,建设用地使用权人有权取回地上建筑物及其他附着物,相应的,建设用地使用权人应负恢复土地原状的义务。

四、宅基地使用权

宅基地使用权,是指农村村民依法享有的,在集体所有土地上建造、保有房屋及附属设施的权利。宅基地使用权是具有社会保障与社会福利性质的权利,是农民的安身之本。

农村宅基地使用权是无偿取得的、永久性的权利,目的是供农村村民建设住宅及其他附属设施。宅基地使用权的分配,坚持"一户一宅"原则。

宅基地使用权原则上禁止流转,即不得买卖、赠与、投资入股、抵押等。作为例外,承认宅基地使用权可以继承,以及随宅基地上的房屋所有权的转让而流转。对于后一种例外的流转,有如下限制:(1)受让人只能是本集体经济组织的成员。(2)根据"一户一宅"原则,农村村民出卖住房后,再申请宅基地的,不予批准,以防止新的农村耕地流失。(3) 受让人的宅基地面积不得超过省、自治区、直辖市规定的标准，否则，不得受让。

五、居住权

居住权，是指按照合同约定，为了满足生活居住的需要，对他人所有的住宅得以占有、使用并排除房屋所有权人干涉的用益物权。居住权是我国民法新确立的用益物权制度。

当事人设立居住权，应当采用书面形式订立居住权合同，也可以以遗嘱方式设立居住权。但是，居住权不得转让、继承。设立居住权的，应当向登记机构申请居住权登记。居住权自登记时设立。

根据《民法典》第三百六十八条和第三百六十九条的规定，居住权无偿设立，但是当事人另有约定的除外。设立居住权的住宅不得出租，但是当事人另有约定的除外。这些规定确认，当事人可以约定有偿设立居住权，也可以约定设立居住权的房屋可以出租，如此相当于在生活性居住权之外，承认了投资性居住权，拓宽了居住权制度的实际适用价值与空间。

居住权期限届满或者居住权人死亡的，居住权消灭。居住权消灭的，应当及时办理注销登记。

六、地役权

地役权，是指为实现自己土地的利益而使用他人土地的权利。例如，以供役地供他人汲水或排水的地役权，禁止供役地建筑高楼的地役权等。其中，为自身便利而使用他人土地的土地，称为需役地；供他人土地便利而使用的土地，称为供役地。

地役权的立法目的是调整土地所有人或使用人之间因实现自己土地的利益而使用他人土地所发生的财产关系。其社会作用在于通过使用供役地而提高需役地的使用价值。

设立地役权，当事人应当采用书面形式订立地役权合同。地役权自地役权合同生效时设立。当事人要求登记的，可以向登记机构申请地役权登记；未经登记，不得对抗善意第三人。

地役权的期限由当事人约定，但不得超过土地承包经营权、建设用地使用权等用益物权的剩余期限。

地役权人有权在合同约定的目的范围内使用供役地。地役权人对供役地的使用应当选择损害最小的地点及方法为之。地役权人不得违反法律规定或者合同约定，滥用地役权，否则，供役地权利人得解除地役权合同。

第四节 担保物权

一、担保物权概述

（一）担保物权的意义

担保物权，是指以确保债务之清偿为目的，于债务人或第三人所有之物或权利上所设定的，以取得担保作用之限制物权。担保物权人在债务人不履行到期债务或者发生当事人约定的实现担保物权的情形，依法享有就担保财产优先受偿的权利。

根据《民法典》物权编和合同编的规定，担保的方式主要包括保证、抵押、质押、留置和定金五种方式。其中，保证属于人的担保，定金属于金钱担保，抵押、质押、留置为物的担保。担保物权除了抵押权、质权、留置权这三种典型担保权利外，让与担保、所有权保留、抵销、融资租赁等事实上也具有担保债权实现的功能。本节将主要结合《民法典》物权编的相关规定分析抵押权、质权、留置权这三种典型担保物权。

第三人为债务人向债权人提供担保的，可以要求提供反担保。反担保又称为"求偿担保"，是指在经济交往中，为了换取担保人提供保证、抵押或质押等担保方式，由债务人或第三人向该担保人新设担保，以担保该担保人承担担保责任后实现其追偿权的制度。反担保人可以是债务人，也可以是债务人之外的其他人。反担保方式可以是债务人提供的抵押或者质押，也可以是其他人提供的保证、抵押或者质押。

（二）担保物权的特性

1. 从属性。

担保物权需从属于被担保的债权而存在，其成立以债权成立为前提，并因债权移转而移转，因债权消灭而消灭，此为担保物权的从属性。根据《民法典》第三百八十八条的规定，担保合同是主债权债务合同的从合同。主债权债务合同无效的，担保合同无效，但是法律另有规定的除外。

担保物权具有从属性，具有法律强制性色彩，不允许当事人任意约定更改。根据《担保司法解释》第二条的规定，除了金融机构开立的独立保函的效力认定，应适用《最高人民法院关于审理独立保函纠纷案件若干问题的规定》外，当事人在担保合同中约定担保合同的效力独立于主合同，或者约定担保人对主合同无效的法律后果承担担保责任，该有关担保独立性的约定无效。主合同有效的，有关担保独立性的约定无效不影响担保合同的效力；主合同无效的，人民法院应当认定担保合同无效，但是法律另有规定的除外。

2. 不可分性。

被担保的债权在未受全部清偿前，担保物权人可就担保物的全部行使其权利，称为担保物权的不可分性。不可分性可强化担保物权的担保功能，其包含两方面：（1）被担保的债权即使被分割、部分清偿或消灭，担保物权仍为担保各部分的债权或余存的债权而存在。例如，王某借给李某100万元，李某以其房屋抵押，后王某把其中40万元债权转让给陈某，则李某房屋上的抵押权一并担保王某的60万元债权和陈某的40万元债权。但分割或转移的如果是债务，因可能涉及第三人担保意愿，《担保司法解释》第三十九条第二款规定："主债务被分割或者部分转移，债务人自己提供物的担保，债权人请求以该担保财产担保全部债务履行的，人民法院应予支持；第三人提供物的担保，主张对未经其书面同意转移的债务不再承担担保责任的，人民法院应予支持。"（2）担保标的物即使被分割或部分灭失，分割后各部分或余存的部分担保物，仍为担保全部债权而存在。例如，林某向蔡某借款100万元，林某的父亲以四间平房为该债权抵押担保，后林某的父亲去世，四间平房由林某及林某的哥哥平分继承，该四间平房作为抵押物虽因继承被分割，但仍担保蔡某的100万元债权。

3. 物上代位性。

担保物灭失或出让，其交换价值转化为其他形态的物时，担保物权的效力及于该物，此即担保物权的物上代位性。根据《民法典》第三百九十条的规定，担保期间，担保财产毁损、灭失或者被征收等，担保物权人可以就获得的保险金、赔偿金或者补偿金等优先受偿。被担保债权的履行期限未届满的，也可以提存该保险金、赔偿金或者补偿金等。

关于物上代位性的具体保障实施，《担保司法解释》第四十二条就抵押权情形作了如下规定：抵押权依法设立后，抵押财产毁损、灭失或者被征收等，抵押权人请求按照原抵押权的顺位就保险金、赔偿金或者补偿金等优先受偿的，人民法院应予支持。给付义务人已经向抵押人给付了保险金、赔偿金或者补偿金，抵押权人请求给付义务人向其给付保险金、赔偿金或者补偿金的，人民法院不予支持，但是给付义务人接到抵押权人要求向其给付的通知后仍然向抵押人给付的除外。抵押权人请求给付义务人向其给付保险金、赔偿金或者补偿金的，人民法院可以通知抵押人作为第三人参加诉讼。

4. 补充性。

担保物权一经成立，即补充了主债权债务人之间债的关系的效力，增强了债权人的债权得以实现的可能。但只有在债务人不履行到期债务或者发生当事人约定的实现担保物权的情形，担保物权补充性的担保功能才会发动，保障债权的实现。

（三）担保合同的无效

1. 机关法人提供担保的，担保合同无效，但是经国务院批准为使用外国政府或者国际经济组织贷款进行转贷的除外。

2. 居民委员会、村民委员会提供担保的，担保合同无效，但是依法代行村集体经济组织职能的村民委员会，依照《村民委员会组织法》规定的讨论决定程序对外提供担保的除外。

3. 以公益为目的的非营利性学校、幼儿园、医疗机构、养老机构等提供担保的，担保合同无效，但是有下列情形之一的除外：（1）在购入或者以融资租赁方式承租教育设施、医疗卫生设施、养老服务设施和其他公益设施时，出卖人、出租人为担保价款或者租金实现而在该公益设施上保留所有权。规定此例外的原因在于，这些非营利机构之所以能获得公益设施的占有、使用、收益，条件就是公益设施作为出卖人、出租人提供信用的担保。（2）以教育设施、医疗卫生设施、养老服务设施和其他公益设施以外的不动产、动产或者财产权利设立担保物权。

以上规定仅适用于以公益为目的的非营利性机构。登记为营利法人的学校、幼儿园、医疗机构、养老机构等提供担保，当事人不得以其不具有担保资格为由主张担保合同无效。

（四）担保合同无效的法律责任

担保合同被确认无效后，债务人、担保人、债权人有过错的，应当根据其过错各自承担相应的民事责任。对此，《担保司法解释》第十七条作了如下细化规定：

主合同有效而第三人提供的担保合同无效，人民法院应当区分不同情形确定担保人的赔偿责任：（1）债权人与担保人均有过错的，担保人承担的赔偿责任不应超过债务人不能清偿部分的二分之一；（2）担保人有过错而债权人无过错的，担保人对债务人不能清偿的部分承担赔偿责任；（3）债权人有过错而担保人无过错的，担保人不承担赔偿责任。

主合同无效导致第三人提供的担保合同无效，担保人无过错的，不承担赔偿责任；担保人有过错的，其承担的赔偿责任不应超过债务人不能清偿部分的三分之一。

二、抵押权

（一）抵押权概述

抵押权是指为担保债务的履行，债务人或者第三人不转移财产的占有，将该财产作为债权的担保，债务人不履行到期债务或者发生当事人约定的实现抵押权的情形，债权人有权就该财产优先受偿的权利。提供财产担保的债务人或者第三人为抵押人，债权人为抵押权人，提供担保的财产为抵押财产。

抵押权与质权、留置权最大的不同在于，抵押权的设立不以抵押财产的转移占有为要件，抵押人在抵押权设立后仍可继续占有、使用抵押财产，所以，抵押权既具有担保功能，也不影响抵押物的使用价值。

（二）抵押合同

设立抵押权，当事人应当采取书面形式订立抵押合同。抵押合同一般包括下列条款：（1）被担保债权的种类和数额；（2）债务人履行债务的期限；（3）抵押财产的名称、数量等情况；（4）担保的范围；（5）当事人认为需要约定的其他事项。

抵押合同对被担保的主债权种类、抵押财产没有约定或者约定不明，根据主合同和抵押合同不能补正或者无法推定的，抵押不成立。

抵押权人在债务履行期届满前，不得与抵押人约定债务人不履行到期债务时抵押财产归债权人所有。这种条款称为"流押条款"。如果当事人在抵押合同中约定了流押条款，该条款无效，该条款的无效不影响抵押合同其他部分内容的效力。债务人不履行到期债务时，抵押权人只能依法就抵押财产优先受偿。

（三）抵押财产

1. 可以设立抵押权的财产。

债务人或者第三人有权处分的下列财产可以抵押：（1）建筑物和其他土地附着物；（2）建设用地使用权；（3）海域使用权；（4）生产设备、原材料、半成品、产品；（5）正在建造的建筑物、船舶、航空器；（6）交通运输工具；（7）法律、行政法规未禁止抵押的其他财产。抵押人可以将上述所列财产一并抵押。

2. 不得设立抵押权的财产。

（1）土地所有权。

（2）宅基地、自留地、自留山等集体所有的土地使用权，但法律规定可以抵押的除外。

（3）学校、幼儿园、医院等为公益目的成立的非营利法人的教育设施、医疗卫生设施和其他公益设施。

（4）所有权、使用权不明或者有争议的财产。

根据《担保司法解释》第三十七条的规定，当事人以所有权、使用权不明或者有争议的财产抵押，经审查构成无权处分的，应当依照《民法典》第三百一十一条有关善意取得的规定处理，即相对人属于善意的，仍可基于善意取得制度取得抵押权。

（5）依法被查封、扣押、监管的财产。

已经设定抵押的财产被采取查封、扣押等财产保全或执行措施的，不影响抵押权的效力。

根据《担保司法解释》第三十七条第二款的规定，当事人以依法被查封或者扣押的财产抵押，抵押权人请求行使抵押权，经审查查封或者扣押措施已经解除的，人民法院应予支持。抵押人以抵押权设立时财产被查封或者扣押为由主张抵押合同无效的，人民法院不予支持。当事人以依法被监管的财产抵押的，适用该款规定确认抵押的效力。

（6）法律、行政法规规定不得抵押的其他财产。

例如，以法定程序确认为违法的建筑物抵押的，抵押无效。

3. 关于抵押财产的其他规定。

（1）以建筑物抵押的，该建筑物占用范围内的建设用地使用权一并抵押。以建设用地使用权抵押的，该土地上的建筑物一并抵押。抵押人未将前述财产一并抵押的，未抵押的财产视为一并抵押。抵押人将建设用地使用权、土地上的建筑物或者正在建造的建筑物分别抵押给不同债权人的,人民法院应当根据抵押登记的时间先后确定清偿顺序。

(2) 以违法的建筑物抵押的,抵押合同无效,但是一审法庭辩论终结前已经办理合法手续的除外。

当事人以建设用地使用权依法设立抵押,抵押人以土地上存在违法的建筑物为由主张抵押合同无效的,人民法院不予支持。

(3) 抵押人以划拨建设用地上的建筑物抵押,当事人以该建设用地使用权不能抵押或者未办理批准手续为由主张抵押合同无效或者不生效的,人民法院不予支持。抵押权依法实现时,拍卖、变卖建筑物所得的价款,应当优先用于补缴建设用地使用权出让金。

当事人以划拨方式取得的建设用地使用权抵押,抵押人以未办理批准手续为由主张抵押合同无效或者不生效的,人民法院不予支持。已经依法办理抵押登记,抵押权人主张行使抵押权的,人民法院应予支持。抵押权依法实现时,拍卖、变卖建筑物所得的价款,应当优先用于补缴建设用地使用权出让金。

(4) 乡镇、村企业的建设用地使用权不得单独抵押。以乡镇、村企业的厂房等建筑物抵押的,其占用范围内的建设用地使用权一并抵押。实现抵押权后,未经法定程序,不得改变土地所有权的性质和土地用途。

(5) 以集体所有土地的使用权依法抵押的,实现抵押权后,未经法定程序,不得改变土地所有权的性质和土地用途。

(四) 抵押登记

1. 以登记为生效要件的抵押。

以建筑物和其他土地附着物、建设用地使用权、海域使用权、正在建造的建筑物设定抵押的,应当办理抵押登记,抵押权自登记时起设立。

抵押登记记载的内容与抵押合同约定的内容不一致的,以登记记载的内容为准。以尚未办理权属证书的财产抵押的,只要当事人在一审法庭辩论终结前能够提供权利证书或者补办登记手续的,法院可以认定抵押有效。

2. 以登记为对抗要件的抵押。

当事人以生产设备、原材料、半成品、产品、交通运输工具和正在建造的船舶、航空器抵押或其他动产设定抵押,抵押权自抵押合同生效时设立;抵押权未经登记,不得对抗善意第三人。总结而言,凡是属于动产抵押的,均以登记为对抗要件。

【例4-9】李某向王某借款4万元办加工厂,王某要求李某以其新购置的一辆吉普车抵押,李某同意了,双方遂签订了借款合同约定:如果李某到期无法偿还,王某可将其吉普车变卖后受偿。合同签订后,双方并未到车管所办理抵押登记。后李某因加工厂倒闭,无力偿还王某的借款,又恐王某廉价变卖吉普车使其遭受更大的损失,遂将其吉普车卖给了陈某,陈某并不知该车已抵押给王某。王某得知后,向法院起诉，要求法院从陈某处追回吉普车变卖受偿。请分析王某能否从陈某处追回吉普车优先受偿？

解析 以车辆抵押的，抵押登记不属于抵押权设立的生效要件，但未办理抵押登记的，不能对抗善意第三人。本案中，抵押合同成立生效，抵押权即设立，但抵押未办理登记，不得对抗善意的陈某。因此，王某无权请求法院从陈某处追回吉普车，也就无法优先受偿。

（五）抵押权的效力

1. 抵押权担保的范围。

抵押担保的范围包括主债权及利息、违约金、损害赔偿金和实现抵押权的费用。抵押合同另有约定的，按照约定。

2. 抵押权效力所及的标的物的范围。

抵押权效力所及的标的物的范围，是指抵押权人行使抵押权时有权依法予以变价的抵押财产的范围。该标的物的范围，除了抵押物本身外，尚有以下问题需要关注：

（1）抵押物所生孳息。

债务人不履行到期债务或者发生当事人约定的实现抵押权的情形，致使抵押财产被人民法院依法扣押的，自扣押之日起抵押权人有权收取该抵押财产的天然孳息或者法定孳息，但抵押权人未通知应当清偿法定孳息的义务人的除外。反面推论，在抵押财产被人民法院依法扣押之前，抵押人有权收取孳息，抵押权的效力不及于这些孳息。

孳息的清偿顺序为：①充抵收取孳息的费用；②主债权的利息；③主债权。

（2）从物。

抵押权的效力是否及于从物，《民法典》未作规定。根据《担保司法解释》第四十条的规定，从物产生于抵押权依法设立前，抵押权人主张抵押权的效力及于从物的，人民法院应予支持，但是当事人另有约定的除外；从物产生于抵押权依法设立后，抵押权人主张抵押权的效力及于从物的，人民法院不予支持，但是在抵押权实现时可以一并处分。前者规定的主要理由在于从物有助于发挥主物效用的依存关系；后者主要着眼于抵押人的一般债权人利益的兼顾，因为若认可抵押权的效力也及于抵押权设立后新增的从物，相当于减少抵押人可用于清偿一般债权的未担保财产，所以，为兼顾各方当事人的利益，只规定在抵押权实现时可以把抵押物与从物一并处分，但抵押权人对该从物不享有优先受偿权。

（3）添附物。

根据添附之后添附物所有权归属的不同，抵押权的效力是否及于添附物，可区分如下情形：

①抵押权依法设立后，抵押财产被添附，添附物归第三人所有的，抵押权效力及于抵押人应获得的补偿金。

②抵押权依法设立后，抵押财产被添附，抵押人对添附物享有所有权的，抵押权的效力及于添附物，但是添附导致抵押财产价值增加的，抵押权的效力不及于增加的价值部分。之所以规定"抵押权的效力不及于增加的价值部分"，是因为抵押人须就增加的价值部分以相当的财产补偿给第三人，若规定抵押权效力及于增加的价值部分，相当于因此减少抵押人的其他财产，对于抵押人的一般债权人债权的实现不利。

③抵押权依法设立后，抵押人与第三人因添附成为添附物的共有人，抵押权的效力及于抵押人对共有物享有的份额。

（4）代位物。

基于抵押权的物上代位性，抵押权的效力当然及于抵押物的代位物。根据《担保司法解释》第四十二条的规定，抵押权依法设立后，抵押财产毁损、灭失或者被征收等，抵押权人可以请求按照原抵押权的顺位就保险金、赔偿金或者补偿金等优先受偿。给付义务人已经向抵押人给付了保险金、赔偿金或者补偿金，抵押权人不得请求给付义务人向其给付保险金、赔偿金或者补偿金，但是给付义务人接到抵押权人要求向其给付的通知后仍然向抵押人给付的除外。

（5）抵押权设立后新增的建筑物。

建设用地使用权抵押后，该土地上新增的建筑物不属于抵押财产。该建设用地使用权实现抵押权时，应当将该土地上新增的建筑物与建设用地使用权一并处分，但新增建筑物所得的价款，抵押权人无权优先受偿。对此，《担保司法解释》第五十一条第一款作了补充规定，根据该条款的规定，当事人仅以建设用地使用权抵押，债权人主张抵押权的效力及于土地上已有的建筑物以及正在建造的建筑物已完成部分的，人民法院应予支持。债权人主张抵押权的效力及于正在建造的建筑物的续建部分以及新增建筑物的，人民法院不予支持。

此外，当事人以正在建造的建筑物抵押，抵押权的效力范围限于已办理抵押登记的部分。当事人按照担保合同的约定，主张抵押权的效力及于续建部分、新增建筑物以及规划中尚未建造的建筑物的，人民法院不予支持。

3. 抵押人的权利。

抵押权设立后，抵押人仍占有抵押物，可以继续对抵押物进行使用、收益和处分。

（1）抵押物出租的权利。

《民法典》第四百零五条规定："抵押权设立前，抵押财产已经出租并转移占有的，原租赁关系不受该抵押权的影响。"《民法典》并未明确抵押权设立后抵押人可出租抵押物，但既然肯定抵押人可以对抵押物进行用益，且第四百零六条甚至明确抵押人可以转让抵押物，自无禁止抵押人出租抵押物之合理性。

抵押权设立后，抵押人出租抵押物，在抵押权实现时，可能发生抵押权与租赁权的效力冲突。对此，若抵押权已登记，其具有对抗第三人的效力，且抵押权设立在先，则租赁权不得对抗抵押权。若抵押权未登记,《担保司法解释》第五十四条第二项规定:"抵押人将抵押财产出租给他人并移转占有,抵押权人行使抵押权的,租赁关系不受影响,但是抵押权人能够举证证明承租人知道或者应当知道已经订立抵押合同的除外。"

所谓租赁权不得对抗已登记的抵押权,是指因租赁关系的存在致使抵押权行使时无人购买抵押物或售价降低导致不利于被担保债权实现等情况下,抵押权人有权主张租赁关系终止。相反,若租赁关系的存在不影响被担保债权的受偿实现,则应确认租赁关系的存续,且在抵押物(租赁物)变卖关系中,应有"买卖不破租赁"规则的适用。

(2)抵押物转让的权利。

《民法典》第四百零六条第一款规定:"抵押期间,抵押人可以转让抵押财产。当事人另有约定的,按照其约定。抵押财产转让的,抵押权不受影响。"

上述条款确认了抵押人转让抵押物的权利,但允许当事人就此作不同的约定,即当事人可以约定禁止抵押物的转让。对于当事人的"另有约定"的效力,《担保司法解释》第四十三条区分该约定是否登记作了如下规定:

①当事人约定禁止或者限制转让抵押财产但是未将约定登记,抵押人违反约定转让抵押财产,抵押权人请求确认转让合同无效的,人民法院不予支持;抵押财产已经交付或者登记,抵押权人请求确认转让不发生物权效力的,人民法院不予支持,但是抵押权人有证据证明受让人知道的除外;抵押权人请求抵押人承担违约责任的,人民法院依法予以支持。

②当事人约定禁止或者限制转让抵押财产且已经将约定登记,抵押人违反约定转让抵押财产,抵押权人请求确认转让合同无效的,人民法院不予支持;抵押财产已经交付或者登记,抵押权人主张转让不发生物权效力的,人民法院应予支持,但是因受让人代替债务人清偿债务导致抵押权消灭的除外。该规定有意区分了转让抵押财产的合同及抵押财产转让的效力:因为合同只具有相对性效力,原则上与第三人无关,所以,抵押权人不必介入抵押人与买受人之间产生债权债务效力的合同关系。但基于该合同旨在引发的抵押财产转移,则违反了抵押权人与抵押人之间已经登记公示的有关禁止或者限制转让抵押财产的约定内容,将损害抵押权人的利益,抵押权人可据此主张转让不发生所有权转移的效力。

上述条款规定:抵押财产转让的,抵押权不受影响。但事实上,动产抵押权未经登记,不得对抗善意第三人,所以,抵押人若将未办理抵押登记的动产抵押物转让给善意买受人,抵押权仍受影响。此外,动产抵押权还受制于《民法典》第四百零四条规定的"正常买受人"规则。所以,"抵押财产转让的,抵押权不受影响",不可一概而论。

《民法典》第四百零六条第二款规定:"抵押人转让抵押财产的,应当及时通知抵押权人。抵押权人能够证明抵押财产转让可能损害抵押权的,可以请求抵押人将转让所得的价款向抵押权人提前清偿债务或者提存。转让的价款超过债权数额的部分归抵押人所有，不足部分由债务人清偿。"

4. 抵押权人的权利。

（1）抵押权的顺位权。

①抵押权顺位的概念。抵押权的顺位，又称为抵押权的顺序，是指数个抵押权并存于同一抵押物之上时，各抵押权之间存在的效力优先劣后的顺序关系。先顺位的抵押权所担保的债权较后顺位的抵押权所担保的债权可优先受偿。所以，顺位属于一种利益，被称为顺位权。

②抵押权顺位的确定标准。《民法典》第四百一十四条第一款规定："同一财产向两个以上债权人抵押的，拍卖、变卖抵押财产所得的价款依照下列规定清偿：（1）抵押权已经登记的，按照登记的时间先后确定清偿顺序；（2）抵押权已经登记的先于未登记的受偿；（3）抵押权未登记的，按照债权比例清偿。"据此，抵押权顺位的确定以登记为首要标准，先登记的抵押权顺位在先，有登记的抵押权优先于未登记的抵押权。

③抵押权顺位的放弃。抵押权人可以放弃抵押权或者抵押权的顺位。债务人以自己的财产设定抵押，抵押权人放弃该抵押权、抵押权顺位或者变更抵押权的，其他担保人在抵押权人丧失优先受偿权益的范围内免除担保责任，但是其他担保人承诺仍然提供担保的除外。

④抵押权顺位的变更。抵押权顺位的变更，是指同一抵押人的数个抵押权人将其抵押权顺位相互交换的现象。例如，债务人陈某在其一套房屋上分别存在李某、王某、郑某先后顺位的三个抵押权，这些抵押权担保的债权数额分别为100万元、200万元和300万元。现三位抵押权人约定，将李某与郑某的抵押权顺位互换，因而形成郑某、王某、李某先后顺位的抵押权，对应担保的债权数额分别为300万元、200万元和100万元。

根据《民法典》第四百零九条的规定，"抵押权人与抵押人可以协议变更抵押权顺位以及被担保的债权数额等内容。但是，抵押权的变更未经其他抵押权人书面同意的，不得对其他抵押权人产生不利影响"。事实上，抵押权顺位变更应主要取决于抵押权人之间的合意，并非局限于"抵押权人与抵押人协议变更抵押权顺位"这种情形。该规定中，抵押权顺位的变更，"未经其他抵押权人书面同意的，不得对其他抵押权人产生不利影响"，是指抵押权顺位的变更，若未经其他抵押权人同意，且对其他抵押权人产生不利影响，则该顺位变更对其他抵押权人不发生效力。只有经过其他抵押权人同意，抵押权顺位的变更才能约束全体抵押权人。在上述例子中，假如李某与郑某之间约定抵押权顺位的互换，但未经王某的同意，后拍卖陈某抵押的房屋仅获得300万元的变价，则王某可以拒绝郑某就其中300万元的变价优先受偿，郑某只能就100万元的变价优先受偿，王某作为第二顺位的抵押权人，仍可就剩余200万元的变价优先受偿。相反，若该抵押权顺位的变更得到王某的同意，则郑某有权就全部 300 万元变价优先受偿，因抵押物的代位物已全部被郑某优先受偿，王某抵押权因抵押物价值不存在而归于消灭。

(2) 抵押权的处分。

①抵押权的转让。因抵押权具有从属性，抵押权不得与所担保的债权分离而单独转让。债权转让的，担保该债权的抵押权一并转让，但法律另有规定或者当事人另有约定的除外。

②将抵押权作为担保。抵押权人可以将其抵押权与其所担保的债权一并为他人债权设立担保，成立附抵押权的债权质权。

③抵押权的抛弃。抵押权的抛弃，是指抵押权人放弃可以获得优先受偿的担保利益。根据《民法典》第四百零九条的规定，债务人以自己的财产设定抵押，抵押权人放弃该抵押权的，其他担保人在抵押权人丧失优先受偿权益的范围内免除担保责任，但是其他担保人承诺仍然提供担保的除外。

(3) 抵押权的保全。

抵押人占有抵押财产并可对其使用、收益，若抵押人按照通常方法使用抵押财产，导致抵押财产价值减少，属于抵押财产正常使用中的合理损耗，抵押权人对此须容忍。但抵押人不得不合理实施减少抵押财产价值的行为。抵押人的行为足以使抵押财产价值减少的，抵押权人有权请求抵押人停止其行为，如请求抵押人停止拆毁作为抵押财产的建筑物。在抵押人置抵押权人的请求于不顾，继续实施足以导致抵押财产价值减少的情形，抵押权人可请求法院强制抵押人停止其行为。

抵押财产价值减少的，抵押权人有权请求恢复抵押财产的价值，或者提供与减少的价值相应的担保。抵押人不恢复抵押财产的价值也不提供担保的，抵押权人有权请求债务人提前清偿债务。

在抵押物灭失、毁损或者被征用的情况下，抵押权人可以就该抵押物的保险金、赔偿金或者补偿金优先受偿。抵押权所担保的债权未届清偿期的，抵押权人可以请求人民法院对保险金、赔偿金或补偿金等采取保全措施。

5. 动产抵押权的特别效力规定。

(1) 动产抵押权的登记对抗。

动产抵押权未经登记，不得对抗善意第三人。所谓"不得对抗善意第三人"，根据《担保司法解释》第五十四条的规定，可以细化为如下情形：①抵押人转让抵押财产，受让人占有抵押财产后，抵押权人向受让人请求行使抵押权的，人民法院不予支持，但是抵押权人能够举证证明受让人知道或者应当知道已经订立抵押合同的除外；②抵押人将抵押财产出租给他人并移转占有，抵押权人行使抵押权的，租赁关系不受影响，但是抵押权人能够举证证明承租人知道或者应当知道已经订立抵押合同的除外；③抵押人的其他债权人向人民法院申请保全或者执行抵押财产，人民法院已经作出财产保全裁定或者采取执行措施，抵押权人主张对抵押财产优先受偿的，人民法院不予支持；④抵押人破产，抵押权人主张对抵押财产优先受偿的，人民法院不予支持。

（2）动产抵押的"正常买受人"规则。

根据《民法典》第四百零四条的规定，动产抵押即使登记，亦不得对抗正常经营活动中已经支付合理价款并取得抵押财产的买受人。此被称为"正常买受人"规则，即无论动产抵押权是否登记，均不得对抗此类买受人。该规定旨在降低市场交易查询与注意成本，促进经济效率的提高，但却很大程度上牺牲了抵押权人的担保权益。因此，《担保司法解释》第五十六条就抵押权人不得对抗买受人的适用情形作相应限缩。根据该条规定，买受人在出卖人正常经营活动中通过支付合理对价取得已被设立抵押权的动产，抵押权人不得请求就该动产优先受偿，但是有下列情形之一的除外：①购买商品的数量明显超过一般买受人；②购买出卖人的生产设备；③订立买卖合同的目的在于担保出卖人或者第三人履行债务；④买受人与出卖人存在直接或者间接的控制关系；⑤买受人应当查询抵押登记而未查询的其他情形。其中，所称出卖人正常经营活动，是指出卖人的经营活动属于其营业执照明确记载的经营范围，且出卖人持续销售同类商品。

（3）价款债权抵押的超级优先效力。

《民法典》第四百一十六条规定："动产抵押担保的主债权是抵押物的价款，标的物交付后十日内办理抵押登记的，该抵押权人优先于抵押物买受人的其他担保物权人受偿，但是留置权人除外。"此种抵押权被称为"价款债权抵押权"，常见于对如下两种价款债权提供特别担保的抵押权：①融资机构提供贷款专用于购置标的物形成的债权；②出卖人允许买受人赊购标的物形成的债权。

价款债权抵押权的设立条件包括：①被担保的债权是购置物的价款债权；②购置物已交付给买受人；③自购置物交付之日起10日内办理完抵押登记。例如，出卖人甲公司将一部机器设备赊销给乙公司，交付之后的10日内，为担保该机器设备的购买价款，乙公司在该机器设备上为甲公司设立抵押权并办理了抵押登记，则甲公司在该机器设备上享有的抵押权优先于除了留置权之外的所有其他担保物权，如乙公司之前为他人设定的包含该机器设备的浮动抵押权以及因其他原因于该机器设备上在先存在的其他担保物权。赋予价款债权抵押权超级优先效力，可优先保护赊销机器设备、存货、消费品等货物出卖人以及资金提供方的权益，鼓励信用消费和扩大再生产。

《担保司法解释》第五十七条细化、完善了价款债权抵押权的超级优先效力规则，根据该条的规定，担保人在设立动产浮动抵押并办理抵押登记后又购入或者以融资租赁方式承租新的动产，下列权利人为担保价款债权或者租金的实现而订立担保合同，并在该动产交付后十日内办理登记，主张其权利优先于在先设立的浮动抵押权的，人民法院应予支持：①在该动产上设立抵押权或者保留所有权的出卖人；②为价款支付提供融资而在该动产上设立抵押权的债权人；③以融资租赁方式出租该动产的出租人。买受人取得动产但未付清款或者承租人以融资租赁方式占有租赁物但是未付清全部租金，又以标的物为他人设立担保物权，前述所列权利人为担保价款债权或者租金的实现而订立担保合同，并在该动产交付后十日内办理登记，主张其权利优先于买受人为他人设立的担保物权的，人民法院应予支持。同一动产上存在多个价款优先权的，人民法院应当按照登记的时间先后确定清偿顺序。

（4）动产抵押、质押并存时的效力顺序。

同一财产既设立抵押权又设立质权的，拍卖、变卖该财产所得的价款按照登记、交付的时间先后确定清偿顺序。

（六）抵押权的实现

抵押权的实现，是指抵押权人在其债权已届清偿期未获清偿或发生当事人约定的实现抵押权的情形时，可变价处分抵押财产，以使其债权优先受偿的行为。

1. 抵押权实现的条件、方式和程序。

债务人不履行到期债务或者发生当事人约定的实现抵押权的情形，抵押权人可以与抵押人协议以抵押财产折价或者以拍卖、变卖该抵押财产所得的价款优先受偿。抵押权人与抵押人未就抵押权实现方式达成协议的，抵押权人可以请求人民法院拍卖、变卖抵押财产。债权人以诉讼方式行使担保物权的，应当以债务人和担保人作为共同被告。

关于抵押权人与抵押人之间有关实现抵押权的协议，《担保司法解释》第四十五条确认：当事人约定当债务人不履行到期债务或者发生当事人约定的实现担保物权的情形，担保物权人有权将担保财产自行拍卖、变卖并就所得的价款优先受偿的，该约定有效。因担保人的原因导致担保物权人无法自行对担保财产进行拍卖、变卖，担保物权人请求担保人承担因此增加的费用的，人民法院应予支持。

抵押财产折价或者变卖的，应当参照市场价格。抵押人与抵押权人之间的协议损害其他债权人利益的，其他债权人可以请求人民法院撤销该协议。

2. 抵押权的行使期间。

抵押权人应当在主债权诉讼时效期间行使抵押权；未行使的，人民法院不予保护。

根据《担保司法解释》第四十四条的规定，主债权诉讼时效期间届满后，抵押权人主张行使抵押权的，人民法院不予支持；抵押人以主债权诉讼时效期间届满为由，主张不承担担保责任的，人民法院应予支持。主债权诉讼时效期间届满前，债权人仅对债务人提起诉讼，经人民法院判决或者调解后未在《民事诉讼法》规定的申请执行时效期间内对债务人申请强制执行，其向抵押人主张行使抵押权的，人民法院不予支持。

3. 抵押物变价款的分配。

抵押物折价或者拍卖、变卖所得的价款,当事人没有约定的,按下列顺序清偿:(1) 实现抵押权的费用;(2) 主债权的利息;(3) 主债权。

抵押财产折价或者拍卖、变卖后,其价款超过债权数额的部分归抵押人所有,不足部分由债务人清偿。

【例4-10】陈某以自己的一辆汽车作抵押,获得乙银行贷款20万元,办理了抵押登记。由于陈某的汽车价值80万元,所以陈某又将该汽车抵押给王某,获得王某的借款10万元,但未办理抵押登记。后陈某又将其抵押给丙银行,获得贷款20万元,办理了抵押登记。后陈某做生意亏本,导致无法偿还乙银行、丙银行的贷款和王某的借款。于是三个债权人同时要求实现其抵押权。但抵押物拍卖后仅获得45万元,不足以清偿陈某的全部债务。请分析本案中,乙银行、丙银行、王某的债权应按什么顺序受偿?

解析 本案中,由于乙银行和丙银行的抵押权都经过了登记,而王某的抵押权没有登记,所以,乙银行和丙银行的债权先于王某的受偿。同时,乙银行的抵押权先于丙银行的抵押权登记,因此,乙银行先受偿,接着是丙银行,最后是王某。

(七) 特殊抵押权

1. 最高额抵押权。

(1) 最高额抵押权的概念。

最高额抵押权,是指为担保债务的履行,债务人或者第三人对一定期间内将要连续发生的债权提供担保财产,债务人不履行到期债务或者发生当事人约定的实现抵押权的情形,抵押权人有权在最高债权额限度内就该担保财产优先受偿的特殊抵押权。

最高额抵押权具有如下特征:

①抵押担保的是将来发生的债权,现在尚未发生,但最高额抵押权设立前已经存在的债权,经当事人同意,可以转入最高额抵押担保的债权范围。

②抵押担保的债权额不确定,但设有最高限制额。

③实际发生的债权是连续的、不特定的,即债权人并不规定对方实际发生债权的次数和数额。

④债权人仅对抵押财产行使最高限度内的优先受偿权。

⑤最高额抵押权只需首次登记即可设立,即尽管最高额抵押权所担保的是一定期间内连续发生的债权,但无须每个新生债权都到登记部门办理抵押登记,只需办理首次抵押登记即可。

(2) 最高额抵押权的转让及变更。

最高额抵押担保的债权确定前,部分债权转让的,最高额抵押权不得转让,但当事人另有约定的除外。这里的部分债权,通常是指抵押合同约定的一定期间内发生的某个或某些债权的转让。因为,最高额抵押权担保的是一定期间内发生的不特定债权,并非聚焦于某个或某些债权,所以,部分债权转让的,最高额抵押权不随之转让。

最高额抵押担保的债权确定前,抵押权人与抵押人可以通过协议变更债权确定的期间、债权范围以及最高债权额,但变更的内容不得对其他抵押权人产生不利影响。

(3) 最高额抵押权所担保的债权确定。

有下列情形之一的,抵押权人的债权确定:

①约定的债权确定期间届满;

②没有约定债权确定期间或者约定不明确,抵押权人或者抵押人自最高额抵押权设立之日起满2年后请求确定债权;

③新的债权不可能发生;

④抵押权人知道或者应当知道抵押财产被查封、扣押;

⑤债务人、抵押人被宣告破产或者被解散;

⑥法律规定债权确定的其他情形。

(4) 最高额抵押权的行使。

最高额抵押权所担保的不特定债权,在特定后,债权已届清偿期的,最高额抵押权人可以根据普通抵押权的规定行使其抵押权。

抵押权人实现最高额抵押权时,如果实际发生的债权余额高于最高限额的,以最高限额为限,超过部分不具有优先受偿的效力;如果实际发生的债权余额低于最高限额的,以实际发生的债权余额为限对抵押物优先受偿。

2. 浮动抵押权。

(1) 浮动抵押权的概念。

企业、个体工商户、农业生产经营者可以将现有的以及将有的生产设备、原材料、半成品、产品抵押,债务人不履行到期债务或者发生当事人约定的实现抵押权的情形,债权人有权就抵押财产确定时的动产优先受偿。债权人在此享有的抵押权称为浮动抵押权。

(2) 浮动抵押权的效力。

①浮动抵押权的登记对抗效力。设立浮动抵押权,抵押权人应当向抵押人住所地的市场监督管理部门办理登记。抵押权自抵押合同生效时设立;未经登记,不得对抗善意第三人。

②浮动抵押权不得对抗"正常买受人"。浮动抵押权无论是否办理抵押登记,均不得对抗正常经营活动中已支付合理价款并取得抵押财产的买受人。

(3) 浮动抵押财产的确定。

浮动抵押权要实行,需要确定浮动抵押的财产。浮动抵押财产的确定,又称结晶或封押,是指浮动抵押权因抵押财产的确定而变成固定抵押权(普通抵押权),抵押权人有权就抵押财产所得价款优先受偿。

浮动抵押，抵押财产自下列情形之一发生时确定：①债务履行期限届满，债权未实现；②抵押人被宣告破产或者解散；③当事人约定的实现抵押权的情形；④严重影响债权实现的其他情形。所谓严重影响债权实现的其他情形，如抵押人因经营管理不善而导致经营状况恶化或严重亏损，或抵押人为了逃避债务而故意隐匿、转移财产。

三、质权

质押分为动产质权和权利质权。

（一）动产质权

1. 动产质权的概念。

动产质权是指为担保债务的履行，债务人或者第三人将其动产出质给债权人占有，债务人不履行到期债务或者发生当事人约定的实现质权的情形，债权人有权就该动产优先受偿的担保物权。该债务人或者第三人为出质人，债权人为质权人，交付的动产为质押财产，称为质物。

2. 质押合同。

为设立质权，当事人应当采取书面形式订立质押合同。质押合同一般包括以下条款：（1）被担保债权的种类和数额；（2）债务人履行债务的期限；（3）质押财产的名称、数量等情况；（4）担保的范围；（5）质押财产交付的时间、方式。其中，质押担保的范围由当事人约定；当事人未约定的，质押担保范围包括主债权及利息、违约金、损害赔偿金、质物保管费用和实现质权的费用。

质权人在债务履行期届满前，不得与出质人约定债务人不履行到期债务时质押财产归债权人所有。这类条款称为"流质条款"。当事人在质押合同中约定流质条款的，流质条款无效，但不影响质押合同其他部分内容的效力及质权的设立，质权人只能依法就质押财产优先受偿。

3. 动产质权的生效。

质押合同自成立时生效，但质权自出质人交付质押财产时设立，即动产质权的设立以质物的交付为生效要件。

债权人、出质人与监管人订立三方协议，出质人以通过一定数量、品种等概括描述能够确定范围的货物为债务的履行提供担保，当事人有证据证明监管人系受债权人的委托监管并实际控制该货物的，人民法院应当认定质权于监管人实际控制货物之日起设立。监管人违反约定向出质人或者其他人放货、因保管不善导致货物毁损灭失，债权人有权请求监管人承担违约责任。但是，当事人有证据证明监管人系受出质人委托监管该货物，或者虽然受债权人委托但是未实际履行监管职责，导致货物仍由出质人实际控制的，质权未设立。债权人可以基于质押合同的约定请求出质人承担违约责任,但是不得超过质权有效设立时出质人应当承担的责任范围。监管人未履行监管职责,债权人有权请求监管人承担责任。

4. 质权人对质物的权利和责任。

(1) 质权人对质物的权利。

①质权人有权收取质押财产的孳息,但合同另有约定的除外。上述孳息应当先充抵收取孳息的费用。

②因不能归责于质权人的事由可能使质押财产毁损或者价值明显减少,足以危害质权人权利的,质权人有权要求出质人提供相应的担保;出质人不提供的,质权人可以拍卖、变卖质押财产,并与出质人通过协议将拍卖、变卖所得的价款提前清偿债务或者提存。

(2) 质权人对质物的责任。

①质权人在质权存续期间,未经出质人同意,擅自使用、处分质押财产,给出质人造成损害的,应当承担赔偿责任。

②质权人负有妥善保管质押财产的义务;因保管不善致使质押财产毁损、灭失的,应当承担赔偿责任。

质权人的行为可能使质押财产毁损、灭失的,出质人可以请求质权人将质押财产提存,或者请求提前清偿债务并返还质押财产。质物提存费用由质权人负担,出质人提前清偿债权的,应当扣除未到期部分的利息。

③质权人在质权存续期间,未经出质人同意转质,造成质押财产毁损、灭失的,应当向出质人承担赔偿责任。

5. 质权的实现。

债务人履行债务或者出质人提前清偿所担保的债权的,质权人应当返还质押财产。

债务人不履行到期债务或者发生当事人约定的实现质权的情形,质权人可以与出质人协议以质押财产折价,也可以就拍卖、变卖质押财产所得的价款优先受偿。质押财产折价或者变卖的,应当参照市场价格。

出质人可以请求质权人在债务履行期届满后及时行使质权;质权人不行使的,出质人可以请求人民法院拍卖、变卖质押财产。出质人请求质权人及时行使质权,因质权人怠于行使权利造成损害的,由质权人承担赔偿责任。

质押财产折价或者拍卖、变卖后,其价款超过债权数额的部分归出质人所有,不足部分由债务人清偿。

为债务人质押担保的第三人,在质权人实现质权后,有权向债务人追偿。

(二) 权利质权

1. 权利质权的概念。

权利质权是指债务人或者第三人以其所有权之外的可让与财产权利作为债权的担保,当债务人不履行到期债务或者发生当事人约定的实现质权的情形,债权人有权依照法律规定,以该财产权利折价或者以拍卖、变卖该财产权利的价款优先受偿的担保权利。

债务人或者第三人有权处分的下列权利可以出质:(1)汇票、支票、本票;(2)债券、存款单;(3)仓单、提单;(4)可以转让的基金份额、股权;(5)可以转让的注册商标专用权、专利权、著作权等知识产权中的财产权;(6)现有的以及将有的应收账款;(7)法律、行政法规规定可以出质的其他财产权利。

《民法典》对于权利质权未作特别规定的,应适用有关动产质权的规定。

2. 以不同种类权利出质的法律规定。

(1)以汇票、本票、支票、债券、存款单、仓单、提单出质的,质权自权利凭证交付质权人时设立;没有权利凭证的,质权自办理出质登记时设立。法律另有规定的,依照其规定。汇票、本票、支票、债券、存款单、仓单、提单的兑现日期或者提货日期先于主债权到期的,质权人可以兑现或者提货,并与出质人协议将兑现的价款或者提取的货物提前清偿债务或者提存。

以汇票出质,当事人以背书记载"质押"字样并在汇票上签章,汇票已经交付质权人的,质权自汇票交付质权人时设立。

存货人或者仓单持有人在仓单上以背书记载"质押"字样,并经保管人签章,仓单已经交付质权人的,质权自仓单交付质权人时设立。没有权利凭证的仓单,依法可以办理出质登记的,仓单质权自办理出质登记时设立。

出质人既以仓单出质,又以仓储物设立担保,按照公示的先后确定清偿顺序;难以确定先后的,按照债权比例清偿。保管人为同一货物签发多份仓单,出质人在多份仓单上设立多个质权,按照公示的先后确定清偿顺序;难以确定先后的,按照债权比例受偿。

在同一货物设立多个质权的前述情形,债权人举证证明其损失系由出质人与保管人的共同行为所致,可以请求出质人与保管人承担连带赔偿责任。

(2)以基金份额、股权出质的,质权自办理出质登记时设立。基金份额、股权出质后,不得转让,但是出质人与质权人协商同意的除外。出质人转让基金份额、股权所得的价款,应当向质权人提前清偿债务或者提存。

(3)以注册商标专用权、专利权、著作权等知识产权中的财产权出质的,质权自办理出质登记时设立。知识产权中的财产权出质后,出质人不得转让或者许可他人使用,但是出质人与质权人协商同意的除外。出质人转让或者许可他人使用出质的知识产权中的财产权所得的价款,应当向质权人提前清偿债务或者提存。

(4)以应收账款出质的,质权自办理出质登记时设立。应收账款出质后,不得转让,但是出质人与质权人协商同意的除外。出质人转让应收账款所得的价款,应当向质权人提前清偿债务或者提存。

关于应收账款出质,《担保司法解释》第六十一条作了如下详细规定:

以现有的应收账款出质,应收账款债务人向质权人确认应收账款的真实性后,又以应收账款不存在或者已经消灭为由主张不承担责任的,人民法院不予支持。

以现有的应收账款出质,应收账款债务人未确认应收账款的真实性,质权人以应收账款债务人为被告,请求就应收账款优先受偿,能够举证证明办理出质登记时应收账款真实存在的,人民法院应予支持;质权人不能举证证明办理出质登记时应收账款真实存在,仅以已经办理出质登记为由,请求就应收账款优先受偿的,人民法院不予支持。

以现有的应收账款出质,应收账款债务人已经向应收账款债权人履行了债务,质权人请求应收账款债务人履行债务的,人民法院不予支持,但是应收账款债务人接到质权人要求向其履行的通知后,仍然向应收账款债权人履行的除外。

以基础设施和公用事业项目收益权、提供服务或者劳务产生的债权以及其他将有的应收账款出质,当事人为应收账款设立特定账户,发生法定或者约定的质权实现事由时,质权人请求就该特定账户内的款项优先受偿的,人民法院应予支持;特定账户内的款项不足以清偿债务或者未设立特定账户,质权人请求折价或者拍卖、变卖项目收益权等将有的应收账款,并以所得的价款优先受偿的,人民法院依法予以支持。

【例4-11】李某于5月12日向银行借款10 000元,以其在该银行的11 000元1年期定期存单出质。8月20日,10 000元借款到期,李某无力偿还,银行支取了存单金额11 000元及利息300元。请分析李某存单上的本息是否应全部归银行所有?

解析 这是一个实现质权的问题。如果质押合同中没有特别约定,应就全部债务承担质押保证责任,包括主债务及利息、违约金、损害赔偿金、质物保管费用和实现质权的费用。银行支取的11 000元本金和300元利息,应扣除银行的10 000元借款及其利息、违约金,如有剩余应返还给李某。

四、留置权

(一) 留置权的概念

留置权,是指债务人不履行到期债务,债权人可以留置已经合法占有的债务人的动产,并有权就该动产优先受偿的担保权利。其中债权人为留置权人,占有的动产为留置财产,即留置物。留置权属于法定担保物权。

留置权担保的范围包括主债权及利息、违约金、损害赔偿金、留置物保管费用和实现留置权的费用。

(二) 留置权的成立要件

1. 债权人占有债务人的动产。

原则上动产应属于债务人所有。但《担保司法解释》第六十二条第一款规定:

"债务人不履行到期债务,债权人因同一法律关系留置合法占有的第三人的动产,并主张就该留置财产优先受偿的,人民法院应予支持。第三人以该留置财产并非债务人的财产为由请求返还的,人民法院不予支持。"

留置财产为可分物的,留置财产的价值应当相当于债务的金额。当事人可以在合同中约定不得留置的物。法律规定或者当事人约定不得留置的动产,不得留置。

2. 占有的动产应与债权属于同一法律关系,但企业之间留置的除外。

留置权的适用范围不限于保管合同、运输合同、承揽合同等特定的合同关系,其他债权债务关系,只要法律不禁止留置,债务人不履行债务的,债权人均可以留置已经合法占有的动产。

根据《担保司法解释》第六十二条的规定,企业之间留置的动产与债权并非同一法律关系,债务人以该债权不属于企业持续经营中发生的债权为由请求债权人返还留置财产的,人民法院应予支持。但企业之间留置的动产与债权并非同一法律关系,债权人留置第三人的财产,第三人请求债权人返还留置财产的,人民法院应予支持。

3. 债权已届清偿期且债务人未按规定的期限履行义务。

(三) 留置权的实现

留置权人负有妥善保管留置财产的义务;因保管不善致使留置财产毁损、灭失的,应当承担赔偿责任。留置权人有权收取留置财产的孳息。孳息应当先充抵收取孳息的费用。

留置权人与债务人应当约定留置财产后的债务履行期间;没有约定或者约定不明确的,留置权人应当给债务人60日以上履行债务的期间,但鲜活易腐等不易保管的动产除外。债务人逾期未履行的,留置权人可以与债务人协议以留置财产折价,也可以就拍卖、变卖留置财产所得的价款优先受偿。留置财产折价或者变卖的,应当参照市场价格。

债务人可以请求留置权人在债务履行期届满后行使留置权;留置权人不行使的,债务人可以请求人民法院拍卖、变卖留置财产。留置财产折价或者拍卖、变卖后,其价款超过债权数额的部分归债务人所有,不足部分由债务人清偿。

留置权人在债权未受全部清偿前,留置物为不可分物的,留置权人可以就其留置物的全部行使留置权。留置的财产为可分物的,留置物的价值应当相当于债务的金额。

同一动产上已设立抵押权或者质权,该动产又被留置的,留置权人优先受偿。

(四) 留置权的消灭

留置权因下列原因而消灭:(1) 留置权人对留置财产丧失占有。(2) 留置物灭失、损毁而无代位物。(3) 与留置物有同一法律关系的债权消灭。(4) 债务人另行提供价值相当的担保并被债权人接受。(5) 实现留置权。

> **【例4-12】** 甲公司向乙银行借款20万元,以一台机器抵押,办理了抵押登记。其后,甲公司将该机器质押给丙公司。丙公司在占有该机器期间,将其交给丁企业修理,因拖欠修理费而被丁企业留置。后乙银行、丙公司、丁企业均主张行使机器上的担保物权。下列关于各担保物权效力顺序的表述中,正确的有( )。
> A. 乙银行优先于丙公司受偿   B. 丙公司优先于丁企业受偿
> C. 丁企业优先于乙银行受偿   D. 丙公司优先于乙银行受偿
> **解析** 正确答案为选项AC。此题考查不同担保物权竞合时效力顺序问题。根据《民法典》的规定,同一动产既设立抵押权又设立质权的,拍卖、变卖该财产所得的价款按照登记、交付的时间先后确定清偿顺序。同一动产上已设立抵押权或者质权,该动产又被留置的,留置权人优先受偿。

第五节 占　　有

一、占有的意义

占有,是指人对于物进行实际控制的事实。其中,对物实施实际控制的人,称为占有人;被控制之物,称为占有物,包括不动产和动产。

占有作为法律事实,不以占有人与物有身体上接触为限,应依一般社会观念并斟酌时空关系、法律关系等而为具体认定。一般而言,对于物已有确定与继续的支配关系,或处于可排除他人干涉状态的,即可谓其对于物已有事实上的控制。如存珠宝于保险箱,农夫置农具于田中等,均可成立占有关系。

关于占有究竟属于事实还是权利,因《民法典》对于占有未设定义性规定,无法据此对占有定性。但我国民法法理与实务向来认为占有属于事实,而非权利。既然占有只是一种人对物控制的事实,不以占有人对物具有占有权为前提,则法律对一切占有均予以保护,除非有人能够证明其享有比占有人更高的权利,如此方可维护社会和平与秩序。只是,对于有权人的占有,如所有权人对于所有物的占有,通常基于占有的权利基础即可实现对占有的保护,无须求助于占有的法律保护效力。

二、占有的分类

(一)有权占有与无权占有

根据占有是否具有法律上的原因为标准,可以将占有分为有权占有与无权占有。有权占有,是指基于法律上的原因而为的占有,主要指基于各种物权或债权的占有。无权占有,是指欠缺法律上原因的占有,如抢夺人对于赃物的占有或承租人在租赁关系消灭后占有租赁物等。

有权占有与无权占有区分的意义，在于二者受法律保护的程度不同。有权占有因其有占有的权源，受法律保护，他人请求交付占有物时，占有人有权拒绝。而无权占有的占有人，因其占有不具有权源，无权拒绝有权源的人对其交还占有物的请求。此外，因侵权行为占有他人之物，无权占有人在占有物上无权主张留置权。

（二）善意占有与恶意占有

根据无权占有人是否误信为有占有的权源为标准，可以将无权占有分为善意占有与恶意占有。善意占有，是指占有人误信其有占有权源且无怀疑的占有，如继承误以为是遗产的财产而占有该财产。恶意占有，是指占有人对物知其无占有的权源，或对于是否有权占有虽有怀疑而仍为占有。

区分善意占有与恶意占有的意义主要有：（1）动产的善意取得，以善意受让占有为要件。（2）占有人与回复请求权人之间的权利义务，因善意占有或恶意占有而有所不同。《民法典》第四百六十条规定："不动产或者动产被占有人占有的，权利人可以请求返还原物及其孳息；但是，应当支付善意占有人因维护该不动产或者动产支出的必要费用。"（3）善意占有人与恶意占有人是否承担损害赔偿责任有所不同。《民法典》第四百五十九条规定："占有人因使用占有的不动产或者动产，致使该不动产或者动产受到损害的，恶意占有人应当承担赔偿责任。"根据该规定，占有物因被使用遭受损害的，善意占有人无须承担赔偿责任。（4）是否赔偿保险金、赔偿金或补偿金不足以弥补的损失，善意占有人与恶意占有人有所不同。《民法典》第四百六十一条规定："占有的不动产或者动产毁损、灭失，该不动产或者动产的权利人请求赔偿的，占有人应当将因毁损、灭失取得的保险金、赔偿金或者补偿金等返还给权利人；权利人的损害未得到足够弥补的，恶意占有人还应当赔偿损失。"

（三）自主占有与他主占有

根据占有人对物的占有是否具有所有的意思为标准，可以将占有分为自主占有与他主占有。自主占有，是指以所有的意思对物为占有，如买卖中对动产标的物的移转占有。所谓所有的意思，强调的是将物据为自己所有而排斥他人占有的意思，但不要求物客观上确属自己所有。所以，虽非自己的物，但以所有的意思而占有的，仍属自主占有，如盗窃者对于所盗赃物的占有。他主占有，是指不以所有的意思而为占有，如承租人、借用人、保管人、质权人等对标的物的占有。

（四）直接占有与间接占有

根据占有人在事实上是否直接占有其物为标准，可以将占有分为直接占有与间接占有。直接占有，是指占有人事实上占有其物，即直接对物有事实上的控制，如质权人、保管人、承租人等对物的占有。间接占有，是指自己不直接占有其物，基于一定法律关系而对事实上占有其物之人有返还请求权，因而对其物有间接控制力，如出质人、出租人等基于一定法律关系对物的占有。

此外，占有以其他标准还可分为公然占有与隐秘占有、和平占有与强暴占有、无过失占有与有过失占有、无瑕疵占有与瑕疵占有、单独占有与共同占有、部分占有与全部占有等。

三、占有的保护

占有作为一种受法律保护的事实，对于占有人而言，系属利益。因为，占有被侵害，除了可能基于其占有权源受保护外，《民法典》占有编专门规定了占有保护请求权。

占有保护请求权，是指占有人在占有被侵害时，得请求侵害人恢复其占有状态的权利。《民法典》第四百六十二条第一款规定："占有的不动产或者动产被侵占的，占有人有权请求返还原物；对妨害占有的行为，占有人有权请求排除妨害或者消除危险；因侵占或者妨害造成损害的，占有人有权依法请求损害赔偿。"据此，占有保护请求权，包括占有物返还请求权、占有妨害排除请求权、占有妨害防止请求权、占有损害赔偿请求权。

根据《民法典》第四百六十二条第二款的规定，占有人返还原物的请求权，自侵占发生之日起一年内未行使的，该请求权消灭。

【例4－13】陈某遗失一条项链，李某拾得后将其放在办公桌，并张贴了招领公告。王某盗走该项链，卖给了不知情的林某，林某取得该项链后将其出质于赵某。下列关于占有类型的表述中，正确的有（ ）。

A. 李某对项链的占有属于无权占有
B. 王某对项链的占有属于他主占有
C. 林某对项链的占有属于自主占有
D. 赵某对项链的占有属于直接占有

【解析】正确答案为选项ACD。本题考查占有的分类。王某盗窃项链的目的是取得该项链的所有权，其系以所有的意思为占有，故属于自主占有，非他主占有。所以，选项B错误。

本章思考题

1. 物权的属性有哪些？
2. 动产与不动产、主物与从物、原物与孳息如何区分？
3. 如何结合物权的概念、属性理解物权的优先效力、追及效力与妨害排除力？

4. 如何解释异议登记、预告登记的作用机理？

5. 物权请求权包含哪些？

6. 善意取得的要件有哪些？能否善意取得遗失物所有权？

7. 通过哪些方式可以取得土地承包经营权、建设用地使用权？

8. 居住权是什么权利？

9. 担保物权有哪些特性？

10. 不得设立抵押权的财产有哪些？

11. 抵押权的效力能否及于抵押物所生的孳息、抵押物的从物、代位物、添附物以及抵押权设立后新增的建筑物？

12. 抵押人能否转让抵押物？

13. 动产抵押效力有哪些特别规定？

14. 如何区分善意占有与恶意占有以及二者的区分有什么意义？

第五章　合同法律制度

本章要求

掌握：合同订立的方式与合同格式条款，合同的生效、效力待定合同，合同履行的规则、抗辩权的行使，合同保全的概念、代位权、撤销权，合同的变更与转让，清偿、抵销、提存、免除、混同、合同解除、承担违约责任的形式，买卖合同、赠与合同、借款合同、保证合同、租赁合同、融资租赁合同；**熟悉**：合同的概念、分类以及合同编的调整范围、基本原则，合同订立的形式、合同成立的时间和地点以及缔约过失责任，违约责任的概念、基本构成、免责事由。

本章主要内容

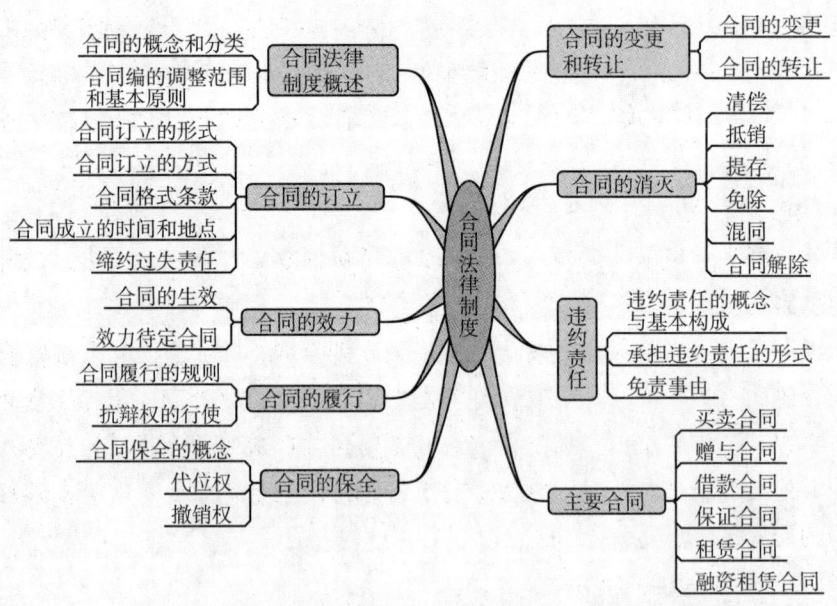

第一节　合同法律制度概述

一、合同的概念和分类

（一）合同的概念

我国现行的合同法律制度主要规定在《民法典》合同编。根据《民法典》第四百六十四条的规定，合同是指民事主体之间设立、变更、终止民事法律关系的协议。合同是当事人之间意思表示一致的民事法律行为，旨在设立、变更或终止民事权利义务关系。

（二）合同的分类

按照不同的标准，可以将合同划分成不同的类型。合同主要有以下分类：

1. 有名合同与无名合同。

以法律是否赋予其名称并作出明确规定为标准，合同分为有名合同与无名合同。

有名合同，又称典型合同，是指法律对其设有详细规范，并赋予一定名称的合同，如《民法典》中规定的买卖合同、赠与合同、借款合同、租赁合同、融资租赁合同等。有名合同是社会生活中频繁出现且具有典型意义的合同。

无名合同，又称非典型合同，是指法律对其未作特别规定，也未赋予一定名称的合同。当事人之间依合意成立的无名合同，只要不违反法律、行政法规的强制性规范，不违背公序良俗，即属有效。在无名合同因当事人意思不完备而出现纠纷时，应适用《民法典》合同编通则的规定，并可以参照适用合同编分则或者其他法律最相类似合同的规定。

2. 诺成合同与实践合同。

按照除双方意思表示一致外，是否尚需交付标的物才能成立为标准，合同分为诺成合同与实践合同。

诺成合同是指当事人的意思表示一致即成立的合同，如买卖合同、租赁合同。现实生活中，绝大多数合同为诺成合同。实践合同，又称要物合同，是指除当事人的意思表示一致以外，尚须交付标的物或完成其他给付才能成立的合同，如自然人之间的借贷合同、定金合同。实践合同的认定限于法律特别规定或当事人约定合同的成立要件包含物的交付。

3. 要式合同与不要式合同。

按照法律、法规或者当事人约定是否要求合同具备特定形式和手续为标准，合同分为要式合同与不要式合同。

要式合同是指法律或当事人要求必须具备一定形式和手续的合同。不要式合同，即法律或当事人不要求必须具备一定形式和手续的合同。要式合同与不要式合同区分的法律意义在于，二者的成立要件不同。要式合同除非采用法律规定或当事人约定的形式，否则不成立；不要式合同的成立则不拘泥于合同的形式。当前，合同以不要式为原则，以要式为例外。

4. 双务合同与单务合同。

按照双方是否互负给付义务为标准，合同分为双务合同与单务合同。

双务合同是双方当事人互负给付义务的合同，如买卖合同、租赁合同、融资租赁合同、承揽合同等。我国《民法典》中规定的绝大多数合同都是双务合同。单务合同是只有一方当事人负给付义务的合同，如赠与合同、无偿保管合同等。

5. 主合同与从合同。

以合同相互间的主从关系为标准，合同分为主合同与从合同。

凡不以他种合同的存在为前提即能独立存在的合同为主合同；而必须以他种合同的存在为前提，自身不能独立存在的合同为从合同。如借款合同与作为履行债务担保的保证合同之间，借款合同为主合同，其能够独立存在，不以保证合同的存在为条件；保证合同为从合同，其系为了担保借款债务的履行而存在的。

区分主合同与从合同的法律意义在于：除非法律有特别规定或者当事人有特别约定，主合同与从合同之间存在"从随主"的关系，即从合同以主合同存在为前提，主合同消灭，从合同随之消灭；主合同转移，从合同也会发生相应的转移。

6. 预约合同与本约合同。

根据合同的订立是否以订立另一合同为内容，可以将合同区分为预约合同与本约合同。

预约合同是约定将来订立相关联的另一合同的合同；本约合同是履行预约合同而订立的合同。预约合同的目的在于订立本约合同，当事人之所以不直接订立本约合同，主要是基于法律或事实上的原因，当时订立本约合同的条件不成熟，故先行订立预约合同，从而约束对方，以确保其后本约合同的订立。《民法典》第四百九十五条规定："当事人约定在将来一定期限内订立合同的认购书、订购书、预订书等，构成预约合同。当事人一方不履行预约合同约定的订立合同义务的，对方可以请求其承担预约合同的违约责任。"

《民法典》合同编按照合同业务性质和权利义务内容的不同，将合同分为买卖合同；供用电、水、气、热力合同；赠与合同；借款合同；保证合同；租赁合同；融资租赁合同；保理合同；承揽合同；建设工程合同；运输合同；技术合同；保管合同；仓储合同；委托合同；物业服务合同；行纪合同；中介合同；合伙合同等。同时，合同编第四百六十七条第一款规定，"本法或者其他法律没有明文规定的合同，适用本编通则的规定，并可以参照适用本编或者其他法律最相类似合同的规定"，说明《民法典》也承认无名合同和其他特别法上的债权合同。

二、合同编的调整范围和基本原则

（一）合同编的调整范围

《民法典》合同编主要调整作为平等主体的自然人、法人、非法人组织之间的经济合同关系，如买卖、租赁、借贷、赠与、融资租赁等合同关系。在政府机关（机关法人）参与的合同中，政府机关作为平等的主体与对方签订合同时，适用合同编的规定。合同编及其他法律没有明文规定的合同，适用合同编通则的规定；其他法律对合同另有规定的，依照其规定。

婚姻、收养、监护等有关身份关系的协议，适用有关该身份关系的法律规定；没有规定的，可以根据其性质参照适用合同编的规定。

我国境内的企业、个体经济组织、民办非企业单位等组织（以下称用人单位）与劳动者之间，国家机关、事业单位、社会团体和与其建立劳动关系的劳动者之间，依法订立、履行、变更、解除或者终止劳动合同的，适用《劳动合同法》。

（二）合同编的基本原则

合同编的基本原则是合同当事人在合同活动中应当遵守的基本准则，也是人民法院、仲裁机构在审理、仲裁合同纠纷时应当遵循的原则。我国《民法典》合同编基本原则包括：平等原则；自愿原则；公平原则；诚实信用原则；不违反法律或公序良俗原则。

第二节 合同的订立

一、合同订立的形式

《民法典》第四百六十九条第一款规定："当事人订立合同，可以采用书面形式、口头形式或者其他形式。"

（一）书面形式

书面形式是指合同书、信件和数据电文（包括电报、电传、传真、电子数据交换和电子邮件）等可以有形地表现所载内容的形式。法律、行政法规规定或者当事人约定采用书面形式的，应当采用书面形式。

（二）口头形式

口头形式是指当事人双方就合同内容面对面或以通信设备交谈达成的协议。

(三)其他形式

除了书面形式和口头形式,合同还可以其他形式成立。法律没有列举具体的"其他形式"。交易实践中,当事人未用语言或文字明确表示意见,可能根据当事人的行为或者特定情形推定合同的成立。其他形式可以分为推定形式和默示形式。

推定形式,指当事人没有口头或文字的意思表示,由特定行为间接推知其意思而成立合同。如房屋租赁合同期限届满时,当事人双方未明确续租,但承租人继续缴纳租金,出租人接受租金,自此行为可推定房屋租赁合同继续成立有效。

默示形式,指当事人既未明示其意思,亦不能借由其他事实推知其意思,即当事人单纯沉默。沉默原则上不具有意思表示价值,除非法律有特别规定或当事人有特别约定。例如,根据《民法典》第六百三十八条的规定,试用买卖"试用期限届满,买受人对是否购买标的物未作表示的,视为购买"。该情形中,买受人对于是否购买试用标的物的单纯沉默,按照法律的特别规定被解释为"同意购买"的意思。

二、合同订立的方式

当事人可以采取要约、承诺方式订立合同。

(一)要约

要约是一方当事人以缔结合同为目的,向对方当事人提出合同条件,希望对方当事人接受的意思表示。发出要约的当事人称为要约人,要约所指向的对方当事人则称为受要约人。

1. 要约应具备的条件。

(1)要约须由要约人向特定相对人作出意思表示。要约必须经过相对人的承诺才能成立合同,因此要约必须是要约人向相对人发出的意思表示。相对人一般为特定的人,但在特殊情况下,对不特定的人作出但不妨碍要约所达目的时,相对人也可以是不特定人。《民法典》第四百七十三条第二款规定:"商业广告和宣传的内容符合要约条件的,构成要约。"

(2)要约的内容必须确定、完整,具有足以使合同成立的必要条款。依具体合同类型的不同,要约可能需包含标的、数量、质量、价款或者报酬等内容,一经受要约人承诺,合同即可成立。

(3)要约须表明经受要约人承诺,要约人即受该意思表示约束。要约必须是以缔结合同为目的的意思表示。要约人发出的要约内容必须能够表明:如果对方接受要约,合同即告成立。相反,单纯的初步磋商、贸易谈判的邀请或戏谑等表示,不构成要约。

2. 要约邀请。

要约邀请是希望他人向自己发出要约的表示。要约邀请与要约不同,要约是一经承诺就成立合同的意思表示；而要约邀请的目的则是邀请他人向自己发出要约，一旦他人发出要约，要约邀请人则处于一种可以选择是否接受对方要约的承诺人地位。要约邀请处于合同的准备阶段，没有法律约束力。《民法典》第四百七十三条第一款规定：拍卖公告、招标公告、招股说明书、债券募集办法、基金招募说明书、商业广告和宣传、寄送的价目表等为要约邀请。

【例5-1】某化妆品广告称：水晶四季是引进日本全新技术专业除皱消眼袋组合，能有效消除眼袋、黑眼圈及周围暗沉。咨询订购热线××××，免费送货。该广告属于要约还是要约邀请？

解析 这是一个要约邀请，目的是希望他人看到广告后向自己发出订立合同的要约。

3. 要约生效时间。

以对话方式作出的要约，自相对人知道其内容时生效。

以非对话方式作出的要约，自到达受要约人时生效。要约到达受要约人，并不是指要约一定实际送达到受要约人或者其代理人手中，要约只要送达受要约人通常的地址、住所或者其他能够控制的现实或虚拟空间（如信箱或邮箱等），即为送达。《民法典》第一百三十七条第二款规定："以非对话方式作出的采用数据电文形式的意思表示，相对人指定特定系统接收数据电文的，该数据电文进入该特定系统时生效；未指定特定系统的，相对人知道或者应当知道该数据电文进入其系统时生效。当事人对采用数据电文形式的意思表示的生效时间另有约定的，按照其约定。"

4. 要约的效力。

要约一经生效，要约人即受到要约的约束，不得随意撤销要约或对要约加以限制、变更和扩张。受要约人在要约生效时即取得了依其承诺而成立合同的法律地位，所以受要约人可以承诺，也可以不承诺。

5. 要约的撤回、撤销与失效。

（1）要约撤回。

要约撤回是指要约在发出后、生效前，要约人使要约不发生法律效力的意思表示。法律规定要约可以撤回，原因在于这时要约尚未发生法律效力，撤回要约不会对受要约人产生任何影响，也不会对交易秩序产生不良影响。原则上，只有以非对话方式作出的要约可能被撤回。由于该种要约在到达受要约人时即生效，因此，撤回要约的通知应当在要约到达受要约人之前或者与要约同时到达受要约人。

（2）要约撤销。

要约撤销是指要约人在要约生效后、受要约人承诺前，使要约丧失法律效力的意思表示。撤销要约的意思表示以对话方式作出的，该意思表示的内容应当在受要约人作出承诺之前为受要约人所知道；撤销要约的意思表示以非对话方式作出的，应当在受要约人作出承诺之前到达受要约人。也就是说，要约已经到达受要约人，在受要约人作出承诺之前，要约人可以撤销要约。由于撤销要约可能会给受要约人带来不利的影响，损害受要约人的利益，法律规定了两种不得撤销要约的情形：①要约人以确定承诺期限或者其他形式明示要约不可撤销；②受要约人有理由认为要约是不可撤销的，并已经为履行合同做了合理准备工作。所谓"受要约人有理由认为要约是不可撤销"，一般应结合受要约人的知识、经验以及受要约人与要约人之间的交易关系、交易习惯等来判定。例如，要约人在要约中声明"货源充足"，结合受要约人与要约人过往交易经验，此情形下总是能保证货源，如此可以判定"受要约人有理由认为要约是不可撤销的"。

（3）要约失效。

要约失效是指要约丧失法律效力，即要约人与受要约人均不再受其约束，要约人不再承担接受承诺的义务，受要约人也不再享有通过承诺使合同得以成立的权利。

①拒绝要约的通知到达要约人。受要约人接到要约后，通知要约人不同意与之签订合同，则拒绝了要约，在拒绝要约的通知到达要约人时，该要约失去法律效力。

②要约人依法撤销要约。

③承诺期限届满，受要约人未作出承诺。要约中确定了承诺期限的，超过这个期限不承诺，则要约失效；要约中没有规定承诺期限的，在通常情况下，要约发出后受要约人在合理时间内不承诺的，要约失效。

④受要约人对要约的内容作出实质性变更。有关合同标的、数量、质量、价款或者报酬、履行期限、履行地点和方式、违约责任和解决争议方法等内容的变更，是对要约内容的实质性变更。受要约人由此作出的意思表示为反要约，反要约是一个新的要约。提出反要约就是对原要约的拒绝，使原要约失去效力，原要约人不再受该要约的约束。

（二）承诺

承诺是受要约人同意要约的意思表示。

1. 承诺应当具备的条件。

（1）承诺必须由受要约人作出。要约和承诺是相对人之间的行为，只有受要约人享有承诺的资格，所以承诺必须由受要约人作出。如由代理人作出承诺，则代理人须有合法的委托手续。

（2）承诺必须向要约人作出。受要约人承诺的目的在于同要约人订立合同，所以承诺只有向要约人作出才有意义。

（3）承诺的内容必须与要约的内容一致。承诺是受要约人愿意按照要约的内容与要约人订立合同的意思表示，所以要取得成立合同的法律效果，承诺就必须在内容上与要约的内容一致。承诺不得对要约的内容作出实质性变更。

（4）承诺必须在承诺期限内作出并到达要约人。承诺期间，即为要约存续期间。要约在其存续期间内才有效力，包括一旦受要约人承诺便可成立合同的效力，所以承诺必须在此期间内作出并到达要约人。

2. 承诺的方式。

承诺应当以通知的方式作出，通知的方式可以是口头的，也可以是书面的。一般来说，如果法律或要约中没有规定必须以书面形式表示承诺，当事人就可以口头形式表示承诺。根据交易习惯或当事人之间的约定，承诺也可以不以通知的方式，而通过实施一定的行为或以其他方式作出。如果要约人在要约中规定承诺需用特定方式的，只要该种方式不为法律所禁止或不属于在客观上根本不可能，承诺人在作出承诺时就必须符合要约人规定的承诺方式。

3. 承诺的期限。

承诺应当在要约确定的期限内到达要约人。要约以信件或者电报作出的，承诺期限自信件载明的日期或者电报交发之日开始计算。信件未载明日期的，自投寄该信件的邮戳日期开始计算。要约以电话、传真、电子邮件等快速通信方式作出的，承诺期限自要约到达受要约人时开始计算。

要约没有确定承诺期限的，承诺应当依照下列规定到达：(1) 要约以对话方式作出的，应当即时作出承诺；(2) 要约以非对话方式作出的，承诺应当在合理期限内到达。

受要约人超过承诺期限发出承诺，或者在承诺期限内发出承诺，按照通常情形不能及时到达要约人的，除要约人及时通知受要约人该承诺有效的以外，为新要约。受要约人在承诺期限内发出承诺，按照通常情形能够及时到达要约人，但因其他原因承诺到达要约人时超过承诺期限的，除要约人及时通知受要约人因承诺超过期限不接受该承诺的以外，该承诺有效。

4. 承诺的生效。

承诺通知到达要约人时生效。承诺不需要通知的，根据交易习惯或者要约的要求作出承诺的行为时生效。采用数据电文形式订立合同的，承诺到达的时间同上述要约到达时间的规定相同。

承诺可以撤回。承诺的撤回是指受要约人阻止承诺发生法律效力的意思表示。撤回承诺的通知应当在承诺通知到达要约人之前或者与承诺通知同时到达要约人。

受要约人对要约的内容作出实质性变更的，为新要约。承诺对要约的内容作出非实质性变更的，除要约人及时表示反对或者要约表明承诺不得对要约的内容作出任何变更的以外，该承诺有效，合同的内容以承诺的内容为准。

【例5-2】乙接到甲发出的电报，电报称："现有100吨白糖，每吨售价2 000元，如有意购买，请于6月1日前到我厂提货。"于是乙给甲回了一封电报，称："我厂同意按你厂提出的条件购买白糖，并将于5月30日到你厂提货。"乙给甲发出的电报是否属于承诺？

解析 乙给甲发出的电报是承诺，因为乙完全同意了甲的要约的内容。

三、合同格式条款

(一) 格式条款的概念

格式条款是当事人为了重复使用而预先拟定,并在订立合同时未与对方协商的条款。格式条款的适用可以简化签约程序,加快交易速度,减少交易成本。但是,由于格式条款是当事人一方预先拟定,且在合同谈判中不容许对方协商修改,条款内容可能对于对方当事人不公平。所以,当事人采用格式条款订立合同时,提供格式条款的一方应当遵循公平原则确定当事人之间的权利和义务。

(二) 对格式条款适用的限制

1. 提供格式条款一方的义务。

提供格式条款的一方应当遵循公平原则确定当事人之间的权利和义务,并采取合理的方式提请对方注意免除或者限制其责任的条款,按照对方的要求,对该条款予以说明。

提供格式条款的一方对格式条款中免除或者限制其责任的内容,在合同订立时应采用足以引起对方注意的文字、符号、字体等特别标识,并按照对方的要求对该格式条款予以说明。提供格式条款一方对已尽合理提示及说明义务承担举证责任。提供格式条款的一方未履行提示或者说明义务,致使对方没有注意或者理解与其有重大利害关系的条款的,对方可以主张该条款不成为合同的内容。

2. 格式条款无效的情形。

格式条款有下列情形之一的无效:

(1) 提供格式条款的一方不合理地免除或减轻其责任,加重对方责任,限制对方主要权利。

(2) 提供格式条款的一方排除对方主要权利。

(3) 格式条款具有《民法典》总则编第六章第三节规定的无效情形,包括使用格式条款与无民事行为能力人订立合同;行为人与相对人以虚假的意思表示订立合同;恶意串通,损害他人合法权益的合同;违反法律、行政法规的强制性规定或违背公序良俗的合同等。

(4) 格式条款具有《民法典》第五百零六条规定的无效情形,包括造成对方人身损害的免责格式条款;因故意或重大过失造成对方财产损失的免责格式条款。

3. 对格式条款的解释。

对格式条款的理解发生争议的,应当按照通常理解予以解释。对格式条款有两种以上解释的,应当作出不利于提供格式条款一方的解释;格式条款和非格式条款不一致的,应当采用非格式条款。

四、合同成立的时间和地点

（一）合同成立的时间

一般来说，合同谈判成立的过程，就是要约、新要约、更新的要约直到承诺的过程。一般情况下，承诺作出生效后合同即告成立，当事人于合同成立时开始享有合同权利、承担合同义务。所以，一般而言，承诺生效的时间就是合同成立的时间，但在一些特殊情况下，合同成立的具体时间依不同情况而定：

1. 当事人采用合同书形式订立合同的，自双方当事人均签名、盖章或者按指印时合同成立。在签名、盖章或者按指印之前，当事人一方已经履行主要义务并且对方接受的，该合同成立。

2. 当事人采用信件、数据电文等形式订立合同的，可以在合同成立之前要求签订确认书，签订确认书时合同成立。

3. 当事人一方通过互联网等信息网络发布的商品或者服务信息符合要约条件的，对方选择该商品或者服务并提交订单成功时合同成立，但是当事人另有约定的除外。这是《民法典》网购电子合同的相关规定。

4. 当事人以直接对话方式订立的合同，承诺人的承诺生效时合同成立；法律、行政法规规定或者当事人约定采用书面形式订立合同，当事人未采用书面形式但一方已经履行主要义务并且对方接受的，该合同成立。

5. 当事人签订要式合同的，以法律、法规规定的特殊形式要求完成的时间为合同成立时间。

【例5-3】甲公司通过传真与乙公司就一批货物的买卖进行磋商，甲公司在一份传真中表示，如达成协议则以最终签订售货确认书为准。乙公司在接到甲公司的最后一份传真时认为，双方已就该笔买卖的价格、期限等主要问题达成一致，遂向甲公司开出信用证，但甲公司以信用证上注明的价格条件不能接受为由拒绝发货。下列有关该案的表述中，符合法律规定的是（　　）。

A. 合同不成立，甲公司有权拒绝发货

B. 合同不成立，甲公司有权拒绝发货，但应补偿乙公司相应的损失

C. 买卖合同已成立，甲公司应履行合同

D. 买卖合同已成立，但因未发生实际损失，甲公司不承担法律责任

【解析】正确答案为选项A。本题考核在采用确认书的情况下合同的成立时间。《民法典》第四百九十一条第一款规定：当事人采用信件、数据电文等形式订立合同要求签订确认书的，签订确认书时合同成立。

（二）合同成立的地点

合同成立的地点是确定合同纠纷案件管辖的标准之一。一般来说，承诺生效的地点为合同的成立地点，但在特殊情况下，合同可以有不同的成立地点：

1. 采用数据电文形式订立合同的，收件人的主营业地为合同成立的地点，没有主营业地的，其住所地为合同成立的地点。

2. 当事人采用合同书、确认书形式订立合同的，双方当事人签名、盖章或者按指印的地点为合同成立的地点。双方当事人签名、盖章或者按指印不在同一地点的，最后签名、盖章或者按指印的地点为合同成立地点。

3. 合同需要完成特殊的约定或法定形式才能成立的，以完成合同的约定形式或法定形式的地点为合同的成立地点。

4. 当事人对合同的成立地点另有约定的，按照其约定。采用书面形式订立合同，合同约定的成立地点与实际签字或者盖章地点不符的，应当认定约定的地点为合同成立地点。

五、缔约过失责任

（一）缔约过失责任的概念

缔约过失责任是指当事人在订立合同过程中，因故意或过失致使合同未成立、未生效、被撤销或无效，给他人造成损失应承担的损害赔偿责任。缔约过失责任是当事人在缔约过程中因违反诚实信用原则所应承担的民事责任。

（二）承担缔约过失责任的情形

在订立合同过程中有下列情形之一，给对方造成损失，应当承担损害赔偿责任：（1）假借订立合同，恶意进行磋商；（2）故意隐瞒与订立合同有关的重要事实或者提供虚假情况；（3）当事人泄露或不正当地使用在订立合同过程中知悉的商业秘密或其他应当保密的信息；（4）有其他违背诚实信用原则的行为。

（三）承担缔约过失责任的内容

缔约过失责任与违约责任不同，违约责任产生于合同生效之后，适用于生效合同，主要赔偿的是履行利益的损失；缔约过失责任适用于合同不成立、无效、被撤销等情形，赔偿的是信赖利益的损失。

信赖利益损失，一般以实际损失为限，包括所受损失与所失利益。所受损失包括为订立合同而支出的缔约费用、交通费、鉴定费、咨询费等；所失利益主要指丧失订约机会的损失，如因缔约过失而导致与第三人另订合同机会丧失的损失。信赖利益的赔偿不得超过合同有效时相对人所可能得到的履行利益。

【例5-4】甲公司为在新三板上市造势,在无真实交易意图的情况下,短期内以业务合作为由邀请多家公司来其主要办公地点洽谈。其中,乙公司安排授权代表往返十几次,每次都准备了详尽且可操作的合作方案,甲公司佯装感兴趣并屡次表达将签署合同的意愿,但均在最后推脱拒签。其间,甲公司还将乙公司披露的部分商业秘密不当泄露。下列表述中,正确的是( )。

A. 因未缔结合同,甲公司无须就磋商事宜承担责任
B. 虽未缔结合同,但甲公司构成恶意磋商,应承担缔约过失责任
C. 因商业秘密是乙公司在磋商过程中自愿披露的,甲公司对其泄露无须承担责任
D. 甲公司构成恶意磋商,应承担违约责任

解析 正确答案为选项B。甲公司的行为属于假借订立合同恶意磋商的典型情形,并将乙公司披露的部分商业秘密不当泄露,就此应承担缔约过失责任,但因合同未成立,甲公司不承担违约责任。

第三节 合同的效力

一、合同的生效

《民法典》根据合同类型的不同,分别规定了合同不同的生效时间:

1. 依法成立的合同,原则上自成立时生效。

2. 法律、行政法规规定应当办理批准、登记等手续生效的,自批准、登记时生效。《民法典》第五百零二条第二款规定:"依照法律、行政法规的规定,合同应当办理批准等手续的,依照其规定。未办理批准等手续影响合同生效的,不影响合同中履行报批等义务条款以及相关条款的效力。应当办理申请批准等手续的当事人未履行义务的,对方可以请求其承担违反该义务的责任。"该法律规定确认了合同中履行报批等义务条款的效力独立性,即即使合同因未获批准而尚未生效,但合同中履行报批的义务条款仍已生效。如此可化解报批义务当事人以合同尚未生效为由规避报批义务履行的困境,所以,应当办理申请批准等手续的当事人未履行报批义务的,应承担违反该义务的责任。

3. 当事人对合同的效力可以附条件或附期限。附生效条件的合同,自条件成就时生效。附解除条件的合同,自条件成就时失效。当事人为自己的利益不正当地阻止条件成就的,视为条件已成就;不正当地促成条件成就的,视为条件不成就。附生效期限的合同,自期限届至时生效;附终止期限的合同,自期限届满时失效。

二、效力待定合同

合同依效力层次可分为有效合同、效力待定合同、可撤销合同和无效合同。由于合同属于典型的法律行为,无效法律行为与可撤销法律行为的相关内容在第一章第二节民事法律行为部分已有详细阐述,此处不再进行阐述。

效力待定合同是指合同订立后尚未生效,须经同意权人追认才能生效的合同。效力待定合同虽已成立,但因不符合有关合同生效要件的规定,其效力仍有待确定。在效力确定之前,该类合同既非有效,亦非无效。效力待定合同的效力取决于相关第三人的承认或拒绝行为,该第三人称为"同意权人"。同意权人若追认,追认的意思表示自到达相对人时生效,合同自订立时起生效;同意权人若拒绝追认,合同自订立时起无效。

效力待定合同主要包括以下几种情形:

1. 限制民事行为能力人超出自己的行为能力范围与他人订立的合同。

此效力待定合同的同意权人是限制民事行为能力人的法定代理人。经法定代理人追认后,该合同自始有效。但限制民事行为能力人订立的纯获利益的合同或者是与其年龄、智力、精神健康状况相适应的合同有效,不必经法定代理人追认。前者如接受赠与而与他人订立的赠与合同;后者如为满足日常生活或学习需要而购买日用品、文具的合同。

对于此类效力待定合同,相对人可以催告法定代理人自收到催告通知之日起在30日内予以追认。法定代理人未作表示的,视为拒绝追认。合同被追认之前,善意相对人有撤销的权利。善意是指相对人不知与其订立合同的当事人为限制民事行为能力人。善意相对人要撤销其订立合同的意思表示,应当通知限制民事行为能力人的法定代理人。

2. 因无权代理订立的合同。

行为人没有代理权、超越代理权或者代理权终止后以被代理人名义订立的合同,为效力待定合同。被代理人是此类效力待定合同的同意权人。未经被代理人追认,该合同对被代理人不发生效力,由行为人承担责任。相对人可以催告被代理人自收到催告通知之日起在30日内予以追认。被代理人未作表示的,视为拒绝追认。被代理人已经开始履行合同义务或者接受相对人履行的,视为对合同的追认。合同被追认之前,善意相对人有撤销的权利。撤销应当以通知的方式作出。

行为人实施的行为未被追认的,善意相对人有权请求行为人履行债务或者就其受到的损害请求行为人赔偿,但是赔偿的范围不得超过被代理人追认时相对人所能获得的利益。相对人知道或者应当知道行为人无权代理的,相对人和行为人按照各自的过错承担责任。

第四节 合同的履行

一、合同履行的规则

（一）合同履行的意义

合同履行是债务人按照合同约定全面、正确地履行合同义务，从而使债权人之债权得以实现的行为。合同履行应遵循全面履行原则，要求合同债务人应按照合同约定的标的、数量、质量、价款、报酬等，在适当的时间、地点，以适当的方式全面履行合同义务。

债务人不能迟延履行或提前履行。对于提前履行，《民法典》第五百三十条明确规定："债权人可以拒绝债务人提前履行债务，但是提前履行不损害债权人利益的除外。债务人提前履行债务给债权人增加的费用，由债务人负担。"

债务人原则上应按债务的内容全部履行，不得部分履行债务。《民法典》第五百三十一条规定："债权人可以拒绝债务人部分履行债务，但是部分履行不损害债权人利益的除外。债务人部分履行债务给债权人增加的费用，由债务人负担。"

（二）当事人就有关合同内容约定不明确时的履行规则

合同生效后，当事人就质量、价款或者报酬、履行地点等内容没有约定或者约定不明确的，可以协议补充；不能达成补充协议的，按照合同有关条款或者交易习惯确定；仍不能确定的，适用下列规定：(1)质量要求不明确的，按照强制性国家标准履行；没有强制性国家标准的，按照推荐性国家标准履行；没有推荐性国家标准的，按照行业标准履行；没有国家标准、行业标准的，按照通常标准或者符合合同目的的特定标准履行。(2)价款或者报酬不明确的，按照订立合同时履行地的市场价格履行；依法应当执行政府定价或者政府指导价的，依照规定履行。(3)履行地点不明确，给付货币的，在接受货币一方所在地履行；交付不动产的，在不动产所在地履行；其他标的，在履行义务一方所在地履行。(4)履行期限不明确的，债务人可以随时履行，债权人也可以随时请求履行，但是应当给对方必要的准备时间。(5)履行方式不明确的，按照有利于实现合同目的的方式履行。(6)履行费用的负担不明确的，由履行义务一方负担；因债权人原因增加的履行费用，由债权人负担。

（三）涉及第三人的合同履行

1. 向第三人履行的合同。

向第三人履行的合同又称利他合同，指双方当事人约定，由债务人向第三人履行债务的合同。

债务人向第三人履行的合同的法律效力为：(1) 法律规定或者当事人约定第三人可以直接请求债务人向其履行债务，第三人表示接受该权利或未在合理期限内明确拒绝，债务人未向第三人履行债务或者履行债务不符合约定的，第三人可以请求债务人承担违约责任。(2) 债务人对于合同债权人可行使的一切抗辩权，对该第三人均可行使。(3) 因向第三人履行债务增加的费用，除双方当事人另有约定外，由债权人承担。

2. 由第三人履行的合同。

由第三人履行的合同又称第三人负担的合同，指双方当事人约定债务由第三人履行的合同，该债务履行的约定必须征得第三人同意。该合同以债权人、债务人为合同双方当事人，第三人不是合同的当事人。

由第三人履行的合同的法律效力为：(1) 第三人不履行债务或履行债务不符合约定的，债务人应当向债权人承担违约责任。(2) 第三人向债权人履行债务所增加的费用，除合同另有约定外，一般由债务人承担。

【例5-5】甲乙签订了一份合同，约定由丙向甲履行债务，但丙履行债务的行为不符合合同的约定，下列有关甲请求承担违约责任的表述中，正确的是（　　）。
A. 请求丙承担　　　　　　B. 请求乙承担
C. 请求丙和乙共同承担　　D. 请求丙或乙承担
【解析】正确答案为选项B。本题考核由第三人履行合同的责任承担。《民法典》第五百二十三条规定："当事人约定由第三人向债权人履行债务的，第三人不履行债务或者履行债务不符合约定，债务人应当向债权人承担违约责任。"

二、抗辩权的行使

抗辩权是指在双务合同中，一方当事人在对方不履行债务或履行债务不符合约定时，依法对抗对方请求或否认对方权利主张的权利。抗辩权是一种防御性权利，以对方当事人请求权的行使为前提，旨在对抗对方当事人的权利主张。《民法典》合同编规定了同时履行抗辩权、后履行抗辩权和不安抗辩权。

（一）同时履行抗辩权

同时履行抗辩权，是指无给付先后顺序的双务合同当事人一方在他方当事人未为对待给付前，有拒绝自己给付的抗辩权。《民法典》第五百二十五条规定："当事人互负债务，没有先后履行顺序的，应当同时履行。一方在对方履行之前有权拒绝其履行请求。一方在对方履行债务不符合约定时，有权拒绝其相应的履行请求。"

1. 同时履行抗辩权行使的条件。
（1）双方因同一双务合同互负债务。

（2）双方债务已届清偿期。

（3）行使抗辩权之当事人无先为给付义务，即双方的互负债务没有先后履行顺序。没有先后履行顺序，或者是当事人约定同时履行，也可能是当事人对履行顺序未约定或约定不明确，且根据交易习惯不能确定。

（4）须对方当事人未履行或未适当履行合同债务。

对方当事人未履行或未适当履行合同债务包括拒绝履行、迟延履行、履行不完全等。对方当事人未履行或未适当履行的债务应与抗辩权人抗辩同时履行的债务具有给付与对待给付的对价关系，若对方当事人未履行或未适当履行合同附随义务或无对价关系的从属义务，则不得主张给付义务的同时履行抗辩。

若对方当事人给付不完全或有其他不符合履行要求的情形，另一方可否成立同时履行抗辩权，应根据具体情形，依诚实信用原则判断。《民法典》第五百二十五条就此情形规定另一方仅得拒绝其相应的履行要求。以部分履行为例，对方当事人部分履行对另一方无意义时，另一方得行使同时履行抗辩权请求对方当事人全部履行；部分履行不损害债权的，另一方仅得就未履行的部分行使同时履行抗辩权。

2. 同时履行抗辩权的效力。

同时履行抗辩权只是暂时阻止对方当事人请求权的行使，而不是永久地消灭对方当事人的请求权。当对方当事人完全履行了合同义务，同时履行抗辩权即告消灭，主张抗辩权的当事人就应当履行自己的义务。当事人因行使同时履行抗辩权致使合同迟延履行的，迟延履行责任由对方当事人承担。

（二）后履行抗辩权

后履行抗辩权是指合同当事人互负债务，有先后履行顺序，先履行一方未履行的，后履行一方有权拒绝其履行要求。先履行一方履行债务不符合约定的，后履行一方有权拒绝其相应的履行要求。

1. 后履行抗辩权行使的条件。

（1）当事人基于同一双务合同，互负债务。

（2）当事人的履行有先后顺序。

（3）应当先履行的当事人不履行合同或不适当履行合同。

（4）后履行抗辩权的行使人是履行义务顺序在后的一方当事人。

2. 后履行抗辩权的效力。

后履行抗辩权不是永久性的，它的行使只是暂时阻止了当事人请求权的行使。先履行一方的当事人如果完全履行了合同义务，则后履行抗辩权消灭，后履行当事人就应当按照合同约定履行自己的义务。

（三）不安抗辩权

不安抗辩权，是指当事人互负债务，有先后履行顺序的，先履行的一方有确切证据证明另一方丧失履行债务能力时，在对方没有履行或者没有提供担保之前，有拒绝自己履行的权利。

规定不安抗辩权是为了切实保护先履行一方当事人的合法权益,防止对方借合同进行欺诈,促使对方履行义务。

1. 不安抗辩权行使的条件。

(1) 当事人基于同一双务合同,互负债务。

(2) 当事人的履行有先后顺序。

(3) 不安抗辩权的行使人是履行义务顺序在先的一方当事人。

(4) 后履行合同的一方当事人有丧失或可能丧失履行债务能力的情形。

(5) 后履行合同的一方当事人未履行或提供担保。

2. 不安抗辩权适用的情形。

应当先履行债务的当事人,有确切证据证明对方有下列情形之一的,可以中止履行:(1) 经营状况严重恶化;(2) 转移财产、抽逃资金,以逃避债务;(3) 丧失商业信誉;(4) 有丧失或可能丧失履行债务能力的其他情形。

先履行合同义务的当事人应当有证据证明对方不能履行合同或者有不能履行合同的可能性;没有确切证据而行使不安抗辩权,造成对方损失的,应当承担违约责任。

3. 不安抗辩权的效力。

(1) 中止履行。

中止履行,即应当先履行债务的当事人中止先为履行。应当先履行债务的当事人行使中止权时,应当及时通知对方,以免给对方造成损失,也便于对方在接到通知后,提供相应的担保,使合同得以履行。如果对方当事人恢复了履行能力或提供了相应的担保后,先履行一方当事人"不安"的原因消除,应当恢复合同的履行。

(2) 解除合同。

中止履行合同后,如果对方在合理期限内未恢复履行能力并且未提供适当担保的,视为以自己的行为表明不履行主要债务,中止履行合同的一方可以解除合同,并可以请求对方承担违约责任。

【例5-6】甲乙签订了一份买卖合同,双方约定由甲向乙提供一批生产用原材料,总货款为100万元,甲最晚于6月底前供货,乙收到货后在10日内付款。5月甲从报纸上得知:乙为逃避债务私自转移财产,被法院依法查封扣押了财产。于是甲通知乙,在乙付款或提供担保前中止履行合同。甲行使的是什么权利?

解析 甲行使的是不安抗辩权。根据合同法律制度规定,先履行的一方有确切证据证明另一方丧失履行债务能力时,在对方没有履行或者没有提供担保之前,有权中止合同的履行,即有权行使不安抗辩权。本案中甲明确得知乙丧失了履行能力,于是依法行使了不安抗辩权。

第五节 合同的保全

一、合同保全的概念

合同的保全，又称责任财产的保全，是指为了避免债务人责任财产的不当减少，危及债权人债权的实现，法律赋予债权人得以自己的名义对于债务人处分其责任财产的行为予以干涉，以保障债权实现的制度。

债务人的全部财产是保障债权人债权得以实现的责任财产，责任财产是否充足，直接关系到债权能否得到实现。所以，债务人全部财产作为责任财产，被称为债权实现最基本的担保。但这种担保效力相对较弱，因为债务人仍可为生产和生活需要自由处分自己的财产，只是债务人若不当处分导致其责任财产减少，势必影响债权人利益的实现。所以，法律特设债权人代位权与撤销权制度，旨在当债务人不当处分其财产时，可依法干预债务人损及债权实现的财产减少行为，以此达到合同的保全。只是，债权人对于债务人处分其财产行为的保全干预，已经突破了合同的相对性，其效力将触及与债务人实施财产处分行为的第三人，因此，债权人代位权与债权人撤销权体现了债的对外效力。

二、代位权

（一）代位权的概念

代位权，是指债务人怠于行使其对第三人（次债务人）享有的到期债权或者与该债权相关的从权利，危及债权人债权的实现时，债权人为了保障自己的债权，可以自己的名义代位行使债务人对第三人（次债务人）的权利，但该债权专属于债务人自身的除外。

（二）代位权的构成要件

1. 债务人对第三人享有合法债权或者与该债权有关的从权利。

2. 债务人怠于行使其债权。

怠于行使债权，是指债务人应该行使且能够行使其对第三人的债权，却不行使该权利。"应该行使"是指债务人若不行使对第三人的权利，该权利可能因罹于诉讼时效期间或因未申报破产债权而效力减弱或消灭。"能够行使"是指不存在导致债权不能行使的障碍。不行使权利，指债务人消极不作为；相反，如果债务人已经行使了权利，即使不尽如人意，债权人也不能行使代位权。

3. 债务人怠于行使权利有害于债权人债权的实现。

债务人不履行其对债权人的到期债务，又不以诉讼方式或仲裁方式向其债务人主张其享有的到期债权，致使债权人的到期债权未能实现，债权人为确保其债权的实现，可行使代位权。相反，若债务人的财产已足以清偿其债务，即使债务人怠于行使其对第三人的债权，亦不产生债权人的代位权。

4. 债务人的债务已到期。

债务人对债权人负担的债务已陷于迟延履行。如果债务人的债务未到履行期或履行期间未届满的，债权人不能行使代位权。但在债务人的债务到期前，债务人的债权或者与该债权有关的从权利存在诉讼时效期间即将届满或者未及时申报破产债权等情形，影响债权人的债权实现的，债权人可以代位向债务人的相对人请求其向债务人履行、向破产管理人申报或者作出其他必要的行为。

5. 债务人的债权不是专属于债务人自身的债权。

专属于债务人自身的债权是指，基于扶养关系、抚养关系、赡养关系、继承关系产生的给付请求权和劳动报酬、退休金、养老金、抚恤金、安置费、人寿保险、人身伤害赔偿请求权等权利。

（三）代位权的行使

1. 债权人必须以自己的名义通过诉讼形式行使代位权。债权人以次债务人为被告向人民法院提起代位权诉讼，未将债务人列为第三人的，人民法院可以追加债务人为第三人。

2. 代位权的行使范围以债权人的到期债权为限。债权人行使代位权的请求数额不能超过债务人所负债务的数额，否则对超出部分人民法院不予支持。

3. 次债务人对债务人的抗辩，可以向债权人主张。

（四）代位权行使的效力

1. 债权人向次债务人提起的代位权诉讼，经人民法院审理后认定代位权成立的，由次债务人向债权人履行清偿义务。债权人接受履行后，债权人与债务人、债务人与次债务人之间相应的权利义务关系即予消灭。债务人对相对人的债权或者与该债权有关的从权利被采取保全、执行措施，或者债务人破产的，依照相关法律的规定处理。

2. 债权人行使代位权的必要费用，由债务人负担。

3. 在代位权诉讼中，债权人胜诉的，诉讼费用由次债务人负担，从实现的债权中优先支付。

【例5-7】甲对乙享有100万元的到期合同债权。乙又是丙的债权人，债权为200万元，乙因怠于行使其对丙的到期债权，致使甲的到期债权得不到清偿，甲是否可以行使代位权？如何行使？数额是多少？如果甲对乙的债权为200万元，乙对丙的债权为100万元，甲行使代位权的数额是多少？

解析 甲可以行使代位权。甲可以向人民法院请求以自己的名义代位行使乙对丙的债权，甲请求的数额应该以其所保全的债权为限，即只能请求丙向其清偿100万元。如果甲对乙的债权为200万元，乙对丙的债权为100万元，则甲请求的数额应以乙对丙的债权数额为限，即只能请求丙向其清偿100万元。

三、撤销权

（一）撤销权的概念

撤销权，是指债务人实施了减少财产或增加财产负担的行为并危及债权人债权实现时，债权人为了保障自己的债权，请求人民法院撤销债务人行为的权利。

撤销权的目的在于防止债务人责任财产的不当减少，保障债权人的债权得以实现，维护社会交易秩序。

（二）撤销权的构成要件

1. 债权人对债务人享有有效的债权。
2. 债务人实施了处分其财产的行为。

债务人处分其财产的行为包括：

（1）放弃到期债权。

（2）无偿转让财产。

（3）以明显不合理的低价转让财产或以明显不合理的高价受让他人财产。所谓"明显不合理的低价"，人民法院应当以交易当地一般经营者的判断，并参考交易当时交易地的物价部门指导价或者市场交易价，结合其他相关因素综合考虑予以确认。转让价格达不到交易时交易地的指导价或者市场交易价70%的，一般可以视为明显不合理的低价。债务人以明显不合理的高价收购他人财产，人民法院可以根据债权人的申请，予以撤销。对转让价格高于当地指导价或者市场交易价30%的，一般可以视为明显不合理的高价。

（4）债务人放弃其未到期的债权或者放弃债权担保，或者恶意延长到期债权的履行期或者为他人的债务提供担保。

3. 债务人处分其财产的行为有害于债权人债权的实现。

若债务人实施减少其财产或增加其财产负担的处分行为，但不影响其清偿债务，则债权人不能行使撤销权。

4. 第三人的主观要件。

（1）对于债务人有偿转让、受让财产，或者为他人债务提供担保的行为，债权人行使撤销权须以第三人的恶意为要件；若第三人无恶意，则不能撤销其取得财产的行为。《民法典》第五百三十九条规定："债务人以明显不合理的低价转让财产、以明显不合理的高价受让他人财产或者为他人的债务提供担保，影响债权人的债权实现，债务人的相对人知道或者应当知道该情形的，债权人可以请求人民法院撤销债务人的行为。"

（2）对于债务人放弃到期债权、无偿转让财产等无偿行为，不论第三人善意或恶意，债权人均得以请求撤销。

（三）撤销权的行使

1. 债权人行使撤销权应以自己的名义，向被告住所地人民法院提起诉讼，请求法院撤销债务人因处分财产而危害债权的行为。

债权人在提起撤销权诉讼时，应以债务人为被告，将受益人或受让人列为第三人。债权人未将受益人或受让人列为第三人的，受理法院可以将受益人或受让人追加为第三人。两个或两个以上的债权人以同一债务人为被告，就同一标的提起撤销权诉讼的，人民法院可以合并审理。

2. 撤销权自债权人知道或者应当知道撤销事由之日起 1 年内行使。若债权人不知道且不应知道撤销事由的存在，撤销权须自债务人的行为发生之日起 5 年内行使，否则，该撤销权消灭。这里，需注意 1 年和 5 年期间的适用情形、计算起点等有所不同。

3. 撤销权的行使范围以债权人的债权为限。

（四）撤销权行使的效力

1. 债务人与第三人的行为被撤销的，其行为自始无效。第三人应向债务人返还财产或折价补偿。

2. 第三人返还或折价补偿的财产构成债务人全部财产的一部分，债权人对于撤销权行使的结果并无优先受偿的权利。

3. 债权人行使撤销权所支付的律师费、差旅费等必要费用，由债务人承担。

第六节　合同的变更和转让

一、合同的变更

合同的变更仅指合同内容的变更，是指合同成立后，当事人双方根据客观情况的变化，依照法律规定的条件和程序，经协商一致，对原合同内容进行修改、补充或者完善。合同的变更是在合同的主体不改变的前提下对合同内容的变更，合同性质并不改变。

（一）合同变更的要件

1. 当事人之间已存在合同关系。
2. 合同内容发生了变化。
3. 合同的变更必须遵守法律的规定或当事人的约定。

合同的变更可以依据法律的规定产生，当法律规定的情形出现时，合同内容可能发生变化，如遇有不可抗力导致债务不能履行时，合同可以延期履行。

当事人约定变更合同有两种情形：一是由合同当事人达成变更合同的协议；二是当事人可以在订立合同时即约定，当某种特定情况出现时，当事人有权变更合同。

（二）合同变更的形式和程序

合同变更除法律规定的变更和人民法院依法变更外，主要是当事人协议变更。

合同约定变更适用《民法典》合同编关于要约、承诺的规定，双方经协商取得一致，并采用书面形式。如原合同是经过公证、鉴证的，变更后的合同应报原公证、鉴证机关备案，必要时应对变更的事实予以公证、鉴证；如原合同按照法律、行政法规的规定是经过有关部门批准、登记的，变更后仍应报原批准机关批准、登记。

合同变更后，变更后的内容就取代了原合同的内容，当事人就应当按照变更后的内容履行合同，合同各方当事人均应受变更后的合同的约束。为了减少在合同变更时可能发生的纠纷，当事人对合同变更的内容约定不明确的，推定为未变更。合同变更的效力原则上仅对未履行的部分有效，对已履行的部分没有溯及力，但法律另有规定或当事人另有约定的除外。

二、合同的转让

合同的转让是指合同当事人一方将其合同的权利和义务全部或部分转让给第三人的行为。合同的转让仅指合同主体的变更，不改变合同约定的权利义务。

（一）合同权利转让

1. 合同权利转让的概念。

合同权利转让，是指债权人将合同的权利全部或部分转让给第三人。其中，转让权利的债权人称为让与人，接受权利的第三人称为受让人。

2. 合同权利转让的条件。

（1）须存在有效的合同权利。

（2）合同权利具有可转让性。

合同权利原则上具有可转让性。但下列情形的合同权利，债权人不得转让：

①根据合同性质不得转让。基于当事人之间信任关系而发生的债权。如委托合同中，受托人基于对委托人的信任，愿意接受委托，债权人不得任意将请求实施委托事务的权利转让给他人。

合同内容中包括了针对特定当事人的不作为义务。如合同约定了一方承担竞业禁止义务，另一方不得将请求承担该不作为义务的权利转让给他人。

因债权目的的达成须对特定债权人为给付之债权，如扶养请求权、抚恤金请求权等，不得让与。

②根据当事人约定不得转让。当事人在订立合同时，可以对权利的转让作出特别的约定，禁止债权人将权利转让给第三人。但根据《民法典》第五百四十五条第二款的规定，当事人约定非金钱债权不得转让的，不得对抗善意第三人，如果一方当事人违反约定，将合同权利转让给善意第三人，则善意第三人可以取得该项权利。当事人约定金钱债权不得转让的，不得对抗第三人。

③依照法律规定不得转让。如果相关法律对于债权让与作出了禁止性规定，这些

规定应得到遵守。

(3) 当事人之间订立合同权利转让的协议。

如果法律、行政法规规定合同权利转让需要办理批准、登记等手续的,合同权利转让在办妥这些手续之后才生效。

3. 合同权利转让的通知。

债权人转让权利无须经债务人同意,但应当通知债务人。未经通知,该转让对债务人不发生效力。债务人接到债权转让通知后,债权让与行为对债务人就生效,债务人应对受让人履行义务。

4. 合同权利转让的效力。

(1) 合同权利全部转让的,原合同关系消灭,受让人取代原债权人的地位,成为新的债权人,原债权人脱离合同关系,所以,债务人应向新的债权人履行债务。合同权利部分转让的,受让人作为第三人加入合同关系中,与原债权人共同享有债权。

(2) 债权人转让主权利时,附属于主权利的从权利也一并转让,受让人在取得债权时,也取得与债权有关的从权利,但该从权利专属于债权人自身的除外。该从权利包括抵押权、定金债权、保证债权等。受让人取得从权利不因该从权利未办理转移登记手续或者未转移占有而受到影响。

(3) 债务人接到债权转让通知后,债务人对让与人的抗辩,可以向受让人主张,如同时履行抗辩权、权利无效的抗辩、权利已过诉讼时效期间的抗辩等。

有下列情形之一的,债务人可以向受让人主张抵销:①债务人接到债权转让通知时,债务人对让与人享有债权,且债务人的债权先于转让的债权到期或者同时到期;②债务人的债权与转让的债权是基于同一合同产生。

(4) 因债权转让增加的履行费用,由让与人负担。

(二) 合同义务移转

1. 合同义务移转的概念。

合同义务移转有狭义、广义之分。广义的合同义务移转包括免责的债务承担与并存的债务承担,前者是指由第三人取代债务人承担其债务;后者是指第三人加入债之关系中而与原债务人共同承担同一内容的债务。狭义的合同义务移转仅指免责的债务承担。对于并存的债务承担,《民法典》第五百五十二条规定:"第三人与债务人约定加入债务并通知债权人,或者第三人向债权人表示愿意加入债务,债权人未在合理期限内明确拒绝的,债权人可以请求第三人在其愿意承担的债务范围内和债务人承担连带债务。"并存的债务承担,因原债务人不脱离合同关系,且第三人的加入通常有利于债权的实现,原则上债权人乐见其成。本书在此阐述的是狭义的合同义务移转,即免责的债务承担。

2. 合同义务移转的条件。

(1) 须有有效的合同义务存在。

(2) 合同义务须具有可移转性。

合同义务原则上可移转，但下列情形的合同义务不具有可移转性：

①性质上不可移转的合同义务。

某项合同义务若以特别的信任关系或债务人的特殊技能为基础，需要债务人亲自履行的，则该项合同义务可能因其性质不具有可移转性。例如，由某著名歌星履行的演唱义务，或基于特别信任的委托合同义务等，均因合同义务的性质而不可移转。

②当事人约定不可移转的合同义务。

③法律规定不可移转的合同义务。

（3）须存在合同义务移转的协议。

较为常见的合同义务移转协议是债务人与第三人之间订立的。合同债权人也可以直接与第三人订立协议来实现合同义务的移转。

（4）须经债权人同意。

债务人将合同的义务全部或者部分转移给第三人，应当经债权人同意，否则债务人转移合同义务的行为对债权人不发生效力，债权人有权拒绝第三人向其履行，同时有权要求债务人履行义务并承担不履行或迟延履行义务的法律责任。《民法典》第五百五十一条规定："债务人将债务的全部或者部分转移给第三人的，应当经债权人同意。债务人或者第三人可以催告债权人在合理期限内予以同意，债权人未作表示的，视为不同意。"合同义务移转之所以特别强调须取得债权人的同意，是合同债之关系通常建立在债权人对债务人信任基础之上，而不同主体履行债务的资力与信用往往不同，合同义务的任意移转可能使得债权人权利的实现缺乏保障，因此，合同义务的移转须经债权人同意。

3. 合同义务移转的效力。

（1）合同义务全部移转的，新债务人成为合同一方当事人，如不履行或不适当履行合同义务，债权人可以向其请求履行债务或承担违约责任。合同义务部分移转的，则第三人加入合同关系，与原债务人共同承担合同义务。

（2）债务人转移义务的，新债务人可以主张原债务人对债权人的抗辩，但原债务人对债权人享有债权的，新债务人不得向债权人主张抵销。

（3）从属于主债务的从债务，随主债务的转移而转移，但该从债务专属于原债务人自身的除外。

（4）第三人向债权人提供的担保，若担保人未明确表示继续承担担保责任，则担保责任因债务转移而消灭。

（三）合同权利义务的一并转让

合同关系的一方当事人将权利和义务一并转让时，除了应当征得另一方当事人的同意外，还应当遵守有关转让权利和义务的规定。

（四）法人或其他组织合并或分立后债权债务关系的处理

当事人订立合同后合并的，由合并后的法人或者其他组织行使合同权利，履行合同义务。当事人订立合同后分立的，除债权人和债务人另有约定的以外，由分立的法人或者其他组织对合同的权利和义务享有连带债权，承担连带债务。

第七节 合同的消灭

合同的消灭，又称为合同权利义务终止，是指依法生效的合同，因具备法定情形和当事人约定的情形，合同债权、债务归于消灭，债权人不再享有合同权利，债务人也不必再履行合同义务，合同当事人双方终止合同关系，合同的效力随之消灭。

合同的消灭，除导致合同权利义务终止外，还发生如下效力：（1）从权利义务（如保证债权）归于消灭；（2）债权人应当将债权文书返还债务人；（3）当事人应当遵循诚信等原则，根据交易习惯履行通知、协助、保密、旧物回收等义务；（4）合同的消灭，不影响合同中有关解决争议的方法、结算和清理条款的效力。

一、清偿

（一）清偿的概念

清偿是指债务人按照合同约定的标的、质量、数量、价款或报酬、履行期限、履行地点和方式全面履行债务，使得债权债务关系消灭的行为。

清偿与给付、履行三者意义相近，只是表述的视角有所不同：清偿侧重于债获得满足而消灭的结果；给付是表述债务人的特定行为；如强调满足债权的给付过程，称履行。

（二）清偿人

清偿人多为债务人或债务人之代理人，但法律规定或当事人约定不得由代理人清偿的除外。清偿亦可由第三人代为清偿。根据《民法典》第五百二十四条的规定，债务人不履行债务，第三人对履行该债务具有合法利益的，第三人有权向债权人代为履行；但是，根据债务性质、按照当事人约定或者依照法律规定只能由债务人履行的除外。

（三）清偿标的、清偿地、清偿期、清偿费用

清偿标的、清偿地、清偿期、清偿费用等问题的确定，应依照合同约定。合同没有约定或者约定不明确的，可以协议补充；不能达成补充协议的，按照合同有关条款或者交易习惯确定；仍不能确定的，适用合同履行的相关法定规则。

（四）清偿抵充

清偿抵充，是指对于同一债权人负担数项给付种类相同的债务，当债务人的给付不足以清偿全部债务时，决定该给付应抵偿哪项债务的办法。因各项债务在是否附利息、利息高低及是否有担保等方面均可能不同，确定某给付先抵偿哪项债务，往往影响双方当事人的切身利益，故《民法典》对此加以明确规定。

《民法典》第五百六十条规定："债务人对同一债权人负担的数项债务种类相同，

债务人的给付不足以清偿全部债务的,除当事人另有约定外,由债务人在清偿时指定其履行的债务。债务人未作指定的,应当优先履行已经到期的债务;数项债务均到期的,优先履行对债权人缺乏担保或者担保最少的债务;均无担保或者担保相等的,优先履行债务人负担较重的债务;负担相同的,按照债务到期的先后顺序履行;到期时间相同的,按照债务比例履行。"

债务人在履行主债务外还应当支付利息和实现债权的有关费用,其给付不足以清偿全部债务的,除当事人另有约定外,应当按照下列顺序履行:(1)实现债权的有关费用;(2)利息;(3)主债务。

(五)清偿的效力

债权债务关系因清偿而消灭,债权的从权利一般随之消灭,但通知、协助、保密、旧物回收等后合同义务因是法定之债,并不随之消灭。

在第三人代为清偿情形,债权人接受第三人履行后,其对债务人的债权转让给第三人,但是债务人和第三人另有约定的除外。

【例5-8】王某于2016年9月1日向李某借款100万元,期限3年。2019年6月1日,双方商议王某再向李某借款100万元,期限3年。两笔借款均先后由郑某提供保证担保,但未约定保证方式和保证期间。李某一直未向王某和郑某催讨还债。王某仅在2020年7月1日归还借款100万元,但未明确其履行的债务。下列关于王某归还100万元的表述中,正确的是(   )。

A. 因2016年的借款已到期,故归还的是该笔借款
B. 因2016年的借款担保已失效,故归还的是该笔借款
C. 因2016年和2019年的借款数额相同,故按比例归还该两笔借款
D. 因2016年和2019年的借款均有担保,故按比例归还该两笔借款

解析 正确答案为选项A。本题考查债务给付的清偿抵充问题。根据《民法典》第五百六十条的规定,王某先后两次向李某借款,数额均为100万元,借款当时均有担保。2020年王某还款时,2016年的借款已到期,2019年的借款尚未到期,所以,王某归还的100万元应当优先抵充2016年的借款。虽然2020年王某还款时,2016年借款的保证因保证期间届满而失效,相当于已无担保,但本题中债务抵充的顺序应先按照债务是否到期确定。

二、抵销

(一)抵销的意义

抵销是指双方当事人互负债务时,一方通知对方以其债权充当债务的清偿或者双方协商以债权充当债务的清偿,使得双方的债务在对等额度内消灭的行为。

抵销包括法定抵销和约定抵销。

抵销具有简化交易程序、降低交易成本以及确保债权实现的作用。抵销最主要的功能是担保债权的实现，若无抵销，先履行债务一方总是要面临对方不能或不会按约定清偿的风险，相反，当事人选择抵销即可防免此种风险。尤其是在破产场合，当事人一方与破产人互负债务，破产方当事人已无完全清偿之可能，另一方当事人选择抵销，相当于可确保对等债权数额的实现。

（二）法定抵销

1. 法定抵销的概念。

法定抵销是根据法律规定，依当事人一方意思表示即可发生抵销效果的抵销。其中，可依单方意思表示而使自己所负债务消灭的权利称为"抵销权"。提出抵销的债权称为主动债权；被抵销的债权称为被动债权。

2. 法定抵销的要件。

《民法典》第五百六十八条第一款规定："当事人互负债务，该债务的标的物种类、品质相同的，任何一方可以将自己的债务与对方的到期债务抵销；但是，根据债务性质、按照当事人约定或者依照法律规定不得抵销的除外。"根据该条规定，法定抵销的要件如下：

（1）须当事人双方互负债务。

同一当事人之间，互负债务，即互享有其债权。但此互负债务应基于不同法律关系而生，并非同一双务合同中的给付与对待给付，否则，如果允许抵销，则相当于合同解除。

（2）须双方债务种类、品质相同。

只有债务的种类、品质相同，双方债务才具有可比较性，依抵销消灭双方对等的债务才可能公平。相反，若双方债务的种类、品质不同，如一方所负债务为金钱之债，另一方在另一合同中所负债务为提供劳务之债，双方应各有不同的合同目的追求，不应允许当事人一方依单方意思表示抵销互负之债务。因为此要件的限制，抵销在现实生活中主要适用于互负的金钱债务。

（3）须被动债务已届清偿期。

"被动债务"即为上述法条中的"对方的债务"。对方的债务对应的债权是提出抵销的当事人一方所享有的债权，即主动债权，要求对方的债务到期就是要求主动债权已届清偿期。只有当主动提出抵销的当事人一方享有的债权已到期，对方才有义务履行，否则，允许单方提出抵销就相当于剥夺对方的期限利益。

事实上，依法理而言，主动债权除须已到期外，尚须具有实现可能性。所谓实现可能性，是指主动债权即使不按抵销方法，亦得依一般债权实现的方法得以实现。所以，对于主动债权而言，如果债务人享有同时履行抗辩权或债权罹于诉讼时效等抗辩，债权人仍不得主张抵销以实现自己的债权，否则，相当于剥夺了债务人对于主动债权的抗辩权。对于被动债权而言，因为其债务人实即为主动债权人，即使被动债权未届清偿期或不具有实现可能性，但对应的债务人（主动债权人）仍可主动放弃期限利益或抗辩权，所以，上述法律规范对于主动债务（被动债权）是否到期等并没有特别要求，相关的条文措辞"任何一方可以将自己的债务与对方的到期债务抵销"只是强调"自己的债务"，而非"自己的到期债务"。

（4）债务须非属不得抵销的债务。

不得抵销的债务包括以下几类：

①按债务性质不能抵销。不作为债务、提供劳务的债务、与人身不可分离的债务，如抚恤金、退休金、最低生活保障金等，均不得抵销。

②按照约定应当向第三人给付的债务。如果双方当事人在订立合同时已约定债务人应向第三人履行义务，则债务人不得以对合同对方当事人享有债权而主张抵销该义务，否则将损害第三人的利益。

③当事人约定不得抵销的债务。

④因故意实施侵权行为产生的债务。这种债务是对被害人的赔偿，如允许抵销，则意味着可以用金钱补偿对债务人的人身和财产权利的任意侵犯，是有悖社会正义的。

⑤法律规定不得抵销的其他情形。

3. 法定抵销的方法。

当事人主张抵销的，应当通知对方。通知自到达对方时生效。

抵销不得附条件或者附期限。因为抵销原本即追求简化法律关系，尽快确定法律状态，允许抵销附条件或附期限将与此本旨相悖。

4. 法定抵销的效力。

（1）双方对等数额债务因抵销而消灭。在双方债务数额不等时，对尚未抵销的剩余债务，债权人仍有受领清偿的权利。

（2）抵销后剩余的债权的诉讼时效期间，应重新起算。抵销属于债权的行使方式之一，会发生诉讼时效中断，且中断的法律效果及于全部债权，所以，在部分抵销的场合，剩余债权的诉讼时效期间，应重新计算。

（三）约定抵销

约定抵销是基于双方当事人合意使相互债务同归于消灭。约定抵销因基于当事人合意而发生，法律重点关注合意的确实存在，未设置其他特别规则。《民法典》第五百六十九条：当事人互负债务，标的物种类、品质不相同的，经协商一致，也可以抵销。

三、提存

（一）提存的概念与功能

提存是指由于债权人的原因，债务人无法向其交付合同标的物而将该标的物交给提存机关,从而消灭债务的制度。将标的物交托有关机构的人称为提存人;债权人为提存受领人;受领并保管提存物的机构称为提存机关;被提存的相关标的物称为提存物。

提存的主要功能是使债务人得以从合同关系中解脱出来,免除债务人长期为债务履行所困扰。根据《民法典》第五百七十一条的规定,提存成立的,视为债务人在其提存范围内已经交付标的物。

(二) 提存的要件

1. 提存的原因。

有下列情形之一,难以履行债务的,债务人可以将标的物提存:

(1) 债权人无正当理由拒绝受领。例如,在仓储合同中,存储期届满,仓单持有人不提取仓储物,保管人催告其在合理期限内提取货物后,逾期仍不提取的,保管人可以提存该货物。

(2) 债权人下落不明。此类情形包括债权人失踪,其财产尚无人代管、债权人不清、地址不详、无法查找等。

(3) 债权人死亡未确定继承人、遗产管理人或者丧失民事行为能力未确定监护人。此时债权人的财产没有合法的管理人,债务人无法交付。

(4) 法律规定的其他情形。

2. 提存的主体。

(1) 提存人是债务人或其代理人。

(2) 提存应在债务清偿地的提存机关进行,我国目前的提存主要是公证提存,公证机关为提存机关。

3. 提存之标的。

提存的标的只能是动产。标的物不适于提存或者提存费用过高的,债务人依法可以拍卖或者变卖标的物,提存所得的价款。提存人应就需清偿的全部债务进行提存,原则上不许部分提存。

(三) 提存的法律效力

1. 在债务人与债权人之间。

(1) 自提存之日起,提存人的债务归于消灭。

(2) 提存期间,标的物的孳息归债权人所有;提存费用由债权人负担;标的物提存后,毁损、灭失的风险由债权人承担。

(3) 提存人的通知义务。

提存后,除债权人下落不明等难以通知情形外,债务人应及时通知债权人或其继承人、遗产管理人、监护人、财产代管人。

2. 在提存人与提存机关之间。

提存人与提存机关之间,一般可准用保管合同的规定。提存机关应妥善保管提存物。提存人可以凭人民法院生效的判决、裁定或者提存之债已经清偿的公证证明取回提存物。提存人取回提存物的,视为未提存,提存人应承担提存机关保管提存物的费用。

3. 在债权人与提存部门之间。

（1）债权人可以随时领取提存物,但债权人对债务人负有到期债务的,在债权人未履行债务或者提供担保之前,提存部门根据债务人的要求应当拒绝其领取提存物。

（2）债权人领取提存物的权利,自提存之日起5年内不行使而消灭,提存物扣除提存费用后归国家所有。但是,债权人未履行对债务人的到期债务,或者债权人向提存部门书面表示放弃领取提存物权利的,债务人负担提存费用后有权取回提存物。此5年期间为不变期间,不适用诉讼时效期间中止、中断或延长的规定。

四、免除

（一）免除的概念

债务的免除是指权利人放弃自己的全部或部分权利,从而使合同义务减轻或使合同终止的一种形式。

（二）免除的要件

1. 债权人或其代理人应向债务人或其代理人作出抛弃债权的意思表示。

2. 免除是债权人处分其债权的法律行为,所以,免除应符合法律行为要件的有关规定,如免除人须具备民事行为能力。

3. 免除不得损害第三人的利益。如债权人免除其债务人的债务,使得债权人无法清偿自身债务,债权人的债权人可以依法行使债权人撤销权,撤销债权人免除债务的行为。

（三）免除的效力

1. 债权人免除债务人部分或者全部债务的,合同的权利义务部分或者全部终止,但是债务人在合理期限内拒绝的除外。

2. 免除债务,债权的从权利如从属于债权的担保权利、利息权利、违约金请求权等也随之消灭。

3. 债权人免除连带债务人之一的债务的,其余连带债务人在扣除该连带债务人应分担的份额后,仍应就剩余债务承担连带责任。

五、混同

（一）混同的概念

混同,即债权债务同归于一人,致使合同关系消灭的事实。

债的关系应有两个不同的主体,因混同致债权债务归于同一人,债的关系无法维系,故归于消灭。例如,由于甲、乙两企业合并,甲、乙企业之间原先订立的合同中的权利义务同归于合并后的企业,债权债务关系自然终止。

（二）混同的效力

《民法典》第五百七十六条规定："债权和债务同归于一人的，债权债务终止，但是损害第三人利益的除外。"

1. 合同关系及其他债之关系消灭，附属于主债务的从权利和从债务也一并消灭。
2. 混同不导致债之关系消灭的例外情形。

（1）债权是他人权利之标的。

如债权为他人权利质押的标的，债权债务即使同归于一人，债权也不消灭，否则将损害质权人的利益。

（2）法律规定混同不发生债之关系消灭效力。

法律另有规定的，债权债务不因混同而消灭。如《票据法》规定，票据未到期前依背书转让的，票据上债权债务即使同归于一人，票据仍可流通，票据上的债权债务不消灭。

六、合同解除

（一）合同解除的概念

合同解除是指合同有效成立后，因主客观情况发生变化，使合同的履行成为不必要或不可能，根据双方当事人达成的协议或一方当事人的意思表示提前终止合同效力。

合同解除有约定解除和法定解除两种情形。

（二）约定解除

1. 协商解除。

合同生效后，未履行或未完全履行之前，当事人以解除合同为目的，经协商一致，可以订立一个解除原来合同的协议，使合同效力消灭。这种情形即属协商解除。

2. 约定解除权。

解除权可以在订立合同时约定，也可以在履行合同的过程中约定；可以约定一方解除合同的权利，也可以约定双方解除合同的权利。

约定解除权与协商解除有所不同：约定解除权是双方在解除事由发生前的约定，是给予当事人解除权，并非直接消灭合同，合同是否消灭取决于当事人是否行使解除权；协商解除则是当事人基于合意直接消灭原合同关系。

（三）法定解除

法定解除是当事人行使依据法律规定取得的解除权以消灭合同关系的行为。解除权取得的基础在于法律的明文规定。解除权人依其解除的单方意思表示即可使合同关系归于消灭。

1. 法定解除权取得的原因。

（1）因不可抗力致使不能实现合同目的。

不可抗力是指不能预见、不能避免且不能克服的客观事件。只有不可抗力致使合同目的不能实现时，当事人才可以解除合同。

（2）预期违约。

在履行期限届满之前，当事人一方明确表示或者以自己的行为表明不履行主要债务的，对方当事人可以解除合同。

（3）当事人一方迟延履行主要债务，经催告后在合理期限内仍未履行。

（4）当事人一方迟延履行债务或者有其他违约行为致使不能实现合同目的。

这种情形中的迟延履行因致使合同目的不能实现，债权人可不经催告直接解除合同。

（5）法律规定的其他情形。

如以持续履行的债务为内容的不定期合同，当事人可以随时解除合同，但是应当在合理期限之前通知对方。再如房屋承租人未经出租人同意转租的，出租人可以解除合同。

此外，《民法典》第五百三十三条规定了情势变更原则。该条规定："合同成立后，合同的基础条件发生了当事人在订立合同时无法预见的、不属于商业风险的重大变化，继续履行合同对于当事人一方明显不公平的，受不利影响的当事人可以与对方重新协商；在合理期限内协商不成的，当事人可以请求人民法院或者仲裁机构变更或者解除合同。人民法院或者仲裁机构应当结合案件的实际情况，根据公平原则变更或者解除合同。"根据该条的规定，当合同履行满足情势变更诸要件，且当事人在合理期限内协商不成的，可以通过司法途径请求变更或者解除合同，但是否允许变更或解除合同属于司法决定权。

2. 解除权的行使。

（1）解除权行使的主体。

因不可抗力致使合同目的不能实现的情形，因双方均无过错，所以，双方均可解除合同。在法定解除权发生的其他情形，解除权的行使主体应限于守约方，合同解除是因违约方根本违约而赋予守约方的救济路径。

（2）享有解除权的一方向对方表示解除的意思。

享有解除权的一方依法主张解除合同的，应当通知对方。合同自通知到达对方时解除。通知载明债务人在一定期限内不履行债务则合同自动解除，债务人在该期限内未履行债务的，合同自通知载明的期限届满时解除。

当事人一方未通知对方，直接以提起诉讼或者申请仲裁的方式依法主张解除合同，人民法院或者仲裁机构确认该主张的，合同自起诉状副本或者仲裁申请书副本送达对方时解除。

（3）对方对于解除权行使有异议的，应诉诸司法程序。

根据《民法典》第五百六十五条的规定，对方对解除合同有异议的，任何一方当事人均可以请求人民法院或者仲裁机构确认解除行为的效力。

（4）解除权应在法定或约定的期限内行使。

法律规定或者当事人约定解除权行使期限，期限届满当事人不行使的，该权利消灭。法律没有规定或者当事人没有约定解除权行使期限，自解除权人知道或者应当知道解除事由之日起一年内不行使，或者经对方催告后在合理期限内不行使的，该权利消灭。

3. 合同解除的效力。

（1）合同解除后尚未履行的，终止履行；已经履行的，根据履行情况和合同性质，当事人可以要求恢复原状、采取其他补救措施，并有权要求赔偿损失。

（2）合同的权利义务终止，不影响合同中结算和清理条款的效力。

（3）合同因违约解除的，解除权人可以请求违约方承担违约责任，但是当事人另有约定的除外。

（4）主合同解除后，担保人对债务人应当承担的民事责任仍应当承担担保责任，但是担保合同另有约定的除外。

第八节 违约责任

一、违约责任的概念与基本构成

违约责任即违反合同的民事责任，是指合同当事人一方或双方不履行合同义务或者履行合同义务不符合约定时，依照法律规定或者合同约定所承担的法律责任。依法订立的有效合同对当事人双方来说，都具有法律约束力。如果不履行或者履行义务不符合约定，就要承担违约责任。

《民法典》第五百七十七条规定："当事人一方不履行合同义务或者履行合同义务不符合约定的，应当承担继续履行、采取补救措施或者赔偿损失等违约责任。"据此，在我国，除非法律有特别规定，违约责任属于严格责任，即违约责任的承担不以违约方有过错为条件。一般违约责任的构成要件仅包括违约行为以及无法定或约定的免责事由。当然，不同的违约责任承担形式，其构成要件可能略有不同，如违约损害赔偿，除了前述两个要件外，尚需具备损害以及违约行为与损害之间存在因果关系两个要件。

违约行为分为实际违约与预期违约。实际违约包括履行不能、履行拒绝、履行迟延与不完全履行。对于预期违约，《民法典》第五百七十八条规定："当事人一方明确表示或者以自己的行为表明不履行合同义务的，对方可以在履行期限届满前请求其承担违约责任。"

二、承担违约责任的形式

（一）继续履行

继续履行，又称为强制履行，是指在一方当事人不履行合同义务或者履行合同义务不符合约定时，另一方可请求法院强制违约方继续履行合同义务。订立合同的目的是为了实现合同的约定，继续履行合同既是为了实现合同目的，又是一种违约责任。当事人一方未支付价款或者报酬的，对方可以要求其支付价款或者报酬。当事人一方不履行非金钱债务或者履行非金钱债务不符合约定的，对方可以要求履行，但有下列情形之一的除外：(1) 法律上或者事实上不能履行；(2) 债务的标的不适于强制履行或者履行费用过高，前者如以具有人身性质的劳务为债务的，后者指履行费用大大超过实际履行合同所能获得的利益；(3) 债权人在合理期限内未请求履行。有前述除外情形之一，致使不能实现合同目的的，人民法院或者仲裁机构可以根据当事人的请求终止合同权利义务关系，但是不影响违约责任的承担。

当事人一方不履行债务或者履行债务不符合约定，根据债务的性质不得强制履行的，守约方可以请求违约方负担由第三人替代履行的费用。

（二）采取补救措施

当事人一方履行合同义务不符合约定的，应当按照当事人的约定承担违约责任。受损害方可以根据受损害的性质以及损失的大小，合理选择要求对方适当履行，如采取修理、更换、重作、退货、减少价款或者报酬等措施，也可以选择解除合同、中止履行合同、通过提存履行债务、行使担保债权等补救措施。

（三）赔偿损失

赔偿损失，是指当事人一方不履行合同义务或者履行合同义务不符合约定而给对方造成损失的，依法或根据合同约定应承担赔偿对方当事人所受损失的责任。当事人一方不履行合同义务或者履行合同义务不符合约定的，在履行义务或者采取补救措施后，对方还有其他损失的，应当赔偿损失。当然，对方也可以不选择要求继续履行或采取补救措施，直接主张赔偿损失。损失赔偿额应当相当于因违约所造成的损失，包括合同履行后可以获得的利益，但不得超过违反合同一方订立合同时预见到或者应当预见到的因违反合同可能造成的损失。

当事人一方违约后，对方应当采取适当措施防止损失的扩大；没有采取适当措施致使损失扩大的，不得就扩大的损失要求赔偿。当事人因防止损失扩大而支出的合理费用，由违约方承担。

（四）支付违约金

为了保证合同的履行，合同当事人可以约定一方违约时应当根据情况向对方支付一定数额的违约金，也可以约定因违约产生的损失赔偿额的计算方法。与损失赔偿相比，违约金的支付可以避免损失赔偿方式在适用中经常遇到的计算损失范围和举证的困难。

合同违约方支付违约金不足以弥补非违约方遭受的损失的，非违约方仍然可以向违约方请求赔偿损失。但原则上，非违约方获得的赔偿应与其实际受到的损失大致相当，所以，《民法典》规定了如下的违约金调整情形：

约定的违约金低于造成的损失的,人民法院或者仲裁机构可以根据当事人的请求予以增加;约定的违约金过分高于造成的损失的,人民法院或者仲裁机构可以根据当事人的请求予以适当减少。

约定的违约金过分高于造成的损失的,当事人可以请求人民法院或者仲裁机构予以适当减少。当事人主张约定的违约金过高请求予以适当减少的,人民法院应当以实际损失为基础,兼顾合同的履行情况、当事人的过错程度以及预期利益等综合因素,根据公平原则和诚实信用原则予以衡量,并作出裁决。

当事人就迟延履行约定违约金的,违约方支付违约金后,还应当履行债务。

(五) 定金责任

1. 定金的概念与种类。

定金是指合同当事人约定一方向对方给付一定数额的货币作为合同的担保。定金既可以作为担保方式,也可以作为一种民事责任方式。

定金根据当事人的约定,有以下种类:

(1) 违约定金。

违约定金指定金设立的目的在于保障合同的履行。当事人约定以交付定金作为主合同债务履行担保的,给付定金的一方未履行主合同债务的,无权要求返还定金;收受定金的一方未履行主合同债务的,应当双倍返还定金。

(2) 成约定金。

当事人约定以交付定金作为主合同成立或者生效要件的,给付定金的一方未支付定金,但主合同已经履行或者已经履行主要部分的,不影响主合同的成立或者生效。

(3) 解约定金。

定金交付后,交付定金的一方可以按照合同的约定以丧失定金为代价而解除主合同,收受定金的一方可以双倍返还定金为代价而解除主合同。

2. 定金的生效。

定金合同是实践性合同,从实际交付定金时成立。

定金的数额由当事人约定,但不得超过主合同标的额的20%。超过部分不产生定金的效力。

实际交付的定金数额多于或者少于约定数额,视为变更约定的定金数额。收受定金一方提出异议并拒绝接受定金的,定金合同不成立。

3. 定金的效力。

(1) 债务人履行债务的,定金应当抵作价款或者收回。

(2) 给付定金的一方不履行债务或者履行债务不符合约定,致使不能实现合同目的的,无权请求返还定金;收受定金的一方不履行债务或者履行债务不符合约定,致使不能实现合同目的的,应当双倍返还定金。此定金责任被称为"定金罚则"。

(3) 在同一合同中，当事人既约定违约金，又约定定金的，一方违约时，对方可以选择适用违约金或者定金条款，即二者不能同时主张。买卖合同约定的定金不足以弥补一方违约造成的损失，对方可以请求赔偿超过定金部分的损失，但定金和损失赔偿的数额总和不应高于因违约造成的损失。

三、免责事由

（一）法定事由

1. 不可抗力。

不可抗力是指不能预见、不能避免且不能克服的客观情况。常见的不可抗力情形主要包括自然灾害、政府行为或社会异常事件等，当事人可以在合同中通过约定限定不可抗力的具体范围。

因不可抗力不能履行合同的，根据不可抗力的影响，部分或者全部免除责任，但法律另有规定的除外。当事人迟延履行后发生不可抗力的，不能免除责任。

当事人一方因不可抗力不能履行合同的，应当及时通知对方不能履行或不能完全履行合同的情况和理由，并在合理期限内提供有关机关的证明，证明不可抗力及其影响当事人履行合同的具体情况。若当事人怠于通知，致使对方当事人损失的，仍须就对方的损失承担赔偿责任。

2. 受害人过错。

受害人过错，是指受害人对于违约行为的发生或违约损害后果扩大所具有的过错。《民法典》第五百九十二条规定："当事人一方违约造成对方损失，对方对损失的发生有过错的，可以减少相应的损失赔偿额。"据此，受害人过错是部分减免违约方责任的法定事由。

（二）免责条款

免责条款是指合同双方当事人在合同中约定，当出现一定的事由或条件时，可免除或限制违约方的违约责任的条款。免责条款是对当事人合意尊重的体现，但以下免责条款无效：（1）提供格式条款的一方不合理地免除或减轻其责任，加重对方责任，限制对方主要权利；（2）约定造成对方人身损害免责或者故意或重大过失造成对方财产损失免责的条款。

（三）法律的特别规定

在法律有特别规定的情况下，可以免除当事人的违约责任。如《民法典》第八百三十二条规定："承运人对运输过程中货物的毁损、灭失承担赔偿责任。但是，承运人证明货物的毁损、灭失是因不可抗力、货物本身的自然性质或者合理损耗以及托运人、收货人的过错造成的，不承担赔偿责任。"

第九节 主要合同

一、买卖合同

(一) 买卖合同概述

买卖合同是出卖人转移标的物的所有权于买受人,买受人支付价款的合同。转移买卖标的物的一方为出卖人,即卖方;受领买卖标的物、支付价款的一方是买受人,即买方。

买卖合同是诺成、双务、有偿合同,可以是要式的,也可以是不要式的。

出卖人因未取得所有权或者处分权致使标的物所有权不能转移,买受人可以解除合同并请求出卖人承担违约责任。

(二) 买卖合同的标的物

买卖合同的标的物,应当属于出卖人所有或者出卖人有权处分。

1. 标的物交付和所有权转移。

(1) 标的物为动产的,所有权自标的物交付时起转移;标的物为不动产的,所有权自标的物登记时起转移。

标的物为无须以有形载体交付的电子信息产品,当事人对交付方式约定不明确,且依照《民法典》第五百一十条的规定仍不能确定的,买受人收到约定的电子信息产品或者权利凭证即为交付。

出卖具有知识产权的计算机软件等标的物的,除法律另有规定或者当事人另有约定的以外,该标的物的知识产权不属于买受人。

(2) 因标的物的主物不符合约定而解除合同的,解除合同的效力及于从物。因标的物的从物不符合约定被解除的,解除的效力不及于主物。

(3) 标的物为数物,其中一物不符合约定的,买受人可以就该物解除,但该物与他物分离使标的物的价值显受损害的,当事人可以就数物解除合同。

(4) 出卖人分批交付标的物的,出卖人对其中一批标的物不交付或者交付不符合约定,致使该批标的物不能实现合同目的的,买受人可以就该批标的物解除。出卖人不交付其中一批标的物或者交付不符合约定,致使今后其他各批标的物的交付不能实现合同目的的,买受人可以就该批以及今后其他各批标的物解除。买受人如果就其中一批标的物解除,该批标的物与其他各批标的物相互依存的,可以就已经交付和未交付的各批标的物解除。

(5) 买受人拒绝接收多交部分标的物的,可以代为保管多交部分标的物。买受人主张出卖人负担代为保管期间的合理费用的，人民法院应予支持。

买受人主张出卖人承担代为保管期间非因买受人故意或者重大过失造成的损失的，人民法院应予支持。

（6）出卖人仅以增值税专用发票及税款抵扣资料证明其已履行交付标的物义务，买受人不认可的，出卖人应当提供其他证据证明交付标的物的事实。

合同约定或者当事人之间习惯以普通发票作为付款凭证，买受人以普通发票证明已经履行付款义务的，人民法院应予支持，但有相反证据足以推翻的除外。

（7）出卖人就同一普通动产订立多重买卖合同，在买卖合同均有效的情况下，买受人均要求实际履行合同的，应当按照以下情形分别处理：①先行受领交付的买受人请求确认所有权已经转移的，人民法院应予支持；②均未受领交付，先行支付价款的买受人请求出卖人履行交付标的物等合同义务的，人民法院应予支持；③均未受领交付，也未支付价款，依法成立在先合同的买受人请求出卖人履行交付标的物等合同义务的，人民法院应予支持。

（8）出卖人就同一船舶、航空器、机动车等特殊动产订立多重买卖合同，在买卖合同均有效的情况下，买受人均要求实际履行合同的，应当按照以下情形分别处理：①先行受领交付的买受人请求出卖人履行办理所有权转移登记手续等合同义务的，人民法院应予支持；②均未受领交付，先行办理所有权转移登记手续的买受人请求出卖人履行交付标的物等合同义务的，人民法院应予支持；③均未受领交付，也未办理所有权转移登记手续，依法成立在先合同的买受人请求出卖人履行交付标的物和办理所有权转移登记手续等合同义务的，人民法院应予支持；④出卖人将标的物交付给买受人之一，又为其他买受人办理所有权转移登记，已受领交付的买受人请求将标的物所有权登记在自己名下的，人民法院应予支持。

2. 标的物毁损、灭失风险的承担。

（1）标的物毁损、灭失的风险，在标的物交付之前由出卖人承担，交付之后由买受人承担，但是法律另有规定或者当事人另有约定的除外。因买受人的原因致使标的物不能按照约定的期限交付的，买受人应当自违反约定之日起承担标的物毁损、灭失的风险。

（2）在标的物由出卖人负责办理托运，承运人系独立于买卖合同当事人之外的运输业者的情况下，如买卖双方当事人没有约定交付地点或者约定不明确，出卖人将标的物交付给第一承运人后，标的物毁损、灭失的风险由买受人承担。当事人另有约定的除外。

（3）出卖人根据合同约定将标的物运送至买受人指定地点并交付给承运人后，标的物毁损、灭失的风险由买受人负担。当事人另有约定的除外。

（4）出卖人按照约定或者依照法律规定将标的物置于交付地点，买受人违反约定没有收取的，标的物毁损、灭失的风险自违反约定之日起由买受人承担。

（5）出卖人出卖交由承运人运输的在途标的物，除当事人另有约定外，毁损、灭失的风险自合同成立时起由买受人承担。

出卖人出卖交由承运人运输的在途标的物，在合同成立时知道或者应当知道标的物已经毁损、灭失却未告知买受人，买受人主张出卖人负担标的物毁损、灭失的风险的，人民法院应予支持。

（6）出卖人按照约定未交付有关标的物的单证和资料的，不影响标的物毁损、灭失风险的转移。标的物毁损、灭失的风险由买受人承担的，不影响因出卖人履行债务不符合约定，买受人要求其承担违约责任的权利。

（7）当事人对风险负担没有约定，标的物为种类物，出卖人未以装运单据、加盖标记、通知买受人等可识别的方式清楚地将标的物特定于买卖合同，买受人主张不负担标的物毁损、灭失的风险的，人民法院应予支持。

（8）因标的物质量不符合要求，致使不能实现合同目的的，买受人可以拒绝接受标的物或者解除合同。买受人拒绝接受标的物或者解除合同的，标的物毁损、灭失的风险由出卖人承担。买受人有确切证据证明第三人可能就标的物主张权利的，可以中止支付相应的价款，但出卖人提供适当担保的除外。

3. 标的物检验。

（1）出卖人交付标的物后，买受人应对收到的标的物在约定的检验期间内检验。没有约定检验期间的，应当及时检验。

当事人约定检验期间的，买受人应当在检验期间内将标的物的数量或者质量不符合约定的情形通知出卖人。买受人怠于通知的，视为标的物的数量或者质量符合约定。

当事人没有约定检验期限的，买受人应当在发现或者应当发现标的物的数量或质量不符合约定的合理期限内通知出卖人。认定"合理期限"，应当综合当事人之间的交易性质、交易目的、交易方式、交易习惯、标的物的种类、数量、性质、安装和使用情况、瑕疵的性质、买受人应尽的合理注意义务、检验方法和难易程度、买受人或者检验人所处的具体环境、自身技能以及其他合理因素，依据诚实信用原则进行判断。

买受人在合理期限内未通知或者自收到标的物之日起2年内未通知出卖人的，视为标的物的数量或者质量符合约定。在此，"2年"是最长的合理期限。该期限为不变期间，不适用诉讼时效期间中止、中断或者延长的规定。但是，对标的物有质量保证期的，适用质量保证期，不适用该2年的规定。

出卖人知道或者应当知道提供的标的物不符合约定的，买受人不受上述有关"检验期间""合理期间""2年期间"的通知时间的限制。

在上述"检验期间""合理期间""2年期间"经过后，买受人主张标的物的数量或者质量不符合约定的，人民法院不予支持。

出卖人自愿承担违约责任后，又以上述期间经过为由反悔的，人民法院不予支持。

（2）当事人约定的检验期限过短，根据标的物的性质和交易习惯，买受人在检验期限内难以完成全面检验的，该期限仅视为买受人对标的物的外观瑕疵提出异议的期限。

约定的检验期限或者质量保证期短于法律、行政法规规定期限的，应当以法律、行政法规规定的期限为准。

（3）当事人对标的物的检验期间未作约定，买受人签收的送货单、确认单等载明标的物数量、型号、规格的，推定买受人已对数量和外观瑕疵进行了检验，但有相反证据足以推翻的除外。

（4）买受人在合理期限内提出异议，出卖人以买受人已经支付价款、确认欠款数额、使用标的物等为由，主张买受人放弃异议的，人民法院不予支持，但当事人另有约定的除外。

（5）出卖人依照买受人的指示向第三人交付标的物，出卖人和买受人之间约定的检验标准与买受人和第三人之间约定的检验标准不一致的，应当以出卖人和买受人之间约定的检验标准为标的物的检验标准。

（三）买卖双方当事人的权责

1. 出卖人的权责。

（1）出卖人应当履行向买受人交付标的物或者交付提取标的物的单证，并转移标的物所有权的义务。出卖人还应当按照约定或者交易习惯向买受人交付提取标的物单证以外的有关单证和资料，主要应当包括保险单、保修单、普通发票、增值税专用发票、产品合格证、质量保证书、质量鉴定书、品质检验证书、产品进出口检疫书、原产地证明书、使用说明书、装箱单等。

（2）出卖人应当按照约定的期限交付标的物。约定交付期间的，出卖人可以在该交付期间内的任何时间交付。没有约定标的物的交付期限或者约定不明确的，当事人可以协商达成补充协议；不能达成补充协议的，按照合同有关条款或交易习惯确定；如仍不能确定，出卖人可以随时履行，买受人也可以随时要求出卖人履行，但应当给对方必要的准备时间。

（3）出卖人应当按照约定的地点交付标的物。当事人没有约定交付地点或者约定不明确，可以协商达成补充协议；不能达成补充协议的，按照合同有关条款或交易习惯确定。仍不能确定的，适用下列规定：①标的物需要运输的，出卖人应当将标的物交付给第一承运人以运交给买受人；②标的物不需要运输，出卖人和买受人订立合同时知道标的物在某一地点的，出卖人应当在该地点交付标的物；不知道标的物在某一地点的，应当在出卖人订立合同时的营业地交付标的物。

（4）出卖人应当按照约定的质量要求交付标的物。当事人对标的物的质量要求没有约定或者约定不明确的，依照《民法典》有关规定执行。出卖人交付的标的物不符合质量要求的，买受人可以依照合同约定要求出卖人承担违约责任，对违约责任没有约定或约定不明确，并不能达成补充协议或按有关条款或交易习惯确定的，买受人可以根据标的物的性质及损失的大小，合理选择要求对方承担修理、更换、重作、退货、减少价款或者报酬等违约责任。

（5）出卖人应当按照约定的包装方式交付标的物。对包装方式没有约定或者约定不明确的，依照《民法典》第五百一十条的规定仍不能确定的，应当按照通用的方式包装，没有通用方式的，应当采取足以保护标的物且有利于节约资源、保护生态环境的包装方式。

（6）出卖人应保证标的物的价值或使用效果。买受人依约保留部分价款作为质量保证金，出卖人在质量保证期间未及时解决质量问题而影响标的物的价值或者使用效果，出卖人主张支付该部分价款的，人民法院不予支持。

（7）买受人在检验期间、质量保证期间、合理期间内提出质量异议，出卖人未按要求予以修理或者因情况紧急，买受人自行或者通过第三人修理标的物后，主张出卖人负担因此发生的合理费用的，人民法院应予支持。

（8）出卖人没有履行或者不当履行从给付义务，致使买受人不能实现合同目的，买受人主张解除合同的，应予支持。

（9）出卖人就交付的标的物，负有保证第三人不得向买受人主张任何权利的义务，但买受人订立合同时知道或者应当知道第三人对买卖的标的物享有权利的，出卖人不承担该义务。

（10）合同约定减轻或者免除出卖人对标的物的瑕疵担保责任，但出卖人故意或者因重大过失不告知买受人标的物的瑕疵，出卖人无权主张减轻或者免除责任。

（11）买受人在缔约时知道或者应当知道标的物质量存在瑕疵，主张出卖人承担瑕疵担保责任的，人民法院不予支持，但买受人在缔约时不知道该瑕疵会导致标的物的基本效用显著降低的除外。

2. 买受人的权责。

（1）买卖合同中买受人应当按照约定的数额和支付方式支付价款。对价款的数额和支付方式没有约定或者约定不明确的，适用《民法典》第五百一十条、第五百一十一条第二项和第五项的规定。出卖人多交标的物的，买受人可以接收或者拒绝接收多交的部分。买受人接收多交部分的，按照合同的价格支付价款；买受人拒绝接收多交部分的，应当及时通知出卖人。标的物在交付之前产生的孳息，归出卖人所有，交付之后产生的孳息，归买受人所有，但是，当事人另有约定的除外。

（2）买受人应当按照约定的地点支付价款。对支付地点没有约定或者约定不明确的，可以协议补充；不能达成补充协议的，买受人应当在出卖人的营业地支付，但约定支付价款以交付标的物或者交付提取标的物单证为条件的，在交付标的物或者交付提取标的物单证的所在地支付。

（3）买受人应当按照约定的时间支付价款。对支付时间没有约定或者约定不明确的，可以协议补充；不能达成补充协议的，买受人应当在收到标的物或者提取标的物单证的同时支付。

（4）分期付款的买受人未支付到期价款的金额达到全部价款的1/5，经催告后在合理期限内仍未支付到期价款的，出卖人可以请求买受人支付全部价款或者解除合同。出卖人解除合同的，可以向买受人请求支付该标的物的使用费。

（5）标的物质量不符合约定，买受人请求减少价款的，人民法院应予支持。当事人主张以符合约定的标的物和实际交付的标的物按交付时的市场价值计算差价的，人民法院应予支持。

价款已经支付，买受人主张返还减价后多出部分价款的，人民法院应予支持。

（四）所有权保留

所有权保留是指在移转财产所有权的交易中，根据法律的规定或者当事人的约定，财产所有人将标的物移转给对方当事人占有，但仍保留其对该财产的所有权，待对方当事人支付合同价款或完成特定条件时，该财产的所有权才发生移转的一种法律制度。所有权保留的规定仅适用于动产交易，不适用于不动产交易。

出卖人对标的物保留的所有权，未经登记，不得对抗善意第三人。

当事人约定出卖人保留合同标的物的所有权，在标的物所有权转移前，买受人有下列情形之一，造成出卖人损害的，除当事人另有约定外，出卖人有权取回标的物：（1）未按照约定支付价款，经催告后在合理期限内仍未支付；（2）未按照约定完成特定条件；（3）将标的物出卖、出质或者作出其他不当处分。出卖人依法取回标的物，但是与买受人协商不成，当事人请求参照民事诉讼法"实现担保物权案件"的有关规定，拍卖、变卖标的物的，人民法院应予准许。买受人以抗辩或者反诉的方式主张拍卖、变卖标的物，并在扣除买受人未支付的价款以及必要费用后返还剩余款项的，人民法院应当一并处理。

买受人已经支付标的物总价款的百分之七十五以上，出卖人主张取回标的物的，人民法院不予支持。

在将标的物出卖、出质或者作出其他不当处分的情形下，第三人依据《民法典》的规定已经善意取得标的物所有权或者其他物权，出卖人不得主张取回标的物。

取回的标的物价值显著减少，出卖人可以请求买受人赔偿损失。

出卖人依法取回标的物后，买受人在双方约定或者出卖人指定的合理回赎期限内，消除出卖人取回标的物的事由的，可以请求回赎标的物。

买受人在回赎期限内没有回赎标的物，出卖人可以以合理价格将标的物出卖给第三人，出卖所得价款扣除买受人未支付的价款以及必要费用后仍有剩余的，应当返还买受人；不足部分由买受人清偿。

（五）试用买卖

试用买卖的买受人在试用期内可以购买标的物，也可以拒绝购买。试用期限届满，买受人对是否购买标的物未作表示的，视为购买。

试用买卖的买受人在试用期内已经支付部分价款或者对标的物实施出卖、出租、设立担保物权等行为的,视为同意购买。

买卖合同存在下列约定内容之一的,不属于试用买卖:(1)约定标的物经过试用或者检验符合一定要求时,买受人应当购买标的物;(2)约定第三人经试验对标的物认可时,买受人应当购买标的物;(3)约定买受人在一定期间内可以调换标的物;(4)约定买受人在一定期间内可以退还标的物。

试用买卖的当事人没有约定使用费或者约定不明确,出卖人无权主张买受人支付使用费。

标的物在试用期内毁损、灭失的风险由出卖人承担。

(六)商品房买卖合同

商品房买卖合同,是指房地产开发企业(出卖人)将尚未建成或者已竣工的房屋向社会销售并转移房屋所有权于买受人,买受人支付价款的合同,包括期房买卖合同和现房买卖合同。《最高人民法院关于审理商品房买卖合同纠纷案件适用法律若干问题的解释》对商品房买卖的相关问题做了规定。

1. 商品房销售广告的性质。

商品房的销售广告和宣传资料为要约邀请,但是出卖人就商品房开发规划范围内的房屋及相关设施所作的说明和允诺具体确定,并对商品房买卖合同的订立以及房屋价格的确定有重大影响的,应当视为要约。该说明和允诺即使未载入商品房买卖合同,亦应当视为合同内容,当事人违反的,应当承担违约责任。

2. 商品房预售合同的效力。

出卖人预售商品房,必须申领商品房预售许可证明。出卖人未取得商品房预售许可证明,与买受人订立的商品房预售合同,应当认定无效,但是在起诉前取得商品房预售许可证明的,可以认定有效。

当事人以商品房预售合同未按照法律、行政法规规定办理登记备案手续为由,请求确认合同无效的,不予支持。当事人约定以办理登记备案手续为商品房预售合同生效条件的,从其约定,但当事人一方已经履行主要义务,对方接受的除外。

3. 解除权的行使。

(1)因房屋主体结构质量不合格不能交付使用,或者房屋交付使用后,房屋主体结构质量经核验确属不合格,买受人请求解除合同和赔偿损失的,应予支持。

(2)因房屋质量问题严重影响正常居住使用,买受人请求解除合同和赔偿损失的,应予支持。

(3)出卖人迟延交付房屋或者买受人迟延支付购房款,经催告后在3个月的合理期限内仍未履行,当事人一方请求解除合同的,应予支持,但当事人另有约定的除外。法律没有规定或者当事人没有约定,经对方当事人催告后,解除权行使的合理期限为3个月。对方当事人没有催告的,解除权应当在解除权发生之日起1年内行使;逾期不行使的,解除权消灭。

4. 商品房买卖中贷款合同的效力。

因当事人一方原因未能订立商品房担保贷款合同并导致商品房买卖合同不能继续履行的，对方当事人可以请求解除合同和赔偿损失。因不可归责于当事人双方的事由未能订立商品房担保贷款合同并导致商品房买卖合同不能继续履行的，当事人可以请求解除合同，出卖人应当将收受的购房款本金及其利息或者定金返还买受人。

因商品房买卖合同被确认无效或者被撤销、解除，致使商品房担保贷款合同的目的无法实现，当事人请求解除商品房担保贷款合同的，应予支持。出卖人应当将收受的购房贷款和购房款的本金及利息分别返还担保权人和买受人。

二、赠与合同

（一）赠与合同的概念

赠与合同是赠与人将自己的财产无偿给予受赠人，受赠人表示接受赠与的合同。

赠与合同是一种诺成、单务、无偿合同。在附义务的赠与中，赠与人负有将其财产给付受赠人的义务，受赠人按照合同约定负担某种义务，但受赠人所负担的义务并非赠与人所负义务的对价，双方的义务并不是对应的，赠与人不能以受赠人不履行义务为抗辩。

（二）当事人的权利义务

1. 经过公证的赠与合同或者依法不得撤销的具有救灾、扶贫、助残等公益、道德义务性质的赠与合同，赠与人不交付赠与财产的，受赠人可以请求交付。在此类赠与合同中，因赠与人故意或者重大过失致使应当交付的赠与财产毁损、灭失的，赠与人应当承担损害赔偿责任。

2. 赠与的财产有瑕疵的，赠与人不承担责任。但附义务的赠与，赠与的财产有瑕疵的，赠与人在附义务的限度内承担与出卖人相同的责任。赠与人故意不告知瑕疵或者保证无瑕疵，造成受赠人损失的，应当承担损害赔偿责任。

3. 赠与可以附义务。赠与附义务的，受赠人应当按照约定履行义务。

4. 赠与人的经济状况显著恶化，严重影响其生产经营或者家庭生活的，可以不再履行赠与义务。

（三）赠与的撤销

1. 赠与的任意撤销。

赠与人在赠与财产的权利转移之前可以撤销赠与。此为赠与人的任意撤销权，是赠与人单方享有的权利，无须取得受赠人的同意。因赠与合同是单方无偿给予财物的行为，赋予赠与人任意撤销权，旨在使其在财产权利转移之前再有权衡的机会。

但法律对于赠与人的任意撤销权有所限制，体现如下：

（1）赠与合同经公证机关公证后，不得撤销。

(2) 赠与的财产权利已转移至受赠人，不得撤销赠与。赠与财产权利转移，对于动产，系指动产交付给受赠人；对于不动产，系指该赠与不动产权利已经登记机关移转登记。

(3) 依法不得撤销的具有救灾、扶贫、助残等公益、道德义务性质的赠与合同，不得任意撤销。

2. 赠与的法定撤销。

赠与的法定撤销，是指赠与合同成立后，在具备法定条件时，赠与人或其继承人、法定代理人可以撤销赠与。法定撤销既可适用于普通赠与，也可以适用于经过公证的赠与及具有救灾、扶贫、助残等公益、道德义务性质的赠与。根据《民法典》第六百六十三条的规定，赠与人在如下法定情形，可以撤销赠与：

(1) 受赠人严重侵害赠与人或者赠与人近亲属的合法权益。

此法定撤销情形有两个要件：①受赠人实施的是严重侵害行为，而非一般或轻微的侵害行为。②受赠人侵害的是赠与人或其近亲属。近亲属包括配偶、父母、子女、兄弟姐妹、祖父母、外祖父母、孙子女、外孙子女。

(2) 受赠人对赠与人有扶养义务而不履行。

此法定撤销情形应包含如下要件：①受赠人对赠与人有扶养义务。②受赠人有扶养能力。如果受赠人没有扶养能力，赠与人不得撤销赠与。③受赠人对赠与人不履行扶养义务。

(3) 不履行赠与合同约定的义务。

此法定撤销情形主要发生在附义务赠与场合。赠与人在向受赠人转移赠与财产权利后，受赠人不依约履行合同义务，赠与人可以撤销赠与。

此外，因受赠人的违法行为致使赠与人死亡或者丧失民事行为能力的，赠与人的继承人或者法定代理人可以撤销赠与。

赠与人的撤销权，自知道或者应当知道撤销事由之日起1年内行使。赠与人的继承人或者法定代理人的撤销权，自知道或者应当知道撤销事由之日起6个月内行使。

撤销权人撤销赠与的，可以向受赠人要求返还赠与的财产。

三、借款合同

（一）借款合同概述

借款合同是借款人向贷款人借款，到期返还借款并支付利息的合同。

借款合同须采用书面形式，但自然人之间借款另有约定的除外。

借款合同是诺成性合同，但自然人之间的借款合同为实践性合同。自然人之间的借款合同，自贷款人提供借款时成立。

一份完整的借款合同通常包含以下事项：当事人、借款种类、借款用途、货币种类、借款数额、放款方式及时间、贷款利率及利息支付、还款方式及期限、展期约定、担保、违约责任等。

（二）当事人的权利义务

1. 订立借款合同，借款人应当按照贷款人的要求提供与借款有关的业务活动和财务状况的真实情况以及相应的担保，并应当按照约定向贷款人定期提供有关财务会计报表等资料。贷款人按照约定可以检查、监督借款的使用情况。借款人未按照约定的借款用途使用借款的，贷款人可以停止发放借款，提前收回借款或者解除合同。

2. 贷款人未按照约定的日期、数额提供借款，造成借款人损失的，应当赔偿损失。借款人未按照约定的日期、数额收取借款的，应当按照约定的日期、数额支付利息。

3. 借款人应当按照约定的期限返还借款。对借款期限没有约定或者约定不明确时，当事人可以协议补充；不能达成补充协议的，借款人可以随时返还，贷款人也可以催告借款人在合理期限内返还。借款人可以在还款期限届满之前向贷款人申请展期，贷款人同意的，可以展期。

（三）借款利息的规定

1. 借款利息不得预先扣除。

借款的利息不得预先在本金中扣除。利息预先在本金中扣除的，应当按照实际借款数额返还借款并计算利息。

预先扣除利息实际上是变相的高利贷，增加了借款人不当的风险与负担。

2. 借款利息的确定。

（1）禁止高利放贷，借款的利率不得违反国家有关规定。

（2）借款合同对支付利息没有约定的，视为没有利息。

（3）借款合同对支付利息约定不明确，当事人不能达成补充协议的，按照当地或者当事人的交易方式、交易习惯、市场利率等因素确定利息；自然人之间借款的，视为没有利息。

（4）出借人请求借款人按照合同约定利率支付利息的，人民法院应予支持，但是双方约定的利率超过合同成立时一年期贷款市场报价利率四倍的除外。"一年期贷款市场报价利率"，是指中国人民银行授权全国银行间同业拆借中心自2019年8月20日起每月发布的一年期贷款市场报价利率。

（5）借贷双方对前期借款本息结算后将利息计入后期借款本金并重新出具债权凭证，如果前期利率没有超过合同成立时一年期贷款市场报价利率四倍，重新出具的债权凭证载明的金额可认定为后期借款本金。超过部分的利息，不应认定为后期借款本金。借款人在借款期间届满后应当支付的本息之和，超过以最初借款本金与以最初借款本金为基数、以合同成立时一年期贷款市场报价利率四倍计算的整个借款期间的利息之和的，人民法院不予支持。

（6）借贷双方对逾期利率有约定的，从其约定，但是以不超过合同成立时一年期贷款市场报价利率四倍为限。借贷双方未约定逾期利率或者约定不明的，人民法院可以区分不同情况处理：①既未约定借期内利率，也未约定逾期利率，出借人主张借款人自逾期还款之日起参照当时一年期贷款市场报价利率标准计算的利息承担逾期还款违约责任的，人民法院应予支持；②约定了借期内利率但是未约定逾期利率，出借人主张借款人自逾期还款之日起按照借期内利率支付资金占用期间利息的，人民法院应予支持。

（7）出借人与借款人既约定了逾期利率，又约定了违约金或者其他费用，出借人可以选择主张逾期利息、违约金或者其他费用，也可以一并主张，但是总计超过合同成立时一年期贷款市场报价利率四倍的部分，人民法院不予支持。

3. 利息支付期限。

借款人应当按照约定的期限支付利息。借款人未按照约定的期限返还借款的，应当按照约定或者国家有关规定支付逾期利息。在借款人未按照约定的日期、数额收取借款的情况下，仍应当按照约定的日期、数额支付利息。借款人提前偿还借款的，除当事人另有约定的以外，应当按照实际借款的期间计算利息。

对支付利息的期限没有约定或者约定不明确的，当事人可以协议补充；不能达成补充协议时，借款期间不满1年的，应当在返还借款时一并支付；借款期间1年以上的，应当在每届满1年时支付，剩余期间不满1年的，应当在返还借款时一并支付。

四、保证合同

（一）保证合同概述

1. 保证合同的概念。

保证合同是为保障债权的实现，保证人和债权人约定，当债务人不履行到期债务或者发生当事人约定的情形时，保证人履行债务或者承担责任的合同。

保证合同是保证人与债权人之间订立的合同。保证作为一种担保，其实质是将保障债权实现的责任财产，从主债务人的一般财产扩展而及于保证人的一般财产，通过责任财产的扩充来实现对主债权的担保作用。

2. 保证合同的成立。

保证人与债权人应当以书面形式订立保证合同。保证合同可以是单独订立的书面合同，也可以是主债权债务合同中的保证条款。第三人单方以书面形式向债权人作出保证，债权人接收且未提出异议的，保证合同成立。

《担保司法解释》第三十六条还针对若干实践情形能否认定存在保证合同关系作了规范。该条前三款规定："第三人向债权人提供差额补足、流动性支持等类似承诺文件作为增信措施，具有提供担保的意思表示，债权人请求第三人承担保证责任的，人民法院应当依照保证的有关规定处理。第三人向债权人提供的承诺文件，具有加入债务或者与债务人共同承担债务等意思表示的,人民法院应当认定为民法典第五百五十二条规定的债务加入。前两款中第三人提供的承诺文件难以确定是保证还是债务加入的,人民法院应当将其认定为保证。"

保证人与债权人可以就单个主合同分别订立保证合同,也可以协议在最高债权额限度内就一定期间连续发生的借款合同或者某项商品交易合同订立一个保证合同。

3. 保证合同的内容。

保证合同应当包括以下内容:被保证的主债权种类、数额;债务人履行债务的期限;保证的方式、范围、期间;以及双方认为需要约定的其他事项。保证合同不完全具备上述规定内容的,可以补正。

4. 保证合同的从属性。

保证合同具有从属性。对此,《民法典》第六百八十二条规定:"保证合同是主债权债务合同的从合同。主债权债务合同无效的,保证合同无效,但是法律另有规定的除外。保证合同被确认无效后,债务人、保证人、债权人有过错的,应当根据其过错各自承担相应的民事责任。"

(二) 保证人

1. 保证人资格的一般规定。

保证人可以是具有完全民事行为能力的自然人及法人、非法人组织。

不具有完全代偿能力的法人、其他组织或者自然人,以保证人身份订立保证合同后,不得以自己没有代偿能力要求免除保证责任。

2. 保证人资格的限制。

(1) 机关法人原则上不得为保证人。机关法人为国家公务机关,其财产主要来自于国家财政拨款,若允许其将财产用于清偿保证债务,必将对机关法人的公务职能的实现造成影响甚至损害,所以,机关法人不能成为保证人。但是,经过国务院批准,为使用外国政府或者国际经济组织贷款进行转贷而发生的债权,机关法人可以充当保证人。

(2) 居民委员会、村民委员会不得为保证人,但是依法代行村集体经济组织职能的村民委员会,依照村民委员会组织法规定的讨论决定程序对外提供担保的除外。

(3) 以公益为目的的非营利法人、非法人组织不得为保证人。此类法人或非法人组织以社会公益为目的,谋求社会大众的利益,若允许其充当保证人,将影响其公益功能的发挥。

(三) 保证方式

保证的方式有一般保证和连带责任保证两种。

1. 一般保证。

(1) 一般保证的认定。

当事人在保证合同中约定,在债务人不能履行债务时,由保证人承担保证责任的,为一般保证。

当事人在保证合同中约定了保证人在债务人不能履行债务或者无力偿还债务时才承担保证责任等类似内容,具有债务人应当先承担责任的意思表示的,应当将其认定为一般保证。

(2) 先诉抗辩权。

一般保证的保证人享有先诉抗辩权。所谓先诉抗辩权,是指在主合同纠纷未经审判或者仲裁,并就债务人财产依法强制执行仍不能履行债务前,保证人对债权人可拒绝承担保证责任。因为先诉抗辩权的存在,只有以主债务人财产清偿仍不足以实现债权,债权人才可以要求一般保证人承担保证责任。所以,一般保证更充分体现了保证责任的补充性。

有下列情形之一的,保证人不得行使先诉抗辩权:①债务人住所变更,致使债权人要求其履行债务发生重大困难的,如债务人下落不明、移居境外,且无财产可供执行;②人民法院受理债务人破产案件,中止执行程序的;③债权人有证据证明债务人的财产不足以履行全部债务或者丧失履行债务能力的;④保证人以书面形式放弃先诉抗辩权的。

一般保证的保证人在主债权履行期间届满后,向债权人提供了债务人可供执行财产的真实情况的,债权人放弃或者怠于行使权利致使该财产不能被执行,保证人在其提供可供执行财产的实际价值范围内不再承担保证责任。

(3) 主张一般保证责任的相关程序规定。

一般保证中,债权人以债务人为被告提起诉讼的,人民法院应予受理。债权人未就主合同纠纷提起诉讼或者申请仲裁,仅起诉一般保证人的,人民法院应当驳回起诉。

一般保证中,债权人一并起诉债务人和保证人的,人民法院可以受理,但是在作出判决时,除有前述保证人不得行使先诉抗辩权的情形外,应当在判决书主文中明确,保证人仅对债务人财产依法强制执行后仍不能履行的部分承担保证责任。

债权人未对债务人的财产申请保全,或者保全的债务人的财产足以清偿债务,债权人申请对一般保证人的财产进行保全的,人民法院不予准许。

一般保证的债权人取得对债务人赋予强制执行效力的公证债权文书后,在保证期间内向人民法院申请强制执行,保证人以债权人未在保证期间内对债务人提起诉讼或者申请仲裁为由主张不承担保证责任的,人民法院不予支持。

2. 连带责任保证。

(1) 连带责任保证的认定。

当事人在保证合同中约定保证人与债务人对债务承担连带责任的,为连带责任保证。

当事人在保证合同中约定了保证人在债务人不履行债务或者未偿还债务时即承担保证责任、无条件承担保证责任等类似内容,不具有债务人应当先承担责任的意思表示的,应当将其认定为连带责任保证。

当事人对保证方式没有约定或者约定不明确的,按照一般保证承担保证责任。

(2)连带责任保证的效力。

连带责任保证的债务人不履行到期债务或者发生当事人约定的情形时,债权人可以要求债务人履行债务,也可以要求保证人在其保证范围内承担保证责任。

(3)连带责任保证与连带共同保证的区别。

需注意的是,作为保证方式的连带责任保证与共同保证形式之一的连带共同保证不应混淆。同一债务有两个或两个以上保证人的,为共同保证。共同保证人应当按照保证合同约定的保证份额,承担保证责任。各保证人与债权人没有约定保证份额的,应当认定为连带共同保证。

连带责任保证与连带共同保证是不同的:连带责任保证是保证的一种方式,是保证人与债务人之间的连带;而连带共同保证是共同保证的一种形式,是保证人之间的连带。连带共同保证的多个保证人在保证方式上同样可能承担的是一般保证或连带责任保证,如果承担的是一般保证,共同保证人同样享有先诉抗辩权;如果承担的是连带责任保证,当债务人到期不履行债务时,债权人才可以直接选择要求共同保证人承担连带责任。

无论连带共同保证的保证人承担保证的方式是一般保证或连带责任保证,在债权人有权利要求保证人承担保证责任时,债权人可以要求任何一个保证人在保证范围内承担全部保证责任,保证人负有担保全部债权实现的义务。连带共同保证的保证人以其相互之间约定各自承担的份额对抗债权人的,人民法院不予支持。

(四)保证责任

1. 保证责任的范围。

保证人在约定的保证担保范围内承担保证责任。当事人对保证担保的范围没有约定或者约定不明确的,保证人应当对全部债务承担责任。全部债务包括主债权及利息、违约金、损害赔偿金和实现债权的费用。

2. 保证期间。

(1)保证期间概述。

保证期间,是指当事人约定或者法律规定的保证人承担保证责任的时间期限。保证人在与债权人约定的保证期间或者法律规定的保证期间内承担保证责任。保证期间不发生中止、中断和延长。

(2)保证期间的长度与起算点。

①保证人与债权人约定保证期间的,按照约定执行。未约定的,保证期间为6个月。一般保证情况下,债权人有权自主债务履行期届满之日起6个月内对债务人提起诉讼或申请仲裁。在保证期间债权人未对债务人提起诉讼或者申请仲裁的,保证人不再承担保证责任。在连带责任保证的情况下,债权人有权自主债务履行期届满之日起

6个月内要求保证人承担保证责任。

②保证合同约定的保证期间早于或者等于主债务履行期限的，视为没有约定，保证期间为主债务履行期届满之日起6个月。保证合同约定保证人承担保证责任直至主债务本息还清时为止等类似内容的，视为约定不明，保证期间为主债务履行期限届满之日起6个月。

③债权人与债务人对主债务履行期限没有约定或者约定不明的，保证期间自债权人请求债务人履行义务的宽限期届满之日起计算。

④保证人与债权人协议在最高债权额限度内就一定期间连续发生的债权作保证，未约定保证期间的，保证人可以随时书面通知债权人终止保证合同，但保证人对于通知到债权人前所发生的债权，承担保证责任。最高额保证合同对保证期间没有约定或者约定不明的，如最高额保证合同约定有保证人清偿债务期限的，保证期间为清偿期限届满之日起6个月。没有约定债务清偿期限的，保证期间自最高额保证终止之日或自债权人收到保证人终止保证合同的书面通知到达之日起6个月。

(3) 保证期间的效力规定。

①债权人在保证期间内未依法行使权利的，保证责任消灭。

②保证人如果有数人，债权人应在保证期间内依法向每一个保证人主张保证责任，否则，对于保证期间内未被主张保证责任的部分保证人，其保证责任仍归于消灭。《担保司法解释》就此规定如下：

同一债务有两个以上保证人，债权人以其已经在保证期间内依法向部分保证人行使权利为由，主张已经在保证期间内向其他保证人行使权利的，人民法院不予支持。

同一债务有两个以上保证人，保证人之间相互有追偿权，债权人未在保证期间内依法向部分保证人行使权利，导致其他保证人在承担保证责任后丧失追偿权，其他保证人主张在其不能追偿的范围内免除保证责任的，人民法院应予支持。

③一般保证的债权人在保证期间内对债务人提起诉讼或者申请仲裁后，又撤回起诉或者仲裁申请，债权人在保证期间届满前未再行提起诉讼或者申请仲裁，保证人主张不再承担保证责任的，人民法院应予支持。

连带责任保证的债权人在保证期间内对保证人提起诉讼或者申请仲裁后，又撤回起诉或者仲裁申请，起诉状副本或者仲裁申请书副本已经送达保证人的，人民法院应当认定债权人已经在保证期间内向保证人行使了权利。

④保证责任消灭后，债权人书面通知保证人要求承担保证责任，保证人在通知书上签字、盖章或者按指印，债权人请求保证人继续承担保证责任的，人民法院不予支持，但是债权人有证据证明成立了新的保证合同的除外。

3. 保证债务的诉讼时效。

(1) 保证债务诉讼时效概述。

保证债权与其他债权一样，同样要适用于诉讼时效制度。保证期间与诉讼时效都发挥督促债权人行使保证债权的作用,但二者处于不同的作用阶段,发挥不同的作用。根据《民法典》第六百九十四条的规定,只要一般保证的债权人在保证期间内向主债务人主张了其债权,或连带责任保证的债权人在保证期间内请求保证人承担保证责任,保证期间的作用便终结,保证债务不再受保证期间制约,转而开始受诉讼时效期间的约束。

保证债务诉讼时效为普通诉讼时效,期间为3年。

保证人知道或者应当知道主债权诉讼时效期间届满仍然提供保证或者承担保证责任,又以诉讼时效期间届满为由拒绝承担保证责任或者请求返还财产的,人民法院不予支持;保证人承担保证责任后向债务人追偿的,人民法院不予支持,但是债务人放弃诉讼时效抗辩的除外。

(2)保证债务诉讼时效的起算点。

①一般保证的债权人在保证期间届满前对债务人提起诉讼或者申请仲裁的,从保证人拒绝承担保证责任的权利(先诉抗辩权)消灭之日起,开始计算保证债务的诉讼时效。何为"保证人拒绝承担保证责任的权利消灭之日",《担保司法解释》针对实践中的一些情形作了如下更细化的规定:

一般保证中,债权人依据生效法律文书对债务人的财产依法申请强制执行,保证债务诉讼时效的起算时间按照下列规则确定:A. 人民法院作出终结本次执行程序裁定,或者因作为被执行人的自然人死亡,无遗产可供执行且无义务承担人或生活困难无力偿还借款,无收入来源且丧失劳动能力而作出终结执行裁定的,自裁定送达债权人之日起开始计算;B. 人民法院自收到申请执行书之日起一年内未作出前项裁定的,自人民法院收到申请执行书满一年之日起开始计算,但是保证人有证据证明债务人仍有财产可供执行的除外。

一般保证的债权人在保证期间届满前对债务人提起诉讼或者申请仲裁,债权人举证证明存在《民法典》第六百八十七条所规定的保证人不得行使先诉抗辩权情形的,保证债务的诉讼时效自债权人知道或者应当知道该情形之日起开始计算。

②连带责任保证的债权人在保证期间届满前请求保证人承担保证责任的,从债权人请求保证人承担保证责任之日起,开始计算保证合同的诉讼时效。

③保证人对债务人行使追偿权的诉讼时效,自保证人向债权人承担责任之日起开始计算。

4. 主合同变更与保证责任承担。

(1)主债权转让。

在保证期间内,债权人依法将主债权转让给第三人并通知保证人的,保证债权同时转让,保证人在原保证担保的范围内对受让人承担保证责任;未通知保证人的,该转让对保证人不发生效力。但是,保证人与债权人事先约定仅对特定的债权人承担保证责任或者禁止债权转让的,债权人未经保证人书面同意转让债权的,保证人对于受让人不再承担保证责任。

(2) 主债务转移。

保证期间，债权人许可债务人转让债务的，应当取得保证人书面同意，保证人对未经其同意转让的债务部分，不再承担保证责任。如此规定的原因在于，保证人通常是基于其与债务人之间的信赖关系而提供保证担保，未经保证人同意的债务移转，改变了保证人承担保证责任的信赖基础。

(3) 第三人债务加入。

第三人加入债务的，保证人的保证责任不受影响。

(4) 主合同内容变更。

保证期间，债权人与债务人对主合同数量、价款、币种、利率等内容做了变动，未经保证人书面同意的，如果减轻债务人债务的，保证人仍应当对变更后的合同承担保证责任；如果加重债务人债务的，保证人对加重的部分不承担保证责任。

债权人与债务人对主合同履行期限做了变动，未经保证人书面同意的，保证期间为原合同约定的或者法律规定的期间。

债权人与债务人协议变更主合同内容，但并未实际履行的，保证人仍应当承担保证责任。

5. 保证担保与物的担保并存的保证责任。

《民法典》第三百九十二条规定："同一债权既有保证又有物的担保的，属于共同担保。被担保的债权既有物的担保又有人的担保，债务人不履行到期债务或发生当事人约定的实现担保物权的情形，债权人应当按照约定实现债权；没有约定或者约定不明确，债务人自己提供物的担保的，债权人应当先就该物的担保实现债权；第三人提供物的担保的，债权人可以就物的担保实现债权，也可以要求保证人承担保证责任。提供担保的第三人承担担保责任后，有权向债务人追偿。"

上述条款涉及同一债权既有保证担保又有物的担保，债务人不履行到期债务或发生当事人约定的实现担保物权的情形时，担保权人如何行使担保权利的问题。对于该问题，当事人之间有约定，从其约定。没有约定的话，若债务人自己提供物的担保，担保权人须先行使物的担保权利，如此可避免担保实现后第三人（担保人）与债务人之间的追偿关系；若第三人提供物的担保，因为保证也是第三人的担保，此时赋予担保权人任意选择权。

(五) 保证人的权利

1. 保证人的抗辩权。

保证实质上是保证人在债务人不能履行债务时代其履行债务，所以，保证人可以行使债务人对于债权人享有的各种抗辩权。关于保证人可享有的抗辩权，《民法典》第七百零二条规定："债务人对债权人享有抵销权或者撤销权的，保证人可以在相应范围内拒绝承担保证责任。"

2. 保证人的追偿权。

保证人承担保证责任后，有权向债务人追偿。

保证期间，人民法院受理债务人破产案件的，债权人既可以向人民法院申报债权，也可以向保证人主张权利。债权人申报债权后在破产程序中未受清偿的部分，保证人仍应当承担保证责任。债权人要求保证人承担保证责任的，应当在破产程序终结后6个月内提出。债权人知道或者应当知道债务人破产，既未申报债权也未通知保证人，致使保证人不能预先行使追偿权的，保证人在该债权破产程序中可能受偿的范围内免除保证责任。人民法院受理债务人破产案件后，债权人未申报债权的，各连带共同保证的保证人应当作为一个主体申报债权，预先行使追偿权。

【例5-9】甲公司与乙公司达成还款协议，约定乙公司在2020年7月30日归还100万元，8月30日归还200万元，9月30日归还300万元。丙公司对三笔还款提供保证，约定承担连带保证责任，但未约定保证期间。后甲公司同意乙公司的三笔还款均顺延3个月，丙公司对此不知情。乙公司一直未还款，甲公司仅于2021年3月15日要求丙公司承担保证责任。下列关于丙公司保证责任承担的表述中，正确的是（　　）。

A. 丙公司保证担保的主债权为300万元

B. 丙公司保证担保的主债权为500万元

C. 丙公司保证担保的主债权为600万元

D. 因延长还款期限未经丙公司同意，丙公司不再承担保证责任

解析 正确答案为选项A。根据《民法典》的规定，当事人之间未约定保证期间的，保证期间为主债务履行期间届满之日起6个月。连带保证的债权人未在保证期间请求保证人承担保证责任的，保证人不再承担保证责任。本题中，保证人丙公司对三笔债权担保的保证期间截止日期分别为2021年1月30日、2月28日、3月30日。甲公司仅于2021年3月15日请求丙公司承担保证责任，丙公司对前两笔债权的保证期间已经届满，保证责任已经消灭。因此，丙公司仅对最后一笔300万元债权承担保证责任。而债权人与债务人对主合同履行期限做了变动，未经保证人书面同意的，保证期间仍为原合同约定的或者法律规定的期间，但不会因此导致保证人不再承担保证责任。

五、租赁合同

（一）租赁合同概述

租赁合同是出租人将租赁物交付承租人使用、收益，承租人支付租金的合同。

租赁合同的内容一般包括租赁物的名称、数量、用途、租赁期限、租金及其支付

期限和方式、租赁物维修等条款。

租赁合同中租赁期限为 6 个月以上的，应当采用书面形式。当事人未采用书面形式无法确定租赁期限的，视为不定期租赁。

租赁期限不得超过 20 年。超过 20 年的，超过部分无效。租赁期间届满，当事人可以续订租赁合同，但约定的租赁期限自续订之日起不得超过 20 年。

当事人对租赁期限没有约定或者约定不明确，可以协议补充，不能达成补充协议的，按照合同有关条款或者交易习惯确定，仍不能确定的，视为不定期租赁。对于不定期租赁，当事人可以随时解除合同，但是应当在合理期限之前通知对方。

（二）当事人的权利义务

1. 租赁物的交付及维修。

出租人应当按照约定将租赁物交付承租人，并在租赁期间保持租赁物符合约定的用途。

出租人应当履行租赁物的维修义务，但当事人另有约定的除外。承租人在租赁物需要维修时可以要求出租人在合理期限内维修。出租人未履行维修义务的，承租人可以自行维修，维修费用由出租人负担。因维修租赁物影响承租人使用的，应当相应减少租金或者延长租期。因承租人的过错致使租赁物需要维修的，出租人不承担前款规定的维修义务。

租赁物危及承租人的安全或者健康的，即使承租人订立合同时明知该租赁物质量不合格，承租人仍然可以随时解除合同。

2. 租赁物的使用、收益。

承租人应当按照约定的方法或按照租赁物的性质使用租赁物，并应当妥善保管租赁物，如因保管不善造成租赁物毁损、灭失的，应当承担损害赔偿责任。承租人按照约定的方法或者根据租赁物的性质使用租赁物，致使租赁物受到损耗的，不承担赔偿责任。承租人未按照约定的方法或者未根据租赁物的性质使用租赁物，致使租赁物受到损失的，出租人可以解除合同并请求赔偿损失。

承租人经出租人同意，可以对租赁物进行改善或增设他物，如未经出租人同意，出租人可以要求承租人恢复原状或赔偿损失。

在租赁期间因占有、使用租赁物获得的收益，归承租人所有，但当事人另有约定的除外。

租赁物在租赁期间发生所有权变动的，不影响租赁合同的效力。此即"买卖不破租赁"原则。按照此原则，租赁期间租赁物所有权变动的，受让人取得原出租人的地位，租赁合同的出租人发生变化。

3. 租金的支付。

承租人应当按照约定的期限支付租金。对支付期限没有约定或约定不明确的，可以协议补充，不能达成补充协议的，按照合同有关条款或者交易习惯确定。仍不能确定的，租赁期间不满1年的，应当在租赁期间届满时支付；租赁期间1年以上的，应当在每届满1年时支付，剩余期间不满1年的，应当在租赁期间届满时支付。

承租人无正当理由未支付或者迟延支付租金的，出租人可以要求承租人在合理期限内支付，承租人逾期不支付的，出租人可以解除合同。

因不可归责于承租人的事由，致使租赁物部分或者全部毁损、灭失的，承租人可以要求减少租金或者不支付租金；因租赁物部分或者全部毁损、灭失，致使不能实现合同目的的，承租人可以解除合同。

4. 转租。

转租是指承租人在不脱离原租赁关系的情况下，将租赁物又出租给次承租人（第三人）的情形。

承租人经出租人同意，可以将租赁物转租给第三人，在这种情况下，承租人与出租人之间的租赁合同继续有效，第三人对租赁物造成损失的，承租人应当赔偿损失。承租人未经出租人同意转租的，出租人可以解除合同。出租人知道或者应当知道承租人转租，但是在6个月内未提出异议的，视为出租人同意转租。

承租人拖欠租金的，次承租人可以代承租人支付其欠付的租金和违约金，但是转租合同对出租人不具有法律约束力的除外。次承租人代为支付的租金和违约金，可以充抵次承租人应当向承租人支付的租金；超出其应付的租金数额的，可以向承租人追偿。

5. 租赁物的返还。

租赁期间届满，承租人应当返还租赁物。返还的租赁物应当符合按照约定或者租赁物的性质使用后的状态。承租人继续使用租赁物，出租人没有提出异议的，原租赁合同继续有效，但租赁期限为不定期。

租赁期限届满，房屋承租人享有以同等条件优先承租的权利。

（三）房屋租赁合同

房屋租赁合同是指以房屋为租赁标的物的租赁合同。

1. 房屋租赁合同的效力。

（1）房屋租赁合同效力的特别规定。

①出租人就未取得建设工程规划许可证或者未按照建设工程规划许可证的规定建设的房屋，与承租人订立的租赁合同无效。但在一审法庭辩论终结前取得建设工程规划许可证或者经主管部门批准建设的，人民法院应当认定有效。

②出租人就未经批准或者未按照批准内容建设的临时建筑，与承租人订立的租赁合同无效。但在一审法庭辩论终结前经主管部门批准建设的，人民法院应当认定有效。

③租赁期限超过临时建筑的使用期限，超过部分无效。但在一审法庭辩论终结前经主管部门批准延长使用期限的，人民法院应当认定延长使用期限内的租赁期间有效。

（2）"一房数租"的处理。

出租人就同一房屋订立数份租赁合同，在合同均有效的情况下，承租人均主张履行合同的，人民法院按照下列顺序确定履行合同的承租人：①已经合法占有租赁房屋的；②已经办理登记备案手续的；③合同成立在先的。

不能取得租赁房屋的承租人可以依法请求解除合同、赔偿损失。

（3）房屋租赁合同无效的法律后果。

房屋租赁合同无效，当事人请求参照合同约定的租金标准支付房屋占有使用费的，人民法院一般应予支持。

2. 承租人的优先购买权。

出租人出卖出租房屋的，应当在出卖之前的合理期限内通知承租人，承租人享有以同等条件优先购买的权利。

（1）出租人出卖租赁房屋未在合理期限内通知承租人或者存在其他侵害承租人优先购买权的情形，承租人可以请求出租人承担赔偿责任。但是，出租人与第三人订立的房屋买卖合同的效力不受影响。

（2）出租人出卖租赁房屋的，应当在出卖之前的合理期限内通知承租人，承租人享有以同等条件优先购买的权利；但是，房屋按份共有人行使优先购买权或者出租人将房屋出卖给近亲属的除外。近亲属包括配偶、父母、子女、兄弟姐妹、祖父母、外祖父母、孙子女、外孙子女。出租人履行通知义务后，承租人在十五日内未明确表示购买的，视为承租人放弃优先购买权。出租人委托拍卖人拍卖租赁房屋的，应当在拍卖五日前通知承租人。承租人未参加拍卖的，视为放弃优先购买权。

3. 房屋租赁的"买卖不破租赁"原则。

租赁房屋在租赁期间发生所有权变动，承租人请求房屋受让人继续履行原租赁合同的，人民法院应予支持。但租赁房屋具有下列情形或者当事人另有约定的除外：①房屋在出租前已设立抵押权，因抵押权人实现抵押权发生所有权变动的；②房屋在出租前已被人民法院依法查封的。

【例5-10】孙某与李某签订房屋租赁合同，李某随后与陈某签订了转租合同，孙某表示同意。但是，孙某在与李某签订租赁合同之前，已经把该房租给了王某并已交付。李某、陈某、王某均要求继续租赁该房屋。下列表述正确的是（ ）。

A. 李某有权要求王某搬离房屋
B. 陈某有权要求王某搬离房屋
C. 李某有权解除合同，要求孙某承担赔偿责任
D. 陈某有权解除合同，要求孙某承担赔偿责任

解析 正确答案为选项C。本题考核"一房数租"情况下承租人的确定、合同解除与合同相对性。选项A、B错误。根据法律规定，出租人就同一房屋订立数份租赁合同，在合同均有效的情况下，承租人均主张履行合同的，人民法院按照下列顺序确定履行合同的承租人：（一）已经合法占有租赁房屋的；（二）已经办理登记备

案手续的；（三）合同成立在先的。本题中，王某与孙某签订租赁合同在先，且其已经合法占有租赁房屋。因此，王某应作为优先顺位的承租人，李某、陈某无权要求王某搬离房屋。

选项 C 正确。当事人一方迟延履行债务或者有其他违约行为致使不能实现合同目的，当事人可以解除合同。本题中，因孙某违约导致李某的租房合同无法实现合同目的，李某有权解除合同，并要求孙某承担赔偿责任。

选项 D 错误。本题中，陈某与孙某之间不存在合同关系，根据合同的相对性，陈某不能要求孙某承担赔偿责任。但陈某与李某之间存在转租合同关系，陈某有权解除其与李某之间的转租合同，并要求李某承担赔偿责任。

【例 5-11】2015 年，甲租用乙的房屋，双方签订了租赁合同，约定租赁期限为 5 年。2018 年，甲因租用的房屋年久失修，乙又无力维修，故提议乙出卖，乙提出以 300 万元的价格卖给甲，甲表示价格太高不买。此时丙愿意以 320 万元的价格购买此房，乙、丙遂签订房屋买卖合同，乙以 320 万元的价格将该房卖给了丙。

根据上述事实及有关法律规定回答下列问题。
（1）乙、丙的房屋买卖合同是否影响甲对该房的租用？
（2）甲是否对该房有优先购买权？

【解析】
（1）租赁物在租赁期间发生所有权变动的，不影响租赁合同的效力。所以乙、丙的房屋买卖合同并不影响甲对该房的租用直至租赁期满。
（2）出租人出卖租赁房屋的，应当在出卖之前的合理期限内通知承租人，承租人享有以同等条件优先购买的权利，所以甲对该房屋在同等条件下有优先购买权。本案中乙以 320 万元的价格将房屋卖给丙，高于告知甲的 300 万元价格，况且甲已表示不买，放弃了优先购买权。

六、融资租赁合同

（一）融资租赁合同概述

融资租赁合同是出租人根据承租人对出卖人、租赁物的选择，向出卖人购买租赁物，提供给承租人使用，承租人支付租金的合同。以融资为目的，以融物为手段是融资租赁合同区别于一般租赁合同的重要特征，也是其与借款合同不同之所在。自融资租赁合同的运作实践效果看，承租人通过融资租赁合同方式利用出租人的资金购买自己所需物品，与承租人借用出租人资金购买自己所需物品，二者之实际效果基本相同。

根据中国银保监会颁布的《融资租赁合同监督管理暂行办法》的规定，只有经过金融管理机构许可的公司才可以从事融资租赁业务。因此,融资租赁合同的出租人须是从事融资租赁业务的租赁公司或者其他经过批准兼营租赁业务的公司。

融资租赁合同的内容一般包括租赁物的名称、数量、规格、技术性能、检验方法,租赁期限,租金构成及其支付期限和方式、币种,租赁期限届满租赁物的归属等条款。

当事人以虚构租赁物方式订立的融资租赁合同无效。依照法律、行政法规的规定,对于租赁物的经营使用应当取得行政许可的,出租人未取得行政许可不影响融资租赁合同的效力。

融资租赁合同的租金,除当事人另有约定的以外,应当根据购买租赁物的大部分或者全部成本以及出租人的合理利润确定。

融资租赁合同应当采用书面形式。

(二) 当事人的权利义务

1. 出租人的权利义务。

(1) 出租人根据承租人对出卖人、租赁物的选择订立的买卖合同,未经承租人同意,出租人不得变更与承租人有关的合同内容。

(2) 出租人应当保证承租人对租赁物的占有和使用,租赁物不符合约定或者不符合使用目的的,出租人不承担责任,但承租人依赖出租人的技能确定租赁物或者出租人干预选择租赁物的除外。

(3) 出租人享有租赁物的所有权;承租人破产的,租赁物不属于破产财产。出租人对租赁物享有的所有权,未经登记,不得对抗善意第三人。

(4) 承租人未经出租人同意,将租赁物转让、抵押、质押、投资入股或者以其他方式处分的,出租人可以解除融资租赁合同。

(5) 出租人、出卖人、承租人可以约定,出卖人不履行买卖合同义务的,由承租人行使索赔的权利。承租人行使索赔权利的,出租人应当协助。出租人有下列情形之一,致使承租人对出卖人行使索赔权利失败的,承租人有权请求出租人承担相应的责任:①明知租赁物有质量瑕疵而不告知承租人;②承租人行使索赔权利时,未及时提供必要协助。出租人怠于行使只能由其对出卖人行使的索赔权利,造成承租人损失的,承租人有权请求出租人承担赔偿责任。

2. 承租人的权利义务。

(1) 承租人享有与受领标的物有关的买受人的权利,承租人应当妥善保管、使用租赁物,履行占有租赁物期间的维修义务。

(2) 承租人占有租赁物期间,租赁物造成第三人的人身伤害或者财产损害的,应由承租人赔偿损失,出租人不承担责任。

(3) 承租人应按照约定支付租金,经催告后在合理期限内仍不支付租金的,出租人可以要求支付全部租金;也可以解除合同,收回租赁物。

根据《担保司法解释》第六十五条的规定,在融资租赁合同中,承租人未按照约定支付租金，经催告后在合理期限内仍不支付，出租人请求承租人支付全部剩余租金，并以拍卖、变卖租赁物所得的价款受偿的，人民法院应予支持；当事人请求参照民事诉讼法"实现担保物权案件"的有关规定，以拍卖、变卖租赁物所得价款支付租金的，人民法院应予准许。出租人请求解除融资租赁合同并收回租赁物，承租人以抗辩或者反诉的方式主张返还租赁物价值超过欠付租金以及其他费用的，人民法院应当一并处理。当事人对租赁物的价值有争议的，应当按照下列规则确定租赁物的价值：①融资租赁合同有约定的，按照其约定；②融资租赁合同未约定或者约定不明的，根据约定的租赁物折旧以及合同到期后租赁物的残值来确定；③根据前两项规定的方法仍然难以确定，或者当事人认为根据前两项规定的方法确定的价值严重偏离租赁物实际价值的，根据当事人的申请委托有资质的机构评估。

承租人占有租赁物期间，租赁物毁损、灭失的，出租人有权请求承租人继续支付租金，但是法律另有规定或者当事人另有约定的除外。

(三) 融资租赁合同期限届满时租赁物的归属

出租人和承租人可以约定租赁期间届满租赁物的归属。

当事人约定租赁期间届满租赁物归承租人所有，承租人已经支付大部分租金，但无力支付剩余租金，出租人因此解除合同收回租赁物的，收回的租赁物的价值超过承租人欠付的租金以及其他费用的，承租人可以请求相应返还。

对租赁物的归属没有约定或者约定不明确，可以协议补充，不能达成补充协议的，按照合同有关条款或者交易习惯确定。仍不能确定的，租赁物的所有权归出租人。

当事人约定租赁期限届满，承租人仅需向出租人支付象征性价款的，视为约定的租金义务履行完毕后租赁物的所有权归承租人。

【例5-12】甲、乙两公司采用合同书形式订立了一份买卖合同，双方约定由甲公司向乙公司提供100台精密仪器，甲公司于8月31日以前交货，并负责将货物运至乙公司，乙公司在收到货物后10日内付清货款。合同订立后，双方均未签字盖章。7月28日，甲公司与丙运输公司订立货物运输合同，双方约定由丙公司将100台精密仪器运至乙公司；8月1日，丙公司先运了70台精密仪器至乙公司，乙公司全部收到，并于8月8日将70台精密仪器的货款付清。8月20日，甲公司掌握了乙公司转移财产、逃避债务的确切证据，随即通知丙公司暂停运输其余30台精密仪器，并通知乙公司中止交货，要求乙公司提供担保，乙公司及时提供了担保。8月26日，甲公司通知丙公司将其余30台精密仪器运往乙公司，丙公司在运输途中发生交通事故，30台精密仪器全部毁损，致使甲公司8月31日前不能按时全部交货。9月5日，乙公司要求甲公司承担违约责任。

根据以上事实及《民法典》的规定回答下列问题。

（1）甲、乙公司订立的买卖合同是否成立？请说明理由。

（2）甲公司8月20日中止履行合同的行为是否合法？请说明理由。

（3）乙公司9月5日要求甲公司承担违约责任是否合法？请说明理由。

解析

（1）甲、乙公司订立的买卖合同成立。根据《民法典》的规定，采用合同书形式订立合同，在签字或者盖章之前，当事人一方已经履行主要义务，对方接受的，该合同成立。虽然甲、乙公司没有在合同书上签字盖章，但甲公司已将70台精密仪器交付了乙公司，乙公司也接受并付款，所以合同成立。

（2）甲公司8月20日中止履行合同的行为合法。应当先履行债务的当事人一方，有确切证据证明对方有转移财产、逃避债务的情形，可以中止履行合同。

（3）乙公司9月5日要求甲公司承担违约责任的行为合法。当事人一方因第三人的原因造成违约的，应当向对方承担违约责任。

本章思考题

1. 合同可作哪些分类？
2. 要约与要约邀请有什么区别？
3. 要约的撤回与撤销有什么区别？
4. 承诺应具备哪些要件？
5. 哪些情形下格式条款是无效的？
6. 效力待定合同主要有哪些情形？
7. 行使同时履行抗辩权应具备哪些条件？
8. 不安抗辩权的行使条件与效力是什么？
9. 代位权、撤销权的构成要件分别有哪些？
10. 代位权与撤销权行使的法律效力有什么区别？
11. 哪些情形下合同权利不可转让？
12. 什么是清偿抵充？
13. 法定抵销的条件有哪些？
14. 哪些情形可以提存？提存有什么法律效力？
15. 法定解除的原因有哪些？
16. 违约责任的承担方式有哪些？
17. 如何把握买卖合同标的物毁损、灭失风险的承担规则？
18. 赠与的任意撤销与法定撤销有什么区别？

19. 确定借款利息应注意哪些规则?
20. 哪些人不得作为保证人?
21. 一般保证与连带责任保证有什么区别?
22. 保证期间有什么效力?
23. 保证期间与保证债务诉讼时效期间是什么关系?
24. 哪些情形中当事人可以解除租赁合同?
25. 租赁合同与融资租赁合同有什么不同?

第六章 金融法律制度

本章要求

掌握：票据法的基础理论及汇票、支票的相关规定，证券发行与交易、上市公司收购的有关内容，保险与保险法、保险合同的相关规定，信托法的基础理论、信托设立与信托财产；**熟悉**：本票相关规定，信息披露制度的相关规定，投资者保护的制度内容，信托当事人的权利与义务；**了解**：涉外票据的概念与法律适用，证券与证券法，保险公司与保险中介人，信托的变更与终止。

本章主要内容

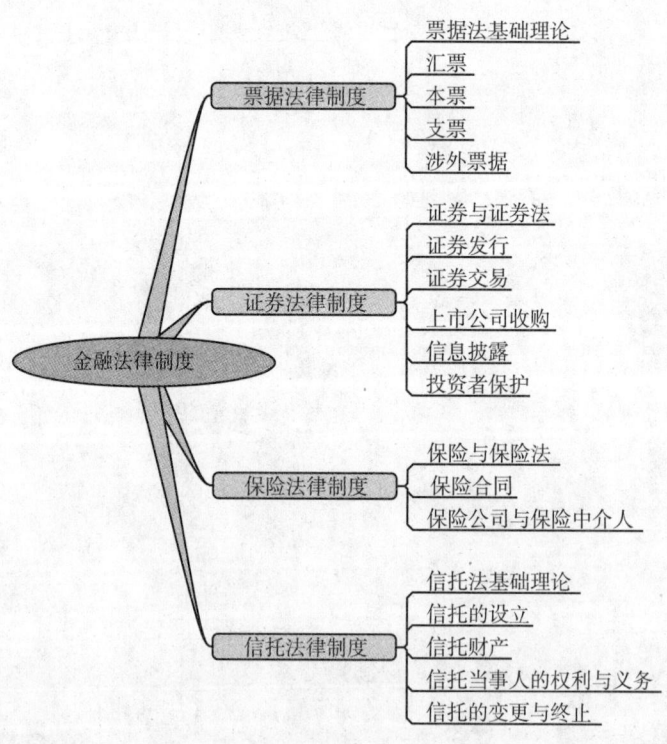

第一节 票据法律制度

一、票据法基础理论

(一) 票据的概念

票据的概念有广义和狭义之分。广义的票据包括各种有价证券和凭证，如股票、国库券、企业债券、发票、提单等；狭义的票据，即我国《票据法》中规定的票据，包括汇票、本票和支票，是指由出票人依法签发的，约定自己或委托付款人在见票时或指定的日期向收款人或持票人无条件支付一定金额的有价证券。

(二) 票据法的概念

票据法的概念有广义和狭义之分。广义的票据法是指各种法律规范中有关票据规定的总称，包括专门的票据法律以及其他法律中有关票据的规定，如《民法典》中有关民事法律行为、代理的规定等；《刑法》中有关伪造有价证券罪的规定；《民事诉讼法》中有关票据诉讼、公示催告等的规定等。狭义的票据法仅指票据的专门立法。本节介绍的主要是狭义的票据法。

我国的票据法律制度主要包括：1995 年 5 月 10 日第八届全国人大常委会第十三次会议通过、2004 年 8 月 28 日第十届全国人大常委会第十一次会议修订、自 1996 年 1 月 1 日起施行的《中华人民共和国票据法》（以下简称《票据法》）；1997 年 6 月 23 日经国务院批准、中国人民银行于 1997 年 8 月 21 日发布的《票据管理实施办法》；1997 年 9 月 19 日中国人民银行发布的《支付结算办法》；2000 年 2 月 24 日最高人民法院通过、2020 年 12 月 23 日修正的《关于审理票据纠纷案件若干问题的规定》（以下简称《票据法》司法解释）等。

(三) 票据法上的关系和票据基础关系

1. 票据法上的关系。

票据法上的关系是指因票据行为及与票据行为有关的行为而产生的票据当事人之间的法律关系。票据法上的关系可分为票据法上的票据关系和票据法上的非票据关系。

(1) 票据法上的票据关系，是指当事人基于票据行为而产生的票据权利义务关系。其中，票据的持有人（持票人）享有票据权利，对在票据上签名的票据债务人可以主张行使票据法规定的相关权利。票据上签名的票据债务人负担票据责任（即票据义务），依自己在票据上的签名按照票据上记载的文义承担相应的义务。票据关系当事人较复杂，一般包括出票人、收款人、付款人、持票人、承兑人、背书人、被背书人、保证人等。票据关系在不同的当事人之间基于不同的票据行为而不同，如因出票行为而产生出票人与收款人之间的关系、收款人与付款人之间的关系；因汇票的承兑行为而产生持票人与承兑人之间的关系；因背书行为而产生背书人与被背书人之间的关系；因保证行为而产生保证人与持票人之间的关系以及保证人与被保证人及其前手之间的关系等。在各种票据关系中，出票人、持票人、付款人三者之间的关系是票据的基本关系。

（2）票据法上的非票据关系，是指由票据法直接规定的，不基于票据行为而发生的票据当事人之间与票据有关的法律关系，如票据上的正当权利人对于因恶意而取得票据的人行使票据返还请求权而发生的关系；因时效届满或手续欠缺而丧失票据上权利的持票人对于出票人或承兑人行使利益偿还请求权而发生的关系；票据付款人付款后请求持票人交还票据而发生的关系等。

2. 票据基础关系。

票据关系的发生是基于票据的授受行为，当事人之间授受票据则是基于一定的原因或前提，这种授受票据的原因或前提关系即是票据的基础关系，如基于购买货物或返还资金而授受票据，该购货关系和返还资金关系即票据的基础关系。在法理上，票据的基础关系往往都是民法上的法律关系。

票据关系与票据的基础关系具有密切的联系。一般来说，票据关系的发生总是以票据的基础关系为原因和前提的，正因如此，《票据法》规定："票据的签发、取得和转让，应当遵循诚实信用的原则，具有真实的交易关系和债权债务关系。"这里的交易关系和债权债务关系就是基础关系的范畴。但是，票据关系一经形成，就与基础关系相分离，基础关系是否存在、是否有效，对票据关系都不起作用。这就是说，如果票据当事人违反《票据法》的上述规定而签发、取得和转让了没有真实交易关系和债权债务关系的票据，该票据只要符合法定的形式要件，票据关系就是有效的，该票据关系的债务人就必须依票据上的记载事项对票据债权人承担票据责任，而不得以该票据没有真实的交易和债权债务关系为由进行抗辩。除非依《票据法》规定，持票人是不履行约定义务的与自己有直接债权债务关系的人，票据债务人才可进行抗辩。此外，票据关系因一定原因失效，也不影响基础关系的效力。《票据法》明确规定："持票人因超过票据权利时效或者因票据记载事项欠缺而丧失票据权利的，仍享有民事权利，可以请求出票人或者承兑人返还其与未支付的票据金额相当的利益。"因此，票据关系与票据的基础关系不容混淆。

（四）票据行为

1. 票据行为的概念。

票据行为是指票据当事人以发生票据债务为目的、以在票据上签章为权利义务成立要件的法律行为。不同的票据所涉及的票据行为是不同的，有些票据行为是汇票、本票、支票共有的行为，如出票、背书，而有的只是某一种票据所独有的行为，如承兑是汇票所独有的行为。

2. 票据行为成立的有效条件。

票据行为是一种民事法律行为，必须符合民事法律行为成立的一般条件。同时，票据行为又是特殊的要式民事法律行为，必须具备《票据法》规定的特别要件。根据有关规定，票据行为的成立，必须符合以下条件：

（1）行为人必须具有从事票据行为的能力。从事票据行为的能力即票据能力，包括票据权利能力和票据行为能力。票据权利能力是指行为人可以享有票据上的权利和承担票据上的义务的资格。只要具备民事主体资格，公民（自然人）、法人和其他组织，都具有票据权利能力。票据行为能力是指行为人可以通过自己的票据行为取得票据上的权利和承担票据上的义务的资格。《票据法》规定，无民事行为能力人或者限制民事行为能力人在票据上签章的，其签章无效。也就是说，无民事行为能力人或者限制民事行为能力人不具有票据行为能力，只有具备完全民事行为能力的自然人才具有票据行为能力。法人的票据行为能力一般不受限制。

（2）行为人的意思表示必须真实或无缺陷。《票据法》规定，以欺诈、偷盗或者胁迫等手段取得票据的，或者明知有前列情形，出于恶意取得票据的，不得享有票据权利。这一规定表明，尽管票据的形式符合法定条件，但从事票据行为的意思表示不真实或存在缺陷，票据持有人也不得享有票据上的权利。

（3）票据行为的内容必须符合法律、法规的规定。《票据法》规定，票据活动应当遵守法律、行政法规，不得损害社会公共利益。凡违背法律的规定而进行的行为，将不能取得票据行为的法律效力。需要明确的是，这里所指的合法主要是指票据行为本身必须合法，即票据行为的进行程序、记载的内容等合法，至于票据的基础关系涉及的行为是否合法，则与此无关。例如，当事人发出票据是基于买卖关系，如果该买卖关系违反法律、法规而无效，则不影响票据行为的有效性。

（4）票据行为必须符合法定形式。

①关于签章。签章是票据行为生效的一个重要条件。我国《票据法》规定："票据上的签章，为签名、盖章或者签名加盖章。"即行为人在票据上签章，可以采用签名、盖章或者签名加盖章的其中之一。

票据上的签章是票据行为表现形式中绝对应记载的事项，如无该项内容，票据行为即为无效。票据上的签章因票据行为不同，签章人也不相同。票据签发时，由出票人签章；票据转让时，由背书人签章；票据承兑时，由承兑人签章；票据保证时，由保证人签章；票据代理时，由代理人签章；持票人行使票据权利时，由持票人签章；等等。

《票据法》规定："法人和其他使用票据的单位在票据上的签章，为该法人或者该单位的盖章加其法定代表人或者其授权的代理人的签章。"

《票据法》司法解释第四十条和《支付结算办法》第二十三条，就票据的签章要求作出了详尽的规定：银行汇票的出票人在票据上的签章和银行承兑汇票的承兑人的签章，应为该银行汇票专用章加其法定代表人或其授权的代理人的签名或者盖章；商业汇票的出票人在票据上的签章，为该法人或者该单位的财务专用章或者公章加其法定代表人、单位负责人或者其授权的代理人的签名或者盖章；银行本票的出票人在票据上的签章，应为该银行本票专用章加其法定代表人或者授权的代理人的签名或者盖章；单位在票据上的签章，应为该单位的财务专用章或者公章加其法定代表人或其授权的代理人的签名或者盖章；个人在票据上的签章，应为该个人的签名或者盖章；支票的出票人和商业承兑汇票的承兑人在票据上的签章，应为其预留银行的签章。

根据《票据法》司法解释第四十一条的规定，银行汇票、银行本票的出票人以及银行承兑汇票的承兑人在票据上未加盖规定的专用章而加盖该银行的公章，支票的出票人在票据上未加盖与该单位在银行预留签章一致的财务专用章而加盖该出票人公章的，签章人应当承担票据责任。

关于票据的签名。《票据法》规定："在票据上的签名，应当为该当事人的本名。"这一规定主要是强调公民在票据上签名时只能使用本名。《票据管理实施办法》第十六条规定，该本名是指符合法律、行政法规以及国家有关规定的身份证件上的姓名。

根据《票据法》司法解释第四十五条和《支付结算办法》第二十四条的规定，出票人在票据上的签章不符合规定的，票据无效；承兑人、保证人在票据上的签章不符合规定的，或者无民事行为能力人、限制民事行为能力人在票据上签章的，其签章无效，但不影响其他符合规定签章的效力；背书人在票据上的签章不符合规定的，其签章无效，但不影响其前手符合规定签章的效力。

②关于票据记载事项。票据记载事项一般分为绝对记载事项、相对记载事项、任意记载事项等。绝对记载事项是指票据法明文规定必须记载的，如无记载，票据或票据行为即为无效的事项；相对记载事项是指某些应该记载而未记载，适用法律有关规定而不使票据或票据行为失效的事项；任意记载事项是指《票据法》规定由当事人任意记载、一经记载即发生票据上效力的事项。票据上可以记载《票据法》及《支付结算办法》规定事项以外的其他出票事项，但是该记载事项不具有票据上的效力，银行不负审查责任。

由于票据种类、票据行为的不同，记载的事项也不一样。各类票据出票必须绝对记载的内容包括：票据种类的记载，即汇票、本票、支票的记载；票据金额的记载，《票据法》规定票据金额以中文大写和数码同时记载，两者必须一致，两者不一致的，票据无效；票据收款人的记载，收款人是票据到期收取票款的人，并且是票据的初始权利人，因此，票据必须记载这一内容，否则票据即为无效；年月日的记载，一般是指出票年月日的记载，它是判定票据权利义务的发生、变更和终止的重要标准，因此，票据须将此作为必须记载的事项，否则票据即为无效。

正是基于票据金额、日期、收款人名称等内容在票据上的重要性，《票据法》规定："票据金额、日期、收款人名称不得更改，更改的票据无效。"有关人员在进行票据行为时，必须严格审查这三项内容是否有过更改。如果确属记载错误或需要重新记载的，只能由出票人重新签发票据。在前述情形下，付款人或者代理人对此类票据付款的，应当承担责任。

票据行为只有同时具备以上四个条件，才能发生法律效力，达到行为人预期的目的，否则票据行为即为无效。

3. 票据行为的代理。

（1）代理概述。票据行为作为一种法律行为，可以由代理人代理进行。《票据法》规定，票据当事人可以委托其代理人在票据上签章，并应当在票据上表明其代理关系。票据行为的代理必须具备以下条件：①票据当事人必须有委托代理的意思表示。该种授权委托一般以书面形式，即授权委托书的方式为宜。②代理人必须按被代理人的委托在票据上签章。代理人在行使代理权时，必须在票据上签章。如果代理人未在票据上签章，则不产生票据代理的效力。③代理人应在票据上表明代理关系，即注明"代理"字样或类似的文句。符合上述条件的，该票据行为的代理对被代理人产生法律效力，其后果由被代理人承担。

（2）无权代理。无权代理是指行为人没有被代理人的授权而以代理人名义在票据上签章的行为。《票据法》规定，没有代理权而以代理人名义在票据上签章的，应当由签章人承担票据责任，即签章人应承担向持票人支付票据金额的义务。

（3）越权代理。越权代理是指代理人超越代理权限而使被代理人增加票据责任的代理行为。《票据法》规定，代理人超越代理权限的，应当就其超越权限的部分承担票据责任。

（五）票据权利

1. 票据权利的概念。

票据权利是指持票人向票据债务人请求支付票据金额的权利。根据我国《票据法》的规定，票据权利包括付款请求权和追索权。

2. 票据权利的取得。

票据权利的取得，也称票据权利的发生。票据权利以持有票据为依据，行为人合法取得票据，即取得了票据权利。当事人取得票据的情形主要有：（1）出票取得。出票是创设票据权利的票据行为，从出票人处取得票据，即取得票据权利。（2）转让取得。票据通过背书或交付等方式可以转让他人，以此取得票据即获得票据权利。（3）通过税收、继承、赠与、企业合并等方式取得票据。

行为人依法取得票据权利，必须注意以下几个问题：一是票据的取得，必须给付对价，即应当给付票据双方当事人认可的相对应的代价。无对价或无相当对价取得票据的，不享有票据权利。二是因税收、继承、赠与可以依法无偿取得票据的，不受给付对价的限制。但是，所享有的票据权利不得优于其前手。三是因欺诈、偷盗、胁迫、恶意取得票据或因重大过失取得不符合法律规定的票据的，不得享有票据权利。

3. 票据权利的行使与保全。

票据权利的行使,是指票据权利人向票据债务人提示票据,请求实现票据权利的行为,如请求承兑、提示票据请求付款、行使追索权等。持票人行使票据权利,应当按照法定程序在票据上签章,并出示票据。票据权利的保全,是指票据权利人为防止票据权利的丧失而实施的行为,如为防止付款请求权与追索权因时效而丧失,采取中断时效的行为;为防止追索权丧失而请求作成拒绝证明的行为等。

票据权利人为了防止票据权利丧失,在人民法院审理、执行票据纠纷案件时,可以请求人民法院依法对票据采取保全措施或者执行措施。根据《票据法》司法解释的规定,经当事人申请并提供担保,对具有下列情形之一的票据,可以依法采取保全措施和执行措施:(1)不履行约定义务,与票据债务人有直接债权债务关系的票据当事人所持有的票据;(2)持票人恶意取得的票据;(3)应付对价而未付对价的持票人持有的票据;(4)记载有"不得转让"字样而用于贴现的票据;(5)记载有"不得转让"字样而用于质押的票据;(6)法律或者司法解释规定有其他情形的票据。

《票据法》规定,持票人对票据债务人行使票据权利,或者保全票据权利,应当在票据当事人的营业场所和营业时间内进行,票据当事人无营业场所的,应当在其住所进行。

4. 票据权利的补救。

票据权利与票据紧密相连,如果票据丧失,票据权利的实现就会受到影响。由于票据丧失并非出于持票人的本意,《票据法》规定了票据丧失后的三种补救措施,即挂失止付、公示催告和普通诉讼。

(1)挂失止付。挂失止付是指失票人将票据丧失的情况通知付款人并由接受通知的付款人暂停支付的一种方法。《票据法》规定,票据丧失,失票人可以及时通知票据的付款人挂失止付,但是,未记载付款人或者无法确定付款人及其代理付款人的票据除外。在票据实务中,已承兑的商业汇票、支票、填明"现金"字样和代理付款人的银行汇票以及填明"现金"字样的银行本票丧失,可以由失票人通知付款人或者代理付款人挂失止付。挂失止付并不是票据丧失后票据权利补救的必经程序,而只是一种暂时的预防措施,最终要通过申请公示催告或提起普通诉讼来补救票据权利。需注意的是,根据《票据管理实施办法》的规定,付款人或者代理付款人自收到挂失止付通知之日起12日内没有收到人民法院的止付通知书的,自第13日起,挂失止付通知书失效。但是,如果付款人或者代理付款人在收到挂失止付通知书前,已经依法向持票人付款的,不再接受挂失止付。

(2)公示催告。公示催告是指在票据丧失后,由失票人向人民法院提出申请,请求人民法院以公告方法通知不确定的利害关系人限期申报权利,逾期未申报者,由人民法院通过除权判决宣告所丧失票据无效的一种制度。在该程序之下,申请人声称自己是已丧失特定票据上的权利人，法院则向社会发出公告，催促可能存在的票据利害关系人申报权利。如果没有人在指定期限内申报权利，则可以推定申请人的主张成立。如果有利害关系人前来就同一票据申报权利，法院并不在该程序之下对申请人与申报权利人之间的争议进行实体审理，而是会裁定终结该程序。申请人如欲主张票据权利，可以向对方提起普通民事诉讼。《民事诉讼法》规定，可以背书转让的票据丧失的，失票人可以申请公示催告。一般票据均属于这个范围，只有较少的例外。例如，填明"现金"字样的银行汇票、银行本票和现金支票不得背书转让，因此这些票据不能申请公示催告。可以申请公示催告的失票人，是指在丧失票据占有以前的最后合法持票人，也就是票据所记载的票据权利人。出票人已经签章的授权补记的支票丧失后，持票人也可以申请公示催告。失票人先行挂失止付的，应在通知付款人挂失止付后3日内向人民法院申请公示催告。人民法院收到公示催告的申请后，应当立即审查，并决定是否受理。经审查认为符合受理条件的，通知予以受理，并同时通知支付人停止支付；认为不符合受理条件的，7日内裁定驳回申请。法院在受理后的3日内发出公告，催促利害关系人申报权利。公示期间不得少于60日，且公示催告期间届满日不得早于票据付款日后15日。在申报期届满后、判决作出之前，利害关系人申报权利，法院应当通知其向法院出示票据，并通知公示催告申请人在指定的期间查看该票据。公示催告申请人申请公示催告的票据与利害关系人出示的票据不一致的，应当裁定驳回利害关系人的申报。在申报权利的期间无人申报权利，或者申报被驳回的，申请人应当自公示催告期间届满之日起1个月内申请作出除权判决。逾期不申请除权判决的，终结公示催告程序。裁定终结公示催告程序的，应当通知申请人和支付人。判决公告之日起，公示催告申请人有权依据除权判决向付款人请求付款。

（3）普通诉讼。普通诉讼是指丧失票据的失票人向人民法院提起民事诉讼，要求法院判定付款人向其支付票据金额的活动。丧失票据的失票人提起诉讼应注意以下几点：第一，票据丧失后的诉讼被告一般是付款人，但在找不到付款人或付款人不能付款时，也可将其他票据债务人（出票人、背书人、保证人等）作为被告。第二，诉讼请求的内容是要求付款人或其他票据债务人在票据的到期日或判决生效后支付或清偿票据金额。第三，失票人在向法院起诉时，应提供所丧失票据的有关书面证明。第四，失票人向法院起诉时，应当提供担保，以防由于付款人支付已丧失票据票款后可能出现的损失。担保的数额相当于票据载明的金额。第五，在判决前，丧失的票据出现时，付款人应以该票据正处于诉讼阶段为由暂不付款，而将情况迅速通知失票人和人民法院，法院应终结诉讼程序。

【例6-1】甲向乙购买原材料，为支付货款，甲向乙出具金额为50万元的商业汇票一张，丙银行对该汇票进行了承兑。后乙不慎将该汇票丢失，被丁拾到。乙立即向付款人丙银行办理了挂失止付手续。关于本案，下列选项中，正确的有（   ）。

A. 乙因丢失票据而确定性地丧失了票据权利
B. 乙在遗失汇票后，可直接提起诉讼要求丙银行付款
C. 如果丙银行向丁支付了票据上的款项，则丙银行应向乙承担赔偿责任
D. 乙在通知挂失止付后15日内，应向法院申请公示催告

解析 正确答案为选项BC。票据丧失后，失票人可以进行权利救济，并非必然丧失票据权利。本案涉及票据是银行承兑汇票，承兑银行负有绝对付款责任，失票人起诉可以证明自己的票据权利，要求承兑人付款。由于失票人及时进行了挂失支付，承兑人此后支付票款，应向挂失人承担赔偿责任。失票人需在挂失后3日内申请公示催告。

5. 票据权利的消灭。

票据权利的消灭是指因发生一定的法律事实而使票据权利不复存在。票据权利消灭之后，票据上的债权债务关系也随之消灭。我国《票据法》着重规定了持票人的票据权利因时效届满而消灭的四种情形，即票据权利在下列期限内不行使而消灭：（1）持票人对票据的出票人和承兑人的权利，自票据到期日起2年。见票即付的汇票、本票，自出票日起2年。（2）持票人对支票出票人的权利，自出票日起6个月。（3）持票人对前手（不包括出票人）的追索权，自被拒绝承兑或者被拒绝付款之日起6个月。（4）持票人对前手（不包括出票人）的再追索权，自清偿日或者被提起诉讼之日起3个月。

（六）票据抗辩

1. 票据抗辩的概念。

票据抗辩是指票据债务人依照《票据法》的规定，对票据债权人拒绝履行义务的行为。票据抗辩是票据债务人的一种权利，是债务人保护自己的一种手段。

2. 票据抗辩的种类。

根据抗辩原因及抗辩效力的不同，票据抗辩可分为两种：

（1）对物抗辩，是指基于票据本身存在的事由而发生的抗辩。这一抗辩可以对任何持票人提出。其主要包括以下情形：第一，票据行为不成立而为的抗辩，如票据应记载的内容有欠缺；票据债务人无行为能力；无权代理或超越代理权进行票据行为；票据上有禁止记载的事项（如付款附有条件，记载到期日不合法）；背书不连续；持票人的票据权利有瑕疵（如因欺诈、偷盗、胁迫、恶意、重大过失取得票据）等。第二，依票据记载不能提出请求而为的抗辩，如票据未到期、付款地不符等。第三，票据载明的权利已消灭或已失效而为的抗辩，如票据债权因付款、抵销、提存、免除、除权判决、时效届满而消灭等。第四，票据权利的保全手续欠缺而为的抗辩，如应作成拒绝证书而未作等。第五，票据上有伪造、变造情形而为的抗辩。

（2）对人抗辩，是指票据债务人对抗特定债权人的抗辩。这一抗辩多与票据的基

础关系有关。例如，甲签发一张票据给乙而购买商品，甲就可以乙未交货，不具有对价为由向乙主张抗辩。为此，《票据法》规定："票据债务人可以对不履行约定义务的与自己有直接债权债务关系的持票人，进行抗辩。"在理解这一规定时，应注意的是，票据债务人只能对基础关系中的直接相对人不履行约定义务的行为进行抗辩，该基础关系必须是该票据赖以产生的民事法律关系，而不是其他的民事法律关系。如果该票据已被不履行约定义务的持票人转让给第三人，而该第三人属善意、已对价取得票据的持票人，则票据债务人不能对其进行抗辩。

3. 票据抗辩的限制。

《票据法》中对票据抗辩的限制主要表现在：

（1）票据债务人不得以自己与出票人之间的抗辩事由对抗持票人。这就是说，如果票据债务人（如承兑人、付款人）与出票人之间存在抗辩事由（如出票人与票据债务人存在合同纠纷；出票人存入票据债务人的资金不够等），则该票据债务人不得以此抗辩事由对抗持票人。

（2）票据债务人不得以自己与持票人的前手之间的抗辩事由对抗持票人。例如，票据债务人与持票人的前手（如背书人、保证人等）存在抵销关系，而持票人的前手将票据转让给了持票人，票据债务人就不能以其与持票人的前手存在抗辩事由而拒绝向持票人付款。

（3）凡是善意的、已付对价的正当持票人可以向票据上的一切债务人请求付款，不受前手权利瑕疵和前手相互间抗辩的影响。如持票人不知道其前手取得票据存在欺诈、偷盗、胁迫、重大过失等情形，并已为取得票据支付了相应的代价，那么票据债务人不能以持票人的前手存在权利瑕疵而对抗持票人。

持票人因税收、继承、赠与依法无偿取得票据的，由于其享有的权利不能优于其前手，故票据债务人可以对持票人前手的抗辩事由对抗该持票人。

【例6-2】根据票据法律制度的相关规定，下列有关票据权利的表述，正确的有（ ）。

A. 因税收、继承、赠与可以依法无偿取得票据，不受给付对价的限制，但所享有的票据权利不得优于其前手

B. 以欺诈、偷盗或者胁迫等手段取得票据的，不得享有票据权利

C. 持票人因重大过失取得不符合法律规定的票据的，不得享有票据权利

D. 票据债务人无论如何不得以自己与出票人或者与持票人的前手之间的抗辩事由对抗持票人

辨析 正确答案为选项ABC。《票据法》规定，票据债务人不得以自己与出票人或者与持票人的前手之间的抗辩事由，对抗持票人。但是，持票人明知存在抗辩事由而取得票据的除外。

（七）票据的伪造和变造

1. 票据的伪造。

票据的伪造是指假冒他人名义或虚构人的名义而进行的票据行为，包括票据的伪造和票据上签章的伪造。前者是指假冒他人或虚构人的名义进行出票行为，如在空白票据上伪造出票人的签章或者盗盖出票人的印章而进行出票；后者是指假冒他人名义进行出票行为之外的其他票据行为，如伪造背书签章、承兑签章、保证签章等。

票据的伪造行为是一种扰乱社会经济秩序、损害他人利益的行为，在法律上不具有任何票据行为的效力。由于其自始无效，故持票人即使是善意取得，对被伪造人也不能行使票据权利。对伪造人而言，由于票据上没有以自己名义所作的签章，因此也不承担票据责任。但是，如果伪造人的行为给他人造成损害的，应承担民事责任，构成犯罪的，还应承担刑事责任。

根据《票据法》的规定，票据上有伪造签章的，不影响票据上其他真实签章的效力。持票人依法提示承兑、提示付款或行使追索权时，在票据上真实签章人不能以票据伪造为由进行抗辩。

2. 票据的变造。

票据的变造是指无权更改票据内容的人，对票据上签章以外的记载事项加以变更的行为。例如，变更票据上的到期日、付款日、付款地、金额等。构成票据的变造，须符合以下条件：（1）变造的票据是合法成立的有效票据；（2）变造的内容是票据上所记载的除签章以外的事项；（3）变造人无权变更票据的内容。

有些行为与票据的变造相似，但不属于票据的变造：（1）有变更权限的人依法对票据进行的变更，这属于有效变更，不属于票据的变造；（2）在空白票据上经授权进行补记的，由于该空白票据欠缺有效成立的条件，此等补记只是使票据符合有效票据的条件，不属于票据的变造；（3）变更票据上的签章的，属于票据的伪造，而不属于票据的变造。

票据的变造应依照签章是在变造之前或之后来承担责任。如果当事人签章在变造之前，应按原记载的内容负责；如果当事人签章在变造之后，则应按变造后的记载内容负责；如果无法辨别是在票据被变造之前或之后签章的，视同在变造之前签章。同时，尽管被变造的票据仍为有效，但是，票据的变造是一种违法行为，所以变造人的变造行为给他人造成经济损失的，应对此承担赔偿责任，构成犯罪的，应承担刑事责任。

另外，银行以善意且符合规定和正常操作程序的要求，对伪造、变造的票据的签章以及需要交验的个人有效身份证件进行了审查，未发现异常情况而支付金额的，对出票人或付款人不再承担受托付款的责任，对持票人或收款人不再承担付款的责任。

二、汇票

（一）汇票的概念及分类

1. 汇票的概念。

汇票是出票人签发的、委托付款人在见票时或者在指定日期无条件支付确定的金额给收款人或者持票人的票据。它具有以下法律特征：第一，汇票有三个基本当事人，即出票人、付款人和收款人。由于这三个当事人在汇票发行时既已存在，故属基本当事人，缺一不可。但是，随着汇票的背书转让、汇票上设立保证等，被背书人、保证人等也成为汇票上的当事人。第二，汇票是由出票人委托他人支付的票据，是一种委付证券，而非自付证券。第三，汇票是在见票时或指定到期日付款的票据。指定到期日付款包括指定日付款、出票后定期付款、见票后定期付款三种形式。第四，汇票是付款人无条件支付票据金额给持票人的票据，此处的持票人包括收款人、被背书人或受让人。

2. 汇票的分类。

根据不同的标准，汇票可作不同的分类：

（1）依出票人的不同，可分为银行汇票和商业汇票。银行汇票是出票银行签发的，由其在见票时按照实际结算金额无条件支付给收款人或者持票人的票据。银行汇票的出票银行为银行汇票的付款人。银行汇票一般由汇款人将款项交存当地银行，由银行签发给汇款人持往异地办理转账结算或支取现金。单位、个体经济户和个人需要使用各种款项，均可使用银行汇票。银行汇票可以用于转账，填明"现金"字样的银行汇票也可以用于支取现金。银行汇票的提示付款期限自出票日起1个月。商业汇票是出票人签发的，委托付款人在指定日期无条件支付确定的金额给收款人或者持票人的票据。商业汇票的出票人为银行以外的企业或其他组织；其付款人可以是银行，也可以是银行以外的企业或其他组织。凡由银行承兑的，称为银行承兑汇票；凡由银行以外的付款人承兑的，称为商业承兑汇票。商业汇票的付款期限，最长不得超过6个月；商业汇票的提示付款期限，自汇票到期日起10日。

（2）依汇票到期日的不同，汇票分为即期汇票和远期汇票。即期汇票是指见票即行付款的汇票，包括注明：见票即付的汇票、到期日与出票日相同的汇票以及未记载到期日的汇票（以提示日为到期日）。远期汇票是指约定一定的到期日付款的汇票，包括定期付款汇票、出票后定期付款汇票和见票后定期付款汇票。

另外，依记载收款人的方式不同为标准，汇票可分为记名汇票和无记名汇票。以银行对付款的要求不同，汇票可分为跟单汇票和原票。

(二)汇票的出票

1. 出票的概念。

出票也称发票,是指出票人签发票据并将其交付给收款人的票据行为。出票包括两个行为:一是出票人依照《票据法》的规定作成票据,即在原始票据上记载法定事项并签章;二是交付票据,即将作成的票据交付给他人占有。这两者缺一不可。

汇票的出票人在为出票行为时,必须与付款人具有真实的委托付款关系,并且具有支付汇票金额的可靠资金来源;汇票的出票人不得签发无对价的汇票用以骗取银行或者其他票据当事人的资金。由于汇票是出票人委托付款人向持票人支付票据金额的一种委付证券,故出票人与付款人之间必须存在真实的支付委托关系,即出票人与付款人之间必须存在事实上的资金关系或者其他债权债务关系。与此同时,出票人在出票时,必须确保在汇票不承兑或不获付款时,具有足够的清偿能力。汇票的签发,必须给付对价,即出票人不得与其他当事人相互串通,利用签发没有对价的承兑汇票,通过转让、贴现来骗取银行或其他票据当事人的资金。

2. 出票的记载事项。

汇票是要式证券,出票是要式行为,汇票出票必须依据《票据法》的规定记载一定的事项,符合法定的格式。

(1)绝对记载事项。汇票的绝对记载事项包括七个方面的内容,如果汇票上未记载其中内容之一的,汇票无效。

①表明"汇票"的字样。在票据上必须记载足以表明该票据是汇票的文字。如果没有该等文字,则汇票无效。

②无条件支付的委托。这是汇票的支付文句,表明出票人委托付款人支付汇票金额是不附带任何条件的。如果汇票附有条件(如收货后付款),则汇票无效。

③确定的金额。这是指汇票上记载的金额必须是固定的数额。如果汇票上记载的金额是不确定的,如人民币10万元以下、5万元以上等,汇票将无效。在实践中,银行汇票记载的金额有汇票金额和实际结算金额。汇票金额是指出票时汇票上应该记载的确定金额;实际结算金额是指不超过汇票金额,而另外记载的具体结算的金额。汇票上记载有实际结算金额的,以实际结算金额为汇票金额。如果银行汇票记载汇票金额而未记载实际结算金额,并不影响该汇票的效力,而以汇票金额为实际结算金额。实际结算金额只能小于或等于汇票金额,如果实际结算金额大于汇票金额的,实际结算金额无效,以汇票金额为付款金额。收款人受理申请人交付的银行汇票时,应在出票金额以内,根据实际需要的款项办理结算,并将实际结算金额和多余金额准确、清晰地填入银行汇票解讫通知的有关栏内。未填明实际结算金额和多余金额或实际结算金额超过出票金额的,银行不予受理。

④付款人名称。付款人是指出票人在汇票上记载的委托支付汇票金额的人。汇票上未记载付款人,则汇票无效。

⑤收款人名称。收款人是指出票人在汇票上记载的受领汇票金额的最初票据权利人。我国《票据法》不允许签发无记名汇票，汇票上应将收款人名称作为应记载的绝对事项，以利于汇票的转让和流通，减少发生纠纷。

⑥出票日期。这是指出票人在汇票上记载的签发汇票的日期。出票日期在法律上具有重要的作用，可以确定出票后定期付款汇票的付款日期、见票即付汇票的付款提示期限、见票后定期付款汇票的承兑提示期限；确定利息起算日；确定某些票据权利的时效期限；确定保证成立的日期；判定出票人在出票时的行为能力状态以及代理人的代理权限状态等。

⑦出票人签章。这是指出票人在票据上亲自书写自己的姓名或盖章。这一问题在前述有关内容已作说明。如果汇票出票人不在汇票上签章，则汇票无效。

(2) 相对记载事项。相对记载事项是指在出票时应当予以记载，但如果未作记载，可以通过法律的直接规定来补充确定的事项。未记载该事项并不影响汇票本身的效力，汇票仍然有效。

①付款日期。这是指支付汇票金额的日期。汇票除见票即付外，其金额一般是在签发汇票后一段时间才支付。因此，汇票应记载一个付款日期，以作为票据权利人行使票据权利的依据。但是，如果汇票上未记载付款日期，则并不必然导致票据的无效，根据《票据法》的规定，此为见票即付。

关于付款日期，《票据法》规定了四种形式，即见票即付、定日付款、出票后定期付款、见票后定期付款。付款日期为汇票到期日。出票人签发汇票时，只能在这四种法定形式中选定，而不能选用法定形式以外的其他任何形式。

②付款地。这是指汇票金额的支付地点。付款地应在票据上加以明确记载，以便于收款人或持票人知道在何地提示付款。但是，如果汇票上未记载付款地的，也不必然导致票据无效，而是依据法律的规定确定付款地。根据《票据法》的规定，汇票上未记载付款地的，付款地为付款人的营业场所、住所或者经常居住地。付款人的营业场所为其从事生产经营活动的固定场所，付款人没有经营场所的，以其住所为付款地，住所与经常居住地不一致的，则以其经常居住地为付款地。

③出票地。这是指出票人签发票据的地点。如果汇票上未记载出票地的，则根据《票据法》的规定，出票人的营业场所、住所或者经常居住地为出票地。

(3) 非法定记载事项。非法定记载事项是指法律规定以外的记载事项。《票据法》规定，汇票上可以记载《票据法》规定事项以外的其他出票事项，但是该记载事项不具有汇票上的效力。法律规定以外的事项主要是指与汇票的基础关系有关的事项，如签发票据的原因或用途、该票据项下交易的合同号码等。

3. 出票的效力。

出票是以创设票据权利为目的的票据行为。出票人依照《票据法》的规定完成出票行为之后，即对汇票当事人产生票据法上的效力。

（1）对出票人的效力。出票人签发汇票后，即承担保证该汇票承兑和付款的责任。出票人在汇票得不到承兑和付款时，应当向持票人清偿法律规定的金额和费用。

（2）对付款人的效力。出票行为是单方行为，付款人并不因此而有付款义务，只是基于出票人的付款委托而使其具有承兑人的地位，只有在其对汇票进行承兑后，付款人才成为汇票上的主债务人。

（3）对收款人的效力。收款人取得出票人发出的汇票后，即取得票据权利，一方面，就票据金额享有付款请求权；另一方面，在该请求权不能满足时，享有追索权。同时，收款人享有依法转让票据的权利。

（三）汇票的背书

1. 背书的概念。

背书是指持票人以转让汇票权利或授予他人一定的票据权利为目的，按法定的事项和方式在票据背面或者粘单上记载有关事项并签章的票据行为。《票据法》规定，持票人可以将汇票权利转让给他人或者将一定的汇票权利授予他人行使，持票人行使此项权利时，应当背书并交付汇票。

如果出票人在汇票上记载"不得转让"字样，该汇票不得转让。根据《票据法》司法解释的规定，对于记载"不得转让"字样的票据，其后手以此票据进行贴现、质押的，通过贴现、质押取得票据的持票人主张票据权利的，人民法院不予支持。这是有关出票人的禁止背书的规定。尽管此处标明的是"不得转让"，但在实践中只要表明了禁止背书的含义，如"禁止背书""禁止转让"等字样，也是有效的。依此规定，如果收款人或持票人将出票人作禁止背书的汇票转让的，该转让不发生票据法上的效力，出票人和承兑人对受让人不承担票据责任。

2. 背书的形式。

背书是一种要式行为，必须符合法定的形式，即其必须作成背书并交付，才能有效成立。背书应当在票据背面或粘单上完成，票据凭证不能满足背书人记载的需要时，可以加附粘单，粘贴于票据上，粘单上的第一记载人应当在汇票与粘单的粘接处签章。根据《票据法》的有关规定，背书应记载的事项内容包括：

（1）背书签章和背书日期的记载。背书由背书人签章并记载背书日期。背书未记载日期的，视为在汇票到期日前背书。

（2）被背书人名称的记载。汇票以背书转让或者以背书将一定的票据权利授予他人行使时，必须记载被背书人名称。如果背书人不作成记名背书，即不记载被背书人名称，而将票据交付他人的，持票人在票据被背书人栏内记载自己的名称与背书人记载具有同等法律效力。

背书人可以在汇票上记载"不得转让"或类似字样。背书人在汇票上记载"不得转让"字样，其后手再背书转让的，原背书人对其后手的被背书人不承担保证责任。背书人的禁止背书是背书行为的一项任意记载事项，如果背书人不愿意对其后手以后的当事人承担票据责任，即可在背书时记载禁止背书。

背书不得记载的内容有两项：一是附有条件的背书；二是部分背书。附有条件的背书是指背书人在背书时，记载一定的条件，以限制或者影响背书效力。背书时附有条件的，所附条件不具有汇票上的效力。部分背书是指背书人在背书时，将汇票金额的一部分或者将汇票金额分别转让给两人以上的背书。将汇票金额的一部分或者将汇票金额分别转让给两人以上的背书无效。

3. 背书连续。

背书连续是指在票据转让中，转让汇票的背书人与受让汇票的被背书人在汇票上的签章依次前后衔接。也就是说，票据上记载的多次背书，从第一次到最后一次在形式上都是连续而无间断的。以背书转让的汇票，背书应当连续。如果背书不连续，付款人可以拒绝向持票人付款，否则付款人自行承担责任。

背书连续主要是指背书在形式上连续，如果背书在实质上不连续，如有伪造签章等，付款人仍应对持票人付款。但是，如果付款人明知持票人不是真正票据权利人，则不得向持票人付款，否则应自行承担责任。

对于非经背书转让，而以其他合法方式取得票据的，如继承，不涉及背书连续的问题。只要取得票据的人依法举证，表现其合法取得票据的方式，证明其汇票权利，就能享有票据上的权利。

4. 委托收款背书和质押背书。

委托收款背书和质押背书属非转让背书，具有自己的特殊性。

（1）委托收款背书，是指持票人以行使票据上的权利为目的，而授予被背书人以代理权的背书。该背书方式不以转让票据权利为目的，而是以授予他人一定的代理权为目的，其确立的法律关系不属于票据上的权利转让与被转让关系，而是背书人（原持票人）与被背书人（代理人）之间在民法上的代理关系，该关系形成后，被背书人可以代理行使票据上的一切权利。在此情形下，被背书人只是代理人，而未取得票据权利，背书人仍是票据权利人。

《票据法》规定，背书记载"委托收款"字样的，被背书人有权代背书人行使被委托的汇票权利。但是，被背书人不得再以背书转让汇票权利。被背书人因委托收款背书而取得代理权后，可以代为行使付款请求权和追索权，在具体行使这些权利的过程中，还可以请求作成拒绝证明、发出拒绝事由通知、行使利益偿还请求权等，但不能行使转让票据等处分权利，否则，原背书人对后手的被背书人不承担票据责任，但不影响出票人、承兑人以及原背书人的前手的票据责任。

委托收款背书与其他背书一样，持票人依据法律规定的记载事项作成背书并交付，才能生效。

（2）质押背书，是指持票人以票据权利设定质权为目的而在票据上作成的背书。背书人是原持票人，也是出质人，被背书人则是质权人。质押背书确立的是一种担保关系，即在背书人（原持票人）与被背书人之间产生一种质押关系，而不是一种票据权利的转让与被转让关系。因此，质押背书成立后，即背书人作成背书并交付，背书人仍然是票据权利人，被背书人并不因此而取得票据权利。但是，被背书人取得质权人地位后，在背书人不履行其债务的情况下，可以行使票据权利，并从票据金额中按担保债权的数额优先得到偿还。如果背书人履行了所担保的债务，被背书人则必须将票据返还背书人。

质押背书与其他背书一样，也必须依照法定的形式作成背书并交付。《票据法》规定，质押时应当以背书记载"质押"字样，但如果在票据上记载质押文句表明了质押意思的，如"为担保""为设质"等，也应视为其有效。如果记载"质押"文句的，其后手再背书转让或者质押的，原背书人对后手的被背书人不承担票据责任，但不影响出票人、承兑人以及原背书人的前手的票据责任。被背书人依法实现其质权时，可以行使汇票权利。这里所指的汇票权利包括付款请求权和追索权，以及为实现这些权利而进行的一切行为，如提示票据、请求付款、受领票款、请求作成拒绝证明、进行诉讼等。

以汇票设定质押时，出质人在汇票上只记载了"质押"字样而未在票据上签章的，或者出质人未在汇票、粘单上记载"质押"字样而另行签订质押合同、质押条款的，不构成票据质押。此外，贷款人恶意或者有重大过失从事票据质押贷款的，质押行为无效。

5. 法定禁止背书。

法定禁止背书是指根据《票据法》的规定而禁止背书转让的情形。由于法律规定在某些情况下，汇票不得背书转让，因此，如果背书人将此类汇票以背书方式转让的，应当承担汇票责任。《票据法》规定，汇票被拒绝承兑、被拒绝付款或者超过付款提示期限的，不得背书转让；背书转让的，背书人应当承担汇票责任。法定禁止背书的情形有三种：（1）被拒绝承兑的汇票，是指持票人在汇票到期日前，向付款人提示承兑而遭拒绝的汇票。汇票上的付款人只有在汇票承兑后，才是汇票上的主债务人。如果付款人对汇票拒绝承兑，就不具有汇票上债务人的地位，不承担支付票据金额的责任。因此，收款人或持票人虽然在汇票成立时即已取得付款请求权，但因付款人拒绝承兑，该付款请求权也就无法确定，当然也就不能将这种付款请求权再背书转让。在付款人拒绝承兑的情况下，收款人或持票人只能向其前手行使追索权，取得票据金额。如果其将这种票据转让，受让人取得该汇票时，也只能通过向该背书人行使追索权，取得票据金额。（2）被拒绝付款的汇票，是指对不需承兑的汇票或者已经付款人承兑的汇票，持票人于汇票到期日向付款人提示付款而被拒绝的汇票。被拒绝付款的汇票，付款人即使对汇票已作承兑，负有于汇票到期日无条件付款的责任，但是，付款人在汇票到期日拒绝付款的，收款人或者持票人的付款请求权也不能得到实现。如果持票人将该种汇票再行转让，受让人尽管也可以取得付款请求权，但实现的可能性极小。

因此,《票据法》禁止将该种票据再行背书转让,如果背书转让的,背书人应承担汇票责任,受让人有权向该背书人行使追索权。(3)超过付款提示期限的汇票,是指持票人未在法定付款提示期间内向付款人提示付款的汇票。法定付款提示期间是法律规定的由收款人或者持票人行使付款请求权的期限。收款人或者持票人应当在汇票到期日起至法定提示期间届满前行使付款请求权,如果收款人或持票人未在此期间内行使付款请求权,即丧失对其前手的追索权。因此,《票据法》规定不允许将该种汇票再行转让,否则,受让人的利益就可能受到损害。背书人以背书将该种票据进行转让,应该承担汇票责任。

(四)汇票的承兑

1. 承兑的概念。

承兑是指汇票付款人承诺在汇票到期日支付汇票金额的票据行为。承兑是汇票特有的制度。付款人承兑汇票后,作为汇票承兑人,便成为汇票的主债务人,应当承担到期付款的责任。

2. 承兑的程序。

(1)提示承兑。提示承兑是指持票人向付款人出示汇票,并要求付款人承兑付款的行为。因汇票付款日期的形式不同,提示承兑的期限也不一样。

①定日付款和出票后定期付款汇票的提示承兑期限。定日付款或者出票后定期付款的汇票,持票人应当在汇票到期日前向付款人提示承兑。上述两类汇票的提示承兑期限是从出票人出票日起至汇票到期日止。在此期间,持票人应当向付款人提示承兑,否则,丧失对其前手的追索权。

②见票后定期付款汇票的提示承兑期限。见票后定期付款的汇票,持票人应当自出票日起1个月内向付款人提示承兑。汇票未按照规定期限提示承兑的,持票人丧失对其前手的追索权。见票后定期付款汇票的付款日期,是以见票日为起算日期来确定的,汇票不经提示承兑,就无法确定见票日,也就无法确定付款日期,持票人便无法行使票据权利,因此,该种汇票属于必须提示承兑的汇票。

③见票即付汇票的提示承兑问题。见票即付的汇票无须提示承兑。这种汇票主要包括两种:一是汇票上明确记载有"见票即付"的汇票;二是汇票上没有记载付款日期,根据法律规定视为见票即付的汇票。我国的银行汇票,未记载付款日期,属于见票即付的汇票,该汇票无须提示承兑。

(2)承兑成立。

①承兑时间。持票人向付款人提示承兑后,付款人应决定是否承兑。《票据法》规定,付款人对向其提示承兑的汇票,应当自收到提示承兑的汇票之日起3日内承兑或者拒绝承兑。如果付款人在3日内不作承兑与否表示的,应视为拒绝承兑,持票人可以请求其作出拒绝承兑证明,向其前手行使追索权。

②接受承兑。付款人收到持票人提示承兑的汇票时,应当向持票人签发收到汇票

的回单。回单是持票人收到付款人向其出具的已收到请求承兑汇票的证明。回单上应当记明汇票提示承兑日期并签章。

③承兑的格式。付款人承兑汇票的,应当在汇票正面记载"承兑"字样和承兑日期并签章;见票后定期付款的汇票,应当在承兑时记载付款日期。汇票上未记载承兑日期的,以持票人提示承兑之日起的第3日,即付款人3天承兑期的最后一日为承兑日期。

汇票承兑的应记载事项必须记载于汇票的正面,而不能记载于汇票的背面或粘单上。在实务中,承兑的应记载事项一般已全部印在正式的标准格式上,因而只需付款人填写即可。

④退回已承兑的汇票。付款人依承兑格式填写完毕应记载事项后,并不意味着承兑生效,只有在其将已承兑的汇票退回持票人时才产生承兑的效力。付款人承兑汇票,不得附有条件;承兑附有条件的,视同拒绝承兑。

3. 承兑的效力。

付款人承兑汇票后,应当承担到期付款的责任。到期付款的责任是一种绝对责任,具体表现在:(1)承兑人于汇票到期日必须向持票人无条件地支付汇票上的金额,否则其必须承担延迟付款责任;(2)承兑人必须对汇票上的一切权利人承担责任,这些权利人包括付款请求权人和追索人;(3)承兑人不得以其与出票人之间的资金关系来对抗持票人,拒绝支付汇票金额;(4)承兑人的票据责任不因持票人未在法定期限提示付款而解除。

(五)汇票的保证

1. 保证的概念。

保证是指票据债务人以外的他人充当保证人,担保票据债务履行的票据行为。保证的作用在于加强持票人票据权利的实现,确保票据付款义务的履行,促进票据流通。

2. 保证的当事人与格式。

(1)保证的当事人。保证的当事人为保证人与被保证人。保证人必须是由汇票债务人以外的他人担当。已成为票据债务人的,不得再充当票据上的保证人。此外,保证人应是具有代为清偿票据债务能力的法人、其他组织或者个人。国家机关、以公益为目的的事业单位、社会团体不得为保证人;但是经国务院批准为使用外国政府或者国际经济组织贷款进行转贷,国家机关提供票据保证的除外。票据保证无效的,票据的保证人应当承担与其过错责任相应的民事责任。被保证人是指票据关系中已有的债务人,包括出票人、背书人、承兑人等。票据债务人一旦由他人为其提供保证,其在保证关系中就被称为被保证人。

(2)保证的格式。在办理保证手续时,保证人必须在汇票或粘单上记载下列事项:①表明"保证"的字样。②保证人名称和住所。③被保证人的名称。④保证日期。⑤保证人签章。其中,"保证"的字样和保证人签章为绝对记载事项,被保证人的名称、保证日期和保证人住所为相对记载事项。保证人在汇票或者粘单上未记载被保证人的名称的,已承兑的汇票,以承兑人为被保证人;未承兑的汇票,以出票人为被保证人。保证人在汇票或者粘单上未记载保证日期的,以出票日期为保证日期。同时,保证不得附有条件;附有条件的,不影响对汇票的保证责任。

保证人为出票人、承兑人保证的,应将保证事项记载于汇票的正面;保证人为背书人保证的,应将保证事项记载于汇票的背面或粘单上。

3. 保证的效力。

保证一旦成立,即在保证人与被保证人之间产生法律效力,保证人必须对保证行为承担相应的责任。

(1) 保证人的责任。保证人对合法取得汇票的持票人所享有的汇票权利,承担保证责任。但是,被保证人的债务因票据记载事项欠缺而无效的除外。被保证的汇票,保证人应当与被保证人对持票人承担连带责任。汇票到期后得不到付款的,持票人有权向保证人请求付款,保证人应当足额付款。

(2) 共同保证人的责任。共同保证是指保证人为两人以上的保证。保证人为两人以上的,保证人之间承担连带责任。

(3) 保证人的追索权。保证人清偿汇票债务后,可以行使持票人对被保证人及其前手的追索权。

(六) 汇票的付款

1. 付款的概念。

付款是指付款人依据票据文义支付票据金额,以消灭票据关系的行为。

2. 付款的程序。

付款的程序包括付款提示与支付票款。

(1) 付款提示。付款提示是指持票人向付款人或承兑人出示票据,请求付款的行为。《票据法》规定,持票人应当按照下列期限提示付款:①见票即付的汇票,自出票日起1个月内向付款人提示付款。②定日付款、出票后定期付款或者见票后定期付款的汇票,自到期日起10日内向承兑人提示付款。持票人未按照上述规定期限内提示付款的,在作出说明后,承兑人或者付款人仍应当继续对持票人承担付款责任。通过委托收款银行或者通过票据交换系统向付款人提示付款的,视同持票人提示付款。

此外,持票人在以下情形下可不为付款提示:①付款人拒绝承兑,无须再为其提示。②票据丧失,只能通过公示催告或普通诉讼来救济。③因不可抗力不能在规定期限提示,可直接行使追索权。④付款人或承兑人主体资格消灭,持票人无法提示。

(2) 支付票款。持票人向付款人进行付款提示后,付款人无条件地在当日按票据金额足额支付给持票人。

在支付票款的过程中,持票人必须向付款人履行一定的手续,持票人获得付款的,应当在汇票上签收,即在票据的正面签章,表明持票人已经获得付款,并将汇票交给付款人。

付款人或者代理付款人在付款时应当履行审查义务,即应当审查持票人提示的汇票背书是否连续,并应审查提示付款人的合法身份证明或者有效证件。该等审查义务仅限于汇款格式是否合法,即汇票形式上的审查,而不负责实质上的审查。如果付款人或者其代理付款人以恶意或者有重大过失付款的,应当自行承担责任。此外,如果付款人对定日付款、出票后定期付款或者见票后定期付款的汇票在到期日前付款,应由付款人自行承担所产生的责任。在持票人不是票据权利人时,对于真正的票据权利人并不能免除其票据责任,而对由此造成损失的,付款人只能向非正当持票人请求赔偿。

如果汇票金额为外币的,应按照付款日的市场汇价,以人民币支付。汇票当事人对汇票支付的货币种类另有约定的,从其约定。

3. 付款的效力。

付款人依法足额付款后,全体汇票债务人的责任解除。付款人依照票据文义及时足额支付票据金额之后,票据关系随之消灭,汇票上的全体债务人的责任予以解除。但是,如果付款人付款存在瑕疵,即未尽审查义务而对不符合法定形式的票据付款,或其存在恶意或者重大过失而付款的,则不发生上述法律效力,付款人的义务不能免除,其他债务人也不能免除责任。

(七)汇票的追索权

1. 追索权的概念。

追索权是指持票人在票据到期后不获付款或到期前不获承兑或有其他法定原因,并在实施行使或保全票据上权利的行为后,可以向其前手请求偿还票据金额、利息及其他法定款项的一种票据权利。追索权是在票据权利人的付款请求权得不到满足之后,法律赋予持票人对票据债务人进行追偿的权利。追索权与付款请求权在权利行使对象上有一定的区别:后者的行使对象是票据上的付款人;前者的行使对象可以是票据上的主债务人,但主要还是票据上的次债务人,如票据上的出票人、背书人、保证人等。

2. 追索权发生的原因。

(1)追索权发生的实质条件。根据《票据法》的规定,追索权发生的实质要件包括:①汇票到期被拒绝付款。②汇票在到期日前被拒绝承兑。③在汇票到期日前,承兑人或付款人死亡、逃匿的。④在汇票到期日前,承兑人或付款人被依法宣告破产或因违法被责令终止业务活动。发生上述情形之一的,持票人可以对背书人、出票人以及汇票的其他债务人行使追索权。

(2)追索权发生的形式要件。追索权的发生除了构成前述实质条件外,还须具有一定的形式条件。这一形式条件即持票人行使追索权必须履行一定的保全手续而不致使追索权丧失。该等保全手续包括:第一,在法定提示期限提示承兑或提示付款;第二,在不获承兑或不获付款时,在法定期限内作成拒绝证明。根据《票据法》的有关规定,拒绝证明主要有:

①拒绝证书。拒绝证书是由国家授权的机关制作的用以证明持票人已依法行使票据权利而被拒绝,或者无法行使票据权利的一种公证书。拒绝证书分拒绝承兑证书和拒绝付款证书。持票人已请求作成拒绝承兑证书的,无须再请求作成拒绝付款证书。拒绝证书是公证机关制作的公证书,有一定的格式要求。

②退票理由书。汇票的持票人委托银行办理票据托收,或者向代理付款银行提示付款时,如果付款人或者代理付款银行拒绝付款,可由其出具退票理由书,说明退票理由。该退票理由书可起到拒绝证书的作用,即证明持票人已行使其权利而未获结果,故持票人有退票理由书就无须再请求作成拒绝证书。

③承兑人、付款人或者代理付款银行直接在汇票上记载提示日期、拒绝事由、拒绝日期并盖章。这也是拒绝证明的形式之一,可起到证明持票人已行使其权利而无结果的作用,可代替拒绝证书。

④持票人因承兑人或者付款人死亡、逃匿或者其他原因,不能取得拒绝证明的,可以依法取得其他有关证明,包括死亡证明、失踪证明书等。这些证明也具有拒绝证明的作用。

⑤人民法院的有关司法文件。承兑人或者付款人被人民法院依法宣告破产的,人民法院的有关司法文书具有拒绝证明的效力。这表明持票人在上述情形下无法向承兑人或者付款人提示承兑或者提示付款,故有权向其前手行使追索权。

⑥有关行政主管部门的处罚决定。承兑人或者付款人因违法被责令终止业务活动的,持票人也无法向承兑人或者付款人提示承兑或者付款,因而,处罚决定便具有拒绝证明的作用。

⑦承兑人自己作出并发布的表明其没有支付票款能力的公告,可以认定为拒绝证明。

持票人出具上述文书之一的,即构成其行使追索权的形式要件。《票据法》规定,持票人不能出示拒绝证明、退票理由书或者未按照规定期限提供其他合法证明的,丧失对其前手的追索权。但是,承兑人或者付款人仍应当对持票人承担责任。

3. 追索权的行使。

行使追索权一般包括:由持票人发出追索通知、确定追索对象、请求偿还金额和受领清偿金额等。

(1) 发出追索通知。

①追索通知的当事人。追索通知的当事人分为通知人和被通知人。通知人是指持票人以及收到通知后再为通知的背书人及其保证人。持票人是最初的通知人,但收到持票人发来追索通知的债务人,如果在其前手还存在债务人,必须向其前手发出该追索通知,因此,收到追索通知的债务人也可以成为通知人,这些债务人一般包括背书人及其保证人。被通知人是指向持票人承担担保承兑和付款的票据上的次债务人,他们都是被追索的当事人,因此,被通知人可泛指持票人的一切前手,包括出票人、背书人、保证人等。

②通知的期限。《票据法》规定,持票人应当自收到被拒绝承兑或者被拒绝付款的有关证明之日起3日内,将被拒绝事由书面通知其前手;其前手应当自收到通知之日起3日内书面通知其再前手。持票人也可以同时向各汇票债务人发出书面通知。无论是持票人,还是收到追索通知的背书人及其保证人,发出追索通知的期限都是3日。持票人发出追索通知的起算日为其收到拒绝证明之日,收到追索通知的背书人及其保证人发出追索通知的起算日为其收到追索通知之日。

③通知的方式和通知应记载的内容。通知应当以书面形式发出,书面形式包括书信、电报、电传等。在规定期限内将通知按照法定地址或约定地址邮寄的,视为已发出通知。书面通知应记明汇票的主要记载事项,并说明该汇票已被退票。主要记载事项包括出票人、背书人、保证人以及付款人的名称和地址、汇票金额、出票日期、付款日期等。汇票退票的说明主要是指汇票不获承兑或者不获付款的原因。

④未在规定期限内发出追索通知的后果。如果持票人未按规定期限发出追索通知或其前手收到通知未按规定期限再通知其前手,持票人仍可以行使追索权,因延期通知给其前手或者出票人造成损失的,由没有按照规定期限通知的汇票当事人承担对该损失的赔偿责任,但是所赔偿的金额以汇票金额为限。

(2)确定追索对象。

①确定追索对象。被追索人包括出票人、背书人、承兑人和保证人。持票人可以不按照汇票债务人的先后顺序,对其中任何一人、数人或者全体行使追索权。持票人对票据债务人中的一人或者数人已经进行追索的,对其他票据债务人仍可以行使追索权。但是,持票人为出票人的,对其前手无追索权;持票人为背书人的,对其后手无追索权。

②被追索人的责任承担。出票人、背书人、承兑人和保证人均为被追索人。被追索人对持票人承担连带责任。持票人对汇票债务人中的一人或者数人已经进行追索的,对其他汇票债务人仍可以行使追索权。被追索人清偿债务后,与持票人享有同一权利。

(3)请求偿还金额和受领清偿金额。

①请求偿还金额。持票人行使追索权,可以请求被追索人支付的金额和费用包括:被拒绝付款的汇票金额;汇票金额自到期日或者提示付款日起至清偿日止,按照中国人民银行规定的同档次流动资金贷款利率计算的利息;取得有关拒绝证明和发出通知书的费用。由此可见,作为追索权标的的追索金额,通常比作为付款请求权标的的票据金额要大。

被追索人在依前述内容向持票人支付清偿金额及费用后,可以向其他汇票债务人行使再追索权,请求其他汇票债务人支付相应的金额和费用,包括已清偿的全部金额,即为满足其后手(包括持票人或者其他追索权人)的追索权而支付的全部金额;前项金额自清偿日起至再追索日止,按照中国人民银行规定的同档次流动资金贷款利率计算的利息;发出通知书的费用,即指被追索人在追索过程中发生的费用。

②受领清偿金额。这是指持票人或行使再追索权的被追索人接受被追索人的清偿

金额。持票人或行使再追索权的被追索人在接受清偿金额时，应当履行相应的义务，交出汇票和有关拒绝证明，并出具所收到利息和费用的收据。如果持票人或行使再追索权的被追索人拒绝履行该等义务的，被追索人即可拒绝清偿有关金额和费用。

③被追索人清偿债务后的效力。被追索人清偿债务后，其票据责任解除。同时，被追索人清偿债务后，与持票人享有同一票据权利，可以向其他汇票债务人行使再追索权，请求其他汇票债务人支付相应的金额和费用。

> 【例6-3】根据票据法律制度的相关规定，下列有关汇票的表述中，正确的是（　　）。
> A. 汇票金额中文大写与阿拉伯数码记载不一致的，以中文大写金额为准
> B. 汇票保证中，被保证人的名称属于绝对记载事项
> C. 见票即付的汇票，无须提示承兑
> D. 汇票承兑后，承兑人如果未受有出票人的资金，则可对抗持票人
> 解析　正确答案为选项C。汇票金额中文大写与阿拉伯数码记载不一致的，票据无效，选项A错误；汇票保证中，被保证人的名称属于相对记载事项，选项B错误；汇票承兑后，承兑人负有绝对付款的义务，不能以与出票人的资金关系对抗持票人，选项D错误。

三、本票

（一）本票概述

1. 本票的概念。

本票是出票人签发的，承诺自己在见票时无条件支付确定的金额给收款人或者持票人的票据。我国《票据法》规定的本票，是指银行本票。

与汇票相比，本票具有下列特征：（1）本票是自付证券。本票是由出票人约定自己付款的一种自付证券，其基本当事人有两个，即出票人和收款人，在出票人之外不存在独立的付款人。（2）本票无须承兑。在出票人完成出票行为之后，即承担了到期日无条件支付票据金额的责任，不需要在到期日前进行承兑。

2. 本票的分类。

依照不同的标准，可以对本票作不同分类，例如记名本票、指示本票和不记名本票；远期本票和即期本票；银行本票和商业本票等。在我国，本票仅限于银行本票，且为记名本票和即期本票。

银行本票是银行签发的，承诺自己在见票时无条件支付确定的金额给收款人或者持票人的票据。单位和个人在同一票据交换区域需要支付各种款项，均可以使用银行本票。银行本票可以用于转账，注明"现金"字样的银行本票可以用于支取现金。银

行本票分为定额银行本票和不定额银行本票。定额银行本票面额为1 000元、5 000元、1万元和5万元。

3. 本票适用汇票的有关规定。

本票作为票据的一种，具有与其他票据相同的一般性质和特征，《票据法》只是对本票与其他票据不同的方面加以规定，即对其个性方面的问题作了特别规定，而有关其一般性的问题，则适用《票据法》总则有关的规定和汇票中的相关规定。除特别规定外，本票的背书、保证、付款行为和追索权的行使，适用汇票的有关规定。

（二）出票

本票的出票与汇票一样，包括作成票据和交付票据。本票的出票行为是以自己负担支付本票金额的债务为目的的票据行为。

1. 本票的出票人。

本票的出票人必须具有支付本票金额的可靠资金来源，并保证支付。银行本票的出票人，为经批准办理银行本票业务的银行机构。

2. 本票的记载事项。

（1）本票的绝对记载事项。本票的绝对记载事项包括以下六个方面的内容：①表明"本票"字样。这是本票文句记载事项。②无条件支付的承诺。这是有关支付文句，表明出票人无条件支付票据金额，而不附加任何条件。③确定的金额。④收款人名称。⑤出票日期。⑥出票人签章。

（2）本票的相对记载事项。本票的相对记载事项包括两项内容：①付款地。本票上未记载付款地的，以出票人的营业场所为付款地。②出票地。本票上未记载出票地的，以出票人的营业场所为出票地。

此外，本票上可以记载《票据法》规定事项以外的其他出票事项，但是这些事项并不发生本票上的效力。

（三）见票付款

根据《票据法》的规定，银行本票是见票付款的票据，收款人或持票人在取得银行本票后，随时可以向出票人请求付款。

本票自出票日起，付款期限最长不得超过2个月。持票人在规定的期限提示本票的，出票人必须承担付款的责任。如果持票人超过提示付款期限不获付款的，在票据权利时效内向出票银行作出说明，并提供本人身份证或单位证明，可持银行本票向出票银行请求付款。

本票的持票人未按照规定期限提示本票的，丧失对出票人以外的前手的追索权。本票的出票人是票据上的主债务人，对持票人负有绝对付款责任，除票据时效届满而使票据权利消灭或者要式欠缺而使票据无效外，并不因持票人未在规定期限内向其行使付款请求权而使其责任得以解除。因此，持票人仍对出票人享有付款请求权，只是丧失对背书人及其保证人的追索权。

【例6-4】甲出具一张银行本票给乙，乙将该本票背书转让给丙，丁作为乙的保证人在票据上签章。丙又将该本票背书转让给戊，戊作为持票人未按规定期限向出票人提示本票。根据《票据法》的有关规定，下列选项中，戊不得行使追索权的有（　　）。

A. 甲　　　　　B. 乙　　　　　C. 丙　　　　　D. 丁

解析　正确答案为选项BCD。《票据法》规定，本票的持票人未按照规定期限提示见票的，丧失对出票人以外的前手的追索权。故选项B、C、D正确。

四、支票

（一）支票概述

1. 支票的概念。

支票是出票人签发的，委托银行或者其他金融机构在见票时无条件支付一定金额给收款人或者持票人的票据。支票的基本当事人有三个：出票人、付款人和收款人。支票是一种委付证券，与汇票相同，与本票不同。支票与汇票和本票相比，有两个显著特征：第一，以办理存款业务的银行业金融机构作为付款人；第二，见票即付。

2. 支票的分类。

依据不同的分类标准，可以对支票作不同的分类。《票据法》按照支付票款方式，将支票分为现金支票、转账支票和普通支票。

（1）现金支票。支票正面印有"现金"字样的为现金支票，现金支票只能用于支取现金。

（2）转账支票。支票正面印有"转账"字样的为转账支票，转账支票只能用于转账，不得支取现金。

（3）普通支票。支票上未印有"现金"或"转账"字样的为普通支票，普通支票可用于支取现金，也可用于转账。普通支票用于转账时，应当在支票正面注明，即在普通支票左上角划两条平行线。有该划线标志的支票，也称为划线支票，划线支票只能用于转账，不得支取现金。

3. 支票适用汇票的有关规定。

与本票一样，《票据法》只是对支票的个性方面的问题作了规定，而有关其一般性的问题，则适用《票据法》总则中的有关规定和汇票中的相关规定。除特别规定外，支票的背书、付款行为和追索权的行使，适用汇票的有关规定。

（二）支票的出票

1. 支票出票的概念。

出票人签发支票并交付的行为即为出票。支票出票人为在经批准办理支票业务的银行机构开立可以使用支票的存款账户的单位和个人。其签发支票必须具备一定的条件：（1）开立账户。开立支票存款账户，申请人必须使用其本名，并提交证明其身份的合法证件。（2）存入足够支付的款项。开立支票存款账户和领用支票，应当有可靠的资信，并存入一定的资金。（3）预留印鉴。开立支票存款账户，申请人应当预留其本名的签名式样和印鉴。

2. 支票的记载事项。

支票出票人作成有效的支票，必须按法定要求记载有关事项。

（1）绝对记载事项。签发支票必须记载下列事项：表明"支票"字样，这是支票文句的记载事项；无条件支付的委托，这是支票有关支付文句的记载事项，我国现行使用的支票记载支付的文句，一般是支票上已印好"上列款项请从我账户内支付"的字样；确定的金额；付款人名称，支票的付款人为支票上记载的出票人开户银行；出票日期；出票人签章。支票欠缺上述记载事项之一的，支票无效。

为了发挥支票灵活便利的特点，《票据法》规定了可以通过授权补记的方式记载两项绝对记载事项：一是支票上的金额可以由出票人授权补记，未补记前的支票，不得使用。这就是说，在支票金额未补记之前，收款人不得背书转让、提示付款。二是支票上未记载收款人名称的，经出票人授权，可以补记。这可以理解为，出票人既可以授权收取支票的相对人补记，也可以由相对人再授权他人补记。例如，甲公司签发支票给乙公司，但是未记载收款人。乙公司为支付货款，直接将支票交付给丙公司，未作任何记载。丙公司将自己的名称记载为收款人后，持票向付款人主张票据权利。甲公司、乙公司的行为，均符合《票据法》。也就是说，就支票而言，我国《票据法》承认了转让背书之外的这种票据权利转让方式。此外，出票人可以在支票上记载自己为收款人。

（2）相对记载事项。相对记载事项包括两项内容：一是付款地。支票上未记载付款地的，付款人的营业场所为付款地。二是出票地。支票上未记载出票地的，出票人的营业场所、住所或者经常居住地为出票地。

此外，支票上可以记载非法定记载事项，但这些事项并不发生支票上的效力。

3. 出票的其他法定条件。

支票的出票行为取得法律上的效力，必须依法进行，除须按法定格式签发票据外，还须符合其他法定条件。这些法定条件包括：（1）禁止签发空头支票。出票人签发的支票金额超过其付款时在付款人处实有的存款金额的，为空头支票。支票的出票人签发支票的金额不得超过付款时其在付款人处实有的存款金额。（2）支票的出票人不得签发与其预留本名的签名式样或者印鉴不符的支票，使用支付密码的，出票人不得签发支付密码错误的支票。（3）签发现金支票和用于支取现金的普通支票，必须符合国家现金管理的规定。

4. 出票的效力。

出票人作成支票并交付之后，对出票人产生相应的法律效力。《票据法》规定，出票人必须按照签发的支票金额承担保证向该持票人付款的责任。这一责任包括两项：一是出票人必须在付款人处存有足够可处分的资金，以保证支票票款的支付；二是当付款人对支票拒绝付款或者超过支票付款提示期限的，出票人应向持票人当日足额付款。

（三）支票的付款

支票属于见票即付的票据，因此，《票据法》规定，支票限于见票即付，不得另行记载付款日期。另行记载付款日期的，该记载无效。

1. 支票的提示付款期限。

持票人在请求付款时，必须为付款提示。支票的持票人应当自出票日起10日内提示付款；异地使用的支票，其提示付款的期限由中国人民银行另行规定。

超过提示付款期限提示付款的，付款人可以不予付款。付款人不予付款的，出票人仍应当对持票人承担票据责任。持票人超过提示付款期限的，并不丧失对出票人的追索权，出票人仍应当对持票人承担支付票款的责任。

2. 付款。

持票人在提示期间内向付款人提示票据，付款人在对支票进行审查之后，如未发现有不符规定之处，即应向持票人付款。出票人在付款人处的存款足以支付支票金额时，付款人应当在当日足额付款。

3. 付款责任的解除。

付款人依法支付支票金额的，对出票人不再承担受委托付款的责任，对持票人不再承担付款的责任。但是，付款人以恶意或者有重大过失付款的除外。这里所指的恶意或者有重大过失付款是指付款人在收到持票人提示的支票时，明知持票人不是真正的票据权利人，支票的背书以及其他签章系属伪造，或者付款人不按照正常的操作程序审查票据等情形。在此情况下，付款人不能解除付款责任，由此造成损失的，由付款人承担赔偿责任。

五、涉外票据的概念与法律适用

（一）涉外票据的概念

涉外票据是指出票、背书、承兑、保证、付款等行为中，既有发生在中国境内又有发生在中国境外的票据（港澳台视同境外）。这里的涉外并非指主体涉外，而是指票据的转让和流通涉外，如汇票的出票在我国，背书在日本，该汇票就是涉外票据。涉外票据与两个或两个以上国家或地区的法律发生联系，存在着出现法律冲突的可能。对此类法律冲突如不采取有效办法予以消除，将会严重阻碍票据功能的发挥，影响国与国（或地区）之间的经贸往来。

（二）涉外票据的法律适用

涉外票据的法律适用是指用哪一个国家或地区的法律调整发生在我国境内的涉外

票据的法律冲突。对此,《票据法》第九十五条规定的适用原则是:(1)优先适用国际条约。凡我国缔结或者参加的国际条约同我国《票据法》有不同规定的,适用国际条约的规定。但是,我国声明保留的条款除外。(2)适用国际惯例。凡我国《票据法》和我国缔结或者参加的国际条约没有规定的,可以适用国际惯例。

《票据法》第九十六条至第一百零一条对涉外票据的法律适用进行了规定,具体是:

(1)票据债务人的民事行为能力,适用其本国法律。票据债务人的民事行为能力,依照其本国法律为无民事行为能力或者为限制民事行为能力而依照行为地法律为完全民事行为能力的,适用行为地法律。

(2)汇票、本票出票时的记载事项,适用出票地法律。支票出票时的记载事项,适用出票地法律,经当事人协议,也可以适用付款地法律。

(3)票据的背书、承兑、付款和保证行为,适用行为地法律。

(4)票据追索权的行使期限,适用出票地法律。

(5)票据的提示期限、有关拒绝证明的方式、出具拒绝证明的期限,适用付款地法律。

(6)票据丧失时,失票人请求保全票据权利的程序,适用付款地法律。

【例6-5】烟台斯密达有限责任公司是一家韩资企业,2021年6月10日,该公司在烟台受让了一张以新加坡某银行为付款银行的汇票,公司经理吴某携带该汇票赴新加坡办理业务途中在中国香港不慎将该汇票丢失。失票人斯密达有限责任公司请求保全票据权利适用(   )法律。

A. 中国内地　　B. 新加坡　　C. 韩国　　D. 中国香港

解析　正确答案为选项B。斯密达有限责任公司在烟台受让、付款地在新加坡的汇票是涉外汇票,涉外汇票丧失的,保全票据权利适用付款地的法律。

第二节　证券法律制度

一、证券与证券法

(一)证券的概念与种类

1. 证券的概念。

证券是以证明或设定权利为目的所作成的一种书面凭证。证券有广义和狭义之分。广义的证券是证明持券人享有一定的经济权益的书面凭证,包括资本证券(如股票、债券、证券衍生品种等)、货币证券(如汇票、本票、支票等)、商品证券(如提单、仓单、栈单等）。狭义的证券仅指资本证券，这也是证券法和本节所要介绍的证券。

2. 证券的种类。

按照不同的标准，证券可以分为不同的种类。目前我国证券市场上发行和流通的证券主要有以下几类：

（1）股票。股票是股份有限公司签发的，证明股东所持股份的凭证。我国证券市场上流通的股票有人民币普通股（A股）和境内上市外资股（B股）。另外，中国境内注册的公司还可以发行境外上市外资股，包括H股（中国香港上市）、N股（纽约上市）、S股（新加坡上市）等。

（2）债券。债券是政府、金融机构、公司企业等单位依照法定程序发行的、约定在一定期限还本付息的有价证券。债券是一种债权凭证，是一种到期还本付息的有价证券，它具有风险性小和流通性强的特点。债券按发行主体不同可分为公司债券（含可转换公司债券）、金融债券和政府债券。

（3）存托凭证。存托凭证是指在一国证券市场流通的代表外国公司有价证券的可转让凭证，由存托人签发，以境外证券为基础在境内发行，代表境外基础证券权益的证券。中国存托凭证（Chinese Depository Receipt，CDR）是指境外（包含中国香港）的上市公司将部分已发行上市的股票托管在当地保管银行，由中国境内的存托银行发行、在境内A股市场上市、以人民币交易结算、供国内投资者买卖的投资凭证。只有注册地在中国境外的公司才能在国内发行中国存托凭证，发行目的是进行内地融资，实现股票的异地买卖。

（4）证券投资基金份额。证券投资基金份额是基金投资人持有基金单位的权利凭证。

（5）资产支持证券。资产支持证券（Asset-backed Securities，ABS）是由受托机构发行的、代表特定目的信托的信托受益权份额。受托机构以信托财产为限向投资者承担支付资产支持证券收益的义务，其支付基本来源于支持证券的资产池产生的现金流。资产支持证券的基础资产最常见的是金融资产，如信贷资产。我国的资产支持证券多是由银行业金融机构作为发起机构，将信贷资产信托给受托机构，由受托机构发行的，以该财产所产生的现金支付其收益的收益证券。本质上，资产支持证券是一种债券性质的金融工具，其向投资者支付的本息来自基础资产池产生的现金流或剩余权益，与股票和一般债券不同，资产支持证券不是对某一经营实体的利益要求权，而是对基础资产池所产生的现金流和剩余权益的要求权，是一种资产信用支持的证券。

（6）资产管理产品。资产管理产品是指接受投资者委托，对受托投资者提供财产投资和管理服务的银行、信托、证券、基金、期货、保险资产管理机构，金融资产投资公司等金融机构发行的，由其担任资产管理人，由托管机构担任资产托管人，为资产委托人的利益运用委托财产进行投资的一种标准化金融产品。资产管理产品按照募集方式的不同，分为公募产品和私募产品；按照投资性质的不同，分为固定收益类产品、权益类产品、商品及金融衍生品类产品和混合类产品。

(7) 认股权证。认股权证是股份有限公司给予持证人的无限期或在一定期限内,以确定价格购买一定数量普通股份的权利凭证。认股权证是持证人认购公司股票的一种长期选择权,本身不是权利证明书,其持有人不具备股东资格。认股权证的收益主要来自其依法转让的收益。

(8) 期货。期货是一种跨越时间的交易方式。买卖双方通过签订标准化合约,同意按指定的时间、价格与其他交易条件,交收指定数量的现货。按照现货标的物的种类不同,期货可以分为商品期货与金融期货。

(9) 期权。期权是一种选择权,本质上是一种合约,该合约赋予持有人在某一特定日期或该日之前的任何时间以固定价格购进或售出一种资产的权利。期权可以分为看涨期权和看跌期权。

认股权证与期货、期权属于金融衍生产品,其中认股权证是证券型衍生产品,期权、期货属于契约型衍生产品,它们具有保值和投机双重功能。

(二) 证券市场

1. 证券市场的结构。

证券市场是指证券发行与交易的场所。证券发行市场一般被称为一级市场,证券交易市场也就相应被称为二级市场。证券交易市场可以按照不同标准,再区分为不同的市场。场内交易市场与场外交易市场是一种传统的区分方式。场内交易市场,一般为证券交易所设立的交易场所,即所谓的交易所市场。场外交易市场则是泛指在交易所外进行的交易。两个市场的不同主要在于交易方式不同。场内市场的交易方式是集中交易的方式,多个买者和卖者之间进行价格磋商,体现价格发现机制,而场外交易市场则多采取一对一的交易磋商机制。因此,在每一时刻,场内交易市场往往只有一个最佳的价格,而场外交易市场则存在多个价格。

(1) 交易所市场。目前我国的交易所市场,主要由三个交易所(上海证券交易所、深圳证券交易所和北京证券交易所)、三个板块(主板市场、创业板、科创板)构成,在交易模式上又区分为集中竞价的交易模式和大宗交易模式。

①主板市场。上海证券交易所、深圳证券交易所的部分板块为主板市场。主板市场主要为那些资质较高的企业股票提供交易服务,上市门槛较高。目前,我国证券交易所已基本实现了交易的自动化,两个证券交易所的主要交易大多通过计算机系统报单、配对成交,不再需要有形的交易大厅和场内报单的交易代理人。由于交易所只接受会员的申报,投资者必须委托作为交易所会员的证券经纪商下达买卖股票的指令,经纪商按照接受客户委托的先后顺序向交易主机申报。我国目前证券集中竞价交易一般采用电脑集合竞价和连续竞价两种交易方式。集合竞价是指对一段时间内接受的买卖申报一次性集中撮合的竞价方式;连续竞价是指对买卖申报连续撮合的竞价方式。在连续交易市场,交易是在交易日的各个时点连续不断地进行,只要存在两个相匹配

的订单，交易就会发生。集合竞价市场是一个间断性的市场，投资者作出买卖委托后，不能立即按照有关规则执行并成交，而是在某一规定的时间，由有关机构将在不同时点收到的订单集中起来，按照统一价格进行匹配成交。证券交易按价格优先、时间优先的原则竞价撮合成交。成交时价格优先的原则为：较高价格买进申报优先于较低价格买进申报，较低价格卖出申报优先于较高价格卖出申报。成交时时间优先的原则为：买卖方向、价格相同的，先申报者优先于后申报者。先后顺序按交易主机接受申报的时间确定。

2004年5月，深圳证券交易所发布《设立中小企业板实施方案》，宣布在停止接受新上市公司3年后，深圳证券交易所转型为面向中小企业的证券发行和上市的专门板块。中小企业板块并非是原有交易所市场之外的独立市场，主要安排主板市场拟发行上市企业中流通股本规模相对较小的公司在该板块上市，并根据市场需求，确定适当的发行规模和发行方式。中小企业板块运行所遵循的法律、法规和部门规章，与主板市场相同，中小企业板块的上市公司符合主板市场的发行上市条件和信息披露要求。中小企业板块是主板市场的组成部分，同时实行运行独立、监察独立、代码独立、指数独立。中小企业板块运行了近17年，已和主板市场趋同，各项指标与主板市场相差不大，按照统一业务规则、统一运行监管模式，2021年2月，经中国证监会批准，深圳证券交易所主板和中小板合并，中小板并入主板，合并后深圳证券交易所的主板上市功能得以恢复。

②创业板。创业板是设立在深圳交易所内不同于主板的一个交易所市场，俗称"二板市场"。交易所的主板市场上市条件比较高，不利于中小企业特别是高新技术企业上市融资，因此，为中小企业能够顺利获得资金，有必要开设专门的股票交易市场，即二板市场。2009年3月31日，中国证监会发布《首次公开发行股票并在创业板上市管理暂行办法》，自该年5月1日起实施。2009年9月21日，第一批创业板公司公开发行，同年10月30日，第一批28家公司的股票在创业板上市交易。创业板采用了与主板市场和中小企业板有所不同的上市标准，主要表现为在具体盈利要求等方面有所放松，但由于创业板市场仍然属于交易所市场，在创业板挂牌交易仍然属于证券上市。2020年6月12日，中国证监会发布《创业板首次公开发行股票注册管理办法（试行）》《创业板上市公司证券发行注册管理办法（试行）》《创业板上市公司持续监管办法（试行）》和《证券发行上市保荐业务管理办法》，自发布之日起创业板证券发行全面推行注册制。2020年8月24日，创业板注册制首批企业在深圳证券交易所上市。

③科创板。科创板是建设多层次资本市场和支持创新型科技型企业的产物，是设置在上海证券交易所内独立于现有主板市场的新设板块，在该板块内实行注册制。2015年12月9日全国人大常委会授权国务院在实施股票发行注册制改革中调整适用《证券法》的有关规定，授权期限为2年；2018年2月经过全国人大常委会审议，决

定将授权期限延长到2020年2月29日。授权期限内科创板进行注册制试点，随着2019年3月1日新《证券法》的实施，科创板正式实行注册制。2019年1月30日，中国证监会发布《关于在上海证券交易所设立科创板并试点注册制的实施意见》，3月1日，中国证监会发布《科创板首次公开发行股票注册管理办法（试行）》《科创板上市公司持续监管办法（试行）》《公开发行证券的公司信息披露内容与格式准则第41号——科创板公司招股说明书》《公开发行证券的公司信息披露内容与格式准则第42号——首次公开发行股票并在科创板上市申请文件》。2019年6月13日，科创板正式开板；7月22日，首批25家公司上市，科创板正式开市。科创板采取独立交易模块和独立行情，交易日历、证券账户、申报成交等安排与上海证券交易所主板一致。科创板是资本市场基础制度改革创新的"试验田"，发行人符合发行条件、上市条件和相关信息披露要求，经上海证券交易所发行上市审核，并报经中国证监会履行发行注册程序，即可公开发行并上市。与主板及原中小板不同，科创板对发行人在行业、技术等方面有特别要求，发行条件上更加精简优化；上市条件上更具包容性，允许特殊股权结构企业和红筹企业上市；受理与审核实行全流程电子化，全流程的重要节点对社会公开；信息披露上更有针对性，严格落实发行人等相关主体责任，强化持续性监管；对投资者实行适当性管理，不符合适当性管理的投资者可以通过公募基金等方式参与科创板投资；退市程序上更为简明、清晰，严格实施退市制度。

（2）全国中小企业股份转让系统。全国中小企业股份转让系统是经国务院批准，依据《证券法》设立的全国性证券交易场所，2012年9月正式注册成立，是继上海证券交易所、深圳证券交易所之后设立的第三家全国性证券交易场所，俗称"新三板"。在场所性质和法律定位上，全国中小企业股份转让系统与证券交易所是相同的，都是多层次资本市场体系的重要组成部分。全国中小企业股份转让系统主要是为创新型、创业型、成长型中小微企业发展服务，这类企业普遍规模较小，尚未形成稳定的盈利模式。在准入条件上，不设财务门槛，申请挂牌的股份公司可以尚未盈利，只要股权结构清晰、经营合法规范、公司治理健全、业务明确，均可以经主办券商推荐申请在全国中小企业股份转让系统挂牌，但挂牌公司必须履行信息披露义务，所披露的信息应当真实、准确、完整。我国交易所市场的投资者结构以中小投资者为主，而全国中小企业股份转让系统实行了较为严格的投资者适当性制度，发展方向是一个以机构投资者为主的市场。全国中小企业股份转让系统是中小微企业与产业资本的服务媒介，主要是为企业发展、资本投入与退出服务，不是以交易为主要目的。2021年9月在全国中小企业股份转让系统精选层的基础上建立了北京证券交易所，其上市企业由全国中小企业股份转让系统创新层挂牌满12个月的企业产生，"新三板"的基础层、创新层与北京证券交易所是一种层次递进的关系。

（3）产权交易所。产权交易所是伴随着企业兼并活动在中国的增多而产生的。1988年5月，武汉市成立了我国第一家企业产权转让市场，并制定相应的交易规则。

此后经过多次清理整顿，我国目前有产权交易所300多家，分布在全国各地。

2. 证券市场的主体。

证券市场的主体是指参与证券市场的各类法律主体，包括证券发行人、投资者、中介机构、交易场所以及自律性组织和监管机构等。

（1）证券发行人，是指证券市场上发行证券的单位，一般包括公司、企业、金融机构和政府部门等。

（2）投资者，是指证券的买卖者，也是证券融资方式的资金供给者。投资者分为机构投资者和个人投资者。机构投资者是指有资格进行证券投资的法人单位，一般包括公司、企业、金融机构、基金组织和政府机构等；个人投资者可以直接参与证券的买卖，也可以通过证券经纪人买卖证券。

（3）证券中介机构，是指为证券发行和交易提供服务的各种中介机构，一般包括证券登记结算机构、证券经营机构、财务顾问机构、资信评级机构、资产评估机构、会计师事务所、律师事务所等。

（4）证券交易场所，是指为证券发行和交易提供场所和设施的服务机构，如上海证券交易所、深圳证券交易所、北京证券交易所等。

（5）证券自律性组织，通常是指证券业行业协会，如证券业协会、交易所协会等。

（6）证券监管机构，是指代表政府对证券市场进行监督管理的机构，在我国为中国证券监督管理委员会及其派出机构。需要说明的是，《证券法》中所指的"国务院证券监督管理机构"即为中国证券监督管理委员会（以下简称中国证监会）。

（三）证券活动和证券监管原则

根据《证券法》的规定，在证券发行、交易及监管中应当坚持以下原则：

1. 公开、公平、公正原则。

公开、公平、公正原则是《证券法》的基本原则。公开原则是指市场信息要公开，在内容上，凡是影响投资者决策的信息都应当公开，如公司章程、招股说明书、有关财务会计资料等。公开的形式包括向社会公告，将有关信息刊登在报纸或刊物上，将有关资料置备于有关场所，供公众随时查阅等。公开的信息必须及时、准确、真实、完整。公平原则是指所有市场参与者都具有平等的地位，其合法权益都应受到公平的保护，在证券发行和交易中应当机会均等、待遇相同。公正原则是指在证券发行和交易的有关事务处理上，要在坚持客观事实的基础上，做到一视同仁，对所有证券市场参与者都要给予公正的待遇。

2. 自愿、有偿、诚实信用原则。

自愿是指当事人有权按照自己的意愿参与证券发行与证券交易活动，其他人不得干涉，也不得采取欺骗、威吓或胁迫等手段影响当事人决策。在市场交易活动中，任何一方都不得把自己的意志强加给对方。有偿是指在证券发行和交易活动中，一方当事人不得无偿占有他方当事人的财产和劳动。诚实是指要客观真实，不欺人、不骗人；

信用是指遵守承诺，并及时、全面地履行承诺。

3. 守法原则。

《证券法》规定，证券的发行、交易活动，必须遵守法律、行政法规；禁止欺诈、内幕交易和操纵证券市场的行为。遵守法律、法规是我们在一切社会活动中都必须遵守的原则。

4. 分业经营、分业管理原则。

《证券法》规定，证券业和银行业、信托业、保险业实行分业经营、分业管理，证券公司与银行、信托、保险业务机构分别设立。国家另有规定的除外。

5. 保护投资者合法权益原则。

保护投资者的合法权益是《证券法》的立法宗旨之一。证券市场的发展必须依靠社会公众的支持，投资者的热情和信心是证券市场稳健发展的重要保证。为了切实保护投资者的合法权益，《证券法》设专章规定了投资者保护制度，并作出了一系列的制度安排，包括投资者适当性管理制度、证券公司与普通投资者发生纠纷的自证清白制度、股东权利代为行使征集制度、上市公司现金分红制度、公司债券持有人会议制度与受托管理人制度、先行赔付的赔偿机制、普通投资者与证券公司纠纷的强制调解制度、代表人诉讼制度，等等。此外，国家设立证券投资者保护基金、投资者保护机构、中小投资者服务中心加强投资者保护。《证券法》中的一些具体规则，诸如发行保荐、控股股东、实际控制人、高管人员诚信义务与责任、关联融资、担保的限制、信息披露、禁止证券欺诈行为等，均贯彻了保护投资者的合法权益原则。

6. 监督管理与自律管理相结合原则。

《证券法》规定，国务院证券监督管理机构依法对全国证券市场实行集中统一监督管理。国务院证券监督管理机构根据需要可以设立派出机构，按照授权履行监督管理职责。在国家对证券发行、交易活动实行集中统一监督管理的前提下，依法设立证券业协会，实行自律性管理。国家审计机关依法对证券交易所、证券公司、证券登记结算机构、证券监督管理机构进行审计监督。

（四）证券法

1. 证券法的概念。

证券法有广义和狭义之分。广义的证券法是指一切与证券有关的法律规范的总称。狭义的证券法专指《证券法》，它是规范证券发行、交易及监管过程中产生的各种法律关系的基本法，是证券市场各类行为主体必须遵守的行为规范。

我国的证券法律制度主要是1998年12月29日第九届全国人民代表大会常务委员会第六次会议通过的《证券法》，该法自1999年7月1日起施行。2004年8月28日，第十届全国人民代表大会常务委员会第十一次会议对《证券法》进行了第一次修正，2005年10月27日，第十届全国人民代表大会常务委员会第十八次会议对《证券法》作了大幅修订后重新颁布，自2006年1月1日起施行。2013年6月29日，第十二届全国人民代表大会常务委员会第三次会议对《证券法》进行了第二次修正。2014年8月31日,第十二届全国人民代表大会常务委员会第十次会议对《证券法》进行了第三次修正。2019年12月28日,第十三届全国人民代表大会常务委员会第十五次会议对《证券法》进行了第二次大幅度修订,新修订的《证券法》于2020年3月1日实施。《证券法》之外,其他法律中也存在关于证券的相关规定,如《公司法》中有关股份发行与股份转让的内容,《证券投资基金法》中有关证券投资基金份额上市交易的规定;国务院及其有关部门如国务院证券监督管理机构、国家发展改革委员会发布了大量有关证券的法规、规章以及规范性文件,如《公司债券发行与交易管理办法》《上市公司收购管理办法》《创业板上市公司证券发行注册管理办法(试行)》《科创板首次公开发行股票注册管理办法(试行)》等,这些构成了我国的证券法律体系。

2. 我国《证券法》适用范围。

我国《证券法》适用于在中国境内,股票、公司债券、存托凭证和国务院依法认定的其他证券的发行和交易行为;《证券法》未规定的,适用《公司法》和其他法律、行政法规的规定。政府债券、证券投资基金份额的上市交易,适用《证券法》,其他法律、行政法规有特别规定的,适用其规定。资产支持证券、资产管理产品发行、交易的管理办法,由国务院依照《证券法》的原则规定。

我国《证券法》主要是对境内股票、公司债券的发行与交易进行调整,但是,《证券法》实行有条件的域外管辖,在中国境外的证券发行和交易活动,扰乱中国境内市场秩序,损害境内投资者合法权益的,依照《证券法》有关规定处理并追究法律责任。

二、证券发行

证券发行和证券交易是证券市场的主要构成部分,两者相辅相成。证券发行是发行人、上市公司筹集资金的基本途径。依据发行的证券品种不同,证券发行可以分为股票发行、公司债券发行、存托凭证发行与投资基金份额发售。本部分主要介绍股票与公司债券发行和投资基金份额发售的条件和程序。

(一)证券发行的概念及分类

1. 证券发行的概念。

证券发行有广义和狭义之分。广义的证券发行,是指符合发行条件的商业组织或政府组织(发行人),以筹集资金为目的,依照法律规定的程序向公众投资者出售代表一定权利的资本证券的行为。狭义的证券发行,是指发行人在所需资金募集后,作成证券并交付投资人受领的单方行为。通常所说的证券发行,是指广义的证券发行。证券发行本质上是一种直接融资方式,与通过银行等金融机构进行的间接融资方式相对应。

2. 证券发行的分类。

根据不同的标准,证券发行可以分为不同的类型:

(1) 公开发行和非公开发行。根据证券发行的对象不同,证券发行可以分为公开发行和非公开发行。公开发行又称公募发行,是指发行人面向社会公众,即不特定的公众投资者进行的证券发行。公开发行必须严格遵循《证券法》有关信息披露的规定。非公开发行又称私募发行,是指向少数特定的投资者进行的证券发行。有下列情形之一的,为公开发行:①向不特定对象发行证券;②向累计超过200人的特定对象发行证券,但依法实施员工持股计划的员工人数不计算在内;③法律、行政法规规定的其他发行行为。非公开发行证券,不得采用广告、公开劝诱和变相公开方式。

(2) 设立发行和增资发行。根据证券发行的目的不同,证券发行可以分为设立发行和增资发行。设立发行是为成立新的股份有限公司而发行股票;增资发行是为增加已有公司的资本总额或改变其股本结构而发行新股。增发新股,既可以公开发行,也可以采取配股或赠股的形式。

(3) 直接发行和间接发行。根据证券发行的方式不同,证券发行可以分为直接发行和间接发行。直接发行是指证券发行人不通过证券承销机构,而自行承担证券发行风险,办理证券发行事宜的发行方式。间接发行是指证券发行人委托证券承销机构发行证券,并由证券承销机构办理证券发行事宜,承担证券发行风险的发行方式。

(4) 平价发行、溢价发行和折价发行。根据证券发行价格与证券票面金额之间的关系,证券发行可以分为平价发行、溢价发行和折价发行。平价发行,又称面值发行或等价发行,是指证券发行时的发行价格与票面金额相同的发行方式。溢价发行,是指证券发行时的发行价格超过票面金额的发行方式。折价发行,又称贴现发行,是指证券发行时的发行价格低于票面金额的发行方式。我国《公司法》规定:"股票发行价格可以按票面金额,也可以超过票面金额,但不得低于票面金额。"可见,我国允许股票平价发行、溢价发行,但禁止折价发行,以保障公司资本的充足。《证券法》还规定:"股票发行采取溢价发行的,其发行价格由发行人与承销的证券公司协商确定。"

(二) 证券发行的审核制度

证券发行的审核制度分为两种体制:一是实行公开主义的注册制;二是实行准则主义的核准制。

1. 注册制。

注册制是证券发行申请人依法将与证券发行有关的信息和资料公开,制成法律文件,送交监管机构审核,监管机构只负责审查发行申请人提供的信息和资料是否履行了信息披露义务的制度。注册制下,审核机构只负责对注册文件进行形式审查,不对证券发行行为及证券本身进行实质判断,申报文件提交后,经过法定期间,监管机构若无异议,即可发行证券。注册制对于发行人而言,是一种相对宽松的发行机制,只要发行人依法将有关信息与资料完全公开,监管机构就不得以发行人的财务状况未达到一定标准而拒绝其发行。

2. 核准制。

核准制是指发行人发行证券,不仅要公开全部的、可以供投资人判断的信息与资料,还要符合证券发行的实质性条件,证券监管机构有权依照法律的规定,对发行人提出的申请以及有关材料,进行实质性审查,发行人得到批准以后,才可以发行证券。核准制度并不排除注册制所要求的形式审查,监管机构还要对将公开的信息与证券发行的实质性条件一一进行严格的审查,对确已具备发行条件的发行申请作出核准发行的决定。发行人没有核准发行的决定不得发行证券。

新《证券法》规定:公开发行证券,必须符合法律、行政法规规定的条件,并依法报经国务院证券监督管理机构或者国务院授权的部门注册。未经依法注册,任何单位和个人不得公开发行证券。证券发行注册制的具体范围、实施步骤,由国务院规定。新《证券法》的实施表明我国证券公开发行将全面推行注册制,结束证券发行的核准制。但是,授权国务院对证券发行注册制的具体范围、实施步骤进行规定,意味着证券发行的注册制将全面推行、渐进落地。目前,我国公司债券、企业债券公开发行实行注册制,科创板与创业板公开股票发行实行注册制。科创板与创业板实行的股票发行注册制由证券交易所负责发行上市审核,中国证监会负责发行注册,并对证券交易所发行上市审核工作进行监督。主板股票发行注册制的实施时间尚未确定。

(三)股票的发行

1. 首次公开发行股票的一般条件。

设立股份有限公司公开发行股票(以下简称首次公开发行股票),应当符合《证券法》《公司法》规定的发行条件和经国务院批准的国务院证券监督管理机构规定的其他发行条件。

根据新《证券法》的规定,首次公开发行股票的基本条件包括:

(1)具备健全且运行良好的组织机构;

(2)具有持续经营能力;

(3)最近3年财务会计报告被出具无保留意见审计报告;

(4)发行人及其控股股东、实际控制人最近3年不存在贪污、贿赂、侵占财产、挪用财产或者破坏社会主义市场经济秩序的刑事犯罪;

(5)经国务院批准的国务院证券监督管理机构规定的其他条件。

公开发行存托凭证的,应当符合首次公开发行新股的条件以及国务院证券监督管理机构规定的其他条件。

上述基本条件是注册制下在主板、创业板、科创板上市的公司都应遵守的共性规则。

2. 主板首次公开发行股票的条件。

随着2020年3月1日新《证券法》的实施,证券发行的注册制在科创板结束试行,步入正式实施阶段,在资本市场其他板块的落实是渐进式的。目前,创业板股票公开发行已经试行注册制,在主板落实注册制的具体时间尚未确定的情况下,本部分依然介绍核准制下股票主板发行的条件。

2018年6月6日,中国证监会修订发布《首次公开发行股票并上市管理办法》,其第二章对发行条件作出如下规定:

(1)主体资格。①发行人应当是依法设立且合法存续的股份有限公司。经国务院批准,有限责任公司在依法变更为股份有限公司时,可以采取募集设立方式公开发行股票。②发行人自股份有限公司成立后,持续经营时间应当在3年以上,但经国务院批准的除外。有限责任公司按原账面净资产值折股整体变更为股份有限公司的,持续经营时间可以从有限责任公司成立之日起计算。③发行人的注册资本已足额缴纳,发起人或者股东用作出资的资产的财产权转移手续已办理完毕,发行人的主要资产不存在重大权属纠纷。④发行人的生产经营符合法律、行政法规和公司章程的规定,符合国家产业政策。⑤发行人最近3年内主营业务和董事、高级管理人员没有发生重大变化,实际控制人没有发生变更。⑥发行人的股权清晰,控股股东和受控股股东、实际控制人支配的股东持有的发行人股份不存在重大权属纠纷。

(2)规范运行。①发行人的董事、监事和高级管理人员符合法律、行政法规和规章规定的任职资格,且不得有下列情形:一是被中国证监会采取证券市场禁入措施尚在禁入期的;二是最近36个月内受到中国证监会行政处罚,或者最近12个月内受到证券交易所公开谴责的;三是因涉嫌犯罪被司法机关立案侦查或者涉嫌违法违规被中国证监会立案调查,尚未有明确结论意见的。②发行人不得有下列情形:一是最近36个月内未经法定机关核准,擅自公开或者变相公开发行过证券;或者有关违法行为虽然发生在36个月前,但目前仍处于持续状态。二是最近36个月内违反工商、税收、土地、环保、海关以及其他法律、行政法规,受到行政处罚,且情节严重。三是最近36个月内曾向中国证监会提出发行申请,但报送的发行申请文件有虚假记载、误导性陈述或重大遗漏;或者不符合发行条件以欺骗手段骗取发行核准;或者以不正当手段干扰中国证监会及其发行审核委员会审核工作;或者伪造、变造发行人或其董事、监事、高级管理人员的签字、盖章。四是本次报送的发行申请文件有虚假记载、误导性陈述或者重大遗漏。五是涉嫌犯罪被司法机关立案侦查,尚未有明确结论意见。六是严重损害投资者合法权益和社会公共利益的其他情形。③发行人的公司章程中已明确对外担保的审批权限和审议程序,不存在为控股股东、实际控制人及其控制的其他企业进行违规担保的情形。④发行人有严格的资金管理制度,不得有资金被控股股东、实际控制人及其控制的其他企业以借款、代偿债务、代垫款项或者其他方式占用的情形。

(3)财务与会计。①发行人应当符合下列条件:一是最近3个会计年度净利润均为正数且累计超过人民币3 000万元,净利润以扣除非经常性损益前后较低者为计算依据。二是最近3个会计年度经营活动产生的现金流量净额累计超过人民币5 000万元;或者最近3个会计年度营业收入累计超过人民币3亿元。三是发行前股本总额不少于人民币 3 000 万元。四是最近一期末无形资产（扣除土地使用权、水面养殖权和采矿权等后）占净资产的比例不高于20%。五是最近一期末不存在未弥补亏损。②发行人申报文件中不得有下列情形：一是故意遗漏或虚构交易、事项或者其他重要信息；二是滥用会计政策或者会计估计；三是操纵、伪造或篡改编制财务报表所依据的会计记录或者相关凭证。③发行人不得有下列影响持续盈利能力的情形：一是发行人的经营模式、产品或服务的品种结构已经或者将发生重大变化，并对发行人的持续盈利能力构成重大不利影响；二是发行人的行业地位或发行人所处行业的经营环境已经或者将发生重大变化，并对发行人的持续盈利能力构成重大不利影响；三是发行人最近1个会计年度的营业收入或净利润对关联方或者存在重大不确定性的客户存在重大依赖；四是发行人最近1个会计年度的净利润主要来自合并财务报表范围以外的投资收益；五是发行人在用的商标、专利、专有技术以及特许经营权等重要资产或技术的取得或者使用存在重大不利变化的风险；六是其他可能对发行人持续盈利能力构成重大不利影响的情形。

主板推行注册制后，在发行条件上将不再对发行人的财务状况与盈利能力进行要求，也将不再存在中国证监会及其发行审核委员会的实质性审核。

3. 主板上市公司配股的条件。

新《证券法》的注册制改革将是贴合中国资本市场实际的渐进式过程，在国务院对注册制在主板的实施时间尚未作出规定的情况下，本部分依然介绍核准制下上市公司配股的条件。

依据中国证监会发布的《上市公司证券发行管理办法》的规定，向原股东配售股份（以下简称配股），除符合组织机构健全、运行良好；盈利能力具有可持续性；财务状况良好；最近36个月内财务会计文件无虚假记载，且不存在重大违法行为；募集资金的数额和使用符合规定等公开发行证券的条件外，还应当符合下列条件：

（1）配售股份数量不超过本次配售股份前股本总额的30%。
（2）控股股东应当在股东大会召开前公开承诺认配股份的数量。
（3）采用证券法规定的代销方式发行。

控股股东不履行认配股份的承诺，或者代销期限届满，原股东认购股票的数量未达到拟配售数量70%的，发行人应当按照发行价并加算银行同期存款利息返还已经认购的股东。

4. 主板上市公司增发的条件。

依据新《证券法》的规定，上市公司发行新股，应当符合经国务院批准的国务院证券监督管理机构规定的条件，具体管理办法由国务院证券监督管理机构规定。在中国证监会对上市公司发行新股的条件尚未发布具体管理办法，国务院对注册制在主板实施的时间尚未作出规定的情况下，本部分依然介绍核准制下上市公司增发新股的条件。

依据中国证监会发布的《上市公司证券发行管理办法》的规定，向不特定对象公开募集股份（以下简称增发），除符合上述公开发行证券的条件外，还应符合下列条件：

（1）最近3个会计年度加权平均净资产收益率平均不低于6%。扣除非经常性损益后的净利润与扣除前的净利润相比，以低者作为加权平均净资产收益率的计算依据。

（2）除金融类企业外，最近一期末不存在持有金额较大的交易性金融资产和可供出售的金融资产、借予他人款项、委托理财等财务性投资的情形。

（3）发行价格应不低于公告招股意向书前20个交易日公司股票均价或前1个交易日的均价。

5. 科创板、创业板首次公开股票发行条件。

2019年3月1日，中国证监会发布《科创板首次公开发行股票注册管理办法（试行）》；随着新《证券法》的实施，2020年6月12日，中国证监会发布《创业板首次公开发行股票注册管理办法（试行）》。申请人申请首次公开发行股票并在科创板、创业板上市，应当符合下列条件：

（1）符合科创板、创业板定位。在科创板上市的发行人应当面向世界科技前沿、面向经济主战场、面向国家重大需求，符合国家战略，拥有关键核心技术，科技创新能力突出，主要依靠核心技术开展生产经营，具有稳定的商业模式，市场认可度高，社会形象良好，具有较强成长性。在创业板上市的发行人应当为成长型的创新创业企业，与新技术、新产业、新业态、新模式深度融合的传统企业。

（2）组织机构健全，持续经营满3年。发行人应当是依法设立且持续经营3年以上的股份有限公司，具备健全且运行良好的组织机构，相关机构和人员能够依法履行职责。有限责任公司按原账面净资产值折股整体变更为股份有限公司的，持续经营时间可以从有限责任公司成立之日起计算。

（3）会计基础工作规范，内控制度健全有效。发行人应当是会计基础工作规范，财务报表的编制和披露符合企业会计准则和相关信息披露规则的规定，在所有重大方面公允地反映了发行人的财务状况、经营成果和现金流量，并由注册会计师出具无保留意见的审计报告。发行人内部控制制度应当健全且被有效执行，能够合理保证公司运行效率、合法合规和财务报告的可靠性，并由注册会计师出具无保留结论的内部控制鉴证报告。

（4）业务完整并具有直接面向市场独立持续经营的能力。①资产完整，业务及人员、财务、机构独立，与控股股东、实际控制人及其控制的其他企业间不存在对发行人构成重大不利影响的同业竞争，以及严重影响独立性或者显失公平的关联交易。②发行人主营业务、控制权、管理团队和核心技术人员稳定，最近2年内主营业务和董事、高级管理人员及核心技术人员均没有发生重大不利变化；控股股东和受控股股东、实际控制人支配的股东所持发行人的股份权属清晰，最近2年实际控制人没有发生变更，不存在导致控制权可能变更的重大权属纠纷。③发行人不存在主要资产、核心技术、商标等的重大权属纠纷，重大偿债风险，重大担保、诉讼、仲裁等或有事项，经营环境已经或者将要发生的重大变化等对持续经营有重大不利影响的事项。

（5）生产经营合法合规。发行人生产经营应当符合法律、行政法规的规定，符合国家产业政策。最近3年内，发行人及其控股股东、实际控制人不存在贪污、贿赂、侵占财产、挪用财产或者破坏社会主义市场经济秩序的刑事犯罪，不存在欺诈发行、重大信息披露违法或者其他涉及国家安全、公共安全、生态安全、生产安全、公众健康安全等领域的重大违法行为。董事、监事和高级管理人员不存在最近3年内受到中国证监会行政处罚，或者因涉嫌犯罪被司法机关立案侦查或者涉嫌违法违规被中国证监会立案调查，尚未有明确结论意见等情形。

6. 科创板、创业板上市公司配股与增发的条件。

依据2020年5月14日中国证监会发布的《科创板上市公司证券发行注册管理办法（试行）》、2020年6月12日中国证监会发布的《创业板上市公司证券发行注册管理办法（试行）》，科创板、创业板上市公司发行证券可以向不特定对象发行，也可以向特定对象发行。向不特定对象发行证券包括上市公司向原股东配股、向不特定对象增发和向不特定对象发行可转债。向特定对象发行证券包括上市公司向特定对象发行股票、向特定对象发行可转债。

其中，科创板、创业板上市公司向不特定对象发行股票，应当符合下列规定：

（1）具备健全且运行良好的组织机构；

（2）现任董事、监事和高级管理人员符合法律、行政法规规定的任职要求；

（3）具有完整的业务体系和直接面向市场独立经营的能力，不存在对持续经营有重大不利影响的情形；

（4）会计基础工作规范，内部控制制度健全且有效执行，财务报表的编制和披露符合企业会计准则和相关信息披露规则的规定，在所有重大方面公允反映了上市公司的财务状况、经营成果和现金流量，最近3年财务会计报告被出具无保留意见审计报告；

（5）除金融类企业外，最近一期末不存在金额较大的财务性投资。

创业板上市公司还应当符合盈利要求，即最近2年盈利，净利润以扣除非经常性损益前后孰低者为计算依据。

科创板、创业板上市公司公开发行股票所募集资金，必须按照招股说明书所列资金用途使用，改变资金用途，必须经股东大会作出决议。

科创板、创业板上市公司存在下列情形之一的，不得向不特定对象发行股票：

（1）擅自改变前次募集资金用途未作纠正，或者未经股东大会认可；

（2）上市公司及其现任董事、监事和高级管理人员最近3年受到中国证监会行政处罚，或者最近一年受到证券交易所公开谴责，或者因涉嫌犯罪正在被司法机关立案侦查或者涉嫌违法违规正在被中国证监会立案调查；

（3）上市公司及其控股股东、实际控制人最近一年存在未履行向投资者作出的公开承诺的情形；

（4）上市公司及其控股股东、实际控制人最近3年存在贪污、贿赂、侵占财产、挪用财产或者破坏社会主义市场经济秩序的刑事犯罪，或者存在严重损害上市公司利益、投资者合法权益、社会公共利益的重大违法行为。

科创板、创业板上市公司存在下列情形之一的，不得向特定对象发行股票：

（1）擅自改变前次募集资金用途未作纠正，或者未经股东大会认可；

（2）最近一年财务报表的编制和披露在重大方面不符合企业会计准则或者相关信息披露规则的规定；最近一年财务会计报告被出具否定意见或者无法表示意见的审计报告；最近一年财务会计报告被出具保留意见的审计报告，且保留意见所涉及事项对上市公司的重大不利影响尚未消除。本次发行涉及重大资产重组的除外。

（3）现任董事、监事和高级管理人员最近3年受到中国证监会行政处罚，或者最近一年受到证券交易所公开谴责。

（4）上市公司及其现任董事、监事和高级管理人员因涉嫌犯罪正在被司法机关立案侦查或者涉嫌违法违规正在被中国证监会立案调查。

（5）控股股东、实际控制人最近3年存在严重损害上市公司利益或者投资者合法权益的重大违法行为。

（6）最近3年存在严重损害投资者合法权益或者社会公共利益的重大违法行为。

科创板、创业板上市公司发行股票，募集资金使用应当符合下列规定：

（1）符合国家产业政策和有关环境保护、土地管理等法律、行政法规规定；

（2）募集资金项目实施后，不会与控股股东、实际控制人及其控制的其他企业新增构成重大不利影响的同业竞争、显失公平的关联交易，或者严重影响公司生产经营的独立性；

（3）科创板上市公司募集资金应当投资于科技创新领域的业务；创业板上市公司除金融类企业外，本次募集资金使用不得为持有财务性投资，不得直接或者间接投资于以买卖有价证券为主要业务的公司。

（四）公司债券的发行

1. 公司债券发行的一般规定。

随着新《证券法》的实施，公司债券发行实行注册制改革，2021年2月26日中国证监会发布了新的《公司债券发行与交易管理办法》。根据《证券法》《公司债券发行与交易管理办法》的规定，发行公司债券，发行人应当依照《公司法》或者公司章程相关规定对以下事项作出决议：

（1）发行债券的金额；

（2）发行方式；

（3）债券期限；

（4）募集资金的用途；

（5）其他按照法律法规及公司章程规定需要明确的事项。

发行公司债券，如果对增信机制、偿债保障措施作出安排的，也应当在决议事项中载明。发行公司债券，可以附认股权、可转换成相关股票等条款。上市公司、股票公开转让的非上市公众公司股东可以发行附可交换成上市公司或非上市公众公司股票条款的公司债券。商业银行等金融机构可以按照有关规定发行附减记条款的公司债券。上市公司发行附认股权、可转换成股票条款的公司债券，应当符合上市公司证券发行管理的相关规定。股票公开转让的非上市公众公司发行附认股权、可转换成股票条款的公司债券，由中国证监会另行规定。

公司债券可以公开发行，也可以非公开发行。公开发行包括面向普通投资者公开发行和面向专业投资者公开发行两种方式。非公开发行的公司债券应当向专业投资者发行，不得采用广告、公开劝诱和变相公开方式，每次发行对象不得超过200人。

公开发行公司债券筹集的资金，必须按照公司债券募集说明书所列资金用途使用；改变资金用途，必须经债券持有人会议作出决议。非公开发行公司债券，募集资金应当用于约定的用途；改变资金用途，应当履行募集说明书约定的程序。公开发行公司债券筹集的资金，不得用于弥补亏损和非生产性支出。发行人应当指定专项账户，用于公司债券募集资金的接收、存储、划转。

2. 公开发行公司债券。

公开发行公司债券，由证券交易所负责受理、审核，并经中国证监会注册。公开发行公司债券，应当符合下列条件：

（1）具备健全且运行良好的组织机构；

（2）最近3年平均可分配利润足以支付公司债券1年的利息；

（3）具有合理的资产负债结构和正常的现金流量；

（4）国务院规定的其他条件。

存在下列情形之一的，不得再次公开发行公司债券：

（1）对已公开发行的公司债券或者其他债务有违约或者延迟支付本息的事实，仍处于继续状态；

（2）违反证券法规定，改变公开发行公司债券所募资金的用途。

资信状况符合以下标准的公开发行公司债券，专业投资者和普通投资者可以参与认购：

（1）发行人最近3年无债务违约或者延迟支付本息的事实；

（2）发行人最近3年平均可分配利润不少于债券一年利息的1.5倍；

（3）发行人净资产规模不少于250亿元；

（4）发行人最近36个月内累计公开发行债券不少于3期，发行规模不少于100亿元；

（5）中国证监会根据投资者保护的需要规定的其他条件。

未达到以上标准的公开发行公司债券，仅限于专业投资者参与认购。

公开发行公司债券，由发行人按照中国证监会有关规定制作注册申请文件，向证券交易所申报。证券交易所收到注册申请文件后，在5个工作日内作出是否受理的决定。证券交易所按照规定的条件和程序，提出审核意见。证券交易所应当自受理注册申请文件之日起2个月内出具审核意见。中国证监会收到证券交易所报送的审核意见、发行人注册申请文件及相关审核资料后，履行发行注册程序。中国证监会应当自证券交易所受理注册申请文件之日起3个月内作出同意注册或者不予注册的决定。发行人根据中国证监会、证券交易所要求补充、修改注册申请文件的时间不计算在内。

公开发行公司债券，可以申请一次注册，分期发行。中国证监会同意注册的决定自作出之日起2年有效。发行人应当在注册决定有效期内发行公司债券，并自主选择发行时点。公开发行公司债券的募集说明书自最后签署之日起6个月内有效。发行人应当及时更新债券募集说明书等公司债券发行文件，并在每期发行前报证券交易所备案。

公开发行公司债券的发行人应当为债券持有人聘请债券受托管理人，并订立债券受托管理协议。

3. 非公开发行公司债券。

非公开发行公司债券不得采用广告、公开劝诱和变相公开方式。非公开发行的对象应当是专业投资者，每次发行对象不得超过200人。

发行人、承销机构应当按照中国证监会、证券自律组织规定的投资者适当性制度，了解和评估投资者对非公开发行公司债券的风险识别和承担能力，确认参与非公开发行公司债券认购的投资者为专业投资者，并充分揭示风险。

非公开发行公司债券，由承销机构或依照规定自行销售的发行人在每次发行完成后5个工作日内向中国证券业协会报备。

非公开发行公司债券的发行人应当在募集说明书中约定债券受托管理事项。

非公开发行的公司债券，可以申请在证券交易场所、证券公司柜台转让。非公开发行的公司债券仅限于在专业投资者范围内转让。转让后，持有同次发行债券的专业投资者合计不得超过200人。

（五）证券投资基金的募集

1. 证券投资基金的概念。

证券投资基金是指通过公开或者非公开方式募集投资者资金，由基金管理人管理，基金托管人托管，从事股票、债券等金融工具组合投资的一种利益共享、风险共担的集合证券投资方式。通过公开募集方式设立的基金（以下简称公开募集基金）的基金份额持有人按其所持基金份额享受收益和承担风险，通过非公开募集方式设立的基金（以下简称非公开募集基金）的收益分配和风险承担由基金合同约定。基金管理人由依法设立的公司或者合伙企业担任。公开募集基金的基金管理人，由基金管理公司或者经国务院证券监督管理机构按照规定核准的其他机构担任。基金托管人由依法设立的商业银行或者其他金融机构担任。证券投资基金，依照其运作方式不同，可以分为封闭式基金和开放式基金。

（1）封闭式基金，是指基金份额总额在基金合同期限内固定不变，基金份额持有人不得申请赎回的基金。

（2）开放式基金，是指基金份额总额不固定，基金份额可以在基金合同约定的时间和场所申购或者赎回的基金。

2. 公开募集基金。

公开募集基金，应当经国务院证券监督管理机构注册。未经注册，不得公开或者变相公开募集基金。根据《证券投资基金法》，公开募集基金包括向不特定对象募集资金、向特定对象募集资金累计超过200人，以及法律、行政法规规定的其他情形。公开募集基金应当由基金管理人管理，基金托管人托管。

注册公开募集基金，由拟任基金管理人向国务院证券监督管理机构提出申请，并提交规定文件。国务院证券监督管理机构应当自受理公开募集基金的募集注册申请之日起6个月内依照法律、行政法规及国务院证券监督管理机构的规定进行审查，作出注册或者不予注册的决定，并通知申请人；不予注册的，应当说明理由。

基金募集申请经注册后，方可发售基金份额。基金份额的发售，由基金管理人或者其委托的基金销售机构办理。基金管理人应当在基金份额发售的3日前公布招募说明书、基金合同及其他有关文件。基金管理人应当自收到准予注册文件之日起6个月内进行基金募集。超过6个月开始募集，原注册的事项未发生实质性变化的，应当报国务院证券监督管理机构备案；发生实质性变化的，应当向国务院证券监督管理机构重新提交注册申请。

基金募集不得超过国务院证券监督管理机构准予注册的基金募集期限。基金募集期限自基金份额发售之日起计算。基金募集期限届满，封闭式基金募集的基金份额总额达到准予注册规模的80%以上，开放式基金募集的基金份额总额超过准予注册的最低募集份额总额，并且基金份额持有人人数符合国务院证券监督管理机构规定的，基金管理人应当自募集期限届满之日起10日内聘请法定验资机构验资，自收到验资报告之日起10日内，向国务院证券监督管理机构提交验资报告，办理基金备案手续，并予以公告。

3. 非公开募集基金。

非公开募集基金即私募投资基金（以下简称私募基金），是指在中国境内，以非公开方式向投资者募集资金设立的投资基金，其投资包括买卖股票、股权、债券、期货、期权、基金份额及投资合同约定的其他投资标的。中国证监会2014年公布并实施的《私募投资基金监督管理暂行办法》，确立了对私募基金的适度监管制度。

（1）设立原则。《私募投资基金监督管理暂行办法》规定，设立私募基金管理机构和发行私募基金不设行政审批，允许各类发行主体在依法合规的基础上，向累计不超过法律规定数量的投资者发行私募基金。建立健全私募基金发行监管制度，切实强化事中事后监管,依法严厉打击以私募基金为名的各类非法集资活动。中国证券投资基金业协会依照《证券投资基金法》及有关规定和基金业协会自律规则,对私募基金业开展行业自律,协调行业关系,提供行业服务,促进行业发展。各类私募基金管理人应当向基金业协会申请登记,并在各类私募基金募集完毕后,向基金业协会办理备案手续。

(2)合格投资者。私募基金应当向合格投资者募集,单只私募基金的投资者人数累计不得超过《证券投资基金法》《公司法》《合伙企业法》等法律规定的特定数量。合格投资者是指具备相应风险识别能力和风险承担能力,投资于单只私募基金的金额不低于100万元且符合下列相关标准的单位和个人:①净资产不低于1 000万元的单位;②金融资产不低于300万元或者最近3年个人年均收入不低于50万元的个人。此外,下列投资者视为合格投资者:①社会保障基金、企业年金等养老基金,慈善基金等社会公益基金;②依法设立并在基金业协会备案的投资计划;③投资于所管理私募基金的私募基金管理人及其从业人员;④中国证监会规定的其他投资者。以合伙企业、契约等非法人形式,通过汇集多数投资者的资金直接或者间接投资于私募基金的,私募基金管理人或者私募基金销售机构应当穿透核查最终投资者是否为合格投资者,并合并计算投资者人数。但是,符合上述第①、②、④项规定的投资者投资私募基金的,不再穿透核查最终投资者是否为合格投资者和合并计算投资者人数。

(3)募集规则。私募基金的募资规则具体包括:①不得向合格投资者之外的单位和个人募集资金,不得通过报刊、电台、电视、互联网等公众传播媒体或者讲座、报告会、分析会和布告、传单、手机短信、微信、博客和电子邮件等方式,向不特定对象宣传推介。②不得向投资者承诺投资本金不受损失或者承诺最低收益。③私募基金管理人或私募基金销售机构要对投资者的风险识别能力和风险承担能力进行评估,并由投资者书面承诺符合合格投资者条件。④私募基金管理人自行销售或者委托销售机构销售私募基金,应当自行或者委托第三方机构对私募基金进行风险评级,向风险识别能力和风险承担能力相匹配的投资者推介私募基金。⑤投资者应当如实填写风险识别能力和承担能力问卷,如实承诺资产或者收入情况,并对其真实性、准确性和完整性负责。⑥投资者应当确保投资资金来源合法,不得非法汇集他人资金投资私募基金。

(4)投资运作。规范投资运作行为的规则具体包括:①募集私募基金,应当根据或者参照《证券投资基金法》制定并签订基金合同。②除基金合同另有约定外,私募基金应当由基金托管人托管。基金合同约定私募基金不进行托管的,应当在基金合同中明确保障私募基金财产安全的制度措施和纠纷解决机制。③同一私募基金管理人管理不同类别私募基金的,应当坚持专业化管理原则。④私募基金管理人、私募基金托管人、私募基金销售机构及其他私募服务机构及其从业人员从事私募基金业务,不得将其固有财产或者他人财产混同于基金财产从事投资活动,不公平地对待其管理的不同基金财产等法律、行政法规和中国证监会规定禁止的其他行为。⑤私募基金管理人、私募基金托管人应当按照合同约定,如实向投资者披露基金投资、资产负债、投资收益分配、基金承担的费用和业绩报酬、可能存在的利益冲突情况以及可能影响投资者合法权益的其他重大信息,不得隐瞒或者提供虚假信息。

(六) 证券发行的程序

由于证券发行种类、发行方式的不同,资本市场不同板块推行注册制的情况不同,不同板块证券的发行程序不尽一致。

1. 主板证券发行的程序。

主板股票发行尚未落实证券发行注册制,在核准制下,依据《首次公开发行股票并上市管理办法》《上市公司证券发行管理办法》等规定,股票公开发行大体有以下步骤:

(1) 作出发行决议。发行人发行证券一般先由董事会就有关发行事项作出决议,并提请股东大会批准。

(2) 提出发行申请。发行人应按照规定制作证券发行申请文件,由保荐人保荐并向中国证监会申报。

(3) 依法核准申请。公开发行证券由国务院证券监督管理机构核准。首次公开发行股票,发行人应自中国证监会核准发行之日起6个月内发行;超过6个月未发行的,核准文件失效。上市公司发行股票,应在自中国证监会核准发行之日起12个月内发行;超过12个月未发行的,核准文件失效。

(4) 公开发行信息。证券发行申请经核准后,发行人应当依照法律、行政法规的规定,在证券公开发行前,公告公开发行募集文件,并将该文件置备于指定场所供公众查阅。

(5) 签订承销协议,进行证券销售。发行人向不特定对象发行的证券,法律、行政法规规定应当由证券公司承销的,发行人应当同证券公司签订承销协议。向不特定对象公开发行的证券票面总值超过人民币5 000万元的,应当由承销团承销。

(6) 备案。证券公司实施承销前,应当向中国证监会报送发行与承销方案。公开发行股票,代销、包销期限届满,发行人应当在规定的期限内将股票发行情况报国务院证券监督管理机构备案。

国务院证券监督管理机构或国务院授权的部门对已作出的核准证券发行的决定,发现不符合法定条件或法定程序,尚未发行证券的,应当予以撤销,停止发行。已经发行尚未上市的,撤销发行核准决定,发行人应按发行价并加算银行同期存款利息返还证券持有人;保荐人应当与发行人承担连带责任,但是能够证明自己没有过错的除外;发行人的控股股东、实际控制人有过错的,应当与发行人承担连带责任。

主板落实证券发行注册制后,证券发行在程序上将发生一些改变。依据新《证券法》的规定,证券发行程序有以下步骤:

(1) 作出发行决议。发行人发行证券一般先由其董事会就有关发行事项作出决议，并提请股东大会批准。设立股份公司公开发行股票的，应当有发起人协议。

（2）聘请保荐人。发行人申请公开发行股票、可转换为股票的公司债券，依法采取承销方式的，或者公开发行法律、行政法规规定实行保荐制度的其他证券的，应当聘请证券公司担任保荐人。

（3）签订承销协议。向不特定对象发行的证券，法律、行政法规规定应当由证券公司承销的，发行人应当同证券公司签订承销协议。证券承销业务采取代销或者包销方式。证券代销是指证券公司代发行人发售证券，在承销期结束时，将未售出的证券全部退还给发行人的承销方式。证券包销是指证券公司将发行人的证券按照协议全部购入或者在承销期结束时将售后剩余证券全部自行购入的承销方式。向不特定对象发行证券聘请承销团承销的，承销团应当由主承销和参与承销的证券公司组成。证券的代销、包销期限最长不得超过90日。证券公司在代销、包销期内，对所代销、包销的证券应当保证先行出售给认购人，证券公司不得为本公司预留所代销的证券和预先购入并留存所包销的证券。

（4）提出发行申请。发行人应按照规定制作和报送证券发行申请文件。法律、行政法规规定设立公司必须报经批准的，应当提交相应的批准文件；依照法律规定属于保荐范围的，还应当报送保荐人出具的发行保荐书；属于应当由证券公司承销的，应当报送承销机构名称及有关的协议。

（5）预披露。如果发行人申请首次公开发行股票，在提交申请文件后，还应按国务院证券监督管理机构的规定预先披露有关申请文件，以此提高发行审核的透明度，拓宽社会监督渠道，防范发行人采取虚假欺骗手段骗取发行上市资格，提高上市公司的质量。

（6）发行注册。国务院证券监督管理机构或者国务院授权的部门依照法定条件负责证券发行申请的注册。证券公开发行注册的具体办法由国务院规定。按照国务院的规定，证券交易所等可以审核公开发行证券申请，判断发行人是否符合发行条件、信息披露要求，督促发行人完善信息披露内容。参与证券发行申请注册的人员，不得与发行申请人有利害关系，不得直接或者间接接受发行申请人的馈赠，不得持有所注册的发行申请的证券，不得私下与发行申请人进行接触。

国务院证券监督管理机构或者国务院授权的部门应当自受理证券发行申请文件之日起3个月内，依照法定条件和法定程序作出予以注册或者不予注册的决定，发行人根据要求补充、修改发行申请文件的时间不计算在内。不予注册的，应当说明理由。

（7）信息披露、发行证券。证券发行申请经注册后，发行人应当依照法律、行政法规的规定，在证券公开发行前公告公开发行募集文件，并将该文件置备于指定场所供公众查阅。发行证券的信息依法公开前，任何知情人不得公开或者泄露该信息。发行人不得在公告公开发行募集文件前发行证券。

股票发行采用代销方式的，代销期限届满，向投资者出售的股票数量未达到拟公开发行股票数量70%的,为发行失败。发行人应当按照发行价并加算银行同期存款利息返还股票认购人。

(8) 备案。公开发行股票,代销、包销期限届满,发行人应当在规定的期限内将股票发行情况报国务院证券监督管理机构备案。

国务院证券监督管理机构或者国务院授权的部门对已作出的证券发行注册的决定,发现不符合法定条件或者法定程序,尚未发行证券的,应当予以撤销,停止发行。已经发行尚未上市的,撤销发行注册决定,发行人应当按照发行价并加算银行同期存款利息返还证券持有人;发行人的控股股东、实际控制人以及保荐人,应当与发行人承担连带责任,但是能够证明自己没有过错的除外。

股票的发行人在招股说明书等证券发行文件中隐瞒重要事实或者编造重大虚假内容,已经发行并上市的,国务院证券监督管理机构可以责令发行人回购证券,或者责令负有责任的控股股东、实际控制人买回证券。

【例6-6】东昇股份有限公司是一家以制造业为主的公司,申请公开发行股票并上市。2019年7月8日,公司得知本公司的股票发行申请已通过审核,在公告公开发行募集文件前,将拟发行股票总额的15%自行卖给当地投资者,其余部分委托甲证券公司代销,并确定代销期限为8月8日至11月8日。请问东昇股份有限公司的哪些行为不符合规定?

解析 不符合规定之处有:(1)东昇公司不应在公告公开发行募集文件前发行股票;(2)东昇公司不应私自将拟发行股票总额的15%卖给当地投资者,而应通过证券公司承销;(3)代销证券的期限最长不应超过90天。

2. 科创板、创业板股票的发行程序。

新《证券法》全面推行注册制之前,科创板试行注册制,新《证券法》实施后,创业板试行注册制,依据中国证监会《科创板首次公开发行股票注册管理办法(试行)》《创业板首次公开发行股票注册管理办法(试行)》,试行注册制的科创板、创业板股票发行程序有以下步骤:

(1) 发行人内部决议。发行人董事会就有关股票发行的具体方案、本次募集资金使用的可行性及其他必须明确的事项作出决议,并提请股东大会批准。

(2) 保荐人保荐并向证券交易所申报。发行人申请公开发行股票并在科创板、创业板上市,应当按照规定制作注册申请文件,由保荐人保荐并向证券交易所申报。证券交易所收到注册申请文件后5个工作日内作出是否受理的决定。

自注册申请文件受理之日起,发行人及其控股股东、实际控制人、董事、监事、高级管理人员,以及与本次股票公开发行并上市相关的保荐人、证券服务机构及相关责任人员,即承担相应法律责任。

(3) 证券交易所审核并报送中国证监会发行注册。证券交易所设立独立的审核部门,负责审核发行人公开发行并上市申请;科创板设立科技创新咨询委员会,负责为科创板建设和发行上市审核提供专业咨询和政策建议;创业板设立行业咨询专家库,负责为创业板建设和发行上市审核提供专业咨询和政策建议;设立科创板上市委员会、创业板上市委员会,负责对审核部门出具的审核报告提出审议意见。证券交易所按照规定的条件和程序,作出同意或者不同意发行人股票公开发行并上市的审核意见。同意发行人股票公开发行并上市的,将审核意见、发行人注册申请文件及相关审核资料报送中国证监会履行发行注册程序。不同意发行人股票公开发行并上市的,作出终止发行上市审核决定。

证券交易所应当自受理注册申请文件之日起在规定的期限内形成审核意见。发行人根据要求补充、修改注册申请文件,以及交易所按照规定对发行人实施现场检查,或者要求保荐人、证券服务机构对有关事项进行专项核查的时间不计算在内。

(4) 中国证监会发行注册。中国证监会收到证券交易所报送的审核意见及发行人注册申请文件后,应当依照规定的发行条件和信息披露要求,在证券交易所发行上市审核工作的基础上,履行发行注册程序。中国证监会认为存在需要进一步说明或者落实事项的,可以提出反馈意见。中国证监会认为证券交易所对影响发行条件的重大事项未予关注或者证券交易所的审核意见依据明显不充分的,可以退回证券交易所补充审核。证券交易所补充审核后,同意发行人股票公开发行并上市的,重新向中国证监会报送审核意见及相关资料,注册期限重新计算。

中国证监会依照法定条件,应当在20个工作日内对发行人的注册申请作出同意注册或者不予注册的决定。发行人根据要求补充、修改注册申请文件,以及中国证监会要求保荐人、证券服务机构等对有关事项进行核查的时间不计算在内。

(5) 信息披露。发行人首次公开发行股票并在科创板、创业板上市,应当按照中国证监会制定的信息披露规则,编制并披露招股说明书,保证相关信息真实、准确、完整。信息披露内容应当简明清晰,通俗易懂,不得有虚假记载、误导性陈述或者重大遗漏。中国证监会制定的信息披露规则是信息披露的最低要求。不论上述规则是否有明确规定,凡是投资者作出价值判断和投资决策所必需的信息,发行人均应当充分披露,内容应当真实、准确、完整。发行人除了遵守中国证监会规定的一般性信息披露规则外,还要求进行针对性的信息披露。以科创板为例,其针对性信息披露主要包括:①有针对性地披露企业的行业特点、业务模式、公司治理、发展战略、经营政策、会计政策,充分披露科研水平、科研人员、科研资金投入等相关信息,并充分揭示可能对公司核心竞争力、经营稳定性以及未来发展产生重大不利影响的风险因素;②发行人尚未盈利的,应当充分披露尚未盈利的成因,以及对公司现金流、业务拓展、人才吸引、团队稳定性、研发投入、战略性投入、生产经营可持续性等方面的影响;③公司发行募集资金使用管理制度以及募集资金重点投向科技创新领域的具体安排;④存在"同股不同权"的科技创新企业,应当披露并特别提示差异化表决安排的主要内容、相关风险和对公司治理的影响,以及依法落实保护投资者合法权益的各项措施;⑤公开发行股份前已发行股份的,应当披露已发行股份的锁定期安排,特别是核心技术团队股份的锁定期安排以及尚未盈利情况下发行人控股股东、实际控制人、董事、监事、高级管理人员、核心技术人员股份的锁定期安排。保荐人和发行人律师应当就公司章程规定的特别表决权股份的持有人资格、特别表决权股份拥有的表决权数量与普通股份拥有的表决权数量的比例安排、持有人所持特别表决权股份能够参与表决的股东大会事项范围、特别表决权股份锁定安排及转让限制、未盈利企业有关股东的股份锁定期、核心技术团队的股份锁定期等事项是否符合交易所有关规定发表专业意见。

证券交易所受理注册申请文件后,发行人应当按证券交易所规定,将招股说明书、发行保荐书、上市保荐书、审计报告和法律意见书等文件在证券交易所网站预先披露。预先披露的招股说明书及其他注册申请文件不能含有价格信息,发行人不得据此发行股票。发行人应当在预先披露的招股说明书显要位置作如下声明:"本公司的发行申请尚需经上海证券交易所(创业板为深圳证券交易所)和中国证监会履行相应程序。本招股说明书不具有据以发行股票的法律效力,仅供预先披露之用。投资者应当以正式公告的招股说明书作为投资决定的依据。"证券交易所审核同意后,将发行人注册申请文件报送中国证监会时,招股说明书、发行保荐书、上市保荐书、审计报告和法律意见书等文件应在证券交易所网站和中国证监会网站公开。发行人股票发行前应当在证券交易所网站和符合中国证监会规定条件的网站全文刊登招股说明书,同时在符合中国证监会规定条件的报刊刊登提示性公告,告知投资者网上刊登的地址及获取文件的途径。

发行人可以将招股说明书以及有关附件刊登于其他报刊和网站,但披露内容应当完全一致,且不得早于在证券交易所网站、符合中国证监会规定条件的网站的披露时间。

(6)报备发行与承销方案、发行股票。获中国证监会同意注册后,发行人与主承销商应当及时向证券交易所报备发行与承销方案。交易所5个工作日内无异议的,发行人与主承销商可依法刊登招股意向书,启动发行工作。

中国证监会予以注册的决定自作出之日1年内有效,发行人应当在注册决定有效期内发行股票,发行时点由发行人自主选择。

中国证监会作出注册决定后、发行人股票上市交易前,发现可能影响本次发行的重大事项的,中国证监会可以要求发行人暂缓或者暂停发行、上市;相关重大事项导致发行人不符合发行条件的,可以撤销注册。中国证监会撤销注册后,股票尚未发行的,发行人应当停止发行;股票已经发行尚未上市的,发行人应当按照发行价并加算银行同期存款利息返还股票持有人。

科创板、创业板首次公开发行股票注册程序如图6-1所示。

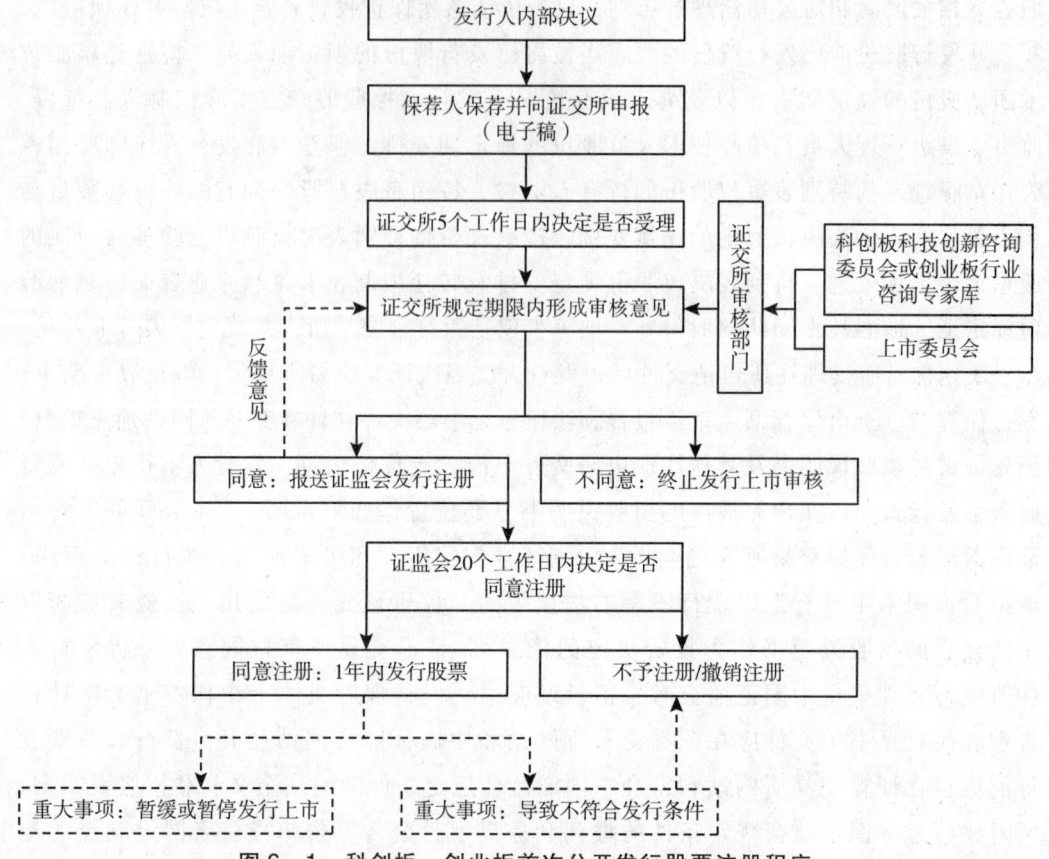

图6-1 科创板、创业板首次公开发行股票注册程序

三、证券交易

(一)证券交易的概念及一般规定

1. 证券交易的概念。

证券交易,主要指证券买卖,即证券持有人依照证券交易规则,将已依法发行的证券转让给其他证券投资者的行为。证券交易具有流动性、收益性和风险性等特征。证券交易的方式可以分为集中交易和非集中交易两种,分别适用于证券交易所和场外交易市场。

2. 证券交易的一般规定。

(1)证券交易的标的与主体必须合法。首先,交易的证券,必须是依法发行并交付的证券。非依法发行的证券,不得买卖。证券交易当事人买卖的证券,可以采用纸面形式,也可以采用国务院证券监督管理机构规定的其他形式。其次,依法发行的证券,法律对其转让期限有限制性规定的,在限定的期限内不得买卖。根据《公司法》和《证券法》的有关规定,涉及该限制性规定的有:

①发起人持有的本公司股份,自公司成立之日起1年内不得转让。公司公开发行

股份前已发行的股份,自公司股票在证券交易所上市交易之日起1年内不得转让。

②公司董事、监事、高级管理人员在任职期间每年转让的股份不得超过其所持有本公司股份总数的25%;所持本公司股份自公司股票上市交易之日起1年内不得转让。上述人员离职后半年内,不得转让其所持有的本公司股份。

③证券交易场所、证券公司和证券登记结算机构的从业人员,证券监督管理机构的工作人员以及法律、行政法规规定禁止参与股票交易的其他人员,在任期或者法定限期内,不得直接或者以化名、借他人名义持有、买卖股票或者其他具有股权性质的证券,也不得收受他人赠送的股票或者其他具有股权性质的证券。任何人在成为上述所列人员时,其原已持有的股票或者其他具有股权性质的证券,必须依法转让。但是,实施股权激励计划或者员工持股计划的证券公司的从业人员,可以按照国务院证券监督管理机构的规定持有、卖出本公司股票或者其他具有股权性质的证券。

④为证券发行出具审计报告或者法律意见书等文件的证券服务机构和人员,在该证券承销期内和期满后6个月内,不得买卖该证券。为发行人及其控股股东、实际控制人,或者收购人、重大资产交易方出具审计报告或者法律意见书等文件的证券服务机构和人员,自接受委托之日起至上述文件公开后5日内,不得买卖该证券。实际开展上述有关工作之日早于接受委托之日的,自实际开展上述有关工作之日起至上述文件公开后5日内,不得买卖该证券。

⑤上市公司、股票在国务院批准的其他全国性证券交易场所交易的公司持有5%以上股份的股东、董事、监事、高级管理人员,将其持有的该公司的股票或者其他具有股权性质的证券在买入后6个月内卖出,或者在卖出后6个月内又买入,由此所得收益归该公司所有,公司董事会应当收回其所得收益。但是,证券公司因购入包销售后剩余股票而持有5%以上股份,以及有国务院证券监督管理机构规定的其他情形的除外。上述董事、监事、高级管理人员、自然人股东持有的股票或者其他具有股权性质的证券,包括其配偶、父母、子女持有的及利用他人账户持有的股票或者其他具有股权性质的证券。公司董事会不按照上述规定执行的,股东有权要求董事会在30日内执行。公司董事会未在上述期限内执行的,股东有权为了公司的利益以自己的名义直接向人民法院提起诉讼。公司董事会不按照规定执行的,负有责任的董事依法承担连带责任。

⑥上市公司持有5%以上股份的股东、实际控制人、董事、监事、高级管理人员,以及其他持有发行人首次公开发行前发行的股份或者上市公司向特定对象发行的股份的股东,转让其持有的本公司股份的,不得违反法律、行政法规和国务院证券监督管理机构关于持有期限、卖出时间、卖出数量、卖出方式、信息披露等规定,并应当遵守证券交易所的业务规则。上市公司董事、监事和高级管理人员在下列期间不得买卖本公司股票:上市公司定期报告公告前30日内;上市公司业绩预告、业绩快报公告前10日内;自可能对本公司股票交易价格产生重大影响的重大事项发生之日或在决策过

程中，至依法披露后 2 个交易日内；证券交易所规定的其他期间。

⑦通过证券交易所的证券交易，投资者持有或者通过协议、其他安排与他人共同持有一个上市公司已发行的有表决权股份达到 5% 时，应当在该事实发生之日起 3 日内，向国务院证券监督管理机构、证券交易所作出书面报告，通知该上市公司，并予公告，在上述期限内不得再行买卖该上市公司的股票，但国务院证券监督管理机构规定的情形除外。投资者持有或者通过协议、其他安排与他人共同持有一个上市公司已发行的有表决权股份达到 5% 后，其所持该上市公司已发行的有表决权股份比例每增加或者减少 5%，应当依照前述规定进行报告和公告，在该事实发生之日起至公告后 3 日内，不得再行买卖该上市公司的股票，但国务院证券监督管理机构规定的情形除外。

（2）在合法的证券交易场所交易。公开发行的证券，应当在依法设立的证券交易所上市交易或者在国务院批准的其他全国性证券交易场所交易。非公开发行的证券，可以在证券交易所、国务院批准的其他全国性证券交易场所、按照国务院规定设立的区域性股权市场转让。

（3）以合法方式交易。证券在证券交易所上市交易，应当采用公开的集中交易方式或者国务院证券监督管理机构批准的其他方式。

（4）规范交易服务。首先，证券交易场所、证券公司、证券登记结算机构、证券服务机构及其工作人员应当依法为投资者的信息保密，不得非法买卖、提供或者公开投资者的信息。证券交易场所、证券公司、证券登记结算机构、证券服务机构及其工作人员不得泄露所知悉的商业秘密。其次，证券交易的收费必须合理，并公开收费项目、收费标准和管理办法。

（5）规范程序化交易。通过计算机程序自动生成或者下达交易指令进行程序化交易的，应当符合国务院证券监督管理机构的规定，并向证券交易所报告，不得影响证券交易所系统安全或者正常交易秩序。

（二）证券上市

证券上市是公开发行的证券依法在证券交易所或其他依法设立的交易市场公开挂牌交易的过程。证券上市是连接证券发行市场和证券交易市场的桥梁。新《证券法》扩大了上市规则适用证券的品种，包括股票、公司债券、存托凭证等常规证券和政府债券、证券投资基金份额等特殊证券。申请证券上市交易，应当向证券交易所提出申请，由证券交易所依法审核同意，并由双方签订上市协议。政府债券上市由国务院授权的部门决定，证券交易所根据国务院授权部门的决定安排政府债券的上市交易。

1. 常规证券上市。

（1）常规证券的主板、创业板上市条件。

常规证券的上市条件由证券交易所规定，证券交易所上市规则规定的上市条件，应当对发行人的经营年限、财务状况、最低公开发行比例和公司治理、诚信记录等提出要求。

申请证券上市交易,应当符合证券交易所上市规则规定的上市条件。新《证券法》发布后,随着创业板实施注册制,深圳证券交易所于2020年6月12日修订了《深圳证券交易所创业板股票上市规则》,对注册制下创业板股票上市条件进行了调整。由于股票发行的注册制尚未在主板推行,证券交易所尚未制定上市规则对主板上市的各证券品种的上市条件作出规定。随着有关板块和证券品种分步实施注册制,证券交易所将依法制定上市规则并具体明确不同板块、不同证券品种的上市条件。

(2) 股票的科创板上市条件。

上海证券交易所对股票的科创板上市制定有明确的上市规则,依据2020年12月31日经中国证监会批准、上海证券交易所修订后发布的《上海证券交易所科创板股票上市规则》,向上海证券交易所申请股票的科创板上市,发行人除应当符合中国证监会《科创板首次公开发行股票注册管理办法(试行)》规定的发行条件外,还应当满足下列条件:①发行后股本总额不低于人民币3 000万元;②公开发行的股份达到公司股份总数的25%以上,公司股本总额超过人民币4亿元的,公开发行股份的比例为10%以上;③市值及财务指标符合本规则规定的标准;④交易所规定的其他上市条件。

股票的科创板上市,实行差异化的上市条件,主要体现在上市市值及财务指标标准上,具体如下:

第一,股票首次发行上市。发行人首次发行股票上市的,其市值及财务指标应当至少符合下列标准中的一项:①预计市值不低于10亿元,最近两年净利润均为正且累计净利润不低于5 000万元,或者预计市值不低于10亿元,最近一年净利润为正且营业收入不低于1亿元;②预计市值不低于15亿元,最近一年营业收入不低于2亿元,且最近3年研发投入合计占最近3年营业收入的比例不低于15%;③预计市值不低于20亿元,最近一年营业收入不低于3亿元,且最近3年经营活动产生的现金流量净额累计不低于1亿元;④预计市值不低于30亿元,且最近一年营业收入不低于3亿元;⑤预计市值不低于40亿元,主要业务或产品需经国家有关部门批准,市场空间大,目前已取得阶段性成果,并获得知名投资机构一定金额的投资。医药行业企业需取得至少一项一类新药二期临床试验批件,其他符合科创板定位的企业需具备明显的技术优势并满足相应条件。

第二,红筹企业上市。红筹企业是指注册地在境外、主要经营活动在境内的企业。红筹企业可以申请发行股票或存托凭证并在科创板上市。营业收入快速增长,拥有自主研发、国际领先技术,同行业竞争中处于相对优势地位的尚未在境外上市的红筹企业,申请发行股票或存托凭证并在科创板上市的,其市值及财务指标应当至少符合下列标准中的一项:①预计市值不低于人民币100亿元;②预计市值不低于人民币50亿元,且最近一年营业收入不低于人民币5亿元。

第三,表决权差异企业上市。表决权差异企业是指发行有特别表决权股份的企业,在这种企业中每一特别表决权股份拥有的表决权数量大于每一普通股份拥有的表决权数量,在其他股东权利方面,特别表决权股份与普通股份是相同的。存在表决权差异安排的发行人申请股票或者存托凭证首次公开发行并在科创板上市的,其表决权安排等应当符合《上海证券交易所科创板股票上市规则》等的规定。发行人应当至少符合下列标准中的一项:①预计市值不低于人民币100亿元;②预计市值不低于人民币50亿元,且最近一年营业收入不低于人民币5亿元。

发行人所选择的具体上市市值、财务指标标准在发行人的招股说明书和保荐人的上市保荐书中应当明确说明。

(3)终止上市。上市交易的证券,有证券交易所规定的终止上市情形的,由证券交易所按照业务规则终止其上市交易。证券交易所决定终止证券上市交易的,应当及时公告,并报国务院证券监督管理机构备案。

对证券交易所作出的不予上市交易、终止上市交易决定不服的,可以向证券交易所设立的复核机构申请复核。

2. 证券投资基金份额的交易。

(1)公开募集基金的基金份额的交易、申购与赎回。依据《证券投资基金法》的规定,申请公开募集基金的基金份额上市交易,基金管理人应当向证券交易所提出申请,证券交易所依法审核同意的,双方应当签订上市协议。

基金份额上市交易,应当符合下列条件:①基金的募集符合《证券投资基金法》的规定;②基金合同期限为5年以上;③基金募集金额不低于2亿元人民币;④基金份额持有人不少于1 000人;⑤基金份额上市交易规则规定的其他条件。基金份额上市交易规则由证券交易所制定,报国务院证券监督管理机构批准。

基金份额上市交易后,有下列情形之一的,由证券交易所终止其上市交易,并报国务院证券监督管理机构备案:①不再具备《证券投资基金法》规定的上市交易条件;②基金合同期限届满;③基金份额持有人大会决定提前终止上市交易;④基金合同约定的或者基金份额上市交易规则规定的终止上市交易的其他情形。

开放式基金的基金份额的申购、赎回和登记,由基金管理人或者其委托的基金服务机构办理。基金管理人应当在每个工作日办理基金份额的申购、赎回业务;基金合同另有约定的,按照其约定办理。投资人交付申购款项,申购成立;基金份额登记机构确认基金份额时,申购生效。基金份额持有人递交赎回申请,赎回成立;基金份额登记机构确认赎回时,赎回生效。

(2)非公开募集基金的基金份额的转让。投资者转让基金份额的,受让人应当为合格投资者且基金份额受让后投资者人数应当符合有关规定,即单只私募基金的投资者人数累计不得超过《证券投资基金法》《公司法》《合伙企业法》等法律规定的特定数量。

3. 禁止的交易行为。

根据《证券法》的规定,禁止的交易行为主要包括内幕交易行为、操纵证券市场行为、虚假陈述行为和欺诈客户行为。

（1）内幕交易行为。内幕交易行为是指证券交易内幕信息的知情人员利用内幕信息进行证券交易的行为。内幕交易的主体是内幕信息知情人员，行为特征是利用自己掌握的内幕信息买卖证券，或者建议他人买卖证券。内幕信息知情人员自己未买卖证券，也未建议他人买卖证券，但将内幕信息泄露给他人，接受内幕信息的人依此买卖证券的，也属于内幕交易行为。

内幕交易行为是一种违法行为，它不仅侵犯了广大投资者的利益，违反了证券发行与交易"公开、公平、公正"原则，而且还会扰乱证券市场。因此，《证券法》规定，禁止证券交易内幕信息的知情人和非法获取内幕信息的人利用内幕信息从事证券交易活动。

根据新《证券法》的规定，证券交易内幕信息的知情人包括：①发行人及其董事、监事、高级管理人员；②持有公司5%以上股份的股东及其董事、监事、高级管理人员，公司的实际控制人及其董事、监事、高级管理人员；③发行人控股或者实际控制的公司及其董事、监事、高级管理人员；④由于所任公司职务或者因与公司业务往来可以获取公司有关内幕信息的人员；⑤上市公司收购人或者重大资产交易方及其控股股东、实际控制人、董事、监事和高级管理人员；⑥因职务、工作可以获取内幕信息的证券交易场所、证券公司、证券登记结算机构、证券服务机构的有关人员；⑦因职责、工作可以获取内幕信息的证券监督管理机构工作人员；⑧因法定职责对证券的发行、交易或者对上市公司及其收购、重大资产交易进行管理可以获取内幕信息的有关主管部门、监管机构的工作人员；⑨国务院证券监督管理机构规定的可以获取内幕信息的其他人员。

在证券交易活动中，涉及发行人的经营、财务或者对该发行人证券的市场价格有重大影响的尚未公开的信息，为内幕信息。于股票而言，《证券法》第八十条第二款所列应报送临时报告的重大事件（见下文"信息披露"中股票发行公司临时报告涉及的重大事件）属于内幕信息；于公司债券而言，《证券法》第八十一条第二款所列应报送临时报告的重大事件（见下文"信息披露"中公司债券上市交易公司临时报告涉及的重大事件）属于内幕信息。

证券交易内幕信息的知情人和非法获取内幕信息的人，在内幕信息公开前，不得买卖该公司的证券，或者泄露该信息，或者建议他人买卖该证券。持有或者通过协议、其他安排与他人共同持有公司5%以上股份的自然人、法人、非法人组织收购上市公司的股份，证券法另有规定的，适用其规定。内幕交易行为给投资者造成损失的，应当依法承担赔偿责任。

新《证券法》在内幕交易知情人之外，增加了禁止相关从业人员与工作人员利用未公开信息进行证券交易或者明示、暗示他人从事相关交易活动的规定，提升了对投资者的保护。新《证券法》第五十四条规定：禁止证券交易场所、证券公司、证券登记结算机构、证券服务机构和其他金融机构的从业人员、有关监管部门或者行业协会的工作人员，利用因职务便利获取的内幕信息以外的其他未公开的信息，违反规定，从事与该信息相关的证券交易活动，或者明示、暗示他人从事相关交易活动。利用未公开信息进行交易给投资者造成损失的，应当依法承担赔偿责任。

（2）操纵证券市场行为。操纵证券市场行为是指单位或个人以获取利益或减少损失为目的，利用其资金、信息等优势影响证券市场价格，制造证券市场假象，诱导或者致使投资者在不了解事实真相的情况下作出买卖证券的决定，扰乱证券市场秩序的行为。我国《证券法》禁止任何操纵证券市场的行为。

根据新《证券法》的规定，操纵证券市场的行为主要有以下情形：①单独或者通过合谋，集中资金优势、持股优势或者利用信息优势联合或者连续买卖；②与他人串通，以事先约定的时间、价格和方式相互进行证券交易；③在自己实际控制的账户之间进行证券交易；④不以成交为目的，频繁或者大量申报并撤销申报；⑤利用虚假或者不确定的重大信息，诱导投资者进行证券交易；⑥对证券、发行人公开作出评价、预测或者投资建议，并进行反向证券交易；⑦利用在其他相关市场的活动操纵证券市场；⑧操纵证券市场的其他手段。操纵证券市场行为给投资者造成损失的，行为人应当依法承担赔偿责任。

（3）虚假陈述行为。虚假陈述行为是指行为人在提交和公布的信息文件中作出违背事实真相的虚假记载、误导性陈述或者发生重大遗漏的行为。虚假陈述行为的主体是指依法承担信息披露义务的人；虚假陈述包括虚假记载、误导性陈述和重大遗漏以及不正当披露。信息披露是《证券法》的核心，信息披露制度是证券市场公平、公正与投资者保障的基石，虚假陈述违背信息披露制度的基本要求，为《证券法》所禁止。

为防止疏漏，新《证券法》禁止任何单位和个人编造、传播虚假信息或者误导性信息，扰乱证券市场；禁止证券交易场所、证券公司、证券登记结算机构、证券服务机构及其从业人员，证券业协会、证券监督管理机构及其工作人员，在证券交易活动中作出虚假陈述或者信息误导。新《证券法》规定：各种传播媒介传播证券市场信息必须真实、客观，禁止误导；传播媒介及其从事证券市场信息报道的工作人员不得从事与其工作职责发生利益冲突的证券买卖。编造、传播虚假信息或者误导性信息，扰乱证券市场，给投资者造成损失的，应当依法承担赔偿责任。也就是说，信息披露义务人以外的机构和人员编造、传播虚假信息或者误导性信息、虚假陈述，误导投资者的行为，虽然不构成虚假陈述，但却同样是证券违法行为，依法也要承担民事赔偿责任。

（4）欺诈客户行为。欺诈客户行为是指证券公司及其从业人员在证券交易及相关活动中，违背客户真实意愿，侵害客户利益的行为。欺诈客户行为的主体是证券公司及其从业人员，行为人在主观上具有故意特征，即故意隐瞒或者故意作出与事实不符的虚假陈述，使客户陷入不明真相的境地而作出错误的意思表示。

根据新《证券法》的规定，证券公司及其从业人员损害客户利益的欺诈行为有以下情形：①违背客户的委托为其买卖证券；②不在规定时间内向客户提供交易的确认文件；③未经客户的委托，擅自为客户买卖证券，或者假借客户的名义买卖证券；④为牟取佣金收入，诱使客户进行不必要的证券买卖；⑤其他违背客户真实意思表示，损害客户利益的行为。欺诈客户行为给客户造成损失的，应当依法承担赔偿责任。

【例6-7】根据《证券法》的规定，下列各项中，属于禁止的证券交易行为的有（ ）。
　　A. 甲证券公司在证券交易活动中传播了虚假信息，对市场交易量产生了一定影响
　　B. 乙证券公司不在规定的时间内向客户李某提供交易的书面确认文件
　　C. 丙证券公司利用其资金优势连续买入某上市公司股票，造成该股票价格大幅上涨
　　D. 丁证券公司在自身网站上发布对某上市公司股票价格的预测信息
　　解析 正确答案为选项ABC。根据规定，前三种行为属于禁止的证券交易行为，第四种行为中，丁证券公司自身并未进行反向交易，不属于操纵市场行为。

（5）其他禁止的交易行为。我国《证券法》还规定了下列禁止的交易行为：禁止任何单位和个人违反规定出借自己的证券账户或者借用他人的证券账户从事证券交易；禁止资金违规流入股市；禁止投资者违规利用财政资金、银行信贷资金买卖证券。

《证券法》还规定，国有企业和国有资产控股的企业买卖上市交易的股票，必须遵守国家有关规定。证券交易所、证券公司、证券登记结算机构、证券服务机构及其从业人员对证券交易中发现的禁止的交易行为，应当及时向证券监督管理机构报告。

四、上市公司收购

（一）上市公司收购概述

1. 上市公司收购的概念。

上市公司收购，是指收购人通过在证券交易所的股份转让活动，持有一个上市公司的已发行的表决权股份达到一定比例或通过证券交易所股份转让活动以外的其他合法方式控制一个上市公司的表决权股份达到一定程度，导致其获得或者可能获得对该公司的实际控制权的行为。

上市公司收购的对象是上市公司；收购的标的是上市公司的股份；收购的主体是收购人，包括投资者及其一致行动人；收购的目的是为了获得或者巩固对上市公司的控制权。不以达到对上市公司实际控制权而受让上市公司股票的行为，不能称为收购。这里所指的实际控制权是指：（1）投资者为上市公司持股50%以上的控股股东；（2）投资者可以实际支配上市公司股份表决权超过30%；（3）投资者通过实际支配上市公司股份表决权能够决定公司董事会半数以上成员选任；（4）投资者依其可实际支配的上市

公司股份表决权足以对公司股东大会的决议产生重大影响；（5）国务院证券监督管理机构认定的其他情形。收购人可以通过取得股份的方式成为一个上市公司的控股股东，或通过投资关系、协议和其他安排的途径成为一个上市公司的实际控制人，也可以同时采取上述方式和途径取得上市公司控制权。

2. 上市公司收购人。

收购人包括投资者及与其一致行动的他人。一致行动，是指投资者通过协议、其他安排，与其他投资者共同扩大其所能够支配的一个上市公司股份表决权数量的行为或者事实。在上市公司的收购及相关股份权益变动活动中有一致行动情形的投资者，互为一致行动人。如果没有相反证据，投资者有下列情形之一的，为一致行动人：（1）投资者之间有股权控制关系；（2）投资者受同一主体控制；（3）投资者的董事、监事或者高级管理人员中的主要成员，同时在另一个投资者担任董事、监事或者高级管理人员；（4）投资者参股另一投资者，可以对参股公司的重大决策产生重大影响；（5）银行以外的其他法人、其他组织和自然人为投资者取得相关股份提供融资安排；（6）投资者之间存在合伙、合作、联营等其他经济利益关系；（7）持有投资者30%以上股份的自然人，与投资者持有同一上市公司股份；（8）在投资者任职的董事、监事及高级管理人员，与投资者持有同一上市公司股份；（9）持有投资者30%以上股份的自然人和在投资者任职的董事、监事及高级管理人员，其父母、配偶、子女及其配偶、配偶的父母、兄弟姐妹及其配偶、配偶的兄弟姐妹及其配偶等亲属，与投资者持有同一上市公司股份；（10）在上市公司任职的董事、监事、高级管理人员及其前项所述亲属同时持有本公司股份的，或者与其自己或者其前项所述亲属直接或者间接控制的企业同时持有本公司股份；（11）上市公司董事、监事、高级管理人员和员工与其所控制或者委托的法人或者其他组织持有本公司股份；（12）投资者之间具有其他关联关系。投资者认为其与他人不应被视为一致行动人的，可以向国务院证券监督管理机构提供相反证据。

上市公司收购人应当具备一定实力，具有良好的信誉。为了防止收购人虚假收购或者恶意收购，利用上市公司的收购损害被收购公司及其股东的合法权益，《上市公司收购管理办法》规定，有下列情形之一的，不得收购上市公司：（1）收购人负有数额较大债务，到期未清偿，且处于持续状态；（2）收购人最近3年有重大违法行为或者涉嫌有重大违法行为；（3）收购人最近3年有严重的证券市场失信行为；（4）收购人为自然人的，存在《公司法》规定的依法不得担任公司董事、监事、高级管理人员的情形；（5）法律、行政法规规定以及国务院证券监督管理机构认定的不得收购上市公司的其他情形。

3. 上市公司收购中有关当事人的义务。

（1）收购人的义务。一是公告义务。实施要约收购的收购人应当编制要约收购报告书，聘请财务顾问，通知被收购公司，同时对要约收购报告书摘要作出提示性公告。要约收购完成后，收购人应当在15日内将收购情况报告国务院证券监督管理机构和证券交易所,并予以公告。二是禁售义务。收购人在要约收购期内,不得卖出被收购公司的股票,也不得采取要约规定以外的形式和超出要约的条件买入被收购公司的股票。三是锁定义务。收购人持有的被收购的上市公司的股票,在收购行为完成后的18个月内不得转让。但是,收购人在被收购公司中拥有表决权的股份在同一实际控制人控制的不同主体之间进行转让不受前述18个月的限制,但应当遵守《上市公司收购管理办法》有关免除发出要约的规定。同时,收购人还应当履行守约义务,平等对待被收购公司所有股东的义务等。

(2) 被收购公司的控股股东、实际控制人的义务。被收购公司的控股股东或者实际控制人不得滥用股东权利,损害被收购公司或者其他股东的合法权益。

(3) 被收购公司的董事、监事和高级管理人员的义务。被收购公司的董事、监事和高级管理人员对公司负有忠实义务和勤勉义务,应当公平对待收购本公司的所有收购人。

4. 上市公司收购的支付方式。

收购人可以采用现金、依法可以转让的证券、现金与证券相结合等合法方式支付收购上市公司的价款。收购人为终止上市公司的上市地位而发出全面要约的,或者不符合免除发出要约规定而发出全面要约的,应当以现金支付收购价款;以依法可以转让的证券支付收购价款的,应当同时提供现金方式供被收购公司股东选择。

(二) 上市公司收购的权益披露

权益披露是指投资者及其一致行动人对其拥有上市公司的股份权益及权益变动情况进行的披露。投资者收购上市公司,在持股达到一定限度时,要依法披露其在上市公司中拥有的权益,包括登记在其名下的股份和虽未登记在其名下但该投资者可以实际支配表决权的股份。投资者及其一致行动人在一个上市公司中拥有的权益应当合并计算。权益披露的义务人是投资者及其一致行动人。

1. 进行权益披露的情形与时间。

(1) 场内交易受让股份。通过证券交易所的证券交易,投资者及其一致行动人拥有一个上市公司已发行的有表决权股份达到5%时,应当在该事实发生之日起3日内编制权益变动报告书,向国务院证券监督管理机构、证券交易所作出书面报告,通知该上市公司,并予公告,在上述期限内不得再行买卖该上市公司的股票,但国务院证券监督管理机构规定的情形除外。

投资者及其一致行动人拥有一个上市公司已发行的有表决权股份达到5%后,其所持该上市公司已发行的有表决权股份比例每增加或者减少5%,应当依照上述规定进行报告和公告,在该事实发生之日起至公告后3日内,不得再行买卖该上市公司的股票,但国务院证券监督管理机构规定的情形除外。投资者及其一致行动人拥有一个上市公司已发行的有表决权股份达到5%后,其所持该上市公司已发行的有表决权股份比例每增加或者减少1%,应当在该事实发生的次日通知该上市公司,并予公告。

违反上述规定买入上市公司有表决权的股份的,在买入后的36个月内,对该超过规定比例部分的股份不得行使表决权。

依照上述规定所作的持股权益变动公告应当包括下列内容:①持股人的名称、住所;②持有的股票的名称、数额;③持股达到法定比例或者持股增减变化达到法定比例的日期、增持股份的资金来源;④在上市公司中拥有有表决权的股份变动的时间及方式。

(2)协议转让受让股份。通过协议转让方式,投资者及其一致行动人在一个上市公司中拥有表决权的股份拟达到或者超过5%时,应当在该事实发生之日起3日内编制权益变动报告书,向国务院证券监督管理机构、证券交易所提交书面报告,通知该上市公司,并予公告。

投资者及其一致行动人拥有表决权的股份达到5%后,其拥有表决权的股份比例每增加或者减少达到或者超过5%的,应当依照上述规定履行报告、公告义务。投资者及其一致行动人在作出报告、公告前,不得再行买卖该上市公司的股票。

(3)被动受让股份。投资者及其一致行动人通过行政划转或者变更、执行法院裁定、继承、赠与等方式拥有表决权的股份变动达到5%时,同样应当按照协议转让的规定履行报告、公告义务。

2. 权益变动的披露文件。

(1)简式权益变动报告书。简式权益变动报告书是一种内容相对简化的权益披露文件,投资者及其一致行动人不是上市公司的第一大股东或者实际控制人,其拥有表决权的股份达到或者超过5%但未达到20%的,应当编制简式权益变动报告书。

(2)详式权益变动报告书。详式权益变动报告书是一种内容较为翔实的权益披露文件,投资者及其一致行动人是上市公司第一大股东或者实际控制人,或者拥有表决权的股份达到20%但未超过30%的,应当编制详式权益变动报告书。详式权益变动报告书除须披露简式权益变动报告书规定的信息外,还增加了部分披露内容。

无论是简式权益变动报告书,还是详式权益变动报告书,均应披露收购股份的资金来源、在上市公司中拥有权益的股份变动的时间及方式。

(三)要约收购

1. 要约收购的概念。

要约收购是指通过证券交易所的证券交易,投资者持有或通过协议、其他安排与他人共同持有一个上市公司已发行的有表决权股份达到30%时,继续增持股份的,应当采取向被收购公司的股东发出收购要约的方式进行的收购。

投资者选择向被收购公司的所有股东发出收购其所持有的全部股份要约的,称为全面要约;投资者选择向被收购公司所有股东发出收购其所持有的部分股份要约的,称为部分要约。

2. 要约收购的适用条件。

(1)持股比例达到30%。投资者通过证券交易所的证券交易,或者协议、其他安排持有或与他人共同持有一个上市公司的已发行的有表决权股份达到30%（含直接持有和间接持有）。

（2）继续增持股份。在前一个条件下，投资者继续增持表决权股份时，即触发依法向上市公司所有股东发出收购上市公司全部或者部分股份的要约的义务。

只有在上述两个条件同时具备时，才适用要约收购。

收购人应当公平对待被收购公司的所有股东。持有同一种类股份的股东应当得到同等对待。上市公司发行不同种类股份的，收购人可以针对不同种类股份提出不同的收购条件。

3. 收购要约的期限。

收购要约约定的收购期限不得少于30日，并不得超过60日，但是出现竞争要约的除外。

4. 收购要约的撤销。

在收购要约确定的承诺期限内，收购人不得撤销其收购要约。投资者持有或者通过协议、其他安排与他人共同持有该上市公司30%以上的表决权股份，其发出收购要约已经将收购的有关信息作了披露，这些经披露的信息对该上市公司的股票交易将发生重要影响。如果收购人撤销收购要约，会对该上市公司的股票交易产生新的影响，有可能损害中小股东的利益。因此，《证券法》规定在收购要约确定的承诺期限内，收购人不得撤销其收购要约。

5. 收购要约的变更。

收购人需要变更收购要约的，应当及时公告，载明具体变更事项。收购要约的变更不得存在下列情形：（1）降低收购价格；（2）减少预定收购股份数额；（3）缩短收购期限；（4）国务院证券监督管理机构规定的其他情形。

收购要约期限届满前15日内，收购人不得变更收购要约，但是出现竞争要约的除外。在要约收购期间，被收购公司董事不得辞职。

6. 免除发出要约。

免除发出要约，即豁免要约收购，是指收购人在实施可触发法定要约收购的增持行为时，依法免除发出收购要约义务。

有下列情形之一的，收购人可以免于以要约方式增持股份：（1）收购人与出让人能够证明本次股份转让是在同一实际控制人控制的不同主体之间进行，未导致上市公司的实际控制人发生变化；（2）上市公司面临严重财务困难，收购人提出的挽救公司的重组方案取得该公司股东大会批准，且收购人承诺3年内不转让其在该公司中所拥有的权益；（3）中国证监会为适应证券市场发展变化和保护投资者合法权益的需要而认定的其他情形。

有下列情形之一的，投资者可以免于发出要约：（1）经政府或者国有资产管理部门批准进行国有资产无偿划转、变更、合并，导致投资者在一个上市公司中拥有权益的股份占该公司已发行股份的比例超过30%;(2)因上市公司按照股东大会批准的确定价格向特定股东回购股份而减少股本,导致投资者在该公司中拥有权益的股份超过该公司已发行股份的30%;(3)经上市公司股东大会非关联股东批准,投资者取得上市公司向其发行的新股,导致其在该公司拥有权益的股份超过该公司已发行股份的30%,投资者承诺3年内不转让本次向其发行的新股,且公司股东大会同意投资者免于发出要约;(4)在一个上市公司中拥有权益的股份达到或者超过该公司已发行股份的30%的,自上述事实发生之日起1年后,每12个月内增持不超过该公司已发行的2%的股份;(5)在一个上市公司中拥有权益的股份达到或者超过该公司已发行股份的50%的,继续增加其在该公司拥有的权益不影响该公司的上市地位;(6)证券公司、银行等金融机构在其经营范围内依法从事承销、贷款等业务导致其持有一个上市公司已发行股份超过30%,没有实际控制该公司的行为或者意图,并且提出在合理期限内向非关联方转让相关股份的解决方案;(7)因继承导致在一个上市公司中拥有权益的股份超过该公司已发行股份的30%;(8)因履行约定购回式证券交易协议购回上市公司股份导致投资者在一个上市公司中拥有权益的股份超过该公司已发行股份的30%,并且能够证明标的股份的表决权在协议期间未发生转移;(9)因所持优先股表决权依法恢复导致投资者在一个上市公司中拥有权益的股份超过该公司已发行股份的30%;(10)中国证监会为适应证券市场发展变化和保护投资者合法权益的需要而认定的其他情形。上述第(4)种情形增持不超过2%的股份锁定期为增持行为完成之日起6个月;第(5)种情形若采用集中竞价方式增持股份的,每累计增持股份比例达到上市公司已发行股份的2%的,在事实发生当日和上市公司发布相关股东增持公司股份进展公告的当日不得再行增持股份。

免于发出要约可直接增持的情形如图6-2所示。

持股30%以上的股东免于发出要约情形
- 同一控制权下转让
- 买方挽救上市公司,承诺锁定3年
- 国资核准的股份变动导致持股超30%
- 回购减少股本导致股超30%
- 定增持股超30%但承诺锁定3年
- 每12个月爬行增持不超2%
- 持股50%以上的股东继续增持
- 金融机构从事承销、贷款等业务超30%
- 因继承持股超30%
- 履行约定购回协议持股超30%
- 优先股表决权恢复拥有权益股超30%
- 中国证监会规定的其他情形

图6-2 免于发出要约可直接增持的情形

符合免于以要约方式增持股份或是免于发出要约规定情形的,投资者及其一致行动人可以:(1)免于以要约收购方式增持股份;(2)存在主体资格、股份种类限制或者法律、行政法规、中国证监会规定的特殊情形的，免于向被收购公司的所有股东发出收购要约。不符合规定的免于以要约方式增持股份及免于发出要约的情形的，投资者及其一致行动人应当在30日内将其或者其控制的股东所持有的被收购公司股份减持到30%或者30%以下；拟以要约以外的方式继续增持股份的，应当发出全面要约。

收购人按照规定免于发出要约的，应当聘请符合《证券法》规定的律师事务所等专业机构出具专业意见。也就是说，要约收购的豁免无须中国证监会行政许可，只需律师等专业机构出具专业意见。

（四）协议收购

协议收购是指收购人在证券交易所之外，通过与被收购公司的股东协商一致达成协议，受让其持有的上市公司的股份而进行的收购。以协议方式收购上市公司时，收购协议的各方应当获得相应的内部批准（如股东大会、董事会等）。收购协议达成后，收购人必须在3日内将该收购协议向国务院证券监督管理机构及证券交易所作出书面报告，并予公告。在公告前不得履行收购协议。

采取协议收购方式的，协议双方可以临时委托证券登记结算机构保管协议转让的股票，并将资金存放于指定的银行。

采取协议收购方式的，收购人收购或者通过协议、其他安排与他人共同收购一个上市公司已发行的有表决权股份达到30%时，继续进行收购的，应当依法向该上市公司所有股东发出收购上市公司全部或者部分股份的要约，转而进行要约收购。但是，按照国务院证券监督管理机构的规定免除发出要约的除外。如果收购人依照上述规定触发以要约方式收购上市公司股份，应当能够遵守前述有关要约收购的规定。

【例6-8】甲通过证券交易所陆续买入力扬股份公司的表决权股票。持股达4.8%时，利用筹集的大量资金前后两天分两次购入力扬股份公司的表决权股，第一次购入后持股比例达5.2%，第二次购入后持股比例达6%。甲于第二次购入的当日进行了报告、公告。此后，被证券监督管理机构以增持股份与信息披露违法为由实施处罚。6个月后，甲欲继续购入力扬股份公司股票，力扬股份公司的股东乙、丙表示反对，持股4%的股东丁同意转让股份。对此，下列说法正确的有（　　）。

A. 甲的行为已违法，故无权再买入力扬股份公司的股票
B. 乙可邀请其他公司对力扬股份公司展开要约收购
C. 丙可主张甲已违法，撤销其先前购买股票的行为
D. 丁可与甲签订股权转让协议，将自己所持全部股份卖给甲

解析　正确答案为选项BD。根据规定，通过证券交易所的证券交易，投资者持有一个上市公司已发行的有表决权股份达到5%时，应当在该事实发生之日起3日内，向国务院证券监督管理机构、证券交易所作出书面报告，通知该上市公司，并予公告，在上述期限内不得再行买卖该上市公司的股票。本案中的甲投资者违反了

> 场内交易受让股份权益披露与增持股份的规定，但不影响交易行为的有效，也不影响甲依法继续买入股票，因此，选项A、C错误。股东乙反对甲收购，可以独自或是邀请其他投资者发起收购，选项B正确。甲持有的股份尚未触及强制要约收购的触发点30%，依然可以与股东丁签订股权转让协议，受让力扬股份公司的股份，此时股东丁与甲的转让协议属于大宗交易，交易完成后，甲属于持股5%后持股增加5%，按照法律规定，甲在受让丁的股份时每持股变动幅度达1%，需要进行公告，无须停止买卖，据此，选项D正确。

（五）其他合法收购方式

其他合法收购方式是指要约收购与协议收购两种上市公司收购的基本方式之外的各种收购方式，如认购股份收购、集中竞价收购等。认购股份收购是指收购人经上市公司非关联股东批准，通过认购上市公司发行的新股使其在公司拥有的表决权的股份能够达到控制权的获得与巩固；集中竞价收购是指收购人在场内交易市场上，通过证券交易所集中竞价交易的方式对目标上市公司进行的收购。随着证券市场的不断成熟，上市公司收购方式不断完善，收购方式也不断创新。

依据《上市公司收购管理办法》的规定，其他合法方式还包括国有股权的行政划转或变更、执行法院裁定、继承、赠与等方式。需要说明的是，在国有股行政划转或变更、司法裁定等方式构成的上市公司收购中，收购人（即行政划转或变更的受让方和司法裁决的胜诉方）可能没有取得上市公司控制权的主观动机，但如果上述行为的结果使收购人获得了或可能获得上市公司的控制权，即是收购，收购人就应履行相关义务。

（六）上市公司收购的法律后果

上市公司收购完成后，将产生一系列的法律后果。

1. 终止上市与余额股东强制性出售权。

收购期限届满，被收购公司股权分布不符合证券交易所规定的上市交易要求的，该上市公司的股票应当由证券交易所依法终止上市交易；其余仍持有被收购公司股票的股东，有权向收购人以收购要约的同等条件出售其股票，收购人应当收购。

2. 变更企业形式。

收购行为完成后，被收购公司不再具备股份有限公司条件的，应当依法变更企业形式。

3. 限期禁止转让股份。

在上市公司收购中，收购人持有的被收购的上市公司的股票，在收购行为完成后的18个月内不得转让。

4. 更换股票。

收购行为完成后，收购人与被收购公司合并，并将该公司解散的，被解散公司的原有股票由收购人依法更换。

收购行为完成后,收购人应当在15日内将收购情况报告国务院证券监督管理机构和证券交易所,并予以公告。

五、信息披露

信息披露也称信息公开,两种称谓本质上并无区别,在体现政府对证券市场的干预方面,"公开"一词更为贴切。信息披露制度包括强制性信息披露制度和自愿性信息披露制度。强制性信息披露制度是证券法强制性要求证券发行人和其他法定的相关负有信息公开义务的人在证券发行和交易过程中,按照法定要求以一定方式向社会公众公开与证券有关的一切信息,以便投资者能够获得真实信息而作出投资判断的法律制度。自愿性信息披露制度是对作为基本信息披露制度的强制性信息披露的补充与深化,是信息披露义务人在法定披露信息以外披露与投资者作出价值判断和投资决策有关的信息,这些信息对于提高公司信息披露质量,展现公司未来和真正价值具有重要意义。通常所说的信息披露制度,主要指强制性信息披露制度。按照信息披露阶段的不同,信息披露制度分为证券发行市场信息披露(首次信息披露)和证券交易市场信息披露(持续信息披露)。

信息披露是证券资本市场的灵魂,是建立公开、公平和公正证券市场的基石,也是证券市场存在和发展的前提。新《证券法》设专章对信息披露的义务人范围、信息披露的原则与要求、信息披露的内容、自愿信息披露、信息披露的责任、信息披露的监督管理等作出了系统规定。

(一)信息披露的义务人

信息披露义务是一种法定义务,而非合同义务。信息披露义务人的范围由《证券法》规定,除发行人外,法律、行政法规和国务院证券监督管理机构规定的其他信息披露义务人,如发起人、控股股东等实际控制人、保荐人、证券承销商等,均应当及时依法履行信息披露义务。

(二)信息披露的原则与要求

信息披露的对象是不特定的社会公众,信息披露义务人披露的信息,应当真实、准确、完整,简明清晰,通俗易懂,不得有虚假记载、误导性陈述或者重大遗漏。

真实性要求披露信息应以客观事实或在事实基础上的分析判断为基础,以没有扭曲和不加粉饰的方式,再现和反映真实状态,对发布的信息不存在虚假陈述、不合理评价、夸张性描述或恭维性的评价。准确性要求披露信息时必须用精确不含糊的语言表达其含义,在内容与表达方式上不得使人误解。完整性要求披露信息时必须将所有可能影响投资者决策的信息全面、充分披露。简明清晰、通俗易懂要求披露的信息应当清晰明了,避免信息冗长、语言晦涩难懂,以投资者能理解、使用为宜。

信息披露义务人披露信息时还应贯彻一致性原则,包括时间一致性与内容一致性。时间一致性要求:(1)证券同时在境内境外公开发行、交易的,信息披露义务人在境外披露的信息,应当在境内同时披露;(2)除法律、行政法规另有规定的外,信息披露义务人披露的信息应当同时向所有投资者披露,不得提前向任何单位和个人泄露。任何单位和个人不得非法要求信息披露义务人提供依法需要披露但尚未披露的信息,任何单位和个人对于依法提前获知的信息,在依法披露前应当保密。内容一致性要求信息披露义务人在强制信息披露以外,自愿披露信息的,所披露的信息不得与依法披露的信息相冲突,不得误导投资者。

(三)证券发行市场信息披露

证券发行市场信息披露是指证券公开发行时对发行人、拟发行的证券以及与发行证券有关的信息进行披露。证券发行市场信息披露制度是保证证券市场有序发展的基础。

1. 发行文件的预先披露制度。

发行文件的预先披露制度是指发行人申请公开发行证券的,在依法向文件审核部门报送注册申请文件后,预先向社会公众披露有关注册申请文件,而不是等监管部门对发行注册之后再进行披露的制度。依据新《证券法》的规定,发行人申请首次公开发行股票的,在提交申请文件后,应当按照国务院证券监督管理机构的规定预先披露有关申请文件。

2. 证券发行信息披露制度。

证券发行申请经注册后,发行人应当依照法律、行政法规的规定,在证券公开发行前公告公开发行募集文件,并将该文件置备于指定场所供公众查阅。发行证券的信息依法公开前,任何知情人不得公开或者泄露该信息。该类信息披露文件主要有招股说明书、公司债券募集办法、上市公告书等。

(四)证券交易市场信息披露

证券交易市场信息披露是指证券进入交易市场依法进行交易期间,证券发行人定期或不定期地公开披露与其发行证券相关的影响证券交易的所有重要信息。该类信息披露文件主要有定期报告和临时报告。

1. 定期报告。

定期报告是公司在一定时期内(某一会计核算期间)分别向证券监管机构、证券交易场所报送和向社会公众公布的反映上市公司等信息披露义务人某个会计期间的财务状况、经营情况、股本变动和股东的情况、募集资金的使用情况和公司重要事项的报告。其报告形式有年度报告、中期报告和季度报告。新《证券法》规定了年度报告和中期报告,上市公司、公司债券上市交易的公司、股票在国务院批准的其他全国性证券交易场所交易的公司,应当按照国务院证券监督管理机构和证券交易场所规定的内容和格式编制定期报告,并按照以下规定报送和公告:(1)在每一会计年度结束之日起4个月内,报送并公告年度报告,其中的年度财务会计报告应当经符合证券法规定的会计师事务所审计；（2）在每一会计年度的上半年结束之日起2个月内，报送并公告中期报告。

2. 临时报告。

临时报告是指在定期报告之外临时发布的报告。凡发生可能对股票、上市交易公司债券交易价格产生较大影响的重大事件，投资者尚未得知时，公司应当立即提出临时报告，披露事件内容，说明事件的起因、目前的状态和可能产生的影响。依据新《证券法》的规定，上市公司、股票在国务院批准的其他全国性证券交易场所交易的公司、公司债券上市交易的公司负有通过临时报告披露信息的义务。

（1）股票发行公司发布临时报告的重大事件。发生可能对上市公司、股票在国务院批准的其他全国性证券交易场所交易的公司的股票交易价格产生较大影响的重大事件，投资者尚未得知时，公司应当立即将有关该重大事件的情况向国务院证券监督管理机构和证券交易场所报送临时报告，并予公告，说明事件的起因、目前的状态和可能产生的法律后果。这里的重大事件包括：①公司的经营方针和经营范围的重大变化；②公司的重大投资行为，公司在一年内购买、出售重大资产超过公司资产总额30%，或者公司营业用主要资产的抵押、质押、出售或者报废一次超过该资产的30%；③公司订立重要合同、提供重大担保或者从事关联交易，可能对公司的资产、负债、权益和经营成果产生重要影响；④公司发生重大债务和未能清偿到期重大债务的违约情况；⑤公司发生重大亏损或者重大损失；⑥公司生产经营的外部条件发生的重大变化；⑦公司的董事、1/3以上监事或者经理发生变动，董事长或者经理无法履行职责；⑧持有公司5%以上股份的股东或者实际控制人持有股份或者控制公司的情况发生较大变化，公司的实际控制人及其控制的其他企业从事与公司相同或者相似业务的情况发生较大变化；⑨公司分配股利、增资的计划，公司股权结构的重要变化，公司减资、合并、分立、解散及申请破产的决定，或者依法进入破产程序、被责令关闭；⑩涉及公司的重大诉讼、仲裁，股东大会、董事会决议被依法撤销或者宣告无效；⑪公司涉嫌犯罪被依法立案调查，公司的控股股东、实际控制人、董事、监事、高级管理人员涉嫌犯罪被依法采取强制措施；⑫国务院证券监督管理机构规定的其他事项。公司的控股股东或者实际控制人对重大事件的发生、进展产生较大影响的，应当及时将其知悉的有关情况书面告知公司，并配合公司履行信息披露义务。

（2）公司债券上市交易公司发布临时报告的重大事件。发生可能对上市交易公司债券的交易价格产生较大影响的重大事件，投资者尚未得知时，公司应当立即将有关该重大事件的情况向国务院证券监督管理机构和证券交易场所报送临时报告，并予公告，说明事件的起因、目前的状态和可能产生的法律后果。这里的重大事件包括：①公司股权结构或者生产经营状况发生重大变化；②公司债券信用评级发生变化；③公司重大资产抵押、质押、出售、转让、报废；④公司发生未能清偿到期债务的情况；⑤公司新增借款或者对外提供担保超过上年年末净资产的20%；⑥公司放弃债权或者财产超过上年年末净资产的10%；⑦公司发生超过上年年末净资产10%的重大损失；⑧公司分配股利，作出减资、合并、分立、解散及申请破产的决定，或者依法进入破产程序、被责令关闭；⑨涉及公司的重大诉讼、仲裁；⑩公司涉嫌犯罪被依法立案调查，公司的控股股东、实际控制人、董事、监事、高级管理人员涉嫌犯罪被依法采取强制措施；⑪国务院证券监督管理机构规定的其他事项。

临时报告是证券市场持续信息披露制度的重要组成部分，可以有效弥补定期报告信息公开滞后的缺陷，将发生重大事件的信息迅速传递给投资人。及时披露是证券市场对临时报告的基本要求，公司应当在最先发生的以下任一时点，履行重大事件的信息披露义务：董事会或者监事会就该重大事件形成决议时；有关各方就该重大事件签署意向书或者协议时；董事、监事或者高级管理人员知悉该重大事件发生并报告时。这里说的及时是指自起算日起或者触及披露时点的两个交易日内。在上述规定的时点之前出现下列情形之一的，上市公司应当及时披露相关事项的现状、可能影响事件进展的风险因素：①该重大事件难以保密；②该重大事件已经泄露或者市场出现传闻；③公司证券及其衍生品种出现异常交易情况。公司披露重大事件后，已披露的重大事件出现可能对公司证券及其衍生品种交易价格产生较大影响的进展或者变化的，应当及时披露进展或者变化情况及可能产生的影响。公司控股子公司发生重大事件，可能对公司证券及其衍生品种交易价格产生较大影响的，公司应当履行信息披露义务。

（五）董事、监事、高管的信息披露职责

发行人的董事、高级管理人员应当对证券发行文件和定期报告签署书面确认意见；发行人的监事会应当对董事会编制的证券发行文件和定期报告进行审核并提出书面审核意见，监事应当签署书面确认意见。

发行人的董事、监事和高级管理人员应当保证发行人及时、公平地披露信息，所披露的信息真实、准确、完整。董事、监事和高级管理人员无法保证证券发行文件和定期报告内容的真实性、准确性、完整性或者有异议的，应当在书面确认意见中发表意见并陈述理由，发行人应当披露。发行人不予披露的，董事、监事和高级管理人员可以直接申请披露。

（六）信息的发布与信息披露的监督

1. 信息的发布。

证券发行信息的发布由发行人在发行前依法公告公开，并将发行募集文件置备于指定场所供公众查阅。涉及承销的，承销的证券公司对公开发行募集文件的真实性、准确性、完整性进行核查。交易期间信息的发布则是定期或不定期持续性进行的。

（1）定期报告的编制、审议和披露程序。负有定期报告披露义务的公司应当制定定期报告的编制、审议、披露程序。经理、财务负责人、董事会秘书等高级管理人员应当及时编制定期报告草案，提请董事会审议；董事会秘书负责送达董事审阅；董事长负责召集和主持董事会会议审议定期报告；监事会负责审核董事会编制的定期报告；

董事会秘书负责组织定期报告的披露工作。

（2）重大事件的报告、传递、审核和披露程序。负有定期报告披露义务的公司应当制定重大事件的报告、传递、审核、披露程序。董事、监事、高级管理人员知悉重大事件发生时，应当按照公司规定立即履行报告义务；董事长在接到报告后，应当立即向董事会报告，并敦促董事会秘书组织临时报告的披露工作。

依法披露的信息，应当在证券交易场所的网站和符合国务院证券监督管理机构规定条件的媒体发布，同时将其置备于公司住所、证券交易场所，供社会公众查阅。

2. 信息披露的监督管理。

国务院证券监督管理机构对信息披露义务人的信息披露行为进行监督管理。

证券交易场所应当对其组织交易证券的信息披露义务人的信息披露行为进行监督，督促其依法及时、准确地披露信息。

（七）信息披露的民事责任

发行人及其控股股东、实际控制人、董事、监事、高级管理人员等作出公开承诺的，其承诺属于强制披露内容，不履行承诺给投资者造成损失的，应当依法承担赔偿责任。

信息披露义务人未按照规定披露信息，或者公告的证券发行文件、定期报告、临时报告及其他信息披露资料存在虚假记载、误导性陈述或者重大遗漏，致使投资者在证券交易中遭受损失的，信息披露义务人应当承担赔偿责任；发行人的控股股东、实际控制人、董事、监事、高级管理人员和其他直接责任人员以及保荐人、承销的证券公司及其直接责任人员，应当与发行人承担连带赔偿责任，但是能够证明自己没有过错的除外。

六、投资者保护

投资者是证券市场最重要的主体，没有投资者就没有证券市场。保护投资者权益是证券法的核心宗旨之一，也是证券监管的目标之一。证券市场存在与发展的核心在于投资者信心的维持，而维持信心最基本的要求就是要建立各种有效机制，做好对于各类投资者的多重保护。《公司法》通过限制控股股东、保护少数股东、落实管理层诚信义务等机制进行投资者保护，《证券法》在强制性信息披露、发行保荐、禁止内幕交易等行为、投资者保护机构、投资者保护基金等一系列机制之外，增设专章规定投资者保护制度。本部分仅介绍新《证券法》上专章规定的制度内容。

（一）投资者适当性管理制度

在证券公司与投资者的关系上，证券公司依法承担适当性管理义务。证券公司向投资者销售证券、提供服务时，应当按照规定充分了解投资者的基本情况、财产状况、金融资产状况、投资知识和经验、专业能力等相关信息；如实说明证券、服务的重要内容，充分揭示投资风险；销售、提供与投资者上述状况相匹配的证券、服务。投资者在购买证券或者接受服务时，应当按照证券公司明示的要求提供上述所列真实信息。拒绝提供或者未按照要求提供信息的，证券公司应当告知其后果，并按照规定拒绝向其销售证券、提供服务。证券公司违反适当性义务规定导致投资者损失的，应当承担相应的赔偿责任。

（二）证券公司与普通投资者纠纷的自证清白制度

新《证券法》根据财产状况、金融资产状况、投资知识和经验、专业能力等因素，将投资者分为普通投资者和专业投资者，对于普通投资者实行特殊保护。专业投资者的标准授权国务院证券监督管理机构规定，专业投资者以外的人为普通投资者。普通投资者与证券公司发生纠纷的，证券公司应当证明其行为符合法律、行政法规以及国务院证券监督管理机构的规定，不存在误导、欺诈等情形。证券公司不能证明的，应当承担相应的赔偿责任。

（三）股东代理权征集制度

股东代理权征集是指上市公司董事会、独立董事、持有1%以上有表决权股份的股东，依照法律、行政法规或者国务院证券监督管理机构的规定设立的投资者保护机构（以下简称投资者保护机构），可以作为征集人，自行或者委托证券公司、证券服务机构，公开请求上市公司股东委托其代为出席股东大会，并代为行使提案权、表决权等股东权利。股东代理权征集制度能够在同一时间实现零散股权的聚集，扩大中小股东的声音。依照规定征集股东权利的，征集人应当披露征集文件，上市公司应当予以配合，禁止以有偿或者变相有偿的方式公开征集股东权利。

公开征集股东权利违反法律、行政法规或者国务院证券监督管理机构有关规定，导致上市公司或者其股东遭受损失的，应当依法承担赔偿责任。

（四）上市公司现金分红制度

上市公司应当在章程中明确分配现金股利的具体安排和决策程序，依法保障股东的资产收益权。上市公司当年税后利润，在弥补亏损及提取法定公积金后有盈余的，应当按照公司章程的规定分配现金股利。

（五）公司债券持有人会议制度与受托管理人制度

公司债券持有人会议是为了公司债权人的共同利益设立的，通过会议的形式集体行权的法律机制。公开发行公司债券的，应当设立债券持有人会议，并应当在募集说明书中说明债券持有人会议的召集程序、会议规则和其他重要事项。

公开发行公司债券的，发行人应当为债券持有人聘请债券受托管理人，并订立债券受托管理协议。受托管理人应当由本次发行的承销机构或者其他经国务院证券监督管理机构认可的机构担任，债券持有人会议可以决议变更债券受托管理人。债券受托管理人应当勤勉尽责，公正履行受托管理职责，不得损害债券持有人利益。债券发行人未能按期兑付债券本息的，债券受托管理人可以接受全部或者部分债券持有人的委托，以自己的名义代表债券持有人提起、参加民事诉讼或者清算程序。

（六）先行赔付制度

没有救济就没有权利，对于证券欺诈等侵害投资者利益的行为，相关责任人的先期赔付是对投资者最为有效的救助机制。新《证券法》确立了先行赔付制度，发行人因欺诈发行、虚假陈述或者其他重大违法行为给投资者造成损失的，发行人的控股股东、实际控制人、相关的证券公司可以委托投资者保护机构，就赔偿事宜与受到损失的投资者达成协议，予以先行赔付。先行赔付后，可以依法向发行人以及其他连带责任人追偿。

（七）普通投资者与证券公司纠纷的强制调解制度

投资者与发行人、证券公司等发生纠纷的，双方可以向投资者保护机构申请调解。普通投资者与证券公司发生证券业务纠纷，普通投资者提出调解请求的，证券公司不得拒绝。

投资者保护机构对损害投资者利益的行为，可以依法支持投资者向人民法院提起诉讼。

（八）投资者保护机构的代表诉讼制度

对于股东代表诉讼，《公司法》已有规定，但是，提起诉讼的主体限于持股达一定比例且满足一定期限的股东。《公司法》股东代表诉讼不足以充分发挥对违法行为的抑制机能，新《证券法》确立了投资者保护机构的代表诉讼，发行人的董事、监事、高级管理人员执行公司职务时违反法律、行政法规或者公司章程的规定给公司造成损失，发行人的控股股东、实际控制人等侵犯公司合法权益给公司造成损失，投资者保护机构持有该公司股份的，可以为公司的利益以自己的名义向人民法院提起诉讼，持股比例和持股期限不受《公司法》规定的限制。

（九）代表人诉讼制度

代表人诉讼是一种团体诉讼、共同诉讼，是在当事人一方人数众多，其诉讼标的是同一种类的情况下，由其中一人或数人代表全体相同权益人进行诉讼，法院判决效力及于全体相同权益人的诉讼。新《证券法》的代表人诉讼区分为投资者代表人诉讼和投资者保护机构的代表人诉讼。

投资者代表人诉讼是由依法推选出的投资者代表其他众多投资者进行的诉讼。投资者提起虚假陈述等证券民事赔偿诉讼时，诉讼标的是同一种类，且当事人一方人数众多的，可以依法推选代表人进行诉讼。对按照上述规定提起的诉讼，可能存在有相同诉讼请求的其他众多投资者的，人民法院可以发出公告，说明该诉讼请求的案件情况，通知投资者在一定期间向人民法院登记。人民法院作出的判决、裁定，对参加登记的投资者发生效力。

投资者保护机构的代表人诉讼是由投资者保护机构代表投资者进行的诉讼。投资者保护机构受50名以上投资者委托，可以作为代表人参加诉讼，并为经证券登记结算机构确认的权利人依照上述规定向人民法院登记，但投资者明确表示不愿意参加该诉讼的除外，即投资者保护机构作为诉讼代表人时，对受损害投资者实行"默示加入、明示退出"的规则。投资者保护机构的代表诉讼与投资者保护机构的代表人诉讼相结合，利于从源头上堵截证券市场的侵权违法行为，维护投资者的切实利益。

第三节 保险法律制度

一、保险与保险法

保险法是调整保险关系的法律规范的总称。保险法有广义和狭义之分。狭义的保险法仅指保险法典，广义的保险法不仅包括保险法典，还包括其他法律法规中有关保险的规定。保险法的内容一般包括保险业法、保险合同法和保险特别法。

1995年6月30日第八届全国人大常委会第十四次会议通过了我国第一部完备的保险基本法——《中华人民共和国保险法》（以下简称《保险法》），该法自1995年10月1日起施行。2002年10月28日第九届全国人大常委会第三十次会议第一次修正。2009年2月28日第十一届全国人大常委会第七次会议修订通过新的《保险法》，自2009年10月1日起施行。2014年8月31日、2015年4月24日第十二届全国人民代表大会常务委员会第十次会议、第十四次会议分别修正。

（一）保险的概念及分类

1. 保险的概念。

根据我国《保险法》的规定，保险是指投保人根据合同约定，向保险人支付保险费，保险人对于合同约定的可能发生的事故因其发生所造成的财产损失承担赔偿保险金责任，或者当被保险人死亡、伤残、疾病或者达到合同约定的年龄、期限等条件时承担给付保险金责任的商业保险行为。可见，保险是发生在投保人、被保险人或受益人与保险人之间的一种合同权利义务关系，它包括财产保险合同和人身保险合同，是一种商业保险。

2. 保险的本质。

保险的本质并不是保证危险不发生，或不遭受损失，而是对危险发生后遭受的损失予以经济补偿。保险是一种经济保障制度，现代保险是建立在"我为人人，人人为我"这一社会互助基础之上的，其基本原理是集合危险，分散损失。为了维护社会安定，保险集合运用了多数社会成员的力量。只有众多的社会成员参加保险，其所缴纳的保险费才能积聚成为巨额的保险基金,用于补偿少数社会成员的特定危险事故或因特定人身事件发生而造成的经济损失。保险是一种具有经济补偿内容的法律制度。保险的功能并非消灭危险,而是在保险事故发生后使得被保险人或受益人能够获得经济补偿。

应当注意的是,保险的经济补偿功能,在财产保险和人身保险中的体现不尽相同。财产保险的标的是能够用货币准确衡量的财产或与财产有关的利益,保险人给予被保险人的保险金可以用来补偿被保险人所遭受的经济损失,而人身保险的标的是无法用货币来衡量的人的寿命和身体,所以,一旦发生保险事故,只能按照合同约定的数额给付保险金。

3. 保险的构成要素。

保险得以存在的基本要件有三:(1)可保危险的存在。无危险则无保险。人类社会可能遭遇到的危险大体包括人身危险、财产危险和法律责任危险。但是,保险所承保的是可保危险,即上述三类危险中可能引起损失的偶然事件,其特征包括:①危险发生与否很难确定,不可能或不会发生的危险投保人不会投保,可能或肯定会发生的危险保险人也不会承保;②危险何时发生很难确定;③危险发生的原因与后果很难确定;④危险的发生对于投保人或被保险人来说,必须是非故意的。(2)以多数人参加保险并建立基金为基础。保险是一种集合危险、分散损失的经济制度,参加保险的人越多,积聚的保险基金就越多,损失补偿的能力就越强。(3)以损失赔付为目的。

4. 保险的分类。

(1)根据保险责任发生的效力依据划分,保险可分为强制保险和自愿保险。强制保险又称法定保险,是指国家法律、法规直接规定必须进行的保险,如机动车第三者责任险就属于强制保险。自愿保险是投保人与保险人双方平等协商,自愿签订保险合同而产生的一种保险,这种保险责任发生的效力依据是保险合同,投保人享有是否投保的自由,保险人享有是否承保或承保多少的自由。

(2)根据保险设立是否以营利为目的划分,保险可分为政策性保险和商业保险。政策性保险是指国家基于社会、经济政策的需要,不以营利为目的而举办的保险,如存款保险、社会保险,前者属于经济政策性保险,后者属于社会政策性保险。商业保险是指政策性保险以外的普通保险,是以营利为目的的,其费用主要来源于投保人缴纳的保险费。我国《保险法》明确规定保险是一种商业保险行为。

(3)根据保险标的的不同,保险可分为财产保险与人身保险。财产保险是以财产及其有关利益为保险标的的保险,包括财产损失保险、保证保险、责任保险和信用保险等。人身保险是以人的寿命和身体为保险标的的保险,包括意外伤害保险、健康保险和人寿保险等。

(4)根据保险人是否转移保险责任划分,保险可分为原保险和再保险。原保险也称第一次保险,是指保险人对被保险人因保险事故所致损害直接由自己承担赔偿责任的保险。再保险又称第二次保险,或称分保,是指原保险人为减轻或避免所负风险,把原保险责任的一部分转移给其他保险人的保险。我国《保险法》第二十八条第一款规定,保险人将其承担的保险业务,以分保形式部分转移给其他保险人的,为再保险。第一百零三条第一款规定,保险公司对每一危险单位,即对一次保险事故可能造成的最大损失范围所承担的责任,不得超过其实有资本金加公积金总和的10%;超过的部分应当办理再保险。

(5) 根据保险人的人数划分,保险可分为单保险和复保险。单保险是指投保人对同一保险标的、同一保险利益、同一保险事故与一个保险人订立保险合同的保险。复保险又称重复保险,是指投保人对同一保险标的、同一保险利益、同一保险事故分别与两个以上保险人订立保险合同,且保险金额总和超过保险价值的保险。

(二) 保险法的基本原则

1. 最大诚信原则。

任何民事活动,都应遵循诚实信用原则,但保险活动要求的诚信程度比一般民事活动更高。这是因为在投保时,如果是财产保险,投保人对自己的财产状况、生产经营状况最为了解,如果是人身保险,投保人对自己的年龄及身体状况也更为了解,而保险人只能根据投保人的陈述来决定是否承保以及所应适用的保险费率。所以,保险法要求双方当事人在签订合同时必须最大限度地如实告知自己所知道的有关事实;在保险合同生效后不论何方当事人违反最大诚信原则,对方都有权解除保险合同。

保险合同中的最大诚信原则,其基本内容有三:即告知、保证、弃权与禁止反言。

(1) 告知。告知是指投保人在订立保险合同时应当将与保险标的有关的重要事实如实向保险人陈述。由于保险人决定是否予以承保以及如何确定保险费率完全取决于投保人在投保时所告知的事实,因此,"重要事实"是指影响保险人决定是否接受承保或确定保险费率的事实。投保人的告知义务仅限于订立合同之时,投保人不履行如实告知义务的法律后果,是产生保险合同的解除权而并不导致保险合同的无效。

对此,我国《保险法》第十六条第一款、第二款规定:"订立保险合同,保险人就保险标的或者被保险人有关情况提出询问的,投保人应当如实告知。投保人故意或者因重大过失未履行如实告知义务,足以影响保险人决定是否同意承保或者提高保险费率的,保险人有权解除合同。"

根据《保险法》司法解释(二)的规定,投保人的告知义务限于保险人询问的范围和内容。当事人对询问范围及内容有争议的,保险人负举证责任。保险人以投保人违反了对投保单询问表中所列概括性条款的如实告知义务为由请求解除合同的,人民法院不予支持,但该概括性条款有具体内容的除外。

告知的另一个重要问题是义务违反的后果。我国《保险法》第十六条第四款、第五款分别规定了故意不履行告知义务与重大过失不履行告知义务的法律后果。对投保人故意不履行如实告知义务的,保险人对于解除合同前发生的保险事故,不承担赔偿或给付保险金的责任,并不退还保费。对投保人因重大过失未履行如实告知义务,对保险事故的发生有严重影响的,保险人对于合同解除前发生的保险事故,不承担赔偿或给付保险金的责任,但应当退还保险费。当然,保险人在合同订立时已经知道投保人未如实告知情况的,保险人不得解除合同;发生保险事故的,保险人应当承担赔偿或给付保险金的责任。

【例6-9】甲以自己为被保险人向某保险公司投保健康险,指定其子乙为受益人,保险公司承保并出具保单。两个月后,甲突发心脏病死亡。保险公司经调查发现,甲两年前曾做过心脏搭桥手术,但在填写投保单以及回答保险公司相关询问时,甲均未如实告知。对此,下列表述中,正确的是( )。
A. 因甲违反如实告知义务,故保险公司对甲可主张违约责任
B. 保险公司有权解除保险合同
C. 保险公司即使不解除保险合同,仍有权拒绝乙的保险金请求
D. 保险公司虽可不必支付保险金,但须退还保险费

解析 正确答案为选项B。投保人甲故意不履行告知义务,保险人有权解除保险合同,对解除前发生的保险事故不承担给付保险金责任,并不退还保险费。

(2)保证。保证是指投保人在保险合同中向保险人作出的履行某种特定义务的承诺,或担保某一事项的真实性。例如,人身保险合同中投保人保证在一定时间内不去某个发生战争的国家;财产保险合同的投保人承诺在保险合同有效期限内不改变保险标的的用途等。

构成最大诚信原则内容的保证,是保险合同的基础。这是由于保险人无法直接控制保险标的的使用情况,只有在保险事故发生时才能了解事故发生的原因和结果、保险标的的受损原因和受损状况,因此,如果投保人违反保证义务,保险人即可取得解除合同的权利或不负赔偿责任。

(3)弃权与禁止反言。弃权是指保险人放弃因投保人或被保险人违反告知义务或保证而产生的保险合同解除权。禁止反言是指保险人既然放弃自己的权利,将来不得反悔再向对方主张已经放弃的权利。弃权与禁止反言是两个相互对应的概念,弃权是禁止反言的前提,禁止反言是弃权引起的法律后果。我国《保险法》第十六条第二款、第三款规定,投保人故意或者因重大过失未履行如实告知义务的,足以影响保险人决定是否同意承保或者提高保险费率的,保险人有权解除合同。

根据《保险法》司法解释(二)的规定,保险人在保险合同成立后知道或者应当知道投保人未履行如实告知义务,仍然收取保险费,又依照《保险法》第十六条第二款的规定主张解除合同的,人民法院不予支持。保险人解除合同的权利,自保险人知道有解除事由之日起,超过30日不行使而消灭;自合同成立之日起超过2年的,保险人不得解除合同。发生保险事故的保险人应当承担赔偿或者给付保险金的责任。

2. 保险利益原则。

我国《保险法》规定，人身保险的投保人在保险合同订立时，对被保险人应当具有保险利益。投保人对被保险人不具有保险利益的，保险合同无效，但投保人主张保险人退还扣减相应手续费后的保险费的，人民法院应予支持。财产保险的被保险人在保险事故发生时，对保险标的应当具有保险利益。可见，投保人对被保险人或保险标的有无保险利益，对人身保险合同来说关系到合同的效力问题，对财产保险合同来说关系到保险人是否履行保险责任的问题。

保险利益是指投保人或者被保险人对保险标的具有的法律上承认的利益。其构成要件包括：（1）保险利益必须是法律上承认的利益，即必须是得到法律认可和保护的合法利益，法律不予认可或不予保护的利益不构成保险利益。（2）保险利益必须具有经济性。保险利益必须是可以用货币计算估价的利益。（3）保险利益必须具有确定性。保险利益必须是确定的、客观存在的利益，包括现有利益和期待利益。

财产保险和人身保险均适用保险利益原则。在人身保险中，保险利益表现为一种人与人之间的利害关系，这种利害关系在多大范围内存在是法定的。我国《保险法》第三十一条规定，投保人对下列人员具有保险利益：（1）本人；（2）配偶、子女、父母；（3）上述人员以外的与投保人有抚养、赡养或者扶养关系的家庭其他成员、近亲属；（4）与投保人有劳动关系的劳动者。除上述规定外，被保险人同意投保人为其订立合同的，视为投保人对被保险人具有保险利益。在财产保险中，保险利益有三种形式：现有利益、期待利益（如合同利益）、责任利益（限于民事赔偿责任）。我国《保险法》未明确规定保险利益的适用范围，一般来讲，财产保险中享有保险利益的人员范围主要有：对财产享有法律上权利的人，如所有权人、抵押权人、留置权人等；财产保管人；合法占有财产的人，如承租人、承包人等。

应当注意的是，人身保险合同仅在合同订立时要求投保人对被保险人具有保险利益，并不要求保险责任期间始终存在保险利益关系，根据《保险法》司法解释（三）的规定，人身保险合同订立后，因投保人丧失对被保险人的保险利益，当事人主张保险合同无效的，人民法院不予支持。

3. 损失补偿原则。

损失补偿原则是财产保险合同所特有的一项原则。这是由财产保险合同的经济补偿性所决定的。保险的功能是损失补偿，人们参加保险不是为了盈利，而是为了保障其经济利益。其基本含义包括：（1）被保险人只有遭受约定的保险危险所造成的损失才能获得赔偿，如果有险无损或者有损但并非约定的保险事故所造成，被保险人都无权要求保险人给予赔偿。（2）补偿的金额等于实际损失的金额。投保人或者被保险人在约定的保险事故发生后遭受的损失是多少，保险人就补偿多少；没有损失就不补偿，即保险人的补偿恰好能使保险标的恢复到保险事故发生前的状态，投保人或被保险人不能获得多于或少于损失的赔偿。

应当注意的是,保险人的赔付以投保时约定的保险金额为限,而且保险金额不得超过保险标的的实际价值,超过保险金额的损失,保险人不予赔偿。根据我国《保险法》的规定,保险金额是指保险人承担赔偿或者给付保险金责任的最高限额,也即保险人的最高赔偿限额。

损失补偿原则还派生出代位求偿原则和重复保险分摊原则。代位求偿制度、重复保险分摊制度将在财产保险合同中予以介绍。

4. 近因原则。

近因原则是指保险人对承保范围内的保险事故作为直接的、最接近的原因所引起的损失,承担保险责任。也就是说,保险事故与损害后果之间应具有因果关系。此处的近因并非是指时间上最接近损失的原因,而是指有支配力或一直有效的原因。

【例6-10】我国《保险法》对保险合同中保险利益存在时间是如何规定的?

解析 我国《保险法》区分人身保险和财产保险,对保险合同中保险利益存在时间作出了不同规定。对人身保险的投保人,要求在保险合同订立时,对被保险人具有保险利益,凡投保时投保人对被保险人不具有保险利益的,保险合同无效;对财产保险的被保险人,要求在保险事故发生时,对保险标的具有保险利益,凡保险事故发生时被保险人对保险标的不具有保险利益的,意味着被保险人没有实际损失,保险人也就无须承担保险责任。

二、保险合同

(一)保险合同的特征

根据我国《保险法》的规定,保险合同是指投保人与保险人约定保险权利义务关系的协议。其特征主要表现为:

1. 保险合同是双务有偿合同。

保险合同的当事人按照合同的约定互相负有义务,保险人在合同约定的保险事故发生时或者在保险期限届满时,向投保人(或被保险人,或受益人)支付赔偿金或保险金;投保人按照合同约定向保险人缴纳保险费,并以此为代价将一定范围内的危险转移给保险人。当然,保险合同的双务性与一般的双务合同不同,一般双务合同中双方当事人承担的合同义务必须履行,否则将构成违约,而在保险合同中,因为合同约定的保险事故不一定发生,保险公司所承担的保险责任是否履行就具有了不确定性。如果在保险合同有效期内约定的保险事故发生了,则保险人承担保险责任;反之,则不承担。保险合同的有偿性与一般有偿合同也不同。一般有偿合同中,是以等价交换为基础来确立双方的权利义务的,而在保险合同中,除长期人身保险合同以外,保险人可能因合同有效期内未发生保险事故而无须承担保险责任,也可能保险事故发生后承担的保险金或赔偿金的数额大于保险人收取的保险费。

2. 保险合同是射幸合同。

射幸合同，即为碰运气的机会性合同。在保险合同中，投保人缴纳保险费的义务是确定的，而合同约定的保险事故是否发生是不确定的，即保险人是否承担保险责任是机会性的，具有偶然性。危险发生的偶然性，决定了保险合同的射幸性质。

3. 保险合同是诺成合同。

我国《保险法》第十三条规定，投保人提出保险要求，经保险人同意承保，保险合同成立。保险人应当及时向投保人签发保险单或者其他保险凭证。保险单或者其他保险凭证上应当载明当事人双方约定的合同内容。当事人也可以约定采用其他书面形式载明合同内容。依法成立的保险合同，自成立时生效。

4. 保险合同是格式合同。

保险合同的内容或主要条款或保险单一般是由保险人一方根据相关规定拟定和提供的，投保人在投保时，通常只能决定是否接受保险人制定的保险条款，一般没有拟定、磋商或更改保险合同条款的自由。

鉴于保险合同的格式化特点，为了确保保险合同订立的公正性，我国《保险法》规定了对格式条款的制约机制：

（1）订立保险合同，采用保险人提供的格式条款的，保险人向投保人提供的投保单应当附格式条款，保险人应当向投保人说明合同的内容。对保险合同中免除保险人责任的条款，保险人在订立合同时应当在投保单、保险单或者其他保险凭证上作出足以引起投保人注意的提示，并对该条款的内容以书面或者口头形式向投保人作出明确说明；未作提示或者明确说明的，该条款不产生效力。

（2）采用保险人提供的格式条款订立的保险合同中的下列条款无效：①免除保险人依法应承担的义务或者加重投保人、被保险人责任的。②排除投保人、被保险人或者受益人依法享有的权利的。

（3）采用保险人提供的格式条款订立的保险合同，保险人与投保人、被保险人或者受益人对合同条款有争议的，应当按照通常理解予以解释。对合同条款有两种以上解释的，人民法院或仲裁机构应当作出有利于被保险人和受益人的解释。

5. 保险合同是最大诚信合同。

见前述保险法的基本原则之"最大诚信原则"。

（二）保险合同的分类

保险合同依据不同标准，可作以下分类：

1. 根据保险合同中的保险价值是否先予确定为标准，可将保险合同分为定值保险合同与不定值保险合同。定值保险合同是指投保人和保险人约定保险标的的保险价值并在合同中载明的，保险标的发生损失时，以约定的保险价值为赔偿计算标准的保险合同。不定值保险合同是指投保人和保险人未约定保险标的的保险价值，保险标的发生损失时,以保险事故发生时保险标的的实际价值为赔偿计算标准的保险合同。由于人身保险不存在保险价值问题,这种分类只适用于财产保险合同。

2. 根据保险价值与保险金额的关系,可将保险合同分为足额保险合同、不足额保险合同和超额保险合同。足额保险合同是指保险金额等于保险价值的保险合同,即以保险标的的全部价值投保所签订的保险合同。如果保险标的遭受全部损失,保险人即按保险金额赔偿;如为部分损失,则按实际损失赔偿。不足额保险合同又称低额保险,是指保险金额小于保险价值的保险合同,即以保险标的的部分投保。这意味着保险财产的实际价值与保险金额的差额部分,由被保险人自行承担。根据我国《保险法》第五十五条第四款的规定,保险金额低于保险价值的,除合同另有约定外,保险人按照保险金额与保险价值的比例承担赔偿保险金的责任。超额保险合同是指保险金额高于保险价值的保险合同,即超额保险。根据我国《保险法》第五十五条第三款的规定,保险金额不得超过保险价值。超过保险价值的,超过部分无效,保险人应当退还相应的保险费。

除此之外,根据保险标的的不同,保险合同还可分为人身保险合同和财产保险合同;根据保险人所承担的危险状况不同,可将保险合同分为特定危险保险合同和一切险保险合同等。

(三)保险合同的当事人及关系人

1. 保险合同的当事人。

保险合同的当事人是指投保人和保险人,即订立保险合同的双方当事人。保险人是指与投保人订立保险合同,并按照合同约定承担赔偿或者给付保险金责任的保险公司。对于保险公司设立的条件及经营范围见本节"保险公司"部分。投保人是指与保险人订立保险合同,并按照合同约定负有支付保险费义务的人。投保人可以是自然人,也可以是法人。其应具备的条件是:具有相应的民事权利能力和民事行为能力;对被保险人或保险标的具有保险利益。

2. 保险合同的关系人。

(1)被保险人。被保险人是指其财产或者人身受保险合同保障,享有保险金请求权的人。投保人可以为被保险人。一般来讲,财产保险中自然人和法人均可以作为被保险人,但人身保险的被保险人只能是自然人。同时,应当注意的是,我国《保险法》第三十三条规定,投保人不得为无民事行为能力人投保以死亡为给付保险金条件的人身保险,保险人也不得承保。父母为其未成年子女投保的人身保险,不受此限。一般地,被保险人享有以下权利:①对保险金的给付享有独立的请求权。②根据我国《保险法》的有关规定,被保险人享有如下同意权:人身保险的受益人由被保险人或投保人指定,投保人指定受益人时须经被保险人同意,投保人变更受益人时也须经被保险人同意;以死亡为给付保险金条件的合同,未经被保险人同意并认可保险金额的,保险合同无效,父母为其未成年子女投保的人身保险不受此限;按照以死亡为给付保险金条件的合同所签发的保险单，未经被保险人书面同意，不得转让或质押。根据《保险法》及《保险法》司法解释（三）的规定，当事人订立以死亡为给付保险金条件的合同，被保险人可以在合同订立时采取书面形式、口头形式或者其他形式同意并认可保险金额，也可以在合同订立后追认。

有下列情形之一的，应认定为被保险人同意投保人为其订立保险合同并认可保险金额：

①被保险人明知他人代其签名同意而未表示异议的。
②被保险人同意投保人指定的受益人的。
③有证据足以认定被保险人同意投保人为其投保的其他情形。

（2）受益人。受益人是指人身保险合同中由被保险人或者投保人指定的享有保险金请求权的人。投保人、被保险人可以为受益人。受益人的资格一般没有限制，自然人、法人均可为受益人，胎儿作为受益人应以活着出生为限。已经死亡的人不得作为受益人。根据我国《保险法》第四十条的规定，被保险人或者投保人可以指定一人或数人为受益人。根据《保险法》司法解释（三）的规定，投保人指定受益人未经被保险人同意的，人民法院应认定指定行为无效。

当事人对保险合同约定的受益人存在争议，除投保人、被保险人在保险合同之外另有约定的，按照以下情形分别处理：①受益人约定为"法定"或者"法定继承人"的，以民法典规定的法定继承人为受益人。②受益人仅约定为身份关系，投保人与被保险人为同一主体的，根据保险事故发生时与被保险人的身份关系确定受益人；投保人与被保险人为不同主体的，根据保险合同成立时与被保险人的身份关系确定受益人。③受益人的约定包括姓名和身份关系，保险事故发生时身份关系发生变化的，认定为未指定受益人。

受益人为数人的，被保险人或者投保人可以确定受益顺序和受益份额；未确定受益份额的，受益人按照相等份额享有受益权。根据《保险法》司法解释（二）的规定，投保人或者被保险人指定数人为受益人，部分受益人在保险事故发生前死亡、放弃受益权或者依法丧失受益权的，该受益人应得的受益份额按照保险合同的约定处理；保险合同没有约定或者约定不明的，该受益人应得的受益份额按照以下情形分别处理：①未约定受益顺序及受益份额的，由其他受益人平均享有。②未约定受益顺序但约定受益份额的，由其他受益人按照相应比例享有。③约定受益顺序但未约定受益份额的，由同顺序的其他受益人平均享有；同一顺序没有其他受益人的，由后一顺序的受益人平均享有。④约定受益顺序及受益份额的，由同顺序的其他受益人按照相应比例享有；同一顺序没有其他受益人的，由后一顺序的受益人按照相应比例享有。

此外，我国《保险法》第四十二条规定，被保险人死亡后，有下列情形之一的，保险金作为被保险人的遗产，由保险人依照《民法典》的规定履行给付保险金的义务：①没有指定受益人，或者受益人指定不明无法确定的。②受益人先于被保险人死亡，没有其他受益人的。③受益人依法丧失受益权或者放弃受益权，没有其他受益人的。受益人与被保险人在同一事件中死亡，且不能确定死亡先后顺序的，推定受益人死亡在先。

《保险法》第四十三条第二款规定，受益人故意造成被保险人死亡、伤残、疾病的，或者故意杀害被保险人未遂的，该受益人丧失受益权。

【例6-11】 在人身保险合同中，受益人故意造成被保险人死亡、伤残、疾病的，或者故意杀害被保险人未遂的，保险人是否应当承担给付保险金的责任？

解析 根据我国《保险法》的有关规定，受益人故意造成被保险人死亡、伤残、疾病的，或者故意杀害被保险人未遂的，只是受益人丧失受益权，并不能免除保险人承担给付保险金的责任。

（四）保险合同的订立

1. 保险合同的订立程序。

与其他合同一样，保险合同的订立有要约与承诺两个程序。具体到保险合同中，就是投保人投保与保险人承保的过程。

（1）投保。投保是指投保人向保险人提出的要求保险的意思表示。由于保险合同条款一般是统一的和公开的，故投保人填写投保单，就意味着投保人已确认保险人事先制定好的保险合同条款。投保既然是一种要约，投保人在其投保的要约有效期内，受其所填写的投保单的约束。保险人在此期限内向投保人承保的，投保人应当与保险人签订保险合同。

（2）承保。承保是指保险人同意投保人提出的保险要求的意思表示，亦即保险人接受投保人在投保单中提出的全部条件，同意在发生保险事故或者在约定的保险事件到来时承担保险责任。由于保险合同为诺成合同，保险人同意承保就意味着承诺，因此，保险合同成立。值得注意的是，根据《保险法》司法解释（二）的规定，保险人接受了投保人提交的投保单并收取了保险费，尚未作出是否承保的意思表示，发生保险事故，被保险人或者受益人请求保险人按照保险合同承担赔偿或者给付保险金责任，符合承保条件的，人民法院应予支持；不符合承保条件的，保险人不承担保险责任，但应当退还已经收取的保险费。保险人主张不符合承保条件的，应承担举证责任。

2. 保险合同成立的时间。

我国《保险法》第十三条第一款规定，投保人提出保险要求，经保险人同意承保，保险合同成立。

根据《保险法》司法解释（二）的规定，投保人或者投保人的代理人订立保险合同时没有亲自签字或者盖章，而由保险人或者保险人的代理人代为签字或者盖章的，对投保人不生效。但投保人已经交纳保险费的，视为其对代签字或者盖章行为的追认。

【例6-12】甲保险公司代理人谢某代投保人何某签字,签订了保险合同,何某也依约交纳了保险费。在保险期间内发生保险事故,何某要求甲保险公司承担保险责任。对此,下列表述中,正确的是( )。

A. 谢某代签字,应由谢某承担保险责任
B. 保险合同不成立,甲保险公司无须承担保险责任
C. 何某已经交纳了保险费,甲保险公司应当承担保险责任
D. 何某默认谢某代签字有过错,应由何某和甲保险公司按过错比例承担责任

解析 正确答案为选项C。何某订立保险合同时没有亲自签字或者盖章,而由保险人的代理人谢某代为签字,保险合同对何某原本不生效。但何某已经交纳保险费,在法律上视为其对谢某的代签字行为予以追认,故而,保险合同已经成立,保险人应承担保险责任。

(五)保险合同的条款

根据我国《保险法》第十八条的规定,保险合同应当包括下列事项:

1. 保险人的名称和住所。

2. 投保人、被保险人的姓名或者名称、住所,以及人身保险的受益人的姓名或者名称、住所。

3. 保险标的。保险标的是指保险合同所要保障的对象。财产保险合同的保险标的是被保险的财产及其有关利益。以有形财产为保险标的的,应明确其种类、坐落地点,以便于保险人能据此评估危险,确定是否承保和保险费率的多少。人身保险合同的保险标的是被保险人的寿命、身体和健康。

4. 保险责任和责任免除。保险责任是指保险合同约定的保险事故的发生造成被保险人财产损失或在约定的人身事件到来时,保险人所应承担的责任。一般情况下,保险人事先在保险合同格式条款中已制定责任条款供投保人选择。责任免除又称除外责任,是指保险人不承担保险责任的范围。保险人对在责任免除范围内发生的危险事故造成的损害,不承担保险责任。具体采取的方式主要有责任免除条款或规定免赔额条款。责任免除条款一般采用列举式加以规定,免赔额条款则是规定一定数额内的损失免除保险人的保险责任。对保险人的免责条款,保险人在订立合同时应以书面或口头形式向投保人说明,未作提示或未明确说明的,该条款不产生效力。《保险法》司法解释(四)规定,保险人已向投保人履行了保险法规定的提示和明确说明义务,保险标的受让人以保险标的转让后保险人未向其提示或者明确说明为由,主张免除保险人责任的条款不成为合同内容的,人民法院不予支持。

根据《保险法》司法解释(二)的规定,保险人将法律、行政法规中的禁止性规定情形作为保险合同免责条款的免责事由,保险人对该条款作出提示后,投保人、被保险人或者受益人以保险人未履行明确说明义务为由主张该条款不成为合同内容的,

人民法院不予支持。保险合同订立时，保险人在投保单或者保险单等其他保险凭证上，对保险合同中免除保险人责任的条款，以足以引起投保人注意的文字、字体、符号或者其他明显标志作出提示的，人民法院应当认定其履行了《保险法》规定的提示义务。保险人对保险合同中有关免除保险人责任条款的概念、内容及其法律后果以书面或者口头形式向投保人作出常人能够理解的解释说明的，人民法院应当认定保险人履行了《保险法》规定的明确说明义务。通过网络、电话等方式订立的保险合同，保险人以网页、音频、视频等形式对免除保险人责任条款予以提示和明确说明的，人民法院可以认定其履行了提示和明确说明义务。

保险人对其履行了明确说明义务负举证责任。

投保人对保险人履行了符合本解释要求的明确说明义务在相关文书上签字、盖章或者以其他形式予以确认的，应当认定保险人履行了该项义务。但另有证据证明保险人未履行明确说明义务的除外。

5. 保险期间和保险责任开始期间。保险期间是指保险人提供保险保障的期间，在该期间内发生保险事故并致使保险标的损害的，保险人承担保险责任。可见，保险期间就是保险责任从开始到终止的期间，即为保险责任起讫期间。保险期间也是计算保险费率的依据之一。保险责任开始的时间是指从确定的某一时刻起保险人承担保险责任。保险责任开始的时间与保险合同生效的时间不一定一致，我国《保险法》第十三条、第十四条规定，依法成立的保险合同，自成立时生效。保险合同成立后，投保人按照约定交付保险费，保险人按照约定的时间开始承担保险责任。因此，保险合同中确定保险责任开始的时间十分重要。保险责任期间的计算一般有两种方法：一是按年、月、日计算，如财产保险合同多为1年，从起保日0时始至终保日24时止；二是按特定事项的存续期确定，如货物运输保险合同是以运输期间作为保险责任期间。

6. 保险金额。保险金额是指保险人承担赔偿或者给付保险金责任的最高限额，也是保险人计算保险费的依据之一。财产保险合同中保险金额与保险价值关系密切，保险金额可以等于或少于保险价值，但不得超过保险价值，超过的部分无效。人身保险的保险金额是根据投保人的投保要求，由双方协商确定的。

7. 保险费以及支付办法。保险费是投保人依合同约定向保险人支付的费用，是投保人为获得保险保障应支付的对价。投保人交纳的保费为保险金额与保险费率之乘积。投保人交纳的保险费的数量与保险金额、保险危险、保险费率及保险期间的长短等因素有关。投保人交纳保险费可一次性支付，也可分期分批支付。

8. 保险金赔偿或者给付办法。保险金是指保险合同约定的保险事故发生或者在约定的保险事件到来后，保险人实际支付的赔款。保险人在保险事故发生后，应依约定的标准和方法及时向被保险人或受益人支付保险金。保险金的数额、支付方式及支付时间涉及双方当事人的权利和义务的实现等重要问题，因此，保险合同必须确定保险金的计算及给付办法。

9. 违约责任和争议处理。

10. 订立合同的年、月、日。

此外，投保人和保险人还可以约定与保险有关的其他事项。

（六）保险合同的形式

保险单或其他保险凭证是保险合同的表现形式。

1. 保险单。保险单是保险人签发的关于保险合同的正式的书面凭证。保险单由保险人签发并交给投保人。投保人以其持有的保险单来证明其与保险人之间存在的合同关系。保险单中一般印有保险条款，当保险标的遭受损失时，保险单就成为被保险人向保险人索赔的主要凭证，是保险人向被保险人理赔的主要依据。

据此，保险单具有以下作用：（1）保险单是证明保险合同成立的书面凭证；（2）是双方当事人履约的依据；（3）在某些情况下，保险单具有有价证券的效用，如人寿保险单可转让或质押。

2. 保险凭证。俗称"小保单"，是一种内容简化了的保险单，一般不列明具体的保险条款，只记载投保人和保险人约定的主要内容，但与保险单具有同等的法律效力。对于保险凭证未列明的内容，以相应的保险单的记载为准。

3. 暂保单。暂保单是在保险单发出以前由保险人出具给投保人的一种临时保险凭证。暂保单不同于保险单，在保险人正式签发保险单之前，与保险单具有同等法律效力。暂保单的有效期限较短，可由保险人具体规定，一般15～30日不等。若保险人出具正式保险单或暂保单的有效期限届满，暂保单的法律效力自动终止。

4. 投保单。投保单是保险人事先制定的供投保人提出保险要约时使用的格式文件。投保单本身不是保险合同，但投保单经投保人填具后，如果其内容被保险人完全接受，并在投保单上加盖承保印章时，就成为保险合同的组成部分，补充保险单的不清或遗漏。投保人在其填写的投保单中如有告知不实，又不声明修正的，投保单就会成为保险人解除保险合同或者拒绝承担保险责任的依据。

5. 其他书面形式。除上述四种形式外，当事人可约定采用其他的书面形式。

应当注意的是，根据《保险法》司法解释（二）的规定，保险合同中记载的内容不一致的，按照下列规则认定：（1）投保单与保险单或者其他保险凭证不一致的，以投保单为准。但不一致的情形系经保险人说明并经投保人同意的，以投保人签收的保险单或者其他保险凭证载明的内容为准；（2）非格式条款与格式条款不一致的，以非格式条款为准；（3）保险凭证记载的时间不同的，以形成时间在后的为准；（4）保险凭证存在手写和打印两种方式的，以双方签字、盖章的手写部分的内容为准。

（七）保险合同的履行

1. 投保人、被保险人的义务。

（1）支付保险费的义务。支付保险费是投保人最基本和最主要的义务。

投保人支付保险费，应按照保险合同约定的数额、期限及方式等条件支付。

当事人以被保险人、受益人或者他人已经代为支付保险费为由，主张投保人对应的交费义务已经履行的，人民法院应予支持。

我国《保险法》第三十六条规定，人身保险合同约定分期支付保险费，投保人支付首期保险费后，除合同另有约定外，投保人自保险人催告之日起超过30日未支付当期保险费，或者超过约定的期限60日未支付当期保险费的，合同效力中止，或者由保险人按照合同约定的条件减少保险金额。对于人寿保险的保险费，保险人不得用诉讼方式要求投保人支付。

（2）危险增加的通知义务。"危险增加"是指订立保险合同时双方当事人未曾估计到危险发生的可能性增大，其后果是保险人有权要求提高保险费或解除合同的责任。认定保险标的是否构成"危险程度显著增加"时，应当综合考虑以下因素：保险标的用途的改变；保险标的使用范围的改变；保险标的所处环境的变化；保险标的因改装等原因引起的变化；保险标的使用人或者管理人的改变；危险程度增加持续的时间以及其他可能导致危险程度显著增加的因素。我国《保险法》第五十二条规定，在合同有效期内，保险标的的危险显著增加的，被保险人应当按照合同约定及时通知保险人，保险人可以按照合同约定增加保险费或者解除合同。保险人解除合同的，应当将已收取的保险费，按照合同约定扣除自保险责任开始之日起至合同解除之日止应收的部分后，退还投保人。被保险人未履行危险增加的通知义务的，因保险标的的危险显著增加而发生的保险事故，保险人不承担赔偿保险金的责任。

（3）保险事故发生后的通知义务。该义务又称"通知出险"义务。我国《保险法》第二十一条规定，投保人、被保险人或者受益人知道保险事故发生后，应当及时通知保险人。故意或者因重大过失未及时通知，致使保险事故的性质、原因、损失程度等难以确定的部分，不承担赔偿或者给付保险金的责任，但保险人通过其他途径已经及时知道或者应当及时知道保险事故发生的除外。

（4）接受保险人检查，维护保险标的安全义务。我国《保险法》第五十一条规定，被保险人应当遵守国家有关消防、安全、生产操作、劳动保护等方面的规定，维护保险标的安全。保险人可以按照合同约定对保险标的的状况进行检查，及时向投保人、被保险人提出消除不安全因素和隐患的书面建议。投保人、被保险人未按照约定履行其对保险标的的安全应尽责任的，保险人有权要求增加保险费或者解除合同。

（5）积极施救义务。我国《保险法》第五十七条第一款规定，保险事故发生时，被保险人应当尽力采取必要的措施，防止或者减少损失。

【例6-13】姜某的私家车投保商业车险，年保险费为3 000元。姜某发现当网约车司机收入不错，便用手机软件接单载客，后辞职专门跑网约车。某晚，姜某载客途中与他人相撞，造成车损10万元。姜某向保险公司索赔，保险公司调查后拒赔。关于本案法律后果的下列表述中，正确的是（   ）。

A. 保险合同无效

B. 姜某有权主张约定的保险金

C. 保险公司不承担赔偿保险金的责任

D. 保险公司有权解除保险合同并不退还保险费

解析 正确答案为选项C。私家车改为网约车属于保险标的用途的改变，用途改变导致危险明显增加，姜某未通知保险公司，因此导致的车损10万元，保险公司免于承担赔偿保险金责任。

2. 保险人的义务。

（1）给付保险赔偿金或保险金的义务。这是保险人最基本和最主要的义务。保险人应按照保险合同约定的时间开始承担保险责任，并在保险事故发生后或保险合同约定的事件到来时对损失给予赔偿或向受益人支付保险金。我国《保险法》第二十三条、第二十四条、第二十五条规定，保险人收到被保险人或受益人的赔偿或者给付保险金的请求后，应当及时作出核定；情形复杂的，应当在30日内作出核定，但合同另有约定的除外。保险人应当将核定结果通知被保险人或者受益人；对属于保险责任的，在与被保险人或者受益人达成赔偿或者给付保险金的协议后10日内，履行赔偿或给付保险金义务。保险合同对赔偿或者给付保险金的期限有约定的，保险人应当按照约定履行赔偿或者给付保险金的义务。保险人未及时履行前述义务的，除支付保险金外，应当赔偿被保险人或者受益人因此受到的损失。对不属于保险责任的，应当自作出核定之日起3日内向被保险人或者受益人发出拒绝赔偿或者拒绝给付保险金通知书，并说明理由。保险人自收到赔偿或者给付保险金的请求和有关证明、资料之日起60日内，对其赔偿或者给付保险金的数额不能确定的，应当根据已有证明和资料可以确定的数额先予支付；保险人最终确定赔偿或者给付保险金的数额后，应当支付相应的差额。

（2）支付其他合理、必要费用的义务。包括：①为防止或者减少保险标的损失所支付的合理、必要的费用，如施救费用等。我国《保险法》第五十七条第二款规定，保险事故发生后，被保险人为防止或者减少保险标的的损失所支付的必要的、合理的费用，由保险人承担；保险人所承担的费用数额在保险标的损失赔偿金额以外另行计算，最高不超过保险金额的数额。《保险法》司法解释（四）规定，保险事故发生后，被保险人依照《保险法》第五十七条的规定，请求保险人承担为防止或者减少保险标的的损失所支付的必要、合理费用，保险人以被保险人采取的措施未产生实际效果为由抗辩的，人民法院不予支持。②为查明和确定保险事故的性质、原因和保险标的的损失程度所支付的合理的、必要的费用，如为确定事故性质进行鉴定支出的费用。我国《保险法》第六十四条规定，保险人、被保险人为查明和确定保险事故的性质、原因和保险标的的损失程度所支付的必要的、合理的费用，由保险人承担。③责任保险中被保险人被提起诉讼或仲裁的费用及其他合理的、必要的费用。我国《保险法》第六十六条规定，责任保险中被保险人因给第三者造成损害的保险事故而被提起仲裁或者诉讼的，被保险人支付的仲裁或者诉讼费用以及其他必要的、合理的费用，除合同另有约定外，由保险人承担。

3. 索赔。

（1）索赔的时效。索赔是法律赋予被保险人（投保人）或受益人的一项权利。财产保险合同的索赔权利人是被保险人，且其在保险事故发生时对保险标的应具有保险利益；人身保险合同的索赔权利人是被保险人或受益人。

保险事故发生后，索赔权利人应在规定的时间内向保险人索赔。我国《保险法》第二十六条规定，人寿保险的被保险人或者受益人向保险人请求给付保险金的诉讼时效期间为 5 年，自其知道或者应当知道保险事故发生之日起计算。人寿保险以外的其他保险的被保险人或者受益人，向保险人请求赔偿或者给付保险金的诉讼时效期间为 2 年，自其知道或者应当知道保险事故发生之日起计算。《保险法》司法解释（四）特别规定，商业责任险的被保险人请求赔偿保险金的诉讼时效期间，自被保险人对第三者应负的赔偿责任确定之日起计算。

（2）索赔的程序。投保人、被保险人或者受益人知道保险事故发生后，应当及时通知保险人，并有义务保护现场，接受保险人的检验与勘查，进而提出索赔请求，提供索赔证据，领取保险赔偿金或保险金。

4. 理赔。

理赔是指保险人接受索赔权利人的索赔要求后所进行的检验损失、调查原因、搜集证据、确定责任范围直至赔偿、给付的全部工作和过程。

（八）保险合同的变更

保险合同的变更包括主体变更、内容变更和效力变更。

1. 投保人、被保险人的变更。

投保人、被保险人的变更又称为保险合同的转让，是指保险人、保险标的和保险内容均不改变，而投保人或被保险人发生变更的行为，如因买卖而发生的保险标的的所有权发生转移等。根据《保险法》第四十九条及《保险法》司法解释（四）的规定，在财产保险合同中，保险标的的转让或被继承的，保险标的的受让人或继承人承继被保险人的权利和义务。保险标的已交付受让人，但尚未依法办理所有权变更登记，承担保险标的毁损灭失风险的受让人主张行使被保险人权利的，人民法院应予支持。保险标的的转让，被保险人或者受让人应当及时通知保险人，但货物运输保险合同和另有约定的合同除外。货物运输合同允许保险单随货物所有权的转移而转移，只需投保方背书即可转让。被保险人、受让人依法及时向保险人发出保险标的的转让通知后，保险人作出答复前，发生保险事故，被保险人或者受让人主张保险人按照保险合同承担赔偿保险金的责任的，人民法院应予支持。

2. 保险合同内容的变更。

我国《保险法》第二十条规定，投保人和保险人可以协商变更合同内容。变更保险合同内容的，应当由保险人在保险单上或者其他保险凭证上批注或者附贴批单，或者由投保人和保险人订立变更的书面协议。一般情况下，变更保险合同的内容需要取得保险人的同意，但是，在人身保险合同中，根据《保险法》司法解释（三）的规定，投保人或者被保险人变更受益人，当事人主张变更行为自变更意思表示发出时生效的，人民法院应予支持。此时，这种变更行为属于单方法律行为，有利于投保人和被保险人自主决定权的实现。但是，投保人或者被保险人变更受益人未通知保险人，保险人主张变更对其不发生效力的，人民法院应予支持。这是为了保护保险人的合理信赖，变更受益人没有通知保险人的，不得对抗保险人。投保人变更受益人未经被保险人同意，人民法院应认定变更行为无效。投保人或者被保险人在保险事故发生后变更受益人，变更后的受益人请求保险人给付保险金的，人民法院不予支持。

3. 保险合同效力的变更。

保险合同效力的变更是指人身保险合同失效后又复效的情况。我国《保险法》第三十七条规定，因投保人未按照第三十六条规定支付保费而导致合同效力中止的，经保险人与投保人协商并达成协议，在投保人补交保险费后，合同效力恢复。但是，自合同效力中止之日起满2年未达成协议的，保险人有权解除合同。

（九）保险合同的解除

1. 投保人的合同解除权。

根据我国《保险法》第十五条的规定，除保险法另有规定或者保险合同另有约定外，保险合同成立后，投保人可以解除合同，保险人不得解除合同。保险合同本是为了分担投保人的损失，所以法律赋予了投保人单方解除合同的权利。在人身保险合同中，根据我国《保险法》第四十七条的规定，投保人解除合同的，保险人应当自收到解除通知之日起30日内，按照合同约定退还保险单的现金价值。在财产保险合同中，根据我国《保险法》第五十四条的规定，保险责任开始前，投保人要求解除合同的，应当按照合同约定向保险人支付手续费，保险人应当退还保险费。保险责任开始后，投保人要求解除合同的，保险人应当将已收取的保险费，按照合同约定扣除自保险责任开始之日起至合同解除之日止应收的部分后，退还投保人。

2. 保险人的合同解除权。

根据《保险法》第十五条的规定，除保险法另有规定或者保险合同另有约定外，保险合同成立后，保险人不得解除合同。保险合同采用保险人提供的合同文本，属于格式合同，因此法律限制保险人的合同解除权。保险法规定的保险人具有解除合同权利的情形有：

（1）投保人故意或者因重大过失未履行如实告知义务，足以影响保险人决定是否同意承保或者提高保险费率的，保险人有权解除合同（《保险法》第十六条第二款）。

（2）被保险人或者受益人未发生保险事故，谎称发生了保险事故，向保险人提出赔偿或者给付保险金请求的，保险人有权解除合同，并不退还保险费。投保人、被保险人故意制造保险事故的，保险人有权解除合同，不承担赔偿或者给付保险金的责任（《保险法》第二十七条）。

（3）投保人、被保险人未按照合同约定履行其对保险标的的安全应尽责任的，保险人有权解除合同（《保险法》第五十一条第三款）。

（4）在合同有效期内，保险标的的危险程度显著增加，被保险人未按合同约定及时通知保险人的或者保险人要求增加保险费被拒绝的，保险人有权解除合同（《保险法》第五十二条）。

（5）投保人申报的被保险人年龄不真实，并且其真实年龄不符合合同约定的年龄限制的，保险人可以解除合同（《保险法》第三十二条第一款）。

（6）自人身保险合同效力中止之日起满两年保险合同双方当事人未达成协议恢复合同效力的，保险人有权解除合同（《保险法》第三十七条第一款）。

此外，根据我国《保险法》第五十八条的规定，保险标的发生部分损失的，自保险人赔偿之日起30日内，投保人可以解除合同；除合同另有约定外，保险人也可以解除合同，但应当提前15日通知投保人，合同解除的，保险人应将保险标的未受损失部分的保险费，按照合同约定扣除自保险责任开始之日起至合同解除之日止应收的部分后，退还投保人。

3. 当事人不得解除的保险合同。

根据我国《保险法》第五十条的规定，货物运输保险合同和运输工具航程保险合同，其保险责任开始后，合同当事人不得解除合同。货物运输保险合同和运输工具航程保险合同基本是以货物运输的过程或运输工具航程为保险期限的，也有以时间为限的。这两种保险的保险责任开始时间不同于其他险种，货物开始启运、运输工具投入使用，保险人的保险责任即开始。保险责任开始后，保险人已实际承担了风险，或被保险人的财产在开始后就可能发生了损失，进入请求赔偿阶段，并且这两种保险承保的风险还处于变动之中，由不得合同当事人控制。因此，这两种保险合同的当事人在保险责任开始后均不得解除合同。

（十）财产保险合同中的特殊制度

财产保险的显著特征是损失补偿，足额保险的补偿金额等于实际损失金额；不足额保险的情况下，除合同另有约定外，保险人按照保险金额与保险价值的比例承担损失赔偿责任，即比例赔偿。财产保险的被保险人不能因保险关系获得任何额外利益，基于此，财产保险中存在重复保险的分摊制度、物上代位制度与代位求偿制度。

1. 重复保险的分摊制度。

（1）重复保险的界定。依据《保险法》司法解释（二）的规定，不同投保人就同一保险标的分别投保，保险事故发生后，被保险人在其保险利益范围内依据保险合同主张保险赔偿的,人民法院应予支持。同一投保人对同一保险标的、同一保险利益、同一保险事故分别与两个以上保险人订立保险合同,各保险合同的保险金额总和并未超过保险标的价值,也不是重复保险,此种情况称为共同保险,共同保险的单个保险合同均为不足额保险,各个保险合同的保险人只就其承保部分在保险事故发生时,按比例承担保险赔偿的责任,被保险人无不当得利的可能性。重复保险因与两个以上保险人订立保险合同,区别于单保险中保险金额超过保险价值的超额保险,故而不能适用《保险法》第五十五条关于超额保险的规定。重复保险是否成立的判断时点是保险事故发生时,而不是保险合同订立时。

(2)投保人的通知义务。重复保险因保险金额总和超过保险价值,并且同一投保人与数个保险人订立有保险合同,在存在保险责任期间重合的期间内发生保险事故,若保险人不知重复保险的存在,各自进行赔偿,有可能出现超额赔偿,有悖财产保险损失补偿原则,因此,《保险法》第五十六条第一款规定:重复保险的投保人应当将重复保险的有关情况通知各保险人。对投保人课以通知义务,在于避免因超额保险,违反损失补偿的原理,造成道德风险。通知的方式,我国《保险法》没有特别规定,口头、书面或其他方式均可。

(3)重复保险的责任分摊。为维护补偿原则,防止被保险人利用重复保险获得超额赔款,我国《保险法》第五十六条第二款规定:重复保险的各保险人赔偿保险金的总和不得超过保险价值。除合同另有约定外,各保险人按照其保险金额与保险金额总和的比例承担赔偿保险金的责任。可见,保险法确立的是比例责任分摊方式,各保险人共同补偿被保险人的实际损失,并以保险标的的实际价值为限。但是,我国保险法允许合同当事人约定重复保险责任分担方式,如合同约定采用顺序责任分摊方式,则应当按投保或签单的先后顺序依次赔偿,赔偿总额仍以被保险人的实际损害赔偿责任为限,先签单的先独自履行赔偿义务,依序类推,直到赔足被保险人的损失为止。在法律规定的比例责任分摊方式下,各保险人承担的保险责任互不连带,当重复保险的各保险人中有一人破产或丧失清偿能力时,由于各保险人所应负担的比例是固定的,故而,有可能导致被保险人无法获得完全补偿。

基于公平原则,超额投保的多余保费予以退还。《保险法》第五十六条第三款规定:重复保险的投保人可以就保险金额总和超过保险价值的部分,请求各保险人按比例返还保险费。由于重复保险的保险责任法定承担方式是按照保险金额占总额的比例承担,如合同没有对重复保险的责任分摊方式另行约定,多余保险费的退还也应是按各保险人承保的保险金额占总额的比例再乘以多余的保费退还。

2.物上代位制度。

(1)物上代位的概念。物上代位是一种所有权的代位,当保险标的因遭受保险事故而发生全损,保险人在支付全部保险金额之后,即拥有对该保险标的物的所有权,即保险人代位取得对受损保险标的的权利。财产保险的物上代位是一种赔偿代位,与代位求偿权一样，是以公平为原则，以求得当事人之间利益均衡为目的的法律制度，目的在于防止被保险人获得双重利益。

（2）物上代位的成立要件。保险事故发生时，有全部损失和部分损失两种结果：全部损失时，保险人支付全部保险金额；部分损失时，保险人仅支付部分保险金额。只有支付了全部保险金额，保险人才享有物上代位权。根据我国《保险法》第五十九条的规定，保险事故发生后，保险人已支付了全部保险金额，并且保险金额等于保险价值的，受损保险标的的全部权利归于保险人；保险金额低于保险价值的，保险人按照保险金额与保险价值的比例取得受损保险标的的部分权利。

物上代位权是一种法定的权利，只要保险事故发生，保险人已支付全部保险金额，受损保险标的的全部或部分权利即法定转移，保险人随即代位取得受损保险标的物上的权利，处理该受损标的所得的全部或部分收益归其所有。

3. 代位求偿制度。

（1）代位求偿的概念。代位求偿是指保险人在向被保险人赔偿损失后，取得了该被保险人享有的依法向负有民事赔偿责任的第三人追偿的权利，并据此权利予以追偿的制度。代位求偿制度是损失补偿原则的体现。损失补偿原则的核心是被保险人所得赔偿，不得超过其因保险事故所遭受的实际损失，被保险人不能因保险关系而取得额外利益。也就是说，被保险人因第三者的过错遭受损失并获得保险人赔偿后，如果还有权向第三者索赔，则被保险人所得将超过其遭受的实际损失，这将会违背损失补偿原则。因此，被保险人获得保险赔偿后，应当将其享有的向第三者追偿的权利转让给保险人。

我国《保险法》第六十条规定，因第三者对保险标的的损害而造成保险事故的，保险人自向被保险人赔偿保险金之日起，在赔偿金额范围内代位行使被保险人对第三者请求赔偿的权利。《保险法》司法解释（四）规定，投保人和被保险人为不同主体，因投保人对保险标的的损害而造成保险事故，保险人依法主张代位行使被保险人对投保人请求赔偿的权利的，人民法院应予支持，但法律另有规定或者保险合同另有约定的除外。根据《保险法》司法解释（二）的规定，保险人代位求偿权的诉讼时效期间应自其取得代位求偿权之日起算。

（2）代位求偿的成立要件。

①保险事故的发生是由第三者的行为引起的，也就是说，保险事故的发生与第三人的过错行为须有因果关系。

②被保险人未放弃向第三者的赔偿请求权。我国《保险法》第六十一条规定，因第三者对保险标的的损害而造成的保险事故发生后，在保险人未赔偿保险金之前，被保险人放弃对第三者请求赔偿的权利的，保险人不承担赔偿保险金的责任。保险人向被保险人赔偿保险金后，被保险人未经保险人同意放弃对第三者请求赔偿权利的，该行为无效。如果因被保险人故意或重大过失致使保险人不能行使代位请求赔偿的权利

的,保险人可以扣减或者要求返还相应的保险金。但是,根据《保险法》司法解释(四)的规定,在保险人以第三者为被告提起的代位求偿权之诉中,第三者以被保险人在保险合同订立前已放弃对其请求赔偿的权利为由进行抗辩,人民法院认定上述放弃行为合法有效,保险人就相应部分主张行使代位求偿权的,人民法院不予支持。保险合同订立时,保险人就是否存在上述放弃情形提出询问,投保人未如实告知,导致保险人不能代位行使请求赔偿的权利,保险人请求返还相应保险金的,人民法院应予支持,但保险人知道或者应当知道上述情形仍同意承保的除外。

③代位求偿权的产生须在保险人支付保险金之后。只有当被保险人未从负有赔偿责任的第三者处获得赔偿或先向保险人索赔时,经保险人进行赔付后,才有赔偿请求权转让给保险人的必要,代位求偿权才得以产生和适用。《保险法》司法解释(四)规定,因第三者对保险标的损害而造成保险事故,保险人获得代位请求赔偿的权利的情况未通知第三者或者通知到达第三者前,第三者在被保险人已经从保险人处获赔的范围内又向被保险人作出赔偿,保险人主张代位行使被保险人对第三者请求赔偿的权利的,人民法院不予支持。保险人就相应保险金主张被保险人返还的,人民法院应予支持。保险人获得代位请求赔偿的权利的情况已经通知到第三者,第三者又向被保险人作出赔偿,保险人主张代位行使请求赔偿的权利,第三者以其已经向被保险人赔偿为由抗辩的,人民法院不予支持。

(3)代位求偿权的行使。根据《保险法》第六十二条、第六十三条及《保险法》司法解释(二)、(四)的规定,保险人应以自己的名义行使保险代位求偿权。除被保险人的家庭成员或者其组成人员故意对保险标的损害而造成保险事故外,保险人不得对被保险人的家庭成员或者其组成人员行使代位请求赔偿的权利。保险人向第三者行使代位请求赔偿的权利时,被保险人应当向保险人提供必要的文件和所知道的有关情况。被保险人因故意或者重大过失未履行该义务,致使保险人未能行使或者未能全部行使代位请求赔偿的权利,保险人主张在其损失范围内扣减或者返还相应保险金的,人民法院应予支持。

(十一)人身保险合同的特殊条款

1. 迟交宽限条款。

人寿保险具有长期性,大部分合同约定分期交纳保险费,并在合同中订明各期保费的交纳数额和交款的时间间隔。为避免延迟交纳保险费而致合同效力中止,法律上规定了宽限期条款。我国《保险法》规定的宽限期为30日或60日。依据《保险法》第三十六条,合同约定分期支付保险费,投保人支付首期保险费后,除合同另有约定外,投保人自保险人催告之日起超过30日未支付当期保险费,或者超过约定的期限60日未支付当期保险费的,合同效力中止,或者由保险人按照合同约定的条件减少保险金额。被保险人在宽限期内发生保险事故的,保险人应当按照合同约定给付保险金,但可以扣减欠交的保险费。

2. 中止、复效条款。

由于人寿保险的保险费不得用诉讼方式要求投保人支付,在保险费交纳的宽限期满后,如果投保人仍未交纳应付的保险费,为维护保险人的正当权益,《保险法》第三十七条作出了保险合同效力中止的规定,自中止之日起 2 年内,经保险人与投保人协商并达成协议,在投保人补交保险费后,合同效力还可以恢复。但是,自合同效力中止之日起满 2 年双方未达成协议的,保险人有权解除合同。保险人解除合同的,应当按照合同约定退还保险单的现金价值。

3. 不丧失价值条款。

由于人身保险具有储蓄性质,投保人交纳保险费达到一定年限后,保险单就具有相当的现金价值。如果投保人不愿意继续投保而要求退保时,保险单所具有的现金价值并不因此而丧失。如我国《保险法》第三十二条规定,投保人申报的被保险人年龄不真实,并且其真实年龄不符合合同约定的年龄限制的,保险人可以解除合同,并按照合同约定退还保险单的现金价值。即使投保人故意造成被保险人死亡、伤残或者疾病的,保险人虽不承担给付保险金的责任,但若投保人已交足 2 年以上保险费的,保险人就应当按照合同约定向其他权利人退还保险单的现金价值(《保险法》第四十三条)。又如该法第四十五条规定,因被保险人故意犯罪或者抗拒依法采取的刑事强制措施导致其伤残或者死亡的,保险人不承担给付保险金的责任。投保人已交足 2 年以上保险费的,保险人应当按照合同约定退还保险单的现金价值。

4. 误告年龄条款。

人身保险合同中,被保险人的年龄是一个重要的因素,关系到保费的数额。若投保人申报的被保险人的年龄不真实,致使投保人支付的保险费少于应付保险费的,保险人有权更正并要求投保人补交保险费,或在给付保险金时按照实付保险费与应付保险费的比例支付。但若投保人为此支付的保险费多于应交的保险费,保险人应当将多收的保险费退还投保人。

5. 自杀条款。

为了防止道德危险的发生,避免自杀者通过蓄意自杀谋取保险金,人身保险合同一般把自杀条款作为除外责任条款。为此,我国《保险法》第四十四条规定,以被保险人死亡为给付保险金条件的合同,自合同成立或者合同效力恢复之日起 2 年内,被保险人自杀的,保险人不承担给付保险金的责任,但被保险人自杀时为无民事行为能力人的除外。也就是说,如果保险合同届满 2 年后,被保险人自杀的,保险人应按合同约定给付保险金。保险人依照规定不承担给付保险金责任的,应当按照合同约定退还保险单的现金价值。

三、保险公司与保险中介人

(一)保险公司

保险业属于经营风险的特殊行业,各国对于保险业的经营主体都有严格的限制性条件和资格要求。我国对保险实行专营原则。对此，我国《保险法》规定，保险业务由依照保险法设立的保险公司以及法律、行政法规规定的其他保险组织经营，其他单位和个人不得经营保险业务。

1. 保险公司的设立。

（1）保险公司的设立条件。我国《保险法》第六十八条规定，设立保险公司应当具备下列条件：①主要股东具有持续盈利能力，信誉良好，最近3年内无重大违法违规记录，净资产不低于人民币2亿元。②有符合保险法和公司法规定的章程。③有符合保险法规定的注册资本。《保险法》第六十九条规定，设立保险公司，其注册资本的最低限额为人民币2亿元。国务院保险监督管理机构（具体为中国银保监会）根据保险公司的业务范围、经营规模，可以调整其注册资本的最低限额，但不得低于人民币2亿元。保险公司的注册资本必须为实缴货币资本。④有具备任职专业知识和业务工作经验的董事、监事和高级管理人员。⑤有健全的组织机构和管理制度。⑥有符合要求的营业场所和与经营有关的其他设施。⑦法律、行政法规和国务院保险监督管理机构规定的其他条件。

（2）申请、批准和登记。设立保险公司应当经国务院保险监督管理机构批准。申请设立保险公司，应当向国务院保险监督管理机构提出书面申请，并提交设立申请书、可行性研究报告、筹建方案、投资人的营业执照等其他材料。国务院保险监督管理机构应当自受理申请之日起6个月内作出批准或者不批准筹建的决定，并书面通知申请人。申请人应自收到批准筹建通知之日起1年内完成筹建工作，筹建期间不得从事保险经营活动。筹建工作完成后，申请人可向国务院保险监督管理机构提出开业申请，国务院保险监督管理机构应自受理开业申请之日起60日内，作出批准或者不批准开业的决定。决定批准的，颁发经营保险业务许可证，并凭经营保险业务许可证办理公司登记。保险公司及其分支机构自取得经营保险业务许可证之日起6个月内，无正当理由未办理公司登记的，其经营保险业务许可证失效。

（3）分支机构。保险公司在中国境内、境外设立分支机构，应当经国务院保险监督管理机构批准。保险公司分支机构不具有法人资格，其民事责任由保险公司承担。

2. 保险公司的变更。

根据我国《保险法》的规定，保险公司变更有下列情形之一的，应当经国务院保险监督管理机构批准：变更名称；变更注册资本；变更公司或者分支机构的营业场所；撤销分支机构；公司分立或者合并；修改公司章程；变更出资额占有限责任公司资本总额5%以上的股东，或者变更持有股份有限公司股份5%以上的股东；国务院保险监督管理机构规定的其他情形。

3. 保险公司的终止。

保险公司终止的原因有以下几点：

（1）解散。保险公司因合并、分立需要解散，或者股东会、股东大会决议解散，或者公司章程规定的解散事由出现，经国务院保险监督管理机构批准后解散。经营有人寿保险业务的保险公司，除因合并、分立或者被依法撤销外，不得解散。保险公司解散，应当依法成立清算组进行清算。

（2）被撤销。保险公司违反保险法有关规定，被保险监督管理机构依法吊销保险经营业务许可证的，依法撤销。

（3）破产。保险公司不能清偿到期债务，并且资产不足以清偿全部债务或者明显缺乏清偿能力的，经国务院保险监督管理机构同意，保险公司或者其债权人可以依法向人民法院申请重整、和解或者破产清算；国务院保险监督管理机构也可以依法向人民法院申请对该保险公司进行重整或破产清算。

保险公司依法终止业务活动，应当注销其经营保险业务许可证。经营有人寿保险业务的保险公司被依法撤销或者被依法宣告破产的，其持有的人寿保险合同及责任准备金，必须转让给其他经营有人寿保险业务的保险公司；不能同其他保险公司达成转让协议的，由国务院保险监督管理机构指定经营有人寿保险业务的保险公司接受转让。

4. 保险公司的业务范围。

保险公司的业务范围有：人身保险业务（包括人寿保险、健康保险、意外伤害保险等）、财产保险业务（包括财产损失保险、责任保险、信用保险、保证保险等）以及国务院保险监督管理机构批准的与保险有关的其他业务。

保险公司不得兼营人身保险业务和财产保险业务。但是，经营财产保险业务的保险公司经国务院保险监督管理机构批准，可以经营短期健康保险业务和意外伤害保险业务。

5. 保险公司的资金运用限制。

保险公司的资金运用必须稳健，遵循安全性原则。保险公司的资金运用限于下列形式：（1）银行存款；（2）买卖债券、股票、证券投资基金份额等有价证券；（3）投资不动产；（4）国务院规定的其他资金运用形式。保险公司资金运用的具体管理办法，由国务院保险监督管理机构制定。

（二）保险中介人

保险中介人是指介于保险经营机构之间或保险经营机构与投保人之间，专门从事保险业务咨询与招揽、风险管理与安排、价值衡量与评估、损失鉴定与理算等中介服务活动，并从中依法获取佣金或手续费的单位或个人。保险中介人主要包括保险代理人、保险经纪人和保险公估人。

1. 保险代理人。

保险代理人是指根据保险人的委托，向保险人收取佣金，并在保险人授权的范围内代为办理保险业务的机构或者个人。对于保险代理人，可从以下几个方面来理解：

（1）保险代理人是保险人的代理人。保险代理人接受保险人的委托，代表保险人的利益，以保险人的名义，在保险人授权范围内代理保险人进行保险业务。保险代理人的保险代理活动所产生的法律后果,由保险人承担。

(2) 保险代理人必须与保险人签订委托代理合同。根据我国《保险法》规定,保险人委托保险代理人代为办理保险业务,应当与保险代理人签订委托代理协议,依法约定双方的权利和义务。这表明,保险代理人的代理权来源于保险人的委托授权。如果保险代理人没有代理权、超越代理权或者代理权终止后以保险人的名义订立合同,使投保人有理由相信其有代理权的,该代理行为有效。可见,保险代理也适用表见代理的规定。

(3) 保险代理人以保险人的名义,在保险人授权范围内代为保险业务的行为,由保险人承担责任。如果保险代理人存在表见代理的情形,保险人可以依法追究越权的保险代理人的责任。

(4) 保险代理人可以是单位,也可以是个人。保险代理机构包括专门从事保险代理业务的保险专业代理机构和兼营保险代理业务的保险兼业代理机构。保险代理机构应当具备国务院保险监督管理机构规定的条件,取得经营保险代理业务许可证,并办理登记。个人保险代理人,应当具备国务院保险监督管理机构规定的资格条件,并取得保险监督管理机构颁发的资格证书。

应当注意的是,个人保险代理人在代为办理人寿保险业务时,不得同时接受两个以上保险人的委托。

2. 保险经纪人。

保险经纪人是指基于投保人的利益,为投保人与保险人订立保险合同提供中介服务,并依法收取佣金的机构。对于保险经纪人,可从以下几个方面加以理解:

(1) 保险经纪人是以自己的名义独立实施保险经纪行为。保险经纪人是为投保人、被保险人与保险人订立保险合同提供中介服务的机构。保险经纪人虽然是为投保人、被保险人的利益而安排投保事宜,但也只是向投保人报告订立保险合同的机会、信息,或者促成投保人与保险人订立保险合同。所以说,保险经纪人既不是保险合同的当事人,也不是任何一方的代理人,它是具有独立法律地位的经营组织,在从事保险经纪行为时是以自己的名义与保险人进行活动的,且自行承担由此产生的法律后果。因此,保险经纪人因过错给投保人、被保险人造成损失的,应依法承担赔偿责任。

(2) 保险经纪人代表投保人的利益从事保险经纪行为。与保险代理人不同的是,保险经纪人是接受投保人的委托,代表的是投保人的利益,因此,在选择保险人并与保险人进行洽谈时,应当按照投保人的指示和要求行事,维护投保人、被保险人的利益。

(3) 保险经纪人可以依法收取佣金。一般来讲,经纪合同的委托人应当向经纪人支付佣金作为报酬,但根据保险业的通例,保险经纪人虽然接受投保人委托并代表投保人利益,为投保人与保险人签订保险合同提供中介服务,但其佣金一般由保险人支付。当然,如果保险经纪人与投保人约定,投保人应当为保险经纪人的中介服务提供佣金的,投保人应当按照合同约定予以支付。但是,保险经纪机构不得同时向投保人和保险人双方收取佣金。

保险佣金只限于向具有合法资格的保险代理人、保险经纪人支付，不得向其他人支付。

（4）保险经纪人是专门从事保险经纪活动的单位，而不能是个人。作为保险经纪人必须具备国务院保险监督管理机构规定的条件，取得保险监督管理机构颁发的经营保险代理业务许可证，并办理登记，领取营业执照。

3. 保险公估人。

保险公估人是指接受委托，专门从事保险公估业务的评估机构。保险公估是指评估机构及其评估专业人员接受委托，对保险标的或者保险事故进行评估、勘验、鉴定、估损理算以及相关的风险评估。保险公估人虽然接受委托从事保险公估业务，却不代表任何一方的利益，处于中立的地位，独立、客观、公正地出具保险公估报告，其在出险后对保险标的的勘验、鉴定和理算，使保险趋于公平、合理，有利于调停当事人之间关于保险理赔方面的矛盾。我国《保险法》规定：保险活动当事人可以委托保险公估机构等依法设立的独立评估机构或者具有相关专业知识的人员，对保险事故进行评估和鉴定。接受委托对保险事故进行评估和鉴定的机构和人员，应当依法、独立、客观、公正地进行评估和鉴定，任何单位和个人不得干涉。保险公估机构和人员，因故意或者过失给保险人或者被保险人造成损失的，依法承担赔偿责任。

保险公估人与保险代理人、保险经纪人一起构成了完整的保险中介人。三者分工不同，执行不同的职能，发挥不同的作用，不可或缺，无法相互替代。

第四节 信托法律制度

一、信托法基础理论

（一）信托的概念

信托（trust）是英美法上的概念，是中世纪英国的衡平法院法官从良心和正义出发精心培育的产物。美国南北战争结束之后，信托在美国获得了发展，并完成了功能转变，成为一种财产转移与财产管理的制度安排，随后被大陆法系的国家导入，并加以创新和更加广泛的利用。现今，信托已成为一种工具，在适用范围上具有无限广泛性。但是，对信托的定义，在不同法系的国家，有着较大差别。在英美法国家，强调信任关系，一般从受托人角度定义信托。在大陆法系国家，侧重于信托的财产管理功能，通常从委托人的角度诠释信托。我国《信托法》规定：信托是委托人基于对受托人的信任，将其财产权委托给受托人，由受托人按委托人的意愿以自己的名义，为受益人的利益或特定目的进行管理和处分的行为。可见，我国信托法既强调信任关系，又强调财产管理功能。

理解信托，需要准确把握信托的实质特征。一是信任。信托关系的成立与存续，以委托人对受托人的信任为基础与前提。二是财产权的转移和分离。财产权是指可以以金钱计算其价值的各项权利，如物权、债权、股权等，转移与分离是指财产权能够由委托人分离出来并通过协议或其他文件转移至受托人，由受托人在信托期间占有并行使财产权。三是财产管理与处分。受托人占有信托财产，行使财产权，管理和处分信托财产，但必须依照委托人的意思进行。四是财产权与利益相分离。信托本质上是一种受人之托，为他人利益管理财产的制度，受托人虽然管理和处分信托财产，但受托人不能为自己的利益使用信托财产，更不能将管理处分信托财产的利益归于自己，此乃信托最为根本的特色。

信托作为一种转移与管理财产的设计，经历长期的发展，用途不断扩充。尽管信托的种类繁多，但是在构造上都以信托财产为载体，都是为了一定的目的在委托人、受托人与受益人之间建构起一定的法律关系。历经长期的实践，信托已经形成了定型化的法理，最能凸显其特色的基本法观念有四个：

其一，财产权主体与利益主体相分离。信托财产权主体为受托人，利益主体为受益人。

其二，信托财产独立。信托一旦有效设立，信托财产即从委托人、受托人以及受益人的自有财产中分离出来，成为独立运作的财产，仅服从于信托目的。

其三，有限责任。囿于信托财产的独立性，受托人处理信托事务只要没有违反信托并已尽职守则，对受益人所负的债务、对第三人所负责任均以信托财产为限。

其四，信托管理的连续性。信托不因受托人的欠缺而影响其成立，已成立的信托也不因受托人的更迭而影响其存续。信托作为一种具有长期性、稳定性的财产管理制度，根源于信托管理的连续性。

信托的发展经历了由个人办理、非营业性质的民事信托到法人办理、营利性质的商事信托，再到特定金融机构办理的金融信托的演变。金融信托已发展成一个具有相当规模的产业。在我国，信托业已成为金融体系的重要组成部分，与银行业、保险业、证券业鼎足而立，构成了现代金融业的四大支柱。通常情况下，人们所讲的信托为金融信托。

（二）信托的制度功能

信托最为基本的制度功能为转移财产和管理财产。

转移财产是指委托人将信托财产转移给受托人，实现信托财产与委托人的分离。转移财产是信托的初始功能，中世纪形成于英国的信托只不过是一种消极的财产转移设计，目的是规避当时法律对财产转移所施加的种种限制与负担，受托人仅仅是承受信托财产法律上所有权的"人头"，对信托财产不负任何积极的管理处分义务。正是通过受托人的这种"人头"设计，委托人成功地将财产转移给依据当时法律不能享有财产权利之人。随着社会的发展变迁，信托作为一种消极的、以规避法律限制为目的的财产转移设计，在新的社会环境中失去了用武之地。为适应新的需要，信托的转移财产功能摇身一变成为一种提供专业财产管理的管道，即所谓的"通道"或称"工具"功能，借助于这一"通道"或是"工具"，财产所有人能够达成隔离风险、避税、家族财产的代际传承、公益慈善等各种期待的目的与结果。受托人角色也从消极"人头"蜕变为须以自己的专业知识和经验为信托财产投资决策的管理者。

管理财产是指信托受托人受委托人之托，利用自身的专业技能、财产管理经验与能力，为受益人的利益经营管理或处理信托财产的功能，即"受人之托、代人理财"。信托通常被视作一种中长期理财的方式，在财产所有人希望特定的财产能够增值，给自己或他人带来更大的经济效益，而自身或没有时间精力，或缺乏理财能力，或因财产体量太小不好打理，或希望实现财产代际传承时，可以选择将财产交付受托人，借受托人的管理活动，达成自己的心愿。尽管现代信托仍然在财产转移方面发挥巨大作用，并且信托财产转移是信托的财产管理功能得以发挥的前提，但是财产转移功能的发挥必须透过受托人的管理活动而实现。财产转移功能与财产管理功能紧密结合，并日益突出财产管理功能。

信托在实现以上两项基本功能之后，逐渐深化，已衍生出其他功能，如融资功能、协调经济关系功能等。其中，融资功能是市场对信托需求进一步挖掘的产物，由持有经营金融业务许可证的各类金融机构作为受托人，通过办理资金信托实现资金的归集。受托人拥有资金的财产权，在资金的运用上有着极大的自主空间，可以发放贷款、投资不动产或是证券、投资欠缺流动性的股权，因其既进行间接融资又参与直接融资，所以在融资市场上有着显著优势。协调经济关系功能是指金融机构作为受托人，在开展信托业务中要与诸多方面发生经济往来，是天然的横向经济联系的桥梁和纽带，通过为经济交易各方提供信息、居间、咨询和资信调查等服务，发挥沟通和协调各方经济联系的功能。这本质上是信托基本功能的延展。

（三）信托的分类

信托具有设计上无可比拟的灵活性和应用上非比寻常的广泛性，人们借助信托可以实现各种各样的目的，解决、克服社会经济生活中遇到的诸多问题和障碍，因此，信托的类型纷繁复杂、多种多样，并且随着实践的不断创新，还会有新的变化。信托常见的分类有：

1. 民事信托与商事信托。

这是按照信托事务性质进行的分类。民事信托涉及的是民事范围的信托事务，如家族信托；商事信托涉及的是商事范围的信托事务，如公司资金运用信托。

2. 自益信托与他益信托。

这是按照受益人与委托人关系进行的分类。自益信托是受益人与委托人合二为一的信托；他益信托是受益人为委托人以外的他人的信托。

3. 单独信托与集合信托。

这是按照委托人人数的不同进行的分类。单独信托是接受单个委托人委托，按照委托人确定的财产管理方式，单独管理与运用信托财产的信托。集合信托是接受两个以上委托人的委托，按照委托人确定的管理方式，集合多数人的财产加以管理与运用，并将实现的收益按照个人财产比例或信托文件约定分给受益人的信托。公募证券投资基金是典型的集合资金信托。

4. 意定信托与法定信托。

这是按照信托成立原因进行的分类。意定信托是基于委托人的意思表示，通过法律行为设立的信托；法定信托是基于法律规定而成立的信托。

除上述分类以外，信托还有私益信托与公益信托、营业信托与非营业信托、契约信托与遗嘱信托等类别。本节所讲信托限于私益信托。

（四）信托法

1. 信托法的概念。

信托法是调整信托关系、规范信托行为的法律规范的总称。信托关系是指因信托达成，围绕信托财产在委托人、受托人与受益人之间形成的权利义务关系。信托行为是指在达成一项信托时，构成法律行为所要履行的手续。信托法有狭义和广义之分，狭义的信托法仅指信托基本法，广义的信托法不仅包括信托基本法，还包括信托业法和信托业监管法。

2. 我国信托立法。

我国信托的法律规范主要包括：2001年4月28日第九届全国人民代表大会常务委员会第二十一次会议通过，自2001年10月1日起施行的《中华人民共和国信托法》（以下简称《信托法》）；2006年12月28日中国银行业监督管理委员会第55次主席会议通过，自2007年3月1日起施行的《信托公司管理办法》；2006年12月28日中国银行业监督管理委员会第55次主席会议通过，2008年12月17日中国银行业监督管理委员会第78次主席会议修订的《信托公司集合资金信托计划管理办法》，修订后的办法自2009年2月4日起施行。《信托法》是我国的信托基本法，该法对信托的设立、信托财产、信托当事人、信托的变更与终止、公益信托等内容进行了规定。

二、信托的设立

信托设立，是指通过财产所有人的明示行为或直接依据法律规则而确定信托当事人、信托意图和信托关系具体内容的过程。金融信托为意定信托，一般基于委托人的意思表示，通过合同行为设立。

（一）信托的成立与生效

1. 信托成立。

信托成立是指当事人之间信托关系的依法确立。在法律上，信托的设立是一种过程行为，信托的成立则是一种客观存在。信托的成立以委托人和受托人达成设立信托的意思表示一致为条件，采取信托合同形式设立信托的，信托合同签订时，信托成立；采取其他书面形式设立信托的，受托人承诺信托时，信托成立。

信托一经成立，在委托人和受托人之间便产生了转移信托财产和接受信托财产的义务。通常情况下，在信托成立阶段，信托受益人虽然在信托法律关系中具有特殊作用，但并非严格意义上的信托行为主体。但是，设立遗嘱信托，遗嘱指定的人拒绝或者无能力担任受托人，由受益人另行选任受托人的，受益人成为信托行为主体。

2. 信托生效。

信托生效是指信托产生法律约束力。信托成立并不意味着信托生效，信托的成立仅以委托人和受托人达成设立信托的意思表示一致为条件。信托成立后，只有在信托当事人、信托财产、信托行为和信托目的的四个方面均符合《信托法》的生效条件，才能使已经成立的信托生效。

（1）信托当事人要件。信托生效要求信托当事人必须符合法律规定的主体资格要求，信托受益人或受益人范围能够确定。依据《信托法》，委托人应当是具有完全民事行为能力的自然人、法人或者依法成立的其他组织；受托人应当是具有完全民事行为能力的自然人、法人，法律、行政法规对受托人的条件另有规定的，从其规定。

另外，某些特定信托还会对委托人、受托人资格在信托法的一般性要求之外另作要求，如集合资金信托计划就要求委托人必须是合格投资者，且对自然人人数有不能超过 50 人的限定。此时，信托生效还须满足这些特定要求。

（2）信托财产要件。设立信托，必须有确定的信托财产，并且该信托财产必须是委托人合法所有的财产。此处的财产包括合法的财产权利。因为设立信托必须将财产权转移给受托人，所以信托生效对信托财产的要求是满足确定性、合法所有性与可转让性。

（3）信托行为要件。设立信托，委托人和受托人的意思表示应当真实，并应当采取书面形式。书面形式包括信托合同、遗嘱或者法律、行政法规规定的其他书面文件等。信托文件应当载明信托目的；委托人、受托人的姓名或者名称、住所；受益人或者受益人范围；信托财产的范围、种类及状况；受益人取得信托利益的形式、方法以及信托期限、信托财产的管理方法、受托人的报酬、新受托人的选任方式、信托终止事由等事项。

（4）信托目的要件。设立信托，必须有合法的信托目的。信托目的不能违反法律、行政法规的强制性规定或者损害公共利益，不能专门以诉讼或讨债为目的。

信托生效时间，我国《信托法》没有明确规定，仅在第十条规定："设立信托，对于信托财产，有关法律、行政法规规定应当办理登记手续的，应当依法办理信托登记。未依照前款规定办理信托登记的，应当补办登记手续；不补办的，该信托不产生效力。"该规定意味着需要办理信托登记的财产，如不动产信托，信托登记实际既是信托生效的要件，也是据以确定信托生效的时间节点。因为特定信托存在特别规定，如公益信托，其设立和确定受托人，应当经有关公益事业的管理机构批准，所以，即使是不动产信托，也不能一概将不动产的信托登记时间认定为信托生效时间。

信托生效后，以信托财产为核心，在委托人、受托人和受益人之间产生信托法规定的权利、义务和责任关系，信托受益人也因信托的生效而产生信托受益权。

（二）信托无效

信托无效分为绝对无效与相对无效。

1. 绝对无效。

绝对无效是指意图设立信托，但设立的信托不能满足信托生效的当事人要件、财产要件、行为要件和目的要件而应当被宣告无效的信托。《信托法》第十一条规定：有下列情形之一的，信托无效：（1）信托目的违反法律、行政法规或者损害社会公共利益；（2）信托财产不能确定；（3）委托人以非法财产或者法律规定不得设立信托的财产设立信托；（4）专以诉讼或者讨债为目的设立信托；（5）受益人或者受益人范围不能确定；（6）法律、行政法规规定的其他情形。绝对无效的信托具有当然性、自始性特征，无须任何人主张，自始当然无效。

2. 相对无效。

相对无效是信托已经成立，仅特定人可以主张的无效。依据《信托法》第十二条：委托人设立信托不得损害债权人利益，设立信托损害其债权人利益的，债权人有权申请人民法院撤销该信托。债权人的申请权，自债权人知道或者应当知道撤销原因之日起1年内不行使的，归于消灭。人民法院撤销信托的，不影响善意受益人已经取得的信托利益。根据《民法典》关于可撤销的法律行为因撤销而归于无效的原则，这种诈害信托经撤销后自始不发生效力。

【例6-14】下列信托中，属于无效信托的有（　　）。

A. 甲合伙企业对律师赵某的诉讼信托

B. 乙有限公司对律师钱某的讨债信托

C. 丙股份公司股东王某对股东孙某的股权信托

D. 丁村民小组对其成员李某的土地所有权信托

解析 正确答案为选项ABD。信托目的必须合法，选项A、B的诉讼信托与讨债信托违反信托目的合法性要件；我国实行土地公有制，土地所有权禁止交易，因此土地所有权不具转让性，不能成为信托财产，选项D不满足信托财产可转让性要求。股权是具有财产权内容的权利，选项C设定信托的股权满足信托财产确定性、合法性、可转让性要求，可以设定信托。

三、信托财产

信托财产是受托人因信托行为取得的财产。信托财产处于信托关系的核心地位，既是信托法律关系的客体，也是信托权利义务的载体。

（一）信托财产范围

信托财产是一种财产的组合或总和，可以称之为概括财产。《信托法》第十四条第一款、第二款规定："受托人因承诺信托而取得的财产是信托财产。受托人因信托财产的管理运用、处分或者其他情形而取得的财产，也归入信托财产。"也就是说，信托财产包括：（1）受托人因承诺信托而取得的财产；（2）受托人因信托财产的管理运用而取得的财产；（3）受托人因信托财产的处分而取得的财产；（4）受托人因其他情形而取得的财产，如被保险的信托财产因第三人的行为而灭失、毁损，根据保险单而取得的保险赔款。

（二）信托财产的条件

《信托法》没有对信托财产的具体条件进行规定，仅在第二条信托的概念界定中对信托财产提出了可转让性要求，又在第七条信托设立中对信托财产提出了确定性、合法所有性要求。应当说，具有财产价值的东西，只要满足了可转让性、确定性与合法所有性要求，不论其采取何种存在形式，原则上均可以作为信托财产，如金钱、不动产、动产、有价证券、知识产权等。商誉、经营控制权等营业上的利益，因非确定的独立财产，不能成为信托财产；人身权，如姓名权、名誉权、身份权等具有专属性质的权利，因不能以金钱计算其价值，且不能转移，也不能成为信托财产。

随着信托需求的扩大，信托被更为广泛地利用，信托财产的范围也在不断扩大。但是，信托财产的范围存在法律上的边界，依据《信托法》第十四条第三款、第四款规定：法律、行政法规禁止流通的财产不得作为信托财产；法律、行政法规限制流通的财产，依法经有关部门批准后，可以成为信托财产。

【例6-15】 下列财产中，能够充当信托财产的有（　　）。
A. 房屋　　　　　　　　B. 集体土地所有权
C. 专利权　　　　　　　D. 在建工程收益权

解析 正确答案为选项AC。房屋与专利权满足可转让性、确定性要求，可以成为信托财产。我国实行土地公有制，土地所有权禁止交易，选项B满足不了可转让性要求，不能成为信托财产。在建工程尚未完工，其收益权是不确定的权利，选项D满足不了确定性要求，不能成为信托财产。

（三）信托财产的归属

信托财产与所有财产一样，存在权利归属问题。需要特别强调的是：在信托财产上不能成立所有权,也就是说,不能使用"信托财产所有权"和"信托财产所有人"的表述。原因在于:源于英美国家的信托是建立在"二元所有权"基础之上的,继受了信托制度的我国实行的是"一物一主"的所有权制度。尽管《信托法》要求委托人对设定信托的财产必须合法所有,但是,信托一经设立,财产权便发生转移,信托财产随即而生,这部分财产自此开始不再属于委托人,受益人拥有的也仅仅是向受托人要求以支付信托利益为内容的债权,即受益权,信托财产只能归属于受托人。受托人对信托财产享有的财产权与其本身所有的财产(以下简称固有财产)的财产权有着本质区别,受托人对信托财产要根据信托文件的约定,按照委托人的意愿对信托财产进行管理、处分,而不是按照受托人自己的需要来运用信托财产。受托人的固有财产是指一切在信托法律关系成立之前便已经为受托人享有所有权的财产。

(四)信托财产的特征

信托设立时,委托人必须移转信托财产权给受托人,仅从外表观察,信托财产与受托人的固有财产并无区别,在信托制度上,为保障委托人、受托人的权益,实现交易的安全,赋予了信托财产独立性、代位性(同一性)的特质。

1. 信托财产的独立性。

信托财产在法律关系上属于受托人,但信托财产的管理、处分受信托目的的约束,为信托目的而独立存在,受托人并未取得信托财产的绝对权能,与一般民法上的关于所有权是绝对权的规定有别,信托财产具有法律上的独立性,这体现在:

(1)信托财产独立于委托人。信托财产与委托人未设立信托的其他财产相区别。设立信托后,委托人死亡或者依法解散、被依法撤销、被宣告破产时,委托人是唯一受益人的,信托终止,信托财产作为其遗产或者清算财产;委托人不是唯一受益人的,信托存续,信托财产不作为其遗产或者清算财产。但是,作为共同受益人的委托人死亡或者依法解散、被依法撤销、被宣告破产时,其信托受益权作为其遗产或者清算财产。

(2)信托财产独立于受托人。信托财产与受托人的固有财产相区别,不得归入受托人的固有财产或者成为固有财产的一部分。受托人死亡或者依法解散、被依法撤销、被宣告破产而终止,信托财产不属于其遗产或者清算财产。

(3)信托财产独立于受益人。信托关系存续期间,受益人只能主张信托利益,并不享有信托财产权。即使信托关系终了后,委托人也可通过信托文件将信托财产归于自己或第三人,故信托财产也独立于受益人的自有财产。

(4)偿债方面具有独立性。受托人占有和控制信托财产,但受托人无权用信托财产清偿其与信托无关的个人债务,债权人也无权要求通过强制执行或拍卖信托财产来满足其与这种债务相对应的债权。除因下列情形之一外,对信托财产不得强制执行:①设立信托前债权人已对该信托财产享有优先受偿的权利,并依法行使该权利的;②受托人处理信托事务所产生债务,债权人要求清偿该债务的;③信托财产本身应担负的税款;④法律规定的其他情形。对于违反规定而强制执行信托财产,委托人、受托人或者受益人有权向人民法院提出异议。

（5）抵销方面具有独立性。受托人管理运用、处分信托财产所产生的债权，不得与其固有财产产生的债务相抵销。受托人管理运用、处分不同委托人的信托财产所产生的债权债务，不得相互抵销。

2. 信托财产的物上代位性（同一性）。

信托设立后，因受托人对信托财产的管理、处分，信托财产变化成各种形态，在信托结束前，不管信托财产物质形态如何变换，均属于信托财产。以集合资金信托为例，在信托设立时信托财产为资金，委托人通过认购公募证券投资基金将信托的资金移转至基金管理人，公募基金成立后，基金管理人运作该只基金时投资于甲上市公司的股票、乙有限公司的债券和丙基金管理公司上市的某基金券，在这种情况下，信托财产虽然由资金变成了股票、债券和基金券，在物质形态上发生了变化，但其并不因物质形态的变化而丧失信托财产的性质。物上代位性（同一性）使信托财产基于信托目的而在内部结合成为一个整体，不因财产形态的变化而丧失其信托财产的性质，由此，受托人就信托财产的收益和变化了的形态，应继续保持其独立性并为受益人的利益继续管理、处分。

四、信托当事人的权利与义务

信托关系中有三方当事人：委托人、受托人、受益人。

（一）委托人

委托人是将其财产委托给受托人，让受托人遵从一定目的对信托财产进行管理、处分的人。委托人应当是具有完全民事行为能力的自然人、法人或者依法成立的其他组织。委托人设定信托，除了对信托财产合法所有以外，设立信托时不得陷入破产境地。

委托人设定信托以后，享有以下权利：

1. 信托财产管理、处分的知情权。

委托人是设定信托并提供信托财产的当事人。信托成立后，委托人虽然已将有关的财产权利委托给受托人，但仍然是重要的利害关系人，为维护信托目的，保障信托财产的安全，委托人应享有监督信托财产的运用和信托事务处理的权利。要实施有效的监督，委托人必须有对信托财产运用和信托事务处理的有关信息进行搜集的权利，委托人信托财产管理、处分的知情权是保障其实施监督的必要手段。《信托法》第二十条规定：委托人有权了解其信托财产的管理运用、处分及收支情况，并有权要求受托人作出说明。委托人有权查阅、抄录或者复制与其信托财产有关的信托账目以及处理信托事务的其他文件。委托人行使质询权和查阅、抄录、复制权，任何人不得干涉。

2. 信托财产管理方法的变更权。

信托财产管理方法，就是受托人管理运用、处分信托财产，以使其保值增值的方法。信托成立后，信托文件确定了信托财产管理方法的，受托人应当按照信托文件的规定管理信托财产，无权擅自变更信托财产管理方法。然而，客观情况会不断变化，信托成立后，由于客观情况的变化，致使原来采用的信托财产管理方法不能继续采用或者不需要再采用时，则应当变更原来的管理方法。信托财产管理方法的调整，有些是设立信托时就预先考虑到的，可以由受托人在信托文件的授权范围内作出调整。有时难免发生设立信托时未预见的特别事由，致使受托人实际采用的管理信托财产的方法不利于实现信托目的或者不符合受益人的利益，而受托人有权调整却未予调整，在这种情形下，为保证信托目的的实现，保障受益人利益，法律赋予了委托人信托财产管理方法的变更权。《信托法》第二十一条规定：委托人因设立信托时未能预见的特别事由，致使信托财产的管理方法不利于实现信托目的或者不符合受益人的利益时，委托人有权要求受托人调整该信托财产的管理方法。委托人可以直接向受托人行使这项权利，也可以通过法院作出裁定行使这项权利。

3. 对违反信托权限行为的撤销权。

信托成立后，信托财产被受托人控制，受托人享有信托财产的管理运用、处分权。为防止受托人故意或者过失致使信托财产不当减少，遭受损失，以保护信托财产的安全，维护信托目的，保护受益人的利益，法律赋予委托人对违反信托权限行为的撤销权。《信托法》第二十二条规定：受托人违反信托目的处分信托财产或者因违背管理职责、处理信托事务不当致使信托财产受到损失的，委托人有权申请人民法院撤销该处分行为，并有权要求受托人恢复信托财产的原状或者予以赔偿；该信托财产的受让人明知是违反信托目的而接受该财产的，应当予以返还或者予以赔偿。委托人的申请权，自委托人知道或者应当知道撤销原因之日起 1 年内不行使的，归于消灭。委托人的撤销权应当通过诉讼方式行使，人民法院根据委托人的请求作出撤销受托人处分信托财产行为的判决后，受托人的处分行为即发生自始无效的法律后果。

4. 对受托人的解任权。

委托人解任受托人的权利是基于委托人的资格和地位所产生的。在信托关系中，委托人是提供财产设立信托的人，信托目的就是委托人意欲达成的目的，受托人是委托人基于信任所选定的。信托成立后，受托人应当按照信托文件体现的委托人的意愿，管理运用、处分信托财产，实现信托目的。委托人在信托成立后虽然不具有直接管理处分信托财产的权利，但是作为信托财产的提供者，信托目的的设定人，信托财产是否安全，从而信托目的能否实现，对委托人利益有重要影响。委托人拥有保护信托财产、维护信托目的并促使信托目的实现的权利。正是基于这种法律地位，委托人享有解任受托人的权利，但是委托人行使解任受托人的权利，应当符合法定的条件。《信托法》第二十三条规定：受托人违反信托目的处分信托财产或者管理运用、处分信托财产有重大过失的，委托人有权依照信托文件的规定解任受托人，或者申请人民法院解任受托人。该规定意味着，委托人在两种情形下可以行使解任权：一是受托人违反信托目的处分信托财产；二是受托人管理运用、处分信托财产有重大过失。委托人行使解任受托人权利的方式有两种：一是直接行使解任权；二是通过诉讼方式行使解任权。

委托人享有上述权利的同时，负有按照信托文件的约定向受托人支付报酬的义务。委托人违反信托文件的约定，单方解除信托关系而给受托人造成损失的，还负有对受托人的损失进行赔偿的义务。

（二）受托人

受托人是在信托关系中接受委托人的委托，或者按照有关国家机关的规定，以自己的名义为受益人的利益或特定目的，对信托财产进行管理、处分的人。具有完全民事行为能力的自然人、法人可以成为受托人，但是，自然人不得成为金融信托的受托人，按照我国法律，从事金融信托业务，应当是依法设立的、取得经营金融业务许可证的信托公司、基金管理公司等金融机构；担任公益信托的受托人，应当经有关公益事业管理机构批准。

受托人在信托关系中处于核心地位，属于信托财产的管理运用与处分人，其行为直接关系到信托目的的实现。在信托法上，对委托人、受益人主要是赋权，对受托人则是紧紧围绕着信托财产设定义务与责任。其中，义务是指为实现委托人的意愿和受益人的利益而对受托人实施的行为约束；责任是指受托人因违反信托法施加的义务而依法应当承担的后果。

《信托法》第二十五条至第三十四条对受托人规定了以下义务与责任：

1. 谨慎义务。

谨慎义务，也称注意义务，要求受托人管理信托财产必须采取合理的谨慎，处理信托事务应当按照信托文件以受益人的最大利益为原则。受托人实施具体行为时是否履行了谨慎义务，是确定其是否需要对由此造成的信托财产损失承担责任的关键。《信托法》第二十五条规定：受托人应当遵守信托文件的规定，为受益人的最大利益处理信托事务；受托人管理信托财产，必须恪尽职守，履行诚实、信用、谨慎、有效管理的义务。所谓诚实，就是忠诚老实，不弄虚作假，不搞欺诈；所谓信用，就是信守承诺，遵守约定；所谓谨慎，就是周到严谨，小心慎重；所谓有效，就是可见成效。谨慎义务是受托人的法定义务，也是一种积极义务，受托人不得违反。对于谨慎义务，可通过信托文件的约定予以增加或减少，但是，不得约定免除谨慎义务及违反谨慎义务的责任。

2. 忠实义务。

忠实义务是指受托人必须以受益人的利益作为处理信托事务的唯一目的，不得在处理事务时为自己或第三人谋取利益，必须避免与受益人产生利益冲突的情况。《信托法》第二十六条、第二十七条、第二十八条对受托人的忠实义务作出了具体规定。

（1）受托人除依法取得报酬外，不得利用信托财产为自己谋取利益。违反规定，利用信托财产为自己谋取利益的，所得利益归入信托财产。受托人处于险要地位，不论以何种名义和方式，都不得利用信托财产为自己谋取利益。禁止受托人利用信托财产为自己谋取利益的规则主要包括以下内容：①受托人不得以受托人的地位直接或间接地享有信托财产的收益；②受托人不得以信托财产为自己的利益而进行交易；③受托人不得因信托财产交易而从交易对方获取自己的利益。受托人依法按照约定取得的报酬，是委托人同意给付受托人的补偿性利益，它与受托人利用信托财产为自己谋取的利益是不同的，受托人利用信托财产为自己谋取的利益属于由信托财产所产生的利益。

（2）受托人不得将信托财产转为其固有财产。受托人将信托财产转为其固有财产的，必须恢复该信托财产的原状，造成信托财产损失的，应当承担赔偿责任。受托人的固有财产是属于受托人所有的财产，受托人对其拥有排他的、充分完整的支配权，除法律另有规定外，这种支配权是不受限制的，受托人可以按照自己的意志处置其固有财产。信托财产是为信托目的而独立存在的财产，受托人仅在信托目的范围内为受益人的利益有权管理处分信托财产，信托财产的收益由受益人享有，因此，受托人不得将信托财产转为其固有财产。受托人不管是将全部或部分信托财产转为固有财产，还是将信托财产直接转为自己的固有财产，或者表面上利用他人名义将信托财产间接地转为自己的固有财产，都是受到禁止的。违反规定，应当承担两项法律后果：①恢复该信托财产的原状；②造成信托财产损失的，承担赔偿责任。

（3）受托人不得将其固有财产与信托财产进行交易或者将不同委托人的信托财产进行相互交易，但信托文件另有规定或者经委托人或者受益人同意，并以公平的市场价格进行交易的除外。违反规定，造成信托财产损失的，应当承担赔偿责任。受托人以其固有财产与他人委托其管理的信托财产进行交易，是一种自我交易，这种交易容易损害信托财产，并损害受益人的利益。将不同委托人委托其进行管理的信托财产进行相互交易，属于双方代理，这种交易的受托人要为受益人的最大利益管理和处分财产，在存在两个以上的最大利益之间，受托人不可能也不应当有所偏向，所以，应当禁止此类交易。这里的交易不仅仅指买卖，也包括抵押、质押、留置、互换等方式。自我交易与双方代理的禁止，存在例外情形，该例外情形是指信托文件另有规定或者经委托人或者受益人同意，且以公平的市场价格进行交易。违反规定进行自我交易或双方代理的，受托人对造成的信托财产损失应当承担赔偿责任。

忠实义务是受托人所承担的各项信托义务中最为根本的义务，属于法定义务、消极义务，不可以通过约定加以排除。与上述违反注意义务实行过错责任不同，违反忠实义务实行无过错责任。无过错责任是行为人对自己的行为及其所造成的损害在主观上没有过错（故意或过失）的情况下所应当承担的法律责任。

3. 分别管理义务。

受托人必须将信托财产与其固有财产分别管理、分别记账，并将不同委托人的信托财产分别管理、分别记账。信托财产具有独立性，信托财产与受托人的固有财产是两种不同性质的财产，因此，受托人对信托财产应当分别管理、分别记账。分别管理是指单独地分别从事交易，受托人有分别管理的目录、单独立账、不与其他财产发生混同。在信托财产是种类物的情况下，分别存放、计数、记录，在信托财产是特定物的情况下，分别记录；在信托财产是金钱的情况下，分别记账，单立账户。在从事信托财产的交易时，不能混同，在信托财产是种类物的情况下，应提示为信托财产项下的财产，在信托财产为金钱时，应提示由信托财产账户收支。

信托财产分别管理、分别记账的目的，一是为了便于明确受托人的责任；二是为了维护受益人的合法利益；三是便于区分因信托财产发生之债或因固有财产发生之债的责任；四是委托人、受益人及其代理人便于查阅、检查有关信托财产的管理和处分情况；五是便于司法机关在处理相关问题时有据可查。

4. 自己管理义务。

受托人应当自己处理信托事务，但信托文件另有规定或者有不得已事由的，可以委托他人代为处理。受托人依法将信托事务委托他人代理的，应当对他人处理信托事务的行为承担责任。信托以信任为前提，除非另有规定，处理该特定的信托事务和管理处分该特定的信托财产必须由受托人亲自处理信托事务。亲自处理是指从制作信托文件、接受信托财产、办理有关手续、分别登录账簿、从事与信托财产有关的交易、从事有关的生产经营管理活动都要由受托人本人办理，不能另转信托他人处理。亲自处理信托事务存在两种例外情况：一是信托文件另有规定；二是有不得已的事由。不可抗力和意外事件包括在不得已之中，但不得已比其范围更为宽泛，包括受托人个人患病、家庭发生变故、出国学习培训、长期出差等情况，使其无法亲自处理信托事务；在受托人是机构组织的情况下，该机构组织发生合并、分立情况，被暂时限制从事某类活动，机构组织发生领导机构及人员的变化还未办完交接等情形。例外情形下，受托人将信托事务委托他人代理的，由受托人自己决定，并对他人处理信托事务的行为承担责任。

5. 共同受托人共同处理信托事务义务与连带责任。

同一信托的受托人有两个以上的，为共同受托人。《信托法》第三十一条、第三十二条对共同信托的事务处理规则与责任进行了规定。原则上，共同受托人应当共同处理信托事务，但信托文件规定对某些具体事务由受托人分别处理的，从其规定。共同受托人共同处理信托事务，意见不一致时，按信托文件规定处理；信托文件未规定的，由委托人、受益人或者其利害关系人决定。受托人共同处理信托事务是指两个以上受托人处理信托事务时，没有先后顺序，没有主从关系，也没有份额关系。

共同受托人处理信托事务对第三人所负债务，应当承担连带清偿责任。第三人对共同受托人之一所作的意思表示，对其他受托人同样有效。共同受托人之一违反信托目的处分信托财产或者因违背管理职责、处理信托事务不当致使信托财产受到损失的，其他受托人应当承担连带赔偿责任。

6. 书类设置与报告、保密义务。

《信托法》第三十三条规定了受托人的书类设置与报告、保密义务。书类设置义务是指受托人应对信托财产的管理造册,并载明信托事务的处理状况。《信托法》第三十三条第一款规定:受托人必须保存处理信托事务的完整记录。完整记录是指有关信托的财产和物品的收支情况,有关信托的金钱方面的收付情况,处理信托事务的方式,交易对方的情况等。完整是指与处理信托事务有关的全部合同、单据、凭证、账户资料等。保存是指记录并装订成册,在计算机处理时应有专门存储方式。

报告义务是指受托人应当每年定期将信托财产的管理运用、处分及收支情况,报告委托人和受益人。报告义务有时间要求,应当每年定期一次或多次报告;报告的内容包括信托财产的管理运用、处分及收支情况。

保密义务是指受托人对信托中了解到的委托人、受益人以及处理信托事务的情况和资料应当依法保守秘密。

书类设置与报告义务和委托人及受益人对信托财产管理、处分的知情权相对应,使得委托人、受益人能够获得有关信托事务处理情况等方面的资讯,有利于实现对受托人的监督目的。

7. 支付信托利益的义务。

信托利益是指由信托财产本身及其收益所产生的利益,包括本金及其孳息,如金钱本金及其产生的利息、果树及其所结的果实、母畜及所产的奶产品与仔畜、房屋及其出租的租金等。受托人的职责是管理和运用信托财产,向受益人支付信托利益。《信托法》第三十四条规定:受托人以信托财产为限向受益人承担支付信托利益的义务。受托人向受益人支付完信托利益,也就履行了自己的法定义务,不必牵连自己的固有财产,也不必用其他财产包括委托人的其他财产来支付受益人的信托利益。

信托的目的是要通过受托人执行信托使受益人获益,这就使得受托人在信托存续期间始终享有对信托财产的管理与对信托事务的处理权利。此外,《信托法》还赋予了受托人以下权利:(1)报酬给付请求权。受托人有权依照信托文件的约定取得报酬。信托文件未作事先约定的,经信托当事人协商同意,可以作出补充约定;未作事先约定和补充约定的,不得收取报酬。但是,受托人违反信托目的处分信托财产或者因违背管理职责、处理信托事务不当致使信托财产受到损失的,在未恢复信托财产的原状或者未予赔偿前,不得请求给付报酬。(2)优先受偿权。受托人因处理信托事务所支出的费用、对第三人所负的债务,或者所受到的损害,以信托财产承担;受托人以其固有财产先行支付的,对信托财产享有优先受偿的权利。

(三)受益人

受益人是在信托中享有信托受益权的人。受益人可以是自然人、法人或者依法成立的其他组织,可以是一人,也可以是数人。委托人、受托人、第三人均可成为受益人,其中委托人可以是同一信托的唯一受益人,但受托人不得是同一信托的唯一受益人。

受益人在信托关系中享有信托受益权,信托受益权与受益人身份密不可分,如果信托文件未对受益人享有信托受益权的起始时间作出特别规定,受益人自信托生效之日起享有信托受益权。受益人为数人时,共同受益人共同享有信托受益权,信托文件对共同受益人享受信托利益的分配有规定的,从其规定;信托文件对信托利益的分配比例或者分配方法未作规定的,各受益人按照均等的比例享受信托利益。

受益人不能清偿到期债务的,其信托受益权可以用于清偿债务,但法律、行政法规及信托文件有限制性规定的除外;受益人的信托受益权可以转让和继承,信托文件有限制性规定的除外。受益人可以放弃信托受益权,全体受益人放弃信托受益权的,信托终止;部分受益人放弃信托受益权的,被放弃的信托受益权按下列顺序确定归属:(1)信托文件规定的人;(2)其他受益人;(3)委托人或者其继承人。

受益人可以行使信托财产管理处分的知情权、信托财产管理方法的变更权、对违反信托权限行为的撤销权以及对受托人的解任权,受益人行使上述权利与委托人意见不一致时,可申请人民法院作出裁定。共同受益人之一行使对违反信托权限行为的撤销权,人民法院所作出的撤销裁定,对全体共同受益人有效。

【例6-16】依据信托法律制度,下列关于委托人、受托人和受益人的表述中,正确的有( )。

A. 都可以是一个人或多个人
B. 既可以是法人,也可以是自然人
C. 法律对于三方当事人的资格都无限制
D. 受托人不能充当受益人

解析 正确答案为选项AB。信托法对于受益人不进行资格限制,对于委托人与受托人均要求具有完全民事行为能力,并且对于从事金融信托业务的受托人,要求是依法设立的、取得经营金融业务许可证的信托公司、基金管理公司等金融机构,某些特定种类的信托,对委托人的资格有特殊要求;担任公益信托的受托人,要经有关公益事业管理机构批准。受托人可以成为受益人,只是不得成为同一信托的唯一受益人。

【例6-17】依据信托法律制度,如信托文件无特别规定,受益人享有信托受益权的时间是( )。

A. 签订信托合同之日
B. 委托人指定受益人之日
C. 信托生效之日
D. 受托人承诺信托之日

> **解析** 正确答案为选项C。签订了信托合同、委托人指定了受益人以及受托人承诺的信托，并不一定是有效的信托，只有信托生效，受益人才实际享有信托受益权。

五、信托的变更与终止

(一) 信托的变更

信托的变更是指在信托生效之后，当法定或约定的事由出现时，信托当事人依法对信托法律关系进行的改变。狭义上，仅指信托关系内容的变更，如信托目的变更、信托期限变更、信托财产的管理方法变更。广义上，还包括信托当事人的变更，如受益人变更、受托人变更。

稳定的信托关系，利于达成信托目的。原则上，信托一旦生效，不得随意变更。但是，若有法定事由、信托文件有规定或是信托当事人同意，信托可以变更。《信托法》主要对信托财产管理方法的变更、受托人的变更、受托人报酬的变更、受益人的变更进行了规定。

1. 信托财产管理方法的变更。

因设立信托时未能预见的特别事由，致使信托财产的管理方法不利于实现信托目的或者不符合受益人的利益时，委托人、受益人有权要求受托人调整该信托财产的管理方法。委托人与受益人对变更的意见不一致时，可以申请人民法院作出裁定。

2. 受托人的变更。

受托人可因解任、辞任以及出现法定的职责终止情形而发生变动。

(1) 解任。当受托人违反信托目的处分信托财产或者管理运用、处分信托财产有重大过失时，委托人、受益人有权解任受托人。委托人与受益人意见不一致时，可以申请人民法院作出裁定。

(2) 辞任。设立信托后，经委托人和受益人同意，受托人可以辞任。受托人辞任的，在新受托人选出前仍应履行管理信托事务的职责。法律对公益信托的受托人辞任另有规定的，从其规定。

(3) 受托人职责终止。受托人对委托人和受益人所委托的信托财产负有亲自管理和处分的义务，受托人有下列情形之一的，无法履责，其职责终止：①死亡或者被依法宣告死亡；②被依法宣告为无民事行为能力人或者限制民事行为能力人；③被依法撤销或者被宣告破产；④依法解散或者法定资格丧失；⑤法律、行政法规规定的其他情形。由于受托人管理和处分信托财产的行为需要有一定的连续性，受托人职责终止时，其继承人或者遗产管理人、监护人、清算人应当妥善保管信托财产，协助新受托人接管信托事务。

受托人的变更，不影响信托的存续。受托人为一人时，受托人职责终止的，依照信托文件规定选任新受托人；信托文件未规定的，由委托人选任；委托人不指定或者无能力指定的，由受益人选任；受益人为无民事行为能力人或者限制民事行为能力人的，依法由其监护人代行选任。原受托人处理信托事务的权利和义务，由新受托人承继。受托人为数人时，共同受托人之一职责终止的，信托财产由其他受托人管理和处分。

除受托人死亡或是行为能力出现问题外，受托人职责终止的，应当作出处理信托事务的报告，并向新受托人办理信托财产和信托事务的移交手续。受托人的报告经委托人或者受益人认可，原受托人就报告中所列事项解除责任，但原受托人有不正当行为的除外。

3. 受托人报酬的变更。

对于信托文件约定的报酬，经信托当事人协商同意，可以增减其数额。

4. 受益人的变更。

信托设立后，受益人可因信托受益权的转让、继承等事由而发生变动。为维护受益人的利益，《信托法》对委托人变更受益人进行了一定的限制。在自益信托中，委托人和受益人为同一人，除信托文件另有规定外，委托人或者其继承人可以解除信托，使自己的受益权归于消灭。在他益信托中，委托人不得擅自变更受益人或是处分受益人的信托受益权，但是，有下列情形之一的，委托人可以变更受益人或者处分受益人的信托受益权：（1）受益人对委托人有重大侵权行为；（2）受益人对其他共同受益人有重大侵权行为；（3）经受益人同意；（4）信托文件规定的其他情形。

（二）信托的终止

信托终止是指因出现法律规定的或者信托文件约定的事由而使信托关系归于消灭。

1. 信托终止事由。

信托具有连续性，信托一经生效，不因委托人及受托人的欠缺而终止，即信托不因委托人或者受托人的死亡、丧失民事行为能力、依法解散、被依法撤销或者被宣告破产而终止，也不因受托人的辞任而终止。但是，信托法或者信托文件另有规定的除外。例如，《信托法》第十五条规定：设立信托后，委托人死亡或者依法解散、被依法撤销、被宣告破产时，委托人是唯一受益人的，信托终止。但是，《信托法》没有反永续（永续即没有时间终止）规则，除永续信托外，有以下情形之一的，信托终止：

（1）信托文件规定的终止事由发生。如信托文件规定了信托存续的时间，当规定的期限届满时，信托终止。

（2）信托的存续违反信托目的。信托是围绕着信托目的进行的，如果信托的存续违反信托目的，信托应当终止。

（3）信托目的已经实现或者不能实现。信托目的已经实现，或者由于种种原因信托目的确定不能实现，信托就无存在的必要，应当终止。

（4）信托当事人协商同意。信托的设立采取自愿原则，信托的终止亦是如此，信托当事人协商一致，信托可以终止。

（5）信托被撤销。因诈害信托的委托人设立信托损害其债权人利益，债权人有权申请人民法院撤销该信托。信托一经撤销，自始不发生效力。

（6）信托被解除。信托虽然是由委托人将自己的财产设立信托而创立的，但是，信托一经有效成立，委托人便不能随意解除信托。自益信托，委托人是唯一受益人，除非信托文件另有规定，委托人或者其继承人可以解除信托；他益信托，受益人对委托人有重大侵权行为、经受益人同意或者存在信托文件规定的其他解除情形，委托人可以解除信托。信托被解除，信托关系不复存在，信托终止。

2. 信托终止后的财产归属。

信托终止的，信托财产归属于信托文件规定的人；信托文件未规定的，按下列顺序确定归属：

（1）受益人或者其继承人；

（2）委托人或者其继承人。

信托财产的归属确定后，在该信托财产转移给权利归属人的过程中，信托视为存续，权利归属人视为受益人。

3. 信托终止后的债务处理。

信托终止后，对原信托财产依法强制执行的，以权利归属人为被执行人。信托终止后，受托人依法行使请求给付报酬、从信托财产中获得补偿的权利时，可以留置信托财产或者对信托财产的权利归属人提出请求。

信托终止的，受托人应当作出处理信托事务的清算报告。受益人或者信托财产的权利归属人对清算报告无异议的，受托人就清算报告所列事项解除责任，但受托人有不正当行为的除外。

本章思考题

1. 2021年6月10日，甲公司在与乙公司交易中获得由乙公司签发的面额30万元的汇票一张，付款人为丙银行。6月15日，甲公司向丁公司购买了一批货物，将汇票背书转让给丁公司以支付货款，并记载"不得转让"字样。后丁公司又将此汇票背书给戊公司，戊公司在向丙银行提示承兑时遭拒绝。6月20日，戊公司以该汇票支付装修费用，背书转让庚公司。分析本案涉及背书的法律效力。
2. 票据丧失的救济方式有几种，如何具体运用？
3. 如何具体判断票据与票据行为的有效与无效？
4. 注册制下首次公开发行股票的一般条件有哪些？
5. 注册制下公司债券发行有哪些规定？
6. 证券交易的一般规定有哪些，禁止的交易行为有哪些？
7. 要约收购与协议收购应遵守哪些基本规定？

8. 保险法有哪些基本原则?
9. 保险合同履行中投保人、被保险人的义务有哪些?
10. 财产保险合同有哪些特有制度?
11. 人身保险合同有哪些特殊条款?
12. 信托生效须满足哪些要件?
13. 信托财产独立性体现在哪些方面?
14. 信托关系中委托人有哪些权利?
15. 信托关系中受托人有哪些义务?

第七章　财政法律制度

本章要求

掌握：预算收支范围，政府采购当事人、政府采购方式；**熟悉**：预算编制、预算审查和批准、预算执行和调整、决算、预算监督，企业国有资产管理法律制度、行政事业性国有资产管理法律制度，政府采购的概念及原则、政府采购程序、政府采购合同、政府采购的质疑与投诉、政府采购的监督检查；**了解**：预算和预算法，国有资产的概念及类型。

本章主要内容

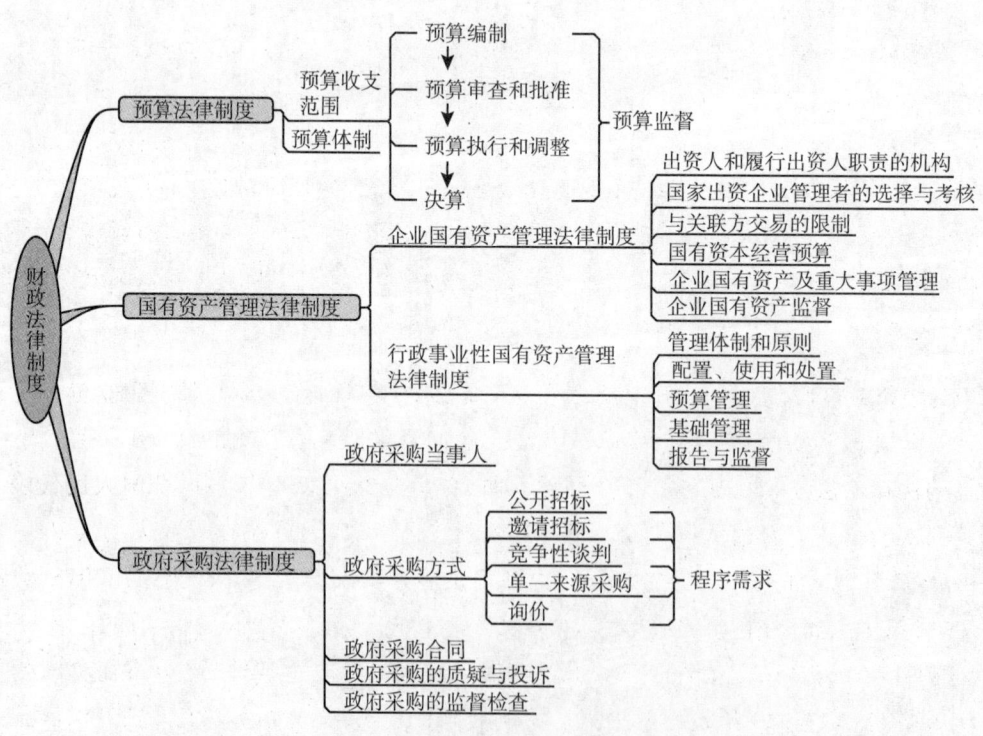

第一节 预算法律制度

一、预算和预算法

(一) 预算和预算法的概念

财政是国家治理的基础和重要支柱。财政是连接政府与市场的桥梁,具有配置资源、分配收入、稳定经济的重要职能。财政政策是国家治理的重要抓手。财政政策工具主要有税收、预算、政府债务、政府购买性支出、转移支出等,是用以达到政策目标的各种财政手段。

预算,也称政府预算或财政预算,是指由政府各部门编制、经本级政府同意提交本级人民代表大会审查批准、按此执行的年度财政收支计划。预算包括财政收入的来源和数量、财政支出的各项用途和数量,集中反映着政府的政策目标、职能范围和治理活动。预算是国家组织、分配财政资金的重要工具,也是国家进行宏观调控的经济杠杆,在优化资源配置、调节收入分配、支撑宏观经济调控、改进公共治理、保障政策规划与实施等方面发挥着重要作用,是现代国家治理体系的重要组成部分。

【例7-1】 小王和小李讨论,预算对调节经济能起到什么作用呢?

解析 预算调节经济的作用主要体现在财政收支的规模及其差额上。一般来说,增加预算支出,可以扩大社会总需求;减少预算支出,便可相应减少社会总需求。当社会总需求大于总供给时,政府预算往往缩减支出规模来抑制社会总需求,以盈余政策调节经济;当社会总需求小于总供给时,政府预算往往扩大支出规模来刺激社会总需求,以赤字政策来调节经济;在供求基本平衡即经济稳定发展期间,政府预算则往往采取中性的平衡政策,保持收支规模的均衡。此外,还可以通过预算的追加或追减,实现扩张或紧缩的目标。

为规范政府收支行为,强化预算约束,加强对预算的管理和监督,建立健全全面规范、公开透明的预算制度,保障经济社会的健康发展,国家陆续颁布了一系列有关预算的法律、法规、规章和规范性文件,如1994年3月22日第八届全国人民代表大会第二次会议制定通过了《中华人民共和国预算法》(以下简称《预算法》),2014年8月31日第十二届全国人民代表大会常务委员会第十次会议第一次修正,2018年12月29日第十三届全国人民代表大会常务委员会第七次会议第二次修正。1995年11月22日国务院令第186号发布了《中华人民共和国预算法实施条例》(以下简称《预算法实施条例》),2020年8月3日国务院令第729号修订。《预算法》《预算法实施条例》以及财政部制定发布的一系列规章和规范性文件,对预算管理职权、预算收支范围、预算程序、预算规则、预算监督和预算公开等作出了相应规定,构成了预算法律制度,简称为预算法。

(二)预算的基本原则

预算的基本原则是指在预算、决算的编制、审查、批准、监督,以及预算的执行和调整过程中应当遵守的基本准则。

1. 统筹兼顾、勤俭节约、量力而行、讲求绩效、收支平衡。

各级一般公共预算支出的编制,应当统筹兼顾,在保证基本公共服务合理需要的前提下,优先安排国家确定的重点支出;应当贯彻勤俭节约的原则;在支出安排的总量上按照年度财政收入规模安排支出,做到量力而行,收支平衡。政府支出应与有效公共服务的提供相匹配,应当将绩效贯穿于预算全过程。

2. 预算法定。

《预算法》明确规定:经人民代表大会批准的预算,非经法定程序,不得调整。各级政府、各部门、各单位的支出必须以经批准的预算为依据,未列入预算的不得支出。

3. 预算完整。

预算完整,是指政府的全部收入和支出都应当纳入预算。

4. 预算公开。

预算公开是指除涉及国家秘密以外,(1)经本级人民代表大会或者本级人民代表大会常务委员会批准的预算、预算调整、决算、预算执行情况的报告及报表,应当在批准后20日内由本级政府财政部门向社会公开,并对本级政府财政转移支付安排、执行的情况以及举借债务的情况等重要事项作出说明;(2)经本级政府财政部门批复的部门预算、决算及报表,应当在批复后20日内由各部门向社会公开,并对部门预算、决算中机关运行经费的安排、使用情况等重要事项作出说明;(3)各级政府、各部门、各单位应当将政府采购的情况向社会公开。

5. 跨年度预算平衡。

根据经济形势发展变化和财政政策逆周期调节的需要,各级政府应当建立跨年度预算平衡机制。

6. 相互制约、相互协调。

各级预算的编制、执行应当建立健全相互制约、相互协调的机制。

(三)预算体制

预算体制,是国家规定中央与地方,以及地方各级之间预算收支划分和预算管理职责权限的制度。

1. 一级政府一级预算。

《预算法》规定,国家实行一级政府一级预算。据此,我国的预算共分为五级,分别是:(1)中央预算;(2)省、自治区、直辖市预算;(3)设区的市、自治州预算；(4) 县、自治县、不设区的市、市辖区预算；(5) 乡、民族乡、镇预算。

县级以上地方政府的派出机关根据本级政府授权进行预算管理活动，不作为一级预算，其收支纳入本级预算。

这五级预算可以分为两类，即中央预算和地方预算。全国预算由中央预算和地方预算组成。地方预算由各省、自治区、直辖市总预算组成。地方各级总预算由本级预算和汇总的下一级总预算组成。下一级只有本级预算的，下一级总预算即指下一级的本级预算。没有下一级预算的，总预算即指本级预算。

2. 分税制。

国家实行中央和地方分税制。中央和地方分税制，是指在划分中央与地方事权的基础上，确定中央与地方财政支出范围，并按税种划分中央与地方预算收入的财政管理体制。

县级以上地方各级政府应当根据中央和地方分税制的原则和上级政府的有关规定，确定本级政府对下级政府的财政管理体制。

3. 财政转移支付。

国家实行财政转移支付制度。财政转移支付应当规范、公平、公开，以推进地区间基本公共服务均等化为主要目标。

财政转移支付包括中央对地方的转移支付和地方上级政府对下级政府的转移支付，以为均衡地区间基本财力、由下级政府统筹安排使用的一般性转移支付为主体。

一般性转移支付包括：(1) 均衡性转移支付；(2) 对革命老区、民族地区、边疆地区、贫困地区的财力补助；(3) 其他一般性转移支付。

专项转移支付，是指上级政府为了实现特定的经济和社会发展目标给予下级政府，并由下级政府按照上级政府规定的用途安排使用的预算资金。

按照法律、行政法规和国务院的规定可以设立专项转移支付，用于办理特定事项。建立健全专项转移支付定期评估和退出机制。市场竞争机制能够有效调节的事项不得设立专项转移支付。

上级政府在安排专项转移支付时，不得要求下级政府承担配套资金。但是，按照国务院的规定应当由上下级政府共同承担的事项除外。

县级以上各级财政部门应当会同有关部门建立健全专项转移支付定期评估和退出机制。对评估后的专项转移支付，按照下列情形分别予以处理：(1) 符合法律、行政法规和国务院规定，有必要继续执行的，可以继续执行；(2) 设立的有关要求变更，或者实际绩效与目标差距较大、管理不够完善的，应当予以调整；(3) 设立依据失效或者废止的，应当予以取消。

(四) 预算管理职权

预算管理职权是指各级预算主体在预算活动中享有的权利和职责。预算管理职权包括预算的编制权、审批权、执行权、调整权、监督权等。

预算管理职权可以细分为各级权力机关的职权、各级政府的职权、各级政府财政部门的职权,以及其他部门、单位的职权。

二、预算收支范围

预算由预算收入和预算支出组成。政府的全部收入和支出都应当纳入预算。

我国预算包括一般公共预算、政府性基金预算、国有资本经营预算、社会保险基金预算四本预算。

(一)一般公共预算

一般公共预算是对以税收为主体的财政收入,安排用于保障和改善民生、推动经济社会发展、维护国家安全、维持国家机构正常运转等方面的收支预算。一般公共预算是四本预算的主干部分,收入以税收为主体,具体包括各项税收收入、行政事业收费收入、国有资源有偿使用收入和其他收入等。

1. 一般公共预算收入。

(1)税收收入。

税收收入是国家预算收入的最主要的部分,占我国一般公共预算收入的80%以上。目前我国共有18个税种,其中16个税种由税务部门负责征收,关税和船舶吨税由海关征收,进口环节的增值税、消费税由海关代税务部门征收。主要税种有增值税、消费税、企业所得税、个人所得税、资源税、城镇土地使用税、城市维护建设税、印花税、土地增值税、房产税、车船税、车辆购置税、烟叶税、耕地占用税、契税、环境保护税、船舶吨税、关税。

(2)行政事业性收费收入。

行政事业性收费收入,是指国家机关、事业单位等依照法律法规,按照国务院规定的程序批准,在实施社会公共管理以及在向公民、法人和其他组织提供特定公共服务过程中,按照规定标准向特定服务对象收取费用形成的收入。

(3)国有资源(资产)有偿使用收入。

国有资源(资产)有偿使用收入,是指矿藏、水流、海域、无居民海岛以及法律规定属于国家所有的森林、草原等国有资源有偿使用收入,按照规定纳入一般公共预算管理的国有资产收入等。

(4)转移性收入。

转移性收入,是指上级税收返还和转移支付、下级上解收入、调入资金以及按照财政部规定列入转移性收入的无隶属关系政府的无偿援助。

2. 一般公共预算支出。

为全面反映政府各项收支情况,一般公共预算支出按支出功能和支出经济性质两套体系分类编制。

一般公共预算支出按照其功能分类，包括一般公共服务支出，外交、公共安全、国防支出，农业、环境保护支出，教育、科技、文化、卫生、体育支出，社会保障及就业支出和其他支出等大类，各大类又可细分到款、项，旨在反映政府职能活动，说明政府的钱到底干了什么事，如办学校等。

一般公共预算支出按照其经济性质分类，包括工资福利支出、商品和服务支出、资本性支出和其他支出等大类，各大类又可细分到款，旨在反映政府支出的经济性质和用途，说明政府的钱是怎么花出去的，如办学校的钱究竟是买了设备、盖了校舍，还是发了工资等。

3. 中央与地方一般公共预算项目的划分。

中央一般公共预算包括中央各部门（含直属单位，下同）的预算和中央对地方的税收返还、转移支付预算。中央一般公共预算收入包括中央本级收入和地方向中央的上解收入。中央一般公共预算支出包括中央本级支出、中央对地方的税收返还和转移支付。这里的各部门是指与本级政府财政部门直接发生预算缴拨款关系的国家机关、军队、政党组织、事业单位、社会团体和其他单位。

地方各级一般公共预算包括本级各部门（含直属单位，下同）的预算和税收返还、转移支付预算。地方各级一般公共预算收入包括地方本级收入、上级政府对本级政府的税收返还和转移支付、下级政府的上解收入。地方各级一般公共预算支出包括地方本级支出、对上级政府的上解支出、对下级政府的税收返还和转移支付。

转移性支出包括上解上级支出、对下级的税收返还和转移支付、调出资金以及按照财政部规定列入转移性支出的给予无隶属关系政府的无偿援助。

【例7-2】小王对小李说，哦，我知道了，中央财政支出加上地方财政支出就是每年全国的财政支出了。小王的观点对吗？

解析 小王的观点不对。中央对地方的转移支付下达地方后，形成地方财政收入来源，并由地方安排财政支出。地方财政支出包含使用中央财政转移支付安排的支出，中央财政支出与地方财政支出存在部分嵌套重合，因此，全国财政支出不等于中央财政支出加上地方财政支出，而是等于中央本级支出加上地方财政支出。

（二）政府性基金预算

政府性基金预算是将依照法律、行政法规的规定在一定期限内向特定对象征收、收取或者以其他方式筹集的资金，专项用于特定公共事业发展的收支预算。政府性基金预算收入来源于向特定对象征收、收取或者以其他方式筹集的资金，如民航发展基金、国家重大水利建设基金、国有土地使用权出让金等。

政府性基金预算收入包括政府性基金各项目收入和转移性收入。

政府性基金预算支出包括与政府性基金预算收入相对应的各项目支出和转移性支出。

政府性基金应当根据基金项目收入情况和实际支出需要，按基金项目编制，做到以收定支。

(三) 国有资本经营预算

国有资本经营预算是对国有资本收益作出支出安排的收支预算。收入主要来源于国有企业及国有股权的收益上缴，支出主要用于解决国有企业历史遗留问题及相关改革成本支出、对国有企业的资本金注入及国有企业政策性补贴等方面。

国有资本经营预算收入包括依照法律、行政法规和国务院规定应当纳入国有资本经营预算的国有独资企业和国有独资公司按照规定上缴国家的利润收入、从国有资本控股和参股公司获得的股息红利收入、国有产权转让收入、清算收入和其他收入。

国有资本经营预算支出包括资本性支出、费用性支出、向一般公共预算调出资金等转移性支出和其他支出。

国有资本经营预算应当按照收支平衡的原则编制，不列赤字，并安排资金调入一般公共预算。

(四) 社会保险基金预算

社会保险基金预算是对社会保险缴款、一般公共预算安排和其他方式筹集的资金，专项用于社会保险的收支预算。社会保险基金预算的收入来源是个人和机关、企事业单位的社会保险缴费，一般公共预算安排的财政补贴、基金投资收益、利息收入及捐赠收入等资金。社会保险基金预算支出专项用于社会保险待遇支出，覆盖基本养老保险、基本医疗保险、工伤保险、失业保险、生育保险五大类。

社会保险基金预算收入包括各项社会保险费收入、利息收入、投资收益、一般公共预算补助收入、集体补助收入、转移收入、上级补助收入、下级上解收入和其他收入。

社会保险基金预算支出包括各项社会保险待遇支出、转移支出、补助下级支出、上解上级支出和其他支出。

社会保险基金预算应当按照统筹层次和社会保险项目分别编制，做到收支平衡。

【例7-3】下列各项中，属于预算收支范围的有（　　）。
A. 一般公共预算收支　　　　B. 政府性基金预算收支
C. 国有资本经营预算收支　　D. 社会保险基金预算收支

解析 正确答案为选项ABCD。预算包括一般公共预算、政府性基金预算、国有资本经营预算、社会保险基金预算。

三、预算编制

预算编制，是对取得、分配和使用预算资金制订年度计划的活动。它是预算管理程序中的第一个环节和步骤。

预算编制的对象是预算草案。预算草案，是指各级政府、各部门、各单位编制的未经法定程序审查批准的预算。预算草案在未经权力机关批准之前，仅是一种不具有法律效力的国家预算。

预算年度自公历1月1日起，至12月31日止。预算收入和支出以人民币元为计算单位。

（一）预算编制的基本要求

1. 各级预算收入的编制，应当与经济社会发展水平相适应，与财政政策相衔接。各级政府、各部门、各单位应当依照《预算法》规定，将政府收入全部列入预算，不得隐瞒、少列。

2. 中央一般公共预算中必需的部分资金，可以通过举借国内和国外债务等方式筹措，举借债务应当控制适当的规模，保持合理的结构。

对中央一般公共预算中举借的债务实行余额管理，余额的规模不得超过全国人民代表大会批准的限额。

3. 地方各级预算按照量入为出、收支平衡的原则编制，除《预算法》另有规定外，不列赤字。

经国务院批准的省、自治区、直辖市的预算中必需的建设投资的部分资金，可以在国务院确定的限额内，通过发行地方政府债券举借债务的方式筹措。举借的债务应当有偿还计划和稳定的偿还资金来源，只能用于公益性资本支出，不得用于经常性支出。

国务院建立地方政府债务风险评估和预警机制、应急处置机制以及责任追究制度。

4. 各级预算支出应当依照《预算法》规定，按其功能和经济性质分类编制。

各级预算支出的编制，应当贯彻勤俭节约的原则，严格控制各部门、各单位的机关运行经费和楼堂馆所等基本建设支出。

各级一般公共预算支出的编制，应当统筹兼顾，在保证基本公共服务合理需要的前提下，优先安排国家确定的重点支出。

（二）预算编制的方法

1. 各级预算应当根据年度经济社会发展目标、国家宏观调控总体要求和跨年度预算平衡的需要，参考上一年预算执行情况、有关支出绩效评价结果和本年度收支预测，按照规定程序征求各方面意见后，进行编制。这里的绩效评价，是指根据设定的绩效目标，依据规范的程序，对预算资金的投入、使用过程、产出与效果进行系统和客观的评价。

各级政府依据法定权限作出决定或者制定行政措施，凡涉及增加或者减少财政收入或者支出的，应当在预算批准前提出并在预算草案中作出相应安排。

2. 各部门、各单位应当按照国务院财政部门制定的政府收支分类科目、预算支出标准和要求，以及绩效目标管理等预算编制规定，根据其依法履行职能和事业发展的需要以及存量资产情况，编制本部门、本单位预算草案。前款所称政府收支分类项目，收入分为类、款、项；支出按其功能分类分为类、款、项，按其经济性质分类分为类、款。

预算支出标准，是指对预算事项合理分类并分别规定的支出预算编制标准，包括基本支出标准和项目支出标准。地方各级政府财政部门应当根据财政部制定的预算支出标准，结合本地区经济社会发展水平、财力状况等，制定本地区或者本级的预算支出标准。

3. 财政部于每年 6 月 15 日前部署编制下一年度预算草案的具体事项，规定报表格式、编报方法、报送期限等。县级以上地方各级政府财政部门应当于每年 6 月 30 日前部署本行政区域编制下一年度预算草案的具体事项，规定有关报表格式、编报方法、报送期限等。

省、自治区、直辖市政府财政部门汇总的本级总预算草案或者本级总预算，应当于下一年度 1 月 10 日前报财政部。

4. 各级一般公共预算应当按照本级一般公共预算支出额的 1%～3% 设置预备费，用于当年预算执行中的自然灾害等突发事件处理增加的支出及其他难以预见的开支。

各级一般公共预算按照国务院的规定可以设置预算周转金，用于本级政府调剂预算年度内季节性收支差额。各级一般公共预算按照国务院的规定可以设置预算稳定调节基金，用于弥补以后年度预算资金的不足。经本级政府批准，各级政府财政部门可以设置预算周转金，额度不得超过本级一般公共预算支出总额的 1%。年度终了时，各级政府财政部门可以将预算周转金收回并用于补充预算稳定调节基金。

四、预算审查和批准

预算的审批，是国家各级权力机关对同级政府所提出的预算草案进行审查和批准的活动。预算的审批是使预算草案转变为正式预算的关键阶段，只有经过审批的预算才是具有法律效力的、相关预算主体必须遵守的正式预算。

（一）预算审批的权限和内容

1. 中央预算由全国人民代表大会审查和批准。地方各级预算由本级人民代表大会审查和批准。

2. 国务院在全国人民代表大会举行会议时，向大会作关于中央和地方预算草案以及中央和地方预算执行情况的报告。地方各级政府在本级人民代表大会举行会议时，向大会作关于总预算草案和总预算执行情况的报告。

全国人民代表大会和地方各级人民代表大会对预算草案及其报告、预算执行情况的报告重点审查下列内容：

（1）上一年预算执行情况是否符合本级人民代表大会预算决议的要求。

（2）预算安排是否符合《预算法》的规定。

（3）预算安排是否贯彻国民经济和社会发展的方针政策，收支政策是否切实可行。

（4）重点支出和重大投资项目的预算安排是否适当。

（5）预算的编制是否完整，是否细化到符合《预算法》的规定，即本级一般公共预算支出,按其功能分类应当编列到项;按其经济性质分类,基本支出应当编列到款。本级政府性基金预算、国有资本经营预算、社会保险基金预算支出,按其功能分类应当编列到项。

(6) 对下级政府的转移性支出预算是否规范、适当。

(7) 预算安排举借的债务是否合法、合理,是否有偿还计划和稳定的偿还资金来源。

(8) 与预算有关重要事项的说明是否清晰。

3. 全国人民代表大会财政经济委员会向全国人民代表大会主席团提出关于中央和地方预算草案及中央和地方预算执行情况的审查结果报告。省、自治区、直辖市、设区的市、自治州人民代表大会有关专门委员会,县、自治县、不设区的市、市辖区人民代表大会常务委员会,向本级人民代表大会主席团提出关于总预算草案及上一年总预算执行情况的审查结果报告。

审查结果报告应当包括下列内容:

(1) 对上一年预算执行和落实本级人民代表大会预算决议的情况作出评价。

(2) 对本年度预算草案是否符合《预算法》的规定,是否可行作出评价。

(3) 对本级人民代表大会批准预算草案和预算报告提出建议。

(4) 对执行年度预算、改进预算管理、提高预算绩效、加强预算监督等提出意见和建议。

(二) 预算的备案和批复

乡、民族乡、镇政府应当及时将经本级人民代表大会批准的本级预算报上一级政府备案。县级以上地方各级政府应当及时将经本级人民代表大会批准的本级预算及下一级政府报送备案的预算汇总,报上一级政府备案。县级以上地方各级政府将下一级政府依照前述规定报送备案的预算汇总后,报本级人民代表大会常务委员会备案。国务院将省、自治区、直辖市政府依照前款规定报送备案的预算汇总后,报全国人民代表大会常务委员会备案。

国务院和县级以上地方各级政府对下一级政府依照《预算法》规定报送备案的预算,认为有同法律、行政法规相抵触或者有其他不适当之处,需要撤销批准预算的决议的,应当提请本级人民代表大会常务委员会审议决定。

各级预算经本级人民代表大会批准后,本级政府财政部门应当在20日内向本级各部门批复预算。各部门应当在接到本级政府财政部门批复的本部门预算后15日内向所属各单位批复预算。

五、预算执行和调整

(一) 预算执行

预算执行,是组织完成预算收支任务的活动。

各级预算由本级政府组织执行,具体工作由本级政府财政部门负责。各部门、各单位是本部门、本单位的预算执行主体,负责本部门、本单位的预算执行,并对执行结果负责。

1.《预算法》规定,预算年度开始后,各级预算草案在本级人民代表大会批准前,可以安排下列支出:上一年度结转的支出;参照上一年同期的预算支出数额安排必须支付的本年度部门基本支出、项目支出,以及对下级政府的转移性支出;法律规定必须履行支付义务的支出,以及用于自然灾害等突发事件处理的支出。上述安排支出的情况,应当在预算草案的报告中作出说明。预算经本级人民代表大会批准后,按照批准的预算执行。

2. 预算收入征收部门和单位,必须依照法律、行政法规的规定,及时、足额征收应征的预算收入。不得违反法律、行政法规规定,多征、提前征收或者减征、免征、缓征应征的预算收入,不得截留、占用或者挪用预算收入。各级政府不得向预算收入征收部门和单位下达收入指标。政府的全部收入应当上缴国家金库(以下简称国库),任何部门、单位和个人不得截留、占用、挪用或者拖欠。

各级政府财政部门必须依照法律、行政法规和国务院财政部门的规定,及时、足额地拨付预算支出资金,加强对预算支出的管理和监督。各级政府、各部门、各单位的支出必须按照预算执行,不得虚假列支。各级政府、各部门、各单位应当对预算支出情况开展绩效评价。

各级预算的收入和支出实行收付实现制。特定事项按照国务院的规定实行权责发生制的有关情况,应当向本级人民代表大会常务委员会报告。

3. 县级以上各级预算必须设立国库;具备条件的乡、民族乡、镇也应当设立国库。中央国库业务由中国人民银行经理,地方国库业务依照国务院的有关规定办理。各级国库应当按照国家有关规定,及时准确地办理预算收入的收纳、划分、留解、退付和预算支出的拨付。各级国库库款的支配权属于本级政府财政部门。除法律、行政法规另有规定外,未经本级政府财政部门同意,任何部门、单位和个人都无权冻结、动用国库库款或者以其他方式支配已入国库的库款。

国家实行国库集中收缴和集中支付制度,对政府全部收入和支出实行国库集中收付管理。

4. 各级一般公共预算年度执行中有超收收入的,只能用于冲减赤字或者补充预算稳定调节基金。各级一般公共预算的结余资金,应当补充预算稳定调节基金。

省、自治区、直辖市一般公共预算年度执行中出现短收,通过调入预算稳定调节基金、减少支出等方式仍不能实现收支平衡的,省、自治区、直辖市政府报本级人民代表大会或者其常务委员会批准,可以增列赤字,报国务院财政部门备案,并应当在下一年度预算中予以弥补。

（二）预算调整

预算调整是因特殊情况而在预算执行过程中对原来的预算作部分调整和变更。

1. 经全国人民代表大会批准的中央预算和经地方各级人民代表大会批准的地方各级预算，在执行中出现下列情况之一的，应当进行预算调整：

（1）需要增加或者减少预算总支出的；

（2）需要调入预算稳定调节基金的；

（3）需要调减预算安排的重点支出数额的；

（4）需要增加举借债务数额的。

在预算执行中，各级政府一般不制定新的增加财政收入或者支出的政策和措施，也不制定减少财政收入的政策和措施；必须作出并需要进行调整的，应当在预算调整方案中作出安排。

2. 在预算执行中，各级政府对于必须进行的预算调整，应当编制预算调整方案。预算调整方案应当说明预算调整的理由、项目和数额。

3. 中央预算的调整方案应当提请全国人民代表大会常务委员会审查和批准。县级以上地方各级预算的调整方案应当提请本级人民代表大会常务委员会审查和批准；乡、民族乡、镇预算的调整方案应当提请本级人民代表大会审查和批准。未经批准，不得调整预算。

4. 在预算执行中，地方各级政府因上级政府增加不需要本级政府提供配套资金的专项转移支付而引起的预算支出变化，不属于预算调整。接受增加专项转移支付的县级以上地方各级政府应当向本级人民代表大会常务委员会报告有关情况；接受增加专项转移支付的乡、民族乡、镇政府应当向本级人民代表大会报告有关情况。

六、决算

决算是对年度预算收支执行结果的报告，是对年度预算执行结果的总结。决算是预算管理程序中的最后一个环节。

1. 决算草案由各级政府、各部门、各单位在每一预算年度终了后按照国务院规定的时间编制。决算草案是指各级政府、各部门、各单位编制的未经法定程序审查和批准的预算收支和结余的年度执行结果。

编制决算草案，必须符合法律、行政法规，做到收支真实、数额准确、内容完整、报送及时。决算草案应当与预算相对应，按预算数、调整预算数、决算数分别列出。

各部门对所属各单位的决算草案，应当审核并汇总编制本部门的决算草案，在规定的期限内报本级政府财政部门审核。各级政府财政部门对本级各部门决算草案审核后发现有不符合法律、行政法规规定的，有权予以纠正。

2. 国务院财政部门编制中央决算草案，经国务院审计部门审计后，报国务院审定，由国务院提请全国人民代表大会常务委员会审查和批准。县级以上地方各级政府财政部门编制本级决算草案，经本级政府审计部门审计后，报本级政府审定，由本级政府提请本级人民代表大会常务委员会审查和批准。乡、民族乡、镇政府编制本级决算草案，提请本级人民代表大会审查和批准。

县级以上各级人民代表大会常务委员会和乡、民族乡、镇人民代表大会对本级决算草案，重点审查下列内容：

（1）预算收入情况；
（2）支出政策实施情况和重点支出、重大投资项目资金的使用及绩效情况；
（3）结转资金的使用情况；
（4）资金结余情况；
（5）本级预算调整及执行情况；
（6）财政转移支付安排执行情况；
（7）经批准举借债务的规模、结构、使用、偿还等情况；
（8）本级预算周转金规模和使用情况；
（9）本级预备费使用情况；
（10）超收收入安排情况，预算稳定调节基金的规模和使用情况；
（11）本级人民代表大会批准的预算决议落实情况；
（12）其他与决算有关的重要情况。

县级以上各级人民代表大会常务委员会应当结合本级政府提出的上一年度预算执行和其他财政收支的审计工作报告，对本级决算草案进行审查。

各级决算经批准后，财政部门应当在20日内向本级各部门批复决算。各部门应当在接到本级政府财政部门批复的本部门决算后15日内向所属单位批复决算。

3. 地方各级政府应当将经批准的决算及下一级政府上报备案的决算汇总，报上一级政府备案。县级以上各级政府应当将下一级政府报送备案的决算汇总后，报本级人民代表大会常务委员会备案。

国务院和县级以上地方各级政府对下一级政府依照《预算法》规定报送备案的决算，认为有同法律、行政法规相抵触或者有其他不适当之处，需要撤销批准该项决算的决议的，应当提请本级人民代表大会常务委员会审议决定；经审议决定撤销的，该下级人民代表大会常务委员会应当责成本级政府依照《预算法》规定重新编制决算草案，提请本级人民代表大会常务委员会审查和批准。

七、预算监督

预算监督是指各级国家机关依法进行的对全部预算活动的监督。预算监督贯穿于预算管理活动的各个环节，有效地推进财权法治化，确保财政资金的安全性和绩效性。

(一)权力机关对预算的监督

全国人民代表大会及其常务委员会对中央和地方预算、决算进行监督。县级以上地方各级人民代表大会及其常务委员会对本级和下级预算、决算进行监督。乡、民族乡、镇人民代表大会对本级预算、决算进行监督。

各级人民代表大会和县级以上各级人民代表大会常务委员会有权就预算、决算中的重大事项或者特定问题组织调查,有关的政府、部门、单位和个人应当如实反映情况和提供必要的材料。以前人大预算审查监督的重点主要是赤字规模和预算收支平衡状况。党的十八届三中全会通过的《中共中央关于全面深化改革若干重大问题的决定》明确提出,审核预算的重点由平衡状态、赤字规模向支出预算和政策拓展。

各级人民代表大会和县级以上各级人民代表大会常务委员会举行会议时,人民代表大会代表或者常务委员会组成人员,依照法律规定程序就预算、决算中的有关问题提出询问或者质询,受询问或者受质询的有关政府或者财政部门必须及时给予答复。

国务院和县级以上地方各级政府应当在每年6月至9月期间向本级人民代表大会常务委员会报告预算执行情况。

(二)政府机关对预算的监督

各级政府监督下级政府的预算执行;下级政府应当定期向上一级政府报告预算执行情况。

各级政府财政部门负责监督本级各部门及其所属各单位预算管理有关工作,并向本级政府和上一级政府财政部门报告预算执行情况。

县级以上政府审计部门依法对预算执行、决算实行审计监督。对预算执行和其他财政收支的审计工作报告应当向社会公开。

政府各部门负责监督检查所属各单位的预算执行,及时向本级政府财政部门反映本部门预算执行情况,依法纠正违反预算的行为。

(三)其他主体对预算的监督

公民、法人或者其他组织发现有违反《预算法》的行为,可以依法向有关国家机关进行检举、控告。

接受检举、控告的国家机关应当依法进行处理,并为检举人、控告人保密。任何单位或者个人不得压制和打击报复检举人、控告人。

第二节 国有资产管理法律制度

一、国有资产的概念和类型

国有资产,是指所有权属于国家的财产或财产权益。这里的财产或财产权益,不仅包括有形财产（如固定资产和流动资产），还包括属于国家的债权、无形财产等财产权益。

国有资产的类型多样，主要包括：（1）经营性国有资产。经营性国有资产是指国家投资所形成的财产权益，通常指企业国有资产。（2）非经营性国有资产。非经营性国有资产是指由国家以拨款或者其他形式投入非经营性领域形成的财产权益，通常指行政事业性国有资产。（3）资源性国有资产。资源性国有资产是指有开发价值的、依法属于国家所有的自然资源。

通常所称的国有资产管理，是指国家对企业国有资产和行政事业性国有资产的管理。

国有资产管理法律制度，是指国家对国有资产管理所做的法律规定，如《中华人民共和国企业国有资产法》（2008年10月28日第十一届全国人民代表大会常务委员会第五次会议通过）、《企业国有资产监督管理暂行条例》（2003年5月27日国务院令第378号发布，2011年1月8日第一次修正，2019年3月2日第二次修正）、《行政事业性国有资产管理条例》（2021年2月1日国务院令第738号公布）等，构成了国有资产管理法律制度的范畴。限于篇幅，本章仅择其要点而述之。

二、企业国有资产管理法律制度

（一）企业国有资产的概念

企业国有资产，是指国家对企业各种形式的出资所形成的权益，或者说，国家对企业各种形式的投资和投资所形成的权益，以及依法认定为国家所有的其他权益。

所谓国家出资企业，是指国家出资的国有独资企业、国有独资公司以及国有资本控股公司、国有资本参股公司。

（二）出资人和履行出资人职责的机构

1. 出资人。

国务院代表国家行使国有资产所有权。国务院和地方人民政府依照法律、行政法规的规定，分别代表国家对国家出资企业履行出资人职责，享有出资人权益。国务院确定的关系国民经济命脉和国家安全的大型国家出资企业，重要基础设施和重要自然资源等领域的国家出资企业，由国务院代表国家履行出资人职责。其他的国家出资企业，由地方人民政府代表国家履行出资人职责。

国务院和地方人民政府应当按照政企分开、社会公共管理职能与国有资产出资人职能分开、不干预企业依法自主经营的原则，依法履行出资人职责。

2. 履行出资人职责的机构。

国务院国有资产监督管理机构和地方人民政府按照国务院的规定设立的国有资产监督管理机构，根据本级人民政府的授权，代表本级人民政府对国家出资企业履行出资人职责。国务院和地方人民政府根据需要，可以授权其他部门、机构代表本级人民政府对国家出资企业履行出资人职责。代表本级人民政府履行出资人职责的机构、部门，统称履行出资人职责的机构。

3. 履行出资人职责的机构的职责。

（1）代表本级人民政府对国家出资企业依法享有资产收益、参与重大决策和选择管理者等出资人权利。

（2）依照法律、行政法规的规定，制定或者参与制定国家出资企业的章程。

（3）依照法律、行政法规以及企业章程履行出资人职责，保障出资人权益，防止国有资产损失。

（4）委派股东代表参加国有资本控股公司、国有资本参股公司召开的股东会会议、股东大会会议，应当按照委派机构的指示提出提案、发表意见、行使表决权，并将其履行职责的情况和结果及时报告委派机构。

（5）履行出资人职责的机构应当维护企业作为市场主体依法享有的权利，除依法履行出资人职责外，不得干预企业经营活动。

（6）履行出资人职责的机构对法律、行政法规和本级人民政府规定须经本级人民政府批准的履行出资人职责的重大事项，应当报请本级人民政府批准。

（7）履行出资人职责的机构对本级人民政府负责，向本级人民政府报告履行出资人职责的情况，接受本级人民政府的监督和考核，对国有资产的保值增值负责。履行出资人职责的机构应当按照国家有关规定，定期向本级人民政府报告有关国有资产总量、结构、变动、收益等汇总分析的情况。

（三）国家出资企业管理者的选择与考核

1. 国家出资企业管理者的选择。

履行出资人职责的机构依照法律、行政法规以及企业章程的规定，任免或者建议任免国家出资企业的下列人员：

（1）任免国有独资企业的经理、副经理、财务负责人和其他高级经理人员；

（2）任免国有独资公司的董事长、副董事长、董事、监事会主席和监事；

（3）向国有资本控股公司、国有资本参股公司的股东会、股东大会提出董事、监事人选。

上诉第（1）项、第（2）项规定的企业管理者，国务院和地方人民政府规定由本级人民政府任免的，依照其规定。

2. 国家出资企业管理者的兼职限制。

（1）未经履行出资人职责的机构同意，国有独资企业、国有独资公司的董事、高级管理人员不得在其他企业兼职。未经股东会、股东大会同意，国有资本控股公司、国有资本参股公司的董事、高级管理人员不得在经营同类业务的其他企业兼职。

（2）未经履行出资人职责的机构同意，国有独资公司的董事长不得兼任经理。未经股东会、股东大会同意，国有资本控股公司的董事长不得兼任经理。

（3）董事、高级管理人员不得兼任监事。

3. 国家出资企业管理者的考核。

国家建立国家出资企业管理者经营业绩考核制度。履行出资人职责的机构应当对其任命的企业管理者进行年度和任期考核，并依据考核结果决定对企业管理者的奖惩。履行出资人职责的机构应当按照国家有关规定，确定其任命的国家出资企业管理者的薪酬标准。

国有独资企业、国有独资公司和国有资本控股公司的主要负责人，应当接受依法进行的任期经济责任审计。

> **【例7-4】** 下列各项中，属于国有资产监督管理机构可以代表本级政府履行出资人职责的事项有（　　）。
>
> A. 制定或者参与制定国家出资企业的章程
> B. 参加股东会或者股东大会
> C. 任免国有独资公司的财务负责人
> D. 任命国有资本参股公司的监事
>
> **解析** 正确答案为选项 ABC。国务院和地方人民政府依照法律、行政法规的规定，分别代表国家对国家出资企业履行出资人职责，享有出资人权益。国有资产监督管理机构作为履行出资人职责的机构，代表本级人民政府对国家出资企业依法享有资产收益、参与重大决策和选择管理者等出资人权利。有权依照法律、行政法规的规定，制定或者参与制定国家出资企业的章程；委派股东代表参加国有资本控股公司、国有资本参股公司召开的股东会会议、股东大会会议，按照委派机构的指示提出提案、发表意见、行使表决权，并将其履行职责的情况和结果及时报告委派机构。依照法律、行政法规以及企业章程的规定，任免或者建议任免国家出资企业的下列人员：任免国有独资企业的经理、副经理、财务负责人和其他高级经理人员；任免国有独资公司的董事长、副董事长、董事、监事会主席和监事；向国有资本控股公司、国有资本参股公司的股东会、股东大会提出董事、监事人选（前两项规定的企业管理者，国务院和地方人民政府规定由本级人民政府任免的，依照其规定）。

（四）与关联方交易的限制

1. 关联方的概念。

所谓关联方，是指本企业的董事、监事、高级管理人员及其近亲属，以及这些人员所有或者实际控制的企业。

2. 与关联方交易的限制。

（1）国家出资企业的关联方不得利用与国家出资企业之间的交易，谋取不当利益，损害国家出资企业利益。

(2) 国有独资企业、国有独资公司、国有资本控股公司不得无偿向关联方提供资金、商品、服务或者其他资产，不得以不公平的价格与关联方进行交易。

(3) 未经履行出资人职责的机构同意，国有独资企业、国有独资公司不得有下列行为：①与关联方订立财产转让、借款的协议；②为关联方提供担保；③与关联方共同出资设立企业，或者向董事、监事、高级管理人员或者其近亲属所有或者实际控制的企业投资。

(4) 国有资本控股公司、国有资本参股公司与关联方的交易，依照《公司法》和有关行政法规以及公司章程的规定，由公司股东会、股东大会或者董事会决定。由公司股东会、股东大会决定的，履行出资人职责的机构委派的股东代表，应当按照委派机构的指示发表意见、行使表决权，并将其履行职责的情况和结果及时报告委派机构。公司董事会对公司与关联方的交易作出决议时，该交易涉及的董事不得行使表决权，也不得代理其他董事行使表决权。

【例7-5】下列行为中，未经履行出资人职责的机构同意，国有独资企业、国有独资公司不得进行交易的有（　　）。

A. 与关联方订立财产转让、借款的协议

B. 为关联方提供担保

C. 与关联方共同出资设立企业

D. 向关联方企业投资

解析 正确答案为选项ABCD。《企业国有资产法》规定，国家出资企业的关联方不得利用与国家出资企业之间的交易，谋取不当利益，损害国家出资企业利益。未经履行出资人职责的机构同意，国有独资企业、国有独资公司不得有下列行为：与关联方订立财产转让、借款的协议；为关联方提供担保；与关联方共同出资设立企业，或者向董事、监事、高级管理人员或者其近亲属所有或者实际控制的企业投资。

(五) 国有资本经营预算

1. 国家建立健全国有资本经营预算制度，对取得的国有资本收入及其支出实行预算管理。

2. 国有资本经营预算编制的范围。

国家取得的下列国有资本收入，以及下列收入的支出，应当编制国有资本经营预算：

(1) 从国家出资企业分得的利润；

(2) 国有资产转让收入；

(3) 从国家出资企业取得的清算收入；

(4) 其他国有资本收入。

3. 国有资本经营预算编制的要求。

（1）国有资本经营预算按年度单独编制，纳入本级人民政府预算，报本级人民代表大会批准。

（2）国有资本经营预算支出按照当年预算收入规模安排，不列赤字。

（3）国务院和有关地方人民政府财政部门负责国有资本经营预算草案的编制工作，履行出资人职责的机构向财政部门提出由其履行出资人职责的国有资本经营预算建议草案。

（六）企业国有资产及重大事项管理

1. 国有资产监督管理机构依照国家有关规定，负责企业国有资产的产权界定、产权登记、资产评估监管、清产核资、资产统计、综合评价等基础管理工作。国有资产监督管理机构协调其所出资企业之间的企业国有资产产权纠纷。

2. 国有资产监督管理机构应当建立企业国有资产产权交易监督管理制度，加强企业国有资产产权交易的监督管理，促进企业国有资产的合理流动，防止企业国有资产流失。

3. 国有资产监督管理机构对其所出资企业的企业国有资产收益依法履行出资人职责；对其所出资企业的重大投融资规划、发展战略和规划，依照国家发展规划和产业政策履行出资人职责。

4. 所出资企业中的国有独资企业、国有独资公司的重大资产处置，需由国有资产监督管理机构批准的，依照有关规定执行。

5. 国有资产监督管理机构依照法定程序决定其所出资企业中的国有独资企业、国有独资公司的分立、合并、破产、解散、增减资本、发行公司债券等重大事项。其中，重要的国有独资企业、国有独资公司分立、合并、破产、解散的，应当由国有资产监督管理机构审核后，报本级人民政府批准。

6. 国有资产监督管理机构决定其所出资企业的国有股权转让。其中，转让全部国有股权或者转让部分国有股权致使国家不再拥有控股地位的，报本级人民政府批准。

7. 国有资产监督管理机构依照国家有关规定拟订所出资企业收入分配制度改革的指导意见，调控所出资企业工资分配的总体水平。

8. 国有资产监督管理机构可以对所出资企业中具备条件的国有独资企业、国有独资公司进行国有资产授权经营。被授权的国有独资企业、国有独资公司对其全资、控股、参股企业中国家投资形成的国有资产依法进行经营、管理和监督。

9. 国有资产监督管理机构依法对所出资企业财务进行监督，建立和完善国有资产保值增值指标体系，维护国有资产出资人的权益。所出资企业中的国有独资企业、国有独资公司应当按照规定定期向国有资产监督管理机构报告财务状况、生产经营状况和国有资产保值增值状况。

(七)企业国有资产监督

1. 各级权力机关的监督。

各级人民代表大会常务委员会通过听取和审议本级人民政府履行出资人职责的情况和国有资产监督管理情况的专项工作报告,组织对《企业国有资产法》实施情况的执法检查等,依法行使监督职权。

2. 各级政府的监督。

国务院和地方人民政府应当对其授权履行出资人职责的机构履行职责的情况进行监督。

国务院和地方人民政府审计机关依照《中华人民共和国审计法》的规定,对国有资本经营预算的执行情况和属于审计监督对象的国家出资企业进行审计监督。

3. 社会监督。

履行出资人职责的机构根据需要,可以委托会计师事务所对国有独资企业、国有独资公司的年度财务会计报告进行审计,或者通过国有资本控股公司的股东会、股东大会决议,由国有资本控股公司聘请会计师事务所对公司的年度财务会计报告进行审计,维护出资人权益。

国务院和地方人民政府应当依法向社会公布国有资产状况和国有资产监督管理工作情况,接受社会公众的监督。任何单位和个人有权对造成国有资产损失的行为进行检举和控告。

三、行政事业性国有资产管理法律制度

(一)行政事业性国有资产的概念及其适用范围

1. 行政事业性国有资产的概念。

行政事业性国有资产,是指行政单位、事业单位通过以下方式取得或者形成的资产:

(1)使用财政资金形成的资产;

(2)接受调拨或者划转、置换形成的资产;

(3)接受捐赠并确认为国有的资产;

(4)其他国有资产。

2. 行政事业性国有资产管理适用范围。

(1)除国家另有规定外,社会组织直接支配的行政事业性国有资产管理,依照《行政事业性国有资产管理条例》执行。

(2)货币形式的行政事业性国有资产管理,按照预算管理有关规定执行。

(3)执行企业财务、会计制度的事业单位以及事业单位对外投资的全资企业或者控股企业的资产管理,不适用《行政事业性国有资产管理条例》。

(4)公共基础设施、政府储备物资、国有文物文化等行政事业性国有资产管理的

具体办法,由国务院财政部门会同有关部门制定。

(5) 中国人民解放军、中国人民武装警察部队直接支配的行政事业性国有资产管理,依照中央军事委员会有关规定执行。

(二) 行政事业性国有资产的管理体制和原则

1. 行政事业性国有资产实行政府分级监管、各部门及其所属单位直接支配的管理体制。

2. 各级人民政府应当建立健全行政事业性国有资产管理机制,加强对本级行政事业性国有资产的管理,审查、批准重大行政事业性国有资产管理事项。

3. 国务院财政部门负责制定行政事业单位国有资产管理规章制度并负责组织实施和监督检查,牵头编制行政事业性国有资产管理情况报告。国务院机关事务管理部门和有关机关事务管理部门会同有关部门依法依规履行相关中央行政事业单位国有资产管理职责,制定中央行政事业单位国有资产管理具体制度和办法并组织实施,接受国务院财政部门的指导和监督检查。相关部门根据职责规定,按照集中统一、分类分级原则,加强中央行政事业单位国有资产管理,优化管理手段,提高管理效率。

4. 各部门根据职责负责本部门及其所属单位国有资产管理工作,应当明确管理责任,指导、监督所属单位国有资产管理工作。各部门所属单位负责本单位行政事业性国有资产的具体管理,应当建立和完善内部控制管理制度。各部门及其所属单位管理行政事业性国有资产应当遵循安全规范、节约高效、公开透明、权责一致的原则,实现实物管理与价值管理相统一,资产管理与预算管理、财务管理相结合。

(三) 行政事业性国有资产的配置、使用和处置

1. 行政事业性国有资产的配置。

资产配置包括调剂、购置、建设、租用、接受捐赠等方式。各部门及其所属单位应当优先通过调剂方式配置资产。不能调剂的,可以采用购置、建设、租用等方式。

(1) 各部门及其所属单位应当根据依法履行职能和事业发展的需要,结合资产存量、资产配置标准、绩效目标和财政承受能力配置资产,合理选择资产配置方式。

(2) 资产配置重大事项应当经可行性研究和集体决策,资产价值较高的按照国家有关规定进行资产评估,并履行审批程序。

(3) 资产配置标准应当按照勤俭节约、讲求绩效和绿色环保的要求,根据国家有关政策、经济社会发展水平、市场价格变化、科学技术进步等因素适时调整。

2. 行政事业性国有资产的使用。

(1) 行政单位国有资产应当用于本单位履行职能的需要。除法律另有规定外,行政单位不得以任何形式将国有资产用于对外投资或者设立营利性组织。

(2) 事业单位国有资产应当用于保障事业发展、提供公共服务。事业单位利用国有资产对外投资应当有利于事业发展和实现国有资产保值增值,符合国家有关规定,经可行性研究和集体决策,按照规定权限和程序进行。应当明确对外投资形成的股权及其相关权益

管理责任,按照规定将对外投资形成的股权纳入经营性国有资产集中统一监管体系。

(3) 县级以上地方人民政府及其有关部门应当建立健全国有资产共享共用机制,采取措施引导和鼓励国有资产共享共用,统筹规划,有效推进国有资产共享共用工作。各部门及其所属单位应当在确保安全使用的前提下,推进本单位大型设备等国有资产共享共用工作,可以对提供方给予合理补偿。

3. 行政事业性国有资产的处置。

(1) 各部门及其所属单位应当对下列资产及时予以报废、报损:

①因技术原因确需淘汰或者无法维修、无维修价值的资产;

②涉及盘亏、坏账以及非正常损失的资产;

③已超过使用年限且无法满足现有工作需要的资产;

④因自然灾害等不可抗力造成毁损、灭失的资产。

(2) 各部门及其所属单位应当将依法罚没的资产按照国家规定公开拍卖或者按照国家有关规定处理,所得款项全部上缴国库。

(3) 各部门及其所属单位发生分立、合并、改制、撤销、隶属关系改变或者部分职能、业务调整等情形,应当根据国家有关规定办理相关国有资产划转、交接手续。

(4) 国家设立的研究开发机构、高等院校对其持有的科技成果的使用和处置,依照《中华人民共和国促进科技成果转化法》《中华人民共和国专利法》和国家有关规定执行。

(5) 中央行政事业单位国有资产处置,按照财政部2021年9月28日印发的《中央行政事业单位国有资产处置管理办法》(财资〔2021〕127号)的规定执行。

(四) 行政事业性国有资产的预算管理

资产管理与预算管理相结合是行政事业性国有资产管理的重要特点。

1. 预算编制与执行。

各部门及其所属单位购置、建设、租用资产应当提出资产配置需求,编制资产配置相关支出预算,并严格按照预算管理规定和财政部门批复的预算配置资产。

县级以上人民政府投资建设公共基础设施,应当依法落实资金来源,加强预算约束,防范政府债务风险,并明确公共基础设施的管理维护责任单位。

2. 收入管理。

行政单位国有资产出租和处置等收入,应当按照政府非税收入和国库集中收缴制度的有关规定管理。

除国家另有规定外,事业单位国有资产的处置收入应当按照政府非税收入和国库集中收缴制度的有关规定管理。事业单位国有资产使用形成的收入,由本级人民政府财政部门规定具体管理办法。

各部门及其所属单位应当及时收取各类资产收入,不得违反国家规定,多收、少收、不收、侵占、私分、截留、占用、挪用、隐匿、坐支。

3. 决算管理。

各部门及其所属单位应当在决算中全面、真实、准确反映其国有资产收入、支出以及国有资产存量情况。

4. 绩效管理。

各部门及其所属单位应当按照国家规定建立国有资产绩效管理制度,建立健全绩效指标和标准,有序开展国有资产绩效管理工作。

(五) 行政事业性国有资产的基础管理

为切实保障行政事业性国有资产安全完整、提高资产效能,《行政事业性国有资产管理条例》专设"基础管理"一章,对资产台账、会计核算、资产盘点、资产评估、资产清查、权属登记、资产纠纷处理和信息化等作了规定。

1. 各部门及其所属单位应当按照国家规定设置行政事业性国有资产台账,依照国家统一的会计制度进行会计核算,不得形成账外资产。

2. 各部门及其所属单位应当定期或者不定期对资产进行盘点、对账。出现资产盘盈盘亏的,应当按照财务、会计和资产管理制度有关规定处理,做到账实相符和账账相符。

3. 除国家另有规定外,各部门及其所属单位将行政事业性国有资产进行转让、拍卖、置换、对外投资等,应当按照国家有关规定进行资产评估。行政事业性国有资产以市场化方式出售、出租的,依照有关规定可以通过相应公共资源交易平台进行。

4. 有下列情形之一的,各部门及其所属单位应当对行政事业性国有资产进行清查:

(1) 根据本级政府部署要求;

(2) 发生重大资产调拨、划转以及单位分立、合并、改制、撤销、隶属关系改变等情形;

(3) 因自然灾害等不可抗力造成资产毁损、灭失;

(4) 会计信息严重失真;

(5) 国家统一的会计制度发生重大变更,涉及资产核算方法发生重要变化;

(6) 其他应当进行资产清查的情形。

各部门及其所属单位在资产清查中发现账实不符、账账不符的,应当查明原因予以说明,并随同清查结果一并履行审批程序。由于资产使用人、管理人的原因造成资产毁损、灭失的,应当依法追究相关责任。

5. 各部门及其所属单位对需要办理权属登记的资产应当依法及时办理。对有账簿记录但权证手续不全的行政事业性资产,可以向本级人民政府有关主管部门提出确认资产权属申请,及时办理权属登记。

6. 各部门及其所属单位之间,各部门及其所属单位与其他单位和个人之间发生资产纠纷的,应当依照有关法律法规规定采取协商等方式处理。

7. 国务院财政部门应当建立全国行政事业性国有资产管理信息系统,推行资产管理网上办理,实现信息共享。

> **【例7-6】** 各部门及其所属行政事业单位发生的下列情形中,应当进行资产清查的有( )。
> A. 因自然灾害造成资产毁损、灭失
> B. 会计信息严重失真
> C. 发生重大资产调拨、划转
> D. 单位改制
> **解析** 正确答案为选项ABCD。《行政事业性国有资产管理条例》规定,有下列情形之一的,各部门及其所属单位应当对行政事业性国有资产进行清查:根据本级政府部署要求;发生重大资产调拨、划转以及单位分立、合并、改制、撤销、隶属关系改变等情形;因自然灾害等不可抗力造成资产毁损、灭失;会计信息严重失真;国家统一的会计制度发生重大变更,涉及资产核算方法发生重要变化;其他应当进行资产清查的情形。

(六)行政事业性国有资产的报告

2017年中共中央印发《关于建立国务院向全国人大常委会报告国有资产管理情况制度的意见》。为贯彻落实党中央关于国有资产报告制度的要求,《行政事业性国有资产管理条例》明确规定,国家建立行政事业性国有资产管理情况报告制度。

1. 国务院向全国人民代表大会常务委员会报告全国行政事业性国有资产管理情况。县级以上地方人民政府按照规定向本级人民代表大会常务委员会报告行政事业性国有资产管理情况。

2. 行政事业性国有资产管理情况报告内容。

主要包括:资产负债总量,相关管理制度建立和实施,资产配置、使用、处置和效益,推进管理体制机制改革等情况。

行政事业性国有资产管理情况按照国家有关规定向社会公开。

3. 行政事业性国有资产报告程序。

各部门所属单位应当每年编制本单位行政事业性国有资产管理情况报告,逐级报送相关部门。本部门应当汇总编制本部门行政事业性国有资产管理情况报告,报送本级政府财政部门。县级以上地方人民政府财政部门应当每年汇总本级和下级行政事业性国有资产管理情况,报送本级政府和上一级政府财政部门。

(七)行政事业性国有资产的监督

行政事业性国有资产的监督分为下列几个层次和方面:

1. 人大监督。

县级以上人民政府应当接受本级人民代表大会及其常务委员会对行政事业性国有

资产管理情况的监督,组织落实本级人民代表大会及其常务委员会审议提出的整改要求,并向本级人民代表大会及其常务委员会报告整改情况。乡、民族乡、镇人民政府应当接受本级人民代表大会对行政事业性国有资产管理情况的监督。

2. 政府层级监督。

县级以上人民政府对下级政府的行政事业性国有资产管理情况进行监督。下级政府应当组织落实上一级政府提出的监管要求,并向上一级政府报告落实情况。

3. 财政监督。

县级以上人民政府财政部门应当对本级各部门及其所属单位行政事业性国有资产管理情况进行监督检查,依法向社会公开检查结果。

4. 审计监督。

县级以上人民政府审计部门依法对行政事业性国有资产管理情况进行审计监督。

5. 行业监督。

各部门应当建立健全行政事业性国有资产监督管理制度,根据职责对本行业行政事业性国有资产管理依法进行监督。

6. 社会监督。

公民、法人或者其他组织发现违反《行政事业性国有资产管理条例》的行为,有权向有关部门进行检举、控告。接受检举、控告的有关部门应当依法进行处理,并为检举人、控告人保密。

第三节 政府采购法律制度

一、政府采购概述

(一) 政府采购的概念

政府采购,是指各级国家机关、事业单位和团体组织,使用财政性资金采购依法制定的集中采购目录以内的或者采购限额标准以上的货物、工程和服务的行为。

采购,是指以合同方式有偿取得货物、工程和服务的行为,包括购买、租赁、委托、雇用等。这里的货物,是指各种形态和种类的物品,包括原材料、燃料、设备、产品等;工程,是指建设工程,包括建筑物和构筑物的新建、改建、扩建、装修、拆除、修缮等;服务,是指除货物和工程以外的其他政府采购对象,包括政府自身需要的服务和政府向社会公众提供的公共服务。财政性资金,是指纳入预算管理的资金。以财政性资金作为还款来源的借贷资金,视同财政性资金。

为规范政府采购行为,提高政府采购资金的使用效益,维护国家利益和社会公共利益，保护政府采购当事人的合法权益，促进廉政建设，2002年6月29日第九届全国人民代表大会常务委员会第二十八次会议通过了《中华人民共和国政府采购法》（2014年8月31日第十二届全国人民代表大会常务委员会第十次会议修正，以下简称《政府采购法》），该法于2014年12月31日国务院第75次常务会议通过，2015年1月30日国务院令第658号发布的《中华人民共和国政府采购法实施条例》（以下简称《政府采购法实施条例》）等，构成政府采购法律制度的重要内容。国家实行统一的政府采购电子交易平台建设标准，推动利用信息网络进行电子化政府采购活动。

（二）政府采购的原则

1. 公开透明原则。

政府采购的资金主要来源于税收和占有公共资源的收入，其取之于社会，故采购过程必须公开透明，接受社会的监督，并将实现效益的最大化作为重要目标。公开透明原则是对财政支出透明度和财政资金使用效益的重要保障。它要求政府采购的信息应当在政府采购监督管理部门指定的媒体上及时向社会公开发布（涉及商业秘密的除外）；同时，政府采购目录和限额标准也应当向社会公布；纳入集中采购目录的政府采购项目，应当实行集中采购；政府采购项目的采购标准应当公开；采购人在采购活动完成后，应当将采购结果予以公布。

2. 公平竞争原则。

公平竞争原则的具体内容包括：任何单位和个人不得采用任何方式，阻挠和限制供应商自由进入本地区和本行业的政府采购市场。政府采购当事人不得以任何手段排斥其他供应商参与竞争。

采购人或者采购代理机构不得以不合理的条件对供应商实行差别待遇或者歧视待遇。有下列情形之一的，属于以不合理的条件对供应商实行差别待遇或者歧视待遇：（1）就同一采购项目向供应商提供有差别的项目信息；（2）设定的资格、技术、商务条件与采购项目的具体特点和实际需要不相适应或者与合同履行无关；（3）采购需求中的技术、服务等要求指向特定供应商、特定产品；（4）以特定行政区域或者特定行业的业绩、奖项作为加分条件或者中标、成交条件；（5）对供应商采取不同的资格审查或者评审标准；（6）限定或者指定特定的专利、商标、品牌或者供应商；（7）非法限定供应商的所有制形式、组织形式或者所在地；（8）以其他不合理条件限制或者排斥潜在供应商。

3. 公正原则。

公正原则包括微观和宏观两个层次，微观旨在实现采购个案的公正，宏观旨在实现采购整体环境的公正。就微观公正而言，我国《政府采购法》规定了回避制度和采购代理机构独立于政府制度。就宏观公正而言，政府采购应当有助于实现国家经济和社会发展的政策目标，包括保护环境、扶持不发达地区和少数民族地区，促进中小企业发展等。

4. 诚实信用原则。

现代社会的经济模式是市场经济，诚实信用是人们行为的基本准则，它要求人们在经济活动中讲究信用、恪守诺言、诚实不欺，在不损害他人利益和社会利益的前提下追求个人的价值和利益。在政府采购活动中，诚信原则一方面要求政府采购应当严格按照批准的预算执行，保护当事人的信赖利益；另一方面也要求供应商恪守采购合同义务。

二、政府采购当事人

政府采购当事人，是指在政府采购活动中享有权利和承担义务的各类主体，包括采购人、供应商和采购代理机构等。

（一）采购人

采购人是指依法进行政府采购的国家机关、事业单位、团体组织，不包括国有企业。

我国政府采购实行集中采购和分散采购相结合的采购模式。集中采购的范围由政府集中采购目录确定，分散采购的范围由采购限额标准确定。

集中采购目录由省级以上人民政府制定并公布，实行分级管理体制。属于中央预算的政府采购项目，其集中采购目录由财政部拟定后报国务院确定并公布；属于地方预算的政府采购项目，其集中采购目录由省级人民政府或其授权的机构确定并公布。集中采购分为政府集中采购和部门集中采购两种形式。政府集中采购是指单位将属于政府集中采购目录的项目委托政府设立的集中采购机构代理的采购行为。部门集中采购是指主管部门统一组织实施本部门具有特殊要求采购项目的采购行为。

分散采购，也称单位自行采购，是指实施政府集中采购和部门集中采购范围以外、采购限额标准以上采购项目的采购行为。

采购人采购纳入集中采购目录的政府采购项目，必须委托集中采购机构代理采购；采购未纳入集中采购目录的政府采购项目，可以自行采购，也可以委托集中采购机构在委托的范围内代理采购。纳入集中采购目录属于通用的政府采购项目的，应当委托集中采购机构代理采购；属于本部门、本系统有特殊要求的项目，应当实行部门集中采购；属于本单位有特殊要求的项目，经省级以上人民政府批准，可以自行采购。

采购人可以委托集中采购机构以外的采购代理机构，在委托的范围内办理政府采购事宜。采购人有权自行选择采购代理机构，任何单位和个人不得以任何方式为采购人指定采购代理机构。

（二）采购代理机构

采购代理机构是根据采购人的委托办理采购事宜的机构，包括集中采购机构和集中采购机构以外的采购代理机构。采购代理机构与行政机关不得存在隶属关系或者其他利益关系。

集中采购机构是设区的市级以上人民政府依法设立的非营利事业法人。其主要职责是根据采购人的委托办理采购事宜,是代理集中采购项目的执行机构。集中采购机构进行政府采购活动,应当符合采购价格低于市场平均价格、采购效率更高、采购质量优良和服务良好的要求。

集中采购机构以外的采购代理机构,是从事采购代理业务的社会中介机构。

采购人依法委托采购代理机构办理采购事宜的,应当由采购人与采购代理机构签订委托代理协议,依法确定委托代理的事项,约定双方的权利义务。

(三)供应商

供应商是指向采购人提供货物、工程或者服务的法人、其他组织或者自然人。

供应商参加政府采购活动应当具备下列法定条件:(1)具有独立承担民事责任的能力;(2)具有良好的商业信用和健全的财务会计制度;(3)具有履行合同所必需的设备和专业技术能力;(4)有依法缴纳税收和社会保障资金的良好记录;(5)参与政府采购活动前3年内,在经营活动中没有重大违法记录;(6)法律、行政法规规定的其他条件。

采购人可以根据采购项目的特殊要求,规定供应商的特定条件,但不得以不合理的条件对供应商实行差别待遇或者歧视待遇。采购人可以要求参加政府采购的供应商提供有关资质证明文件和业绩情况,并根据《政府采购法》规定的供应商条件和采购项目对供应商的特定要求,对供应商的资格进行审查。

两个以上的自然人、法人或者其他组织可以组成一个联合体,以一个供应商的身份共同参加政府采购。以联合体形式进行政府采购的,参加联合体的供应商均应当具备上述法定条件,并应当向采购人提交联合协议,载明联合体各方承担的工作和义务。联合体各方应当共同与采购人签订采购合同,就采购合同约定的事项对采购人承担连带责任。联合体中有同类资质的供应商按照联合体分工承担相同工作的,应当按照资质等级较低的供应商确定资质等级。以联合体形式参加政府采购活动的,联合体各方不得再单独参加或者与其他供应商另外组成联合体参加同一合同项下的政府采购活动。

单位负责人为同一人或者存在直接控股、管理关系的不同供应商,不得参加同一合同项下的政府采购活动。除单一来源采购项目外,为采购项目提供整体设计、规范编制或者项目管理、监理、检测等服务的供应商,不得再参加该采购项目的其他采购活动。

三、政府采购方式

政府采购有以下方式:公开招标、邀请招标、竞争性谈判、单一来源采购、询价,以及国务院政府采购监督管理部门认定的其他采购方式。公开招标是政府采购的主要采购方式。

（一）公开招标

公开招标，是指招标人以招标公告的方式邀请不特定的法人或者其他组织投标。

采购人采购货物或者服务应当采用公开招标方式的，其具体数额标准，属于中央预算的政府采购项目，由国务院规定；属于地方预算的政府采购项目，由省、自治区、直辖市人民政府规定；因特殊情况需要采用公开招标以外采购方式的，应当在采购活动开始前获得设区的市、自治州以上政府采购监督管理部门的批准。

采购人不得将应当以公开招标方式采购的货物或者服务化整为零或者以其他任何方式规避公开招标采购。在一个财政年度内，采购人将一个预算项目下的同一品目或者类别的货物、服务采用公开招标以外的方式多次采购，累计资金数额超过公开招标数额标准的，属于以化整为零方式规避公开招标，但项目预算调整或者经批准采用公开招标以外方式采购的除外。

列入集中采购目录的项目，适合实行批量集中采购的，应当实行批量集中采购，但紧急的小额零星货物项目和有特殊要求的服务、工程项目除外。

依法必须进行招标的项目，其招标投标活动不受地区或者部门的限制。任何单位和个人不得违法限制或者排斥本地区、本系统以外的法人或者其他组织参加投标，不得以任何方式非法干涉招标投标活动。

招标文件规定的各项技术标准应当符合国家强制性标准。招标文件不得要求或者标明特定的投标人或者产品，以及含有倾向性或者排斥潜在投标人的其他内容。招标采购单位根据招标采购项目的具体情况，可以组织潜在投标人现场考察或者召开开标前答疑会，但不得单独或者分别组织只有1个投标人参加的现场考察。开标前，招标采购单位和有关工作人员不得向他人透露已获取招标文件的潜在投标人的名称、数量以及可能影响公平竞争的有关招标投标的其他情况。

（二）邀请招标

邀请招标，是指按照事先规定的条件选定合格供应商或承包商，只有接到邀请者方才有资格参与投标。

符合下列情形之一的货物或者服务，可以采用邀请招标方式采购：

（1）具有特殊性，只能从有限范围的供应商处采购的。

（2）采用公开招标方式的费用占政府采购项目总价值的比例过大的。

采用邀请招标方式采购的，招标采购单位应当在省级以上人民政府财政部门指定的政府采购信息媒体发布资格预审公告，公布投标人资格条件，资格预审公告的期限不得少于7个工作日。

投标人应当在资格预审公告期结束之日起3个工作日前，按公告要求提交资格证明文件。招标采购单位从评审合格投标人中通过随机方式选择3家以上的投标人，并向其发出投标邀请书。

（三）竞争性谈判

竞争性谈判，是指采购人或采购代理机构根据采购需求直接要求3家以上的供应商就采购事宜与供应商分别进行一对一的谈判，最后通过谈判结果来选择供应商的一种采购方式。

符合下列情形之一的货物或者服务，可以采用竞争性谈判方式采购：

（1）招标后没有供应商投标或者没有合格标的或者重新招标未能成立的。

（2）技术复杂或者性质特殊，不能确定详细规格或者具体要求的。

（3）采用招标所需时间不能满足用户紧急需要的。这种情形的出现应当是采购人不可预见的或者非因采购人拖延导致的。

（4）不能事先计算出价格总额的。这种情形是指因采购艺术品或者因专利、专有技术或者因服务的时间、数量事先不能确定等导致不能事先计算出价格总额。

（四）单一来源采购

单一来源采购，是指采购人直接从某个供应商或承包商处购买所需货物、服务或者工程的采购方式。

符合下列情形之一的货物或者服务，可以采用单一来源方式采购：

（1）只能从唯一供应商处采购的。这种情形是指因货物或者服务使用不可替代的专利、专有技术，或者公共服务项目具有特殊要求，导致只能从某一特定供应商处采购。

（2）发生了不可预见的紧急情况不能从其他供应商处采购的。

（3）必须保证原有采购项目一致性或者服务配套的要求，需要继续从原供应商处添购，且添购资金总额不超过原合同采购金额10%的。

采取单一来源方式采购的，采购人与供应商应当在保证采购项目质量和双方商定合理价格的基础上进行采购。

（五）询价

询价，是指采购人就采购项目向符合相应资格条件的被询价供应商（不少于3家）发出询价通知书，通过对报价供应商的报价进行比较，最终确定成交供应商的采购方式。

采购的货物规格、标准统一、现货货源充足且价格变化幅度小的政府采购项目，可以采用询价方式采购。

四、政府采购程序

（一）一般性程序

1. 负有编制部门预算职责的部门在编制下一财政年度部门预算时，应当将该财政年度政府采购的项目及资金预算列出，报本级财政部门汇总。

2. 采购人应当根据集中采购目录、采购限额标准和已批复的部门预算编制政府采购实施计划，报本级人民政府财政部门备案。

3. 采购人或者采购代理机构应当在招标文件、谈判文件、询价通知书中公开采购项目预算金额。

招标文件要求投标人提交投标保证金的，投标保证金不得超过采购项目预算金额的2%。投标保证金应当以支票、汇票、本票或者金融机构、担保机构出具的保函等非现金形式提交。采购人或者采购代理机构应当自中标通知书发出之日起5个工作日内退还未中标供应商的投标保证金，自政府采购合同签订之日起5个工作日内退还中标供应商的投标保证金。

竞争性谈判或者询价采购中要求参加谈判或者询价的供应商提交保证金的，参照上述规定执行。

4. 除国务院财政部门规定的情形外，采购人或者采购代理机构应当从政府采购评审专家库中随机抽取评审专家。

5. 评标委员会、竞争性谈判小组或者询价小组成员应当按照客观、公正、审慎的原则，根据采购文件规定的评审程序、评审方法和评审标准进行独立评审。评标委员会、竞争性谈判小组或者询价小组成员应当在评审报告上签字，对自己的评审意见承担法律责任。对评审报告有异议的，应当在评审报告上签署不同意见，并说明理由，否则视为同意评审报告。

6. 采购代理机构应当自评审结束之日起2个工作日内将评审报告送交采购人。采购人应当自收到评审报告之日起5个工作日内在评审报告推荐的中标或者成交候选人中按顺序确定中标或者成交供应商。采购人或者采购代理机构应当自中标、成交供应商确定之日起2个工作日内，发出中标、成交通知书，并在省级以上人民政府财政部门指定的媒体上公告中标、成交结果，招标文件、竞争性谈判文件、询价通知书随中标、成交结果同时公告。

7. 采购人或者采购代理机构应当按照政府采购合同规定的技术、服务、安全标准组织对供应商履约情况的验收，并出具验收书。大型或者复杂的政府采购项目，应当邀请国家认可的质量检测机构参加验收工作。政府向社会公众提供的公共服务项目，验收时应当邀请服务对象参与并出具意见，验收结果应当向社会公告。

采购文件的保存期限为从采购结束之日起至少保存15年。

(二) 招标采购的程序要求

采取招标方式采购的，采购人或者采购代理机构应当按照国务院财政部门制定的招标文件标准文本编制招标文件。招标文件的提供期限自招标文件开始发出之日起不得少于5个工作日。

货物或者服务项目采取邀请招标方式采购的，采购人应当从符合相应资格条件的供应商中，通过随机方式选择3家以上的供应商，并向其发出投标邀请书。

货物和服务项目实行招标方式采购的，自招标文件开始发出之日起至投标人提交投标文件截止之日止，不得少于20日。

在招标采购中，出现下列情形之一的，应予废标：

（1）符合专业条件的供应商或者对招标文件作实质响应的供应商不足3家的；

（2）出现影响采购公正的违法、违规行为的；

（3）投标人的报价均超过了采购预算，采购人不能支付的；

（4）因重大事故，采购任务取消的。

废标后，采购人应当将废标理由通知所有投标人。

废标后，除采购任务取消情形外，应当重新组织招标；需要采取其他方式采购的，应当在采购活动开始前获得设区的市、自治州以上政府采购监督管理部门或者政府有关部门批准。

政府采购招标评标方法分为最低评标价法和综合评分法。最低评标价法，是指投标文件满足招标文件全部实质性要求且投标报价最低的供应商为中标候选人的评标方法。综合评分法，是指投标文件满足招标文件全部实质性要求且按照评审因素的量化指标评审得分最高的供应商为中标候选人的评标方法。

技术、服务等标准统一的货物和服务项目，应当采用最低评标价法。采用综合评分法的，评审标准中的分值设置应当与评审因素的量化指标相对应。招标文件中没有规定的评标标准不得作为评审的依据。

（三）竞争性谈判的程序要求

采用竞争性谈判方式采购的，应当遵循下列程序：

1. 成立谈判小组。谈判小组由采购人的代表和有关专家共3人以上的单数组成，其中专家的人数不得少于成员总数的2/3。

2. 制定谈判文件。谈判文件应当明确谈判程序、谈判内容、合同草案的条款以及评定成交的标准等事项。谈判文件不能完整、明确列明采购需求，需要由供应商提供最终设计方案或者解决方案的，在谈判结束后，谈判小组应当按照少数服从多数的原则投票推荐3家以上供应商的设计方案或者解决方案，并要求其在规定时间内提交最后报价。

3. 确定邀请参加谈判的供应商名单。谈判小组从符合相应资格条件的供应商名单中确定不少于3家的供应商参加谈判，并向其提供谈判文件。

4. 谈判。谈判小组所有成员集中与单一供应商分别进行谈判。在谈判中，谈判的任何一方不得透露与谈判有关的其他供应商的技术资料、价格和其他信息。谈判文件有实质性变动的，谈判小组应当以书面形式通知所有参加谈判的供应商。

5. 确定成交供应商。谈判结束后，谈判小组应当要求所有参加谈判的供应商在规定时间内进行最后报价，采购人从谈判小组提出的成交候选人中根据符合采购需求、质量和服务相等且报价最低的原则确定成交供应商，并将结果通知所有参加谈判的未成交的供应商。

质量和服务相等的含义，是指供应商提供的产品质量和服务均能满足采购文件规定的实质性要求。

（四）询价的程序要求

采取询价方式采购的，应当遵循下列程序：

1. 成立询价小组。询价小组由采购人的代表和有关专家共3人以上的单数组成，其中专家的人数不得少于成员总数的2/3。询价小组应当对采购项目的价格构成和评定成交的标准等事项作出规定。

2. 确定被询价的供应商名单。询价小组根据采购需求，从符合相应资格条件的供应商名单中确定不少于3家的供应商，并向其发出询价通知书让其报价。询价通知书应当根据采购需求确定政府采购合同条款。

3. 询价。询价小组要求被询价的供应商一次报出不得更改的价格。在询价过程中，询价小组不得改变询价通知书所确定的政府采购合同条款。

4. 确定成交供应商。采购人根据符合采购需求、质量和服务相等且报价最低的原则确定成交供应商，并将结果通知所有被询价的未成交的供应商。

（五）政府采购活动中的禁止与回避

1. 政府采购活动中的禁止行为。

（1）政府采购当事人不得相互串通损害国家利益、社会公共利益和其他当事人的合法权益；不得以任何手段排斥其他供应商参与竞争。

（2）采购代理机构不得以向采购人行贿或者采取其他不正当手段谋取非法利益。

（3）供应商不得以向采购人、采购代理机构、评标委员会的组成人员、竞争性谈判小组的组成人员、询价小组的组成人员行贿或者采取其他不正当手段谋取中标或者成交。评标委员会、竞争性谈判小组或者询价小组在评审过程中发现供应商有行贿、提供虚假材料或者串通等违法行为的，应当及时向财政部门报告。

（4）采购人、采购代理机构不得向评标委员会、竞争性谈判小组或者询价小组的评审专家作倾向性、误导性的解释或者说明。

（5）政府采购评审专家应当遵守评审工作纪律，不得泄露评审文件、评审情况和评审中获悉的商业秘密。政府采购评审专家在评审过程中收到非法干预的，应当及时向财政、监察等部门举报。

2. 政府采购活动中的回避情形。

在政府采购活动中，采购人员及相关人员与供应商有下列利害关系之一的，应当回避：

（1）参加采购活动前3年内与供应商存在劳动关系。

（2）参加采购活动前3年内担任供应商的董事、监事。

（3）参加采购活动前3年内是供应商的控股股东或者实际控制人。

（4）与供应商的法定代表人或者负责人有夫妻、直系血亲、三代以内旁系血亲或者近姻亲关系。

(5) 与供应商有其他可能影响政府采购活动公平、公正进行的关系。

供应商认为采购人员及相关人员与其他供应商有利害关系的,可以向采购人或者采购代理机构书面提出回避申请,并说明理由。采购人或者采购代理机构应当及时询问被申请回避人员,有利害关系的被申请回避人员应当回避。

五、政府采购合同

政府采购合同适用《民法典》合同编。采购人和供应商之间的权利和义务,应当按照平等、自愿的原则以合同方式约定,并应当采用书面形式。

(一) 政府采购合同的签订

采购人可以委托采购代理机构代表其与供应商签订政府采购合同。由采购代理机构以采购人名义签订合同的,应当提交采购人的授权委托书,作为合同附件。

采购人与中标、成交供应商应当在中标、成交通知书发出之日起30日内,按照采购文件确定的事项签订政府采购合同。中标、成交通知书对采购人和中标、成交供应商均具有法律效力。中标、成交通知书发出后,采购人改变中标、成交结果的,或者中标、成交供应商放弃中标、成交项目的,应当承担法律责任。

中标或者成交供应商拒绝与采购人签订合同的,采购人可以按照评审报告推荐的中标或者成交候选人名单排序,确定下一候选人为中标或者成交供应商,也可以重新开展政府采购活动。

采购文件要求中标或者成交供应商提交履约保证金的,供应商应当以支票、汇票、本票或者金融机构、担保机构出具的保函等非现金形式提交。履约保证金的数额不得超过政府采购合同金额的10%。

采购人应当自政府采购合同签订之日起2个工作日内,将政府采购合同在省级以上人民政府财政部门指定的媒体上公告,但政府采购合同中涉及国家秘密、商业秘密的内容除外。

政府采购项目的采购合同自签订之日起7个工作日内,采购人应当将合同副本报同级政府采购监督管理部门和有关部门备案。

(二) 政府采购合同的履行

采购人应当按照政府采购合同规定,及时向中标或者成交供应商支付采购资金。

经采购人同意,中标、成交供应商可以依法采取分包方式履行合同。政府采购合同分包履行的,中标、成交供应商就采购项目和分包项目向采购人负责,分包供应商就分包项目承担责任。

政府采购合同履行中,采购人需追加与合同标的相同的货物、工程或者服务的,在不改变合同其他条款的前提下,可以与供应商协商签订补充合同,但所有补充合同的采购金额不得超过原合同采购金额的10%。

政府采购合同的双方当事人不得擅自变更、中止或者终止合同。政府采购合同继续履行将损害国家利益和社会公共利益的,双方当事人应当变更、中止或者终止合同。有过错的一方应当承担赔偿责任,双方都有过错的,各自承担相应的法律责任。

六、政府采购的质疑与投诉

(一)质疑

供应商对政府采购活动事项有疑问的,可以向采购人提出询问,采购人应当及时作出答复,但答复的内容不得涉及商业秘密。

供应商认为采购文件、采购过程和中标、成交结果使自己的权益受到损害的,可以在知道或者应知其权益受到损害之日起7个工作日内,以书面形式向采购人提出质疑。采购人应当在收到供应商的书面质疑后7个工作日内作出答复,并以书面形式通知质疑供应商和其他有关供应商,但答复的内容不得涉及商业秘密。

应知其权益受到损害之日,是指:(1)对可以质疑的采购文件提出质疑的,为收到采购文件之日或者采购文件公告期限届满之日;(2)对采购过程提出质疑的,为各采购程序环节结束之日;(3)对中标或者成交结果提出质疑的,为中标或者成交结果公告期限届满之日。

采购人委托采购代理机构采购的,供应商可以向采购代理机构提出询问或者质疑,采购代理机构应当就采购人委托授权范围内的事项作出答复。供应商提出的询问或者质疑超出采购人对采购代理机构委托授权范围的,采购代理机构应当告知供应商向采购人提出。

采购人或者采购代理机构应当在3个工作日内对供应商依法提出的询问作出答复。

政府采购评审专家应当配合采购人或者采购代理机构答复供应商的询问和质疑。

(二)投诉

质疑供应商对采购人、采购代理机构的答复不满意,或者采购人、采购代理机构未在规定的时间内作出答复的,可以在答复期满后15个工作日内向同级政府采购监督管理部门(即采购人所属预算级次本级财政部门)投诉。

政府采购监督管理部门应当在收到投诉后30个工作日内,对投诉事项作出处理决定,并以书面形式通知投诉人和与投诉事项有关的当事人。政府采购监督管理部门在处理投诉事项期间,可以视具体情况书面通知采购人暂停采购活动,但暂停时间最长不得超过30日。

财政部门处理投诉事项采用书面审查的方式,必要时可以进行调查取证或者组织质证。财政部门处理投诉事项,需要检验、检测、鉴定、专家评审以及需要投诉人补正材料的,所需时间不计算在投诉处理期限内。财政部门对投诉事项作出的处理决定,应当在省级以上人民政府财政部门指定的媒体上公告。

投诉人对政府采购监督管理部门的投诉处理决定不服或者政府采购监督管理部门逾期未作处理的,可以依法申请行政复议或者向人民法院提起行政诉讼。

七、政府采购的监督检查

政府采购活动必须有专门的监管,这是其与私人采购的一个重要的不同。由于政府采购活动主要涉及财政支出的问题,其监管主体主要是财政部门,我国《政府采购法》第十三条规定,各级人民政府财政部门是负责政府采购监督管理的部门,依法履行对政府采购活动的监督管理职责。各级人民政府其他有关部门依法履行与政府采购活动有关的监督管理职责。政府采购活动涉及其他政府部门的,其他政府部门也依法履行有关的监督管理职责,如审计机关对政府采购进行审计监督,监察机关对参与政府采购活动的国家机关、国家公务员和国家行政机关任命的其他人员实施监察。审计机关、监察机关以及其他有关部门依法对政府采购活动实施监督,发现当事人有违法行为的,应当及时通报财政部门。

政府采购监督管理部门对政府采购活动及集中采购机构进行监督检查。

监督检查的主要内容包括:(1)有关政府采购的法律、行政法规和规章的执行情况;(2)采购范围、采购方式和采购程序的执行情况;(3)政府采购人员的职业素质和专业技能。

政府采购监督管理部门不得设置集中采购机构,不得参与政府采购项目的采购活动。

政府采购监督管理部门对集中采购机构的考核事项:(1)采购价格、节约资金效果、服务质量、信誉状况、有无违法行为;(2)政府采购政策的执行情况;(3)采购文件编制水平;(4)采购方式和采购程序的执行情况;(5)询问、质疑答复情况;(6)内部监督管理制度建设及执行情况;(7)省级以上人民政府财政部门规定的其他事项。

各级政府财政部门对政府采购活动进行监督检查,有权查阅、复制有关文件、资料,相关单位和人员应当予以配合。审计机关、监察机关以及其他有关部门依法对政府采购活动实施监督,发现采购当事人有违法行为的,应当及时通报财政部门。

任何单位和个人对政府采购活动中的违法行为,有权控告和检举,有关部门、机关应当依照各自职责及时处理。

【例7-7】某市级单位委托集中采购机构通过公开招标方式确定该单位数据库系统开发服务供应商。招标公告发布后,甲公司为提高中标概率,除自己投标外,还与乙公司商定组成联合体进行投标。后因故该次招标成为废标。采购单位重新委托进行了招标,乙公司中标。甲公司对第二次招标提出了质疑,认为乙公司与集中采购机构负责人员具有密切关系。因不满采购人和集中采购机构的答复，甲公司遂向该市政府采购监督管理部门投诉。

根据上述情形，回答下列问题。

（1）甲公司是否可以同时以自己和联合体的名义参加同一项目的政府采购活动？

（2）在招标采购活动中，可能导致废标的情形有哪些？

（3）在政府采购活动中，采购人员及相关人员是否适用回避规定？

（4）关于政府采购质疑与投诉时效的规定有哪些？

解析

（1）甲公司不可以同时以自己和联合体的名义参加同一项目的政府采购活动。根据政府采购法律制度的规定，以联合体形式参加政府采购活动的，联合体各方不得再单独参加或者与其他供应商另外组成联合体参加同一合同项下的政府采购活动。

（2）在招标采购中，出现下列情形之一的，应予废标：符合专业条件的供应商或者对招标文件作实质响应的供应商不足3家的；出现影响采购公正的违法、违规行为的；投标人的报价均超过了采购预算，采购人不能支付的；因重大事故，采购任务取消的。

（3）为保证政府采购活动的公平公正，法律规定当出现特定的情形时，采购人员及相关人员必须回避或者可以申请其回避。具体情形有：在政府采购活动中，采购人员及相关人员与供应商有利害关系的，必须回避；供应商认为采购人员及相关人员与其他供应商有利害关系的，可以申请其回避。

（4）供应商认为采购文件、采购过程和中标、成交结果使自己的权益受到损害的，可以在知道或者应知其权益受到损害之日起7个工作日内，以书面形式向采购人提出质疑。采购人应当在收到供应商的书面质疑后7个工作日内作出答复。质疑供应商对采购人、采购代理机构的答复不满意，或者采购人、采购代理机构未在规定的时间内作出答复的，可以在答复期满后15个工作日内向同级政府采购监督管理部门（即采购人所属预算级次本级财政部门）投诉。政府采购监督管理部门应当在收到投诉后30个工作日内，对投诉事项作出处理决定，并以书面形式通知投诉人和与投诉事项有关的当事人。政府采购监督管理部门在处理投诉事项期间，可以视具体情况书面通知采购人暂停采购活动，但暂停时间最长不得超过30日。

本章思考题

1. 什么是预算？预算的基本原则有哪些？我国实行怎样的预算体系？预算管理职权有哪些？

2. 预算收支范围由哪几部分组成？各自包含哪些内容？
3. 我国的预算年度是如何划定的？预算编制的基本要求和方法有哪些？
4. 预算审查和批准的内容有哪些？预算备案和批复的要求是什么？
5. 预算执行和调整有哪些要求？
6. 决算的含义和要求是什么？
7. 预算监督的内容和要求有哪些？
8. 什么是国有资产？国有资产包括哪些类型？
9. 企业国有资产的出资人及其职责是什么？
10. 如何对国家出资企业的管理者进行选择与考核？
11. 国家出资企业与关联方交易有哪些限制？
12. 国有资本经营预算的范围及要求有哪些？
13. 企业国有资产及重大事项管理的内容有哪些？
14. 行政事业性国有资产的来源有哪些？管理体制和管理原则是什么？
15. 关于行政事业性国有资产的配置、使用和处置有哪些规定？
16. 关于行政事业性国有资产的预算管理和基础管理有哪些规定？
17. 关于行政事业性国有资产报告内容和程序有哪些规定？
18. 如何对企业国有资产和行政事业性国有资产进行监督？
19. 政府采购的概念和原则是什么？政府采购当事人有哪些？
20. 关于政府采购方式和程序有哪些规定？
21. 关于对政府采购进行质疑和投诉、政府采购的监督检查有哪些规定？